U0576673

〔宋〕馬端臨 著
上海師範大學古籍研究所
華東師範大學古籍研究所 點校

文獻通考

第四册 郊社

中華書局

后稷配，無如玄説配蒼帝也。周頌：『思文后稷，克配彼天。』『昊天有成命，郊祀上帝〔二〕。』則郊非蒼帝，通儒同辭。肅意以爲唯郊是祭天，禘者宗廟之殷祭，郊即圜丘，圜丘即郊，以所在言之謂之郊，以所祭言之謂之圜丘，於郊築泰壇，以丘言之，本諸天地之性也。祭法所謂『燔柴於泰壇』，則圜丘也。郊特牲曰：『周之始郊，日以至。』此言冬至祭圜丘，而謂之郊者，以圜丘在郊故也。」

楊氏曰：「愚按：大司樂『冬至圜丘』一章，與禘祭絶不相關，而注妄稱圜丘爲禘。祭法禘祖宗三條，分明説宗廟之祭，惟郊一條，謂郊祀以祖配天爾。而注皆指爲祀天。大傳『禮不王不禘』一章，言王者禘其祖之所自出，諸侯只及其太祖，大夫惟有功始祫其高祖。所論宗廟之祭隆殺、遠近爾，於祀天乎何與？而注妄指爲祀感生帝。竊嘗疑鄭康成博洽大儒，解釋他經最爲有功，及注此三章，則同歸於誤，其病果安在乎？蓋讀祭法不熟而失之也。夫祭法歷叙四代禘、郊、祖、宗之禮，禘文皆在郊上，蓋謂郊止於稷，而禘上及乎嚳，禘之所及者最遠，故先言之耳。鄭氏不察，謂禘又郊之大者，於是以祭法之禘爲祀天圜丘，以嚳配之；以大傳之禘爲正月祀感生帝於南郊，以稷配之。且祭法之禘與大傳之禘，其義則一，皆言禘其祖之所自出也。鄭氏强析之而爲祀天兩義，遂分圜丘與郊爲兩處，昊天上帝與感生帝爲兩祀，嚳配天與稷配天爲兩事，隨意穿鑿，展轉枝蔓，何其謬邪！又以祀五帝、五神於明堂，而以文王、武王配之，謂之祖、宗。夫孝經所云宗祀文王於明堂以配上帝，此嚴父之義也。抗五神於五帝之列，而以文、武並配，於理自不通矣。況祖、宗乃二廟不毁之名，於配食明堂何關焉？夫因讀祭法一章之誤，而三章皆誤。不惟三章之誤而已，又推此説以釋他經者，不一而止，疏家從而和之。凡燔柴、升烟、樂舞、酒齊之類，皆分昊天與感生帝爲兩等，馴至隋唐之際，昊天上帝與感生帝二祀常並行而不廢。唐世大儒杜佑作通典，惑於鄭注大傳之説，亦以感生帝與昊天上帝並列而爲二，是又讀大傳本文不熟而失之也。明堂襲鄭氏祖宗之義，而以二帝配侑，或三帝並配者，蓋有之矣。幸而王肅諸儒力争之於前，趙伯循與近世大儒辨正之於後，大義明白，炳如日星，而周公制作精微之意可以復見。不然，則終於晦蝕而不明矣，可勝嘆哉！」

按：祀天莫大於郊，祀祖莫大於配天。四代之郊見於祭法，經文簡略，後之學者莫不求之鄭注，而注之叢雜牴牾如此。先儒謂其讀祭法不熟，見序禘於郊之上，於是意禘之所祀者亦天也，故盡以祀天。然康成，漢人也。西漢之所謂郊祀，蓋襲秦之制而雜以方士之説。曰泰一，曰五帝，叢雜而祀之，皆謂之郊天。太史公作封禪書，所序者，秦漢間不經之祠，而必以舜類上帝，三代郊祀之禮先之。至班孟堅，則直名其書曰郊祀志，蓋漢世以三代之所郊祀者祀泰一、五帝，於是以天爲有六，以祀六帝爲郊。自遷、固以來，議論相襲而然矣。康成注二禮，凡祀天處必指以爲所祀者某帝。其所謂天者非一帝，故其所謂配天者亦非一祖，於是釋禘、郊、祖、宗，以爲或祀一帝，或祀五帝，各配以一祖。其病蓋在於取讖緯之書解經，以秦漢之事爲三代之事。然六天之祀，漢人崇之；六天之説，遷、固志之，則其謬亦非始於康成也。愚嘗著漢不郊祀論，見所叙西漢事之後。

郊特牲：「郊之祭也，迎長日之至也。易説曰：「三王之郊，一用夏正。」夏正，建寅之月也。此言「迎長日」者，建卯而晝夜分，分而日長也。正音征。兆於南郊，就陽位也，埽地而祭，於其質也；器用陶匏，以象天地之性也。於郊，故謂之郊。牲用騂，尚赤也。用犢，貴誠也。騂，息營反。尚赤者，周也。郊之用辛也，周之始郊，日以至。言周以郊天之月而日至，陽氣新用事，順之而用辛日。此説非也。郊天之月而日至，魯禮也。三王之郊，一用夏正，魯以無冬至祭天於圜丘之事，是以建子之月郊天，示先有事也。用辛日者，凡爲人君當齋戒自新耳。周衰禮廢，儒者見周禮盡在魯，因推魯禮以言周事。疏曰：「王肅用董仲舒、劉向之説，以此爲周郊。上文云『郊之祭，迎長日之至』，謂周之郊祭於建子之月，而迎此冬至長日之至也。而用辛者，以冬至陽氣新用事，故用辛也。『周之始郊，日以至』者，對建寅之月又祈穀郊祭。此言『始』者，對建寅爲始也。鄭康成則異於王肅。上文云『迎長日之至』，自據周郊。此云『郊之用辛』，據魯禮也。言郊用辛日者，取齋戒自新。『周之始郊日以至』者，謂魯之始郊日，以冬至之月。云『始』者，對建寅之月天子郊祭，魯於冬至之月始初郊祭，示先有事，故云『始』也。」楊氏曰：「郊祭，言『迎長日之至也』，謂冬至，陽之始，日漸長，故冬至郊天，所以迎長日之至也。下文『郊之用辛也，周之始郊，日以至』，謂以冬至郊天，取陽新用事，故用辛日也。二説皆取冬至郊天也。董仲舒、劉向，漢之大儒，又在鄭氏之前。鄭氏不從其言，必以迎長日爲建寅之月郊天，迎春分之長日，又以周之始郊爲魯郊者，蓋鄭氏欲分圜丘與郊爲兩事。周既以冬至禘圜丘，則冬至不得復有郊，故用易緯之説，以周郊用建寅之月。此云『周之始郊，日以至』者，非周之始郊，乃魯之郊也。但此章本文明言周之始郊，今乃以周爲魯，豈不謬哉！」又按聖證論，王肅與馬昭之徒，或云祭天用冬至之日，或云用冬至之月。據周禮，圜丘則用冬至之日。據禮記，日用辛，則冬至不常在辛，似用冬至之月。如鄭注云「用辛日也」者，凡爲人君當齋戒自新，是亦不用冬至日，須用辛日也。祭之日，王皮弁以聽祭報，示民嚴上也。疏曰：「未郊，故未服大裘，而且服日視朝之服也。」喪者不哭，不敢凶服，氾埽反道，鄉爲田燭。氾，芳劍反，本亦作「汎」。埽，素報反。疏曰：「郊祭之旦，人之喪者不哭，又不敢凶服而出，以干王之吉祭也。『汜埽反道』者，汜埽，廣埽也；反道，剗路之土反之，令新土在上也。郊道之民，家家各當界廣埽新道也。『鄉爲田燭』者，鄉謂郊內六鄉也，六鄉之民，各於田首設燭照路，恐王嚮郊之早。」弗命而民聽上。疏曰：「弗命而民聽上者，合結『喪者不哭』以下至此，並非有王命，而民化王嚴上故也〔三〕。」祭之日，王被袞以象天；謂有日月星辰之象〔四〕。此魯禮也。周禮，王祀昊天上帝，則服大裘而冕，祀五帝亦如之。魯侯之服，自袞冕而下也。楊氏曰：「此章始言周之始郊，王立於澤，王皮弁以聽祭報，王被袞以象天，言『王』者不一而足，而鄭注以爲魯禮，魯可稱王乎？魯之郊禘，非禮也，聖人嘗嘆之矣，況可以稱王乎？」戴冕璪十有二旒，則天數也；璪音早。天之大數，不過十二。乘素車，貴其質也；旂十有二旒，龍章而設日月，以象天也。天垂象，聖人則之，郊所以明天道也。則〔五〕，謂則之以示人也。疏曰：「總結上『王被袞冕』以下之事，言天垂日月之象，各有其數，故聖人則之。郊天象日月，所以光明天之道，以示於人也。」萬物本乎天，人本乎祖，此所以配上帝也。郊之祭也，大報本反始也。疏曰：「此論祖配天之義。人本於祖，物本於天，配本故也。郊之祭也，大報本反始也。天爲物本，祖爲王本，祭天以祖配，蓋所以報謝其本。反始者，反其初始。謝其恩謂之報，歸其初謂之反。」

長樂陳氏曰：「先王祀天，有文以示外心之勤，有質以示內心之敬。故因丘、埽地、陶匏、藁秸、疏布、樿杓、素車之類，此因其自然，以示內心之敬也；執鎮圭、繅藉，五采五就，旂龍章而設日月，四圭有邸，八變之音，黃鍾、大呂之鈞，此致其文飾，以示外心之勤也。然則內服大裘，以因其自然；外被龍袞、戴冕璪，以致其文飾；不以內心廢外心，不以自然廢文飾，然後事天之禮盡矣。」

山陰陸氏曰：「周禮：祭天，王乘玉輅，建太常。特牲：祭天，王乘素車，建大旂。則祭天之禮，有兩旂、兩車也。蓋乘玉輅、建太常者，即道之車也，祭之日馭以適郊；乘素車、建大旂者，即事之車也，祭之時馭以赴壇。何以知其然也？曰：巾車『王之玉輅，錫，樊纓十有再就，建太常十有二斿以祀』，則凡王之祭祀無所不乘矣。祭天者，禮之至也，而乘泛祭之玉輅以祭之，以物則非文，以志則非敬，非禮意。故知乘素車、建大旂以祀之，而玉輅者，乘以適郊。固有兩車也。」

月令：「孟春之月，天子乃以元日祈穀于上帝。」謂以上辛郊祭天也。

傳：「孟獻子曰：『夫郊祀后稷，以祈農事也。是故啓蟄而郊，郊而後耕。』」啓蟄，夏正建寅之月。祀天南郊，郊而後耕，是祈穀之後躬耕帝籍。疏曰：「夏小正曰：『正月啓蟄。』其傳曰：『言始發蟄也。』故漢氏之始，以啓蟄爲正月中，雨水爲二月節。及太和以後，更改氣名，以雨水爲正月中，驚蟄爲二月節，以迄於今，踵而不改。」

楊氏曰：「愚按：正月郊祭天，此鄭注所謂夏正之郊祭感生帝者也。學者當以聖經、賢傳爲信。考之月令之書，周頌之詩，左傳孟獻子之言，則曰『祈穀于上帝』。夫上帝即昊天上帝，未聞有感生帝之説也。曰『祈穀』，又曰『祈農事』，可知其爲祈穀之郊，未聞正月又有大報天之郊也。愚於祀天禮辨之已詳矣。鄭氏月令注引易緯『三王之郊，一用夏正』之説，以證正月之有郊；又引后稷祈農事之説，以見因郊而又祈穀。牽合二説而通爲一説，此鄭氏一人之詖論，非聖經之本意，天下之公言也。是以諸儒咸不以爲然，更漢、魏，歷晉、宋，至於齊、梁、陳，數百年之久，其説未行也。及北齊，諸儒識見鄙闇，始取其説而行之，於是昊天上帝與感生帝分爲兩祀，祈穀與祭感生帝合爲一説。隋唐承用其説，至於今而不廢。推原所自，是誰之過與！然正理存人心，萬世不磨，邪説終不能勝也。必也知冬至之郊爲大報天，正月之郊事爲祈穀，二郊不同，而皆配以后稷，則注家誣蠹之説可以一掃，而先王祀天之大典，始昭然而可見矣。」

按：古者，一歲郊祀凡再：正月之郊爲祈穀，月令及孟獻子所言是也；十一月之郊爲報本，郊特牲所言是也。

家語：「定公問於孔子曰：『寡人聞郊而莫同，何也？』孔子曰：『郊之祭也，迎長日之至也。大報天而主日，配以月，故周之始郊，其月以日至，其日用上辛。至於啓蟄之月，則又祈穀于上帝。此二者，天子之禮也。魯無冬至大郊之事，降殺於天子，是以不同也。』公曰：『郊之牲器若何？』孔子曰：『上帝之牛，角繭栗，必在滌三月；后稷之牛惟具。注見祀天牲牢條下。牲用騂，尚赤也。用犢，貴誠也。掃地而祭，貴其質也。器用陶匏，以象天地之性也。萬物無可稱之者，故因其自然之體也。』公曰：『天子之郊，其禮儀可得聞乎〔六〕？』孔子對曰：『臣聞天子卜郊，則受命於祖廟，而作龜於禰宮，尊祖親考之義也。卜之日，王親立於澤宮，以聽誓命，受教諫之義也。既卜，獻命庫門之內，所以戒百官也。太廟之命，戒百姓也。將郊，則天子皮弁以聽報，示民嚴上也。郊之日，喪者不敢哭，凶服者不敢入國門，汎埽清路，行者必正，弗命而民聽，敬之至也。天子大裘以黼之，被裘象天〔七〕，乘素車，貴其質也。旂十有二旒，龍章而設日月，所以法天也。既至泰壇，王脱裘矣，服衮以臨燔柴，戴冕璪十有二旒，則天數也。』」楊氏曰：「按此章言天子被裘象天，既至泰壇，脱裘服衮以臨燔柴，不知然否？」

春秋宣三年，公羊傳曰：「郊則曷爲必祭稷？王者必以其祖配。祖謂后稷。王者則曷爲必以其祖配？自内出者無匹不行，匹，合也。無所與會合，則不能行。自外至者無主不止。必得主人乃止者，天道闇昧，故推人道以接之。不以文王配者，重本尊始之義也。

詩序曰：「郊祀天地。」記曰：「因天事天，因地事地，因名山升中於天，名，猶大也。升，上也。中，猶成也。謂巡守至於方嶽，燔柴祭天，告以諸侯之成功也。因吉土以饗帝於郊。吉土，王者所卜而居之土也。饗帝於郊，以四時之所兆祭於四郊者也。升中於天而鳳凰降，龜龍假；功成而太平，陰陽氣和而致象物。饗帝於郊而風雨節，寒暑時。五帝主五行，五行之氣和，而庶徵得其序也。五行：木爲雨，金爲暘，火爲燠，水爲寒，土爲風。是故聖人南面而立，而天下大治。燔柴於泰壇，祭天也；瘞埋於泰折，祭地也。周禮：凡樂，圜鍾爲宮，冬日至，於地上之圜丘奏之。若樂六變，則天神皆降。凡樂，函鍾爲宮，夏日至，於澤中之方丘奏之。若樂八變，則地示皆出。爾雅曰：「邑外謂之郊。」又曰：「非人爲謂之丘。」

陳氏禮書曰：「祀天於南郊，而地上之圜丘者，南郊之丘也。丘圜而高，所以象天，此所謂『爲高必因丘陵』也。祭地於北郊，而澤中之方丘者，北郊之丘也。丘方而下，所以象地，此所謂『爲下必因川澤』也。泰壇，南郊之壇也，以之燔柴；泰折，北郊之坎也，以之瘞埋。言『壇』，則知泰折之爲坎；言『折』，則知泰壇之爲圜。言『泰』，則大之至也；言『壇』、『折』，則人爲之也。祭祀必於自然之丘，所以致敬；燔瘞必於人爲之壇、折，所以盡文。宗廟之禮，瘞埋於兩階之間，則壇必設於圜丘之南，折必設於方丘之北矣。燔柴以升烟，瘞埋以達氣，則燔必於樂六變之前，瘞必於樂八變之前矣。先王燔瘞於郊丘，其牲角繭栗，其牲體全脀，國語曰：「郊禘之事有全脀。」其羹其器犧尊、疏布冪、樿杓、豆登、鼎俎、簠簋、匏爵之類，詩曰：「于豆于登。」記曰：「器用陶匏。」大宗伯：「凡祀大神、祭大示，涖玉鬯，省牲鑊，奉玉齍。」記又曰：「以供上帝之粢盛。」國語曰：「天子親舂郊禘之盛。」則郊有簠簋可知矣。其藉蒲越、稾秸，記曰：「莞簟之安，稾秸之尚。」其樂歌黃鍾、太蔟，奏大呂、應鍾，其舞雲門、咸池，其鼓雷鼓、靈鼓，其車玉輅、素車，其旂太常，其服大裘、衮冕，其搢執則大圭、鎮圭，其位則神南面、王北面，示北面、王南面，而日月從祀則日居東、月居西。記曰：「祭社之禮，君南鄉於北牖下〔八〕，答陰之義。」惟此，則圜丘之上，王北鄉可知也。又曰：「大明生於東，月生於西。郊主日而配月。」則日月之位固東西設矣。郊主日，猶王燕則主膳夫，王嫁女則主諸侯，古法見君則主侍人，皆致嚴於尊而郊禮於卑也〔九〕。其禮不過因其自然，以報本反始、教民嚴上而已。古者郊祀大略如此而已。更秦，則興鄜、密上下之四時，以祠五帝。至漢，則增之以北時，以祠五帝。秦之祠天不於圜丘，謂天好陰，而兆於高山之下；其祠地不於方丘，謂地貴陽，而兆於澤中之圜丘。漢之祠天不於南郊，而於甘泉；其祠地不於北郊，而於汾陰、河東，以至壇有八觚，後世壇有八陛，祀天其上，奏樂其下，非先王掃地而祭之意。席有六采，樂有玉女，車有鸞輅，騂駒龍馬，一切侈靡。而匡衡、劉向之徒，邪正異同之説，蜂起一時。元始之間，繆戾尤甚，春則天地同牢於南郊，冬夏則天地分祭於南郊。光武兆南郊於雒陽之陽，兆北郊於雒陽之陰，其禮儀度數，一遵元始之制，而先王之禮隳廢殆盡，良可悼也。」

右經傳所載古郊祀之禮。

周禮，以蒼璧禮天，「禮」謂始告神時，薦於神座。書曰「周公植璧秉圭」是也。此禮天以冬至，謂天皇大帝在北極者也。禮神必象其類，璧圜象天。植音值。疏曰：「易云『天玄而地黃』，蒼、玄皆是天色，故用蒼也。此以玉禮神，當燔柴之節也。」楊氏曰：「天皇大帝亦出於星經，在六經無所見。」牲、幣放其器之色。放，方往反。幣以從爵，若人飲酒有酬幣。疏曰：「按聘禮饗時有酬幣，明此幣既非禮神之幣〔一〇〕，則獻尸後、酬尸時亦有幣之從爵也。」春官宗伯。楊氏曰：「大宰注云：玉幣所以禮神，疏引大宗伯以玉作六器，以禮天地四方爲證，謂王親自執玉幣奠於神座，以禮神也。大宗伯。疏只云非禮神之幣，乃酬尸之幣，是禮神、酬尸各有幣也。然經但云牲幣各放其器之色，則幣一而已。注疏又別而爲二，恐未必然也。」又按通典云：「禮神之玉以蒼璧，其牲及幣各隨玉色，幣用繒，長丈八尺。通典之説，蓋以鄭玄注聘禮釋幣制云制丈八尺。疏云若作制幣者，每卷丈八尺爲制，合爲匹也。」以上禮天玉幣。

郊特牲，疏曰：「郊所以用特牲者，天神至尊，無物可稱，故用特牲。郊與配座皆特牲。召誥云『用牲于郊，牛二』是也。又禮器曰：『祭天，特牲。』」祭天地之牛，角繭栗。王制。又國語楚語曰：「郊禘不過繭栗。」郊事則有全烝。烝，升也。全其牲體而升之〔一一〕。國語周語。陽祀用騂牲，毛之。騂，私營反。騂牲赤色。毛之，取純毛也。玄謂：陽祀，祭天於南郊及宗廟也。地官牧人。又祭法曰：「用騂犢。」楊氏曰：「鄭氏謂以蒼璧禮天，牲幣各放其方之色，則當用蒼犢。祭法乃云用騂犢，其色不同，故以蒼璧、蒼犢爲祀昊天圜丘所用，以騂犢爲祀感生帝南郊所用。鄭玄、王肅兩家問難，備見郊特牲疏，今不備載。愚竊以理推之，天道渾全，陰陽五行具備，不比五方各偏主一色。遠望則其色蒼，純陽則其色赤，故説卦曰『乾爲大赤』，故周爲赤色，用騂犢。又如夏用玄牡，殷用白牡，亦是天道渾全，不偏主一色，又何以蒼犢爲疑？若鄭分圜丘與郊爲二，則諸儒辨之明矣。」郊血。疏曰：「崔氏云：周禮之法，郊天以燔柴爲始，宗廟以祼地爲始，社稷以血爲始，小祀疈辜爲始。此云『郊血』者，謂正祭之時薦於尸座之前也。『至敬不饗味而貴氣臭也』者，解郊血義。血，氣也。夫熟食有味，味者爲人道，人道卑近而天神尊貴，事宜極敬。極敬不褻近，故用血也。用血是貴氣而不重味，故云『貴氣臭』也。」郊特牲。又禮器「郊血」疏曰：「凡郊與大饗，三獻之屬，正祭之時皆有血，有腥，有爓，有熟。此云『郊血』，是郊有血也〔一二〕，周語云：『禘郊之事則有全脀。』是郊祭天有熟也，有熟則腥可知也。今言『郊血』者，皇氏云：此據設之先後。郊則先設血，後設腥與爓、熟〔一三〕，雖以郊爲主，其祭天皆然也。」帝牛不吉，以爲稷牛。養牲必養二也。疏曰：「郊天既以后稷爲配，故養牲養二，以卜祭也。若帝牛不吉或死傷，以爲稷牛者，爲猶用也。爲用稷牛而爲帝牛，其祭稷之牛，臨時別取牛用之。」帝牛必在滌三月，稷牛唯具。滌音迪。滌牢中所搜除處。搜，所流反。疏曰：「此覆說上文『帝牛不吉而取稷牛』之事〔一四〕。以帝牛既尊，必須在滌三月，今帝牛不吉，故取稷牛，已在滌三月也。其祀稷之牛臨時別取，故云『稷牛唯具』。」郊特牲。此上祀天之牲。

酒正辨五齊，曰泛齊、醴齊、盎齊、緹齊、沈齊；泛，方劍反。齊，才細反。盎，烏浪反。緹音體。泛者，成而滓浮泛泛然，醴成而汁滓相將，盎成而翁翁然葱白色，緹者成而紅赤，沈者成而滓沈。自醴以上尤濁，盎以下差清，其象類則然，古之法式未可盡聞。疏：「三酒，事酒酌有事之人，謂於祭末卑賤之人得飲之。昔酒久釀乃熟，故名昔酒，酌無事之人，於祭末群臣陪位不行事者飲之。清酒更久於昔酒，祭時賓長獻尸，尸酢賓長，不敢與王之臣共器同酌，故酌清以自酢。事酒春成，以漢之醳酒況之，昔酒久乃成，冬釀接春成；清酒又久於昔酒，冬釀接夏成。五齊、三酒俱用秋稻，麴蘗，但三酒味厚，人所飲也，五齊味薄，所以祭也。通言之，齊亦曰酒，故禮云『醴酒醍酒』。其鬯酒則自用黑黍爲之，與此別。」陳氏曰：「齊之作也，始則其氣泛然，次則有酒之體，中則盎然而浮，久則赤，終則沈。」

辨三酒，曰事酒、昔酒、清酒。玄謂事酒，酌有事者之酒；昔酒，今之酋久白酒，所謂舊醳者也；清酒，今中山冬釀，接夏而成。大祭三貳。鄭司農云：「三貳，三益副之也。大祭天地。」玄謂王服大裘袞冕所祭也。冪人，祭祀以疏布巾冪八尊。冪，莫歷反。以疏布者，天地之神尚質。疏曰：「祭天無灌，唯有五齊、三酒，實於八尊。疏布者，大功布爲冪，覆此八尊。此據正尊而言，若五齊加明水，三酒加玄酒，則十六尊，皆以疏布冪之也。」又曰：「鄭知此經祭祀是天地之神者，以其下經畫布冪六彝，是宗廟之祭用六彝，即知此疏布冪八尊無灌，是天地可知。舉天地，則四望、山川、社稷、林澤皆用疏布，皆是尚質之義也。」又「以畫布巾冪六彝〔一五〕」。疏曰：「天地亦有秬鬯之彝，用疏布，互舉以明義也。存之。」大羹不和；犧尊疏布鼏，樿杓。大音泰。和，胡卧反。犧，素何反。王，如字。樿，章善反，又市戰反。疏曰：「大羹不和者，大羹，肉汁也；不和，無鹽梅也。太古初，變腥，但煮肉而飲其汁，未知調和。後人祭既重古，故但盛肉汁，謂之大羹不和。犧尊者，先儒云：刻尊爲犧牛。樿杓者，樿，白理木也。貴素，故用白理木爲杓。」禮器。

楊氏曰：「周禮司尊彝有六尊：犧尊、象尊、壺尊、著尊、大尊、山尊。其尊名兩相對，則十二尊也。天地八尊，不知所用何尊。禮器言『犧尊疏布鼏、樿杓』，則知祭天八尊專用犧尊，以疏布爲冪，以樿木爲其杓也。」鬯人，掌共秬鬯而飾之。秬鬯，不和鬱者。飾之，謂設巾。疏曰：「此直共秬黍之酒，無鬱也，故注云『不和鬱』者也。」春官。天子親耕，粢盛秬鬯，以事上帝。疏曰：「按小宰注云：天地大神，至尊不裸。此祭上帝有秬鬯者，凡鬯有二：若和之以鬱，謂之鬱鬯，鬱人所掌是也，祭宗廟而灌也；若不和鬱，謂之秬鬯，鬯人所掌是也。謂五齊之酒，以秬黍爲之，以芬芳調暢，故言秬鬯，故得以事上帝。」表記。已上祀天酒齊、粢盛。

蒲越、槀鞂。郊特牲曰：「莞簟之安，而蒲越、槀鞂之尚，明之也。」莞，音官，徐音丸。簟，大點反。越音活。槀，古老反。鞂，簡八反〔一六〕。蒲越、槀鞂，藉神席也。明之者，神明之也。疏曰：「凡常居下莞上簟，祭天則蒲越、槀鞂之尚也。今禮及隋禮，槀鞂爲祭天席，蒲越爲配帝席，俱藉神也。」器用陶匏。陶謂瓦器，謂酒尊及豆簋之屬。故周禮旊人爲簋。匏謂酒爵。郊特牲。「郊特牲而社稷大牢」，疏曰：「其祭天之器則用陶匏。陶，瓦器，以薦菹醢之屬。故詩述后稷郊天云『于豆于登』。注云『木曰豆，瓦曰登』，是用薦物也。匏酌獻酒，故詩大雅美公劉云『酌之用匏』。注云『儉以質』，祭天尚質，故酌亦用匏爲尊。」通典云：「尊及薦菹醢器並以瓦，爵以匏片爲之。」卬盛于豆，于豆于登。其香始升，上帝居歆，胡臭亶時。卬，五郎反。盛音成。卬，我也。木曰豆，瓦曰登。豆，薦菹醢也；登，薦大羹也。箋云：『胡』之言『何』也。亶，誠也。我后稷盛菹醢之屬〔一七〕，當于豆者于登者〔一八〕，其馨香始上行，上帝則居安之，歆享之，何芳臭之誠得其時乎！美之也。祀天用瓦豆陶器，質也。」大雅生民詩。陳氏曰：「爾雅：木豆謂之豆，竹豆謂之籩，瓦豆謂之登。先儒謂宗廟之簋豆用木，天地之簋豆用瓦。然詩述祀天之禮，言『于豆于登』，則祀天有木豆矣。」鼎，聖人亨以享上帝。易鼎卦。已上祀天之器。

四圭有邸，以祀天。邸，丁禮反，又音帝。鄭司農云：「中央爲璧，圭著其四面，一玉俱成。爾雅曰：『邸，本也。』圭本著於璧，故四圭有邸，圭末四出故也。或說四圭有邸，有四角也。」著，直略反。疏曰：「司農云於中央爲璧，謂用一大玉琢出中央爲璧形，亦肉倍好爲之，四面琢各出一圭。璧之大小，圭之長短，無文。天子以十二爲節，蓋四厢圭各尺二寸，與鎮圭同。其璧爲邸，蓋徑六寸，總三尺，與大圭長三尺又等，故云『一玉俱成』也。又『或説四圭有邸，有四角也』者，此説四角，角即柦矣〔一九〕。以無正文，故兩釋之也。」春官典瑞。楊氏曰：「『四圭有邸以祀天』，即冬官『玉人之事，四圭尺有二寸，以祀天』也。玉人之事，其工也。典瑞，所掌之官也。『玉人之事』，疏曰：『先鄭云：中央爲璧，圭著其四面，一玉俱成。』又云：『圭末四出。』若然，此尺二寸者，未知璧在中央，通兩畔總計爲尺二寸；未知除璧之外，兩畔之圭各有一尺二寸。據下『裸圭尺有二寸』而言，則此四圭，圭別尺有二寸，仍未審以璧爲邸，邸徑幾許。禮既無文，不可强記也。」江都集禮徐乾議曰：「周禮典瑞云：『四圭有邸，以祀天。』又云：『蒼璧禮天。』兩玉不同而並云祀天，是有二天可知也。」徐邈曰：「璧以禮神，圭以自執，故曰植璧秉圭。非圜丘與郊各有所施。」楊氏曰：「徐邈『植璧秉圭』之言，若足以破注疏二天之説。或者又謂璧圜色蒼，所以象天；天有四時，四圭有邸，亦所以象天，非王所執之圭也。伏睹國朝會要，禮制局言：『以蒼璧禮天，四圭有邸以祀天。』蓋蒼璧以象體，四圭有邸以象用，故於蒼璧言禮，於四圭有邸言祀。説者謂禮神在求神之初，祀神在薦獻之時，蓋一祭而兩用也。」此義與徐邈不同，姑兩存之。　已上係祀天之玉。

王祀昊天上帝，則服大裘而冕。鄭司農云：「大裘，羔裘也。」玄謂：「書曰：『予欲觀古人之象，日、月、星辰、山、龍、華蟲作繢，宗彝、藻、火、粉米、黼、黻希繡。』此古天子冕服十二章，舜欲觀焉。華蟲，五色之蟲，繢人職曰『鳥、獸、蛇雜四時五色以章之』是也。希，讀爲絺，或作黹，字之誤〔二〇〕。王者相變，至周而以日、月、星辰畫於旌旗，所謂『三辰旂旗，昭其明也』。而冕服九章，登龍於山，登火於宗彝，尊其神明也。」疏曰：「玄謂『書曰』至『希繡』，而云『此古天子冕服十二章，舜欲觀焉』者，欲明舜時十二章，至周無十二章之意也。然古人必爲日、月、星辰於衣者，取其明也。山，取其人所仰。龍，取其能變化。華蟲，取其文理。作繢者，繢，畫也。衣是陽，陽至輕浮，畫亦輕浮，故衣繢也〔二一〕。宗彝者，據周之彝尊，有虎彝、蜼彝，因於前代，則虞時有蜼彝、虎彝可知。藻，水草，取其有文。火，取其明。粉米，取其潔，亦取養人。黼，謂白黑，爲形則斧文，近刃白，近上黑，取其斷割焉。黻，黑與青，爲形則兩已相背，取臣民背惡向善。希繡者，謂刺繒爲繡，但裳主陰，刺亦是沈深之義。云『王者相變，至周而以日、月、星辰畫於旌旗』者，若孔君義，虞時亦以日、月、星畫於旌旗，與周同。云『九章』，此無正文，並鄭以意解之。」司服。　天官：「司裘掌爲大裘，以共王祀天之服。」注曰：「鄭司農云：『大裘，黑羔裘。服以祀天，示質。」」疏曰：「言大者，以其祭天地之服，故以大言之。」又曰：「先鄭知『大裘，黑羔裘』者，祭服皆玄上纁下，明此裘亦羔裘之黑者。按鄭志，大裘之上，又有玄衣，與裘同色，亦是無文采。」元豐間，神宗問陸佃大裘，佃對以：「禮記玉藻云：『禮不盛，服不充。』故大裘襲可知。」又曰：『郊之日，王被衮以象天。』則大裘襲衮可知。大裘襲衮，則戴冕，璪十有二旒可知。」神宗稱善。詔有司製黑羔爲裘，而被以衮衣。楊氏曰：「先儒謂大裘之上有玄衣，玄衣之上有十二章。鄭乃云大裘之上有玄衣，無文采。鄭氏又謂有虞氏十二章，周止九章。其説皆非。即司服經文熟讀而詳玩之，則知有虞氏十二章，周亦十二章，昭然甚明。公之服，自衮冕而下；侯伯之服，自鷩冕而下。夫衮冕九章，鷩冕七章。公之服自衮冕而下，推而上之，則天子之服有日、月、星辰之章可知；公之服九章，則天子之服十二章可知。此不待旁引別證，而知鄭説之非矣。舜曰：『予欲觀古人之象。』蓋十二章自日、月、星辰而下，從古而然矣，孰謂禮樂大備於周，而獨不然乎？郊所以明天道，取象非一端也。冬至圜丘，大裘而冕，則天之時也；席用稾秸，器用陶匏，則天之質也；服有日、月、星辰之章，則天之明也；璪十有二旒，則天之數也。鄭氏乃謂有虞十二章，至周而以日、月、星辰畫於旌旗，冕服惟有九章。然公自衮冕而下，王又自衮冕而下，君臣同冕，略無區別，必無是理。賈公彦疏云『孔氏九章，此無正文，並鄭以意解之』，則疏家已知其非而不信之矣。惟其並以意解，故後世遵用其説，始有悟其上下之亡等、尊卑之失次者。魏明帝以公卿衮衣黼黻之制疑於至尊，遂制天子服繡文，公卿服織文矣〔三〕。唐長孫無忌以帝祭社稷服絺冕、四旒，三章；祭日、月服玄冕、三旒，衣無章；而三公亞獻服衮，孤卿服毳鷩，貴盛無分，而天子遂止於服衮，他冕盡廢者矣。先王制禮，必本於天理人情之公。自上古至於周，天子仰則天數，路十二就，常十二斿，馬十二閑，圭尺二寸，璪十二旒，而冕服之章莫不皆然。鄭氏謂周以日、月、星辰畫於旌旗，故冕止九章，不知龍登於旂，山登於俎，黼登於扆，九章亦可損乎？前乎康成，如漢明帝用歐陽説義，天子備十二章，三公、諸侯用山龍九章，九卿以下用華蟲七章，其説猶用周制也。自鄭氏以意解經，九章之説於是乎始，故行之後世，卒有不厭於人心，并與古制而去之者，可勝嘆哉！」餘見祀地禮及祭物篇祭服條。

戴冕，璪十有二旒。璪音早。天之大數不過十二。過音古禾反。郊特牲。已上王祀天裘冕。

玉路，錫，樊纓十有再就，建太常十有二斿以祀。錫音陽。樊，步干反。斿音留。疏曰：「外内大小祭祀，皆用此一路。」春官巾車。春官司常：「日月爲常，王建太常。」疏曰：「乘玉輅，則建太常。」夏官節服氏：「衮冕六人，維王之太常。」注曰：「服衮冕者，從王服也。維，維之以縷。」注疏並詳見王禮考車旗條。

大馭，掌馭玉路以祀；及犯軷，王自左馭，馭下祝，登受轡，犯軷，遂驅之。軷，蒲末反。祝，之右反。行山曰軷，犯之者，封土爲山象，以菩芻、棘、柏爲神主，既祭之，以車轢之而去，喻無險難也。王由左馭，禁制馬使不行也。疏曰：「此據祭天之時，故有犯軷之事。云『犯軷』者，出國門，封土爲山象。鄭注月令祀行之禮，爲軷壇厚三寸〔一三〕，廣五尺。此道祭亦當然。云『菩芻、棘、柏爲神主』，謂於三者之中，但取用其中之一，以爲神主則可也。」夏官。詳見祭物篇車旗條。

乘素車，旂十有二旒，龍章而設日月。素車，殷輅也。設日月，畫於旂上。疏曰：「乘殷之樸素之車，貴其象天之質也。所建之旂十有二旒，畫龍爲章而設日月，象天數十二也。」郊特牲。禮器：「大路繁纓一就。」疏曰：「殷尚質，以木爲車，無別雕飾，乘以祭天，謂之大路也。繁，謂馬腹帶也。纓，鞅也，染絲而織之曰罽。五色一匝曰就。就，成也。言五色匝一成。車既樸素，故馬亦少飾，止一就也。」繁，步干反。罽，車例反。郊特牲同。禮器：「大路素而越席。」疏曰：「大路，殷祭天之車也。越席，蒲席也。祭天本質素，故素車、蒲席也。」越音活。又桓公二年左氏傳：「大路越席。」疏曰：「路，訓大也。巾車五路，玉路爲大，故杜以玉路爲大路。」楊氏曰：「左傳注疏與禮器、郊特牲注疏不同，姑兩存之。」又按：巾車一曰玉輅，以祀。郊特牲曰「乘素車」，禮器曰「大路素而越席」，二說不同。夫子答顔淵曰：「乘殷之輅。」蓋素車者，殷輅也。飾以金玉者，周制。郊特牲、禮器疏以素車爲殷輅，其言蓋有所據。使周亦乘素車，則孔子不曰「乘殷之輅」矣。已上王祀天之車旗。

大司樂：大合樂，分樂乃奏黄鍾，歌大吕，舞雲門，以祀天神。凡六樂者，六變而致象物及天神。凡樂，圜鍾爲宫，黄鍾爲角，太蔟爲徵，姑洗爲羽。靁鼓、靁鼗、孤竹之管、雲和之琴瑟、雲門之舞，冬日至，於地上之圜丘奏之。若樂六變，則天神皆降，可得而禮矣。圜鍾，夾鍾也。夾鍾生於房、心之氣，房、心爲大辰，天帝之明堂。疏曰：「禮天神必於冬至者，以天是陽，還於陽生之日祭之也。」春官。詳見祭物樂條。陳襄奏議曰：「夫祀天必以冬至日，以其陽氣來復於上天之始也。故宮用夾鍾於震之宮，以其帝出乎震也。而謂『圜鍾』者，取其形以象天也。三一之變：圜鍾爲宮，三變：黄鍾爲角，太蔟爲徵，姑洗爲羽，各一變，合陽奇之數。」鼓人以靁鼓鼓神祀。雷鼓，八面鼓也。神祀，天神也。地官。　以上祀天之樂。

右祀天禮物、樂舞。

前期十日，太宰掌百官之誓戒與其具修；前期十日，帥執事而卜日，遂戒。誓戒，重失禮也。具，所當共。修，掃除糞洒。十日，容散齊七日，致齊三日。執事，宗伯、太卜之屬。既卜，又戒百官以始齊。散，西但反。齊，側皆反。　天官。春官：「大宗伯帥執事而卜日。」注曰：「執事，諸有事於祭者。」疏曰：「太宰不掌祭祀，故云宗伯、大卜之等而已。此大宗伯主祭祀之事，故云諸有事於祭者也。」　肆師：「凡祭祀之卜日，宿爲期，詔相其禮。」注曰：「宿，先卜祭之夕。」疏曰：「云『卜日宿爲期』，則是卜前之夕，與卜者及諸執事者以明旦爲期也。」　太史，大祭祀與執事卜日，戒及宿之日，與群執事讀禮書而協事。與之者，當視墨。協，合也。　疏曰：「戒，謂散齊七日；宿，謂致齊三日。協事，恐事有失錯，物有不供也。」　小史：「大祭祀讀禮法。」疏曰：「大史讀禮書〔二四〕，即此禮法也。」　春官〔二五〕。　大宗伯詔大號，治其大禮，詔相王之大禮。治，猶簡習也。豫簡習大禮，至祭，當以詔相王。　疏曰：「大號，神號。大祝是事神之人，知所詔，是詔大祝爲祝版之辭也。詔相者，謂未至之時詔告之，及其行事則又相之。」　春官。　齊右掌祭祀前齊車。齊車，金路也。前齊車，立於馬前，備驚奔也。楊氏曰：「前期十日，乃散齊之初。此齊右前齊車，謂齊時所乘金路也。又荀子曰：『端衣、玄裳，冕而乘路。』此謂齊時所服之服及所乘之路也。」　夏官。　齊服有玄端。司服。

齊則綪結佩而爵韠。綪，側耕反。　綪，屈也。結又屈之，思神靈不在事也。爵韠，齊服玄端。　疏曰：「齊則綪結佩，此謂總包凡應佩玉之人，非惟世子。綪結佩。綪，屈也，謂結其綬而又屈上之也。而爵韠者，謂士玄端齊，故爵韋爲韠也。而熊氏、皇氏並謂諸侯以下皆以玄端齊，而以爵韋爲韠，同士禮。以其齊，故不用朱韠、素韠也。義或然也。」　玉藻。　王齊日三舉。鄭司農云：「齊必變食。」　疏曰：「齊謂散齊，致齊。齊必變食，齊時不樂，故不言以樂侑食。」天官膳夫。論語：「齊必變食，居必遷坐。」朱子注曰：「變食，謂不飲酒、不茹葷；遷坐，易常處也。」玉府：王齊則共食玉。玉是陽精之純者，食之以禦水氣。鄭司農云：「王齊，當食玉屑。」天官。鬯人：凡王之齊事，共其秬鬯。給洗浴〔二六〕。疏曰：「鄭知王齊以鬯爲洗浴，以其鬯酒非如三酒可飲之物，明此亦給王洗浴，使之香美也。」春官。

傳〔二七〕：卜郊受命于祖廟，作龜于禰宮，尊祖親考之義也。受命，謂告之，退而卜。疏曰：「郊事既尊，不敢專輒，故先告祖後乃卜，亦如受命也。故禮器云『魯人將有事於上帝，必先有事於頖宮』也。作龜於禰宮者，作，灼也。禰宮，禰廟也。先告祖受命，又至禰廟卜之也。尊祖親考之義也者，考，亦禰也。尊祖故受之命，命宜由尊者出，親禰故作龜，是事事宜就親近者也。」卜之日，王立于澤，親聽誓命，受教諫之義也。澤，澤宮也。所以擇賢之宮也。既卜，必到澤宮，擇可與祭祀者，因誓敕之以禮也。禮器曰「舉賢而置之，聚衆而誓之」是也。疏曰：「王在於澤宮中，以射擇士，故因呼爲澤宮也。王卜已吉，又至澤宮射，以擇賢者爲助祭之人。鄭注鄉射記云：『嚮之取也於囿中，勇力之取也；今之取也於澤宮，揖讓之取也。澤，習禮之處。』親聽誓命者，因澤宮中又使有司誓敕舊章齊戒之禮，王又親聽受命。受教諫之義也者，告祖作禰，是受教義也；又立澤聽誓，是受諫義也。」獻命庫門之内，戒百官也；太廟之命，戒百姓也。王自澤宮而還，以誓命重相申敕也。庫門在雉門之外，入庫門則至廟門外矣。太廟，祖廟也。百官，公卿以下；百姓，王之親也。王自此還齊路寢之室。疏曰：「王自澤宮而還，至欲致齊之時，有司獻王所以命百官之事，王乃於庫門之内戒百官，太廟之内戒百姓。百官疏，故在公朝重戒之；百姓，王之親屬，故在太廟而重戒之。」又曰：「以上有『百官』之文，故以百姓爲王之親也。王親謂之百姓也者，皇氏云：『姓者生也，並是王之先祖所生。』鄭既云『王自此還齊路寢之室』，則此經戒百官、百姓，則祭前三日欲致齊之時，以誓命重相申敕也。」郊特牲。

祀之前日，太宰及執事眡滌濯，眡音視。疏曰：「及，猶至也。謂致祭前日，太宰眡滌濯。按，小宗伯，大祭祀眡滌濯；大宗伯亦云宿眡滌濯。彼二官親眡滌濯，太宰尊，往涖之。」宰夫、肆師同。大宗伯涖玉，玉，禮神之玉也。小宗伯省牲，察其不如法。大司樂宿縣，遂以聲展之。縣音玄。疏曰：「謂展省聽之，知其完否、善惡。」

祀之日，祀之日，圭玉、牲犢、酒齊、祭器、冕服、車旗等，並已見前。鷄人夜嘑旦，以嘂百官。嘑，火吴反。嘂，古弔反。嘑旦以警起百官，使夙興。巾車，大祭祀鳴鈴，以應鷄人。鷄人主呼旦，鳴鈴以和之，聲且警衆也〔一八〕。典路，若有大祭祀，則出路，贊駕説。説，書鋭反，舍車也。出路，王當乘之。贊駕説，贊僕與趣馬也。春官。王皮弁以聽祭報。報，猶白也。夙興朝服以待白祭事者，而後服祭服而行事也。郊特牲。小宗伯告時于王，告備于王。時，薦陳之晚早。備，謂饌具也。春官。大祝，大禋祀逆牲。春官。太宰及納亨贊王牲事。納亨，納牲將告殺，謂鄉祭之晨，既殺以授亨人也。天官。大宗伯省牲鑊，省，息井反。鑊，户郭反。鑊，亨牲器也。疏曰：「省視亨牲之鑊。」春官。燔柴於泰壇。燔音煩。疏曰：「燔柴於泰壇者，謂積薪於壇上，而取玉幣及牲置柴上燔之，使氣達於天也。」祭法。元豐元年九月，陳襄等言：「陽祀自烟始，陰祀自血始，然則升烟、瘞血以致神明，不可不在先也。及致神祇矣，方有事焉，至於禮畢，則以牲幣之屬而燔瘞之，然後爲禮之終。故儀禮謂祭天燔柴，祭地瘞牲，而鄭氏以爲祭禮終矣備矣。先儒有謂於燔瘞之始即用牲幣之屬，既不經見，而又未薦神遽已燔瘞之，則是備於先而闕於後也。至後世知燔瘞牲幣於祭末，而不知致神於其始，則是備於後而闕於先也。請祀南北郊先行升烟、瘞血之禮，俟薦獻禮畢，即燔瘞牲幣之屬，則始終之禮備。」從之。至敬不壇，掃地而祭。燔柴訖，於壇下掃地而設正祭，此周法也。禮器。楊氏曰：「禮器曰：『禮有以下爲貴者，至敬不壇，掃地而祭。』謂正祭在地而不在泰壇也，特燔柴於泰壇之上而已。後世正祭在壇上，從祀神位又衆，於是壇有四成、三成之制，又爲三壝，以嚴内外之限，則非古矣。」小臣，大祭祀沃王盥。盥音管。疏曰：「大祭祀天地宗廟酌〔一九〕，是王將獻尸，先盥手洗爵乃酌獻，故小臣爲王沃水盥手也。」夏官。太宗皇帝至道二年，禮儀使宋白言，請先詣釁洗，後奠玉帛。從之。

大宗伯奉玉。疏曰：「天地有禮神之玉，始涖之，祭又奉之。」春官。

郊血。禮器疏曰：「郊則先設血。」郊特牲疏曰：「謂正祭之時，薦於尸座之前也。」禮器、郊特牲同。

太宰及祀之日，贊玉、幣、爵之事。玉、幣所以禮神，爵所以獻齊酒。不用玉爵，尚質也。三者執以從王，至而授之〔三〇〕。天官。

小宰贊玉、幣、爵，疏曰：「太宰職云贊玉、幣、爵，今此又云贊此三者，謂小宰執以授太宰，太宰執以授王。」

郊特牲疏：「皇氏曰：『置蒼璧於神座，次則以豆薦血腥。祭天無裸，故鄭注小宰云〔三一〕：惟人道宗廟有裸，天地大神至尊，不裸，莫稱焉。然則祭天惟七獻也。故鄭注周禮云：大事於太廟，備五齊、三酒。則圜丘之祭與宗廟祫同。朝踐，王酌泛齊以獻，是一獻也。后無祭天之事，大宗伯次酌醴齊以獻，是爲二獻也。王進爵之時皆奏樂，但不皆六變。次薦熟，王酌盎齊以獻，是爲三獻也。宗伯次酌緹齊以獻，是爲四獻也。次，尸食之訖，王酌朝踐之泛齊以獻，是爲五獻也。又次，宗伯酌饋食之緹齊以獻，是爲六獻也。次，諸臣爲賓長酌泛齊以獻，是爲七獻也。以外皆加爵，非正獻之數。其尸酢王以清酒，酢宗伯以昔酒，酢諸臣以事酒。』從上至此皆皇氏所說。皇氏以圜丘之祭，賓長終獻不取沈齊而取泛者，以禮運約之，沈齊當在堂丘下，不可用之，故更上取泛齊。按，禮運：沈齊在廟堂之下，尚得酌之，升堂以獻，何爲圜丘沈齊獨不可用乎？若以圜丘高遠，不可下取沈齊，凡齊，泛、醴爲尊，盎、緹爲卑，賓長終獻，祇可以次用緹齊，何得反用泛齊乎？今謂圜丘賓長之獻用沈齊也，以其賓長是臣，助祭終獻，遠下於君，故從丘下酌沈齊。」

通典曰：「七獻者，薦血腥後，王以匏爵酌泛齊以獻尸，所謂朝踐是也。此爲一獻。次，大宗伯攝王后之事，亦以匏爵酌醴齊亞獻，亦爲朝踐。是二獻。每獻，奏樂一成。次，薦熟於神前。薦畢，王乃以匏爵酌盎齊以獻尸，大宗伯以匏爵酌緹齊以亞獻，所謂饋獻也。通前凡四。尸乃食。食訖，王更酌朝踐之泛齊以酳尸，所謂朝獻。大宗伯更酌饋獻之緹齊以亞酳，所謂再獻。通前凡六。又有諸臣爲賓之一獻，凡七。其尸酢諸臣之酒，皆用三酒。其法如祫祭之禮。畢獻之後，天子舞六代之樂。」

小宗伯逆齍，逆齍，受饎人之盛以入。春官。

大宗伯奉齍，疏曰：「齍謂黍稷。天地當盛以瓦簋。」春官。

大司徒奉牛牲。奉，猶進也。疏曰：「按國語，郊之事有全脀。若然，則郊事先全脀後豚解也。」地官。

奉稷牛同。

楊氏曰：「奉盛、奉牲，皆正祭獻爵之時也。但周禮獻天爵數，經無所考，惟疏家及通典之說可見大略。近世祀天神、祭地祇、享宗廟，通用三獻之禮，恐未爲正。嘗聞富鄭公家祭用三獻，程子謂之曰：『禮有九獻，樂有九變，公上公之家，三獻太薄。』夫大臣用三獻之禮以享其祖考，君子猶謂其太薄，况人主躬行祀天之大禮而只用三獻，可乎？」

右祀天禮始終之序。

大祝辨六號，一曰神號。凡大禋祀，執明水火而號祝。明水火，司烜所共日月之氣，執之號祝，明此圭潔也。春官。陳氏曰：「神號，如曰昊天上帝也。」「皇皇上天，照臨下土。集地之靈，降甘風雨。禮運曰：「地秉陰竅於山川。」庶物群生，各得其所。靡今靡古。言覆施均。維予一人某，敬拜皇天之祜。古祝辭則云「嗣王某」，或曰「一人某」。王者親告之辭也。維某年、某月、上日。」年，謂太歲所在；月，正月也。大戴禮記公符篇。思文，后稷配天也。「思文后稷，克配彼天。立我烝民，莫匪爾極。貽我來牟，帝命率育。叶日逼反。無此疆爾界，叶訖力反。陳常于時夏。」朱子曰：「賦也。思，語辭。文，言有文德也。立，粒通。極，至也，德之至也。貽，遺也。來，小麥。牟，大麥也。率，徧育養也。」言后稷之德真可配天，蓋使我烝民得以粒食者，莫非其德之至也。且其貽我民以來牟之種，乃上帝之命，以此徧養下民者。是以無有遠近、彼此之殊，而得以陳其君臣父子之常道於中國也。或曰此詩即所謂「納夏」者，亦以其有時夏之語而命之也。周頌。楊氏曰：「生民，詩序言尊祖配天，而朱子以爲未詳所用，疑其爲郊祀之後，受釐頒胙之禮。今不備載。又昊天有成命，詩序言郊祀天地，而朱子亦辨其不然。」説見祀地禮。大祝既祭，令徹。疏曰：「祭訖，大祝命徹祭器。」春官。楊氏曰：「周禮以徹祭爲重，觀宗廟歌雍以徹可見矣。况敬天之誠純亦不已，令徹於終，其禮尤嚴，所以防人心之懈怠也。」

右祭天祝辭、樂章。

郊特牲疏曰：「先儒説郊，其義有二。按：王肅聖證論以天體無二，而鄭氏謂天有六者，指其尊極清虚之體，其實是一；論其五時生育之功，其別有五。以五配一，故爲六天。又春秋緯，紫微宮爲大帝，又云太微宫有五帝座星，青帝曰靈威仰云云，是五帝與大帝六也。又五帝亦稱上帝，故孝經曰「嚴父莫大於配天」，下即云「宗祀文王於明堂以配上帝」。帝若非天，何得云嚴父配天也？而賈逵、馬融、王肅之等，以五帝非天，唯用家語之文，謂太皞、炎帝、黄帝、少皞、顓頊五人帝，其義非也。故周禮司服云：『王祀昊天上帝，則服大裘而冕，祀五帝亦如之。』五帝若非天，何爲同服大裘？又小宗伯云：『兆五帝於四郊。』禮器云：『饗帝於郊，而風雨節、寒暑時。』帝若非天，焉能令風雨節、寒暑時？」唐永徽二年，長孫無忌奏請革鄭玄六天議，事見唐郊祀下。

陳氏禮書曰：「周禮有言祀天，有言祀昊天上帝，有言上帝，有言五帝者。言天，則百神皆預；言昊天上帝，則統乎天者；言五帝，則無預乎昊天上帝；言上帝，則五帝兼存焉。周官司裘：掌爲大裘，以共王祀天之服；典瑞：四圭有邸，以祀天；大司樂：若樂六變，天神皆降；凡以神仕者，以冬日至致天神。此總天之百神言之也。大宗伯：以禋祀祀昊天上帝；司服：大裘而冕，以祀昊天上帝。此指統乎天者言之也。司服言祀昊天上帝，祀五帝亦如之，則五帝異乎昊天上帝也。大宰：祀五帝，掌百官之誓戒，祀大神示亦如之，則五帝異乎大神也。肆師：類造上帝，封於大神，則上帝又異乎大神也。掌次：大旅上帝，張氊案，設皇邸，祀五帝張大次、小次，則上帝異乎五帝也。典瑞：四圭有邸，以祀天，旅上帝，則上帝異乎天也。『上帝』之文，既不主於天與昊天上帝，又不主於五帝；而典瑞『旅上帝』對『旅四望』言之，『旅』者，會而祭之之名，則上帝非一帝也。上帝非一帝，而周禮所稱『帝』者，昊天上帝與五帝而已，則上帝爲昊天上帝及五帝明矣。孝經曰：『郊祀后稷以配天，宗祀文王於明堂，以配上帝。」則明堂之祀上帝，其爲昊天上帝及五帝可知也。易曰：『先王以作樂崇德，殷薦之上帝，以配祖考。』以配祖者，天也；以配考者，兼五帝也。合天與五帝而謂之上帝，則易、孝經之於周禮，其義一矣。周禮明其祀之大小輕重，故天、帝之辨如此。詩、書之文未嘗有稱五帝，而書亦未嘗有稱昊天上帝者，其稱天及上帝，類皆泛言之而已，此固不可援之以議周禮也。且周人明堂之制，有金、木、水、火、土之五室。自漢以來，皆於五室以祭五帝。惟晉泰始及唐顯慶中嘗議除之，後亦遂復。則明堂之祀五帝，其來遠矣。鄭康成以上帝爲五帝，而不及天；王肅以上帝爲昊天上帝，而不及五帝。二者之說，皆與禮經不合，不足信也。昊天上帝之名，歷代不同。漢初曰上帝、曰泰一；元始間曰皇天上帝；魏初元間曰皇皇天帝；梁曰天皇大帝。惟西晉、後齊、後周、隋、唐乃曰昊天上帝。而鄭氏以星經推之，謂昊天上帝即天皇大帝，名雖不同，其實一也。今之南郊，既以昊天上帝位乎其上，而壇第一等又有天皇大帝。是離而兩之也，宜講求以正之。」

又曰：「五帝與昊天同稱帝，不與昊天同稱天。猶諸侯與天子同稱君，不與天子同稱王。周官祀五帝之禮，有與天同，以極其隆；有與天異，以致其辨。故皆禋祀，皆服大裘，此其所同也；祀帝於圜丘，兆五帝於四郊，此其所異也。鄭氏之徒謂四圭之玉、黄鍾大吕之樂，夏至以祀感帝於南郊；蒼璧之玉、六變之樂，冬日至禮天皇大帝在北極者於圜丘。天皇大帝，耀魄寶也；五帝，太微之帝也。晉書天文志：中宫鉤陳口中一星曰天皇大帝，其神耀魄寶。史記天官書：太微三光之庭，其内五星五帝座。分郊與丘，以異其祀，別四帝與感帝，以異其禮。王肅嘗考之矣。然肅合郊、丘而一之則是，以五帝爲人帝則非。夫有天地則有五方，有五方則有五帝。月令之五人帝，伏犧、神農、黄帝、少昊、顓頊而已。春大皞，夏炎帝，中央黄帝，秋少皞，冬顓頊。魏相曰：「太皞乘震，執規，司春。炎帝乘離，執衡，司夏。少皞乘兑，執矩，司秋。顓頊乘坎，執權，司冬。黄帝乘坤、艮，執繩，司下土。」素問謂春，陽氣柔而中矩；秋，陰升，陽氣降，有高下而中衡；冬，陽氣居下而中權。然則魏相言五帝之所司，則是；言五帝之所執，以夏爲衡，以秋爲矩，則誤矣。果以是爲五帝，則前此其無司四時者乎？古者，祀五帝必配以五人帝，從以五人臣。月令之五人臣：春勾芒，夏祝融，中央后土，秋蓐收，冬玄冥。春秋傳曰：「少皞氏有四叔：曰重、曰該、曰脩、曰熙。重爲勾芒，該爲蓐收，脩及熙爲玄冥。顓頊氏有子曰黎，爲祝融。共工氏有子曰勾龍，爲后土。」然即太皞、少皞，以春秋之氣言之也；炎帝，以火土之性色言之也。萬物之象勾芒於春，而其氣祝融於夏，其榮也以秋而蓐，其發也以秋而收；色以冬而玄，體以冬而冥，后土居中央以君之。此五人帝、五人臣命名之不同也。春、夏、秋、中央之臣，皆一人耳。而冬有脩與熙者，蓋冬於方爲朔；於卦爲艮，於腎有左、右，於器有權、衡，於物有龜、蛇，於色有青、黑，則官有脩、熙，宜矣。司馬遷不紀少皞，以黄帝、顓頊、高辛、唐、虞爲五帝；孔安國以少昊、顓頊、高辛、唐、虞爲五帝，其説與四時、五行之理不合，當以月令爲正。」

程子曰：「六天之説起於讖書，鄭玄之徒從而廣之，甚可笑也。帝者，氣之主也。東則謂之青帝，南則謂之赤帝，西則謂之白帝，北則謂之黑帝，中則謂之黄帝。豈有上帝而別有五帝之理？此因周禮言『祀昊天上帝』，而後又言『祀五帝亦如之』，故諸儒附此説。」又曰：「六天之説，正如今人説六子，乾坤之外，甚底是六子？譬如人之四肢，只是一體耳，學者大惑也。」

朱子語録曰：「問：『而今郊祀也都祀許多帝？』曰：『周禮説上帝，是總説帝。説五帝，是五方帝。説昊天上帝，只是説天。鄭氏以昊天上帝爲北極，看得不是恁地。北極星只是言天之象，且如太微是帝之庭，紫微是帝之居。紫微便有太子、后妃許多星，帝庭便有宰相、執法許多星。又有天市，亦有帝座處便有權、衡稱斗星。』又問：『今郊祀也祀泰一？』曰：『而今都重了。漢時泰一便是帝，而今添了帝多，都成十帝。如一國三公尚不可，況天而有十帝。』」

楊氏曰：「愚按，程、朱二先生之言，則天帝一也。以一字言，則祀天、饗帝之類；以二字言，則格於皇天、殷薦上帝之類；以四字言，則惟皇上帝、昊天上帝、皇天上帝之類；以氣之所主言，則隨時隨方而立名，如青帝、赤帝、黄帝、白帝、黑帝之類。其實則一天也。是以前乎鄭康成，如鄭衆、如孔安國注書，並無六天之説；鄭康成後出，乃分爲六天，又皆以星象名之，謂昊天上帝者北辰也，謂五帝者太微宫五帝座星也。夫在天成象，在地成形，草木非地，則星象非天，天固不可以象求也。以象求天，是何異於知人之有形色、貌象，而不知其有心君之尊也？況又附以緯書，如北辰曰耀魄寶之類，繆妄不經，莫此爲甚！且鄭於此章注云：『皇天上帝亦名昊天上帝。』既已知其爲一矣，及考月令『季夏』、『季冬』兩處有『皇天上帝』之文，鄭氏又析而爲二，以皇天爲北辰耀魄寶，以上帝爲太微五帝。隨意曲説，前後乖違。以此釋經，有同兒戲，是以王肅群儒引經傳以排之。至晉泰始初，始合六天爲一，而併圜丘於郊，似矣。然又謂五帝非天，而用家語之文，謂太皞、炎帝、黄帝五人帝之屬爲五帝，則非也。夫有天地則有五行、四時，有五行、四時則有五帝。帝者，氣之主也。易所謂『帝出乎震』之類是也。果以五人帝爲五帝，則五人帝之前，其無司四時者乎？鄭則失矣，而王亦未爲得也。夫祀天、祀五帝，皆聖人制禮之條目，非如鄭氏分天以爲六也。天猶性也，帝猶心也。五帝猶仁、義、禮、智、信之心，隨感而應者也。是故『四圭有邸，以祀天、旅上帝』。祀天專言天者，尊天之辭也。有故而祭，則曰『旅』，所以聽命於帝，以主宰言之也。『王祀昊天上帝，則服大裘而冕，祀五帝亦如之。』昊天上帝者，天之大名也；五帝，分王於四時者也；祀五帝於四郊亦如之，所以致四時生物之功也。聖人制禮之條目，各有深意，其實則一天也。」

右諸儒言祀天、祀帝之名稱。

曲禮：「天子祭天地。」疏曰：「天子祭天，其天有六。祭之，一歲有九：昊天上帝，冬至祭之，一也；蒼帝靈威仰，立春之日祭之於東郊，二也；赤帝赤熛怒，立夏之日，祭之於南郊，三也；黄帝含樞紐，季夏六月土王之日，亦祭之於南郊〔三〕，四也；白帝白招拒，立秋之日祭之於西郊，五也；黑帝叶光紀〔三〕，立冬之日祭之於北郊，六也；王者各稟五帝之精氣而王天下，於夏正之月祭於南郊，七也；四月，龍星見而雩，總祭五帝於南郊，八也；季秋大饗五帝於明堂，九也。」

孫宣公奭曰：「歲九祭皆主於天，至日圜丘，正月祈穀，五時迎氣，孟夏雩，季秋饗。惟至日其禮最大，故稱曰『昊天上帝』。」

程子曰：「古者，一年之間祭天甚多，春則因民播種而祈穀，夏則恐旱暵而大雩，以至秋則明堂，冬則圜丘，皆人君爲民之心也。凡人子不可一日不見父母，人君不可一歲不祭天。豈有三年一親郊之理！」

朱子曰：「凡説上帝者，總昊天上帝與五帝言之，皆稱上帝也。如周禮歲有九祭，其四爲祭天，其一爲祭五帝，其禮若不同矣。易則但説享上帝，未嘗分别，如曰『聖人亨以享上帝』、『殷薦之上帝，以配祖考』。以此觀之，凡説上帝者，是總説帝也。」

楊氏曰：「愚按，注疏言周禮一歲九祭天，孫奭亦言歲有九祭，但注疏正月郊謂祭感生帝，孫奭正月郊謂祈穀，二説不同。何也？注疏言祭感生帝，出於緯書。孫奭言正月祈穀，經有明證。學者以聖經爲信，可也。又注疏言季秋明堂及孟夏大雩爲合祭五帝，以經考之，孝經曰：『郊祀后稷以配天，宗祀文王於明堂，以配上帝。』上帝即天也，未聞有合祭五帝之説也。故程子以秋明堂、冬圜丘、春祈穀、夏大雩，四者皆祭天，斯言不可易矣。注疏以正月郊爲祭感生帝，以季秋明堂、孟夏大雩爲合祭五帝，九祭之中，已失其三矣。惟冬至圜丘祭昊天上帝，立春祭蒼帝，立夏祭赤帝，季夏祭黄帝，立秋祭白帝，立冬祭黑帝，六者庶幾得之。而耀魄寶、靈威仰等名，又汩之以讖緯之説，則六者又胥失之矣。」詳見九祭本篇。

右諸儒言古天子一歲祭天之數。

記：「郊之祭，大報天而主日，配以月。」主日者，以其光明，天之神莫著焉。

晉大興中，太常賀循言：「郊壇之上，尊卑雜位，千五百神，去聖久遠，先代損益不同，皆無顯據，疑非古聖掃地之意。」

朱子曰：「古時天地定是不合祭，日月、山川、百神亦無同合一時祭享之禮。當時禮數也簡，儀從也省，必是天子躬親行事，豈有祭天便將許多百神一齊排作一堆都祭？只看郊臺階級，兩邊是踏道，中間自上排下都是神位，更不通看。」

楊氏曰：「愚按，禮家或謂郊祀上帝則百神從祀，然乎？曰：郊之祭也，大報天而主日，配以月，傳記屢言之。竊意垂象著明，莫大乎日月。日月之明，即天之明也。故祭天而主日，配以月，非必百神悉從祀也。月令仲夏大雩帝，大雩之後，乃命百縣雩祀百辟卿士；季秋大饗帝，大饗之後，乃使有司嘗群神，告備於天子。先後輕重，固有節文矣。以此類推之，祀天之後乃祭百神，蓋可知也。莫尊於天，莫重於郊祀，精一以享，惟恐誠意之不至，豈容混以百神之祀乎？舜之嗣位也，肆類于上帝，而後禋于六宗，望于山川，徧于群神，非類于上帝之時合祀六宗、百神也。告祭之禮簡矣，猶有先後之序，況郊祀大禮乎？大司樂言『樂六變則天神皆降』者，至和感召，融液貫通，上帝降鑒，而百神皆降，猶鑾輿順動而千官景從者，理也。禋祀則專主乎昊天上帝，不容混也。按三正記曰：『郊後必有望。』又『凡以神仕者，以冬日至祭天神人鬼』。注云：『致人鬼於祖廟。』蓋用祭天之明日，恐百神亦然也。後之言禮也，失於講明。後漢建武元年，采用前漢元始中合祭天地、六宗，群神從祀。二年正月，制郊兆於雒陽城南七里泰壇之上，至一千五百一十四神，不亦褻乎！晉賀循已疑其非古人掃地而祭之意，此固君子之所不取也。」

右諸儒言郊祭群神從祀之是非。

周禮夏官節服氏〔三四〕：「郊祀，裘冕二人，執戈，送逆尸，從車。」裘冕者，亦從尸服也。裘，大裘也。從車，從尸送逆之往來。疏曰：「尸服與王同，大裘；節服氏亦大裘，故二人皆裘冕執戈送逆尸。云『從車』者，送逆皆從尸車後。」

橫渠張氏曰：「節服氏言郊祀送逆尸，從車，則祀天有尸也。天地、山川之類非人鬼者，恐皆難有尸。節服氏言郊祀有尸，不害后稷配天而有尸也。」

楊氏曰：「愚按，宗廟祭享有尸、有主者，聖人原始反終，而知死生之說。故設主、立尸爲之廟貌，所以萃聚祖考之精神，而致其來格也。若天地、山川之類，形氣常運而不息。有形氣則有神靈，祭祀感通，其應如響，又焉用立尸爲哉？周官太宰：『及祀之日，贊玉、幣、爵之事。』謂玉、幣所以禮神，王親自執玉、幣奠於神座，又親酌以獻神，如是而已。曲禮疏有說祀天無尸，古人蓋知祀天之不必有尸矣。經傳所述宗廟有尸者多矣，未有言祭天之尸者，惟尚書大傳有『帝入唐郊丹朱爲尸』之說。左氏傳述晉祀夏郊之事，始末爲詳，初無董伯爲尸之說，而國語乃言之。其言不經，難以據信。張子曰：『天地山川之類，非人鬼者，皆難有尸。節服氏送逆尸從車，不害后稷配天而有尸也。』斯言也，非通於幽明之故者，其孰能知之？」

右諸儒言郊祀之尸。

通典：周制，冬日至祀天於地上之圜丘。爾雅云：「非人爲謂之丘。」大宗伯以禋祀祀昊天上帝，鄭云：「冬至祭天圜丘，所祀天皇大帝。」禮神之玉以蒼璧，其牲及幣各隨玉色。蒼璧禮天，其尺寸文闕。放其器之色，象天色也。牲用一犢，幣用繒，長丈八尺。王服大裘，其冕無旒。鄭司農云：「大裘，黑羔裘。既無采章，則冕亦無旒也。」尸服亦然。以天體質，故王大裘以象之。既尸爲神象，宜與王服同也〔三五〕。周禮：郊祀，二人裘冕送逆尸。又士師職：祀五帝則沃尸。乘玉路，錫，樊纓十有再就，建太常十有二斿以祀。鐏及薦菹醢器並以瓦，爵以匏片爲之。以稾秸及蒲，但翦頭不納，爲藉神席。所謂蒲越稾秸，稾秸藉天神，蒲越藉配帝。配以帝嚳。鄭玄以爲禘大於郊，嚳尊於稷，故注大宗伯，言圜丘以嚳配之。其樂，大司樂云：「凡樂，圜鍾爲宫，黄鍾爲角，太蔟爲徵，姑洗爲羽。靁鼓靁鼗，孤竹之管，雲和之琴瑟，雲門之舞，冬日至，於地上之圜丘奏之。若樂六變，則天神皆降，可得而禮矣。」圜鍾，夾鍾也。夾鍾生於房、心之氣。房、心爲大辰，天帝之明堂。黄鍾生於虚、危之氣，虚危爲宗廟。以此爲宫，用聲類求之〔三六〕。靁鼓，八面鼓。孤竹，竹特生者。雲和，山名也。其感生帝，大傳曰：「禮，不王不禘，王者禘其祖之所自出，而以其祖配之。」大祭曰禘，謂郊祭天。王者先祖皆感太微五帝之精以生。其神名，春秋緯云：蒼則靈威仰，赤則赤熛怒，黄則含樞紐，白則白招拒，黑則叶光紀。皆用正歲之正月郊祭之〔三七〕，蓋特尊焉。孝經云「郊祀后稷以配天」，配靈威仰也；「宗祀文王於明堂以配上帝」，泛配五帝也。因以祈穀。左傳曰：「郊祀后稷，以祈農事。」其壇名泰壇，祭法：「燔柴於泰壇。」在國南五十里。司馬法：「百里爲遠郊，五十里爲近郊。」禮神之玉，用四圭有邸，尺有二寸。牲用騂犢，青幣，配以稷。其配帝牲亦騂犢。即稷牛。其樂，大司樂云：「乃奏黄鍾，歌大吕，舞雲門，以祀天神。」以黄鍾、大吕之聲爲均也。黄鍾，陽聲之首。大吕爲之合。奏之以祀天神，尊之也。日用辛。禮記及春秋：魯郊於建子月，日用辛。又，王者必五時迎氣，以示人奉承天道，從時訓人之義。故月令於四立日及季夏土德王日，各迎其王氣之神於其郊。其配祭以五人帝：春以太皞，迎氣如迎春。祀靈威仰於東郊，以太皞伏羲氏配座是也。夏以炎帝，季夏以黄帝，秋以少皞，冬以顓頊。其壇位各於當方之郊。去國五十里内曰近郊，爲兆位，於中築方壇，亦名曰泰壇而祭之。

如其方壇者，以其取象當方，各有方所之義。按，昊天上帝，天之總名，所覆廣大，無不圜匝，故奠蒼璧，其神位曰圜丘，皆象天之圜匝也。餘五帝則各象其方氣之德，爲珪、璋、琥、璜之形。祭法謂其神位以泰壇，是人力所爲，非自然之物。以其各有方位，故名方壇。禮神之玉，按大宗伯云：「青珪禮東方，赤璋禮南方，黄琮禮地，則中央也；白琥禮西方，玄璜禮北方。」禮神者必象其類，珪鋭，象春物初生也〔三八〕。半珪曰璋，象夏物半死也〔三九〕。琮八方，象地也。琥猛，象秋嚴也。半璧曰璜，象冬閉藏也。地上無物，惟見半天耳。牲用犢及幣，各隨其玉色。樂與感帝同。即大司樂「祀天神」之樂也。祭前期十日，王親戒百官及族人。太宰又總戒群官曰：「某日，有事於昊天上帝，各揚其職。百官廢職，服大刑。」乃習射於澤宮，選可與祭者。其容體比於禮，其節奏比於樂，而中多者得與於祭。比音毗志反。其日，王乃致齊於路寢之室。散齊七日，致齊三日。祭日之晨，鷄人夜呼晨以叫百官，巾車鳴鈴以應鷄人。典路乃出玉輅，建太常。大司樂既宿懸，遂以聲展之，知完否。王將出，大司樂令奏王夏。王所過處之人，各於田首設燭以照於路。所謂「鄉爲田燭」，恐王向郊之早也。又喪者不哭，凶服者不敢入國門。祭前，掌次先於丘東門外道北設大次、小次，次，謂幄也。大幄，初往所止居也。小幄，既接祭退俟之處。祭義：周人祭日以朝及闇。雖有强力，孰能支之？是以退俟，與祭諸臣代有事焉。掌次張氈案，設皇邸。謂於次中張氈牀，牀後設板屏風，其上染鳥羽象鳳凰色以覆之以爲飾，是也。王服大裘而立於丘之東南，西面。大司樂奏圜鍾爲宫以下之樂以降神。若感生帝及迎氣，則奏黄鍾以下之樂。次則積柴於丘壇上，謂積柴及牲體、玉帛。王親牽牲而殺之。太宰職論祭天禮有云：「及納亨，贊王牲事。」鄭玄云：「納亨，牲將告殺，謂祭之晨也。既殺以授亨人，凡大祭祀，君親牽牲，大夫贊。」次則實牲體、玉帛而燔之，謂之禋祀。以周人尚臭，烟氣之臭聞者，所以報陽也。韓詩外傳曰：「天子奉玉升柴，加於牲上而燔之。」次乃埽於丘壇上而祭，尸服裘而升丘也。王及牲、尸入時，樂章奏王夏、肆夏、昭夏。大司樂云：「王出入奏王夏，尸出入奏肆夏，牲出入奏昭夏。」但用夾鍾爲宫耳。就坐時，尸前置蒼璧，又薦籩豆及血腥等，爲重古之薦。鄭玄注大司樂云：「先作樂致神，然後禮之以玉而祀之。」禮器云：「郊血大饗腥。」王乃以匏片爲爵，酌瓦甒之泛齊以獻尸，爲朝踐之獻。鄭玄注司尊彝云：「唯有事於太廟，備五齊三酒。」故崔靈恩推之，以爲圜丘明用五齊，餘感帝、迎氣、神州等並自醴齊而下，四齊而已。不用圭瓚而用陶匏者，物無以稱天之德，故但取天地之性。五齊，五齊之中，泛齊味尤濁重。古貴質，故於大祭用之。餘見祭天酒齊條下。七獻。宗廟九獻，而天神七獻者，宗廟之祭通數。尸未入前，王及后於奥中，先行貳祼以降神，次七獻，故有九也。天地大神至尊不祼者，以其莫可稱焉者也，故七獻而已。又按，郊丘禮闕，無文以書，唯大宗伯、司尊彝所陳酒齊，鄭玄及鄭衆皆以爲宗廟之禮，今約司尊彝酌獻五齊之次以爲説。詳見祀天終始之序條下。畢獻之後，天子舞六代之樂。若感帝及迎氣，即天子舞當代之樂。其樂章用昊天有成命也。古制，天子親在舞位。説曰：「郊丘之説，互有不同，歷代諸儒，各執所見，雖則争論紛起，大凡不出二塗：宗王子雍者，以爲天體唯一，安得有六？圜丘之與郊祀，實名異而體同。所云帝者，兆五人帝於四郊，豈得稱之天帝，一歲凡二祭也？宗鄭康成者，則以天有六名，歲凡九祭，蓋以祭位有圜丘、泰壇之異，用樂則黄鍾、圜鍾有差，牲乃騂、蒼色殊，玉則四珪、蒼璧。祭名且同稱禋祀，祭服又俱用大裘。略舉大綱，不復悉數。恭惟國章，並行二禮，可謂叶於時宜矣。歷代所行，亦參二禮異同之論。」

按：古者郊天之禮，其制度、品節參見於經傳諸書，惟祭法首章言四代配天之祖，郊特牲「郊之祭也」一章，言郊之義數，儀文未備，而其他之載於二禮諸書者，多通言祭天，非直郊祀也。且或散見於百官之職掌，如玉人、典瑞只説禮神之玉，酒人只説酒齊，典路只説車輅，司服只説祭服之類。或錯見於禮經之總論，如禮運、禮器、郊特牲、祭法等篇所言祭祀，或通論郊社，或通説天神地祇人鬼之類。披紛散軼，未有能會通其綱目之詳，次第其始終之序者。惟杜氏通典首段叙致頗有條理。然禮經簡略，杜氏所叙多以注疏之意補之，而注疏之説乖異多端。蓋經之所言，曰「天」、曰「上帝」、曰「五帝」，而鄭康成以爲有六天，王子雍以爲天一而已。二家之説，於天之名義尚復差異如此，則其所言禮文之節奏，以補正經之所未備者，果可盡信乎？王、鄭俱生於去聖千載之後，各以其學臆爲之説。然王説正大，鄭説穿鑿，先儒嘗備言之矣。通典蓋一遵鄭注，而又不敢廢王説者也，是以論其事於本段之末。至近世，三山信齋楊氏得考亭、勉齋之遺文奥義，著爲祭禮一書，始蒐輯經傳之散漫者而會通之，而祀天之禮物、樂舞與其行事始終之序，可以概見。辨析諸儒議論之同異者而折衷之，而天帝之名稱、祀數之多寡，從祀尸、主之有無，可以理推。詞義正大，訂核精深，足爲千載不刊之典。然其所述一本經文，不復以注疏之説攙補。故經之所不及者，則闕略不接續，又似不如通典此段之通暢易看。故以楊氏祭禮及所採諸儒辨正議論，具列於先，而復採通典所述於後，以備見古人祀天之禮文云。

校勘記

〔一〕稍用其姓代先後之次　「代」原作「氏」，據禮記祭法阮元校勘記改。

〔二〕郊祀上帝　「上帝」，詩經周頌昊天有成命作「天地」。

〔三〕而民化王嚴上故也　「王」原作「主」，據元本、慎本、馮本及禮記郊特牲疏改。

〔四〕謂有日月星辰之象　「象」原作「章」，據禮記郊特牲疏改。

〔五〕則　「則」字原作「明」，據禮記郊特牲疏改。

〔六〕其禮儀可得聞乎　「儀」原作「何」，據孔子家語卷七郊問改。

〔七〕被袞象天　「袞」，孔子家語卷七郊問作「衮」。

〔八〕君南鄉於北牖下　「牖」，禮記郊特牲作「墉」。

〔九〕皆致嚴於尊而郊禮於卑也　「禮」原作「祀」，據禮書卷八八改。

〔一〇〕明此幣既非禮神之幣　上「幣」字原脱，據周禮大宗伯疏補。

〔一一〕全其牲體而升之　「體」原作「化」，據國語周語中改。

〔一二〕是郊有血也　五字原脱，據禮記禮器疏補。

〔一三〕後設腥與爓熟　「爓」字原脱，據禮記禮器疏補。

〔一四〕此覆説上文帝牛不吉而取稷牛之事　「覆説」二字原倒，據禮記郊特牲疏乙正。

〔一五〕又以畫布巾冪六彝　「巾」字原脱，據周禮冪人補。

〔一六〕簡八反　「八」原作「入」，據經典釋文卷一二禮記音義改。

〔一七〕我后稷盛菹醢之屬　「屬」原作「薦」，據詩經大雅生民箋改。

〔一八〕當于豆者于登者　「于登者」三字原脱，據詩經大雅生民箋補。

〔一九〕角即桓矣　「桓」原作「短」，據周禮典瑞疏改。

〔二〇〕希讀爲絺或作黹字之誤　周禮司服阮元校勘記謂，據賈公彦疏：「鄭君讀『希』爲『黹』，此處當作『希』讀爲『黹』，或作『絺』，下文『希以』、『希刺』二『希』皆當作『黹』。」

〔二一〕故衣繢也　四字原脱，據周禮司服疏補。

〔二二〕公卿服織文矣　「織」原作「繡」，據通典卷六一禮典二十一改。

〔二三〕爲軷壇厚三寸　「寸」原作「尺」，據元本、慎本、馮本及周禮大馭疏改。

〔二四〕大史讀禮書　「讀」原作「公」，據周禮小史疏改。

〔二五〕春官　「春」原作「天」，據馮本改。

〔二六〕給洗浴　「洗」，元本、慎本及周禮鬯人皆作「淬」。

〔二七〕傳　按下文見禮記郊特牲，疑此處「傳」爲「記」之誤。

〔二八〕聲旦警衆也　「旦」原作「且」，據元本、慎本、馮本改。

〔二九〕大祭祀天地宗廟酌　「酌」原作「皆」，據周禮小臣疏改。

〔三〇〕至而授之　「至」字原脱，據周禮太宰疏補。

〔三一〕故鄭注小宰云　「小」上原衍「云」字，據禮記郊特牲疏删。

〔三二〕亦祭之於南郊　「於」字原脱，據禮記曲禮疏補。

〔三三〕黑帝叶光紀　「叶」原作「汁」，據禮記曲禮疏改。下同。

〔三四〕周禮夏官節服氏　「周」字原脱，據周禮節服氏補。

〔三五〕宜與王服同也　「服同」原作「同服」，據通典卷四十二吉禮一郊天上乙正。

〔三六〕用聲類求之　「用」原作「角」，據周禮大司樂疏、通典卷四十二吉禮一郊天上改。

〔三七〕皆用正歲之正月郊祭之　「正」，原作「王」，據通典卷四十二吉禮一郊天上改。

〔三八〕象春物初生也　「初」字原脱，據周禮大宗伯疏補。

〔三九〕象夏物半死也　「象夏」原作「夏象」，據周禮大宗伯疏乙正。

卷六十九　郊社考二

郊

成王以周公爲有勳勞於天下，命魯公世世祀周公以天子之禮樂，是以魯君孟春乘大路，載弧、韣，旂十有二旒，日月之章，祀帝於郊，配以后稷，天子之禮也。大路，殷之祭天車。弧，旌旂所以張幅也，其衣曰韣。天子之旂畫日月。

趙伯循曰：「郊者，所以事上帝也。魯曷爲之？周公故也。不於日至，避王室也。卜用夏正，於農耕之始也。」

郊特牲疏曰：「魯之郊祭，師説不同，崔氏、皇氏用王肅之説，以魯冬至郊天，至建寅之月，又郊以祈穀。故左傳云『啓蟄而郊』，又云『郊祀后稷，以祈農事』，是二郊也。若依鄭康成之説，則異於此也。魯唯一郊，不與天子郊天同月，轉卜三正，故穀梁傳云：『魯以十二月下辛卜正月上辛；若不從，則以正月下辛卜二月上辛；若不從，則以二月下辛卜三月上辛；若不從，則止。』故聖證論馬昭引穀梁傳以答王肅之難。是魯一郊則止。或用建子之月，則宣三年正月郊牛之口傷是也；或用建寅之月，則春秋左傳云『郊祀后稷，以祈農事』是也。若杜預，不信禮記，不取公羊、穀梁，魯唯有建寅郊天及龍見而雩。」

石林葉氏曰：「明堂位曰：『魯君孟春祀帝於郊，配以后稷；季夏六月，以禘禮祀於太廟。』鄭氏以孟春爲建子之月，季夏爲建巳之月，蓋用周正，非也。郊特牲曰：『郊之祭也，迎長日之至也。』又曰：『郊之用辛也，周之始郊，日以至。』鄭氏謂，證易説以三王之郊，一用夏正，爲建寅之月；迎長日，爲建卯之月，晝夜分，分而日長，以日至爲魯禮，亦非也。且冬至之日，祭天於地上之圜丘，此周之正禮，不可得而易者也。孟春建寅之郊，蓋祈穀之祭爾。魯雖得郊，不得同於天子，是以故，使因周郊之日以次上辛，三卜不從，至建寅之月而止，乃不郊。書於春秋者甚明，則魯郊殆周祈穀之郊而已。故左氏以謂啓蟄而郊，安得孟春爲建子乎？孟春爲建寅，則所謂季夏六月者，建未之月也。郊特牲以郊爲迎長日之至，而謂郊之用辛；周之始郊日以至，正以別魯禮，而鄭氏反之，强以建卯爲日至。甚矣，先儒之好誣也！雜記曰：『孟獻子曰：「正月日至，可以有事於上帝；七月日至，可以有事於祖。」七月而禘，獻子爲之也。』蓋謂魯不得郊日至，故仲孫蔑欲取建未夏至而禘，以配周郊祖，所以記其失，何與六月之禘乎？凡周之政事，大抵皆用夏正。蓋天時有不可亂，故周官每以正歲别之。易説言三王之郊一用夏正爲建寅，亦無據，鄭氏取以爲證，徒以成其説爾。鄭氏本不曉郊、禘之辨，故以冬至之祭爲大禘，以祈穀爲正郊。此其言所以紛紛，雖詩之雍與長發，亦豈得其正也？」

魯人將有事於上帝，必先有事於頖宮。先有事於頖宮，告后稷也。魯以周公之故，得郊祀上帝，與周同告。告者，將以配天先仁也。頖宮，郊之學也。

春秋僖公三十一年夏四月，四卜郊不從，乃免牲，猶三望。三望，分野之星，國中山川，皆因郊祀望而祭之。魯廢郊天而修其小祀，故曰「猶」。猶者，可止之辭。

左氏曰：「牛卜日曰牲。既得吉日，則牛改名曰牲。牲成而卜郊，上怠慢也。望，郊之細也。不郊，亦無望可也。」

公羊子曰：「三卜，禮也；四卜，非禮也。三卜何以禮，四卜何以非禮？求吉之道三。曷爲或言『免牲』，或言『免牛』？免牲，禮也；免牛，非禮也。免牛何以非禮？傷者曰牛。養牲不謹，致有災傷，天不饗用，不得復爲天牲，故以本牛易之。三望者何？望祭也。然則曷祭？祭泰山、河、海。趙伯循曰：「公、穀云四卜非禮，四月不時；左氏、公、穀皆云譏猶三望。卜郊不從而免牲，是知不郊，故不云不郊。」

宣公三年春，王正月，郊牛之口傷，改卜牛。牛死，乃不郊，猶三望。

公羊子曰：「曷爲不復卜？養牲養二，卜帝牲不吉，則扳稷牲而卜之。帝牲在於滌三月，滌，宮名，養帝牲三牢之處也。謂之「滌」者，取其蕩滌潔清。三牢各主一月，取三月一時，足以充其天牲。於稷者唯具是視。」視其身體具，無災害而已，不特養於滌宮，所以降稷尊帝。

成公七年春，王正月，鼷鼠食郊牛角，改卜牛。鼷鼠又食其角，乃免牛。夏五月，不郊，猶三望。

十年夏四月，五卜郊不從，乃不郊。穀梁云：「五卜，强卜也。」

十七年九月辛丑，用郊。

公羊子曰：「九月非所用郊也，郊用正月上辛。」

襄公七年夏四月，三卜郊不從，乃免牲。

左氏：「孟獻子曰：『吾乃今而後知有卜筮。夫郊，祀后稷以祈農事也，是故啓蟄而郊，郊而後耕。今既耕而卜郊，宜其不從也。』」纂例曰：「三卜，禮也；四月，不時也。」

十一年夏四月，四卜郊不從，乃不郊。

定公十五年春，王正月，鼷鼠食郊牛，牛死，改卜牛。夏五月辛亥，郊。五月，不時也。趙氏曰：「予早年常怪鼷鼠食郊牛致死〔一〕。上元二年，因避兵旅於會稽，時有水旱疫癘之苦，至明年而牛災，有小鼠能噬牛，才傷其皮膚，乃無有不死者。」

哀公元年，鼷鼠食郊牛角，改卜牛。夏四月辛巳，郊。

穀梁子曰：「此該郊之變而道之也，於變之中，又有言焉。『鼷鼠食郊牛角，改卜牛』，志不敬也。郊牛日展斛角而知傷，展道盡矣。郊自正月至於三月，郊之時也。夏四月郊，不時；五月郊，不時也。夏之始可以承春；以秋之末承春之始，蓋不可矣〔二〕。九月用郊，用者，不宜用也。在成十七年。郊三卜，禮也；四卜，非禮也；僖三十一年、襄十一年，皆四卜。五卜，强也。成十年，五卜。卜免牲者，吉則免之，不吉則否。牛傷，不言傷之者，傷自牛作也，故其辭緩。宣三年，郊牛之口傷。以牛自傷，故加「之」言緩辭。全曰牲，傷曰牛，未牲曰牛。其牛一也，其所以爲牛者異。已卜日成牲而傷之曰牛；未卜日，未成牲之牛。有變而不郊，故卜免牛也。已牛矣，其尚卜免之，何也？禮，與其亡也，寧有。嘗置之上帝矣，故卜而後免之，不敢專也。嘗置之滌宮，名之爲上帝牲矣，故不敢擅放也。卜之不吉，則如之何？不免，安置之？繫而待，六月上甲始庀牲，然後左右之。庀，具也。待具後牲，然後左右前牛，在我用之，不復須卜，已有新牲故也。周禮：司門掌授管鍵，以啓閉國門，祭祀之牛牲繫焉。然則未左右時，監門者養之。子之所言者，牲之變也。而曰我一該郊之變而道之，何也？我以六月上甲始庀牲，十月上甲始繫牲，十一月、十二月，牲雖有變，不道也。牲有變，則改卜牛，以不妨郊事，故不言其變。疏曰：「上言『子』者，弟子問穀梁子辭。而曰『我』者，是弟子述穀梁子自我之意。」待正月，然後言牲之變，此乃所以該郊。至郊時然後言其變，所必重其妨郊也。子不志三月卜郊，何也？三月，謂十二月、正月、二月也。郊自正月至於三月，郊之時也。有變乃志，常事不書。我以十二月下辛卜正月上辛；如不從，則以正月下辛卜二月上辛；如不從，則以二月下辛卜三月上辛；如不從，則不郊矣。」意欲郊而卜不吉，故曰「不從」。郊必用上辛者，取其新潔莫先也，四月則不時矣。

孔子曰：「我觀周道，幽、厲傷之，吾舍魯何適矣？魯之郊、禘非禮也，周公其衰矣！杞之郊也，禹也；宋之郊也，契也，是天子之事守也。」先祖法度，子孫所當守。

横渠張氏曰：「杞、宋之郊，則爲其二王之後也。魯用天子之禮樂，必是成王之意不敢臣周公，即以二王之後待魯，然而非周公本意也。以成王尊德樂道之心則善矣，伯禽不當受，故曰『魯之郊禘非禮也』。『周公其衰』者，謂周公必不饗其祀。」

三山林氏曰：「春秋郊、望之旨，三傳諸儒之説無得之者，無他，知求小禮而昧於大禮故也。經書郊者九，皆爲有故而書，非因卜不吉而廢郊，則因牲死傷而廢郊。又有不待卜之吉而特郊者，雖牛之死傷而必郊者。因卜不吉而廢郊，則若僖三十一年夏四月、成十年夏四月、襄公七年夏四月、十一年夏四月是也。因牲死傷而廢郊者，則若宣三年正月、成七年正月是也。有不待卜之吉而特郊者，則若成十七年九月辛丑用郊是也。有牛雖死傷而必郊者，則若定十五年正月、哀元年春正月是也。先儒之説，不過罪其屢卜與其養牲不謹爾。不知聖人書郊，乃惡其非禮之大者，至屢卜之瀆、養牲之慢，非春秋所責也。學者欲究聖人之旨，先當斷魯郊之當否，未暇及其瑣瑣也。夫子傷周之衰，禮樂自諸侯出，其言魯之郊、禘，則有『周公其衰』之嘆。豈有天子郊天，諸侯亦郊！天子望祀山川，諸侯亦望！天子禘祖之所出，諸侯亦禘！使諸侯亦可行，則聖人不以禮樂自諸侯出爲傷。自夫子没，漢儒不知道者，但見春秋書魯祭祀多天子之禮，始妄設周賜禮樂之説。所以諸儒不以魯郊爲非，捨其非禮之大者，求其不合禮之小者。魯人既僭竊禮樂，罪莫重焉，就使無四卜、五卜瀆禮之過，則可以郊乎，否乎？又使養牲必謹，不至死傷，則亦可郊乎，否乎？魯人郊、望無時可也，何區區者之足論？然周郊以冬至，而魯用之於啓蟄；天子四望，而魯三之。名爲後時降殺，但竊郊、望之名已有罪矣。譬如商賈冠師儒之冠，庶人服卿相之服，望其容飾，已知其非分越制也。予謂春秋所書之旨，正以有故而不郊者爲幸，無故而郊者爲大罪也。季氏旅於泰山，夫子曰：『曾謂泰山不如林放乎！』泰山有知，必不享季氏之祭，矧上帝而可諂乎？宜乎至於三卜、四卜、五卜不從，鼷鼠屢食其牛，可見天心之不享也。魯人曾不知得罪於天，雖屢卜不從而猶三望，雖牛死而改卜牛，甚者至於用郊，可知僭擬之心不能自已，下破王制，上拂天心，其罪爲大也。聖人發憤作春秋，書其因變故而不郊者僅如此，其餘非卜不從，牛死傷而肆意於僭者，又不知其幾也。深味聖師之旨，曰『猶三望』，曰『乃免牲』，其深矣乎！其微矣乎！學者思之。」

蔣氏曰：「魯不得用天子禮樂，是成王過賜，而伯禽受之非也。夫以伯禽受之爲非，而成王之時，禮典未壞，不應有是過賜之事。識者又從而爲之説曰：『賜非成王，是周之末王賜之也。昔者，魯惠公使宰請郊廟之禮於天子，天子使史角往，止之。使成王之世而魯已郊，則惠公奚請？惠公之請，殆由平王以下也。』是説然矣。自今言之，聖人觀周道而傷幽、厲，論郊、禘而衰周公，則重祭賜魯，豈盛時賢君事？其出於衰世天子、諸侯無疑也。故聖人耻魯之事，而因及杞、宋之郊。杞之郊也，存禹後也；宋之郊也，存商後也。是宜以禹、契而配天。周祀未絶，魯以周公配天，於周公能無愧於后稷、太王、王季、文王乎？是周公之所弗居，故曰『祝嘏莫敢易其常告，是謂大假』。假亦大也。祭之始也，祝以主人之辭而告神；祭之終也，嘏以神之辭而致福於主。今以諸侯僭天子之祭事，不因其常告，則忠孝報反之義、名稱位號之別，將有所紊亂變更而失其宜矣。」

按：先儒論魯郊祀之非，如林少穎謂三傳所譏，捨其非禮之大者，求其不合禮之小者，其論正矣。然遂以爲非出於成王之命，特漢儒見春秋所書，魯祭祀多僭天子之禮，始妄設周賜禮樂之説，至蔣氏遂直以爲出於惠公之請，則愚未敢以爲然。蓋春秋之際，雖諸侯不無上僭，然苟非如楚及吴、越之流，介處蠻貊，自放於禮義之外者，則亦不敢奄然以天子之制自居。雖以五伯盛時，晉侯之請隧，楚子之問鼎，如襄王及王孫滿尚能引正義以責之。不聞晉、楚之君遽至於用隧而求鼎也。僭郊之事，大於請隧、問鼎矣。惠公當平王之時，王室雖弱，其陵夷不至於後來之甚。魯又素爲秉周禮之國，夫子嘗稱其一變可以至道，孰謂惠公於是時而敢以僭郊爲請？王使史角止之而不從，魯由此而僭郊，則惠公之暴橫無君，過於晉文、楚莊矣，决不然也。橫渠以爲成王之意不敢臣周公，故以二王之後待魯，而命以禮樂，特伯禽不當受。此説得之。明堂位：「成王以周公爲有勳勞於天下，命魯公世世祀周公以天子之禮樂，是以魯君孟春乘大路，載弧、韣，十有二旒，日月之章，祀帝於郊，配以后稷，天子之禮也。」祭統：「昔者，周公旦有勳勞於天下，成王、康王追念周公勳勞，而欲尊魯，故錫以重祭。外祭則郊社是也，内祭則大嘗禘是也。」夫所謂祀周公以天子之禮樂者，如樂用宫懸，舞用八佾，以天子所以祭其祖者用之於周公之廟，謂之尊周公可也。至於郊祀后稷以配天，禘者，禘其祖之所自出而以其祖配之，則非諸侯之所當僭。且郊、禘所祀，元未嘗及周公，則何名爲報周公之勳勞而尊之乎？以其祖宗之勳勞，而許其子孫僭天子之禮樂以祭之已非矣。况所祀者乃天子之太祖，而本非有勳勞之臣乎？先儒議此，但謂周公有知，决不歆非禮僭竊之祀，而不知僭郊、僭禘，則其所祀本不及周公，不知成王何名而賜之，伯禽又何名而受之乎？禮運：「孔子曰：『魯之郊、禘，非禮也。周公其衰矣！杞之郊也，禹也；宋之郊也，契也，是天子之事守也。』」橫渠因此遂以爲成王念周公之勳勞，不敢臣之，故以二王之後待魯。往往當時事情，亦是如此。愚嘗因是而考論之，禮制之陵夷，非一朝夕之故，其所由來者漸矣。蓋周之封杞、宋也，以其爲二王之後，俾之修其禮物，作賓於王家，以奉禹、契之祀。而禹、契，天子之祖也，不可以諸侯之太祖祀之，故許其用天子之禮。然特許其用天子之禮祀禹、契之廟，未必許其郊天也。夷王以下，君弱臣强，上陵下僭，杞、宋因其用天子之禮樂於禹、契之廟，而禹、契則配天之祖也，遂併僭行郊祀上帝之禮焉，此夫子所以有「天子事守」之嘆也。至於魯，則周公本非配天之祖，而稷、嚳之祀元未嘗廢，無藉於魯之郊、禘也。乃因其可以用天子之禮樂於周公之廟，而併效杞、宋之尤，則不類甚矣。其後三桓遂至八佾舞於庭，豈無所自而然哉！明堂位首言命魯公世世祀周公以天子之禮樂；又云季夏六月以禘禮祀周公於太廟，牲用白牡，犧象。云云。即此二言觀之，可見當時止許用郊、禘之禮樂以祀周公，未嘗許其遂行郊、禘之祀。後來乃至於禘嚳郊稷、祀天配祖，一一用天子之制，所謂「穿窬不戢，遂至斬關；作俑不止，遂至用人」，亦始謀之未善有以肇之也。左傳：「宋公享晉侯於楚丘，請以桑林，注：桑林，殷天子之樂名。荀罃辭。荀偃、士匄曰：『諸侯魯、宋，於是觀禮〔三〕。魯有禘樂，賓祭用之；宋以桑林享君，不亦可乎？』」乃知魯、宋不特僭天子之禮樂以祀郊、禘，雖燕享賓客亦用之矣。

秦始皇既并天下，以昔文公出獵，獲黑龍，此其水德之瑞。用十月爲歲首，色尚黑，音尚大呂。大呂，陰律之始。東遊海上，禮祀八神。具雜祠篇。二代尊雍四時上帝。春以脯酒爲歲祠禱，因泮凍，秋涸凍，冬賽祠，五月嘗駒，及四中之月月祠。時駒四匹，每時用駒四匹，而春秋異色。木寓龍一駟，寓，寄也，寄生龍形於木也。駟亦四龍。木寓車馬一駟，各如其帝色。黄犢與羔各四，珪、幣各有數，皆生瘞，無俎豆之具。三年一郊，常以十月上宿郊見，秦以十月爲歲首故。上宿，上齋戒也。通權火，張晏曰：「權火，熢火也，狀若井桔槔。其法類稱欲令光明遠照，通於祀所。漢祀五時於雍，五十里一熢火。」師古曰：「凡祭祀通舉火者，或以天子不親至祠所而望拜，或以衆祠各處，欲其一時薦享，宜知早晏，故以火爲之節度也。」拜於咸陽之旁，而衣尚白，其用如常。時經焚書坑儒，後更無典禮，祠享用木寓龍、木寓馬，不知何憑，如此乖謬。

初，秦襄公攻戎救周，始列爲諸侯，居西垂。漢隴西郡西縣，今在秦州上邽縣西南九十里〔四〕。自以爲主少皞之神，作西畤，祠白帝，其牲用騮駒、黄牛、羝羊各一云〔五〕。其後十六年，秦文公東獵汧、渭之間，卜居之而吉。文公夢黄蛇自天下屬地，其口止於鄜衍。鄜，屬馮翊。山阪曰衍。史敦曰：「此上帝之徵，君其祠之。」於是作鄜畤，用三牲郊祭白帝焉。其未作鄜畤也，而雍旁故有吴陽武畤，雍東有好畤，皆廢無祠。或曰，自古以雍州積高，神明之隩，故立畤郊上帝，諸神祠皆聚云。蓋黄帝時常用事，雖晚周亦郊焉。其語不經見，搢紳者不道。作鄜畤後七十八年，秦德公既立，卜居雍。後子孫飲馬於河，遂都雍。雍之諸祠自此興。用三百牢於鄜畤。索隱曰：「百當爲白。秦君西祀少皞，牲尚白牢。秦，諸侯也，雖奢侈僭祭，郊本特牲，不可用三百牢以祭天，蓋字誤也。」德公立二年卒，其後四年〔六〕，秦宣公作密畤於渭南，祭青帝。其後，秦靈公作吴陽上畤，祭黄帝；徐廣曰：「凡去作密畤二百五十年。」作下畤，祭炎帝。索隱曰：「吴陽，地名，蓋在嶽之南。又上云『雍旁有故吴陽武畤』，今蓋因武畤又作上、下畤，以祀黄帝、炎帝。」櫟陽雨金，秦獻公自以爲得金瑞，故作畦畤櫟陽而祀白帝。晉灼曰：「漢注：在隴西西縣人先祠山下，形如種韭畦。」索隱曰：「漢舊儀云：『祭人先於隴西西縣人先山。山上皆有土人，山下有畤，如種韭畦，畦中各有一土封〔七〕，故云畦畤。』」其後百二十歲，而秦滅周。

漢高祖二年，東擊項籍而還入關，問：「故秦時上帝祠何帝也？」對曰：「四帝，有白、青、黄、赤帝之祠。」高祖曰：「吾聞天有五帝，而今有四，何也？」莫知其説。於是高祖曰：「吾知之矣！乃待我而具五也。」乃立黑帝祠，命曰北畤。有司進祠，上不親往。詔曰：「吾甚重祠而敬祭。今上帝之祭及山川諸神當祠者，各以其時禮祠之如故。」

文帝十三年，制曰：「朕賴宗廟之靈、社稷之福，方内艾安，民人靡疾，間者比年登。朕之不德，何以饗此？皆上帝諸神之賜也。蓋聞古者饗其德必報其功，其增諸神祠。」有司議增雍五畤路車各一乘，駕、被具；駕車、被馬之飾皆具。西畤、畦畤寓車各一乘，寓馬四匹，駕、被具。

十四年，詔曰：「朕獲執犧牲、珪幣以事上帝、宗廟十四年於兹，歷日彌長，以不敏不明而久撫臨天下，朕甚自媿。其廣增諸祀壇場珪幣。昔先王遠施不求其報，望祀不祈其福，右賢左戚，先民後己，至明之極也。今吾聞祠官祝釐，皆歸福於朕躬，不爲百姓，朕甚媿之。夫以朕之不德而專享獨美其福，百姓不與焉，是重吾不德也。其令祠官致敬，無有所祈。」

十五年，黄龍見成紀，詔曰：「有異物之神見於成紀，毋害於民，歲以有年。朕幾郊祀上帝諸神。幾，讀曰冀。禮官議，毋諱以朕勞。」無諱以朕爲勞，自言不以爲勞也。有司皆曰：「古者，天子夏親郊，祀上帝於郊，故曰郊。」於是夏四月，帝始幸雍，郊見五畤祠，衣皆尚赤。

十六年夏四月，上郊祀五帝於渭陽祠，所用及儀亦如雍五畤。又採新垣平之説，立渭陽五帝廟。見五帝門。

武帝元光二年，行幸雍，郊見五畤。後常三歲一郊。

後亳人謬忌奏祠泰一方，曰：「天神貴者泰一，泰一佐者五帝。古者，天子以春秋祭泰一東南郊，日一太牢，七日。每日以一太牢，凡七日祭也。爲壇，開八通之鬼道。」於是天子令太祝立其祠長安城東南郊，常奉祠如忌方。其後，人上書言：「古者天子三年一用太牢祠三一：天一，地一，泰一。」天子許之。令太祝領祠之於忌泰一壇上，如其方。

五年〔八〕，郊雍，獲一角獸，若麃然。麃，鹿屬也，形似麞，牛尾，一角。有司曰：「陛下肅祗郊祀，上帝報享，賜一角獸，蓋麟云。」於是以薦五時，時加一牛以燎。

或言：「五帝，泰一之佐，宜立泰一而上親郊之。」上疑未定。齊人公孫卿言黄帝采首山銅，鑄鼎於荆山下，鼎既成，有龍下迎帝上仙事。於是天子曰：「嗟乎！誠得如黄帝，吾視去妻子如脱屣耳。」拜卿爲郎，使東候神於太室。上遂郊雍，至隴西，登崆峒，幸甘泉。令祠官寬舒等具泰一祠壇，祠壇放亳忌太一壇，三陔。五帝壇環居其下，各如其方，黄帝西南，除八通鬼道。泰一所用，如雍一時物，而加醴、棗脯之屬，殺一氂牛以爲俎豆牢具，而五帝獨有俎豆、醴進。其下四方地，爲餟食群神從者及北斗云。已祠，胙餘皆燎之。其牛色白，白鹿居其中，彘在鹿中，鹿中水而洒之。祭日以牛，祭月以羊、彘，特。泰一祝宰則衣紫及繡，五帝各如其色，日赤，月白。十一月辛巳朔旦冬至昒爽，昒音忽，未明之時也。天子始郊拜泰一。朝朝日，夕夕月，則揖；而見泰一如雍郊禮。其贊饗曰：「天始以寶鼎神策授皇帝，朔而又朔，終而復始，皇帝敬拜見焉。」而衣尚黄。其祠列火滿壇，壇旁烹炊具。有司云：「祠上有光。」公卿言：「皇帝始郊見泰一雲陽，有司奉瑄玉、嘉牲薦享，是夜有美光，及晝，黄氣上屬天。」太史令談、祠官寬舒等曰：「神靈之休，祐福兆祥，宜因此地光域立泰時壇以明應。令太祝領秋及臘間祠。三歲天子一郊見。」後嬖臣李延年以好音見，帝善之，下公卿議，曰：「人間祠尚有鼓舞樂，今郊祠無樂〔九〕，豈稱乎？」公卿曰：「古者祠天地皆有樂，而神祇可得而禮。」乃立樂府，以延年爲協律都尉，論律吕，合八音之調，作十九章之歌。以正月上辛，用事甘泉圜丘，使童男女七十人俱歌，昏祠至明。

夜嘗若有神光如流星，止集於祠壇。天子自竹宮遥拜，以竹爲宫，去壇三里。百官侍祠者數百人，皆肅然心動。

郊祀歌十九章：練時日一、帝臨二、青陽三、朱明四、西顥五、玄冥六、惟泰元七、天地八、日出入九、天馬十、元狩三年〔一〇〕，馬生渥洼水中而作。天門十一、景星十二、元鼎五年，得鼎汾陰作。齋房十三、元封二年，芝生甘泉齋房作。后皇十四、華爗爗十五、五神十六、朝隴首十七、象載瑜十八、赤蛟十九。

元封二年冬，郊雍五帝，還拜祝祠泰一。拜而祠之，加祝詞。贊饗曰：「德星昭衍，厥維休祥。壽星仍出，淵耀光明。信星昭見。皇帝敬拜泰祝之享。」

其年秋，有星孛於東井。後十餘日，有星孛於三能。讀曰「台」。望氣王朔言：「候獨見鎮星出如瓜，食頃復入。」有司皆曰：「陛下建漢家封禪，天其報德星云。」德星即鎮星。言天以德星報於帝。

太初二年，有司言：「雍五畤無牢孰具，芬芳不備。」廼令祠官進畤犢牢具，色食所勝，孟康曰：「若火勝金，則祠赤帝以白牲也。」而以木寓馬代駒云。及諸名山川用駒者，悉以木寓馬代，獨行過親祠乃用駒。他禮如故。

宣帝神爵元年，詔曰：「蓋聞天子尊事天地，修祀山川，古今通禮也。間者上帝之祠闕而不親，十有餘年，自大將軍霍光輔政，上恭己南面，非宗廟之祭不出。朕甚懼焉。朕親飭躬齋戒，親奉祠，爲百姓蒙嘉氣、獲豐年焉。」

二年正月，上始幸甘泉，郊見泰畤，數有美祥。修武帝故事，盛車服，敬齋祠之禮，頗作詩歌。

四年，詔曰：「迺者鳳凰、甘露降集京師，嘉瑞並見。修興泰一、五帝、后土之祠，祈爲百姓蒙祉福。鸞鳳萬舉，蜚覽翺翔，集止於旁。齋戒之暮，神光顯著；薦鬯之夕，神光交錯。或降於天，或登於地，或從四方來集於壇。上帝嘉饗，海內承福。其赦天下。」

五鳳元年，上幸甘泉，郊泰畤。

二年，上幸雍，祠五畤。

甘露元年，上行幸甘泉，郊泰畤。

三年，上行幸甘泉，郊泰畤。朝匈奴單于於甘泉宮。

黃龍元年，上行幸甘泉，郊泰畤。

元帝即位，遵舊儀，間歲正月，一幸甘泉，郊泰畤。又東至河東，祠后土；西至雍，祠五畤。凡五奉泰畤、后土之祠。亦施恩澤，時所過毋出田租〔一一〕。

成帝建始元年十二月，作長安南、北郊，罷甘泉、汾陰祠。

帝初即位，丞相匡衡、御史大夫張譚奏言：「帝王之事莫大乎承天之序，承天之序莫重於郊祀，故聖王盡心極慮，以建其制。祭天於南郊，就陽之義也；瘞地於北郊，即陰之象也。天之於天子也，因其所都而各饗焉。往者，孝武皇帝居甘泉宮，即於雲陽立泰畤，祭於宮南。今行常幸長安，郊見皇天，反北之泰陰；祠后土，反東之少陽，事與古制殊。又至雲陽，行谿谷中，阸陿且百里；汾陰則渡大川，有風波舟楫之危，皆非聖主所宜數乘。郡縣治道共張，吏民困苦，百官煩費。勞所保之民，行危險之地，難以奉神靈而祈福佑，殆未合於承天子民之意。昔者周文、武郊於豐、鄗，成王郊於雒邑。由此觀之，天隨王者所居而饗之，可見也。甘泉泰畤、河東后土之祠，宜可徙置長安，合於古帝王。願與群臣議定。」奏可。大司馬、車騎將軍許嘉等八人以爲所從來久遠，宜如故。右將軍王商、博士師丹、議郎翟方進等五十人以爲禮記曰：「燔柴於泰壇，祭天也；瘞薶於泰折，祭地也。」兆於南郊，所以定天位也。祭地於泰折，在北郊，就陰位也。郊處各在聖王所都之南北。書曰：「越三日丁巳，用牲於郊，牛二。」周公加牲，告徙新邑，定郊禮於雒。明王聖主，事天明，事地察。天地明察，神明章矣。天地以王者爲主，故聖王制祭天地之禮必於國郊。長安，聖主之居，皇天所觀視也。甘泉、河東之祠非神靈所享，宜徙就正陽、太陰之處。違俗復古，循聖制，定天位，如禮便。

衡又言：「甘泉泰畤紫壇，八觚宣通象八方。五帝壇周環其下。又有群神之壇。以尚書禋六宗、望山川，偏群神之義，紫壇有文章、采鏤、黼黻之飾及玉、女樂，石壇、僊人祠瘞鸞路、騂駒、寓龍馬，不能得其象於古。臣聞郊柴饗帝之義，埽地而祭，尚質也。歌大吕、舞雲門，以竢天神；歌太蔟、舞咸池，以竢地祇。其牲用犢，其席稾稭，其器陶匏，稭音戛。皆因天地之性，貴誠尚質，不敢修其文也。以爲神祇功德至大，雖修精微而備庶物，猶不足以報功，唯至誠爲可，故尚質不飾，以章天德。紫壇僞飾女樂、鸞路、騂駒、龍馬、石壇之屬，宜皆勿修。」

衡又言：「王者各以其禮制事天地，非因異世所立而繼之。今郊雍、鄜、密、上、下畤，本秦侯各以其意所立，非禮之所載術也。漢興之初，儀制未及定，即且因秦故祠，復立北畤。今既稽古，建定天地之大禮，郊見上帝，青、赤、白、黄、黑五方之帝皆畢陳，各有位饌，祭祀備具。諸侯所妄造，王者不當長遵。及北畤，未定時所立，不宜復修。」天子皆從焉，及陳寶祠由是皆罷。

二年正月辛巳，上始郊祀長安南郊。詔曰：「迺者徙泰畤、后土於南郊、北郊，朕親飭躬郊祀上帝。皇天報應，神光並見，三輔長無共張繇役之勞。漢每上雍祠甘泉，有千乘萬騎。今移祀於南郊、北郊，故無供張繇役也。赦奉郊縣長安、長陵天郊在長安城南，地郊在長安城北長陵界中。二縣有奉郊之勤，故一切並赦之。及中都官耐罪徒，減天下賦錢，算四十。

永始三年冬十月，皇太后詔有司復甘泉泰畤、汾陰后土、雍五畤、陳寶祠。

作南北郊之明年，匡衡坐事免官爵，衆庶多言不當變動祭祀者。又初罷甘泉泰畤作南郊日，大風壞甘泉竹宫，折拔畤中樹木十圍以上百餘。天子異之，以問劉向。向言：「家人尚不欲絶種祠，種祠，繼嗣所傳祠也。況於國之神寶舊畤？且甘泉、汾陰及雍五畤始立，皆有神祇感應，然後營之，非苟而已也。武、宣之世，奉此三神，禮敬敕備，神光尤著。祖宗所立神祇舊位，誠未易動。」上意恨之。後上以無繼嗣，故令皇太后詔有司曰：「蓋聞王者承事天地，交接泰一，尊莫著於祭祀。孝武皇帝大聖通明，始建上下之祀，營泰畤於甘泉，定后土於汾陰，而神祇安之，享國長久，子孫蕃滋，累世遵業，福流於今。今皇帝寬仁孝順，奉循聖緒，靡有大愆，而久無繼嗣。思其咎職，殆在徙南北郊，違先帝之制，改神祇舊位，失天地之心，以妨繼嗣之福。春秋六十，未見皇孫，食不甘味，寢不安席，朕甚悼焉。春秋大復古，善順祀。其復甘泉泰畤、汾陰后土如故，及雍五畤、陳寶祠在陳倉者。」天子復親郊禮如前。

四年春，上行幸甘泉，郊泰畤。

時成都侯王商爲大司馬輔政，杜鄴説商曰：「『東鄰殺牛，不如西鄰之禴祭』，言奉天之道，貴以誠質大得民心也。行穢祀豐，猶不蒙祐，德修薦薄，吉必大來。古者，壇場有常處，燎禋有常用，贊見有常禮。犧牲玉帛，雖備而財不匱；車輿臣役，雖動而用不勞。是故每舉其禮，助者歡説，大路所歷，黎元不知。今甘泉、河東天地郊祀，咸失方位，違陰陽之宜。及雍五畤皆曠遠，奉尊之役，休而復起，繕治供張，無解已時，皇天著象，殆可略知。前上甘泉，先驅失道；禮月之夕，奉引復迷。祠后土還，臨河當渡，疾風起波，船不可御；又雍大雨，壞平陽宮垣，廼三月甲子，震電災林光宮門〔三〕。祥瑞未著，咎徵仍臻。迹三郡所奏，皆有變故。不答不饗，何以甚此！詩曰：『率由舊章。』先王法度，文王以之，交神於祀，子孫千億。宜如異時公卿之議，復還長安南北郊。」

元延元年三月，行幸雍，祠五畤。

二年正月，行幸甘泉，郊泰畤。

時上郊祀甘泉泰畤、汾陰后土，以求繼嗣。召揚雄待詔承明之殿。承明殿在未央門。正月，從上甘泉還，奏甘泉賦以風。甘泉本因秦離宮，既奢泰，而武帝復增通天、高光、迎風，宮外近則洪厓、旁皇、儲胥、弩阹，遠則石關、封巒、枝鵲、露寒、棠梨、師得，遊觀屈奇瑰偉，非木摩而不彫，牆塗而不畫，周宣所考，盤庚所遷，夏卑宮室，唐、虞棌椽，三等之制也。且其爲已久矣，非成帝所造，欲諫則非時，欲默則不能已，故遂推而隆之，廼上比於帝室紫宮，若曰此非人力之所爲，儻鬼神可也。又是時趙昭儀方大幸，每上甘泉，常法從，在屬車間豹尾中。故雄聊盛言車騎之衆，參麗之駕，非所以感動天地，逆釐三神。又言「屏玉女，却虙妃」，以微戒齋肅之事。賦成奏之，天子異焉。

三年，幸雍，祠五畤。

四年，幸甘泉，郊泰畤。

綏和元年，行幸雍，祠五畤。

二年春正月，行幸甘泉，郊泰畤。三月，帝崩。皇太后詔有司曰：「皇帝即位，思順天心，遵經義，定郊禮，天下説憙。懼未有皇孫，故復甘泉泰畤、汾陰后土，庶幾獲福。皇帝恨難之，卒未得其祐。其復南北郊長安如故，以順皇帝之意也。」

哀帝建平三年，寢疾，乃令太皇太后詔有司曰：「皇帝孝順，奉承聖業，靡有懈怠，而久疾未瘳。夙夜唯思，殆繼體之君不宜改作。其復甘泉泰畤、汾陰后土祠如故。」上亦不能親至，遣有司行事而禮祠焉。後三年，帝崩。

平帝元始五年，復南北郊，罷甘泉、汾陰祠。

大司馬王莽奏言：「王者父事天，故爵稱天子。孔子曰：『人之行莫大於孝，孝莫大於嚴父，嚴父莫大於配天。』王者尊其考，欲以配天。緣考之意，欲尊祖，推而上之，遂及始祖。是以周公郊祀后稷以配天，宗祀文王於明堂，以配上帝。禮記：天子祭天地及山川，歲徧。春秋穀梁傳以十二月下辛卜，正月上辛郊。高皇帝受命，因雍四畤起北畤，而備五帝，未共天地之祀。孝文十六年用新垣平，初起渭陽五帝廟，祭泰一、地祇，以太祖高皇帝配。日冬至祠泰一，夏至祠地祇，皆并祠五帝，而共一牲，上親郊拜。後平伏誅，廼不復自親，而使有司行事。孝武皇帝祠雍，曰：『今上帝朕親郊，而后土無祠，則禮不答也。』於是元鼎四年十一月甲子，始立后土祠於汾陰。或曰：『五帝，泰一之佐，宜立泰一。』五年十一月癸未，始立泰一祠於甘泉，三歲一郊，與雍更祠，亦以高祖配，不歲事天，皆未應古制。建始元年，徙甘泉泰畤、河東后土於長安南北郊。永始元年三月，以未有皇孫，復甘泉、河東祠。綏和二年，以卒不獲祐，復長安南北郊。建平三年，懼孝哀皇帝之疾未瘳，復甘泉、汾陰祠，竟復無福。臣謹與太師孔光、長樂少府平晏、大司農左咸、中壘校尉劉歆、太中大夫朱陽、博士薛順、議郎國由等六十七人議，皆曰宜如建始時丞相衡等議，復長安南北郊如故。」莽又頗改其祭禮，曰：「周官天墬之祀，墬，古地字也。樂有別有合。其合樂曰『以六律、六鍾、五聲、八音、六舞大合樂』祀天神，祭墬祇，祀四望，祭山川，享先妣、先祖。凡六樂，奏六歌，而天墬神祇之物皆至。四望，蓋謂日、月、星、海也。三光高而不可得親，海廣大無限界，故其樂同。祀天則天文從，祭墬則墬理從。三光，天文也；山川，地理也。天地合祭，先祖配天，先妣配地，其誼一也。天地合精，夫婦判合。祭天南郊，則以地配，一體之誼也。天地位皆南鄉，同席，地在東，共牢而食。高帝、高后配於壇上，西鄉，后在北，亦同席共牢。牲用繭栗，牛角如繭及栗者，牛之小也。玄酒陶匏。禮記曰：『天子籍田千畝，以事天地。』繇是言之，宜有黍稷。天地用牲一，燔燎瘞薶用牲一，高帝、高后用牲一。天用牲左，及黍稷燔燎南郊；地用牲右，及黍稷瘞於北郊。其旦，東鄉再拜朝日；其夕，西鄉再拜夕月。然後孝弟之道備，而神祇嘉享，萬福降輯。此天地合祀，以祖妣配者也。其別樂曰：『冬日至，於地上之圜丘奏樂六變，則天神皆降；夏日至，於澤中之方丘奏樂八變，則地祇皆出。』天地有常位，不得常合，此其各特祀者也。陰陽之别於日冬夏至，其會也以孟春正月上辛若丁。天子親合祀天地於南郊，以高帝、高后配。陰陽有離合，易曰：『分陰分陽，迭用柔剛。』以日冬至，使有司奉祠南郊，高帝配而望群陽；日夏至，使有司奉祭北郊，高后配而望群陰。皆以助致微氣，通道幽弱。當此之時，后不省方，故天子不親而遣有司，所以正承天順地，復聖王之制，顯太祖之功也。渭陽祠勿復修。群望未悉定，定復奏。」奏可。三十餘年間，天地之祠五徙焉。

漢舊儀：元年祭天，二年祭地，三年祭五帝於五畤，三歲一辨，皇帝自行，群臣從，齋皆百日。他祠不出。祭天紫壇幄帷，高皇帝配天，居堂下西向，紺席。祭天用六綵綺席六重，長一丈一副，四周緣之。祭天用玉几、玉飾器，凡器七千，百物飾具。祭天養牛，五歲至三千斤。皇帝祭天，居雲陽宮，齋百日。上甘泉通天臺，高二十丈，以候天神之下，見如流火。舞女童三百人，皆年八歲。天神下壇所，舉烽火，皇帝就竹宮，去壇三里，望對壇竹宮中，不至壇所。甘泉臺去長安三百里，望見長安城，皇帝以來所祭天之圜丘也。皇帝祭天地、宗廟，駕四馬，羽蓋華宴。出則乘馬，遠行在左纛黄屋，乘六馬。纛，左排馬頭上髦也。

西京之事，班史於祭祀儀文所述簡略。衞敬仲撰漢舊儀，頗有正史所未見者，然其詞多率，而叙述亦無甚倫序。如西漢未嘗舉高祖配天之祀，惟武帝作汶上明堂，祠泰一、五帝於明堂上坐，合高皇帝祠坐對之，服虔所注可見。而三歲郊見於雍畤、甘泉，則未嘗有配天之祖也。今此謂高帝配天，而又言居堂下，則未有配神作主而坐堂下者也。其義難曉，姑録以廣異聞。

西漢郊祀之地凡三處：

雍五畤。其四畤秦所建，北畤，高祖所建，領之祠官，歲時致祭。文帝十五年，方親郊。是後凡三歲一郊。

渭陽五帝廟。文帝用新垣平之説建。十六年，上親郊，繼而平誅，遂領之祠官，不親祭。

甘泉泰一祠。武帝用方士謬忌、公孫卿之説建。三歲一郊，與雍五畤更祠。

王者祭天而以祖配之，古今之通義，祀典之首也。舜攝政之初，類於上帝，禋於六宗，望於山川，徧於群神。湯代夏之初，用玄牡，告於上帝神后。武王代殷之初，告於皇天、后土，所過名山大川。然則其所祀者，天與六宗、地與山川而已，初無祀五帝之文。周頌三十有一篇，曰郊，曰明堂，曰柴望，曰祈穀，曰報祭，曰類禡，所以告神明之事備矣，亦無祀五帝之樂章。而祀五帝之説，始於周禮，先儒各以其意爲之訓詁，以爲五天帝者，曰靈威仰、赤熛怒、白招拒、叶光紀、含樞紐也；以爲五人帝者，曰太皞、炎帝、黄帝、少皞、顓頊也。姑以五天帝言之，則此五帝皆天神之貴，主五方之事者，意其在祀典當與日月六宗並，而亞於祀天者也。秦襄公攻戎救周，列爲諸侯而居西，自以爲主少皞之神，作西畤，祠白帝。太史公讀秦記，以爲秦雜戎翟之俗，作西畤，用事上帝，僭端見矣。位在藩臣而臚於郊祀，君子懼焉。然以愚考之，襄公以其有國於西也，而祀少皞、白帝，是猶宋人之祀閼伯，晉人之祀實沈耳，非郊天也，太史公誤矣。自漢人既以祭畤爲郊天，太史公習見當時之事，而追尤秦襄之僭，其實非也。繼而諸畤並興，或由夢蛇而爲鄜畤，或因獲石聞雉而爲陳寶，或由雨金而爲畦畤，又繼而有青帝、黃帝、炎帝之祠，俱以時名之。蓋少皞、白帝，西方之神，秦祠之，宜也；而并及青帝、黃帝、炎帝，則非所祭而祭者也。至於鄜畤、陳寶之屬，則皆秦中小神之爲淫厲而驚動禍福者，秦人無知，亦爲立畤，而同於諸帝之祠。漢人不考，復指四畤以爲郊天之事。至高祖立黑帝祠，以備五畤，而五帝俱祠矣。然命有司進祠，上不親往。嗚呼！安有郊見上帝，而人主不親其事者乎？往往見其所祠者，叢雜冗泛，是以姑諉之祠官修故事耳。至孝文用新垣平之言，而立渭陽五帝之廟；孝武採謬忌之說，而建太一、天皇之壇，始親祠矣，而皆謂之郊見。夫郊，事天之禮也。諸方士言天神貴者泰一，泰一佐者五帝，則太一、五帝俱天上之神爾。以神爲帝，以祀神爲郊，而昊天上帝之祭固未嘗舉行也。秦及漢初，以郊祀事天之禮奉五帝。至武帝時，方士謬忌言泰一貴於五帝者也，遂復以郊禮事泰一，而五帝壇環居其下，然終不聞舉祀天之禮。至鄭康成遂創爲六天之說，以爲泰一、五帝并昊天而六也，蓋異名而同體也。然其說終難通，蓋方士之說至爲誕謾，然猶言天神貴者泰一，泰一佐者五帝，終不敢言泰一、五帝即天也。康成儒者，乃創六天之說，何哉？竊意泰一、五帝之在天，猶五嶽、四瀆之在地也。謂嶽、瀆非地固不可，而以方澤祠后土之禮事嶽、瀆亦不可，謂已祭嶽瀆，而遂廢后土方澤之祠尤不可。

蓋秦襄所祠少皞、白帝耳，然秦俗信鬼，好祠，至其子孫，遂并青、黃、赤帝而祠之。至漢高帝立黑帝祠，而以爲事天之事畢矣。蓋其祠本不經，而諸畤之怪妄尤甚。高祖明達者也，故雖有重祠敬祭之詔，而卒不親享，其亦有見於此矣。漢初，陋儒既不能有所建論是正，賈生賢而知禮者也，親承宣室鬼神之問，亦不能引經援古，定郊社明堂祀天配祖之儀，以革秦世之淫祠，惜哉！自是而後，郊畤祠禮之豐殺，每與方士之際遇相爲盛衰。渭陽五帝之親祠也以新垣平，平誅而帝怠於渭陽之祭，泰一諸祠之郊拜也以謬忌，忌亡而祠官領三一之祠，而昊天上帝反不得比所謂泰一、五帝者得享郊祀之祭。高祖，創業之太祖，亦終西都之世不得享配天之祀，豈不繆哉？按郊祀志：天子封泰山，欲治明堂奉高傍，未曉其制。濟南人公玉帶上黃帝時明堂圖，於是上令奉高作明堂汶上如帶圖。及是歲修封，則祀泰一、五帝於明堂上坐，合高皇帝祠坐對之。服虔注曰：「漢是時未以高祖配天，故言對。光武以來乃配之。」蓋漢時泰一、五帝之祠不一，其在甘泉者曰郊畤，三歲一親祠，未嘗以祖配；其在汶上者曰明堂，武帝封泰山時所建，方有高帝並祠，每修封則祀之。終帝之世五修封，而昭、宣之後無幸泰山修封之事，則廢其祭矣。然高皇帝之所並祠者，泰一、五帝，不過天神之貴者，則非配天也。至成帝時，匡衡請徙甘泉祠於長安，定南北郊。又言：「王者各以其禮制事天地，非因異世所立而繼之。今郊雍、鄜、密、上、下畤，本秦侯各以其意所立，非禮所載。漢興之初，儀制未定，即且因秦故祠，復立北畤。今既稽古，建定天地之大禮，郊見上帝，青、赤、白、黃、黑五方之帝皆畢陳，各有位饌，祭祀備具。諸侯所妄造，王者不當長遵，及北畤未定時所立，不宜復修。」天子皆從焉。及陳寶祠因是皆罷，并毁不應禮之祠四百七十五所，然後祀禮稍正。然終不能建議盡復三代以來郊祀明堂、嚴父配天之禮。而哀、平之間，怵於禍福之說，南北郊與甘泉五畤互爲罷復，卒無定制。至王莽秉政，請復長安南北郊祭天，而以高帝配，善矣，然復以高后配地祇而共祭，則臆說不經爲甚。蓋莽將篡漢，故爲是崇陰教以媚元后，而遂其盜權竊位之謀耳。或曰：「匡衡之論正矣，然史載初罷甘泉泰畤作南郊日，大風壞甘泉竹宮，折拔時中樹木十圍以上百餘。天子異之，以問劉向，而向以爲不當革，上卒無繼嗣，哀、平短祚，漢以中衰。議者惑焉，何也？」對曰：「千金之家，其祖父奉淫昏之鬼以求福，而爲之子孫者欲矯而正之，則所舉者未必蒙福，而所廢者祗以掇禍。如諸畤之神雖不正，然漢代秦而興，不能以禮革之，方且信方士之言，愈加尊奉，侔於事天，其祭之也且歷七世百五十餘年，則其靈響暴著也久矣，固未易遽絶也。漢之中衰，諸儒劉向、谷永固嘗預言之。向以人事，永以天運，然則固非廢淫祠之咎也。逮世祖中興，建武郊天，即採用元始故事，而不復襲漢初之迹。甘泉諸畤，未嘗領之祠官，加以尊奉，而亦不聞其能驚動禍福，以來紛紛之議，則以其絶之有素也。故曰：『君子以作事謀始。』

道家者流，其所言者鍊養之事、符籙之術耳，然必以天帝諸神爲宗。陳后山作白鶴觀記，言漢兩劉校中書爲七略，其叙方伎則有神仙，諸子則有道家，而老、莊並焉。天地、神祇、三靈、百神，又皆出於禮官，而今之爲道者合而有之，益以符咒法籙，捕使鬼物，皆老氏所不道。晦庵亦言道家祀昊天上帝爲非，且謂釋、老之學盡當毁廢，縱使不能盡去，則老氏之學，但當自祀其老子、關尹、莊、列之徒以及安期生、魏伯陽輩，而他百祠自當領於天子之祠官，而不當使道家預之，庶乎其可也。然觀太史公封禪書，首叙帝舜類上帝、禋六宗、望山川、祠五嶽之事，以至三代郊祀之禮，然後及秦、漢間不經之祠，且歷叙始皇、孝武所得燕、齊方士怪誕矯誣之説，共爲一書。班孟堅遂取以作漢郊祀志。蓋秦、漢之君不能明理，以古先聖王報本反始之大典，視爲求仙徼福之一事，故郊祀諸祠，其説多出於方士，作史者固不得而删之也。然少君、欒大、公孫卿、粤人勇之徒，其所言怪妄諸説，本無關於祠祀者，如使物、却老、鬪棋，及入海求不死藥、大營宫室之類。亦叢雜附見於封禪、郊祀之書，何耶？如此，則與道家之經典何異？遷、固儒者，而著書指意如此，固無怪黄冠師得以夤緣附會其説，而啓后山、晦庵之嘆也。要之，郊祀志只當叙説所祀天地百神本末，而諸方士之言當別立方伎傳述之，乃爲允當。道家以符籙役鬼之説，附會於天地百神，則遷、固封禪、郊祀之書實啓之；以昊天上帝並列於所謂上九位天尊者，則鄭康成六天之説實啓之。

世祖建武二年，初制郊兆於雒陽城南七里，依鄗。採元始中故事，爲圓壇八陛，中又爲重壇，天地位其上，皆南鄉西上。其外壇上爲五帝位：青帝位在甲寅之地，赤帝位在丙巳之地，黄帝位在丁未之地，白帝位在庚申之地，黑帝位在壬亥之地。其外爲壝，重營皆紫，以像紫宫，有四通道以爲門。日月在中營内南道，日在東，月在西，北斗在北道之西，皆別位，不在群神列中。八陛，陛五十八醊，合四百六十四醊。五帝陛郭，帝七十二醊，合三百六十醊。中營四門，門五十四神，合二百一十六神，外營四門，門百八神，合四百三十二神，皆背營内鄉。中營四門，門封神四，外營四門，門封神四，合三十二神。凡千五百一十四神。營即壝也。封，封土築也。背中營神，五星也，及中官宿〔一三〕、五官神及五嶽之屬也。背外營神，二十八宿外官星〔一四〕，雷公、先農、風伯、雨師、四海、四瀆、名山、大川之屬也。醊，竹芮切，祭酹也。

黄圖載元始儀：上帝壇圓八觚，徑五丈，高九尺。茅營去壇十步，竹宫徑三百步，土營徑五百步。神靈壇各於其方面三丈，去茅營二十步，廣三十五步〔一五〕，合祀神靈以璧琮，用辟神道八通〔一六〕，廣各三十步。竹宫内道廣三丈，有闕，各九十一步。壇方三丈，拜位壇亦如之。爲周道郊營之外，廣九步。營北辰於南門之外〔一七〕，日、月、海東門之外，河北門之外，岱宗西門之外。爲周道前望之外，廣九步。列望道乃近前望道外，徑六十二步。壇方二丈五尺，高三尺五寸。爲周道列望之外，徑九步。卿望亞列望外，徑四十步。壇廣三丈，高二尺。　爲周道卿望之外，徑九步。大夫望亞卿望道外，徑二十步。壇廣二丈五尺，高一尺五寸。　爲周道大夫望之外，徑九步。士望亞大夫望道外，徑十五步。壇廣一丈，高一尺。　爲周道士望之外，徑九步。庶望亞士望道外，徑九步。壇廣五尺，高五寸。　爲周道庶望之外，徑九步。凡天宗上帝宮壇營，徑三里，周九里。營三重，通八方。后土壇方五丈六尺。茅營去壇十步外，土營方二百步限之。其五零壇去茅營，如上帝五神去營步數。神道四通，廣各十步。宮内道廣各二丈，有闕。　爲周道后土宮外，徑九步。營岱宗西門之外，河北門之外，海東門之外，徑各六十步。壇方二丈，高二尺。　爲周道前望之外，徑六步。列望亞前望道外，徑三十六步〔一八〕。壇廣一丈五尺，高一尺五寸。　爲周道列望之外，徑六步。卿望亞列望道外，徑二十五步。壇廣一丈，高一尺。　爲周道卿望之外，徑六步。大夫望亞卿望道之外，徑十九步。壇廣八尺，高八寸。　爲周道大夫望之外，徑六步〔一九〕。士望亞大夫望道外，徑十二步。壇廣六尺，高六寸。　爲周道士望之外，徑六步。凡地宗后土宮壇營，方二里，周八里。營再重，道四通，常以歲之孟春正月上辛若丁，親郊祭天南郊，以地配，望秩山川，徧於群神。天地位皆南鄉，同席，地差在東，共牢而食。太祖高皇帝、高后配於壇上，西鄉，后在北，亦同席共牢而食。日冬至，使有司奉祭天神於南郊，高皇帝配，而望群陽。夏至，使有司奉祭地祇於北郊，高皇后配，而望群陰。天地用牲二，燔燎瘞薶用牲一，先祖、先妣用牲一。天以牲左，地以牲右，皆用黍稷及樂。

七年，大議郊祀制，多以爲周郊后稷，漢當祀堯。詔下公卿議。侍御史杜林以爲，周室之興，祚由后稷，漢業特起，功不緣堯，祖宗故事所宜因循。乃定從林議，依舊制以高祖配。

隴蜀平後，乃增廣郊祀。高帝配食，位在中壇上，西面北上。漢舊儀曰：「祭天居紫壇幄帷〔二〇〕。高皇帝配天，居堂下西向，紺帷帳、紺席。」鉤命決曰：「自外至者，無主不止；自内出者，無匹不行。」天、地、高帝、黄帝各用犢一頭，青帝、赤帝共用犢一頭，白帝、黑帝共用犢一頭，凡用犢六頭。漢舊儀曰：「祭天，養牛五歲，至三千斤。」按：禮記曰「天地之牛角繭栗」，而此云五歲，本志用犢是也。日、月、北斗共用牛一頭，四營群神共用牛四頭，凡用牛五頭。凡樂奏青陽、朱明、西皓、玄冥，及雲翹、育命舞。中營四門，門用席十八枚；外營四門，門用席三十六枚，凡用席二百一十六枚，皆莞簟，率一席三神。日、月、北斗無陛郭醊。既送神，燎俎實於壇南巳地〔二一〕。周禮：「凡以神仕者，掌三辰之法，以猶鬼神祇之居，辨其名物。」鄭玄曰：「猶，圖也。居謂坐也。天者群神之精，日、月、星辰其著位也。以此圖天神、人鬼、地祇之坐者，謂布祭衆寡與其居向。孝經説郊祀之禮曰：『燔燎掃地，祭牲繭栗，或象天酒旗坐星，厨倉具黍稷布席，極敬心也。』言郊之布席，象五帝坐。禮祭宗廟，序昭穆，亦有似虚、危，則祭天圜丘象北極，祭地方澤象后妃，及社稷之席，皆有明法焉。」

明帝永平二年，以月令有五郊迎氣，因採元始故事，兆五郊於雒陽。詳見祠五帝門。

按：自秦始皇有三歲一郊之制，漢高、惠二帝未嘗親郊。文帝在位二十三年，親郊雍畤及渭陽五帝各一而已。景帝不親郊。武帝元光後，常三歲一郊。昭帝不親郊。宣帝神爵以前，十三年不親郊，以後間歲一郊。元、成如之。蓋西都之所謂郊祀，若雍五畤，若甘泉泰一，皆出於方士祈福之説，而非有古人報本之意。惟武、宣以求仙，成帝以求嗣，故三君親郊頗多，而其清心無求者，則領之祠官，修故事而已。世祖置郊丘於洛陽，以高帝配祀，始稍復古人祀天之制。但范史紀、志不載親郊之歲月，禮儀志云：正月上丁祠南郊，禮畢，次北郊、明堂、高廟、世祖廟，謂之五供。豈每歲行之邪？祭祀志言：二年初制郊，採元始中故事。按元始之制，常以歲孟春正月上辛若丁親郊，祭天南郊，以地配；冬至則使有司祭天神於南郊，以高帝配；夏至使有司祭地祇於北郊，以高后配。然則天地之祭，每歲親祠者一，命有司祭者二，豈歲以爲常，故不復紀述乎？

昭烈章武元年即位，設壇於成都武擔山南，用玄牡。

二年十月，詔丞相諸葛亮營南郊於成都。

校勘記

〔一〕予早年常怪鼷鼠食郊牛致死　「早」原作「卑」，據元本、慎本、馮本改。

〔二〕蓋不可矣　「蓋」原作「益」，據穀梁傳哀公元年改。

〔三〕諸侯魯宋於是觀禮　「侯」原作「使」，據左傳襄公十年改。

〔四〕今在秦州上邽縣西南九十里　「邽」原作「封」，據史記卷二八封禪書正義改。

〔五〕羝羊各一云　「羝」原作「牴」，據史記卷二八封禪書改。

〔六〕其後四年　「四」原作「六」，據史記卷二八封禪書改。

〔七〕畦中各有一土封　「一土」原作「二十」，據史記卷二八封禪書集解、索隱及漢書卷二五上郊祀志上師古注改。

〔八〕五年　按史記卷二八封禪書「其明年，郊雍，獲一角獸，若麃然」，集解引徐廣曰「武帝立已十九年」，當爲元狩元年。

〔九〕今郊祠無樂　「今」原作「豈」，據漢書卷二五上郊祀志上改。

〔一〇〕元狩三年　「三」原作「元」，據漢書卷二二禮樂志改。

〔一一〕時所過毋出田租　「時」上原衍「惠」字，據漢書卷二五下郊祀志下删。

〔一二〕震電災林光宫門　「林」原作「臨」，據漢書卷二五下郊祀志下改。

〔一三〕及中官宿　「官」原作「宫」，後漢書祭祀志上誤同，據錢大昕説改。

〔一四〕二十八宿外官星　「官」原作「宫」，後漢書祭祀志上誤同，據錢大昕説改。

〔一五〕廣三十五步　「三」原作「坐」，據後漢書祭祀志上注引黄圖載元始儀改。

〔一六〕用辟神道八通　「八」原作「以」，據後漢書祭祀志上改。

〔一七〕營北辰於南門之外　「營」字下原衍「六甘泉」三字，據後漢書祭祀志上删。

〔一八〕徑三十六步　「徑」字原脱，據後漢書祭祀志上補。

〔一九〕徑六步　「六」原作「九」，據後漢書祭祀志上改。

〔二〇〕祭天居紫壇幄帷　「居」原作「祭」，據後漢書祭祀志上注引漢舊儀改。

〔二一〕燎俎實於壇南巳地　「燎」原作「燌」，據後漢書祭祀志上、通典卷四二禮典二改。

卷七十　郊社考三

郊

魏文帝南巡在潁陰，有司爲壇於繁陽故城。庚午，登壇受紱，降壇視燎成禮，未有祖配。

明帝景初元年十月，營洛陽南委粟山爲圜丘。詔曰：「曹氏繫世，出自有虞氏。今祀圜丘，以始祖帝舜配，號圜丘曰皇皇帝天；方丘所祭曰皇皇后地，以舜妃伊氏配；天郊所祭曰皇天之神，以太祖武皇帝配；地郊所祭曰皇地之祇，以武宣后配；宗祀皇考高祖文皇帝於明堂，以配上帝。」

按：此以郊與圜丘爲二處，用鄭玄之說。其時康成所注二禮方行，王子雍雖著論以攻之，而人未宗其說。然魏、晉而後，有天下者多起自匹夫，其祖父未有可以配天之功德，非如虞、夏四代之比。而康成之所謂配天者，以爲周祀天於圜丘，以嚳配，謂之禘；祀五帝於郊，以稷配，謂之郊；又祀五帝及五人帝於明堂，以文王配，謂之祖；祀五神於明堂，以武王配，謂之宗。此三祭者必皆有祖考可配〔一〕，而後可以舉事，是以魏文帝之時，有郊祀而未有祖配，直至明帝時，復遠取舜以配圜丘，然後以武帝配郊，以文帝配明堂，蓋拘於康成支離之說。是以配天之祀，必俟奕世之後，又復上取之遥遥華胄以足之，然後可以行禮耳。

初，侍中高堂隆論郊祀事，以魏爲舜後，推舜配天。其後蔣濟著文以追詰隆，謂舜本姓嬀，其後曰田。曹氏族出自邾，魏武作家傳，自云曹叔振鐸之後，又陳思王作武帝誄曰：「於穆武王，胄稷胤周〔二〕。」則非舜後明甚，而橫祀非族，降黜太祖，不配正天，皆爲繆妄。濟曰：「夫蚪龍神於獺，獺自祭其先，不祭蚪龍也；麒麟、白虎仁於豺，豺自祭其先，不祭麒、虎也。如玄之説，有虞以上豺、獺之不若邪？」

自正始以後，終魏代，不復郊祀。

孫權初稱尊號於武昌，祭南郊，告天用玄牡。自以居非中土，不修設。末年，南郊追上父堅尊號爲吳始祖以配天。後王嗣位，終吳代不郊祀。

晉武帝即位，南郊燎告，未有祖配。

泰始二年，詔定郊祀。南郊除五帝座，五郊同稱昊天，各設一座而已。時群臣議：五帝即天也，王氣時異，故殊其號，雖名有五，其實一神。宜除五帝號，同稱昊天。從之。二月丁丑，郊祀宣皇帝以配天。十一月，有司又議奏：「古者，丘、郊不異，宜并圜丘、方丘於南北郊，更修立壇兆。其二至之祀，合於二郊。」帝又從之。是月冬至，帝親祠圜丘於南郊。自是後，圜丘、方澤不別立。

按：以圜丘即郊，五帝同一天，王肅之説。武帝，肅外孫也。故祀禮從其説。

太康三年〔三〕，帝親郊祀，皇太子、皇子悉侍祠。十年十月〔四〕，詔復明堂及南郊五帝位。見五帝門。

詔：「郊祀、明堂禮樂，權用魏儀，遵周室肇稱殷禮之義，但改樂章而已。」使傅玄爲之詞。

祠天地五郊夕牲歌一　祠天地五郊迎送神歌一　饗天地五郊歌一　天地郊明堂夕牲歌一　天地郊明堂降神歌一　天郊饗神歌一

元帝即位於建康，太興二年，立南郊於巳地，其制度皆太常賀循所定，多依漢及晉初之儀。三月辛卯〔五〕，帝親郊祀，饗配之禮一依武帝始郊故事。時尚未立北壇，地祇衆神並在天郊。始議立郊祀儀。尚書令刁協等議，宜須旋都洛邑乃修之。司徒荀組據漢獻帝都許即便立郊，宜於此修奉。從之。

成帝咸和八年，制：「天郊則五帝之佐、日、月、五星、二十八宿、文昌、北斗、三台、司命、軒轅、后土、太一、天一、太微、鈎陳、北極、雨師、雷電、司空、風伯、老人，凡六十二神從祀。」

康帝建元元年正月辛未，南郊，帝親奉焉。祝文稱「嗣天子臣某」。

安帝元興三年，劉裕討桓玄，走之。己卯，告成功於南郊〔六〕。是年，帝蒙塵江陵未反。其明年應郊，朝議以爲宜依周禮，宗伯攝三公行事。尚書左丞王納之獨曰：「郊天極尊〔七〕，非天子不祀，無使皇輿不得親奉。」從之。

郊廟牲、幣、璧、玉之色，雖有成文，秦世多以騮駒，赤馬黑鬣曰騮。漢則但云犢，未辨其色。江左南北郊同用玄牲。

禮有事告祖禰宜社之文，未有告郊之典也。漢儀，天子之喪，使太尉告謚於南郊，他無聞焉。魏文帝黄初四年七月，帝將東巡，以大軍當出，使太常以一特牛告祠南郊。及文帝崩，太尉鍾繇告謚南郊，皆是有事於郊也〔八〕。江左則廢。

宋武帝永初二年正月上辛，帝親祀南郊，大赦。

三年九月，時營陽王已即位。司空徐羡之等奏高祖武皇帝宜配天郊。詔可。

孝武大明二年正月，有司奏：「今月六日南郊，輿駕親奉；至時或雨，遂遷日，有司行事。」

有司奏：「按：魏代郊天值雨，更用後辛。晉代顧和亦云更擇吉日，徐禪云晉代或丙或庚，並別有義。」「且武帝十二月丙寅受禪〔九〕，三年十一月庚寅冬至〔一〇〕，祀天於圜丘，非專祈穀。又按郊特牲『受命於祖廟，作龜於禰宮』者，謂告之，退而卜。則告義在郊，非告日也。今日雖有遷，郊祀不異，不應重告。」徐爰議以爲：「郊祀用辛〔一一〕，何假據禮，不應更告。毛血告牷之後，雖有事，得更應有司行事，不容遷郊。」參議：「宜於遇雨遷用後辛，不重告。」詔可。

南郊自魏以來，多使三公行事。

三年，移郊兆於秣陵牛頭山西，在宮之午地。徐爰曰：「禮記：燔柴於泰壇，祭天也；迎日於南郊，就陽位也。晉代過江，郊祭悉在北，或南出道狹，多於巳地。大宋造邦維新，宜移郊正午，以定天位。」

五年，有司奏郊用三牛。孝武崩，廢帝以郊舊地爲吉祥，移置本處。

齊高祖受禪，明年正月上辛，有事南郊而無配，犧牲之色因晉、宋故事。

武帝建元五年〔一二〕，正月，祀南郊。自兹以後，間歲而祀。時有司奏：「前代嗣位，或因前郊年，或自更始。今年正月已郊，未審明年應郊與否？」尚書令王儉議：「檢晉明帝太寧三年南郊〔一三〕，其年九月崩，成帝即位，明年改元，即郊。簡文咸安二年南郊，其年七月崩，孝武帝即位，明年改元，亦郊。宋元嘉三十年正月南郊，其年二月崩，孝武嗣位，明年改元，亦郊。此二代明例，差可依倣。」祭酒張緒等並同。詔可。

永明元年，立春前郊祀。王儉啟云：「按宋景平元年正月三日辛丑，南郊，其月十一日立春。元嘉十六年正月六日辛未，郊，其月八日立春。此近代明例，不以先郊後春爲嫌，無煩遷日。」帝從之。郊壇圓兆外内起瓦屋，形制宏壯。散騎常侍庾曇隆啟云〔一四〕：「祭天尚質，秦、漢以來，郊兆壇域無立宮室，以明謙恭。」詔付外詳。博士賀瑒議：「周禮：『王旅上帝，張氈案。』以氈爲牀於幄中，不聞郊所置宮宇也。」虞炎議：「漢之郊祀，天子自竹宮遥拜，息殿去壇既遠，奉祀畢，旋息於此，無嫌。」祠部郎中李撝議：「周禮：『凡祭祀張其旅幕，張尸次。』尸則有幄。鄭仲師云：『尸次，祭祀之尸所居更衣帳也。』凡祭之文，既不止於郊祀，立尸之言，理亦關於宗廟。古則張幕，今也房屋，宗廟旅幕可變爲棟宇，郊壇氈案，何爲不轉制檐甍？」遂不行曇隆議。

梁武帝即位，南郊，爲壇在國之南，壇高二丈七尺，徑十八丈，其外再壝，四門。常與北郊間歲。正月，皇帝致齋於萬壽殿，上辛行事，吴操之云：「『啟蟄而郊』，郊應在立春後。」何佟之云：「今之郊祀，是報昔歲之功，而祈今年之福，故取歲首上辛，不拘立春先後。周之冬至圜丘，大報天也；夏正又郊，以祈農事。故有啟蟄之説。」帝曰：「圜丘自是祭天，先農即是祈穀。祭昊天宜在冬至，祈穀必須啟蟄。」用特牛一，祀天皇大帝於壇上，攢題曰「皇天座」。四年，佟之啟：「周禮稱天曰神，今天攢宜題曰皇天座。」以皇考太祖文帝配，五帝、天文從祀。五方上帝、五官之神、太一、天一、日、月、五星、二十八宿、太微、軒轅、文昌、北斗、三台、老人、風伯、雨師皆從祀。其五帝、二十八宿及風、雨師等座有坎，餘皆平地。王僧崇啟曰：「五祀位在北郊，圜丘不宜重設。」帝曰：「五行之氣，天地俱有，故宜兩從。」僧崇又曰：「風伯、雨師即箕、畢也，而今南郊祀箕、畢，復祭風伯、雨師，恐乖祀典。」帝曰：「箕、畢自是二十八宿，風伯、雨師即箕、畢下隸，兩祭并嫌。」禮以蒼璧制幣，除鬯祼。佟之啟：「按鬯者，盛以六彝，覆以畫冪，備其文飾，施之宗廟。今郊有祼，恐乖尚質，宜革之。」帝依之。香用沉。取本天之質，陽所宜。器以陶匏素俎，席用藁秸。太祝牒：「壇下神座，悉用白茅，俎以漆。」詔下議。八座奏：「禮云：『觀天下之物，無稱其德〔一五〕。』則知郊祭，俎不應漆。席用白茅，禮無所出。」於是改用素俎。五帝以下，皆蒲席藁薦。皇帝一獻，再拜受福。帝以一獻爲質，三獻爲文，詔下議。博士陸瑋等以爲：「宗祧三獻，義兼臣下，上天之禮，主在帝王。約理申義，一獻爲允。」自是天地之祭皆一獻。惟皇帝受福，明上靈降祚，臣下不敢同。太尉設燎壇於丙地，禮畢，器席有司埋之。佟之議曰：「禮：『祭器弊則埋之。』今一用便埋，費而乖典。」帝曰：「薦席輕物，陶匏賤器，方還府庫，容後穢惡。但弊則埋之者，謂四時祭器耳。」從有司燒埋之。五年，迎五帝，以始祖配。時明山賓議，「以始祖配饗五帝」，從之。十一年，帝曰：「禮『祭月於坎』，由是陰義，乃別祭之儀。今兆南郊，既云就陽，理不應爲坎。」遂廢之。八座奏曰：「五帝之義，不應居坎。良由齊代圜丘小峻，邊無神位。今丘形既廣，請五帝座悉於壇上，外域二十八宿及風伯、雨師等座，悉停爲坎。」十七年，帝以威仰、魄寶俱是天神，於壇則尊，於下則卑。南郊所祭天皇，其五帝別有明堂之祀，不煩重設。又祭二十八宿無十二辰，於義闕然。南郊可除五帝祀，加十二辰與二十八宿，各於其方爲壇。

詔定郊禋之樂，以「雅」爲稱，取詩序「雅者正也」之義。俊雅，三曲，四言。取禮記「司徒論選士，升之學，曰俊士」。二郊用。皇雅，三曲，五言。取詩「皇矣上帝，臨下有赫」。二郊、太廟同用。滌雅，一曲，四言。取「帝牛在滌三月」。牲出人用。牷雅，一曲，四言。薦毛血用。諴雅，一曲〔一六〕，三言。取至誠感神義，南郊降神用。又諴雅，一曲，四言。送神用。獻雅，一曲，四言。飲福用。禋雅，一曲，四言。就燎用。其辭並沈約所製。普通中，薦蔬無牲牢，遂省滌雅、牷雅云。

陳武帝永定元年受禪，修圜丘，壇高二丈二尺五寸，廣十丈。柴燎告天。明年，因以正月上辛，有事南郊，以皇考德皇帝配〔一七〕。除十二辰、風伯、雨師及五帝位。太常卿許亨奏曰〔一八〕：「按周禮『以血祭祭社稷五祀』。鄭玄云：『陰祀自血起，貴氣臭也。五祀，五官之神也。』五神主五行，隸於地，故與埋沈疈辜同爲陰祀。既非禋柴，無關陽祭。故何休云：『周爵五等者，法地有五行也。』五神位在北郊，圜丘不宜重設。又按『以槱燎祀風伯、雨師』，鄭衆云：『風伯，箕；雨師，畢。皆星也。』今南郊祭箕、畢，復祭風伯、雨師，恐乖祀典。」制並依。疈音普逼反，槱音羊九反。 間歲而祀。文帝天嘉中，改以高祖配，復三獻之禮。許亨曰：「按周禮司罇彝云，三獻施於宗祧。鄭玄註：『一獻施於小祀。』今用小祀之禮施於大神大帝，爲不通矣。」從之。 宣帝即位，以郊壇卑下，更增廣之。祠部郎王元規議曰：「古圜方二丘，並因見有，本無高廣之數。後代隨事遷都〔一九〕，有築建丈尺之儀。但五帝、三王不相沿襲，今增南郊上徑十二丈，則天大數。下徑十八丈，取三分益一。高二丈七尺，取三倍九尺之堂。」

後魏道武皇帝即位，二年正月，親祀上帝於南郊，以始祖神元皇帝配。壇通四陛，壝埒三重，天位在上，南面，神元西面。五帝以下天文從食。五精帝在壇內，四帝各於其方。黄帝在未，日、月、五星、二十八宿、天一、太一、北斗、司中、司命、司禄、司人在中壝內，各因其方。其餘從食者各千餘神，醊在外壝內。 席用藁秸，玉以四珪，幣用束帛，牲以黝犢。上帝、神元用犢各一，五方帝共犢一，日、月等共牛一。 祭畢，燎牲體左於壇南巳地〔二〇〕。從陽之義。 後冬至祭上帝於圜丘，牲幣並同。 天賜二年四月，復祀天於西郊。 爲方壇，東爲二陛，土陛無等；周垣四門，門各依方色爲名。 置木主七於壇上。 牲用白犢、黄駒、白羊各一。 祭之日，帝御大駕至郊所，立青門內近南，西面。 內朝臣皆位於壇北，外朝臣及夫人、方容咸位於青門外〔二一〕。 后率六宮從黑門入，列於青門內近北，並西面。 廩犧令掌牲，陳於壇前，女巫執鼓，立於陛東，西面。 選帝七族子弟七人執酒〔二二〕，在巫南，西面北上。 女巫陞壇，搖鼓，帝拜，后肅拜，內外百官拜。 祀訖，乃殺牲。 執酒七人，西向，以酒灑天神主，復拜。 如此者三，禮畢而反。後魏道武帝西平姑臧，東下山東，足爲雄武之主。其時用事大臣崔浩、李順、李孝伯等，誠皆有才，多是謀猷之士，全少通儒碩學，所以郊祀，帝、后、六宫及女巫預焉，餘制復多參夷禮而違舊章。自後，歲一祭。

明元帝太常三年，立五精帝兆於四郊，遠近放五行數，各爲方壇四陛，埒壝三重，通四門。以太皞等及諸佐配。祭黄帝常以立秋前十八日。餘四帝各以四立日祀之。牲各用牛一。又立春，遣有司迎春於東郊，祭用酒脯棗栗，無牲幣。

獻文帝以西郊舊事，歲增木主，易代則更兆，其事無益於神明，乃革前儀，定置主七，立碑於郊所。

孝文帝太和十二年，親築圜丘於南郊。

北齊每三年一祭。以正月上辛，禘祀昊天上帝於圜丘，壇在國南郊，丘下廣輪二百七十尺〔二三〕，上廣輪四十六尺，高四十五尺。三成，成高十五尺，上中二級，四面各一陛，下級方維八陛。周以三壝，去丘五十步。中壝去内壝，外壝去中壝，各二十五步，皆通八門。又爲大營於外壝之外，廣輪三百七十步。其營塹廣丈二尺，深一丈，四面各一門。又爲燎壇於中壝外之内地，廣輪三十六尺，高三尺〔二四〕，四面各有陛〔二五〕。以高祖神武帝配，五精帝、天文等從祀。五精帝於中丘，面皆向内。日、月、五星、北斗、二十八宿、司中、司命、司人、司禄、風伯、雨師、靈星於下丘，衆星位於内壝中。禮以蒼璧束帛，蒼牲九。皇帝初獻，太尉亞獻，光禄卿終獻。司徒獻五帝，司空獻日月五星、二十八宿，太常丞以下薦衆星。後諸儒定禮，圜丘改以冬至祀之。南郊則歲一祀，以正月上辛。爲壇於國南。壇廣輪三十六尺，高九尺，四面各一階。爲三壝，内壝去壇二十五步〔二六〕，中壝、外壝相去如内壝。四面各一門。又爲大營於外壝之外，廣輪二百七十步。營塹廣一丈，深八尺，四門。又爲燎壇於中壝丙地，廣輪二十七尺，高一尺八寸，四面各一陛〔二七〕。祀所感帝靈威仰，以高祖神武皇帝配。禮用四珪有邸〔二八〕，幣如方色。其上帝、配帝，各騂牲一，燎同圜丘。

後周憲章，多依周制，正月上辛，祀昊天上帝於圜丘，丘三成，成崇丈二尺，深二丈，上徑六丈，十有二陛，每等十有二級。圜壝徑三百步，内壝半之。在國之陽七里。以其先炎帝神農氏配，五帝、天文並從祀。日、月、内官、中官、外官、衆星。又祀所感帝靈威仰於南郊，於國南五里爲方壇，崇丈二尺，廣四丈。壝方百二十步，内壝半之。以始祖獻侯莫那配。用牲各以方色。皇帝乘蒼輅，戴玄冕，備大駕而行。從祭者皆蒼服。

隋文帝受命再歲冬至日，祀昊天上帝於圜丘，制壇於國南，太陽門外道東二里。丘四成，成各高八尺一寸。下成廣二十丈，再成廣十五丈，三成廣十丈，四成廣五丈。太祖武元皇帝配，並丘上。五方上帝、天文並從祀。日、月、五星、内官四十二座，次官百三十二座〔二九〕，外官百一十一座，衆星三百六十座。五帝、日、月，在丘第二等，北斗、五星、十二辰、河漢、内官在丘第三等，二十八宿、中官在丘第四等，外官在内壝内，衆星在内壝外。上帝、配帝，蒼犢各一。五帝、日月，方色犢各一，五星以下，羊豕各九。孟春上辛，祠感帝赤熛怒於南郊，爲壇於國南，太陽門外道西一里。去宮十里，高七尺，廣四丈。以太祖武元帝配。其禮，四珪有邸，牲用騂犢二。

煬帝大業元年孟春，祀感生帝，改以高祖文帝配，餘並仍舊。十年冬至，祀圜丘，帝不齋於次。詰朝，備法駕，至便行禮。是日大風，帝獨獻上帝，三公分獻五帝。禮畢，御馬疾驅而歸。

致堂胡氏曰：「郊之爲禮，天子所以對越上帝也。上帝雖無情，而感應之理如響之從聲也。若其保佑景命，則將事之時，風雨不作，宇宙澄霽，嘉祥叶氣，若顧若荅，否則反是。考之方册，自古郊祀而有變異，不得成禮者，惟慕容超與楊廣耳。二人旋踵而亡，且受誅戮。然則郊祀而有變異，乃國家滅亡之大徵。中庸所謂『必有妖孼』者，可不深加警戒而重有修省乎？南燕主超祀南郊，有獸如鼠而赤，大如馬，來至壇側。須臾，大風晝晦。超懼，大赦。

北齊大禘圜丘歌辭：夕牲，群臣入門，奏肆夏樂辭一首。迎神，奏高明樂詞一首。牲出入，奏昭夏辭一首。薦毛血，奏昭夏辭一首。進熟，皇帝入門，奏皇夏辭一首。皇帝升丘，奏皇夏辭一首。皇帝初獻，奏高明樂辭一首。皇帝奠爵訖，奏高明樂、覆燾之舞辭一首〔三〇〕。皇帝獻太祖饗神座，奏武德之樂、昭烈之舞辭一首。皇帝飲福酒，奏皇夏之樂辭一首。送神，降丘南陛，奏高明樂辭一首。柴壇既燎，奏昭夏樂辭一首。皇帝還便殿，奏皇夏辭一首。五郊迎氣樂辭一首。

周圜丘歌辭：降神，奏昭夏一首。皇帝將入門，奏皇夏一首。俎入，奏昭夏一首。皇帝升壇，奏皇夏一首。皇帝初獻，作雲門之舞一首。皇帝初獻配帝，作雲門之舞一首。皇帝初獻及獻配帝畢，奏登歌一首。皇帝飲福酒，奏皇夏一首。撤奠〔三一〕，奏雍樂一首。帝就望燎位，奏皇夏一首。帝就便坐，奏皇夏一首。

隋圜丘歌樂辭：降神，奏昭夏辭一首。皇帝升壇，奏皇夏辭一首，登歌辭一首。皇帝初獻，奏誠夏辭一首〔三二〕。皇帝既獻，奏文舞辭一首。皇帝飲福酒，奏需夏辭一首，武舞辭一首。送神，奏昭夏辭一首。皇帝就燎，還大次，並奏皇夏，辭同上。

唐高祖武德初，定令：每歲冬至，祀昊天上帝於圜丘，以景帝配，五方上帝、天文並從祀。壇於京城明德門外，道東二里。四成，成各高八尺一寸，下成廣二十丈，再成廣十五丈，三成廣十丈，四成廣五丈。五方上帝〔三三〕、日月、內官、中官、外官、衆星皆從祀。其五方帝及日月七座，在壇第二等。内官五星以下五十五座，在第三等。二十八宿以下百三十五座，在第四等。外官百一十二座，在外壝之内。衆星三百六十座，在外壝之外。上帝及配帝用蒼犢各一，五方帝及日月用方色犢各一，内官以下加羊豕各九〔三四〕。孟春辛日祈穀，祭感帝於南郊，以元帝配。牲用蒼犢二。

高宗顯慶二年，詔：「南郊祈穀、孟夏雩、明堂大享，皆祭昊天上帝，罷感帝祠。」

太尉長孫無忌議曰：「據祠令及新禮，並用鄭玄六天之義，圜丘祀昊天上帝，南郊祭太微感帝，明堂祭太微五天帝。臣等謹按：鄭玄此義唯據緯書，所説六天，皆謂星象，而昊天上帝不屬穹蒼。故註月令及周官，皆謂圜丘所祭昊天上帝爲北辰星曜魄寶。又説孝經『郊祀后稷以配天』，及明堂嚴父配天，皆爲太微五帝。考其所説，舛謬特深。按易云：『日月麗乎天，百穀草木麗乎地。』又云：『在天成象，在地成形。』足明辰象非天，草木非地。毛詩傳云：『元氣昊大，則稱昊天；遠視蒼蒼，則稱蒼天。』此天以蒼昊爲體，不入星辰之例。且天地各一，是曰『兩儀』。天尚無二，焉得有六？是以王肅群儒咸駮此義。又檢太史圜丘圖，昊天上帝座外，別有北辰座，與鄭義不同。得太史令李淳風等狀稱：昊天上帝圖位自在壇上，北辰自在第二等，與北斗並列，爲星官内座之首，不同鄭玄據緯書之説。此乃羲和所掌，觀象制圖，推步有徵，相沿不謬。又按史記天官書等，太微宫有五帝者，自是五精之神，五星所奉，以其是人主之象，故况之曰『帝』，如房、心爲天王之象，豈是天乎？周禮云：『兆五帝於四郊。』又云：『祀五帝則掌百官之誓戒。』唯稱五帝，皆不言天，此自太微之神，本非穹昊之祭。又孝經云『郊祀后稷』，別無圜丘之文。王肅等皆以爲郊即圜丘，圜丘即郊，猶『王城』、『京師』，異名同實，符合經典，其義甚明。而今從鄭説，分爲兩祭，圜丘之外，别有南郊，違棄正經，理深未允。且檢吏部式，惟有南郊陪位，更不别載圜丘。式文既遵王肅，祠令仍行鄭義，令、式相乖，理宜改革。」從之。

乾封初，詔依舊祀感帝。以有司議，又下詔依鄭玄義祭五天帝。司禮少常伯郝處俊等奏：「顯慶新禮，廢感帝祀爲祈穀，祀昊天以高祖配。舊禮，感帝以世祖元皇帝配。今既依舊復祈穀爲感帝，以高祖配者。高祖依新禮見配圜丘昊天上帝，更配感帝，便恐有乖周人禘嚳而郊稷之義。今若禘、郊一祖同配，恐無所據。」從之。又詔圜丘以高祖、太宗並配。先時，太宗只配明堂。

武太后臨朝，垂拱元年，詔有司議圜丘、方丘及南郊、明堂嚴配之禮，以高祖、太宗、高宗三帝並配。

成均助教孔玄義議曰：「孝經『嚴父莫大於配天』，明配尊大之天，昊天是也。物之大者，莫大於天，推父比天，與之相配，行孝之大，莫過於此，以明尊嚴之極也。請奉太宗、高宗配昊天上帝於圜丘，義符孝經、周易之文。神堯肇開王業，應天順人，請配感帝於南郊，義符大傳之文。又孝經云：『宗祀文王於明堂。』文王但祖，而言宗者，亦是通武王之義。請奉太宗、高宗配祭於明堂，義符周易及祭法之文。」太子右諭德沈伯儀曰：「鄭玄註祭法：禘、郊、祖、宗，謂祭祀以配食。禘謂祭昊天於圜丘，祭上帝於南郊曰郊，祭五帝、五神於明堂曰祖宗。伏尋嚴配之文，於此最爲詳備。得禮之序，莫尚於周，禘嚳郊稷，不聞於二主；明堂宗祀，始兼於兩配，以文王、武王父子殊别。文王爲父，上主五帝；武王對父，下配五神。孝經云：『嚴父莫大於配天，則周公其人也。昔者，周公宗祀文王於明堂，以配上帝。』不言嚴武王以配天〔三五〕，則武王雖在明堂，禮未齊於配祭，既稱宗祀，義獨主於尊嚴。雖同兩祭，終爲一主。故孝經緯曰『后稷爲天地主，文爲五帝宗』也。必若一神兩祭便，則五祭十祠，薦獻頻繁〔三六〕，禮虧於數。此則神無二主之道，禮崇一配之義。竊尋貞觀、永徽共遵專配，顯慶之後，始創兼尊。必以順古而行，實謂從周爲美。高祖請配圜丘、方澤，太宗請配南郊、北郊。高宗制禮作樂，告禪升中，率土共休，普天同賴，竊惟莫大之孝，理當總配五天。」鳳閣舍人元萬頃等議：「謹按見行禮，昊天上帝等祠五所，咸奉高祖、太宗兼配。今議者引祭法、周易、孝經之文，雖近稽古之詞，殊失因心之旨。詩云：『昊天有成命，二后受之。』易曰：『殷薦之上帝，以配祖考。』敬尋厥旨，本合斯義。今若遠摭遺文，近乖成典，慎終追遠，良謂非宜。嚴父配天，寧當若是？伏據見行禮，高祖、太宗今既先配五祠，理當依舊無改。請奉高宗歷配五祠。」制從萬頃議。自是郊丘諸祀皆以三祖配。

按：並配之制始於唐。自鄭康成有六天之說，魏、晉以來，多遵用之。以爲曜魄寶亦天也，感生帝亦天也，均之爲天，則配天之祖，其尊一也。至唐人始以曜魄寶、五帝皆星象之屬，當從祀南郊，而不當以事天之禮事之，善矣。然感帝之祠，既罷旋復，雖復其祠，而以爲有天、帝之分，尊卑之別，永昌元年敕：「天無二稱，帝是通名。承前諸儒，互生同異，乃以五方之帝亦謂之天。假有經、傳互文，終是名實未當，稱號不別，尊卑相渾。自今郊祀之禮，唯昊天上帝稱天，自餘五帝皆稱帝。」遂於郊與明堂所配之祖，不無厚薄之疑，乃至每祭並配，而後得爲嚴父之禮。然則周公亦豈厚於后稷而薄於文王乎？則曷若一遵初議，若郊、若明堂皆專祀昊天，各以一祖配之；而感帝之屬，則從祀於天，於禮意人情爲兩得乎？

周武氏天册萬歲元年，親享南郊，始合祭天地。

中宗景龍三年，親祀南郊，以皇后爲亞獻，仍補大臣李嶠等女爲齋娘，執籩豆，以韋巨源爲終獻。時國子祭酒祝欽明、司業郭山惲等建言：「古者，大祭祀，后祼獻以瑶爵。皇后當助祭天地。」太常博士唐紹、蔣欽緒駮之，以爲：「鄭玄註周禮内司服，唯有助祭先王先公，無助祭天地之文。欽明引九嬪職，大祭祀后祼獻，則贊瑶爵。據天地大神，至尊不祼，天地尚質，亦無瑶爵，明此乃宗廟大祭祀之文。皇后不當助祭。」南郊國子司業褚無量等議，以爲祭天惟以始祖爲主，不配以祖妣，故皇后不應預祭。韋巨源定儀注，請依欽明議。上從之。

其年十一月十三日乙丑冬至〔三七〕，陰陽人盧雅、侯藝等請奏促冬至就十二日甲子，以爲吉會。右臺侍御史唐紹奏曰：「禮所以冬至祀圜丘於南郊，夏至祭方澤於北郊者，以其日行躔次〔三八〕，極於南北之際也。日北極當晷度循半，日南極當晷度環周。是日一陽爻生，爲天地交際之始。故易曰：『復，見天地之心乎！』即冬至卦象也。一歲之内，吉莫大焉。甲子但爲六旬之始〔三九〕，一年之内，隔月常遇，既非大會，晷運未周，唯總六甲之辰，助四時而成歲。今欲避環周以取甲子，是背大吉而就小吉也。」太史令傅孝忠奏曰〔四〇〕：「准漏刻經〔四一〕，南陸北陸並曰校一分，若用十二日甲子，即欠一分，未南極，即不得爲至。」上曰：「俗諺云：『冬至長於歲』，亦不可改。」竟依紹議，以十三日乙丑祀圜丘。

玄宗開元三年，左拾遺張九齡上表請郊祀，曰：「臣伏以天者，百神之君，而王者之所由受命也。自古繼統之君，必有郊配之義，蓋以敬天之命，以報所受。故於郊義，則不以德澤未洽，年穀不登，凡事之故而闕其禮。孝經云：『周公郊祀后稷以配天。』成王幼冲，周公居攝，猶用其禮，明不暫廢。漢丞相匡衡亦云：『帝王之事，莫重乎郊祀。』董仲舒又云：『不郊而祭山川，失祭之序，且逆於禮，故春秋非之。』陛下御極以來，於今五載，既光太平之業，未行大報之禮，竊考經傳，義或未通。況郊祀常典，猶闕其儀，有若怠於事天，臣恐不可以訓。伏望以迎日之至〔四二〕，展燔柴之禮，則聖朝典則，可謂無遺矣。」

開元十一年十一月，親享圜丘。中書令張說爲禮儀使，衛尉少卿韋縚爲副。說建議請以高祖配祭，始罷三祖同配之禮〔四三〕。

十五年，太常博士錢嘉會上議曰：「准月令及祠令，九月農功畢，大享五帝於明堂。貞觀及神龍皆於南郊報祭，中間寢廢，有虧祀典。准孝經『宗祀文王於明堂以配上帝』，請每年九月於南郊雩壇行享禮，以睿宗皇帝配。」制從之。

天寶元年二月，敕：「凡所祀享，必在躬親。其皇地祇宜就南郊合祭。」是月十八日，親享玄元皇帝於新廟；十九日，親享太廟；二十日，合祭天地於南郊。自後有事圜丘，皆天地合祭。若册命大事告圜丘，有司行事亦如之。

代宗寶應元年，太常卿杜鴻漸，禮儀使判官薛頎、歸崇敬等言：「禘者，冬至祭天於圜丘，周人配以遠祖。高祖非始封之君，不得爲太祖以配天地。」諫議大夫黎幹以謂：「禘者，宗廟之事，非祭天，而太祖非受命之君，不宜作配。」爲十詰、十難以非之。書奏不報，乃罷高祖，以景皇帝配。

幹十難略曰：「稽上古洎今，無以人臣爲始祖者，唯殷以契，周以稷。夫稷、契者，皆天子元妃之子，感神而生。昔帝嚳次妃簡狄，有娀氏之女，吞玄鳥之卵，因生契，長而佐禹治水，有大功。舜乃命契作司徒，百姓既和，遂封於商。故詩曰『天命玄鳥，降而生商』，此之謂也。后稷者，其母有邰氏之女曰姜嫄，爲帝嚳妃，出野履巨迹，歆然有孕，生稷。稷長而勤於稼穡，堯聞，舉爲農師，天下得其利，有大功，舜封於邰，號曰后稷。唐、虞、夏之際，皆有令德。故詩曰『履帝武敏歆』，『居然生子』，『即有邰家室』，此之謂也。舜、禹有天下，稷、契在其間，量功比德，亦其次也。舜受職，則播百穀，敷五教；禹讓功，則平水土，宅百揆。故國語曰：『聖人之制祀，功施於人則祀之〔四四〕，以死勤事則祀之。』契爲司徒而人輯睦，稷勤百穀而死〔四五〕，皆居前代祀典〔四六〕，子孫有天下，得不尊而祖之乎？」

又曰：「夫始祖者，經綸草昧，體大則天，所以比元氣廣大，萬物之宗尊。以長至陽氣萌動之故，乃俱祀於南郊也。夫萬物之始，天也；人之始，祖也；日之始，至也。掃地而祭，質也；器用陶匏，性也〔四七〕；牲用犢，誠也。兆於南郊，就陽位也；至尊至質，不敢同於先祖，禮也。故白虎通云：『祭天歲一，何也？至尊至質，事之不敢褻瀆，故因歲之陽氣始達祭之。』今國家一歲四祭，黷莫大焉，上帝、五帝，其祀遂闕，怠亦甚矣。黷與怠，皆禮之失，不可不知。夫親有限，祖有常，聖人制禮，君子不以情變易。國家重光累聖，歷祀百年，豈不知景帝始封於唐？當時通儒議功度德，乃尊神堯以配天，宗太宗以配上帝。神有定主，爲日已久。今欲黜神堯配含樞紐〔四八〕，以太宗配上帝，則紫微五精，上帝佐也，以子先父，豈禮意乎？非止神祇錯位，亦以宗祖乖序，何以上稱皇天祖宗之意哉！若夫神堯之功，太宗之德，格於皇天上帝，臣以爲郊祀宗祀〔四九〕，無以加焉。」

又曰：「所言魏文帝丕以武帝操爲始祖，晉武帝炎以宣帝懿爲始祖者，孟德、仲達皆人傑，擁天下之强兵，挾漢、魏之微主，專制海内，令行草偃，服衮冕，陳軒懸，天子决事於私第，公卿並拜於道左，名雖爲臣，勢實爲君。後主因之而業帝，前王由之而禪代，子孫尊而祖之，不亦可乎？」

永泰二年，禮儀使、太常卿杜鴻漸奏：「冬至祀昊天上帝，夏至祀皇地祇，請以太祖景皇帝配享；孟春祈穀祀昊天上帝，孟冬祀神州，請以高祖神堯皇帝配享；孟夏雩祀昊天上帝，請以太宗文武聖皇帝配享；季秋大享明堂，祀昊天上帝，請以肅宗大聖皇帝配享。臣與禮官、學士憑據經文，事皆明著，德音詳定，久未施行。」敕旨並依。至永泰二年六月，久旱，言事者云：「太祖景皇帝追封於唐，高祖實受命之祖〔五〇〕。唐有天下，不因於景皇帝。今配享失德，故神不降福，愆陽爲災。」上又令百官就尚書省議，太常博士獨孤及議曰：「謹按禮經，王者禘其祖之所自出，以其祖配之。凡受命始封之君，皆爲太祖，繼太祖已下六廟，則以親盡迭毁，而太祖之廟雖百代不遷。此五帝、三王所以尊祖敬宗也。故受命於神宗，禹也，而夏后氏祖顓頊而郊鯀。纘禹黜夏，湯也，而殷人郊冥而祖契。革命作周，武王也，而周人郊稷而祖文王。則明自古必以首封之君，配昊天上帝。唯漢氏崛起豐、沛，豐公、太公皆無位無功德，不可以爲祖宗。故漢以高帝爲太祖，其先細微故也，非足爲後代法。伏惟太祖景皇帝以柱國之任，翼周弼魏，肇啟王業，建封於唐。高祖因之，遂以爲天下之號，天所命也。亦如契之封商〔五一〕，后稷之封邰。禘郊祖宗之位，宜在百代不遷之典。郊祀太祖，宗祀高祖，猶周之祖文王而宗武王也。今若以高祖創業，當躋其祀，是棄三代之令典，遵漢氏之末制，黜景帝之大業，同豐公、太公之不祀，反古違道，將孰甚焉！夫追尊景皇帝，廟號太祖，高祖、太宗所以尊崇之禮也。若配天之位既易，則太祖之號宜廢，祀之不修，廟亦當毁。尊祖報本之道，其墜於地乎！漢制，擅議宗廟，以大不敬論。今武德、貞觀之憲章未改，國家方將敬祀事，以和神人。禘郊之間，恐非所宜言。謹稽禮文，參諸夏、殷、周、漢故事，配享天帝之制，請仍舊典。」及歸崇敬執前議，乃止以景皇帝配定。

憲宗元和二年正月拜郊，將及大禮，陰氣凝閉，浹旬不開。群有司慮降雪不克展禮，宰臣議請改日。上曰：「郊廟重事，吾齋戒有日，豈以將雨雪而廢乎？」洎至大禮方饗獻之次，景物澄霽；及鑾輿就次則微雪，大駕將動則又止焉。翌日，御樓宣赦纔畢，陰雲復結，瑞雪盈尺。衆情歡悦，咸以爲聖心昭感所致焉〔五二〕。

長慶三年，太常禮院奏：「郊壇祠祀遇大雨雪廢祭，其禮物條件如後：御署祝版，既未行祭禮，無焚毁之文，請於太常寺敕庫收貯。而其小祀，雖非御署，准此。玉幣、燎柴、神酒、燎幣、醴齊，并榛栗、脯醢及應行事燭等，請令郊社署各牒有司，充次祭支用矣。牲牛，參牲既未行祭禮，無進胙、賜胙之文，請比附禮記及祠令「牲死則埋」之例，委監祭使及禮官於祠所瘞埋。其小祀不全用牢牲，舊例用猪羊肉，亦准此。粢盛、瓜菹、筍菹，應已造成饌物，請隨牲瘞埋。行事官明衣絹布等，准式既祭前給訖，合充潔服，既已經用，請便收破。公卿已下明房油、熖幕、炭，應宿齊日所破用物，請收破。旨依，永爲定式。

元和十五年十二月，宣問有司：「有事南郊，合卜日與否？」禮官奏曰：「伏准禮令，祀祭皆卜日。然自天寶以後，凡欲郊祀，必先朝太清宮，次日饗太廟，又次日饗天。相循至今，並不卜日。」從之。

高祖在位九年，親祀南郊一。武德四年十一月一日。

太宗在位二十三年，親祀南郊四。貞觀二年十一月十九日，五年十一月十一日，十七年八月四日〔五三〕，一闕年月〔五四〕。

高宗在位三十四年，親祀南郊二。永徽二年十一月二日，總章元年十一月十七日。

中宗在位五年，親祀南郊一。景龍三年十一月十三日〔五五〕。

睿宗在位四年，親郊二。景雲三年正月十一日，拜南郊。太極元年二月一日，拜北郊。

玄宗在位四十五年，親祀南郊五。開元十一年十一月十六日，天寶元年二月二十日，六載正月十二日，十載正月十日，十三載二月八日。

肅宗在位七年，親祀南郊二。乾元元年四月十四日，上元二年建子月十七日。

代宗在位十七年，親祀南郊一。廣德二年二月五日。

德宗在位二十六年，親祀南郊四。建中元年正月五日，貞元元年十一月十一日，六年十一月八日，九年十一月十日。

憲宗在位十四年，親祀南郊一。元和二年正月。

穆宗在位四年，親祀南郊一。長慶元年正月。

敬宗在位二年，親祀南郊一。寶曆元年正月。

文宗在位十四年，親祀南郊一。太和三年十一月。

武宗在位六年，親祀南郊二。會昌元年正月一日，五年正月一日〔五六〕。

宣宗在位十三年，親祀南郊一。大中七年正月十七日。

懿宗在位十四年，親祀南郊二。咸通元年十一月，四年正月。

僖宗在位十七年，親祀南郊一。乾符二年十一月〔五七〕。

昭宗在位十六年，親祀南郊一。龍紀元年十一月。

唐開元禮

皇帝冬至祀圜丘儀正月上辛祈穀、孟夏雩祀及攝事並附。

齋戒

前祀七日，皇帝散齋四日於别殿，致齋三日，其二日於太極殿，一日於行宫。前致齋一日，尚舍奉御設御幄於太極殿西序及室内，俱東向。尚舍直長張帷於前楹下。致齋之日，質明，諸衛勒所部屯門列仗。晝漏上水一刻，侍中版奏請中嚴。諸衛之屬各督其隊，入陳於殿庭如常儀。通事舍人引文武五品已上，袴褶陪位如式。諸侍衛之官各服其器服，諸侍臣並結珮，凡齋者並結珮。俱詣閤奉迎。上水二刻，侍中版奏外辦。上水三刻，皇帝服衮冕，上辛服通天冠，絳紗袍也。結珮，乘輿出自西房，曲直華蓋、警蹕侍衛如常儀。皇帝即御座，東向坐，侍臣夾侍如常。一刻頃，侍中前跪，奏稱：「侍中臣某言，請降就齋室。」俛伏，興，還侍位。皇帝降座入室，文武侍臣各還本司，直衛者如常。通事舍人分引陪位者以次出。凡預祀之官〔五八〕，散齋四日，致齋三日。散齋皆於正寢，致齋二日於本司，一日於祀所。其無本司者，皆於祀所焉。近侍之官應從升者及從祀群官、諸方客使，各於本司、館，清齋一宿。無本司，各於家正寢。諸祀官致齋之日，給酒食及明衣布，各習禮於齋所。攝事，無皇帝。齋儀，上辛、雩祀同。光禄卿監取明水、火。太官令取水於陰鑑，取火於陽燧。火以供爨，水以實罇焉。前祀二日，太尉告高祖神堯皇帝廟，如常告之儀。告以配。雩祀，告神作主〔五九〕。孟夏，太宗文武皇帝廟。前祀一日，諸衛令其屬，未後一刻各以其器服守壝，每門二人，每隅一人。與太樂工人俱清齋一宿焉。

凡大祀，齋官皆前七日集尚書省，太尉誓曰：「某月日祀昊天上帝於圜丘。其誓各隨祭享祀事言之。各揚其職。不供其事，國有常刑。」散齋理事如舊，夜宿止於家正寢，唯不弔喪問疾，不作樂，不判署刑殺文書，不行刑罰，不經穢惡。致齋，唯祀事得行，其餘悉斷。凡大祀之官，散齋四日，中祀三日，小祀二日；致齋，大祀三日，中祀二日，小祀一日。其致齋日，三公於都省安置所司鋪設。其餘官，皇城內有本司者於本司，無者於太常郊社、太廟齋坊安置，皆日未出前到齋所。至祀前一日，各從齋所晝漏上水三刻向祀所，仍令平明清所行之路，道次不得見諸凶穢、縗絰。經過訖，任行。其哭泣之聲聞於祭所者，權斷訖事。非應散齋者，唯清齋一宿於本司及祀所。凡大祀、中祀接神齋官，祀前一日皆沐浴。九品以上皆官給明衣，齋郎升壇行事亦權給潔服。應齋官所習禮，臨時闕者，通攝行事。致齋之日，先不食公糧，及無本司者，大官准品給食，祈告一日。清齋者設食亦如之。凡散齋有大功已上喪，致齋有周已上喪，並聽赴。即居緦麻已上喪者，不得行宗廟之祭。其在齋坊病者聽還，死於齋所，同房不得行事也。

陳設

前祀三日，尚舍直長施大次於外壝東門之內道北，南向，攝事，守宮設祀官、公卿已下次於東壝之外道南，北向西上焉。尚舍奉御鋪御座。衛尉設文武侍臣次上辛、雩祀，守宮設文武侍臣次焉。於大次之前，文官在左，武官在右，俱相向。上辛、雩祀，於大次之後，俱南向。設諸祀官次於東壝之外道南，從祀文官九品已上於祀官之東，東方、南方朝集使於文官之東，東方、南方蕃客又於其東，俱重行，每等異位，北向西上。介公、酅公於西壝之外道南，武官九品已上於介公、酅公之西，西方、北方朝集使於武官之西，西方、北方蕃客又於其西，俱重行，每等異位，北向東上。其褒聖侯若在朝，位於文官三品之下。攝事無大次、褒聖等儀。上辛、雩祀同。設陳饌幔於內壝東門、西門之外道北，南向；北門之外道東，西向。壇上及東方午陛之東〔六〇〕，饌陳於東門外；西方及南方午陛之西，饌陳於西門外；北方之饌陳於北門外。上辛、雩祀但有壝東方之外饌焉。前祀二日，太樂令設宮懸之樂於壇南內壝之外，東方、西方磬簴起北，鐘簴次之；南方、北方磬簴起西，鐘簴次之。設十二鎛鐘於編懸之間，各依辰位樹雷鼓於北懸之內，道之左右。植建鼓於四隅，置柷敔於懸內，柷在左，敔在右。設歌鐘、歌磬於壇上近南，北向，磬簴在西，鐘簴在東。其匏竹者立於壇下，重行，北向，相對爲首。凡懸皆展而編之。諸工人各位於懸後，東方、西方，以北爲上；南方、北方，以西爲上。右校掃除壇之內外，郊社令積柴於燎壇，其壇於神壇之景地，內壝之外。方一丈，高丈二尺。開上南出户，方六尺。前祀一日，奉禮設御位於壇之東南，西向；設望燎位於柴壇之北[六一]，南向；設祀官、公卿位於内壝東門之外，上辛、雩祀則東門内，攝事亦然。道南，分獻之官於公卿之南，上辛、雩祀無分獻位。以下皆然。執事者位於其後，每等異位，俱重行，西向北上。設御史位於壇下，一位於東南，西向；一位於西南，東向。設奉禮位於樂懸東北，贊者二人在南，差退，俱西向。又設奉禮、贊者位於燎壇東北，西向。皆北上。設協律郎位於壇上南陛之西，東向。設太樂令位於北懸之間，當壇北向。設從祀文官九品已上位於執事之南，東方、南方朝集使於文官之南，東方、南方蕃客又於其南，俱每等異位，重行，西向北上[六二]。介公、酅公位於中壝上辛、雩祀，内壝。西門之内道南，武官九品已上位於介公、酅公之南，西方、北方朝集使於武官之南，西方、北方蕃客又於其南，俱每等異位，重行，東向北上。其褒聖侯，於文官三品之下，諸州使人各分方位於朝集使之後。攝事無褒聖已上至從祀位。又設祀官及從祀群官等位於東西壝門之外[六三]，如設次之式。設牲牓於東壝之外，當門西向。蒼牲一居前，又蒼牲一[六四]，又青牲一在北少退，南上；次赤牲一、黄牲一、白牲一、玄牲一；雩祀，五方色牲各二。又赤牲一、白牲一上辛、雩祀，無日、月牲。在南，皆少退，以北爲上。又設廪犧令位於牲西南，祝史陪其後[六五]，俱北向。設諸太祝位於牲東，各當牲後，祝史陪其後，俱西向。設太常卿省牲位於牲前，近北，又設御史位於太常卿之西，俱南向。設酒罇之位。上帝，太罇二、著罇二[六六]、犧罇二、山罍二，在壇上東南隅，北向；象罇二、壺罇二、山罍四[六七]，在壇下南陛之東，北向。俱西上。設配帝著罇二、犧罇二、象罇二、山罍二，在壇上，於上帝酒罇之東，北向西上。五帝、日、月各太罇二，在第一等。上辛則五帝各太罇二、著罇二、犧罇二、罍一，在第一等，神座之左而右向，無日、月已下諸座。攝事亦然也。内官每陛間各象罇二，在第二等。中官每陛間各壺罇二，在第三等。外官每道間各概罇二〔六八〕，在壇下。衆星每道間各散罇二，於内壝之外。凡罇，各設於神座之左而右向，罇皆加勺、冪。五帝、日、月以上，皆有坫以置爵。雩祀，無日、月以下罇。其五帝太罇、犧罇各二，罍一，在第一等；五人帝犧罇各二，在第二等；五官象罇各二，在壇下。設御洗於午陛東南，亞獻、終獻同洗於卯陛之南，俱北向。攝儀但設洗午陛東南，北面。雩祀設亞獻之洗於御東南，五官洗於罇西〔六九〕。罍水在洗東，篚在洗西，南肆。篚，實以巾、爵。設分獻罍、洗。篚、冪各於其方陛道之左〔七〇〕，俱内向；執罇、罍、篚、冪者，各於罇、罍、篚、冪之後；設玉幣之篚於壇上下罇坫之所。祀前一日，晡後，上辛、雩祀皆祀日未明五刻焉。太史令、郊社令各常服，帥其屬升，設昊天上帝神座於壇上北方，南向，席以藁秸。設高祖神堯皇帝神座。雩祀則設太宗文武聖皇帝神座焉。於東方，西向，席以莞。設五方帝、日、月神座於壇第一等，青帝於東陛之北，赤帝於南陛之東，黄帝於南陛之西，白帝於西陛之南，黑帝於北陛之西，雩祀又設五人帝座於第二等，如五方之陛位；又設五官座於壇下東南，西向北上。無日、月以下諸星位。大明於東陛之南，上辛並無大明以下位矣。夜明於西陛之北，席皆以藁秸。又設五星、十二辰、河漢及内官五十五座於第二等十有二陛之間，各依方面，凡席皆内向〔七一〕。其内官有北辰座於東陛之北，曜魄寶於北陛之西，北斗於南陛之東，天一、太一皆在北斗之東，五帝内座於曜魄寶之東，並差在行位前。又設二十八宿及中官百五十九座於第三等，其二十八宿及帝座、七公、日星、帝席、大角、攝提、太微、太子、明堂、軒轅、三台、五車、諸王、月星、織女、建星、天紀等十七座，並差在行位前。又設外官百五座於内壝之内，又設衆星三百六十座於内壝之外，各依方次十有二道之間，席皆以莞，設神位各於座首。所司陳異寶及嘉瑞等於樂懸之北東西廂。昊天上帝及配帝、五帝、日、月之座設訖却收，至祀日未明五刻，郊社令、太史令各服其服，升壇重設之。其内官、中官、外官、衆星等諸座，一設定不收也。

省牲器

省牲之日，午後十刻〔七二〕，去壇二百步所，享明堂則於明堂所，廟享則於廟所，皆二百步所焉。諸衛之屬禁斷行人。廟享則太廟令整拂神幄焉。晡後二刻，郊社令、丞帥府史三人，諸儀二人，享廟則太廟令帥府史也。及齋郎以罍、洗〔七三〕、罇、坫、篚、冪入設於位。廟享則籩、豆、簠、鉶皆設位，加以巾蓋，諸器物皆濯而陳之。升壇者各由其陛，升廟堂者升自東陛焉。晡後三刻，謁者、贊引各引祀官、公卿已下俱就東壝門外位，廟享則無壝外公卿位焉。諸太祝與廩犧令以牲就牓位。謁者引司空，諸儀並引太常卿也。贊引引御史，入詣壇東陛，升，行掃除於上，降，行樂懸於下，訖，出還本位。初，司空將升，又謁者引太常卿，贊引引御史，入詣壇東陛，升，視滌濯，於視濯溉〔七四〕，執罇者皆舉冪告潔。廟享升東階。訖，引降就省牲位，南向立。廩犧令少前，曰：「請省牲。」退復位，太常卿省牲。廩犧令又前舉手曰：「腯。」還本位。諸太祝各循牲一匝，西向舉手曰〔七五〕：「充。」俱還本位。諸太祝與廩犧令以次牽牲詣厨授太官。謁者引光禄卿詣厨省鼎鑊，申視濯溉。謁者、贊引各引祀官〔七六〕、御史廟享但引御史。省視饌具，俱還齋所。享廟則進饌者入徹籩、豆、簠、簋、鉶、甑以出而已。祀日，未明十五刻〔七七〕，太官令帥宰人以鑾刀割牲，祝史以豆取毛血，各置於饌所，遂烹牲。廟享毛血每座共實一豆，祝史洗肝於鬱鬯；又取膟膋，每座各實一豆，俱置饌所。膟膋，腸間脂也。

鑾駕出宮

前出宮三日，本司宣攝内外各供其職。尚舍設行宮於壇東，南向，隨地之宜；守宮設從祀官五品已上次於承天門外東西朝堂，如常儀。前二日，太樂令設宮懸之樂於殿庭，如常儀。駕出，懸而不作。其日晝漏上水五刻，鑾駕發引。發引前七刻，搥一鼓，爲一嚴，三嚴時節，前一日侍中奏裁也。侍中奏開宮殿門及城門。未明五刻，搥二鼓，爲再嚴，侍中版奏請中嚴。奉禮郎設從祀群官五品已上位：文官於東朝堂之前，西向；武官於西朝堂之前，東向，俱重行北上。從祀群官五品已上，依時刻俱集朝堂次，各服其服。其六品已下及介公、酅公、褒聖侯、朝集使、諸方客使等，並駕出之日便赴祀所。所司陳大駕鹵簿於朝堂。發前二刻，搥三鼓，爲三嚴，諸衛之屬各督其隊與鈒、戟，以次入陳於殿庭。通事舍人引從祀群官各就朝堂前位，諸侍衛之官各服其器服，侍中、中書令已下俱詣西階奉迎。侍中負寶如式。乘黄令進玉輅於太極殿西階之前，南向；千牛將軍一人，執長刀立於輅前，北向；黄門侍郎一人，在侍臣之前，贊者二人，在黄門之前。侍中版奏外辦，太僕卿攝衣而升，正立執轡。皇帝服衮冕上辛服通天冠、絳紗袍也。乘輿以出，降自西階，稱警蹕如常。千牛將軍執轡，皇帝升輅，太僕卿立授綏，侍中、中書令已下夾侍如常。黄門侍郎進，當鑾駕前跪，奏稱：「黄門侍郎臣某言，請鑾駕進發。」俛伏，興，退復位。凡黄門侍郎奏請，皆進鑾駕前跪，奏稱「具官臣某言」，訖，俛伏，興。鑾駕動，又稱警蹕，黄門侍郎與贊者夾引以出，千牛將軍夾輅而趨。駕出承天門，至侍臣上馬所，黄門侍郎奏稱：「請鑾駕權停，敕侍臣上馬。」侍中前承制，退稱「制曰可」〔七八〕，黄門侍郎退稱「侍臣上馬」，贊者承傳，文武侍臣皆上馬。諸侍衛之官各督其屬，左右翊駕，在黄麾内；符寶郎奉六寶，與殿中監後部從，在黄鉞内；侍中、中書令已下夾侍於輅前。贊者在供奉官人内。侍臣上馬畢，黄門侍郎奏稱「請敕車右升」。侍中前承制，退稱「制曰可」，黄門侍郎退復位。千牛將軍升訖，黄門侍郎奏稱「請鑾駕進發」，退復位。鑾駕動，稱警蹕，鼓傳音如常，不鳴鼓吹，不得喧嘩。其從祀之官在玄武隊後，如常儀。駕將至，諸祀官俱朝服結佩，謁者引立於次前，重行，北向西上。駕至行宫南門外，廻輅南向，將軍降，立於輅右。侍中進，當鑾駕前跪，奏稱：「侍中臣某言，請降輅。」俛伏，興，還侍位。皇帝降輅，乘輿入行宫，繖扇、華蓋，侍衛警蹕如常儀，宿衛如式。謁者、贊引各引祀官，通事舍人分引文武群官，集行宫朝堂，文左武右。舍人承旨敕群官等各還次。

奠玉帛

祀日，未明三刻，諸祀官及從祀之官各服其服，郊社令、良醖令各帥其屬入實罇、罍、玉、幣。凡六罇之次：太罇爲上，實以汎齊；著罇次之，實以醴齊；犧罇次之，實以盎齊；象罇次之，實以醍齊；壺罇次之，實以沈齊；山罍爲下，實以三酒。配帝：著罇爲上，實以汎齊；犧罇次之，實以醴齊；象罇次之，實以盎齊；山罍爲下，實以清酒。五帝、日、月，俱以太罇，實以汎齊。其内官之象罇，實以醍齊；中官之壺罇，實以沈齊；外官之概罇，實以清酒；衆星之散罇，實以昔酒（七九）。齊皆加明水，酒皆加玄酒，各實於上罇。玉，上帝以蒼璧，青帝以青珪，赤帝以赤璋，白帝以騶虞，黑帝以玄璜，黄帝以黄琮，日、月以珪璧。昊天上帝及配帝之幣以蒼，五帝、日、月、内官已下各從方色，各長丈八尺。上辛則五方帝各太罇爲上，實以汎齊；著罇次之，實以醴齊；犧罇次之，實以盎齊。其用玉，昊天上帝以四珪有邸，餘同。無日、月已下罇。雩祀同圜丘。又有五人帝之幣，亦放其方也。太祝以玉、幣置於篚，太官令帥進饌者實諸籩、豆、簠、簋等，各設於饌幔内。未明二刻，奉禮帥贊者先入就位，贊引引御史、博士、諸太祝及令史與執罇、罍、篚、冪者，入自東壝門，當壇南，重行，北面西上〔八〇〕。凡引導者，每曲一逡巡也。立定，奉禮曰「再拜」，贊者承傳。凡奉禮有詞，贊者皆承傳。御史已下皆再拜。訖，執罇、罍、篚、冪者各就位。贊引引御史、諸太祝詣壇東陛，御史一人、太祝二人升，行掃除於上，及第一等；御史一人、太祝七人升，行掃除於下，上辛、雩祀，贊引引御史、諸太祝掃除於上，令史、祝史掃除於下。訖，各引就位。未明一刻，謁者、贊引各引祀官及從祀群官、客使等，俱就門外位。攝儀無從祀群官、客使。上辛、雩祀同。太樂令帥工人、二舞次入就位，文舞入陳於懸内，武舞立於懸南道西。其升壇者皆脱履於下，降納如常焉。謁者引司空入就位，立定，奉禮曰「再拜」，司空再拜，訖，謁者引司空詣壇東陛，升，行掃除於上，降，行樂懸於下，訖，引復位。謁者、贊者各引祀官及從祀群官、客使等次入就位。初，未明三刻，諸衛列大駕仗衛，陳設如式。侍中版奏請中嚴。乘黄令進玉輅於行宫南門外，迴輅南向。若行宫去壇稍遠，嚴警如式焉。未明一刻，侍中版奏外辦。皇帝服衮冕，乘輿以出，繖扇、華蓋、侍衛如常儀。侍中負寳陪從如式。皇帝升輅如初。黄門侍郎奏「請鑾駕進發」，還侍位。鑾駕動，稱警蹕如常。千牛將軍夾輅而趨，若行宫去壇稍遠，奏升輅如式。駕至大次門外，迴輅南向。若將軍升輅，即降立於輅右焉。侍中進，當鑾駕前跪〔八一〕，奏稱「侍中臣某言，請降輅」，俛伏，興，還侍位。皇帝降輅，乘輿之大次，繖扇、華蓋、侍衛如常儀。郊社令以祝版進御，署訖，近臣奉出，郊社令受，各奠於坫。皇帝停大次半刻頃，通事舍人各引從祀文武群官、介公、酅公、諸方客使皆先入就位，太常博士引太常卿立於大次門外，當門北向。侍中版奏「外辦」。質明，皇帝改服大裘而冕，上辛、雩祀，蓋服衮冕。出次，華蓋、侍衛如常儀。侍中負寶，陪從如式。博士引太常卿，太常卿引皇帝〔八二〕凡太常卿前導，皆博士先引焉。至中壝門外，上辛、雩祀，内壝。殿中監進大珪，尚衣奉御又以鎮珪授殿中監，殿中監受，進，皇帝搢大珪，執鎮珪，華蓋、仗衛停於門外，禮部尚書與近侍者陪從如常儀。大珪如搢不便，請預定〔八三〕，近侍承奉焉。皇帝至版位，西向立，每立定，太常卿與博士退立於左。太常卿前奏稱「請再拜」，退復位，皇帝再拜。攝事無「未明三刻」下至此「再拜」儀。上辛、雩祀同。奉禮曰「衆官再拜」，衆官在位者皆再拜。其先拜者不拜。太常卿前奏：攝則謁者進太尉之左白，上辛、雩祀同焉。「有司謹具，請行事。」退復位。協律郎跪，俛伏，舉麾，凡取物者皆跪，俛伏而取以興。奠物則跪奠訖，俯伏而後興。他放此。鼓柷奏元國諱改焉。和之樂〔八四〕，乃以圜鍾爲宫，黄鍾爲角，太蔟爲徵，姑洗爲羽，作文舞之舞〔八五〕，樂舞六成，圜鍾三奏，黄鍾、太蔟、姑洗各一奏也。偃麾，戛敔，樂止。凡樂皆協律郎舉麾，工鼓柷而後作，偃麾，戛敔而後止焉。太常卿前奏稱「請再拜」〔八六〕，退復位，皇帝再拜。攝事無「太常卿」至「皇帝拜」，上辛、雩祀同也。奉禮曰「衆官在位者皆再拜。正座、配座太祝跪取玉、幣於篚，各立於罇所，諸太祝俱取玉及幣，亦各立於罇所。太常卿引皇帝，太和之樂作。皇帝每行，皆作太和之樂。攝則謁者引太尉。已下皆謁者引太尉。太和樂，上辛、雩祀同。皇帝詣壇，升自南陛，侍中、中書令已下及左右侍衛量人從升。已下皆如之。皇帝升壇北向立，攝則太尉升南陛，北向立。樂止。正座太祝加玉於幣，以授侍中，侍中奉玉幣東向進，皇帝搢鎮珪，受玉、幣，凡受物皆搢鎮珪，跪奠訖，執珪，俛伏，興。太尉則搢笏。登歌作肅和之樂，以大吕之均。太常卿引皇帝進，北向，跪奠於昊天上帝神座，俛伏，興。太常卿引皇帝立於西方，東向。配座太祝以幣授侍中，侍中奉幣北向進，攝則太祝授太尉，太尉奉玉、幣進奠。皇帝受幣，太常卿引進高祖神堯皇帝神座，雩祀則太宗座。俛伏，興，太常卿引皇帝少退，東向，再拜訖，登歌止。太常卿引皇帝，樂作；皇帝降自南陛，還版位，西向立，樂止。攝則太尉行，還立無樂也。初，皇帝將奠配帝之幣，謁者七人各分引獻官奉玉、幣俱進，跪奠於第一等神座，上辛則謁者五人，各分引獻官奉玉、幣奠五方帝座。攝事同。雩祀，五人帝、五官相次而畢。餘星座之幣，謁者、贊引各引獻官進奠於首座，餘皆祝史、齋郎助奠訖，引還復位。攝則太尉奠配座，諸太祝及諸獻官各奉玉、幣進於神座訖，還罇所。上辛無星以下座也。初，衆官拜訖，祝史各奉毛血之豆，立於門外。登歌止，祝史奉毛血入，各由其陛升，諸太祝迎取於壇上，俱進奠於神座。諸太祝與祝史退立於罇所。

進熟

皇帝既升，攝則太尉升。上辛、雩祀同。奠玉、幣，太官令出，帥進饌者奉饌，各陳於内壝門外〔八七〕。謁者引司徒出詣饌所，司徒奉昊天上帝之俎。初，皇帝既至位，樂止，太官令引饌入，攝事則於太祝奠毛血，其太官引饌入。上辛、雩祀同。俎初入門，奏雍和之樂，以黄鍾之均。自後接神之樂，皆奏黄鍾。饌各至其陛，樂止。祝史俱進，跪徹毛血之豆〔八八〕，降自東陛以出。上帝之饌升自午陛，配帝之饌升自卯陛，青帝之饌升自寅陛，赤帝之饌升自巳陛，黄帝之饌升自未陛，白帝之饌升自酉陛，黑帝之饌升自子陛，大明之饌升自辰陛，夜明之饌升自戌陛。其内官、中官諸饌，各隨便而升。上辛無大明已下饌，攝事同。雩祀五人帝饌，各由其陛升。諸太祝迎引於壇上，各設於神座前。籩、豆、蓋冪，先徹乃升，簠、簋既奠，却其蓋於下也。設訖，謁者引司徒，太官令帥進饌者，俱降自東陛以出，司徒復位，諸太祝各還罇所。又進設外官、衆星之饌，相次而畢。上辛無外官已下饌，雩祀又進設五官饌，並無衆星饌也。初，壇上設饌訖，太常卿引皇帝詣罍洗，攝則謁者引太尉詣罍洗。上辛、雩祀同也。樂作；皇帝至罍洗，樂止。侍中跪取匜沃水，又侍中跪取盤，興〔八九〕，承水，皇帝盥手。黄門侍郎跪取巾於篚，興，進。皇帝帨手訖，黄門侍郎受巾，跪奠於篚。黄門侍郎又取匏爵於篚，興，進。皇帝受爵，侍中酌罍水。又侍中奉盤，皇帝洗爵，黄門侍郎又授巾，皆如初。皇帝拭爵訖，侍中奠盤匜，黄門侍郎受巾，奠於篚，皆如常。太常卿引皇帝，樂作；皇帝詣壇，升自南陛訖，樂止。攝則太尉洗拭匏爵，無樂作以下儀。謁者引司徒升自東陛，立於罇所，齋郎奉俎從其後。太常卿引皇帝詣上帝罇所，執罇者舉冪，侍中贊酌汎齊訖，壽和之樂作。皇帝每酌獻及飲福皆作壽和之樂。攝則謁者引太尉升自南陛，詣上帝罇所，執事舉冪，太尉酌汎齊訖，樂作。太常卿引皇帝進昊天上帝神座前，北向跪，奠爵，興，太常卿引皇帝少退，北向立，樂止。攝儀皆謁者引太尉。太祝持版進於神座之右，東向跪，讀祝文曰：「維某年歲次月朔日，子嗣天子臣某，敢昭告於攝則云：「天子某謹遣太尉封某臣名〔九〇〕，敢昭告於昊天上帝。」上辛、雩祀同。昊天上帝：大明南至，長晷初升，萬物權輿，六氣資始。式遵彝典，慎修禮物，上辛云：「惟神化育群生，財成庶品，雲雨作施，普博無私。爰因啟蟄，式遵農事。」雩祀云：「爰茲孟夏，龍見紀辰，方資長育。式遵常禮，敬以玉帛、犧牲、粢盛、庶品，恭致燔祀，表其寅肅。」敬以玉帛、犧齊、粢盛、庶品，備茲禋燎，祗薦潔誠。高祖神堯皇帝配神作主。」凡攝事，祝版進御署訖，皇帝北向再拜，侍臣奉版，郊社令受，遂奉出。皇帝再拜。攝則太尉再拜。初，讀祝文訖，樂作，太祝進跪奠版於神座，興，還罇所，皇帝拜訖，樂止。太常卿引皇帝詣配帝酒罇所，執罇者舉冪，侍中取爵於坫，進，皇帝受爵，侍中贊酌汎齊訖，樂作。太常卿引皇帝進高祖神堯皇帝神座前〔九一〕，雩祀太宗。東向跪，奠爵，俛伏，興。太常卿引皇帝少退，東向立，樂止。上辛又謁者五人各引五方帝，太祝皆取爵於坫，酌汎齊，各進奠於神座訖，還罇所。雩祀同。太祝持版進於神座之左，北向跪，讀祝文曰：「維某年歲次月朔日，子孝曾孫開元神武皇帝臣某，攝則云：「皇帝臣某謹遣太尉封臣某。」敢昭告於高祖神堯皇帝：履長伊始，肅事郊禋，用致燔祀於昊天上帝。伏惟慶流長發，德冠思文，對越昭升，永言配命。上辛云：「時惟孟春，敬祈嘉穀，用致禋祀昊天上帝。伏惟高祖睿哲徇齊，欽明昭格，祭祀之禮，肅奉舊章。」雩祀云：「時惟正陽，式遵恒典。伏惟道叶乾元，德施品物，永言配命，對越昭升。」謹以制幣、犧齊、粢盛、庶品，式陳明薦，侑神作主。尚饗。」訖，興，皇帝再拜。初讀祝文訖，樂作，太祝進跪，奠版於神座，興，還罇所，皇帝再拜訖，樂止。太常卿引皇帝進昊天上帝神座前，北向立，樂作。太祝各以爵酌上罇福酒，合置一爵，一太祝持爵授侍中，侍中受爵西向進，皇帝再拜，受爵，跪，祭酒，啐酒，奠爵，俛伏，興。太祝各帥齋郎進俎。太祝減神前胙肉皆取前脚第二骨也〔九二〕。加於俎，以胙肉共置一俎上，太祝持俎以授司徒，司徒奉俎西向進，攝則言授。皇帝受以授左右。攝則太尉受以授齋郎。謁者引司徒降復位，皇帝跪，取爵，遂飲，卒爵。侍中進受虛爵〔九三〕，以授太祝，太祝受爵，復於坫。皇帝俛伏，興，再拜，樂止。太常卿引皇帝，樂作。皇帝降自南階，還版位，西向立，樂止。文舞退，鼓柷作舒和之樂，退訖，戛敔，樂止。武舞入，鼓柷作舒和之樂，立定，戛敔，樂止。自此已上，凡攝皆太尉爲初獻，其儀依皇帝行事，贊佐皆謁者、太祝、齋郎。皇帝將復位，謁者引太尉攝則太常卿爲亞獻，自下並改太尉爲太常卿。詣罍洗，盥手，洗拭匏爵訖，謁者引太尉自階升壇，詣昊天上帝著罇所，執罇者舉冪，太尉酌醴齊訖，武舞作。謁者引太尉進昊天上帝神座前，北向跪，奠爵，興。謁者引太尉少退，北向再拜〔九四〕。訖，謁者引太尉詣配帝犧罇所，取爵於坫，執罇者舉冪，太尉酌醴齊。訖，謁者引太尉進高祖神堯皇帝座前，雩祀太宗。東向跪，奠爵，興。謁者引太尉少退，東向再拜。上辛，五方祝各取爵酌醴齊，供尊訖，還罇所。雩祀同。訖，謁者引太尉進昊天上帝神座前，北向立。諸太祝各以爵酌罍福酒，合置一爵，一太祝持爵進太尉之右，西向立。太尉再拜受爵，跪，祭酒，遂飲，卒爵。太祝進受虛爵，復於坫。太尉興，再拜，訖，謁者引太尉降復位〔九五〕。初，太尉獻將畢，謁者引光祿卿攝則同以光祿卿爲終獻。詣罍洗，盥手，洗拭匏爵，升，酌盎齊，獻正座、配座。雩祀并獻五方帝也。終獻如亞獻之儀。上辛，五帝祀亦各酌獻之〔九六〕。訖，謁者引光祿卿降復位。初，太尉將升獻，攝則太常卿將升獻。謁者七人分引五方帝及大明、夜明等獻官，詣罍洗，盥手，洗拭匏爵訖，各由其陛升，雩祀，太尉將升獻，贊引引五帝獻官酌醴齊，奠太昊氏，餘座齋郎助奠。五帝將畢，五官獻官酌醍齊，奠勾芒氏，餘座祝史助奠。詣第一等，俱酌汎齊訖，各進跪奠於神座前，興，各引降〔九七〕，還本位。初，第一等獻官將升，謁者五人次引獻官各詣罍洗，盥訖〔九八〕，引各由其陛升壇，詣第二等內官酒罇所，俱酌醍齊，各進跪奠爵於內官座首，興；餘座皆祝史、齋郎助奠，相次而畢，謁者各引獻官還本位。初，第二等獻官將升，謁者四人次引獻官俱詣罍洗盥手，各由其陛升壇，詣第三等中官酒罇所，俱酌清酒沈齊攝儀盎齊。以獻。贊引四人次引獻官詣罍洗盥洗訖，詣外官酒罇所，俱酌清酒攝儀醍齊。以獻。贊引四人次引獻官詣罍洗，盥洗訖，詣衆星酒罇所，酌昔酒攝儀沈齊。以獻〔九九〕。其祝史、齋郎酌酒助奠，皆如內官之儀，訖，謁者、贊引各引獻官還本位。上辛、雩祀無日月已下獻儀也。諸獻俱畢，武舞止，上下諸祝各進，跪徹豆，興，還罇所。徹者，籩、豆各一少移於故處也。奉禮曰：「賜胙。」贊者唱「衆官再拜」，衆官在位者皆再拜。已飲福者不拜。豫和之樂作；太常卿前奏稱「請再拜」，退復位，皇帝再拜，樂作一成，止。攝事則奉禮曰「衆官再拜」，衆官在位者皆再拜。太常卿前奏「請就望燎位」，攝則謁者進太尉之左，白「請就望燎位」也。太常卿引皇帝，樂作；皇帝就望燎位，南向立，樂止。攝則謁者引太尉也。於群官將拜，上下諸祝各執篚進神座前〔一〇〇〕，取玉、幣、祝版，日月已上，齋郎以俎載牲體、黍稷飯及爵酒，各由其陛降壇，南行，經柴壇西，過壇東行，自南陛登柴壇，以玉、幣、祝版、饌物置於柴上。户内諸祝史又以内官已下之禮幣皆從燎。上辛無日、月已下牲幣，雩祀有五帝幣。奉禮曰：「可燎。」東西面各六人，以炬燎火。半柴，太常卿前，奏「禮畢」，攝則謁者前曰「禮畢」，則太尉出。太常卿引皇帝還大次。樂作，皇帝出中壝門，上辛、雩祀並内壝。殿中監前受鎮珪，以授尚衣奉御，殿中監又前受大珪，華蓋、侍衛如常儀，皇帝入次，樂止。謁者、贊引各引祀官，通事舍人分引從祀群官、諸方客使以次出。贊引引御史、太祝已下俱復執事位，立定，奉禮曰「再拜」，御史已下皆再拜，贊引引出。工人、二舞以次出。

顯慶時，禮部尚書許敬宗等奏稱：「新禮，祭畢，收取玉帛、牲體置於柴上，然後燔柴，燎壇又在神壇之左。臣等謹按：祭祀之禮，必先降神。周人尚臭，祭天則燔柴，祭地則瘞血，祭宗廟則焫蕭灌鬯，皆貴氣臭，用以降神。禮經明白，義釋詳悉，柴在祭物之先，理無所惑。是以三禮義宗等並云：『祭天以燔柴爲始，然後行正祭；祭地以瘞血爲先，然後行正祭。』又禮論説太常賀循上言：『積柴舊在壇南，燎祭天之牲，用犢左胖，漢儀用頭，今郊天用脅之九箇。太宰令奉牲脅，太祝令奉圭瓚，俱奠燎薪之上。』此即晉氏故事亦無祭末之文〔一〇一〕，唯周、魏以降，妄爲損益。緣告廟之幣〔一〇二〕，事畢瘞埋，因改燔柴，將爲祭末。事無典實，禮闕降神。又燔柴，正祭，牲、玉皆別。蒼璧、蒼犢之流，柴之所用；四圭、騂犢之屬，祀之所須。故郊天之有四圭，猶親廟之有圭瓚。是以周官典瑞，文義相因，並事畢收藏，不在燔柴之例。今新禮引同蒼璧，不顧圭瓚，遂亦俱燔，義既有乖，理難因襲。又燔柴作樂，俱以降神，則處置之宜，須相依准。燔柴在左，作樂在南，求之禮情，實爲不類。且禮論説積柴之處，在神壇之南，新禮以爲壇左，交無典故。今請改燔柴爲祭始，位在樂懸之南，外壝之内。其陰祀瘞埋，亦請准此。」詔可之。

鑾駕還宮上辛、雩祀並同。

皇帝既還大次，侍中版奏請解嚴。將士不得輒離部伍。皇帝停大次一刻頃，搥一鼓，爲一嚴，轉仗衛於還塗，如來儀。三刻頃，搥二鼓，爲再嚴，將士布隊仗。侍中版奏請中嚴。皇帝服通天冠、絳紗袍，諸祀官服朝服。乘馬者俱服袴褶。五刻頃，搥三鼓，爲三嚴，通事舍人分引群官、客使等序立於大次之前，近南，文武侍臣詣大次奉迎。乘黄令進金輅於大次門外，南向，千牛將軍立於輅右〔一〇三〕，侍中版奏外辦。太僕卿升，執轡，皇帝乘輿出次，繖扇、侍衛，警蹕如常儀。皇帝升輅，太僕卿立授綏，黄門侍郎奏稱「請鑾駕進發」，退復位。鑾駕動，稱警蹕如常儀。黄門侍郎、贊者夾引，千牛將軍夾輅而趨。至侍臣上馬所，黄門侍郎奏稱「請鑾駕權停，敕侍臣上馬」。侍中前承制，退，稱「制曰可」。黄門侍郎退稱「侍臣上馬」，贊者承傳，文武侍臣皆上馬畢，黄門侍郎奏稱「請敕車右升」，侍中前承制，退，稱「制曰可」。黄門侍郎退復位。千牛將軍升訖，黄門侍郎奏稱「請鑾駕進發」，退復位。鼓傳音，鑾駕動，鼓吹振作而還，文武群臣導從如來儀。諸方客使便還館。駕至承天門外侍臣下馬所，鑾駕權停，文武侍臣皆下馬。千牛將軍降立於輅右。訖，鑾駕動，千牛將軍夾輅而趨。駕入嘉德門，太樂令令撞蕤賓之鐘，左五鐘皆應，鼓柷，奏采茨之樂。至太極門，戛敔，樂止。入太極門，鼓柷，奏太和之樂。駕至橫街北，當東上閤，廻輅南向，侍中進鑾駕前跪，奏稱：「侍中臣某言，請降輅。」俛伏，興，還侍位。皇帝降輅，乘輿以入，繖扇、侍衛、警蹕如常儀。侍臣從至閤，戛敔，樂止。初，文武群官至承天門外，通事舍人承旨敕群官並還。皇帝既入，侍中版奏請解嚴，扣鉦，將士各還其所。

神位用樂及籩豆等物

冬至祀昊天上帝於圜丘，以高祖神堯皇帝配，座在壇上。座每籩、豆各十二，簠、簋、甄、俎各一，都六百八十九座。壇之第一等祀，東方青帝靈威仰、南方赤帝赤熛怒、中央黄帝含樞紐、西方白帝白招拒、北方黑帝叶光紀及大明、夜明等七座。籩、豆之數各八，簠、簋、甄、俎等數各一也。第二等祀，天皇大帝、北辰、北斗、天一、太一、紫微五帝座，並差在行位前。餘内官諸座及五星、十二辰、河漢都四十九座，齊列在十二陛間，每座籩、豆各二，餘如上也。第三等祀，中官市垣：帝座、七公、日、星、帝席〔一〇四〕、大角、攝提、太微五帝〔一〇五〕、太子、明堂、軒轅、三台、五車、諸王、月星、織女、建星、天紀等十七座及二十八宿，並差在前列。餘百四十二座，齊列在十有二階間，每座籩、豆等如二等也。又祀外官百五座，籩、豆、簠、簋、俎各一也。於内壝之内，又設衆星三百六十座於内壝之外。籩、豆等與外官同。按：此星神羲和所職，推步有徵。傳曰：「萬物之精，上爲衆星，故天有萬一千五百二十物。」蓋星之與物，每各有所主，今並依郊壇圖而爲之也。正月上辛祈穀，祀昊天上帝於圜丘，以高祖神堯皇帝配，都七座也。又祀五帝於壇第一等。籩、豆等數如冬至。國家前禮祀感帝於南郊，後祀昊天上帝於圜丘以祈穀，准左傳郊祀后稷以祈農事，故啟蟄而郊，郊而後耕。詩曰噫嘻，春夏祈穀於上帝。則祈穀之文，傳之歷代，上帝之號，元屬昊天。而鄭康成云：「天之五帝，遞主四時，王者之興，必感其一，因其所感，別祭尊之。故夏正之月，祭其所生帝於南郊，以其祖配之。故周祭靈威仰，以后稷配之，因以祈穀。」據所說祀感帝之意，本非祈穀，先儒此說，事恐難憑。且感帝之祀，行之自久。記曰：「有其舉之，莫可廢也。」祈穀之禮，於祈穀之壇祭五方帝。夫五方帝者，五行之精，九穀之宗，今二禮並行，六神咸祀也。

樂，冬用本音，皆以黃鍾爲均，三成。准周禮云：「圜鍾之均六變，天神皆降，可得而禮。」記云：「天神皆降。」明五帝、日、月星辰皆天神也。又准周禮，樂三變，唯致丘陵之祇，今改用六變。

昊天上帝

蒼犢一。若冬至祀圜丘，加羊九、豕九。凡肉皆實俎，其牲皆升右胖，體十一。前節三，肩、臂、臑；後節二，肫、胳；正脊一，脡脊一，長脅一，短脅一，代脅一，皆二骨以並脊，從首爲正，脅旁中爲正。凡供爲正。凡供別祭用太牢者，犢一、羊一、豬一、酒二斗，脯一段，醢四盒。若供少牢，去犢，減酒一斗。

太罇二，實汎齊。　著罇二，實醴齊。　犧罇二，實盎齊。　山罍二，實酒。　象罇二，實醍齊。　壺罇二，實沈齊。　山罍四，實酒。　籩十二，石鹽、藁魚、乾棗、栗黃、榛子仁、芡仁、鹿脯、白餅、黑餅、糗餌、菱仁、粉餈。　豆十二，韭菹、醓醢、菁菹、鹿醢、笋菹、芹菹、兔醢、脾析菹、豚胉、酏食、魚醢、糝食。　簠一，實稻粱飯。　簋一，實黍稷飯。　甄一，實太羹。　甄一，肉。　蒼璧、幣以蒼。一丈八尺。

配帝

著罇二，實汎齊。　犧罇二，實醴齊。　象罇二，實盎齊。　山罍二，實酒。　籩、豆、簠、簋、牲、幣、璧。並同上帝。

五帝、日月壇第一等。

太罇各二。　籩八，減白餅、黑餅、糗餌、粉餈。　豆八，減飽食、糝食、脾析菹、豚胉。　簠、簋、甑、俎。各並同上帝。

五方帝，方色犢。　大明，青犢。　夜明，白犢。　青帝，青圭。　赤帝，赤璋。　黄帝，黄琮。　白帝，白琥。　黑帝，黑璜。幣各如其玉色。　日以圭、璧，幣以青。　月以圭、璧，幣以白。

天皇大帝：北辰、北斗、天一、太一、紫微五帝座，並差在行位前，餘内官諸座及五星、十二辰、河漢四十九座，壇第二等，在十二陛間。

每陛間各象罇二。　每座籩二，栗、牛脯。　豆二，葵菹、鹿醢。　簠、簋、甑、俎各一，實同上。　牲用少牢。　幣皆以白。

中官市垣：帝座、七公、日星、帝席、大角、攝提、太微五帝、太子、明堂、軒轅、三台、五車、諸王、月星、織女、建星、天紀十七座，及二十八宿，並差在前列，其餘中官一百四十二座壇第三等，在十二陛間。

每陛間各壺罇二，　籩、豆、簠、簋、甑、俎、牲、幣。各同第二等。

外官百五座在内壝之内，衆星三百六十座在内壝之外。

外官每階各概罇二，在壇下。　衆星每道間各散尊二，於内壝之外。　每座籩一，牛脯。　豆二，鹿醢。　簠一，黍稷飯。　簋一，稻粱飯。　俎一。肉。

校勘記

〔一〕此三祭者必皆有祖考可配　按上文所叙禘、郊、祖、宗共四祭，疑此處「三」爲「四」之誤。

〔二〕冑稷胤周　「胤」原作「允」，據元本、慎本、馮本改。

〔三〕太康三年　「太康」二字原脱，據晉書卷一九禮志上補。

〔四〕十年十月　「十年」二字原脱，據晉書卷一九禮志上補。

〔五〕三月辛卯　按：大興二年三月壬寅朔，當月無辛卯，此處有誤。

〔六〕告成功於南郊　「成」，元本、慎本、馮本及晉書卷一九禮志上、宋書卷一六禮志三皆作「義」。

〔七〕尚書左丞王納之獨曰　「納」原作「約」，據元本、慎本、馮本及晉書卷一九禮志上改。

〔八〕皆是有事於郊也　「是」字原脱，據晉書卷一九禮志上補。

〔九〕且武帝十二月丙寅受禪　按此下至「不應重告」句係作者以有司奏與當時博士王燮之語各摘數句拼湊成文而冠以「有司奏」，大失原意。

〔一〇〕三年十一月庚寅冬至　「三」原作「二」，據宋書卷一六禮志三改。

〔一一〕郊祀用辛　「辛」原作「特」，據宋書卷一六禮志三改。

〔一二〕武帝建元五年　按建元四年三月壬戌，齊高帝卒，武帝立，次年正月改元永明，見南齊書卷三武帝紀，此處「建元五年」當爲「永明元年」之誤。

〔一三〕檢晉明帝太寧三年南郊　「三」原作「五」，據南齊書卷九禮志上改。按晉明帝太寧僅三年，無五年。

〔一四〕散騎常侍庾曇隆啟云　「隆」原作「崇」，據南齊書卷九禮志上改。按「崇」，通典避唐諱改，本書沿用通典之文，未曾回改。下同。

〔一五〕無稱其德　「無」原作「務」，據禮記禮器、隋書卷六禮儀志一改。

〔一六〕諴雅一曲　「諴」原作「誠」，據隋書卷一三音樂志上改。下同。

〔一七〕以皇考德皇帝配　陳書卷二高祖紀下，永定元年，追尊皇考曰景皇帝，廟號太祖，疑此處「德」字有誤。

〔一八〕太常卿許亨奏曰　「亨」原作「通」，據隋書卷六禮儀志一改。下同。

〔一九〕後代隨事遷都　「遷都」二字原脱，據魏書卷一〇八之一禮志一、隋書卷六禮儀志一補。

〔二〇〕燎牲體左於壇南巳地　「南」原作「東」，據魏書卷一〇八之一禮志一、册府元龜卷三二下帝王部崇祭祀一下改。

〔二一〕外朝臣及夫人方容咸位於青門外　「夫人方容」，魏書卷一〇八之一禮志一作「大人」，疑是。

〔二二〕選帝七族子弟七人執酒　「七族」，魏書卷一〇八之一禮志一、册府元龜卷三二下帝王部崇祭祀一下作「十族」。

〔二三〕丘下廣輪二百七十尺　「丘」字原脱，據隋書卷六禮儀志一補。

〔二四〕高三尺　「尺」原作「丈」，據隋書卷六禮儀志一改。

〔二五〕四面各有陛　「陛」原作「階」，據隋書卷六禮儀志一改。下同。

〔二六〕内壝去壇二十五步　「二」字原脱，據隋書卷六禮儀志一補。

〔二七〕四面各一陛　「面」原作「門」，「陛」原作「階」，據元本、慎本、馮本及隋書卷六禮儀志一改。

〔二八〕禮用四珪有邸　「有邸」二字原脱，據隋書卷六禮儀志一補。

〔二九〕次官百三十二座　「二」，隋書卷六禮儀志一作「六」。

〔三〇〕覆燾之舞辭一首　「舞」字原脱，據隋書卷一四音樂志中補。

〔三一〕撤奠　「撤」原作「嚴」，據馮本及隋書卷一四音樂志中改。

〔三二〕奏諴夏辭一首　「諴」原作「誠」，據隋書卷一五音樂志下改。

〔三三〕五方上帝　四字原脱，據舊唐書卷二一禮儀志一補。

〔三四〕内官以下加羊豕各九　「各」原作「凡」，據舊唐書卷二一禮儀志一、通典卷四三禮典三改。

〔三五〕不言嚴武王以配天　「嚴」字原脱，據舊唐書卷二一禮儀志一補。

〔三六〕薦獻頻繁　「薦」原作「祭」，據舊唐書卷二一禮儀志一、唐會要卷九上雜郊議上改。

〔三七〕其年十一月十三日乙丑冬至　「其年」，據上文爲景龍三年，舊唐書卷一禮儀志一同，通典卷四三禮典三作「景雲元年」。

〔三八〕以其日行躔次　「躔」原作「纏」，據元本、慎本、馮本及舊唐書卷二一禮儀志一改。

〔三九〕甲子但爲六旬之始　「旬」原作「甲」，據舊唐書卷二一禮儀志一改。

〔四〇〕太史令傅孝忠奏曰　「忠」原作「宗」，據元本、慎本、馮本及舊唐書卷二一禮儀志一改。

〔四一〕准漏刻經　「刻」字原脱，據舊唐書卷二一禮儀志一補。

〔四二〕伏望以迎日之至　「日」與「至」原倒，據舊唐書卷九九張九齡傳乙正。

〔四三〕始罷三祖同配之禮　「三」原作「二」，據舊唐書卷二一禮儀志一改。

〔四四〕功施於人則祀之　「功」原作「德」，據舊唐書卷二一禮儀志一改。

〔四五〕稷勤百穀而死　「而死」二字原脱，據舊唐書卷二一禮儀志一補。

〔四六〕皆居前代祀典　「皆」原作「則」，據舊唐書卷二一禮儀志一改。

〔四七〕性也　二字原脱，據舊唐書卷二一禮儀志一補。

〔四八〕今欲黜神堯配含樞紐　「黜」原作「出」，據舊唐書卷二一禮儀志一改。

〔四九〕臣以爲郊祀宗祀　「爲」字原脱，據舊唐書卷二一禮儀志一補。

〔五〇〕高祖實受命之祖　「實」字原脱，據舊唐書卷二一禮儀志一補。

〔五一〕亦如契之封商　「如」原作「日」，據舊唐書卷二一禮儀志一改。

〔五二〕咸以爲聖心昭感所致焉　「以」與「所」字原脱，據舊唐書卷二一禮儀志一補。

〔五三〕十七年八月四日　按新唐書卷二太宗紀、舊唐書卷三太宗紀下、册府元龜卷三三帝王部崇祭祀二，貞觀十七年十一月己卯（三日）有事於南郊，疑是。

〔五四〕一闕年月　按新唐書卷二太宗紀、舊唐書卷三太宗紀下、册府元龜卷三三帝王部崇祭祀二，貞觀十四年十一月甲子朔，有事於南郊，疑即此處所闕。

〔五五〕景龍三年十一月十三日　「龍」原作「雲」，據新唐書卷四、舊唐書卷七中宗紀改。

〔五六〕會昌元年正月一日五年正月一日　新唐書卷八武宗紀系親祀南郊於會昌元年正月辛巳，五年正月辛亥；舊唐書卷一八上武宗紀系於會昌元年正月庚戌，五年正月辛亥，皆非正月一日，疑此處有誤。

〔五七〕乾符二年十一月　新唐書卷九僖宗紀系於乾符二年正月辛卯。

〔五八〕凡預祀之官　「預」原作「應」，據開元禮卷四改。

〔五九〕告神作主　「告」原作「侑」，據北宋本通典卷一〇九禮典六十九改。

〔六〇〕壇上及東方午陛之東　「東方」下原衍「南方」二字，據開元禮卷四刪。

〔六一〕設望燎位於柴壇之北　「設」字原脱，據開元禮卷四補。

〔六二〕西向北上　「向」原作「面」，據通典卷一〇九禮典六十九改。

〔六三〕位於東西壝門之外　「位」上原衍「門外」二字，據新唐書卷一一禮樂志一刪。

〔六四〕蒼牲一居前又蒼牲一　「居前又蒼牲一」六字原脱，據新唐書卷一一禮樂志一、開元禮卷四補。

〔六五〕祝史陪其後　「祝」字原脱，據新唐書卷一一禮樂志一補。

〔六六〕著罇二　三字原脱，據新唐書卷一一禮樂志一、開元禮卷四補。

〔六七〕山罍四　「四」，新唐書卷一一禮樂志一作「二」。

〔六八〕外官每道間各概罇二　「道」原作「階」，據新唐書卷一一禮樂志一、唐會要卷九下、開元禮卷四改。

〔六九〕五官洗於罇西　「西」原作「北」，據開元禮卷八改。

〔七〇〕罍水在洗東篚在洗西南肆篚實以巾爵設分獻罍洗篚冪各於其方陛道之左　「設分獻罍洗」五字原在「罍水在洗東」句上，據新唐書卷一一禮樂志一、開元禮卷四乙正。

〔七一〕凡席皆内向　「席」原作「座」，據新唐書卷一一禮樂志一、開元禮卷四改。

〔七二〕午後十刻　「十」原作「二」，據元本、慎本、馮本及新唐書卷一一禮樂志一、開元禮卷四改。

〔七三〕罍洗　二字原脱，據新唐書卷一一禮樂志一、開元禮卷四補。

〔七四〕於視濯溉　「溉」字原脱，據開元禮卷四補。

〔七五〕西向舉手曰　「西」原作「四」，據新唐書卷一一禮樂志一、開元禮卷四改。

〔七六〕祀官　「祀」原作「祝」，據新唐書卷一一禮樂志一、開元禮卷四改。

〔七七〕未明十五刻　「十」字原脱，據新唐書卷一一禮樂志一、開元禮卷四改。

〔七八〕黄門侍郎奏稱請鑾駕權停敕侍臣上馬侍中前承制退稱制曰可　二十六字原脱，據開元禮卷四補。

〔七九〕實以昔酒　「昔」原作「旨」，據開元禮卷四、唐六典卷一五改。

〔八〇〕北面西上　「西」字原脱，據開元禮卷四補。

〔八一〕當鑾駕前跪　「跪」字原脱，據開元禮卷四補。

〔八二〕太常卿引皇帝　「卿」字原脱，據新唐書卷一一禮樂志一、開元禮卷四補。

〔八三〕請預定　「預」原作「立」，據開元禮卷四改。按「立」，通典避唐諱改，本書沿用通典之文，未曾回改。

〔八四〕鼓柷奏元國諱改焉和之樂　「元」，開元禮卷四作「豫」。按「元」，通典避唐諱改，本書沿用通典之文，未曾回改。下同。

〔八五〕作文舞之舞　下「舞」字下原衍「樂」字，據馮本删。

〔八六〕請再拜　「請」字原脱，據新唐書卷一一禮樂志一、開元禮卷四補。

〔八七〕各陳於内壝門外　「内」字原脱，據新唐書卷一二禮樂志二、開元禮卷四補。

〔八八〕跪徹毛血之豆　「跪」字原脱，據新唐書卷一二禮樂志二、開元禮卷四補。

〔八九〕興　原作「盥」，據開元禮卷四改。

〔九〇〕天子某謹遣太尉封某臣名　「遣」原作「遺」，據通典卷一〇九禮典六十九、唐會要卷九下雜郊議下改。

〔九一〕進高祖神堯皇帝神座前　「前」字原脱，據開元禮卷四補。

〔九二〕皆取前脚第二骨也　「二」，開元禮卷四作「三」。

〔九三〕侍中進受虚爵　「虚」字原脱，據開元禮卷四補。

〔九四〕北向再拜　「再」字原脱，據開元禮卷四補。

〔九五〕謁者引太尉降復位　「降」原作「却」，據新唐書卷一二禮樂志二、開元禮卷四改。

〔九六〕五帝祀亦各酌獻之　「祀」原作「祝」，據元本、慎本、馮本及新唐書卷一二禮樂志二、通典卷一〇九禮典六十九、唐會要卷九下雜郊議下改。

〔九七〕各引降　「各」下原衍「還」字，據開元禮卷四删。

〔九八〕盥訖　「盥」字原脱，據開元禮卷四補。

〔九九〕酌昔酒攝儀沈齊以獻　「昔」原作「旨」，據新唐書卷一二禮樂志二、開元禮卷四改。

〔一〇〇〕上下諸祝各執篚進神座前　「前」字原脱，據開元禮卷四補。

〔一〇一〕此即晉氏故事亦無祭末之文　「此」字原脱，據舊唐書卷二三禮儀志三補。

〔一〇二〕緣告廟之幣　「緣」原作「約」，據舊唐書卷二三禮儀志三改。

〔一〇三〕千牛將軍立於輅右　「右」原作「左」，據開元禮卷四改。

〔一〇四〕帝席　「席」原作「廣」，據新唐書卷一二禮樂志二改。

〔一〇五〕太微五帝　「五帝」二字原脱，據新唐書卷一二禮樂志二補。

卷七十一　郊社考四

郊

梁太祖開平二年十一月，自東京赴洛都行郊天禮，自石橋備儀仗至郊壇。

三年正月，以河南尹張宗奭爲南郊大禮使。故事，皆以宰相爲之，今用河南尹充，非常例也。

周太祖廣順三年九月，太常禮院奏：「准敕定郊廟制度，洛陽郊壇在城南七里丙巳之地，圜丘四成，各高八尺一寸，下廣二十丈，再成廣十五丈，三成廣十丈，四成廣五丈。十有二陛，每節十二等。燎壇在泰壇之丙地，方一丈，高一丈二尺，開上南出户，方六尺。請下所司修奉。」從之。時周太祖將拜南郊，故修奉之。

梁太祖南郊二。開平三年正月二十四日，其年十一月二日。

後唐莊宗南郊一。同光二年二月一日。

明宗南郊一。長興元年二月二十一日。

周太祖南郊一。顯德元年正月一日。

宋初，因唐舊制，每歲冬至圜丘，正月上辛祈穀，孟夏雩祀，季秋大享，凡四祭昊天上帝。親祀則并皇地祇位。作壇於國城之南薰門外，依古制，四成、十二陛、三壝。設燎壇於内壇之外丙地，高一丈二尺。又設皇帝更衣大次於壇外東壝東門之内道北，南向。

太祖皇帝乾德元年十一月甲子，親郊，奉宣祖配，大赦，改元。

先是，詔以冬至有事南郊，有司言：「冬至乃十一月晦前一日，皇帝始郊，不應近晦。」乃改用十六日甲子。太常博士和峴言：「祭不欲數。今十一月十六日親祀南郊，請權停二十七日南至之祀。」從之。十三日，上宿齋於崇元殿。翌日，服通天冠、絳紗袍，執鎮圭，乘玉輅，由明德門出，群臣夾侍，鹵簿前導，赴太廟。五鼓，朝享禮畢。質明，乘輅赴南郊，齋於帷宫。上初詣太廟，乘玉輅。左諫議大夫崔頌攝太僕，上問儀仗名物甚悉，頌應對詳敏，上大悦。十六日，服衮冕，執圭，合祭天地於圜丘。以皇弟開封尹光義爲亞獻，興元尹光美爲終獻。將升壇，有司具黄褥爲道，上曰：「朕潔誠事天，不必如此。」命徹之。還宫，將駕金輅，顧左右曰：「於典，故可乘輦否？」對以無害，乃乘輦。壬申，以南郊禮成，大宴廣政殿，號曰「飲福」。自是爲例。

五代以來，宰相爲大禮使，太常卿爲禮儀使，御史中丞爲儀仗使，兵部尚書爲鹵簿使，京府尹爲橋道頓遞使。宋制，大禮、頓遞如舊，而大禮使或以親王爲之。又專以翰林學士爲禮儀使，其儀仗、鹵簿使或以他官充。是年，司徒兼侍中范質爲南郊大禮使，翰林學士承旨、禮部尚書陶穀禮儀使，刑部尚書張昭鹵簿使，御史中丞劉溫叟儀仗使，皇弟開封尹光義橋道頓遞使。太平興國九年〔一〕，始鑄五使印。

石林葉氏曰：「南郊五使，唐制甚詳。考於會要，纔見長慶後有以太常卿爲禮儀使，御史中丞爲大禮使爾。不知禮儀、大禮何以爲別也？其以宰相爲大禮使，禮部尚書爲禮儀使，御史中丞爲儀仗使，兵部尚書爲鹵簿使，開封尹爲橋道使者，蓋後唐之制。故本朝用之，但改太常卿爲禮儀使爾。太常卿既不常置，而中丞、兵部官或闕，則例以學士及他曹尚書、侍郎代之。大禮掌贊相，鹵簿掌儀衛，橋道掌頓遞，禮儀掌禮物儀仗，無正所治事，但督察百司不如禮者而已。真宗東封西郊，嘗專用輔臣，天禧後罷。至元符初，始詔並用執政〔二〕，遂著爲令。」

長編通考曰：「恭考太祖南郊凡四，自後宿齋、朝享、儀禮、降赦率如初，惟開寶四年，始用繡衣鹵簿。先是，大駕鹵簿衣服、旗幟止以五綵繪畫。至是，盡易以繡。九年，以江表底定，方内大同，用申報謝，乃幸西京，以四月有事於南郊。先是，霖雨彌旬。及赴齋宫之日，雲物晴霽，觀者如堵，咸相謂曰：『我輩少逢亂離，不圖今日復睹太平天子儀衛。』皆相對感泣。又考鹵簿凡四等：大駕、法駕、鑾駕、黄麾仗。大駕，郊祀、籍田、薦獻玉清昭應、景靈宫用之。」

按：梁太祖始建都於汴，然郊壇則在洛都。開平二年十一月南郊，帝自東京至洛都行禮，自石橋備儀仗至郊壇。三年正月，以河南尹張宗奭爲南郊大禮使。後唐莊宗同光二年，帝祀南郊。初，梁均王將郊祀於洛陽，聞楊、劉陷而止，其儀物具在。至是，張全義請上亟幸洛陽，謁廟畢即，祀南郊。從之。然則梁、唐行郊祀皆在洛陽。國初，始作郊壇於國城南薰門外。開寶九年，詔曰：「定鼎洛邑，我之西都，燔柴泰壇，國之大事。今江表底定，方内大同，祇遹景靈，用申報謝，乃眷西顧，郊兆存焉。將飭駕以時巡，躬展誠於陽位。朕今幸西京，以四月有事於南郊，宜令有司各揚所職。」

以是觀之，藝祖親郊凡四，獨是歲行之於洛陽。然凡郊必以陽至之月，獨是歲以四月，乃是行大雩之禮，蓋本非彝典。帝以洛都元有郊兆，是年又有欲徙都於洛之意，故因西幸而特行其禮云。

太宗太平興國三年十一月丙申，郊，奉太祖配。

國初以來，南郊四祭及感生帝、皇地祇、神州凡七祭，並以四祖迭配。而太祖親郊者四，並以宣祖配。上即位，以宣祖、太祖更配。是年，合祭天地，始奉太祖升侑焉。雍熙元年，郊，扈蒙定禮。奏言：「經曰：『嚴父莫大於配天。』請以宣祖配天，太祖配上帝。」乃用其議，識者非之。淳化四年，禮儀使蘇易簡上言：「按：唐永徽中，以高祖、太宗同配上帝。欲望親祀郊丘，奉宣祖、太祖同配。其常祀孟春祈穀、孟冬神州、季秋大享，以宣祖崇配；冬至圜丘、夏至北郊、孟夏雩祀，以太祖崇配。」從之。淳化三年，禮儀使言：「皇帝親郊，故事，在京並去圜丘十里內神祠及所過橋道，並差官致祭，而獨遺太社、太稷、文宣、武成王等廟。今請事出宮前一日，遣官致祭。」從之。至道三年十一月，時真宗已即位，有司上言：「冬至祀圜丘、孟夏雩祀、夏至祭方丘，請奉太宗配；上辛祈穀、季秋大享明堂，奉太祖配；上辛祀感生帝、孟冬祀神州地祇，奉宣祖配；其親郊圜丘，奉太祖、太宗並配。」詔可。

大中祥符四年，職方員外郎、判太常禮院孫奭言：「準禮，冬至祀圜丘，有司攝事，以天神六百九十位從祀。今惟有五方上帝及五人神十七位，天皇大帝以下並不設位。且太昊、勾芒惟孟夏雩祀、季秋大享及之，今乃祀於冬至，恐未叶宜。」詔兩制及崇文院詳定。翰林學士晁迥等言：「按開寶通禮：圜丘，有司攝事，祀昊天、配帝、五方帝、日月、五星、中外官、衆星，總六百八十七位；雩祀、大享，昊天、配帝、五天帝、五人帝、五官，總十七位；方丘，祭皇地祇、配帝、神州、嶽鎮、海瀆七十一位。今司天監所設圜丘、雩祀、明堂、方丘並十七位〔三〕，即是方丘有嶽、瀆從祀〔四〕，圜丘無星辰，而反以人帝從祀。參詳故事，實爲闕典。望如奭所請，以通禮神位爲定。其有增益者，如後敕。」奏可。

景德三年，崇文院檢討陳彭年言：「禮記月令，正月天子以元日祈穀於上帝。注云：『爲上辛祈穀，郊祀昊天上帝。』又春秋傳曰：『啓蟄而郊，郊而後耕。』蓋春氣初至，農事方興，郊祀昊天，以祈嘉穀。故當在建寅之月，迎春之後矣。自晉泰始二年，始用上辛，不擇立春之先後。齊永明元年，立春前郊，議者欲遷日，王儉啓云：『宋景平元年、元嘉六年，並立春前郊。』遂不遷日。其後吴操之又云：『應在立春後。』然則左氏所記啓蟄而郊，乃三代彝章，百王不易。王儉所啓郊在春前，乃後世變禮，經籍無聞。載詳月令正月元日祈穀，則明在正月之辛；左氏『啓蟄而郊，郊而後耕』，則明在立春之後。參較其義，焕然無疑。來年正月十日立春，三日上辛祈穀，斯則襲王儉之末議，違左氏之明文，禮有未安，事當復古。」

乾興元年，真宗崩，詔禮官定遷郊祀配帝，乃請：「孟春上辛祈穀、孟冬祭神州地祇，以太祖配；孟夏雩祀、冬至祀昊天上帝、夏至祭皇地祇，以太宗崇配；上辛祀感生帝，以宣祖配；季秋大享明堂，以真宗崇配；皇帝親祀郊丘，以太祖、太宗崇配。」奏可。

故事，三歲一親郊，不郊輒代以他禮，慶賞與郊同，而五使皆輔臣，不以官之高下。天聖二年，翰林學士領儀仗，御史中丞領鹵簿，始用官次。

天聖五年十一月癸丑，郊，以翰林學士宋綬攝太僕，陪玉輅。上問儀物典故，綬占對辨給，因使綬集群官撰集天聖鹵簿圖記上之。禮儀使請郊後詣玉清昭應、景靈宮。詔郊前享景靈，近臣奏告；玉清昭應擇日恭謝。大禮使王曾請節廟樂，帝曰：「三年一享，不敢憚勞也。」三獻終，增禮生七人，各引本寶，太祝升殿徹豆。三日，又齋長春殿，謝玉清昭應宮。

沈氏筆談曰：「上親郊廟册文，皆曰『恭薦歲事』。先景靈宮，謂之朝獻；次太廟，謂之朝享；末乃有事於南郊〔五〕。予集郊式時，曾預討論，常疑其次序。若先爲尊，則郊不應在廟後；若後爲尊，則景靈宮不應在太廟之先。求其所從來，蓋有所因。按唐故事：凡有事於上帝，則百神皆預遣使祭告，唯太清宮、太廟則皇帝親行，其册祝皆曰：『取某月某日，有事於某所，不敢不告。』宮廟謂之奏告，餘皆謂之祭告，唯有事於南郊，方爲正祠。至天寶九載，乃下詔曰：『告者，上告下之詞。今後太清宮宜稱朝獻，太廟稱朝享。』自此遂失奏告之名，册文皆爲正祠。」

楊氏曰：「愚按：『卜郊受命於祖廟，作龜於禰宮。』疏引禮器『魯人將有事於上帝，必先有事於頖宮』爲證。禮器注云：『魯以周公之故，得郊於上帝。先有事於頖宮，告后稷也。』夫有事謂告祭也，郊事至重，又尊祖以配天，故先告於祖而受命焉，乃卜日於禰宮。自此以後，散齋七日，致齋三日。齋戒以神明其德，將以對越上帝，此則古禮然也。太祖皇帝乾德六年十一月〔六〕，初行郊祀。先是，十三日宿齋於崇元殿，翼日赴太廟，五鼓朝享禮畢，質明乘玉輅赴南郊，齋於帷宮。十六日，行郊祀禮。夫五鼓朝享於太廟，質明乘輅赴南郊，齋於帷宮，又二日而郊祀。此則不拘古禮，以義起之，深得古人告祭於太廟之意，而又不失乎致齋之嚴也。其後，有司建明，或失其中。仁宗天聖二年八月，太常禮院上言：『南郊合行薦告之禮，望降所用日。』詔將來玉清昭應宮、景靈宮、太廟同日行禮。後五年，禮儀使劉筠奏曰：『天聖二年南郊制度，皇帝自大安殿一日之内數次展禮，萬乘之陟降爲勞，百執之駿奔不暇。欲乞將來南郊禮畢，別定日詣玉清昭應宮、景靈宮行恭謝之禮。』夫劉筠之請，蓋欲避一日頻併之勞也。然薦告者，郊前之禮也；恭謝者，郊後之禮也。劉筠欲易郊前薦告之禮爲郊後恭謝之禮，蓋亦以玉清昭應宮、景靈宮非禮之正，不欲指言其事，故爲是婉辭以達意也。景祐五年十月，侍講賈昌朝言：『朝廟之禮，本告以配天享侑之意，合於舊典，所宜奉行。其景靈宮朝謁，蓋沿唐世太清宮故事，有違經訓，固可改革。欲望將來朝廟前未行此禮，候郊禮畢，詣景靈宮謝成，如下元朝謁之儀。所冀尊祖事天，禮簡誠至。』夫賈昌朝之說，即劉筠之說也。然劉筠之議婉而明，不若賈昌朝之言嚴而正。

岳氏愧郯録曰：「珂前辨南北郊，妄意以禮之大者與常禮異，折衷古今，以俟博識。及考元豐六年十月庚辰，太常丞吕升卿所奏，則先廟後郊。當時亦嘗有議之者，反覆其論，可謂至當，而迄不見用於時，蓋有弗便乎？今雖欲力行，不可得也。珂故因是而發其餘論焉。升卿之言曰：『近以郊祀致齋之内，不當詣景靈宮及太廟朝享，遂具奏：「伏聞止罷景靈宮諸處朝謁，而天興殿及太廟朝享如故。臣伏以郊丘之祀，國之大事，有天下者，莫重乎享帝。臣歷考載籍，不聞爲祀天致齋乃於其間先享宗廟者也。獨有唐天寶之後，用田同秀之言，立老子廟，號曰太清宮。是歲，將行郊祀，以二月辛卯先躬享焉。祀用青詞，饋用素饌。甲午，又親享於太廟。丙申，乃有事於南郊。終唐之世，奉而行之，莫知其非。雖論者以爲失禮，然考其初，致齋之日，乃辛卯享於太清宫，至丙申殆且五日，乃得雍容休息，以見上帝也。今陛下致齋三日，其一日於大慶殿，而用其二日三行禮焉。古之大祀，未有不齋三日而敢與神明交者，故經曰：『齋三日，一日用之，猶恐不敬，二日伐鼓，何居？』蓋先王之於祭祀之齋，如此其謹也。今陛下行禮於天興殿，纔齋一日爾，其之太廟與郊宫也，前祀之一日，皆嘗用之矣，謂之一日之齋，尚非全也。夫用一日之齋，以修大祀，未見其可，况非全日乎？於以奉宗廟，則齋之日不足；於以事上帝，則齋之儀不專。陛下恭嚴寅畏，三歲一修大禮，將以受無疆之休，其爲致齋者乃如此，殆未稱昭事之意也。今太廟歲有五大享，皆如古矣，又於郊祀復修遍享之禮，此爲何名乎？論者曰：『宗廟之禮，未嘗親行，故因郊祀恭展薦獻。』臣曰不然。唐太宗時，馬周言曰：『陛下自踐位，宗廟之享，未嘗親事。竊惟聖情以乘輿一出，所費無藝，故忍孝思以便百姓，遂俾唐史不書皇帝入廟，何以示來葉？』良謂此也。且人主於宗廟之享，自當歲時躬修其事，其不親享者，蓋後世之失禮也。今日必因郊禮以行之，則義尤不可。夫因者，不致專之謂也。七世聖神儼在清廟，朝廷不特講歲時親行之禮，而因以享之，此非臣之所聞也。臣愚以謂今郊禮宜如故事，致齋於大慶殿，二日，徑赴行宫。其宫廟親享，並乞寢罷。或車駕必欲至太廟，即乞止告太祖一室，以侑神作主之意。徹去樂舞，以盡尊天致齋之義。其天興朝享，乞更不行，請如新降朝旨，俟禮畢而恭謝。伏請繼今日以往，别修太廟躬祀之制，歲五大享，乘輿親臨其一焉。仍望自今歲臘享爲首，於明年行春祠之禮，禴與烝嘗，自次年以叙終之。每遇行廟享之時，則罷景靈宫一孟朝謁之禮。廟享致齋，乞於内殿出入如常儀。如此，則祀天享親兩得其當矣。珂按：先廟後郊，蘇文忠軾嘗引書武成證爲周禮，而珂固疑其即變禮以爲常矣。升卿謂古之大祀，未有不齋三日而敢與神交者。考之武成，厥四月丁未，祀於周廟。越三日庚戌，柴望，大告武成。雖禮之變，猶必歷三日而後柴望，則升卿之言豈非明據？然珂謂升卿之論廟享，歲五大享而臨其一，乃殺禮也，非備禮也。行廟享之時，則罷景靈宫一孟朝謁之禮，廟享既與景靈宫迭用，且致齋内殿，出入如常儀，乃常禮也，非大禮也。夫天地，大祭也；祖宗，大祭也。隆禮備物，不可偏廢。其勢必如仁宗祫享之制，始合於禮之宜。夫嘉祐之行祫也，以代三年之郊也。輅而齋，冕而事，門而肆眚，皆郊制也。前乎元年，恭謝乎大慶；後乎七年，大享於明堂。則四年之祫，適三年之中也。如升卿言，是以常禮享祖宗，而以大禮祀天地也。若每歲而入廟，又三歲而出郊，禮有隆而無殺，知其必不能也。知乎此，又益知乎南北郊之不可以兼舉也。分郊而祭，舍升卿之説，則太廟、原廟之享，不知其存乎否也？苟存也，則先南郊祀之，先北郊則祀之，祖宗之祭二，而天地之祭一，祖宗三歲而徧，天地六歲而徧，以卑踰尊，不可也。苟廢也，則原廟恭謝之制，就可如升卿之説，而太廟則不可以乏享也。享不可以殺禮也，是又於何時增此一郊邪？其疏其數，將於此乎益無統矣。」

按：「三歲親郊，而所祭者凡三：一日祀原廟，二日祀太廟，三日詣圜丘行禮。此禮始於唐而宋因之。楊氏所引劉筠、賈昌朝之説，則以爲前二日之享廟，告祭也。岳氏所引吕升卿之説，則以爲前二日之享廟，正祭也。然以愚觀之，以爲告祭，則其禮太過；以爲正祭，則其禮無名。蓋登極、立太子、册后、上祖宗徽號之類，皆典禮之重大而希罕者，若三歲一郊，則事天之常禮耳。今登極等告祭未嘗親行，而獨於三歲郊祀則親舉告禮，此所謂太過也。春禴、夏禘、秋嘗、冬烝，三歲一祫，五歲一禘，皆歷代相承宗廟之大祭。今此諸祭未嘗親行，而獨於三歲郊祀之前，特創一祭，此所謂無名也。蓋近代以來，天子親祠，其禮文繁，其儀衛盛，其賞賚厚，故必三歲始能行之。而郊祀所及者，天地百神與所配之祖而已，於宗廟無預，故必假告祭之説，就行親祀宗廟之禮焉。於事則簡便矣，謂之合禮則未也。

景祐二年十一月乙未，郊，三聖並侑。先是，禮院言：「太祖、太宗、真宗三廟皆萬世不遷，至於南郊，以太祖定配，二宗迭配。將來皇帝親祠，且請以三聖皆侑，上顯對越之盛，次伸遹追之感。此後迭配，還如前議。歲時常祀，則至日圜丘、仲夏皇地祇配以太祖；孟春祈穀、夏雩祀、冬祭神州配以太宗；孟春感生帝配以宣祖；季秋大享配以真宗。」先是，上親制郊廟樂章二十一曲，財成頌體，告於神明，詔宰臣吕夷簡等分造樂章，參施群祀。

禮院言：「周官，朝日祀五帝，則張大次、小次。説者以爲祀昊天上帝亦然。大次在壇壝外，猶更衣幄；小次在壇側，今所未行。按魏武帝祠廟令：『降神訖，下階就幕而立〔七〕，須奏樂畢，似若不衎烈祖〔八〕，遲祭速訖也〔九〕。故吾坐俟樂闋送神乃起耳。』然則武帝坐俟，容須别設近次，與周官義符。請設小次於皇帝版位少東，每獻畢，降壇若殿，就小次，俟終獻徹豆，復就版位。」其後有司又言：「郊廟罇罍數皆準古，而不實三酒、五齊、明水、明酒。有司相承，名爲『看器』。郊廟天地配位，惟用祠祭酒，分大、中祠位二升，小祠位一升，止一罇酌獻，一罇飲福。宜詔酒官依法制齊、酒，分實罇罍〔一〇〕，有司取明水對明酒，實於上罇。」禮官以爲鄭氏注周禮五齊、三酒，惟引漢時酒名擬之，而無制造法。乃仍舊用祠祭酒，一等壇殿上下罇罍，有司毋設空器。並如唐制，以井水代明水、明酒。正配位酌獻、飲福，舊用酒二升者，各增二升。從祀神位，用舊升數，實諸罇罍。

岳氏愧郯録曰：「珂之仕中朝，屢攝官涖祠祭，每見罇彝之設五齊，有其名而實無之，惟將事則取具天府，蓋止一色公醖耳。聞之容臺吏，罇冪之下率多空，惟一罇僅實杯勺以共祭。他日，又攝光禄丞，得先祭贊閱視酒饌，又攝太官令，躬酌酒實爵，得窺其中，蓋皆如言。則其初點饌之際，執事者徒再唱酒齊之目而已，於以驗其名殊而實一也。嘗讀周禮正義，頗疑醖法不明，古制難復。考之通鑑長編，元豐六年十月甲申，光禄卿吕嘉問言：『光禄掌酒醴祠祭罇罍，相承用法酒庫三色法酒，以代周禮所謂五齊、三酒，恐不足以上稱陛下崇祀之意。近於法酒庫、内酒庫，以醖酒法式考之禮經五齊、三酒。今醅酒，其齊，冬以二十五日，春秋十五日，夏十日，撥醅甕而浮蟻涌於面，今謂之撥醅，豈其所謂泛齊邪？接取撥醅其下齊汁，與滓相將，今謂之醅芽，豈其所謂醴齊邪？既取醅芽，置篘其中，其齊葱白色入焉，今謂之帶醅酒，豈其所謂盎齊邪？冬一月，春秋二十日，夏十日，醅色變而微赤，豈其所謂緹齊邪？冬三十五日，春秋二十五日，外撥開醅面觀之，上清下沉，豈其所謂沈齊邪？今朝廷因事而醖造者，蓋事酒也；今踰歲成熟蒸醖者，蓋昔酒也；同天節上壽燕所供臘醅酒者，皆冬醅夏成，蓋清酒也。此皆酒，非所謂齊也。是知齊者，因自然之齊故稱名，酒者成就而人功爲多，故享神以齊，養人以酒。竊恐典禮如此。又司罇彝曰，醖齊縮酌，盎齊沈酌。依經傳，則泛齊、醴齊以事酒和之，用茅縮酌；其盎齊、緹齊、沈齊則以清酒和之，不用茅縮酌。如此，則所用五齊不多，而供具亦甚易。蓋醖酒料次不一，此五種者成而皆自然。伏望聖斷，以今之所造酒，與典禮相詳審，或不至差謬。乞自今年郊廟共奉。』上批：『嘉問論證，似有理趣。今宗廟所實罇彝，酒、齊未備就，且如其說用之，於理無害。』然則當時蓋嘗施用，而又前乎慶曆，後乎大觀，皆經講明，具珂後記。彌文寖容，交舉並修，要必不廢。特建炎南渡之後，有司失其職耳，非故事也。祖宗毖祀存古之意，最爲嚴重，是說其有稽焉。」

又曰：「慶曆元年十月十五日，同判太常寺呂公綽言〔二〕：『按開元禮崇祀録：昊天上帝、皇地祇六罇：太罇爲上，實以泛齊；著罇次之，實以醴齊；犧罇次之，實以盎齊；象罇次之，實以醍齊；壺罇次之，實以沈齊〔三〕；山罍爲下，實以三酒。配帝，著罇爲上，實以泛齊；犧罇次之，實以醴齊；象罇次之，實以盎齊；山罍爲下，實以清酒。皆加明水、明酒，實於上罇。五方、北極、天皇大帝、神州地祇、大明、夜明，太罇實以泛齊。五星、十二辰、河漢，象罇實以緹齊。中官，壺罇，五方山林、川澤，㕽罇，並實以泛齊。外官概罇，五方丘陵、墳衍、原隰，散罇，並實以清酒。衆星，散罇，實以旨酒。皆用明酒，各實於上罇。宗廟，每室設斝彝、黄彝，著罇之上罇皆實以明水，黄彝實鬱鬯，著罇實以醴齊。又司烜氏：「以鑑取明水於月。」鄭康成云：「鑑類取水者，世謂之『方諸』。取月之水，欲得陰陽之潔氣也。」臣謹以古制考五齊、三酒，即非難得之物，將來郊廟祭享，宜詔酒官依法制齊、酒，分實罇罍，仍命有司取明水對明酒，實於上罇。或陰鑑、方諸之類未能猝辦，請如唐制，以井水代之。』下博士議而奏曰：『比郊廟祠祀，壇殿上下所設罇罍，惟酌獻、飲福二罇實以祠祭酒，餘皆徒設器而不實以五齊、三酒、明水、明酒，誠於禮爲闕。然五齊、三酒，鄭康成注周禮，惟引漢時酒名擬之，而無制造之法。今欲仍舊用祠祭酒一等，其壇殿上下罇罍，有司不得更設空器。其明水、明酒，並以井水代之。其正、配逐位酌獻、飲福，舊用酒二升者，各增二升；從祀神位並用舊升數，實諸罇罍，配以明水、明酒。』從之。既曰從其請，則自慶曆以來，雖欲用之而不能詳其法矣。此元豐呂嘉問之請所以有爲而發也。還考元豐元年七月二日，詳定郊廟奉祀禮文所言：『古之祭祀，以五齊薦諸神，以三酒酌諸臣，其用不同。今罇雖具，均以法酒實之，而無清濁厚薄之異，是名物徒存，而亡其實也。再詳五齊，鄭氏以爲醴味與酒味異，其餘四齊，味皆似酒。祭祀必用五齊者，至恭不尚味而貴多品也。若三酒，則人所飲也。事酒爲有事而新作者，即今卒造之酒；昔酒久醖乃熟，故名以昔，二者色皆白；清酒久於昔酒，故色清而味厚。欲令法酒庫、內酒坊以見造制逐色酒實之。』從之。則三酒當時尚未備，五齊固可從而知。不知公綽之奏以後，復曾講明不？禮文之所言，乃在嘉問奏論五年之先，則遐想中間酒齊醖法之不講，亦云久矣。珂前記空罇似出有司之吝，考之宣和三年七月二十二日尚書省言：『潭州奏，春秋上丁釋奠并祭社稷、風雨師等，合用罇齊酒醴。政和中，儀曹曹洪考三禮圖罇受五斗之制，遂每罇用其數。以一歲計之，至用酒六百六十八石，委是虛費。今在京釋奠，正、配位每罇設酒二升，從祀每位五合，乞下諸路州軍依此。』從之。則在承平時，罇已不盈矣。慶曆公綽之言，有司相承，名爲『看器』，則雖盡空其罇，固無恡云。宣和之有司，猶有取於節。今祠祭酒不然，罇固皆有酒可實，特先期緘缾缶以均奉祠者，臺阜無遺焉。是上不以費靳，而下酒以私取，不可之大者也。」

嘉祐七年春，詔南郊奉太祖定配。

先是，諫官楊畋論水災繇郊廟未順。下禮院，禮院言：「對越天地，神無二主。唐垂拱中，始用三祖同配，至開元親享，遂罷之。皇祐詔書，南郊三聖並侑，後疊配，未幾復並侑，爲定制。雖出孝思，然頗違禮經。」下兩制議，從之。

英宗治平二年，合祭天地於南郊，以太祖配。故事，皇帝將就版位，祠官回班向皇帝，須就位乃復。侍臣跪讀册至御名，則興。至是，詔以尊奉祠勿回班及興。時呂公著攝太僕卿，參乘，爲上言：「仁宗親祠，徹黄道以登，虛小次不入。」上皆循用之。正月上辛祈穀，慶曆用犢一、羊二、豕二。其日祀感生帝，羊二、豕二。正配簠、簋、俎各增爲二。前一日，太祝讀祝，視祭玉，餘如冬至。攝事三獻終，禮生引司天監罍洗，升詣四方帝神位上香，奠幣、爵，并行一獻再拜，復。治平二年，禮院言：「準閤門儀制，祀天地致齋，皇帝不遊幸作樂。緣壽聖節在致齋内，若用慶曆元年、嘉祐七年元會例，更用中辛，當在十六日。又十四日例詣慈孝等寺、集禧觀行禮觀燈作樂，若遣官攝事，無不聽樂。元日朝會、壽聖節，多與上辛相近，常改用中辛，非尊事天神之意。嘉會合禮，又不宜徹樂。」因詔遇元正御殿，聖節上壽，雖在上辛，祠官致齋日亦用樂，大宴移日或就賜。

神宗熙寧元年，詔：「令兩制以上至臺諫官，與太常禮院同詳定今年冬至當與未當親行郊禮。」

翰林學士承旨王珪上議曰：「按王制：『喪三年不祭，唯祭天地、社稷，爲越紼而行事。』傳謂：『不敢以卑廢尊也。』是則居喪而可得見天地也。春秋僖公三十三年傳：『凡君薨，卒哭而祔，祔而作主。特祀於主，烝、嘗、禘於廟。』杜預以謂：『新主既立〔一三〕，特祀於寢，則宗廟四時常祀自當如舊。』是則居喪而可得見宗廟也。周公稱商高宗諒闇，三年不言，子張疑之，以問仲尼。仲尼答云：『何必高宗，古之人皆然。』高宗不云服喪三年，而云諒闇三年者，杜預又謂：『古者，天子諸侯三年之喪，既葬而服除，諒闇以居心喪，不與士庶同禮也。』然則服除之後，郊廟之祭，可勿舉乎？南齊以前，人君嗣位，或仍前郊之年，或別自爲郊。下有司議，而王儉乃援晉、宋以來皆改元即郊，而不用前郊之年。自漢文以來，皆即位而謁廟，至唐德宗以後，亦踰年而行郊。况本朝景德二年，真宗居明德皇太后之喪，既易月而服除，明年遂享太廟，而合祀天地於圜丘。伏請皇帝將來冬至躬行郊廟之禮，其服冕、車輅、儀物、音樂緣神事者，皆不可廢。」詔恭依典禮，其車服、儀物，除神事外，令太常禮院詳定以聞。禮院看詳：「欲乞除郊廟及景靈宮禮神用樂外，所有鹵簿、鼓吹及樓前宮架、諸軍音樂，皆備而不作。其逐處警場，止鳴金鉦、鼓角。」從之。

十一月，帝齋於郊宮，罷臨觀闕，不幸苑囿。

故事，車駕至青城少休，即召從臣幸後苑閱水嬉，復登端門觀太常警嚴。至是，帝精意奉祠，悉罷遊觀，遂減徹門闕、亭苑，省草木禽獸千七百餘事。至十年，又罷去寢殿後至寶華門花磚砌道，著爲定制。

七年，中書門下言：「準詔參定南郊青城内殿宇門名。請大内門曰『泰禋』，東偏門曰『承和』，西偏門曰『迎禧』，正東門曰『祥曦』，正西門曰『景曜』，後三門曰『拱極』，内門裏東側門曰『夤明』，西側門曰『肅成』，大殿門曰『端誠』，大殿曰『端誠』，殿前東、西門曰左、右『嘉德』，便殿曰『熙成』，後園門曰『寶華』。」從之。先時，青城殿宇門名，每郊命學士院撰進，至是著爲定式，學士院更不撰進。

楊氏曰：「愚按注疏云：齋於路寢之室。唐禮，散齋於別殿，致齋二日於太極殿，又一日於行宫。國朝冬祀天禮，惟太祖皇帝乾德六年十一月之禮，可爲後世不易之法。其後有司建明非一，大概宿齋三日，内一日於大慶殿，一日於太廟，一日於青城。高宗中興之後，檢會熙寧在京青城内殿宇門名，如曰『泰禋』，曰『承和』之類，悉遵舊式，其制可謂周備矣。然令儀鸞司預先體倣青城制度絞縛，其行事、執事、陪祠官宿齋幕次，亦隨宜絞縛，又何其簡略也？元豐四年十月八日，禮官言：『古之王者，行則嚴輿衛，處則厚宫闕，所以示威重，備非常也。故周禮，王會同則爲壝宫，食息則設帷宫。漢祀甘泉，則有竹宫。至於江左，亦有瓦殿。本朝沿唐舊制，親祠南郊，行宫獨設青城幔殿。宿者有風雨之憂，而又無望祭之位。且青城之費，歲以萬數。臣等欲乞倣青城之制，創立齋宫，一勞而省重費，或遇風雨，可以行望祭之禮。』詔送太常禮院，俟修尚書省了日取旨。是神宗皇帝有意乎立齋宫矣，但以修尚書省未畢，而猶有所待也。其後，哲宗皇帝既建齋宫，謂臣下曰：『三歲一郊，青城之費，縑帛三十餘萬，工又倍之。易以屋室，一勞永逸，所省多矣。』又徽宗皇帝修建南北郊齋宿宮殿，南郊曰『齋宮』，北郊曰『帷宮』。有司請曰：『事體如一，而名稱不同，宜並稱齋宮。』從之。祖宗典故，粲然可考。今青城制度，尚沿襲舊例而未革，盍亦推廣祖宗之意，立爲齋宮？無事則嚴其扃鐍，以待乘輿致齋之日而居焉，暫勞而永逸，一也。宿者無風雨之憂，或遇風雨，則可以行望祭之禮，二也。事有關繫甚重，循習甚久，斷然在所當革而無疑者，其此之謂乎！」

按：會要載中書門下奏定南郊青城内殿宇門名，其事在熙寧七年；然楊氏所云元豐四年禮官請創立齋宮，詔侯修尚書省了日取旨，則知齋宮元豐時尚未建，而熙寧七年所奏定殿宇之名，乃幔殿也。然神宗即位初郊，齋於郊宮，罷臨觀闕，不幸池苑，遂減徹亭苑，省草木禽獸千七百餘事。以是觀之，則知青城行宮苑囿遊觀之所畢備，而獨未建齋殿，誠爲闕典。

元豐六年冬至，郊祀昊天上帝，以太祖配。始罷合祭，不設皇地祇位。

先是，樞密院陳襄等詳定郊廟禮文，上言曰：「伏承聖意，以天地合祭於圜丘爲非典禮之正，詔令更定。臣謹按周禮大司樂：以圜鐘爲宮，冬日至，於地上之圜丘奏之，六變以祀天神；以函鐘爲宮，夏日至，於澤中之方丘奏之，八變以祭地祇。夫祀必以冬日至者，以其陽氣來復於上天之始也，故宮用夾鐘於震之宮，以其帝出乎震也，而謂之圜鐘者，取其形以象天也。三一之變，（圜鐘爲宮，三變。黃鐘爲角，太簇爲徵，姑洗爲羽，各一變。）合陽奇之數也。祭必以夏日至者，以其陰氣潛萌於下地之始也。故宮用林鐘於坤之宮，以其萬物致養於坤也，而謂之函鐘者，取其容以象地也。四二之變，（函鐘爲宮，太簇爲角，姑洗爲徵，南呂爲羽，各二變。）合陰偶之數也。又大宗伯：以禋祀實柴槱燎，祀其在天者，而以蒼璧禮之。以血祭沈貍副辜，祭其在地者，而以黄琮禮之。皆所以順其陰陽，辨其時位，倣其形色。此二禮之不得不異也。故求諸天而天神降，求諸地而地祇出。得以通精誠而逆福釐，以生烝民，以阜萬物，此百王不易之禮也。去周既遠，先王之法不行。漢元始中，姦臣妄議，不原經意，附會周官大合樂之説，謂當合祭。平帝從而用之，故天地共犢，禮之失自此始矣。由漢歷唐千有餘年之間，而以五月親祠北郊者，惟四帝而已。如魏文帝之太和，周武帝之建德，隋高祖之開皇，唐睿宗之先天，皆希闊一時之舉也。然而隨得隨失，卒無所定，垂之本朝，未遑釐正。恭惟陛下恢五聖之述作，舉百王之廢墜，臣以謂既罷合祭，則南北二郊自當別祀。伏望陛下每遇親祠之歲，先以夏日至祭地祇於方丘，然後以冬日至祀昊天於圜丘，此所謂大者正也。然議者或謂：『先王之禮，其廢已久，不可復行。古者，齋居近，古者，致齋路寢。儀衛省，用度約，賜予寡。故雖一歲徧祀，而國不費、人不勞。今也，齋居遠，儀衛繁，用度廣，賜予多。故雖三歲一郊，而猶或憚之，況一歲而二郊乎？必不獲已，則三年而迭祭；或如後漢以正月上丁祠南郊，禮畢，次北郊；或如南齊以上辛祀昊天，而次辛瘞后土，不亦可乎？』臣竊謂不然。記曰：『祭不欲疏，疏則怠。』夫三年迭祭，則是昊天大神六年始一親祀，無已怠乎？記曰：『大事必順天時。』二至之郊，周公之制也，捨是而從後王之失，可謂禮歟？彼議者徒知苟簡之便，而不睹尊奉之嚴也。伏惟陛下鑒先王已行之明效，舉曠世不講之大儀，約諸司儀衛而幸祠宮，均南郊之賜予以給衛士，蠲青城不急之務，損大農無名之費。使臣得以講求故事，參究禮經，取太常儀注之文，以正其訛謬，稽大駕鹵簿之式，以裁其繁冗，惟以至恭之意，對越大祇，以迎至和，格純嘏，庶成一代之典，以示萬世。」

又曰：「臣某等恭惟本朝冬至祀天南郊，夏至祭地北郊，每歲行之，皆合於古。猶以有司攝事爲未足以盡志，於是三年一郊而親行之。夫三年一郊而親行之，蓋所謂因時制宜者也。施之於今，誠不可易。惟合祭之禮，在所當正。禮曰：『魯人將有事於上帝，必先有事於泮宮。』所以然者，告祖爲配之謂也。又曰：『晉人將有事於河，必先有事於惡池。齊人將有事於泰山，必先有事於配林。』所以然者，先卑後尊之謂也。臣等推古以知今，推諸侯以知天子，欲乞每遇親郊七日戒之後，三日宿之時，宿太廟以告，宿北郊以祭，宿南郊以祀。所以先太廟者，告祖爲配也；所以先北郊者，先卑後尊也。雖然，自北郊至南郊相去爲遠，則中道不可以無舍，請爲帷宮，止而後進。如允所奏，乞下有司施行。」

禮，後漢因祠南郊即祠北郊明堂，世祖廟及太廟，謂之五供。唐因祠南郊即祠太清宮及太廟，謂之三大禮。本朝三歲郊祠，必先景靈宮及太廟，蓋因前制。然每歲夏至於北郊，自有常祠祀，兼常歲有司攝事於南郊，亦不合祭天地。其合祭之意，止緣親祠欲徧及爾。若以親祠欲遍及之，則因南郊同時告祭北郊，自因舊儀，亦不背違禮意，近於可行。伏乞更賜參酌施行。

於是詔禮官講求。翰林學士張璪以爲：「冬至祀天，夏至祀地，不易之理。今祀地欲改用他月，無所據依。必不得已，宜於郊祀之歲，夏至之日，盛禮容，具樂舞〔一四〕，一如南郊之儀，命冢宰攝事〔一五〕。」而王存、曾肇言：「今北郊常差中書門下官，乃冢宰之任。樂舞之類，亦開元、開寶舊禮所載，特近世廢闕。二者皆有司攝事常行之典，未足以代親祠之重，恐於父天母地之文，有所未順。」判太常寺陳薦言：「議者以天地合祭，始於王莽，故欲罷之。臣按周頌昊天有成命，『郊祀天地也』。漢郊祀歌曰：『惟泰元尊，媼神蕃釐。』泰元，天也；媼神，地也。又曰：『涓選休成，天地並況。』此天地同祀，可以概見，恐非自王莽始也。議者又謂方丘之祀，盛夏不躬行，宜選冢宰攝祀。亦恐未必合古，然終不若天地合祭也。乞且循舊制。」知禮院曾肇言：「今冬至若罷合祭，而夏至又使有司行事，則於父母天地之義若有隆殺。願陛下遇親祠南郊之歲，以夏至日躬款北郊，以合先王之制。」遂詔罷南郊合祭，親祠北郊，並依南郊儀。如不親祠，上公攝事。

自元豐元年，上命樞密直學士陳襄等詳定郊廟奉祀禮文，大正歷代典禮之失。至是，歲親祀圜丘，始用新儀。國朝親郊，止服衮冕，至是稽古，始加服大裘，而被以衮冕。

詳定禮文所議：「禮記曰：『郊特牲而社稷太牢。』又曰：『祭天地之牛，角繭栗，配位亦特牲。』書曰：『用牲於郊，牛二。』是也。宋朝儀注，昊天上帝、皇地祇、太祖皇帝之位，各設三牲俎，非尚質貴誠之義。請親祠圜丘、方澤，正配皆用犢，不設羊豕俎及鼎七，有司攝事亦如之。郊之祭也，器用陶匏，以象天地之性。樿用白木，以素爲質。今郊祀簠、簋、罇、豆皆非陶，又用龍杓，未合禮意。請圜丘、方澤正配位所設簠、簋、罇、豆，改用陶器，仍以樿爲杓。祀天之有禋柴，猶祭地之有瘞血，享廟之有裸鬯。皆歆神之始，非謂於祭之末燔燒胙餘也。至後世之燔瘞牲幣於祭末，而不知致神於其始，則是備於後而闕於先也。請南北郊先行升禋瘞血之禮，至薦奠禮畢，即如舊儀，於壇坎燔瘞牲幣。北郊祭皇地祇及神州地祇，當爲坎瘞埋，今乃建壇燔燎祝版。考先儒所說，地祇即無槱燎之文。請祭皇地祇祝版、牲、幣並瘞於埳，不設燎壇。熙寧祀儀，惟昊天上帝、皇地祇、高禖燔瘞犢首，自感生帝、神州地祇而下，皆不燔瘞牲體，殊不應禮。又按周禮羊人，祭祀割羊牲，登其首。禮記曰：『升首，報陽也。』首爲陽，則膋與髀爲陰可知矣。報陽宜以陽，報陰宜以陰，各從其類也。請自今昊天上帝、感生帝皆燔牲首以報陽〔一六〕。皇地祇、神州地祇、太社、太稷，凡地祇之祭，皆瘞牲之左髀以報陰。凡薦享太廟，皆升首於室。」

又曰：「臣等見親祠南郊儀注，並云祀前三日，儀鸞司鋪御座黄道褥。謹按唐故事：郊壇、宫廟内壝及殿庭天子步武所及，皆設黄道褥，壇上立位又施赤黄褥，將有事，命撤之。武德、貞觀之制用紫，至德以來用黄。開元禮、開寶通禮，郊廟並不設黄道褥。太常因革禮曰：『舊制，皇帝升壇，以褥藉地，象天黄道。太祖命撤之，設拜於地。和峴乞宣付史館。』天聖二年，儀注又增設郊壇壝門道北御座黄道褥。康定初，有司建議，謂配帝褥用緋，以示損於天地，而自小次之前至壇上諸位，其道褥以黄，蓋非典禮。是歲，有詔自小次至壇下撤黄道。臣等伏詳禮記，郊祭之日，汜埽反道。鄭氏注謂剗令新土在上也。其藉神席，天地尚質，則用蒲越藁鞂。宗廟尚文，則設莞筵紛純，加繅席畫純，加次席黼純而已。天子受胙乃有席，周禮司几筵所謂『胙席』是也。今來郊壇黄道褥欲更不設。」又言：「臣等看詳周官，外祀皆有兆域，蓋設一壝而已。後世因之，稍增其制。東漢壇位天神從祀者甚衆，至一千五百一十四神，故外設重營，以爲等限。日、月在中營内南道，而北斗在北之西。至於五星、中宫宿之屬，則其位皆中營。二十八宿外宫星之屬，則其位皆外營。然則爲重營者，所以等神位也。唐因齊、隋之制，設爲三壝，天神列位不出内壝，而御位特設於壇下之東南。若夫公卿分獻，文武從祀，與夫樂架、饌幔則皆在中壝之内。而大次之設乃在外壝者，所以序祀事也。蓋古者神位寡，祀事簡，故兆守有域，以爲遮列厲禁而已。後世神位既衆，祀事亦繁，故爲三壝，以嚴内外之限。國朝郊祀壇域，率循唐制，雖儀注具載圜丘三壝，每壝二十五步〔一七〕，而有司乃以青繩代内壝，誠不足以等神位、序祀事、嚴内外之限也。伏請除去青繩，如儀注爲三壝。」從之。

哲宗元祐七年，親郊。詔：「今歲圜丘，宜依熙寧十年故事，設皇地祇位，以申始見之禮。候親祠北郊，依元豐六年五月八日指揮。」

南郊鹵簿使、兵部尚書蘇軾奏：「臣謹按：漢成帝郊祠甘泉泰畤、汾陰后土，而趙昭儀常從在屬車間。時揚雄待詔承明，奏賦以諷。其略曰：『想西王母欣然而上壽兮，屏玉女而却虙妃。』言婦女不當與齋祠之間也。臣今備位夏官，職在鹵簿。準故事，郊祀既成，乘輿還齋宫，改服通天冠、絳紗袍，教坊鈞容作樂還内，然後后妃之屬中道迎謁，已非典禮，而況方當祀事未畢，而中宫掖庭得在勾陳豹尾之間乎？竊見二聖崇奉大祀，嚴恭寅畏，度越古今，四方來觀，莫不悦服。今車駕方宿齋太廟，而内中車子不避仗衛，争道亂行。臣愚竊恐於觀望有損，不敢不奏。乞賜約束，仍乞取問隨行合干勾當人施行。取進止。」時軾爲鹵簿使導駕，内中朱紅車子十餘輛，有張紅蓋者，争道亂行於乾明寺前。軾於車中草此奏。奏入，上在太廟，馳遣人以疏白太皇太后。明日，中使傳命申敕有司，嚴整仗衛，自皇后以下皆不復迎謁中道。

先時，元祐五年五月夏至，祭皇地祇，命尚書右丞許將攝事。將言：「王者父天母地，三歲冬至，天子親祠，徧享宗廟，祀天圜丘。而夏至方澤之祭，乃止遣上公。則皇地祇遂永不在親祠之典，此大闕禮。望博詔儒臣，講求典故，明正祀典，爲萬世法。」詔禮部、太常寺及兩省侍從官集議以聞。於是翰林學士兼侍讀顧臨等八人，請合祭天地如祖宗故事，俟將來親行北郊之禮，則合祭可罷。臨與祖禹又言：「天地特祭，經有明文。然自漢以來，千有餘年，不能行之矣。宋興，一祖六宗皆合祭天地〔一八〕。其不合祭者，惟元豐六年一郊耳。去所易而就所難，虚地祇之大祭，失今不定，後必悔之。」吏部侍郎范純禮、彭汝礪、户部侍郎范子奇、禮部侍郎曾肇、刑部侍郎王覿、豐稷、權知開封府韓宗道、樞密都承旨劉安世、中書舍人孔武仲、陳軒、太常少卿盛陶、宇文昌齡、侍御史王畏、監察御史董敦逸、黄慶基、左司諫虞策、禮部郎中孫路、員外郎歐陽棐、太常丞韓治、博士朱彦、宋景年、閻本等二十二人，皆主北郊之議。而武仲又請以孟冬純陰之月，詣北郊親祠，如神州地祇之祭。杜純議請南郊之歲，設望祠位於苑中，置權火，夏至命上公攝事，每獻舉權火。詔依王欽臣議，宜如祖宗故事，並祭天地一次。汝礪、肇復上疏論合祭非是，文多不載。九月，三省上顧臨等議。太皇太后曰：「宜依仁宗皇帝故事。」吕大防言：「國朝以來，大率三歲一親郊，並祭天地、宗廟。因行赦宥，頒賞軍士，遂以爲常。今諸儒獻議，欲南郊不設皇地祇位，惟祭昊天上帝，於祖宗之制未見其可。」蘇轍曰：「自熙寧十年，神宗皇帝親祠南郊，合祭天地，今十五年矣。皇帝即位又已八年，未嘗親見地祇，乃朝廷闕典，不可不正。」范百禄言：「圜丘無祭地之禮。記曰：『有其廢之，莫可舉也。』先帝所廢，稽古據經，未可輕改。」大防又言：「先帝因禮文所建議，遂令諸儒議定北郊祀地之禮，然未經親行。今皇帝臨御之始，當親見天地，而地祇之位獨不設，恐亦未安。况本朝祖宗以恩霈四方，慶賚將士，非三歲一行，則國力有限。今日宜爲國事勉行權制，俟異時議定北郊制度及太廟享禮，行之未晚。」太皇太后以呂大防之言爲是。蘇頌、鄭雍皆以古者人君嗣位之初，必郊見天地，今皇帝初郊而不祀地，恐未合古。乃下詔曰：「國家郊廟特祀，祖宗以來，命官攝事，惟三歲一親郊〔一九〕，則先享清廟，冬至合祭天地於圜丘。元豐間，有司援周制，以合祭不應古義，先帝乃詔定親祠北郊之儀，未之及行。是歲，郊祀不設皇地祇之位，而宗廟之享率如權制。朕方修郊見天地之始，其冬至日南郊，宜依熙寧十年故事。設皇地祇位，以嚴並況之儀〔二〇〕。厥後躬行方澤之祀，則修元豐六年五月之制，俟郊禮畢，集官詳議典禮以聞。」

禮部尚書蘇軾言：「恭睹陛下近者至日親祀郊廟神祇，享答實蒙休應，然則圜丘合祭，允當天地之心，不宜復有改更。竊惟議者欲變祖宗之舊，圜丘祀天而不祀地，不過以謂：『冬至祀天於南郊，陽時陽位也；夏至祀地於北郊，陰時陰位也。以類求神，則陽時陽位不可以求陰也。』是大不然。冬至南郊既祀上帝，則天地百神莫不從祀。古者，秋分夕月於西郊，亦可謂陰時陰位矣。至於從祀上帝，則冬至而祀月於南郊，議者不以爲疑。今皇地祇亦從上帝而合祭於圜丘，獨以爲不可，則過矣。書曰：『肆類於上帝，禋於六宗，望於山川，徧於群神。』舜之受禪也，自上帝、六宗、山川、群神，莫不畢告，而獨不告地祇，豈有此理哉？武王克商，庚戌，柴、望。柴，祭上帝也；望，祭山川也。一日之間，自上帝而及山川，必無南北郊之别也，而獨略地祇，豈有此理哉？臣以此知古者祀上帝，并祀地祇矣。何以明之？詩之序曰：『昊天有成命，郊祀天地也。』此乃合祭天地，經之明文。而説者乃以比之豐年秋冬報也，曰：『秋冬各報，而皆歌豐年。則天地各祭，而皆歌昊天有成命也。』是大不然。豐年之詩曰：『豐年多黍多稌，亦有高廩，萬億及秭。爲酒爲醴，烝畀祖妣，以洽百禮，降福孔皆。』歌於秋可也，歌於冬亦可也。昊天成命之詩曰：『昊天有成命，二后受之。成王不敢康，夙夜基命宥密，於緝熙，單厥心，肆其靖之。』終篇言天而不及地。頌以告神明也，未有歌其所不祭，祭其所不歌也。今祭地於北郊，獨歌天而不歌地，豈有此理哉？臣以知周之世祀上帝，則地祇在焉。歌天而不歌地，所以尊上帝，故其序曰『郊祀天地也』。議者乃謂合祭天地，始於王莽，以爲不足法。臣竊謂禮當論其是非，不當以人廢。光武皇帝，親誅莽者也，尚采用元始合祭故事。謹按後漢書郊祀志：建武二年，初制郊兆於洛陽，爲圜壇八階〔二〕，中又爲重壇。天地位其上，皆南鄉，西上。此則漢世合祭天地之明驗也。又按水經注伊水：東北至洛陽縣圜丘東，大魏郊天之所，準漢故事，爲圜丘壇八階，中又爲重壇，天地位其上。此則魏世合祭天地之明驗也。唐睿宗將有事於南郊，賈曾議曰：『有虞氏禘黄帝而郊嚳，夏后氏禘黄帝而郊鯀。郊之與廟，皆有禘也。禘於廟，則祖宗合食於太祖。禘於郊，則地祇群望皆合食於圜丘，以始祖配享。蓋有事之大祭，非常祀也。』三輔故事：『祭於圜丘，上帝、后土位皆南面。』則漢嘗合祭矣。時褚無量、郭山惲等皆以曾言爲然。明皇天寶元年二月，敕曰：『凡所祠享，必在躬親，朕不親祭，禮將有闕。其皇地祇宜就南郊合祭。』是月二十日，合祭天地於南郊。自後有事於圜丘皆合祭。此則唐世合祭天地之明驗也。今議者欲冬至祀天，夏至祀地，蓋以爲用周禮也。臣請言周禮與今禮之别。古者，一歲祀天者三〔三〕，明堂享帝者一，四時迎氣者五，祭地者二，享宗廟者四。此十五者，皆天子親祭也。而又朝日、夕月、四望、山川、社稷、五祀及群小祀之類，亦皆親祭，此周禮也。太祖皇帝受天眷命，肇造宋室。建隆初郊，先享宗廟，乃祀天地。自真宗以來，三歲一郊，必先有事景靈宮享太廟，乃祀天地，此國朝之禮也。夫周之禮親祭如彼其多，而歲歲行之，不以爲難。今之禮親祭如此其少，而三歲一行，不以爲易，其故何也？古者，天子出入，儀物不繁，兵衛甚簡，用財有節。而宗廟在大門之内，朝諸侯，出爵賞，必於太廟，不止時祭而已。天子所治不過王畿千里，唯以齋祭禮樂爲政事，能守此則天下服矣。是故歲歲行之，率以爲常。至於後世，海内爲一，四方萬里，皆聽命於上。機務之繁，億萬倍於古，日力有不能給。自秦漢以來，天子儀物日以滋多，有加無損，以至於今，非復如古之簡易也。今之所行，皆非周禮。三年一郊，非周禮也；先郊二日而告原廟，一日而祭太廟，非周禮也；郊而肆赦，非周禮也；優賞諸軍，非周禮也；自后妃以下至文武官皆得蔭補親屬，非周禮也；自宰相、宗室以下至百官皆有賜賚，非周禮也。此皆不改，而獨於地祇，則曰『周禮不當祭於圜丘』，此何義也哉？議者必又曰：『夏至不能行禮，則遣官攝祭，亦有故事。』此非臣之所知也。周禮大宗伯『若王不與祭祀，則攝位』。鄭氏注曰：『王有故，則代行其祭事。』賈公彦疏曰：『有故，謂王有疾及哀慘皆是也。』然則攝事非安吉之禮。後世人主不能歲歲親祭，故命有司行事，其所從來久矣。若親郊之歲，遣官攝事，是無故而用有故之禮也。議者必又曰：『省去繁文末節，則一歲可以再郊。』臣將應之曰：『古者，以親郊爲常禮，故無繁文；今世以親郊爲大禮，則繁文有不能省也。若帷城、幔屋，盛夏則有風雨之虞。陛下自宫入廟，自廟出郊，冠通天，乘大輅，日中而舍，百官衛兵暴露於道，鎧甲具裝，人馬端汗，皆非夏至所能堪也。王者父事天，母事地，不可偏異。事天則備，事地則簡，是於父母有隆殺也，豈得以爲繁文末節而一切欲省去乎？國家養兵，異於前世。自唐之時，未有軍賞，猶不能歲歲親祠。天子出郊，兵衛不可簡省，大輅一動，必有賞給。今三年一郊，傾竭帑藏，猶恐不足，郊賚之外，豈有復加。若一年再賞，國力將何以給？分而與之，人情豈不失望？』議者必又曰：『三年一祀天，又三年一祭地。』此又非臣之所知也。三年一郊，已爲疏闊，若獨祭地而不祭天，是因事地而愈疏於事天。自古未有六年一祀天者。如此，則典禮愈壞，欲復古而背古益遠，神祇必不顧享，非所以爲禮也。議者必又曰：『當郊之歲，以十月神州之祭易夏至方澤之祀，則可以免方暑舉事之患。』此又非臣之所知也。夫所以議此者，爲欲舉從周禮也。今以十月易夏至，以神州代方澤，不知此周禮之經邪，變禮之權邪？若變禮從權而可，則合祭圜丘何獨不可乎？十月親祭地，十一月親祭天，先地後天，古無是禮。而一歲再郊，軍國勞費之患，尚未免也。議者必又曰：『當郊之歲，以夏至祀地祇於方澤，上不親郊，而通權火，天子於禁中望祀。』此又非臣之所知也。書之望秩，周禮之四望，春秋之三望，皆謂山川在四郊者，故遠望而祭也。今所在之處，俛則見地，而云望祭，是爲京師不見地乎？此六議者，合祭可否之決也。夫漢之郊禮，尤與古戾，唐亦不能如古。本朝祖宗欽崇祭祀，儒臣禮官講求損益，非不知圜丘、方澤皆親祭之爲是也，蓋以時不可行。是故參酌古今，上合典禮，下合時宜，較其所得，已多於漢唐矣。天地、宗廟之祭，皆當歲徧。今不得歲徧，是故徧於三年當郊之歲，又不能於一歲之中再舉大禮，是故徧於三日。此皆因時制宜，雖聖人復起，不能易也。今並祀不失親祭，而北郊則必不能親往，二者孰爲重乎？若一年再郊，而遣官攝事，是長不親事地也。三年間郊，當祀地之歲，而暑雨不可親行，遣官攝事，則是天地皆不親祭也。夫分祀天地，決非今世之所能行，願陛下謹守太祖建隆、神宗熙寧之禮，無更改易郊祀廟享，以敉寧上下神祇〔二三〕。仍乞下臣此章，付有司集議。如有異論，即須畫一解破臣所陳六議，使皆屈伏，上合周禮，下不爲當今軍國之患。不可但執周禮，更不論今可與不可施行，所貴嚴祀大典，以時決定。取進止。」貼黄稱：「唐制，將有事於南郊，則先朝獻太清宮，朝享太廟。亦如今禮先二日告原廟，先一日享太廟。然議者或亦以爲非三代之禮。臣謹按：武王克商，丁未祀周廟，庚戌柴、望，相去三日。則先廟後郊，亦三代之禮也。」

初，詔議北郊典禮，蘇軾主合祭之説，從之者五人；劉安世主分祭之説，從之者四十人；又有三人，欲於十月以神州地祇之祭易夏至方丘之祀；又有一人，欲上不親祠，而通權火，天子於禁中望拜。既而朝廷復送下三狀，再令詳定。安世復議，略云：「蘇軾謂合祭圜丘，於禮爲得，不可復改。臣等謹按：周禮天子親祀上帝凡九，國朝三歲一郊，固已疏闊，豈可因循謬誤，不加考正？古者，求神以類。天，陽物也；地，陰物也。歲、月、日、時、方位、牲器、樂舞，皆從其類。今議者於聖人成法則棄而不行，猥用王莽不經之説，至引夫婦同牢私褻之語，黷亂天地，又引昊天有成命之詩以爲證。臣等切詳此詩終篇未嘗有合祭之文，序乃後儒之辭，亦謂成周之世，圜丘、方澤，各歌此詩，以爲樂章耳。如潛之序曰：『季冬獻魚，春薦鮪也。』豐年之序曰：『豐年秋冬報也。』噫嘻之序曰〔二四〕：『春夏祈穀於上帝也。』如此之類，不知爲一祭邪，抑二祭邪？若郊祀賜予，乃五代姑息之弊法，聖朝寬仁，不欲遽罷。若分而爲二，何所不可？議者乃欲因此造爲險語，以動上聽。又引禍福殃咎之説，劫持朝廷，必欲從己，甚無謂也。大抵臣等所守乃先王之正禮，而蘇軾之議皆後世之便宜，權之與正，決不可合。伏望聖慈詳審其當，上以體神考之志，下以正千載之惑，豈勝幸甚！」方送同議官簽書，其徒馳告軾曰：「若劉承旨議上，決恐難答。」時蘇轍爲門下侍郎，遂白轍令請降旨罷議，安世議狀竟不得上。

紹聖三年〔三五〕，詔：「罷合祭天地，自今因大禮之歲，以夏至之日，躬祭地祇於北郊。應緣祀事儀物及壇壝、道路、帷宫等，宜令有司參酌詳具以聞。」蓋用蔡京等議。然北郊親祠，終帝世未克舉云。詳見祀后土門。

左司員外郎曾旼言：「周人以氣臭事神，近世易之以香。按何佟之議，以爲南郊、明堂用沉香，本天之質陽所宜也；北郊用上和香，以地於人親，宜加雜馥。今令文北極天皇而下皆用濕香，至於衆星之位，香不復設，恐於義未盡。」禮部、太常寺議，衆星隨其方色用幣，每陛各設香。從之。

校勘記

〔一〕太平興國九年　「九」原作「元」。按宋太宗在位期間，曾五次南郊，見本書卷七二郊社考五，其中一次爲雍熙元年十一月二十一日。據長編卷二五雍熙元年紀事：「先是，南郊五使皆權用他司印。（七月）癸丑，始令鑄印給之。」「（十一月）丁卯，祀天地於南郊，大赦，改元。」當年十一月丁未朔，二十一日丁卯，鑄印時爲太平興國九年，當時尚未改元，此處「元」顯爲「九」之誤，據改。

〔二〕始詔並用執政　「詔」原作「召」，據文義改。

〔三〕今司天監所設圜丘雩祀明堂方丘並十七位　長編卷七六大中祥符四年十二月甲寅條作「圜丘雩祀明堂並十七位，方丘七十一位」，疑是。

〔四〕瀆從祀　「瀆」字原脱，據長編卷七六大中祥符四年十二月甲寅條補。

〔五〕末乃有事於南郊　「有」字原脱，據夢溪筆談卷一故事一補。

〔六〕乾德六年十一月　據上文及長編卷四，乾德元年十一月「甲子，合祭天地於南郊，以宣祖配」，疑此處「六」爲「元」之誤。下文「惟太祖皇帝乾德六年十一月之禮」句同。

〔七〕下階就幕而立　「幕」原作「蓦」，據三國志卷一武帝紀注引魏書改。

〔八〕似若不衍烈祖　「衍」原作「愆」，據三國志卷一武帝紀注引魏書改。

〔九〕遲祭速訖也　「速」上原衍「不」字，據三國志卷一武帝紀注引魏書删。

〔一〇〕分實罇罍　「罇」字原脱，據宋史卷九八禮志一補。

〔一一〕同判太常寺吕公綽言　「綽」原作「弼」，據元本、慎本、馮本及愧郯録卷五齊酒廢革改。下同。

〔一二〕實以沈齊　「沈」原作「泛」，據元本、慎本、馮本及愧郯録卷五齊酒廢革改。下同。

〔一三〕新主既立　「立」字原脱，據左傳僖公三十三年杜預注補。

〔一四〕具樂舞　「具」原作「興」，據宋史卷一〇〇禮志三改。

〔一五〕命冢宰攝事　「冢」字原脱，據宋史卷一〇〇禮志三補。

〔一六〕感生帝皆燔牲首以報陽　「帝」字原脱，據馮本及宋史卷九八禮志一補。

〔一七〕每壝二十五步　「二」原作「三」，據宋史卷九九禮志二改。

〔一八〕一祖六宗皆合祭天地　按此乃元祐時議合祭事，自太祖歷太宗、真宗、仁宗、英宗、神宗，共一祖五宗，疑此處「六」爲「五」之誤。

〔一九〕惟三歲一親郊　「惟」原作「則」，據宋史卷一〇〇禮志三改。

〔二〇〕以嚴並況之儀　「儀」原作「報」，據宋史卷一〇〇禮志三改。

〔二一〕爲圜壇八階　「壇」原作「丘」，據蘇東坡集奏議集卷一三上圜丘合祭六議札子改。

〔二二〕一歲祀天者三　「三」原作「二」，據蘇東坡集奏議集卷一三上圜丘合祭六議札子改。

〔二三〕以敉寧上下神祇　「敉」原作「億」，據蘇東坡集奏議集卷一三上圜丘合祭六議札子改。

〔二四〕噫嘻之序曰　「序」原作「詩」，據詩經周頌噫嘻毛序改。

〔二五〕紹聖三年　「三」原作「元」，據宋史卷一八哲宗紀二改。

卷七十二　郊社考五

郊

徽宗建中靖國元年，詔：「初祀南郊，權合祭天地於圜丘。」起居郎周常等以合祭爲非禮，曾布主其說。乃詔罷合祭。

是歲，帝初郊。十一月戊寅，玉輅至景靈宫行禮畢，赴太廟，大雪。上遣内臣問二相：「若大風雪不止，何以出郊？」右相曾布奏云：「郊禮尚在後日，雪勢暴，必不久，况乘輿順動，理無不晴。若更大雪，亦須出郊。必不可升壇，則須於端誠殿望祭，此不易之理。已降御札，頒告天下，何可中輟！」左相韓忠彦欲於大慶殿望祭。布不可，以爲：「若還就大慶，是日却晴霽，奈何？」議遂定。中夜雪果止，五更上朝，享九室，已見月色。己卯黎明，自太廟齋殿步出廟門，升玉輅，景色已開霽，時見日色。巳午間至青城，晚遂晴。五使巡仗至玉津園，夕陽滿野。庚辰四鼓，赴郊壇行禮，天色晴明，星斗粲然。五鼓，二府稱賀於端誠殿。黎明，升輦還内。

政和三年冬十一月癸未，郊。上搢大圭，執玄圭，以道士百人執儀衛前導，蔡攸爲執綏官。玉輅出南薰門至玉津園，上忽曰：「玉津園東若有樓殿重複，是何處也？」攸即奏：「見雲間樓殿、臺閣，隱隱數重。既而審視，皆去地數十丈。」頃之，上又曰：「見人物否？」攸即奏：「若有道流童子持幡節蓋，相繼而出雲間。衣服眉目，歷歷可識。」攸請付史館，宰相蔡京率百僚稱賀。

高宗建炎二年，詔行郊祀之禮。時車駕幸揚州，庶事草創，乃築壇於州南門内江都縣之東南。冬至日，合祭天地，以太祖配。上自常朝殿用細仗千三百有五人，詣壇行禮。

紹興元年，當郊。以國步多艱，合祭天地於明堂，以祖宗並配。詳見明堂門。

十三年，令臨安府於行宫東南城外，先次踏逐可以建圜壇并青城齋宫去處。領殿前都指揮使職事楊存中、知臨安府王㬇等言：「今於龍華寺西空地，得東西長一百二十步，南北長一百八十步，修築圜壇。除壇及内壝丈尺依制度使用地步九十步外，其中壝、外壝欲乞隨地之宜，用二十五步，外作兩壝，外有四十步。若依前項地步修築，兵部車輅、儀仗、殿前司禁衛，皆可排列。共龍華寺地步修建青城并望祭殿，委是圓備。」從之。

詔：「郊祀齋宫更不修蓋，止令計置幕殿。檢會在京青城宫殿，大内門曰『泰禋』。餘見元豐元年。將來如車駕前一日赴青城宿齋，令儀鑾司同臨安府預先體倣青城制度絞縛。其行事、執事、陪祠官宿齋幕次，亦隨宜絞縛，不得侈大。」

建炎以來朝野雜記：東都舊有青城齋宫，渡江後，以幕屋絞縛爲之，每郊費緡錢十餘萬。淳熙末，張端明杓爲京尹，始議築齋宫，可一勞永逸。上從之。宇文寶學价時爲兵部尚書，因宿直，奏曰：「陛下方經略河南，今築青城於臨安，是無中原意也。」上以爲然，亟命罷役。

太常寺言：「修築圜壇并青城望祭殿，依倣舊制。及郊祀所設神位、鋪列祭器、登歌樂、酒罇、前導路及皇帝飲福位等，共合用第一成縱廣七丈，第二成縱廣一十二丈，第三成縱廣一十七丈，第四成縱廣二十二丈。分一十二陛〔一〕，每陛七十二級，每成一十二綴。三壝，第一壝去壇二十五步，中壝去第一壝一十二步半，外壝去中壝一十二步半。并燎壇之制，方一丈，高一丈二尺，開上南出户，方六尺，三出陛，在壇南二十步丙地。」詔令臨安府同殿前司修建。

詔：「將來郊祀大禮排設大駕鹵簿仗内六引，并郊廟合用祭器，令禮兵部、太常寺討論名件數目。」

據討論：國初大駕儀仗總一萬一千二百二十二人。今已有黄麾半仗二千四百八十三人，玉輅，腰、小輿，大輦，逍遥子下一千九人外，其金、象、革、木輅，芳亭、鳳輦、屬車，寳輿一千二百七十三人，天武、捧日、奉宸隊六千四百五十七人，仗内六引鼓吹前後部一千五百人。其法物、儀仗合用文繡，以纈充代。并郊祀天地、宗廟從祀共七百七十一位，用祭器籩、豆、簠、簋、罇、罍、樿、杓、登、鉶鼎、牛鼎、羊鼎、摶黍豆、毛血盤、幣、篚、匏、爵坫、盤、匜、罍、洗、爵、盞坫、飲福俎、燭臺俎共九千二百五件。太廟共五百九十六件，内用銅、玉者，權以陶、木代之。至十六年，始製造如政和之制。

太常寺言：「大禮依儀：前三日，皇帝詣大慶殿宿齋。前二日，皇帝服通天冠、絳紗袍，乘玉輅，詣景靈宫聖祖天尊大帝前行禮。差侍從官分詣玄天大聖后并諸殿神御前行禮畢，皇帝服通天冠、絳紗袍，乘玉輅，詣太廟宿齋。前一日，皇帝詣太廟諸室前行禮畢，皇帝服通天冠、絳紗袍，乘玉輅，詣青城宿齋。冬至日，皇帝詣圜壇行禮。禮畢，擇日恭謝景靈宫，遍詣諸殿行禮。」從之。既而禮部侍郎王賞言，以行在街道與在京不同，其詣景靈、太廟權依四孟朝獻禮例，服履袍乘輦。其後並同此制。

禮部、太常寺言，修立郊祀大禮儀註。

前祀十日質明，誓戒有司，設行事、執事及陪祠文武官位於尚書省。左僕射、刑部尚書在北，南向，左僕射在左，刑部尚書在右；刑部尚書稍却。行事左僕射在南，吏部、户部、禮部、刑部尚書，吏部、禮部、刑部侍郎，押樂太常卿、光禄卿，押樂太常丞、光禄丞、功臣獻官在其南。凡設光禄丞以下位，皆稍却。次分獻官，次執事官，又於其南，俱北向，西上。監察御史位二，在西，東向北上。讀册、舉册官，奉禮協律郎，太祝、郊社、太官令在東，西向北上。奉禮郎以下位，皆稍却。設陪祠文武百官位於行事官之南，又設行事、執事及陪祠親王、宗室位於太廟齋房。右僕射、刑部侍郎在北，南向，右僕射在左，刑部侍郎在右。刑部侍郎稍却。亞、終獻在南，北向西上。親王及行事、執事、陪祠宗室在東，西向北上。閤門、御史臺、太常寺自下分引群官各就位。凡將引行事、執事、陪祠文武官立班，即御史臺引殿中侍御史一員先入就位。左僕射讀誓於尚書省，刑部尚書涖之；右僕射讀誓於太廟齋房，刑部侍郎涖之。誓文曰：「今年十一月某日，冬日至，皇帝謁款於南郊，合祭天地。前二日，朝獻景靈宫；前一日，朝享太廟。各揚其職，其或不恭，國有常刑。」讀訖。内執事官奉禮郎以下，文官宣教郎以下，武官從義郎以下先退。餘官並對拜訖退。

致齋

皇帝散齋七日於别殿，致齋三日。一日於大慶殿，一日於太廟，一日於青城。凡散齋，不弔喪、問疾、作樂，有司不奏刑殺文書。致齋日，前後殿不視事，唯行祀事。前致齋一日，儀鑾司帥其屬鋪御座於大慶殿當中，南向；設東西房於御座之左右，稍北；又設西閣及齋室於殿後之左右，殿上前楹施簾。致齋之日，質明，有司陳平輦於垂拱殿庭，文武百官俱就次，各服其服。閤門奏請皇帝未後詣齋室，宣贊舍人等自下分引知樞密院事以下詣垂拱殿庭，立以俟。閤門附內侍進班齊牌，垂拱殿簾降。皇帝乘輦出，至殿上少駐。輦官迎駕，自贊常起居。宣輦官上殿，簾卷，鳴鞭，行門禁衛諸班親從迎駕，自贊常起居，次舍人先贊知內侍省官以下常起居，次樞密以下通班常起居，贊祗候引駕。樞密、知客省事以下，至簽書、閤門官分左右立，應奉官祗應，通侍大夫以下，武功大夫以下，並先退。次管軍臣僚宣名常起居，贊祗候引駕，並分左右。前導輦降東階垂拱殿門外，禁衛諸班親從自贊常起居，次行宮御營巡檢一班常起居。如通侍大夫以下，知客省事以下，武功大夫以下，知內侍兩省帶御器械官、充行宮使，御營巡檢，各歸本班。至大慶殿後閤如步至大慶殿後閤，臨時聽旨。降輦，入西閣。大慶殿簾降，前導官並就次易朝服，詣御榻前分左右侍立。知樞密院事、僉書樞密院事在東，西向北上；同知樞密院事在西，東向；侍中一員在知樞密院事之北，贊拜閤門官一員又在其北，並西向；知客省事以下在僉書樞密院事之南，稍東，西向北上；簽書知客省事以下〔二〕，又在其南，稍却。宣贊舍人等分引行事、執事、陪祠文武官，各綪結佩，入詣大慶殿庭立班。禮直官舍人引禮部侍郎奏請中嚴。少頃，又奏外辦。符寶郎奉寶陳於御榻之左右。皇帝服通天冠、絳紗袍，綪結佩，出西閤乘輿，稱警蹕，侍衛如常儀。由西房至御榻西降輿，皇帝即御座南向，侍臣夾侍，贊拜閤門官於榻前贊樞密以下拜，殿之上下應在位官皆再拜。閤門官贊拜訖，轉身北向隨拜訖，面西，贊「各祗候」。次禮直官引侍中詣御座前，俛伏，跪奏稱：「侍中臣某言，請皇帝降座就齋室。」奏訖，俛伏，興，還侍立。凡侍中奏請准此。皇帝降座乘輿，由東房入齋室，侍臣各還所司，直衛者如常儀。宣贊舍人分引行事、執事、陪祠文武官以次出。三省、親王、樞密、宗室起居問聖體，並如閤門儀。應行事、執事、陪祠官及從升者並散齋七日，宿於正寢；致齋三日，各宿於其次。凡散齋，治事如故，唯不弔喪、問疾、作樂、判書刑殺文書、決罰罪人及與穢惡。致齋之日，官給酒饌。唯祀事得行，其餘悉禁。與祀之官已齋而闕者，通攝行事。

奏告

前祀二日，奏告太祖皇帝、太宗皇帝室，如常告之儀。

陳設

前祀三日，儀鑾司帥其屬設大次於外壝東門之内道北，南向；小次於午階之東，西向。又設文武侍臣次於大次之前，隨地之宜；行事、陪祠官、宗室及有司次於外壝東門之外；設東方、南方客使次於文官之後，西方、北方客使次於武官之後。設饌幔於内壝東門之外，隨地之宜。前祀二日，郊社令帥其屬掃除壇之上下，積柴於燎壇。光禄牽牲詣祠所，太常設登歌之樂於壇上稍南，北向。及設宫架於壇南内壝之外，立舞表於酇綴之間。前祀一日，太常設神位席，太史設神位版：昊天上帝位、皇地祇位於壇上北方，南向西上，席以藁秸；太祖皇帝位、太宗皇帝位於壇上東方，西向北上，席以蒲越；天皇大帝、五方帝、大明、夜明、北極、神州地祇十位於第一龕；北斗、天一、太一、帝座、五星、十二辰、河漢等内官、五行、五嶽神位六十有九於第二龕；二十八宿等中官、五鎮、四海、四瀆神位百七十有二於第三龕；外官、山林、川澤、丘陵、墳衍、原隰神位百五十有六於内壝之内；衆星神位三百有六十於内壝之外。第一龕席以藁秸，餘以莞而席，皆内向，如太史之制。昊天上帝、皇地祇、配帝、天皇大帝、五方帝、大明、夜明、北極、神州地祇之座，及禮神之玉，俟告潔訖權徹。其内官、中官、外官、衆星等位皆設定。奉禮郎、禮直官設皇帝位版於壇下小次前，西向；飲福位於壇上午階之西，北向；望燎位於柴壇之北，南向；望瘞位於瘞坎之南，北向。設權火二，一於望燎位之東南，一於望瘞位之西北。東西各二人。贊者設亞獻、終獻位於小次之南稍東，西向；大禮使左僕射又於其南；行事吏部、户部、禮部、刑部尚書，吏部、刑部侍郎，光禄卿，讀册、舉册官，光禄丞位於大禮使之東；光禄丞稍却。奉禮郎、太祝、郊社、太官令位於小次之東北，俱西向北上。監察御史位二，一於壇下午階之西南，一於子階西北。協律郎二，一於壇上樂虡西北，一於宫架西北，俱東向。押樂太常丞於登歌樂虡北，押樂太常卿於宫架北，良醖令於酌尊所，俱北向。又設陪祠文武官位於執事官之南，諸方客使在文官之南，隨其方國。光禄陳牲於東壝門外西向，祝史各位於牲後；太常設省牲位於牲西。大禮使左僕射在南，北向西上，分獻官位於其後；行事吏部、户部、禮部、刑部尚書，吏部、禮部、刑部侍郎，押樂太常卿、光禄卿，讀册、舉册官，押樂太常丞、光禄丞，奉禮、協律郎，太祝、郊社、太官令在北，南向西上；凡設太常丞以下位，皆稍却。監察御史在吏部尚書之西，異位稍却。光禄陳禮饌於東壝門外道北，南向；太常設省饌位版於禮饌之南。大禮使左僕射在南，北向西上，分獻官位於其後；監察御史二，俱在西，東向北上；行事吏部、户部、禮部、刑部尚書，吏部、禮部、刑部侍郎，押樂太常卿、光禄卿，讀册、舉册官，押樂太常丞、光禄丞，奉禮、協律郎，太祝、郊社、太官令在東，西向北上。禮部帥其屬設祝册案於神位之右，司罇彝帥其屬設玉、幣篚於酌罇所。次設籩、豆、簠、簋之位：正、配位皆左二十有五籩，右二十有五豆，俱爲四行；俎一在籩前；登一在籩、豆間；簠七、簋七在籩、豆外二俎間；簠在左，簋在右。又設罇罍之位：每位皆著罇二、壺罇二，皆有罍，加勺、冪爲酌罇；太罇二、山罇二、犧罇二、象罇二，皆有罍，加冪，設而不酌，並在壇上稍南，北向西上。配位設於正位酒罇之東，每位皆有爵坫。又設從祀諸神籩、豆、簠、簋之位：第一龕每位皆左十籩，右十豆，俱爲三行；俎二在籩、豆前；登一在籩、豆間；簠一、簋一在二俎間；簠在左，簋在右，爵一在俎前，加坫。内神州地祇加盤一，在登之前。其餘神位，每位皆左二籩，右二豆；俎一在籩、豆前；簠一在俎前；簠在左，簋在右，爵一次之；登一在籩、豆間。内五行、五官、五嶽，每位加盤一，在登之前。并内壝外衆星位，皆不設登。又設從祀罇坫之位：第一龕，每龕太罇二、著罇二，太罇在上；第二龕，每龕犧罇二、象罇二；第三龕，每龕象罇二、壺罇二，象罇在上。内壝之内，每階概罇二；内壝之外，每階散罇二。皆加勺、冪，在神位之左〔三〕。又設正配位籩、豆、簠、簋、盤、俎各一於饌幔内，設進盤、匜於壇下午階東南，北向。設進盤、匜、帨巾内侍位於皇帝版位之後，分左右。奉盤者北向，奉匜及執巾者南向。又設亞終獻盥洗、爵洗於其位之南，盥洗在東，爵洗在西。罍在洗東，加勺，篚在洗西南，執罍、篚者位於其後，分獻官盥洗各於其方。陛道之左，罍、篚各設於左右，皆内向，執罍、篚者位其後。祀日丑前五刻，郊社令與太史官屬各服其服升壇，設昊天上帝、皇地祇、太祖皇帝、太宗皇帝神位版於壇上。又設天皇大帝、五方帝、大明、夜明、北極、神州地祇十位於第一龕。太府卿帥其屬入陳幣於篚，少府監陳玉，各置於神位前。昊天上帝以蒼璧，皇地祇以黃琮，青帝以青珪，赤帝以赤璋，黃帝以黃琮，白帝以白琥，黑帝以黝璜，神州地祇以兩圭有邸，日、月以璧，五嶽以兩圭有邸，皆盛於匣。昊天上帝、配帝幣皆以蒼，皇地祇以黃，日、月、内官以下各從其方色。光祿卿帥其屬入實正配位籩、豆、簠、簋。籩四行，以右爲上。第一行糗餌在前，粉餈次之；第二行麷在前〔四〕，蕡、白、黑、形鹽、膴、鮑魚、鱐次之；第三行乾棗在前，濕棗栗、濕桃、乾桃、濕梅、乾藤、榛實又次之；第四行菱在前，芡、栗、鹿脯又次之。豆四行，以左爲上。第一行酏食在前，糝食次之；第二行韭菹在前，醓醢、昌本、麋臡、菁菹、鹿臡、茆菹、麋臡又次之；第三行葵菹在前，蠃醢、脾析、䗪醢、蜃、蚳醢、豚拍、魚醢又次之；第四行芹菹在前，兔醢、深蒲、醓醢、菭菹、鴈醢、筍菹、魚醢又次之。簠實以稻、粱，粱在稻前；簋實以黍、稷，稷在黍前。登實以大羹。太官令帥其屬入實俎。籩前之俎實以牛腥七體，兩髀、兩肩、兩脅并脊，兩髀在兩端，兩肩、兩脅次之，脊在中。豆右之俎三，爲二重，以北爲上。第一重實以牛腥，腸、胃、肺，離肺一在上端，寸肺三次之，腸三、胃三又次之。第二重實以牛熟，腸、胃、肺，其載如腥。若配位，即以東爲上。良醞令帥其屬入實罇罍，著罇二，一實玄酒，一實醴齊，皇帝酌之；壺罇二，一實玄酒，一實盎齊，亞、終獻酌之。太罇二，一實汎齊，一實醴齊；山罇二，一實盎齊，一實醍齊；犧罇二，一實沈齊，一實事酒；象罇二，一實昔酒，一實清酒，並設而不酌。凡罍之實，各視其罇。又實從祀神位之饌，第一龕每位籩三行，以右爲上。第一行乾藤在前，乾棗、形鹽、魚鱐次之；第二行鹿脯在前，榛實、乾桃次之；第三行菱在前，芡栗次之。豆三行，以左爲上。第一行芹菹在前，筍菹、葵菹、菁菹次之；第二行韭菹在前，魚醢、兔醢次之；第三行豚拍在前，鹿臡、醓醢次之。簠實以稻、粱，粱在稻前。簋實以黍、稷，稷在黍前。籩前之俎實以羊腥髀一，豆前之俎實以豕腥髀一。登實以太羹，爵實以酒。其餘諸神位，每位左二籩，棗在前，鹿脯次之；右二豆，菁菹在前，鹿臡次之。簠實以稷，簋實以黍，俎實以羊豕腥肉，登實以太羹，爵實以酒。神州地祇、五行、五官、五嶽又實盤以毛血。又實從祀神位之罇。太罇實以汎齊，犧罇實以醴齊，壺罇實以沈齊，各以一罇實明水。概罇實以清酒，散罇實以昔酒，各以一罇實玄酒。著罇、象罇俱實明水。上帝、配帝之饌升卯階，其餘神位各由其階升。太常設燭於神位前，又設大禮使已下行事、執事官揖位於卯階之東内壝外，如省牲位。

車駕詣青城

前祀一日，皇帝於太廟朝享畢，既還大次。禮部郎中奏解嚴訖，請皇帝入齋殿，所司轉仗衛鹵簿。陪祠文武官先赴圓壇、青城齋宫。導駕官已下就次，各服其服。有司進輿於齋殿。乘黄令進玉輅於太廟欞星門外，東向。千牛將軍一員執長刀立於輅前，西向。參知政事一員立於侍中之前，贊者二人又立於其前。少頃，御史臺、太常寺、閤門分引侍中、參知政事、太僕卿、乘黄令詣大次門外立班，北向東上。乘黄令位其後。次引導駕官以下在其後，分東西相向立，以俟奉迎前導。次管軍臣寮又在其後。禮直官、宣贊舍人引禮部侍郎奏請中嚴〔五〕。凡侍中、參知政事、禮部侍郎奏請，皆禮直官、宣贊舍人引。少頃，又奏外辦。皇帝服通天冠、絳紗袍，自齋殿詣大次。行門禁衛、諸班親從等諸司人員以下各自贊常起居。次知客省事以下，樞密都丞旨以下，知内侍省事以下，帶御器械官、應奉、祗應、通侍大夫已下，武功大夫以下及幹辦庫務文臣一班常起居。俟皇帝乘輿以出，宣贊舍人贊侍中以下常起居，次導駕官常起居，已起居者止奏聖躬萬福。次管軍臣僚並常起居，該宣名者即宣名。若得旨免起居，更不起居。皇帝乘輿以出，稱警蹕，侍衛如常儀。太僕卿出詣玉輅所，攝衣而升，正立執轡。導駕官步導皇帝至廟門外玉輅所。侍中進當輿前，俛伏，跪奏：「侍中臣某言，請皇帝降輿升輅。」奏訖，俛伏，興，退復位。凡侍中奏請准此。千牛將軍前跪執轡，乘黄令稍前進玉輅。皇帝降輿升輅，太僕卿立授綏，導駕官分左右步導。參知政事進當輅前，俛伏，跪奏：「參知政事臣某言，請車駕進發。」奏訖，俛伏，興，退復位。凡參知政事奏請准此。車駕動，稱警蹕。侍中先詣侍臣上馬所以俟。參知政事及贊者夾侍以出。千牛將軍夾輅而趨。車駕將至侍臣上馬所，參知政事奏請車駕少駐，敕侍臣上馬，侍中前承旨，退稱曰：「制可。」參知政事傳制稱：「侍臣上馬。」贊者承傳敕侍臣上馬，諸侍衛之官各督其屬左右翊駕，在黄麾内。符寶郎奉八寶前導，殿中監後部從，導駕官夾侍於前，贊者在侍中、參知政事之前。侍臣上馬畢，參知政事奏請車駕進發。車駕動，稱警蹕，不鳴鼓吹，大駕鹵簿前導詣青城。車駕將至青城，閤門、御史分引陪祠文武官、宗室、客使，禮直官、贊者引行事、執事官俱詣泰禋門外立班，再拜奉迎訖，退。内有已起居者，止奏聖躬萬福。車駕及門少駐，文武侍臣皆下馬，導駕官步導入門。車駕動，千牛將軍夾輅而趍。至端誠殿前迴輅南向，千牛將軍立於輅右。侍中奏請皇帝降輅乘輿，有司進輿於輅後。皇帝降輅乘輿入齋殿，侍衛如常儀。導駕官步導至殿前，皇帝降輿歸殿後閤，簾降。宣贊舍人承旨敕群官各還次。學士院以祝册授通進司進御書訖，付禮部尚書。

省牲器

是日午後七刻，去壇三百步禁行者。未後二刻，郊社令帥其屬掃除壇之上下，司罇彝帥府史及執事者以祭器入設於位，凡祭器皆藉以席，籩、豆又加巾蓋。太府卿、少府監陳玉幣於篚。告潔畢，權徹。未後三刻，禮直官、贊者分引大禮使以下詣東壝門外省牲位立定，光禄卿、丞與執事者牽牲就位。禮直官贊揖，贊者引押樂太常卿入行樂架。凡亞、終獻行事皆禮直官、太常博士引，大禮使、左僕射行事皆禮直官引。餘官皆贊者引。次引禮部尚書升自卯階，視滌濯。凡行事、執事官升降皆自卯階，内應奉官并執事應奉人各隨應奉官階升降。次引左僕射申眡滌濯，執事者皆舉冪曰「潔」，俱復位。禮直官稍前曰：「告潔畢，請省牲。」次引禮部尚書、侍郎稍前省牲訖，退復位。次引光禄卿出班，循牲一匝，西向躬曰「充」，曰「備」。次引光禄丞出班循牲一匝，西向躬曰「腯」，俱復位。禮直官稍前曰：「省牲畢，請就省饌位。」贊揖訖，引大禮使以下就位立定。禮直官贊揖所司省饌具畢，禮直官贊「省饌畢」，揖訖，俱還齋所。光禄卿、丞及執事者以次牽牲詣厨，授太官令。次引禮部尚書詣厨，省鼎鑊，視濯溉。協律郎展視樂器，乃還齋所。晡後一刻，太官令帥宰人以鸞刀割牲，祝史各取毛血實於盤，俱置饌所，遂烹牲。郊社令帥其屬掃除壇之上下。

奠玉幣

其曰丑前五刻，行事用丑時七刻。諸祀官及陪祠之官各服其服。郊社令帥其屬入設神位席，太史令帥其屬入設神位版，禮部帥其屬奠册於案，太府卿、少府監入陳玉幣，光禄卿入實籩、豆、簠、簋，太官令入實俎，良醖令入實罇，樂正帥工人二舞以次入，與執罇、罍、篚、冪者各就位。次引分獻官、執事官各位於龕陛上下，並外向。次御史臺、太常寺及閤門、宣贊舍人分引陪祠文武官及宗室、客使各入就位。次禮直官、贊者分引大禮使以下行事、執事官就卯階内壝門外揖位立定，禮直官贊揖訖。次引監察御史按視壇之上下，糾察不如儀者，降階就位。次引大禮使以下各入就位。

自青城齋殿服通天冠、絳紗袍乘輿以出，撞景鐘。近侍及扈從之官導從至大次外。皇帝降輿入次，景鐘止，簾降。禮儀使、樞密院官、太常卿、閤門官、太常博士、禮直官分立於大次外之左右。次引禮部侍郎詣大次前奏請中嚴，少頃，又奏外辦。符寶郎奉寶陳於宮架之側，隨地之宜。禮儀使當次俛伏，跪奏：「禮儀使具官臣某言，請皇帝行事。」奏訖，俛伏，興，還侍立。禮儀使奏禮畢，准此。簾捲，皇帝服大裘、衮冕以出，侍衛如常儀。禮儀使以下前導至中壝門外，殿中監跪進大圭，禮儀使奏請執大圭，前導皇帝入自正門。侍衛不應入者，止於門外。協律郎跪，俛伏，舉麾興，工鼓柷，宮架乾安之樂作。皇帝升降、行止，皆奏乾安之樂。至午階版位西向立，偃麾戛敔，樂止。凡樂，皆協律郎跪，俛伏，舉麾興，鼓柷而後作，偃麾戛敔而後止。禮儀使以下分左右侍立，凡行禮，皆禮儀使、樞密院官、太常卿、閤門官、太常博士、禮直官前導，至位則分立於左右。禮儀使前奏：「有司謹具，請行事。」宮架作景安之樂、文德之舞，俟樂作三成止。先引左僕射、吏部尚書、侍郎升詣昊天上帝神位前立，左僕射、吏部尚書俱西向北上，侍郎東向，樂作六成止。郊社令升烟，燔牲首，瘞血，禮儀使奏請再拜，皇帝再拜，贊者曰「拜」，在位官皆再拜。內侍取玉幣於篚，立於罇所。應龕陛上下及壝內諸位太祝取玉、幣，亦各立於罇所〔六〕。又內侍各執盤匜帨巾以進，宮架樂作。禮儀使奏請皇帝搢大圭，盥手，內侍進盤匜沃水，皇帝盥手。又奏請帨手，內侍進巾，皇帝帨手訖。又奏請皇帝執大圭，樂止，禮儀使前導。

皇帝升壇

大禮使從，皇帝升降，大禮使皆從，左右侍衛量人數升。宮架樂作，至壇下，樂止。升自午階，登歌樂作，至壇上，樂止。登歌嘉安之樂作，殿中監跪進鎮圭，禮儀使奏搢大圭，執鎮圭，前導皇帝詣昊天上帝神位前，北向立。內侍先設繅藉於地。禮儀使奏請跪，奠鎮圭於繅藉，執大圭，俛伏，興。又奏請搢大圭，跪。內侍加玉於幣，以授吏部尚書，吏部尚書以授左僕射，左僕射西向跪以進。禮儀使奏請受玉、幣，皇帝受奠訖，吏部侍郎東向跪受以興，進於昊天上帝神位前。左僕射、吏部尚書、侍郎俱詣皇地祇神位前以俟。禮儀使奏請執大圭，俛伏，興。內侍取鎮圭授殿中監。內侍又以繅藉詣皇地祇神位前，先設繅藉於地。禮儀使奏請再拜，皇帝再拜訖，樂止。禮儀使前導，皇帝詣皇地祇、太祖皇帝、太宗皇帝神位前，奠鎮圭、玉、幣，並如上儀。皇地祇位作嘉安之樂，太祖皇帝位作廣安之樂，太宗皇帝位作化安之樂。配位唯不奠玉。皇帝東向受幣，左僕射北向進幣，吏部侍郎南向受幣。左僕射、吏部侍郎權於壇上稍西，東向立。吏部尚書降階復位。禮儀使前導皇帝還版位，登歌樂作，內侍舉鎮圭、繅藉，以鎮圭授殿中監，以授有司，皇帝降階，樂止。宮架樂作，至版位西向立，樂止。初，皇帝將奠配位之幣，贊者引分獻官俱詣盥洗位，搢笏，盥手，帨手，執笏，各由其階升，詣諸從祀神位前，各搢笏跪，奠幣，執笏，俛伏，興，再拜。祝史、執事官各助奠訖，退復位。祝史奉毛血槃立於壝門外，由其階升，太祝迎於壇上，俱進奠於神位前，太祝與執事者退立於罇所。

進熟

祀日，有司陳鼎四於神厨，各在鑊右，太官令帥進饌者詣厨〔七〕，以匕升牛於鑊，實於一鼎，肩、臂、臑、肫、胳、正脊一，横脊一，長脅一，短脅一，代脅一，皆二骨以上。正、配位各一鼎。皆設扃冪，祝史對舉，陳於饌幔内，重行西向，以南爲上。光禄實籩、豆、簠、簋於饌幔内。籩實以粉餈，豆實以糝食，簠實以粱，簋實以稷。俟皇帝升奠玉幣訖，復位樂止，引禮部尚書詣饌所，執籩、豆、簠、簋以入。次引禮部侍郎詣饌所，奉俎以入，舉鼎。太官令引入正門，宫架豐安之樂作，設於卯階之下，北向西上。奉牲者在東，祝史抽扃，委於鼎右，除冪。初，鼎序入，有司執匕畢及俎以從，至卯階下，各設俎於鼎西，匕畢加於鼎。太官令以匕升牛，載於一俎，肩、臂、臑在上端，肫、胳在下端，脊、脅在中。正、配位各一俎。鼎先退。祝史進徹毛血槃，以次出。次引禮部尚書搢笏，執籩、豆、簠、簋，户部尚書搢笏，奉俎以升，執事者各迎於壇上。禮部尚書奉籩、豆、簠、簋詣昊天上帝神位前，北向跪奠訖，執笏，俛伏，興。有司設籩於糗餌前，豆於酏食前，簠於稻前，簋於黍前。次引户部尚書奉俎詣昊天上帝神位前，北向跪奠訖，執笏，俛伏，興，有司設於豆前。次詣皇地祇、太祖皇帝、太宗皇帝神位前，配位並東向。跪奠並如上儀，樂止，俱降復位。太祝取菹擩於醢，祭於豆間三，又取黍、稷、肺祭如初，皆籍以茅，各還罇所。次引左僕射、吏部侍郎升，詣昊天上帝神位前，左僕射西向，吏部侍郎東向。又引吏部侍郎詣皇帝版位前，奉爵北向立。内侍各執盤、匜、帨巾以進，宫架樂作，禮儀使奏請皇帝搢大圭，盥手，内侍進盤匜沃水，皇帝盥手。又奏請帨手，内侍進巾，皇帝帨手訖。又奏請皇帝洗爵，吏部侍郎進爵，内侍沃水，皇帝洗爵。又奏請拭爵，内侍進巾，皇帝拭爵訖，樂止。又奏請執大圭，吏部侍郎受爵，奉爵，升自午階，禮儀使奏請執大圭，前導皇帝升壇，宮架樂作，至午階，樂止。升自午階，登歌樂作，至壇上，樂止。登歌禧安之樂作，吏部侍郎奉爵詣昊天上帝酌罇所，西向立，執罇者舉冪，良醞令酌著罇之醴齊訖，先詣皇地祇罇所，北向立。禮儀使前導皇帝詣昊天上帝神位前，北向立，禮儀使奏請搢大圭，跪，吏部侍郎以爵授左僕射，左僕射西向跪以進。禮儀使奏請執爵。皇帝執爵，祭酒，三祭於茅苴〔八〕。奠爵，吏部侍郎以爵復於坫。禮儀使奏請執大圭，俛伏，興，又奏請皇帝少立，樂止。左僕射、吏部侍郎先詣皇地祇神位前，西向立。舉册官搢笏跪，舉祝册。讀册官搢笏東向跪，讀册文訖，奠册，各執笏興，先詣皇地祇神位前，東向立。禮儀使奏請再拜，皇帝再拜訖，禮儀使前導皇帝詣皇地祇、太祖皇帝、太宗皇帝神位前酌獻，並如上儀。皇地祇位作光安之樂，太祖皇帝位作彰安之樂，太宗皇帝位作韶安之樂。配位酌獻前導，皇帝東向受爵，左僕射北向進爵，吏部侍郎南向受爵，復於坫。讀册官南向讀册文。左僕射以下俱復位。禮儀使前導皇帝還版位，登歌樂作。降階，樂止。宮架樂作。至版位西向立，樂止。禮儀使奏請還小次，宮架樂作。將至小次，禮儀使奏請釋大圭，殿中監跪受大圭。皇帝入小次，簾降，樂止。文舞退，武舞進，宮架正安之樂作，舞者立定，樂止。

亞終獻

禮直官、太常博士引亞獻詣盥洗位，北向立，搢笏，盥手，帨手，執笏，詣爵洗位北向立。搢笏，洗爵，拭爵,以授執事者,執笏升,詣昊天上帝酌罇所西向立。宮架作正安之樂、武功之舞,執事者以爵授亞獻,亞獻搢笏跪,執爵,執罇者舉冪。太官令酌壺罇之盎齊訖,先詣皇地祇酌罇所,北向立。亞獻以爵授執事者,執笏興,詣昊天上帝神位前,北向搢笏,跪。執事者以爵授亞獻,亞獻執爵祭酒,三祭於茅苴,奠爵,執笏,俛伏,興,少退,北向再拜。次詣皇地祇、太祖皇帝、太宗皇帝神位前,酌獻並如上儀。樂止,降復位。初,亞獻行禮將畢,次禮直官、太常博士引終獻官詣洗及升壇酌獻,並如亞獻之儀,降復位。初,亞獻將升,次分引分獻官俱詣盥洗位,搢笏,盥手,帨手,執笏,各由其階升。詣從祀諸神位前,俱搢笏,跪,執爵,三祭酒,奠爵,執笏,俛伏,興,再拜,降復位。

皇帝飲福

皇帝既奠玉、幣,有司以牛左臂一骨及長脅、短脅俱二骨以並,載於胙俎,設於壇上酌罇所。俟終獻既升獻,次引户、禮部尚書,搏黍、太祝、太官令升詣飲福位,東向立,奉俎豆及爵酒者各立於其後。禮儀使奏請詣飲福位,簾捲出次,宮架樂作,殿中監跪進大圭,禮儀使奏請執大圭,前導皇帝詣飲福位,升壇至午階,樂止。升自午階,登歌樂作;將至位,樂止。登歌禧安之樂作,皇帝至飲福位,北向立,尚醖奉御執罇詣酌罇所,良醖令酌上罇福酒合置一罇,尚醖奉御奉罇詣飲福位,殿中監奉爵,尚醖奉御酌福酒,殿中監西向捧以立。禮儀使奏請再拜,皇帝再拜,殿中監跪以爵酒進。禮儀使奏請搢大圭,跪受爵,祭酒,三祭於地。啐酒,奠爵,殿中監跪受爵以興。太祝帥執事者持胙俎進,減神位前正脊二骨、横脊二骨,加於俎上。内侍受俎以授户部尚書，西向跪以進。皇帝受俎奠之，户部尚書乃受以興，權退於壇上稍西，東向立。太官令取黍於簠，摶以授太祝，太祝受以豆，東向跪進。皇帝受豆奠之，太祝乃受以興，降復位。次殿中監再跪以爵酒進，禮儀使奏請再受爵，飲福酒，奠爵。殿中監受虚爵興，以授尚醞奉御，執事者俱降復位。禮儀使奏請執大圭，俛伏，興。又奏請再拜，皇帝再拜，樂止。禮儀使前導皇帝還版位，登歌樂作。降階，樂止。宫架樂作，至版位西向立，樂止。次引禮部尚書詣神位前徹籩、豆，次户部尚書徹俎，籩、豆、俎各一，俱少移故處。登歌熙安之樂作，卒徹，樂止。禮部、户部尚書降復位。禮直官曰「賜胙」，行事。陪祠官拜，贊者承傳曰：「賜胙，再拜。」在位官皆再拜。送神，宫架景安之樂作，一成止。

望燎望瘞

景安之樂畢，禮儀使奏請詣望燎位，前導皇帝詣望燎位，宫架樂作。至位，南向立，樂止。初，賜胙再拜訖，郊社令以黍、稷、肺祭，藉以白茅束之。吏部侍郎帥太祝執篚進詣神位前，取幣、祝册藉以茅。大明、夜明以上，執事官並以俎載牲體、黍稷飯、爵酒，各由其階降壇，南行詣柴壇，自南陛升，以幣、祝册、饌物置於燎柴，諸太祝又以諸位幣帛從燎。禮直官曰：「可燎。」舉權火，東西各以炬燎。半柴，禮儀使奏請詣望瘞位，前導皇帝詣望瘞位，宫架樂作。至位，北向立，樂止。吏部侍郎帥太祝執篚，取幣、祝册藉以茅。五官以上執事官以俎載黍稷飯〔九〕、爵酒各從其階詣瘞坎，置於坎，祝史以諸位幣帛從瘞。禮直官曰：「可瘞。」舉權火，寘土半坎。

皇帝還大次

禮儀使奏禮畢，前導皇帝還大次，宫架樂作。出中壝門外，禮儀使奏請釋大圭，殿中監跪受大圭，以授有司，侍衛如常儀。皇帝至大次，樂止。禮部郎中奏解嚴。次引大禮使以下詣卯階之東，内壝外揖位立，禮直官贊禮畢，揖訖，退。次引陪祠文武官及宗室、客使以次出。將士不得輒離部伍。

端誠殿受賀

皇帝既還大次，奏解嚴訖。皇帝常服乘輿，撞景鐘，還青城，侍衛如常儀，鼓吹振作。至殿前，降輦還齋殿，景鐘止。閤門、御史臺分引文武百官、宗室並常服詣殿前立班稱賀。閤門附内侍進班齊牌，皇帝常服出升御座，鳴鞭，禁衛奏「聖躬萬福」。次舍人揖管軍臣僚等并行門躬贊再拜，管軍臣僚以下皆再拜，班首奏「聖躬萬福」。次舍人引班首出班，俛伏，跪，致詞訖，俛伏，興，退復位。舍人揖，躬贊再拜，管軍臣僚以下皆再拜，三稱「萬歲」。内侍詣御座前承旨，退降階，西向宣答訖。舍人贊再拜，管軍臣僚以下皆再拜，三稱「萬歲」。舍人贊各祗候管軍臣僚詣殿下侍立，行門分左右立，次太史局官詣當殿北向立，舍人揖，躬贊再拜。太史局官再拜，奏「聖躬萬福」，出班躬身奏祥瑞訖，退復位。舍人揖，躬贊再拜，太史官再拜，贊祗候太史局官東出。次舍人揖樞密以下躬，舍人當殿通某官姓名以下起居稱賀，轉身於班前西向立。舍人贊再拜，樞密以下皆再拜，搢笏舞蹈，三稱「萬歲」，又再拜。班首不離位，奏「聖躬萬福」，又再拜。舍人引班首出班，俛伏，跪，致詞訖，俛伏，興，退復位。舍人揖，躬贊再拜，樞密以下皆再拜，搢笏舞蹈，三稱「萬歲」，又再拜。閤門官當殿北向承旨，退，西向稱「有制」，樞密以下皆再拜，搢笏舞蹈，三稱「萬歲」，又再拜。樞密直學士升殿侍立。並升西階。知客省事以下下殿庭東侍立，餘官分班出。舍人、禮直官揖宰臣以下躬，舍人當殿通文武百官宰臣姓名起居稱賀。三公通某官。舍人揖班首以下横行北向立，學士、待制、兩省官、將軍，仍舊相向立。稱賀一如上儀。唯典儀贊拜〔一〇〕，樞密詣御座前承旨，退詣折檻東〔一一〕，稱「有制宣答」。賀訖，宰臣執政官升殿，東西相向立。宰臣、執政官升東階，參知政事升西階。樞密直學士下殿，餘官以次退。皇帝降座，鳴鞭，殿上侍立官以次退。

車駕還内

前期，儀鑾司設御幄於大慶殿門外，南向。太常設宫架於行宫南門外稍南。其日，端誠殿受賀禮畢，所司轉仗衛鹵簿於還途，如來儀。文武百官、宗室、客使先詣行宫南門外就次以俟，立班奉迎。乘黄令進金輅於端誠殿門外〔一二〕，南向。千牛將軍一員執長刀立於輅前。有司進輿於齋殿，導駕官俱詣齋殿奉迎。禮部侍郎奏請中嚴，少頃，又奏外辦。簾捲，皇帝服通天冠、絳紗袍乘輿以出，應導駕官等並迎駕，奏聖躬萬福。内祗應官贊謝花再拜〔一三〕。太僕卿出詣金輅所，攝衣而升，正立執轡。皇帝乘輿降自西階，至金輅所。侍中奏請皇帝降輿升輅，有司仍具大輦。若乘輦，即奏云「降輿乘輦」。太僕卿立授綏，千牛將軍馭駕如來儀。參知政事奏請車駕進發，車駕動，稱警蹕，侍衛如儀。至侍臣上馬所，參知政事奏請車駕少駐，敕侍臣上馬。侍中前承旨，退，稱曰：「制可。」參知政事傳制，稱侍臣上馬，贊者承旨傳敕侍臣上馬。參知政事奏請車駕進發，車駕動，稱警蹕，鼓吹及諸軍樂振作。車駕將至行宮南門外，文武百官、宗室、客使並立班再拜奉迎。次大內留守見，再拜訖，退。車駕至行宮南門外少駐，文武侍臣皆下馬步道，千牛將軍立於輅右。車駕動，千牛將軍夾輅而趨，樂正令奏采茨之樂，入門，樂止。車駕至御幄前，侍中奏請皇帝降輅乘輿。若乘輦，即奏云「降輦乘輿」。皇帝降輅乘輿以入。禮部郎中奏解嚴，通事舍人承旨敕群官各還次，將士各還其所。景靈宮、太廟儀註各見本門。其後南郊行禮並如儀。

麗正門肆赦右前件郊祀儀註，自誓戒至車駕還內，見國朝會要。獨闕「肆赦」一條，故取中興禮志所述補之。然此乃臨安行都所行，非京師承平時舊制也。

前期，儀鑾司帥其屬張設麗正門之內外。又設御座於前楹當中，南向。又設御幄於後閣門，設赦書儀物於御座之東，設制案等於門下東壁。又設鷄竿於御街之東，稍北。太常設征鼓一於宮架之西，稍北，東向。刑部、大理寺、臨安府以囚徒集於仗後。質明，文德殿內侍催班，閤門外知閤門官已下、御帶環衛官已下，并主管大內公事行宮使、御營巡檢及諸司祗應武功大夫已下一班，面殿立。次引管軍殿下東壁面西立。閤門進班齊牌，皇帝出宮，行門禁衛等迎駕，自奏聖躬萬福。皇帝坐，知閤門官以下、御帶環衛官已下、主管大內公事、行宮使、御營巡檢已下一班闕班，奏聖躬萬福。次引管軍一班面殿，奏聖躬萬福訖，並出殿以俟導駕。御史臺、閤門、太常寺先引宰臣以下百寮赴麗正門外分東西相向立。班定，閤門提點引百僚赴麗正門外東壁立。班定，皇帝自殿上乘輦出。樂人作樂，導引至南宮門外。俟皇帝升麗正門，樂止。引樞密使、中書令升門，於御座東，面西侍立。翰林學士升門，於御座西，面東侍立。主管大内公事、御帶環衞宫門上西壁面東侍立。知閤門官已下、管軍行宫使、御營巡檢門下東壁面西侍立〔一四〕。至御幄，降輦，歸御幄。簾降，降出赦書，閤門承接，繫於僊鶴童子上。門下進中嚴牌，次進外辦牌，並以紅條引升門上。知閤門官跪授禮部侍郎，簾前進訖，歸本班。簾捲，大樂正令撞黄鍾之鐘，右五鐘皆應，乾安之樂作。内侍索扇，扇合，皇帝臨軒坐，門下鳴鞭，樂作。簾内侍贊扇開，樂止。舍人、閤門提點等分引百僚已下横行北向立，兩省官、宗室、遥郡已下依舊相向立。典儀贊拜，兩拜，分班東西相向立。門下舍人詣樓前北向立，門上中書令詣御前承旨，並太常寺祗應臨軒稍東，西向立，宣「奉敕立金鷄」。舍人應喏，趨至班南，北向，稍南至班東，稱「奉敕立金鷄」，宣付所司退歸位。金鷄初立，太常擊鼓，每擊鼓投一杖，囚集，鼓聲止。初，宣立金鷄，即擊鼓，立金鷄訖，即止，更不投杖。門上降赦書，門下閤門承接置案上。承受二人對捧於稍東，舍人搢笏接捧案立，知閤門官於案南北向，虚揖，直身立。舍人捧案至樓前班心，知閤門官北向虚揖，直身立，稱「宣付門下省」，轉身稍西，東向立。引參知政事於案南，北向搢笏跪。閤門提點承受於案上捧制書授參知政事，權與禮直官出笏，俛伏，興。舍人捧案置於近東，歸本班侍立，知閤門官退歸侍立位。參知政事捧制書北向俛伏，跪，奏請付外施行，伏，興，且躬身。門上引中書令詣御前承旨訖，西向宣曰：「制可。」門下參知政事直身立，稱「宣付三省」，退，少西，東向立。引三省班首出班相向立，各俛伏，跪，搢笏。參知政事捧制書以授三省班首，受訖，並出笏，伏，興，歸位，付舍人。舍人搢笏跪接訖，直身立，轉與閤門提點承受開拆訖，却授舍人。舍人行至班心，近南，面西，拆方訖，北向立。知閤門官并捧制書舍人於左省班後詣宣制位，起居郎或起居舍人一員指摘句讀，候旨，讀訖，却歸本班。舍人宣「有制」，典儀贊拜，百寮已下皆再拜。舍人宣至「咸赦除之」，獄吏奏脱枷訖，應喏，三呼「萬歲」。奏聖躬萬福訖，以罪人過宣制書訖，門上舍人贊樞密使、中書令、翰林學士並賀兩拜〔一五〕，門上閤門官不拜。知閤門官並捧赦書舍人歸侍立位，宣制舍人捧制書於三省班首前，東向立，搢笏，跪，以制書授三省班首。三省班首接訖，舍人出笏，退歸侍立位。禮直官引刑部尚書於三省班首前，東向，搢笏跪〔一六〕，三省班首以制書授刑部尚書。刑部尚書受訖，各出笏。刑部尚書興，以制書加於笏上，轉與刑房録事訖，歸本班。舍人、閤門提點等分引百僚已下横行北向立定。典儀贊拜，百寮已下皆再拜訖，舍人引百僚出班，俛伏，跪致詞訖〔一七〕，伏，興，歸位立。典儀贊拜，百寮已下皆再拜，起，躬身。知閤門官宣答訖，歸侍立位。典儀贊拜，百寮已下皆再拜，搢笏舞蹈，三呼「萬歲」，又再拜。知閤門官於門下面北躬承旨退，稍東，西向立，稱「有制」，典儀贊拜，百寮已下皆再拜，搢笏舞蹈，三呼「萬歲」，又再拜。舍人，閤門提點等分引百寮已下分東西相向立定，門上禮直官引中書令詣御座前奏禮畢，歸位。内侍索扇，扇合，大樂正令撞蕤賓之鐘，左五鐘皆應，乾安之樂作。簾降，皇帝起還幄，樂止。門下鳴鞭，舍人北向躬承旨，四色官應喏，舍人稱「奉敕放仗」，百寮已下再拜退。舍人宣勞將士訖，退。皇帝乘輦降門，作樂，導引至文德殿，至殿上降輦，樂止。

建炎以來朝野雜記曰：自元豐分南北郊，至政和乃克行之。建炎二年，上祀圜丘，獨祭上帝而配以太祖，用元豐禮也。紹興十三年郊祀，始設大神、大示及太祖、太宗配位，自天地至從祀百神凡七百七十有一，蓋元祐禮云。

孝宗隆興二年，詔：「今歲冬至日當郊見上帝，可令有司除事神儀物、諸軍賞給依舊制外，其乘輿服御及中外之費，並從省約。」

太常少卿洪适言：「陛下盛德重華，度越古昔。初講郊禋之禮，宜進胙慈闈，並受帝祉。乞下有司草具儀註進呈。」從之。

禮部、太常寺具上儀註：郊祀獻禮畢，皇帝將詣飲福位次，贊者引光禄卿詣南壝門外幕次，易常服。次帥執事者入詣進胙幄内，以所進胙設於腰輿匣内。胙以牛腥體肩三、臂二、臑二。次輦官擎腰輿進行，光禄卿從至端誠殿上，以腰輿隨地之宜置定，輦官權於殿下立。光禄卿以胙授進胙官，進胙官受訖，光禄卿以下先退。次進胙官帥捧擎人擎腰輿入詣齋殿前，以腰輿望德壽宮設定，執事内侍鋪設褥位於其後以俟。皇帝還齋殿，服履袍訖，内侍官前導，詣褥位。執事内侍啟匣蓋，内侍官奏請皇帝稍前躬視訖，復位。執事内侍封鎖匣訖，奏「請拜」，皇帝再拜訖，掌表内侍以表投進胙官，進胙官受表訖，皇帝還齋殿。次進胙官帥捧擎人擎腰輿以出，至端誠殿上權置定。輦官升殿，捧擎降殿進行，親從官援衛至泰禋門外，進胙官騎從至德壽宮門外，進胙官下馬後，從以入，至殿下置定，以表并胙授德壽宮提舉官供進訖，進胙官以下乃退。自後遇郊，並如上儀。

建炎以來朝野雜記：隆興二年，孝宗初行大禮，時湯慶公思退爲左相，上問：「郊於明堂之費如何？」户部尚書韓仲通曰：「郊之費倍於明堂。」侍郎錢端禮言〔一八〕：「不過增二十萬。若從祖宗故事，一切從儉，自宜大有減省。」上以爲然，乃詔除賞軍、事神外，並從省約。其秋，金虜入寇，遂用明年正月辛亥朔旦行之。上自宫徂郊，乘玉輅，用鹵簿之半，禮畢，乘平輦而歸。乾道三年再郊，始復備五輅，歸用大安輦焉。

光宗紹熙二年十一月二十七日〔一九〕，親郊於圜壇。爲值雨，望祭殿行禮。風雨大至，上震懼，始感疾。

寧宗嘉泰三年，祕書省言：「看詳福州進士張容圖繳進南郊辨駁冊内太子、庶子之星，以爲皇儲未慶，理宜加祀。并宋星乃國朝受命之符，興王之地，及感生帝本朝係火德，尤宜尊崇，乞並特加祀於圜丘。容圖所陳數事，實關國體，辭理可採，乞下禮、寺施行。」從之。

五年〔二〇〕，臣寮言：「伏睹郊禋在即，陛下祇奉神示，其純誠固有以昭格矣。而躬行盛德，又自足以上當天心，不惟致敬於練日告虔之時也。然臣以爲一人致其精一於上，必百官有司駿奔無射而不匱於下，斯可以咸助聖德，而潛通於窈冥，自然神示降格，而福禄之來下也。周頌有曰：『濟濟多士，秉文之德，對越在天。』春秋傳曰：『有司一人不備其職，不可以祭。祭者，薦其敬也，薦其美也。』臣請得而詳陳之。『商人尚聲，臭味未成，滌蕩其聲，樂三闋然後出迎牲。聲音之號，所以詔告於天地之間也。』此祭宗廟之文也。而周家祀天祭地，奏黄鍾，歌大吕，奏太蔟，歌應鍾，其爲昭告於天地之間則一也。樂工、瞽師，蓋聲音之所自出。今登歌之樂列於壇上，箎於上龠，蓋上帝、地祇、太祖、太宗並侑之側也。而宫架之樂，列於午階之下，則百神之所同聽也。夫樂莫尚於和平，以平時群祀言之，絲竹管絃，類有斷闋，未知今復何以戛擊、搏拊？鼓吹、佾舞之工蓋數百人，窶人賤工安能蠲潔？而無請係名之人，亦與其間，垢穢擾雜，殆不可辨，此不可不嚴者一也。『周人尚臭，灌用鬱鬯，臭陰達於淵泉，灌以圭璋，用玉氣也，既灌然後迎牲。蕭合黍稷，臭陽達於墻屋，故既奠然後焫蕭合羶薌』。此祭宗廟之文也。而大雅所言：『卬盛于豆，于豆于登，其香始升。上帝居歆，胡臭亶時。』毛氏曰：『木曰豆，瓦曰登。豆薦菹醢也。登，大羹也。』其求乎神之義則一也。今自圜壇之上曁於層龕之相承，位列甚衆，所謂籩、豆、簠、簋、登、鉶、罇、俎之實，內惟牲牢至期宰擊。餘如膴、鮑魚、鱐與夫兔、鴈、鸁、蚳之醢，麋、麇之醓，其類甚不一也，皆各司之所豫造也。餌、餈、酏、糝、黍、稷、稻、粱之食，芹、筍之菹，亦不一也，則皆神厨至期之所造也。竊聞豫造者先後遲速或不能指措日分，至有色惡、臭惡之慮。而先期呈饌之時，或兩辰浹，無乃太早，而所供之物或不可用。如醓、醓之屬，覆之瓦瓿，無復再察。其可改換者，未見倉卒而無復可察者，不可得而措手矣。蓋呈饌出於一時頃刻之間，而豫造之司吏卒，習於鹵莽之素，而有司掌之者，不過一巡視之而已。百司狃於文具，至於事神，亦復無忌。以至酒齊之設，凡有數等，京尹之司不過委之右選趨走之人。其爲醇醨既不可品嘗，其不中度者甚多也。氣臭之不嚴如此，豈復有馨香之上達也哉？矧又有最甚者，名爲供官，殆百餘人〔二〕。祭之日，凡籩、豆、簠、簋、登、鉶、罇、俎之屬，滌濯者此曹也。籩、豆、簠、簋、登、鉶、罇、俎之實，鋪設者亦此曹也。滌濯固已鹵莽，而夜半設實於器，皆其手所敷頓，豈但蕡蕡乾物之類，而醓、醓、餌、酏、腥、熟、酒、齊之屬亦皆出於其手之所置。竊聞此曹係籍奉常，平時所給微甚，籃縷垢穢，殆不可近。而況執事之夕，又復無所止宿，半夜而興，𩓡面濯手皆所不及也。僅有漫漶之服，以蒙其外，而可使之供祭實乎？至若贊引之人亦百餘輩，進退於神位、儀物之間。上焉則切近於至尊，次焉則隨逐於禮官，平時亦皆供官之類耳。以垢汙之人，而蒙之以漫漶之服，是皆不可進退於神位、儀物之間者也。此不可不嚴者二也。昔魯人之祭也，日不足，繼之以燭，雖有彊力之容、肅敬之心，皆倦怠矣。有司跛倚，則爲不敬之大。今圓壇一龕之位，通二龕、三龕至壝埒之内外，爲位者八百。分獻之官、贊禮之人，不能審候壇上疾徐之節，但欲速於竣事。獻官既多，而禮生率常抽差六部寺、監、帥、漕之貼吏爲之，既不閑習於禮，而贊引捷給獻官跪拜俛興酌奠皆不及於禮，端行無有，而并行如奔，其爲怠慢甚矣。此不可不嚴者三也。夫三說如此，正合汲汲求所以整齊之。臣愚以爲天下之事，一則治，散則偷，久則專，暫則忽。今郊禋大禮，其百司所供之物、所造之物，各有攸司，固不可不分任之也，而提綱總要，當出於一。不然，則禁之徒峻，察之徒苛，而下之便文逃責，終不可得而究也。奉常爲九卿之長，蓋統攝齊一之所自出，况今郊禋大禮，實又奉常之所掌乎！臣前所陳登歌、宫架之工，奉常固自有籍矣，其有請者若干人而尚不足用，則未免以無請寄名者足之。今名爲色長者，當考見絲竹管絃有無斷闕，速行修補，仍必拘集群工，洗沐澣濯，存其衣裝之可者，其有不整之人，責限令其措辦可也。今雖有澣濯之令，而莫之遵奉也。若其供官、贊引之人，垢弊已甚，又非樂工之比。乞從御史臺行下奉常，於一行人點名之外，更加逐一檢察，合用若干人。除其間稍可備數之人，自餘垢弊已甚，必不可責其自辦者，令奉常具申朝廷，行下外祇備庫，將先來檢計退下漫漶舊弊之物，置造衲衣，一褐一袴，先期發下。奉常見名責領，色長至期盡去其垢弊之衣，而外襲之以法服，表裏咸潔，可以執事於籩、豆、簠、簋、登、鉶、罇、俎之間，而親近於崇嚴清肅之地矣。若夫一行合干等人，名數猥衆，乞下臨安府，令於便近慈雲等處關報居民，灑掃爲備。先期一夕，令執色之人，分就民居止宿，夜半而興，各饋面濯手，整束衣服，以趨祭所。仍周環壇下，約每十數步爲置一盥帨，俾供官、禮生等人必先盥帨而後升壇。所是半夜鋪設，亦乞於分獻官差劄内就令分頭躬親同供官逐位鋪設，務令極其嚴潔，一一如法。所是神厨，雖已差官監造，亦必奉常譏察之。仍乞下臨安府大禮酒庫，專差文官監造，而豫造之厨從，所司亟撥人員，徑過奉常躬親監造可也。雖然，今奉常之官，朝廷分遣專一周旋檢察，如升歌、宫架之工，豫造、近造之厨，府屬所造之齊，供官贊引之役，察之必周，令之必嚴，皆歸於奉常，而不至於散漫苟且而無及於事也。彼分獻、贊引之人，必令詳緩如禮，亦從御史臺行下約束。夫以郊禋大禮，竊聞鉅費至數百萬，而四方之犒費不與焉，皆非切於事神也。而聲音氣臭之用，莫嚴於圜壇一處耳。若夫先二日之朝獻，先一日之朝饗，其聲音氣臭之用，則同出乎此也。臣前所陳，弊害非一，此而不嚴，則鉅費數百萬，皆所謂『不揣其本，而齊其末』也。臣覩士庶之家，或延緇黄設禱祠，主人齋戒於家，而僮僕莫不知懼於下，庖厨者屏氣不息，守護者呵禁甚虔。仰惟萬乘之尊，郊禋大禮，赫臨在下。陛下嚴恭寅畏，無一息之少間，而又臨之以五使之重，兢兢謹飭。而百官有司顧循習舊弊，不能凛然上承九重之意，其可不亟正之，以對越天地、祖宗之威靈！」從之。

太祖在位十七年，南郊四。乾德元年十一月二十六日，開寶元年十一月二十四日，四年十一月二十七日，九年四月三日。

太宗在位二十二年，南郊五。太平興國三年十一月十五日，六年十一月十七日，至道二年正月十日〔二二〕，雍熙元年十一月二十一日，淳化四年正月二日。

真宗在位二十五年，南郊五，咸平二年十一月七日，五年十一月十一日，景德二年十一月十三日，天禧元年正月十一日，三年十一月十九日。

東郊一。大中祥符七年二月十六日。

仁宗在位四十一年，南郊九。天聖二年十一月十三日，五年十一月十七日，八年十一月十九日，景祐二年十一月十四日，寶元元年十一月十八日〔二三〕，慶曆元年十一月二十日，四年十一月二十五日，七年十一月二十八日，皇祐五年十一月四日。

英宗在位四年，南郊一。治平二年十一月十六日。

神宗在位十八年，南郊四。熙寧元年十一月十八日，七年十一月二十五日，十年十一月二十七日，元豐六年十一月五日。

哲宗在位十五年，南郊二。元祐七年十一月十四日，元符元年十一月二十日。

徽宗在位二十五年，南郊八。建中靖國元年十一月二十三日，大觀四年十一月三日，崇寧三年十一月二十六日〔二四〕，政和三年十一月六日，六年十一月十日，宣和元年十一月十三日，四年十一月十五日，七年十一月十九日。

高宗在位三十六年，南郊七。建炎二年十一月二十二日，紹興十三年十一月八日，十六年十一月十日，十九年十一月十四日，二十二年十一月十八日，二十五年十一月十九日，二十八年十一月二十三日。

孝宗在位二十八年，南郊六。乾道元年正月一日，三年十一月二日，六年十一月六日，九年十一月九日，淳熙三年十一月十二日，十二年十一月二十二日。

光宗在位五年，南郊一。紹熙二年十一月二十七日。

寧宗在位三十年，南郊三。慶元三年十一月五日，嘉泰三年十一月十一日〔二五〕，嘉定五年十一月二十日。

校勘記

〔一〕分一十二陛 「二」原作「三」，據宋會要禮二之五改。

〔二〕簽書知客省事以下 「知」字原脱，據馮本補。

〔三〕在神位之左 「在」原作「皆」，據元本、慎本、馮本補。

〔四〕第二行䴵在前 「䴵」原作「醴」，據周禮籩人改。

〔五〕宣贊舍人引禮部侍郎奏請中嚴 「請」字原脱，據文義補。

〔六〕亦各立於罇所 「立」字原脱，據正文補。

〔七〕太官令帥進饌者詣厨 「官」原作「常」，據下文改。

〔八〕三祭於茅苴 「苴」原作「首」，據慎本改。

〔九〕五官以上執事官以俎載黍稷飯 「五官」疑爲「五品」之誤。

〔一〇〕惟典儀贊拜 「贊」原作「再」，據政和五禮新儀卷二七皇帝祀昊天上帝儀三端誠殿受賀改。

〔一一〕退詣折檻東 「檻」原作「横」，據政和五禮新儀卷二七皇帝祀昊天上帝儀三端誠殿受賀改。

〔一二〕乘黄令進金輅於端誠殿門外　「乘」原作「樂」，「令」原作「合」，據元本、慎本、馮本及政和五禮新儀卷二八皇帝祀昊天上帝儀四車駕還内改。

〔一三〕内祇應官贊謝花再拜　「花」字原脱，據政和五禮新儀卷二八皇帝祀昊天上帝儀四車駕還内補。

〔一四〕東壁面西侍立　「面西」二字原倒，據上下文例乙正。

〔一五〕並賀兩拜　「並」原作「曲」，據馮本及政和五禮新儀卷二八皇帝祀昊天上帝儀四宣德門肆赦改。

〔一六〕搢笏跪　「跪」字原脱，據政和五禮新儀卷二八皇帝祀昊天上帝儀四宣德門肆赦補。

〔一七〕跪致詞訖　「跪」原作「歸」，據元本、慎本、馮本及政和五禮新儀卷二八皇帝祀昊天上帝儀四宣德門肆赦改。

〔一八〕侍郎錢端禮言　「端」原作「靖」，據朝野雜記甲集卷二郊丘明堂之費改。

〔一九〕光宗紹熙二年十一月二十七日　「紹熙」原作「紹興」，據宋史卷三六光宗紀、卷九九禮志二改。

〔二〇〕五年　按承上文，此處當是嘉泰五年，而宋史卷三八寧宗紀二、嘉泰四年十二月「己亥，詔改明年爲開禧元年」，則嘉泰無五年，疑此處有誤。

〔二一〕殆百餘人　「百」原作「有」，據元本、慎本、馮本改。

〔二二〕至道二年正月十日　按宋太宗年號「至道」在「淳化」之後，此處順序有誤。

〔二三〕寶元元年十一月十八日　「一」字原脱，據宋史卷一〇仁宗紀二補。

〔二四〕崇寧三年十一月二十六日　按宋徽宗年號「崇寧」在「大觀」之前，此處順序有誤。

〔二五〕嘉泰三年十一月十一日　「三」原作「二」。按宋史卷三八寧宗紀二，嘉泰三年十一月「乙亥，祀天地於圜丘」。當年十一月乙丑朔，乙亥爲十一日，據改。

卷七十三　郊社考六

明堂

黄帝拜祀上帝於明堂。或謂之「合宫」。其堂之制，中有一殿，四面無壁，以茅蓋。通水，水圜宫垣。爲複道，上有樓，從西南入，名「昆侖」。

右黄帝明堂制度之説，乃漢武帝時濟南人公玉帶所上。楊氏祭禮明堂篇以其不經而削之。然其所言茅蓋、通水，與夫戴禮所記略同。又考工記所言夏后世室，殷人重屋，周人明堂，其制大概由質而趨於文，由狹而趨於廣。以是推之，黄帝時無明堂則已，苟有之，則一殿無壁，蓋以茅，正太古儉朴之制。又按武帝欲求仙延年，方士之謬誕者多假設黄帝之事，以售其説。如所謂作五城十二樓，封名山，接萬靈明廷，采首山銅鑄鼎之類，皆矯誣古聖，張大其詞，以迎合時主之侈心。獨公玉帶所上明堂之制，乃簡朴如此。雖不經見，然豈不可稍規千門萬户之失？固未可以其言之並出於封禪求仙之時，而例黜之也。

唐、虞祀五帝於五府，府者，聚也。言五帝之神聚而祭於此堂。蒼曰「靈府」，赤曰「文祖」，黄曰「神記」，白曰「明紀」，黑曰「玄矩」。五府之制未詳。夏后氏世室，堂修二七，廣四修一。世室者，宗廟也。魯廟有世室。夏度以步，令堂修十四步，其廣益以四分修之一，則堂廣十七步半。　疏曰：「云『夏度以步』者，下文云『三四步』，明此二七是十四步也。云『令堂修十四步』者，言假令以此堂云二七約之，知用步無正文，故鄭以假令言之也。　知堂廣十七步半者，以南北爲修十四步四分之，取十二步，益三步爲十五步，餘二步益半步爲二步半，添前十五步，是十七步半也。」五室，三四步，四三尺。　堂上爲五室，象五行也。　三四步，室方也。　四三尺，以益廣也。　木室於東北，火室於東南，金室於西南，水室於西北，其方皆三步，其廣益之以三尺。　土室於中央，方四步，其廣益之以四尺。　此五室居堂南北六丈，東西七丈。　疏曰：「云『五室象五行』者，以其宗廟制如明堂。　明堂之中有五天帝、五人帝、五人神之坐，皆法五行，故知五室象五行也。」楊氏曰：「注四室皆三步，六尺爲步，三步一丈八尺也，其廣益之以三尺，爲二丈一尺。　中央四步，二丈四尺也，其廣益之以四尺，爲二丈八尺。　合南北二室爲三丈六尺，及堂二丈四尺爲六丈。　合東西二室爲四丈二尺，及堂二丈八尺爲七丈。」九階。　南面三，三面各二。　疏曰：「按賈、馬諸家皆以爲九等階。　鄭不從者，以周、殷差之，夏人卑宮室，當一尺之堂，爲九等階，於義不可，故爲旁九階也。　鄭知南面三階者，見明堂位云：『三公中階之前，北面東上；諸侯之位，阼階之東，西面北上；諸伯之國，西階之西，東面北上。』故知南面三階也。　知餘三面各二者，大射禮云：『升自北階。』又雜記云：『升自側階。』奔喪云：『升自東階。』以此而言，四面有階可知。」四旁兩夾窗。　窗助戶爲明，每室四戶，八窗。　疏曰：「言『四旁』者，五室，室有四戶，四戶之旁皆有兩夾窗，則五室二十戶，四十窗也。」白盛。　蜃灰也。　盛之言成也。　以蜃灰堊牆，所以飾成宮室。　蜃，常軫反。　堊，烏路反。　門堂三之二。　門堂，門側之堂，取數於正堂。　今堂如上制，則門堂南北九步二尺，東西十一步四尺。　爾雅曰：「門側之堂謂之塾。」室三之一。　兩室與門，各居一分。　疏曰：「此室則在門堂之上作之也。　言『各居一分』者，謂兩室與門各居一分。」

殷人重屋，堂修七尋，堂崇三尺，四阿，重屋。　重，直龍反。　重屋者，王宮正堂，若大寢也。　其修七尋，五丈六尺，放夏、周則其廣九尋，七丈二尺也。　五室各二尋。　崇，高也。　四阿，若今四注屋；重屋，複笮也。　放，方往反。　複音福。　笮，側白反。　疏曰：「雖言放夏、周，經云『堂修七尋，則廣九尋』，若周言南北七筵，則東西九筵，是偏放周法。　而言放夏者，七九偏據周。　夏后氏南北狹，東西長，亦是放之，故得兼言放夏也。云『四阿若今四注屋』者，燕禮云，『設洗當東霤』，則此四阿，四霤者也。云『重屋複笮』也者，若明堂位云『複廟重檐』。鄭注云：『重檐，重承壁材也。』則此複笮亦重承材，故謂之重屋。」

周人明堂，度九尺之筵。東西九筵，南北七筵，堂崇一筵。五室，凡室二筵。明堂者，明政教之堂。周度以筵，亦王者相改。周堂高九尺，殷三尺，則夏一尺矣。相參之數，禹卑宮室，謂此一尺之堂，與此三者，或舉宗廟，或舉王寢，或舉明堂，互言之以明其同制。疏曰：「云『其同制』者，謂當代三者其制同，非謂三代制同也。」室中度以几，堂上度以筵，宮中度以尋，野度以步，涂度以軌。周文者各因物宜爲之數。室中舉謂四壁之內。疏曰：「『因物宜』者，謂室中坐時馮几，堂上行禮用筵，宮中合院之內無几無筵，故用手之尋也。在野論里數，皆以步，故用步。涂有三道，車從中央，故用車之軌。是因物所宜也。」廟門容大扃七个。大扃，牛鼎之扃，長三尺。每扃爲一个，七个，二丈一尺。疏曰：「知『大扃，牛鼎之扃，長三尺』者，此約漢禮器制度。」闈門容小扃三个。廟中之門曰闈門。小扃，腳鼎之扃，長二尺。三个，六尺。疏曰：「云『廟中之門曰闈門』者，爾雅文。此即雜記云『夫人至，入自闈門』是也。腳鼎亦牛鼎，但上牛鼎扃長三尺，據正鼎而言。此言腳鼎，據陪鼎三腳膷臐膮而說也。」腳音香。冬官考工記。天子負斧依，南鄉而立。負之言背也。斧依，爲斧文屏風於户牖之間，於前立焉。三公，中階之前，北面東上；諸侯之位，阼階之東，西面北上；諸伯之國，西階之西，東面北上；諸子之國，門東，北面東上；諸男之國，門西，北面東上；九夷之國，東門之外，西面北上；八蠻之國，南門之外，北面東上；六戎之國，西門之外，東面南上；五狄之國，北門之外，南面東上；九采之國，應門之外，北面東上；四塞世告至。此周公明堂之位也。九采，九州之牧，典貢職者也。正門謂之應門，方伯帥諸侯而入，牧居外而糾察之也。四塞，謂夷服、鎮服、蕃服在四方爲蔽塞者，新君即位則來朝。周禮：「侯服歲一見，甸服二歲一見，男服三歲一見，采服四歲一見，衛服五歲一見，要服六歲一見，九州之外謂之蕃國，世一見。」

明堂位。朱子曰：「鄭氏謂天子廟及路寢如明堂制者，蓋未必然。明堂位與考工記所記明堂之制度者，非出於舊典，亦未敢必信也。」楊氏曰：「此章云周公相武王以伐紂，武王崩，成王幼弱，周公踐天子之位以治天下。六年，朝諸侯於明堂。註家云周公攝王位，以明堂之禮儀朝諸侯。此說舛謬，故削去之。」孟春之月，天子居青陽左个；青陽左个，大寢東堂北偏。仲春之月，天子居青陽太廟；青陽太廟，東堂當太室。季春之月，天子居青陽右个；青陽右个，東堂南偏。孟夏之月，天子居明堂左个；明堂左个，大寢南堂東偏也。仲夏之月，天子居明堂太廟；明堂太廟，南堂當太室也。季夏之月，天子居明堂右个；明堂右个，南堂西偏也。中央土，天子居太廟太室；太廟太室，中央室也。孟秋之月，天子居總章左个；總章左个，大寢西堂南偏。仲秋之月，天子居總章太廟；總章太廟，西堂當太室也。季秋之月，天子居總章右个；總章右个，西堂北偏。孟冬之月，天子居玄堂左个；玄堂左个，北堂西偏。仲冬之月，天子居玄堂太廟；玄堂太廟，北堂當太室。季冬之月，天子居玄堂右个。玄堂右个，北堂東偏。月令。

大戴禮曰：「明堂者，古有之也。」淮南子言，神農之世，祀於明堂，明堂有蓋，四方。又漢武帝時，有獻黃帝明堂圖者，或始於此。「凡九室，一室有四户八牖，三十六户七十二牖。以茅蓋屋，茅取其潔質也。上圓下方。明堂者，所以明諸侯尊卑。外水曰辟雍。」韓詩說辟圓如璧，雍以水。不言「圓」言「辟」者，取辟有德；不言「辟水」言「雍」，雍，和也。「南蠻、東夷、北狄、西戎」，言四海之君，於祭也各以其方列於水外。「明堂月令」，於明堂之中，施十二月之令。「赤綴户也，白綴牖也」。綴，飾也。「二九四七五三六一八」，記用九室，謂法龜文。「堂高三尺，東西九筵，南北七筵，上圓下方，九室十二堂，室四户，户二牖。其宮方三百步〔一〕，在近郊；近郊，三十里。」淳于登說，明堂在國之陽，三里之外，七里之内，丙巳之地。韓詩説，明堂在南方七里之郊，然三十里無所取也。再言圓方及户牖之數亦煩重。「或以爲明堂者，文王之廟也。」明堂與文王之廟不同處，或説謬。「朱草日生一葉，至十五日，生十五葉，十六日一葉落，終而復始也。」孝經援神契曰：「朱草生，蓂莢孳，嘉禾成，箑莆生〔二〕。」蓂莢，堯時夾階而生，以記朔也。朱草可食，王者慈仁則生。其形無記。「周時德澤治和，蒿茂大以爲宫柱，名爲蒿宫也。」晏子春秋曰：「明堂之制，下之潤濕不及也，上之寒暑不入也，木工不鏤，示民知節也。」然或以蒿爲柱，表其儉質也。此天子之路寢也，不齊不居其室，路寢亦爲此制。　明堂位疏曰：「明堂月令説〔三〕，明堂高三丈，東西九筵，南北七筵，上圓下方，四堂十二室，四户八牖，其宫方三百步，在近郊三十里。淳于登説云，明堂在國之陽，三里之外，七里之内，丙巳之地，就陽位，上圓下方，八窗四闥，布政之宫，故稱明堂。明堂，盛貌。周公祀文王於明堂，以古周禮、孝經説明堂文王之廟。夏后氏曰世室，殷人曰重屋，周人曰明堂。東西九筵，南北七筵，堂崇一筵；五室，凡室二筵，蓋之以茅。周公祀文王於明堂，以昭事上帝。許君謹案：今禮、古禮各以義説，無明文以知之。鄭駁之云：『戴禮所云，雖出盛德篇云九室、三十六户、七十二牖，似秦相吕不韋作春秋時説者，蓋非古制也。「四堂十二室」字誤，本書云「九室十二堂」。淳于登之言取義於孝經援神契説，宗祀文王於明堂以配上帝。曰明堂者，上圓下方，八窗四闥，布政之宫，在國之陽。帝者諦也，象上承五精之神，五精之神實在太微，在辰爲巳，是以登云然。今漢立明堂丙巳，由此爲之。』如鄭此言用淳于登之説，此别録所云依考工記之文。然先代諸儒所説不一，故蔡邕明堂月令章句：『明堂者，天子太廟，所以祭祀。夏后氏世室，殷人重屋，周人明堂，饗功、養老、教學、選士，皆在其中，故言。取尊崇之貌，則曰太廟；取其正室，則曰太室；取其堂，則曰明堂；取其四時之學，則曰太學；取其圜水，則曰辟雍。雖名别而實同。』鄭必以爲各異者，袁準正論：『明堂、宗廟、太學，禮之本物也。事義不同，各有所爲，而世之論者合以爲一體，取詩、書放逸之文、經典相似之語，推而致之，考之人情，失之遠矣。宗廟之中，人所致敬，幽隱清浄，鬼神所居，而使學衆處焉，饗射其中，人鬼慢黷，死生交錯，囚俘截耳，以干鬼神，非其理也。茅茨、采椽，至質之物，建日月，乘玉路以處其中，非其類也。夫宗廟，鬼神所居，祭天而於人鬼之室，非其處也。王者五門，宗廟在一門之内，若射在於廟，而張三侯，又辟雍在内，人物衆多，殆非宗廟之中所能容也。』如準之所論，是鄭所謂不同之意。」

蔡邕明堂論。見辟廱門。

陳氏禮書曰：「夏世室，商重屋，周明堂，則制漸文矣。夏度以步，商度以尋，周度以筵，則堂漸廣矣。夏言堂修廣而不言崇，商言堂修而不言廣，言四阿而不言室，周言堂修、廣、崇而不言四阿，其言蓋皆互備。鄭康成曰：『夏堂崇一尺，商堂廣九尋。』理或然也。月令：中央太室，東青陽，南明堂，西總章，北玄堂，皆分左右个，與太廟則五室十二堂矣。明堂位，前中階、阼階、賓階，旁四門，而南門之外又有應門，則南三階、東西北各二階，而爲九階矣。考工記，五室九階。蓋木室於東北，火室於東南，金室於西南，水室於西北，土室於中央，其外别之以十二堂，通之以九階，環之以四門，而南門之外，加以應門，此明堂之大略也。大戴禮、白虎通、韓嬰、公玉帶、淳于登、桓譚、鄭康成、蔡邕之徒，其論明堂多矣。時淳于登以爲在國之陽，三里之外，七里之内，其説蓋有所傳然也。何則？聽朔必於明堂，而玉藻曰『聽朔於南門之外』，則明堂在國之南可知。成王之朝諸侯，四夷之君，咸列四門之外，而朝寢之間有是制乎？則明堂在國之外可知。然大戴謂九室、三十六户、七十二牖，上圓下方。公玉帶謂爲一殿居中，覆之以茅，環之以水，設之以複，通之以樓。鄭康成謂明堂、太廟、路寢，異實同制。康成以春秋書世室屋壞，明堂位稱魯公之廟文世室，武公之廟武世室，則以考工記所謂世室爲廟，重屋爲寢，或舉王寢，或舉明堂，互言之。蔡邕謂明堂、太廟、辟雍，同實異名。豈其然哉？諸侯之廟，見於公食大夫，有東西堂、東西夾而已。天子路寢見於書，亦東西房、東西夾，又東序、西序、東堂、西堂而已。則太廟、路寢無五室十二堂矣，謂之明堂、太廟、路寢異實同制，非也。宗廟居雉門之内，而教學飲射於其中，則莫之容處，學者於鬼神之宫，享天神於人鬼之室，則失之瀆，袁準嘗攻之矣，則謂之明堂、太廟、辟雍同實異名，非也。彼蓋以魯之太廟有天子明堂之飾，晉之明堂有功臣登享之事，乃有同實、異實之論。是不知諸侯有太廟，無明堂，特魯放其制，晉放其名也。四時之氣，春爲青陽，夏爲朱明，秋爲白藏，冬爲玄英。則青者春之色，春者陽之中，故春堂名之；總者物之聚，章者文之成，故秋堂名之；明者萬物之相見，玄者萬物之復本，故冬、夏之堂名之。左右之堂曰个，以其介於四隅故也；中之堂曰太廟，以其大享在焉故也。古者，鬼神所在皆謂之廟。書與士虞以殯宫爲廟，則大享在焉，謂之太廟可也。明堂之作，不始於周公，而武王之時有之。記曰『祀乎明堂，而民知孝』是也。不特建之於内，而外之四嶽亦有之。孟子之時，齊有泰山之明堂是也。荀子强國篇曰：「雖爲之築明堂於塞外，而朝諸侯使，殆可也。」漢有奉高明堂。月令言明堂之制則然，其言四時乘異路，載異旂，衣異衣，用異器，則非也。明堂位言朝諸侯於明堂則然，其言周公踐天子之阼，負扆而受朝，則非也。何則？王者迎五氣則於東南西北之四郊，禮六神則以蒼、黄、青、赤、白、玄之牲玉，象四時以巡嶽，順閏月以居門。而天地之間罔不欽若，則十二月之異堂聽朔，不爲過也。若夫車旗之辨，見於巾車、司常；衣冠之等，見於弁師、司服，皆無四時之異。禮運曰：『五色十二衣，旋相爲質。』郎顗曰：『王者隨天，自春徂夏，改青服絳，非古制也。』書曰：『周公位冢宰，正百工。』詩序曰：『周公既成洛邑，朝諸侯，乃率以祀文王。』蓋成王宅憂，周公位冢宰，而百工總己以聽焉。及既成洛邑，輔成王以朝諸侯。詩序言『朝諸侯乃率以祀文王』，則朝不在廟而在明堂，可知也。」

朱子曰：「論明堂之制者非一，某竊意當有九室，如井田之制。東之中爲青陽太廟，東之南爲青陽右个，東之北爲青陽左个；南之中爲明堂太廟，南之東即東之南爲明堂左个，南之西即西之南爲明堂右个；西之中爲總章太廟，西之南即南之西爲總章左个，西之北即北之西爲總章右个；北之中爲玄堂太廟，北之東即東之北爲玄堂右个，北之西即西之北爲玄堂左个；中是太廟太室。凡四方之太廟異方所，其左个、右个，則青陽之右个乃明堂之左个，明堂右个乃總章之左个也；總章之右个乃玄堂之左个，玄堂之右个乃青陽之左个也。但隨其時之方位開門耳。太廟太室則每季十八日，天子居焉。古人制事多用井田遺意，此恐也是。」問：「郊祀后稷以配天，宗祀文王以配上帝。

帝只是天，天只是帝，却分祭，何也？」朱子曰：「爲壇而祭，故謂之天；祭於屋下，而以神祇祭之，故謂之帝。」　又曰：「明堂想只是一个三間九架屋子。」

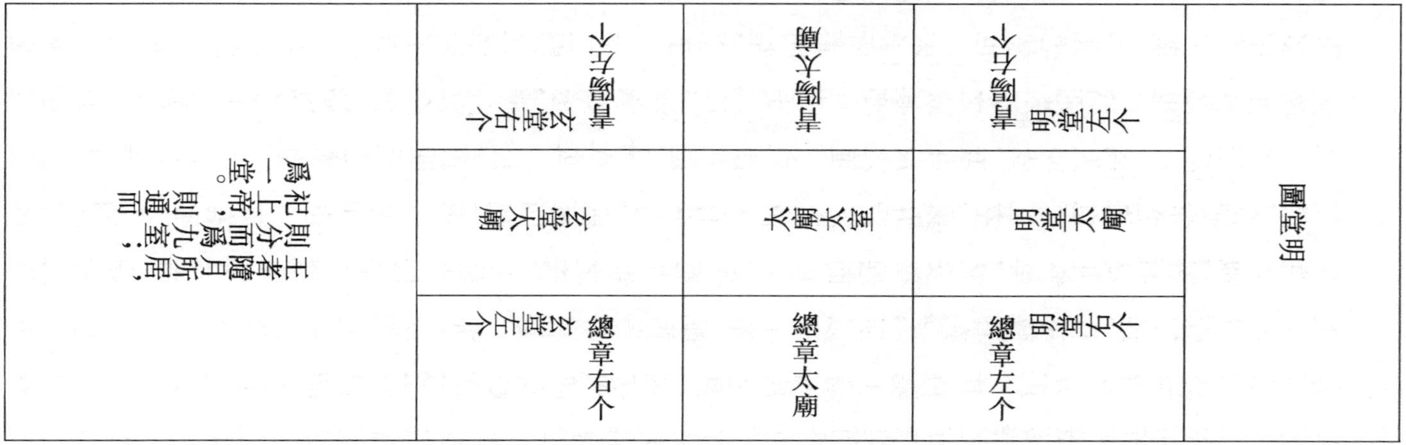

明堂圖

明堂左个(倒) 青陽右个	明堂太廟(倒)	明堂右个(倒) 總章左个
青陽太廟	太廟太室(倒)	總章太廟
青陽左个 玄堂右个	玄堂太廟	總章右个 玄堂左个

王者隨月所居，則分而爲九室；祀上帝，則通而爲一堂。

楊氏曰：「愚按：明堂者，王者之堂也，謂王者所居，以出教令之堂也。夫王者所居，非謂王之常居也。疏家云『明堂在國之南，丙巳之地，三里之外，七里之內』。此言雖未可以爲據，然其制必凛然森嚴，肅然清靜。王者朝諸侯、出教令之時而後居焉，而亦可以事天地、交神明於此地而無愧焉。周人祀上帝於明堂，而以文王配之者，此也。説者乃以明堂爲宗廟，又爲大寢，又爲太學，則不待辨説而知其謬矣。惟考工記謂明堂五室，大戴禮謂明堂九室，二説不同。前代欲建明堂者，或云五室，或云九室，往往惑於二説，莫知所决而遂止。愚謂五室取五方之義也；九室則五方之外而必備四隅也。九室之制，視五室爲尤備。然王者居明堂，必順月令，信如月令之説，則爲十二室可乎？此又不通之論也。惟朱子明堂圖謂：『青陽之右个乃明堂之左个，東之南即南之東；明堂之右个乃總章之左个，南之西即西之南；總章之右个乃玄堂之左个，西之北即北之西；玄堂之右个乃青陽之左个，北之東即東之北，但隨其時之方位開門耳。太廟太室，則每季十八日居焉〔四〕。古人制事多用井田遺意，此恐然也。』朱子所謂明堂，想是一个三間九架屋子者，指五方四隅，凡有九室之大略而言之也。然則朱子之説其亦有據乎？曰：漢承秦後，禮經無全書，姑以考工記觀之，亦粗可見。考工記曰，周人明堂，度九尺之筵。東西九筵，爲八丈一尺，言明堂之廣也；南北七筵，爲六丈三尺，言明堂之修也。五室，象五行之方位。有五方，則有四隅，不言可知也。夫有五方、四隅，則一堂之地，裂而爲九室矣，又安得通而爲一，復有九筵之廣、七筵之修乎？蓋明堂云者，通明之堂也。所以朝諸侯、行王政者在是；所以享上帝、配祖考者在是。非七筵、九筵之修廣不能行也。五方、四隅，亦惟辨其方正。其位隨王者所居之月，掌次以帷幕幄帟爲之，以詔王居，以順月令，以奉天道耳。亦如所謂隨其時之方位開門是也。此其大略也。」又按：「齊宣王欲毁明堂，孟子曰，王欲行王政，則勿毁之矣。此又王者巡狩之地，有明堂以朝諸侯、行政教，非在國之明堂也。」

又曰：「按：月令『迎春東郊及祠高禖』注，引王居明堂禮。漢藝文志有明堂陰陽三十三篇，明堂陰陽説五篇。魏相每表采易陰陽及明堂月令奏之。漢有此書，今無傳焉。」

右經傳及諸儒所言明堂制度北史李謐傳載謐著明堂制度論甚詳。

孝經：「子曰：孝莫大於嚴父，嚴，謂敬也，尊嚴其父。嚴父莫大於配天，則周公其人也。言以父配天之禮，始於周公。昔者周公郊祀后稷以配天，宗祀文王於明堂，以配上帝。明堂，天子布政之宮。周公因祀五方上帝於明堂，乃尊文王以配之。是以四海之內，各以其職來祭。」謂諸侯修其職，來助祭。

月令：「季秋上丁，命樂正入學習吹。爲將饗帝也。春夏重舞，秋冬重吹也。是月也，大饗帝。」疏曰：「大饗與帝連文，故謂祭天。」詩我將，祀文王於明堂也：「我將我享，維羊維牛，維天其右之。儀式刑文王之典，日靖四方。伊嘏文王，既右享之。我其夙夜，畏天之威，於時保之。」

陳氏禮書曰：「先王之於天，尊而遠之，故祀於郊，而配以祖；親而近之，故祀於明堂，而配以父。孝經曰：『孝莫大於配天。』又曰：『郊祀后稷以配天，宗祀文王於明堂，以配上帝。』嚴父配天矣，又曰配上帝者，天則昊天上帝也，上帝則五帝與天也。明堂不祀昊天上帝，不可謂配天；五帝不與，不可謂配上帝。以上帝爲昊天上帝邪？而周禮以『旅上帝』對『旅四望』言之，則上帝非一帝也。以明堂特祀昊天上帝邪〔五〕？而考工記明堂有五室，則五室非一位也。祭法曰：『周人禘嚳而郊稷，祖文王而宗武王。』鄭氏曰：『禘、郊、祖、宗，謂祭祀以配食也。』其說以爲坐五帝於堂上，以五人帝及文王配之；坐五神於庭中，以武王配之。然古者祖有功而宗有德，謂祖宗其廟耳，非謂配於明堂也。王肅曰：「審如鄭說，則經當言祖祀文王，不言宗祀也。凡言宗者，尊也。周人既祖其廟，又宗其祀。」月令之五人帝、五人神，所以配食四郊也。其與享明堂，於經無見。又況降五神於庭中，降武王以配之，豈嚴父之意哉？然宗祀文王，則成王矣。成王不祀武王而祀文王者，蓋於是時，成王未畢喪，武王未立廟，故宗祀文王而已，此所以言周公其人也。詩序曰：『豐年，秋冬報。』則秋報者，季秋之於明堂也；冬報者，冬至之於郊也。先明堂而後郊者，禮由内以及外也；先嚴父而後祖者，禮由親以及尊也。明堂之祀，於郊爲文，於廟爲質。故郊掃地藁秸而已，明堂則有堂，有筵；郊特牲而已，明堂則維羊維牛。然郊有燔燎，而明堂固有升烟。漢武帝明堂禮畢，燎於堂下，古之遺制也。由漢及唐，或祠太一五帝，光武。或特祀五帝，光武、明帝。或除五帝之坐，同稱昊天上帝，晉武帝時，議除明堂五帝之坐，同稱昊天上帝，各設一坐而已。後又復武帝位。或合祭天地，唐武后合祭天地於明堂，中宗仍之。或配以祖，或配以群祖。漢武帝祠明堂，高皇帝對之。章帝祠明堂，以光武配，後又以高祖、太宗、世宗、中宗、世祖、顯宗配，各一太牢。其服也，或以衮冕，東晉武帝。或以大裘。梁禮。其獻也，或以一獻，或以三獻。梁朱异曰：「祀明堂改服大裘。」又以貴質，不應三獻，請停三獻，止於一獻。隋於雩壇行三獻禮。抑又明堂之制，變易不常，與考工之説不同，皆一時之制然也。」

朱子曰：「古者，祭天於圜丘，掃地而行事，器用陶匏，牲用犢，其禮極簡。聖人之意，以爲未足以盡其意之委曲。故於季秋之月，有大享之禮焉。天即帝也，郊而曰『天』，所以尊之也，故以后稷配。后稷遠矣，配稷於郊，亦所以尊稷也。明堂而曰『帝』，所以親之也，以文王配焉。文王，親也，配文王於明堂，亦以親文王也。尊尊而親親，周道備矣。然則郊者古禮，而明堂者周制也，周公以義起之也。」

楊氏曰：「愚按：郊祀配天，明堂配上帝，天與上帝一也，祀上帝並如郊祀。然月令有大饗之文，我將之詩有『維羊維牛』之語，則明堂之禮爲尤備。故程子曰：『其禮必以宗廟之禮享之。』朱子亦曰：『祭於屋下，而以神祇祭之。』蓋謂此也。」

又曰：「按：周人宗祀文王於明堂，以配上帝，上帝即天也，配帝即文王也。自漢以來，乃有並祭五帝之禮。鄭康成注祭法，祖文王、宗武王之說，差誤特甚。至唐以來，遂有三帝並侑之禮，皆非古人制禮之本意。故今具載於後，併列諸儒議論以明之。」

祭法，祖文王而宗武王。注曰：「祭五帝、五神於明堂曰祖宗。祖宗通言爾。孝經曰：『宗祀文王於明堂，以配上帝。』月令春曰其帝太皞，其神句芒；夏曰其帝炎帝，其神祝融；中央曰其帝黄帝，其神后土；秋曰其帝少昊，其神蓐收；冬曰其帝顓頊，其神玄冥。」

疏曰：「云『祭五帝、五神於明堂曰祖、宗，祖、宗通言爾』者，以明堂月令五時俱有帝及神。又月令季秋大饗帝，故知明堂之神有五人神及五天帝也。孝經云『宗祀文王於明堂，以配上帝』，故知於明堂也。」又郊特牲疏云：「五時迎氣及雩祭，則以五方人帝配之；九月大饗五帝，則以五人帝及文武配之。以文王配五天帝，則謂之祖；以武王配五人神，則謂之宗。崔氏云，皆在明堂之上，祖、宗通言。故祭法云祖文王，文王稱祖。孝經云宗祀文王於明堂，是文王稱宗。文王既爾，則武王亦有祖、宗之號，故云祖、宗通言。」

王肅駁鄭義曰：「古者，祖有功而宗有德，祖宗自是不毁之名，非謂配食於明堂者也。審如鄭言，則經當言祖祀文王於明堂，不得言宗祀也。宗者，尊也。周人既祖其廟，又尊其祀，孰謂祖於明堂者乎？鄭引孝經以解祭法，而不曉周公本意，殊非仲尼之義旨也？」

通典：「宗祀文王於明堂，以配上帝，謂祀昊天上帝，先儒所釋不同。若以祭五帝，則以天帝皆坐明堂之中，以五人帝及文王配之；五官之神坐於庭中，以武王配之，通名曰祖宗，故云祖文王而宗武王。文王爲父，配祭於上；武王爲子，配祭於下。如其所論，非爲通理。但五神皆生爲上公，死爲貴神，生存之日，帝王享會，皆須升堂。今死爲貴神，獨配於下，屈武王之尊，同下坐之義，爲不便。意爲合祭五帝於明堂，唯有一祭，月令所謂『九月大饗帝於明堂』也。五帝及神俱坐於上，以文武二祖汎配五帝及五神而祭之。以文王配祭五帝，則謂之祖；以武王配祭五神，則謂之宗。明二君同配，故祭法云『祖文王而宗武王』。夫祖者，始也；宗者，尊也。所以名祭爲祖宗者，明祭之中有此二義。」

漢武帝元封五年，初，天子封泰山，泰山東北阯古時有明堂處〔六〕，處險不敞〔七〕，上欲治明堂奉高旁，未曉其制度。濟南人公玉帶上黄帝時明堂圖。明堂圖中有一殿，四面無壁，以茅蓋，通水，圜宫垣，爲複道，上有樓，從西南入〔八〕，命曰「昆侖」。天子從之入，以拜祀上帝焉。於是上令奉高作明堂汶上，如帶圖。及五年修封，則祀太一、五帝於明堂上坐，合高皇帝祠坐對之〔九〕。祠后土於下房，以二十太牢。天子從昆侖道入，始拜明堂如郊禮。禮畢，燎堂下，因朝諸侯王、列侯，受郡國計。師古曰：「計，若今之諸州計帳也。」

徐廣曰：「在元封二年秋。」

太初元年十一月甲子朔旦，冬至，祀上帝於明堂，毋修封〔一〇〕。其贊饗曰：「天增授皇帝泰元神策，明堂。」

周而復始。皇帝敬拜太一。」師古曰：「自此以上，贊祝者詞。」毋修封禪。徐廣曰：「常五年一修耳，今適二年，故但祠於明堂。」

天漢三年〔一一〕，行幸泰山，修封祀明堂，因受計。

太始四年三月，行幸泰山。壬午，祀高祖於明堂，以配上帝，因受計。癸未，祀孝景皇帝於明堂。

征和四年，幸泰山，修封，祀於明堂。

平帝元始四年，安漢公王莽奏立明堂、辟雍。

五年春正月，祫祭明堂。禮，五年一祫。祫者，毀廟與未毀廟之主皆合食於太祖也。

致堂胡氏曰：「明堂、辟雍、靈臺，雜見於孝經、孟子、詩與禮記。其制作之詳不可得而聞矣，後世紛紛之論所以起歟？然以理考之，先王舉事，動可爲憲，必不如後世之妄作爾。王者向明而治，古之堂，今之殿也。孝經以爲宗祀之所，孟子以爲王政之堂，然則是人君之路寢，猶後世大朝會之正衙也。王者見群臣，覲諸侯，頒朔布政，皆於是焉，故曰『欲行王政，則不可毀也』。齊何以有明堂？僭也。人謂宣王毀之者，俾革其僭也。孟子語以勿毀者，教使行王政也。則何以用之宗祀乎？文王已有廟矣，以季秋享帝，而奉文王配焉。不可於七廟中獨舉大禮于一廟，故迎主致之明堂，以配帝也。祭帝必於明堂者，帝出震而宰萬物，猶向明而治天下也。武王即位，追王文王，周公制禮，推本王功，故以文王配帝，而祀于明堂。此義類也，是明堂之說也。後世紛紛，皆狃於劉歆世室、重屋之載，呂不韋青陽、總章之比，是可信乎？」

世祖中元元年，初營明堂、辟雍、靈臺，未用事。

明帝永平二年正月辛未，初祀五帝於明堂，光武帝配。五帝坐位堂上，各處其方，黄帝在未，皆如南郊之位。光武帝位在青帝之南，少退，西面。牲各一犢。帝及公卿列侯始服冠冕、衣裳、玉珮、絇屨以行事，奏樂如南郊。禮畢，登靈臺，使尚書令持節詔驃騎將軍、三公曰：「今令月吉日，宗祀光武皇帝於明堂，以配五帝。禮備法物，樂和八音，咏祉福，舞功德，班時令〔三〕，敕群后。事畢，升靈臺，望元氣，吹時律，觀物變。群僚藩輔，宗室子孫，衆郡奉計，百蠻貢職，烏桓、濊貊咸來助祭，單于侍子、骨都侯亦皆陪位，斯固聖祖功德之所致也。朕以闇陋，奉承大業，親執圭璧，恭祀天地。仰惟先帝受命中興，撥亂反正，以寧天下。封泰山，建明堂，立辟雍，起靈臺，恢弘大道，被之八極；而嗣子無成、康之質，群臣無吕、旦之謀，盥洗進爵，踧踖惟慙。素性頑鄙，臨事益懼。其令天下自殊死以下皆赦除之。百僚師尹，其勉修厥職，順行時令，敬若昊天，以綏兆人。」

班固東都賦明堂詩：「於昭明堂，明堂孔陽。聖皇宗祀〔三〕，穆穆煌煌。上帝宴享，五位時序。誰其配之？世祖光武。普天率土，各以其職。猗歟緝熙，允懷多福！」

東京賦曰：「複廟重屋，八達九房。」薛綜注曰：「八達，謂室有八窗也。堂後有九室，所以異於周制也。」王隆漢官篇曰：「是古者清廟茅屋。」胡廣曰：「古之清廟，以茅蓋屋，所以示儉也。今之明堂，茅蓋之，乃加瓦其上，不忘古也。」

章帝建初三年，宗祀明堂；禮畢，登靈臺，望雲物。

元和二年二月，幸泰山，柴告岱宗，進幸奉高。壬申，宗祀五帝於孝武所作汶上明堂，光武帝配，如雒陽明堂禮。癸酉，更告祀高祖、太宗、世宗、中宗、世祖、顯宗於明堂，各一太牢。

安帝延光三年，東巡泰山，祀汶上明堂，如元和二年故事。順帝即位，修奉常祀。

和帝永元五年，祀五帝於明堂，遂登靈臺，望雲物。

順帝永和元年，宗祀明堂，登靈臺，改元，大赦。

漢安元年正月，宗祀明堂，大赦，改元。

靈帝初，黄門朱瑀等陰於明堂中禱皇天曰：「竇氏無道，請皇天輔帝誅之。」既殺武等，詔太官給塞具。塞，報祀也，賽通用。

東漢制：明堂及靈臺丞各一人〔一四〕，掌守明堂、靈臺，掌候日月星氣，皆屬太史。東漢明堂制：上圓下方，法天地。八窗、四闥〔一五〕，法八風、四時。九室、十二座，法九州、十二月。三十六户、七十二牖。法三十六旬，七十二候。

魏明帝太和元年正月丁未，宗祀文帝於明堂，以配上帝，祝稱「天子臣某」，齊王亦行其禮。

晉武帝泰始二年二月丁丑〔一六〕，宗祀文皇帝於明堂，以配上帝。』又議明堂宜除五帝坐，同稱昊天上帝，各設一坐而已。

晉明堂，裴頠議立，只爲一殿。

太康十年十月〔一七〕，詔復明堂五帝位。

晉初以文帝配，後復以宣帝，尋復還以文帝配，其餘無所變革。是則郊與明堂，同配、異配，參差不同矣。摯虞議以爲：「漢魏故事，明堂祀五帝之神；新禮，五帝即上帝，即天帝也〔一八〕。明堂除五帝之位，惟祭上帝。按：仲尼稱：『郊祀后稷以配天，宗祀文王於明堂，以配上帝。』周禮，祀天旅上帝，祀地旅四望。四望非地，則上帝非天，斷可識矣。郊丘之祀，掃地而祭，牲用繭栗，器用陶匏，事反其始，故配以遠祖；明堂之祭，備物以薦，玉牲並陳，籩豆成列，禮同人鬼〔一九〕，故配以近考。郊堂兆位，居然異體；牲牢品物，質文殊趣。且祖考同配，非謂尊嚴之美；三日再祀，非謂不黷之義。其非一神，亦足明矣。昔在上古，生爲明王，没則配五行，故太昊配木，神農配火，少昊配金，顓頊配水，黄帝配土。此五帝者，配天之神，同兆之於四郊，報之以明堂。祀天，大裘而冕，祀五帝亦如之。或以爲五精之帝，佐天育物者也。前代相因，莫之或廢，晉初始從異議。庚午詔書，明堂及南郊除五帝之位，惟祀天神，新禮奉而用之。前太醫令韓楊上書〔二〇〕，宜如舊祀五帝。太康十年，詔已施用。宜定新禮，明堂及郊祀五帝如舊儀〔二一〕。」詔從之。江左以後，未遑脩建。

晉傅玄製天地郊明堂夕牲歌一，天地郊明堂降神歌一，明堂饗神歌一。

東晉孝武帝太元十三年正月後辛，祀明堂。車服之儀，率遵漢制，出以法駕，服以衮冕。時孫耆之議：「郊以祀天，故配之以后稷；明堂祀帝，故配之以文王。由斯言之，郊爲皇天之位，明堂爲上帝之廟，故徐邈以配之爲言，必有神主，郊爲天壇，則明堂非文廟矣。」時議帝親奉，今親祀北郊，明年正月上辛祀昊天，次辛祀后土，後辛祀明堂。

宋孝武大明六年〔二二〕，依漢汶上圖儀〔二三〕，設五帝位，太祖文帝對饗。祭皇天上帝，鼎、俎、彝、簋一依太廟禮。堂制但作大殿屋十二間，無古三十六户、七十二牖，文飾雕畫而已。時有司奏：「伏尋明堂、辟雍，制無定文，自漢暨晉，莫之能辨。周書云，清廟、明堂、路寢同制。鄭玄注禮，義生於斯。諸儒又云，明堂在國之陽，丙巳之地，三里之内。晉侍中裴頠以爲尊祖配天，其義明著，廟宇之制，理據未分，直可爲殿，以崇嚴祀，其餘雜碎，一皆除之。裴頠所奏，竊謂可安。國學之南，地實丙巳，其墻宇規範，宜擬則太廟，唯十有二間，以應一期之數〔二四〕。」

齊高帝建元元年，祭五帝之神於明堂，有功德之君配，明堂制五室。時從王儉議。

明帝崇昌元年，有司奏以武帝配。國子助教謝曇濟議：「按祭法，禘郊祖宗，並列嚴祀，鄭玄注義，亦據兼享。宜祖宗兩配，文武雙祀。」左僕射王晏議：「若用鄭玄祖宗通稱，則生有功德，没垂尊稱，歷代配帝，何止於二？今殷薦上帝，允屬武帝〔二五〕，百代不毁，其文廟乎。」詔可。

梁祀五帝於明堂，服大裘冕，罇以瓦，俎、豆以純漆，牲以特牛，餚膳準二郊。若水土之品、蔬果之屬〔二六〕，宜以薦郊所無者從省。除五配，五帝行禮自東階升，先春郊帝爲始，止一獻清酒，停三獻及灌事。儀曹郎朱异議，祀明堂改服大裘；又以貴質，不應三獻。「禮云：『朝踐用太罇。』鄭玄云：『太罇，瓦也。』有虞氏瓦罇。此皆是宗廟，猶以質素，況在明堂，理不容象罇也。郊祀貴質，器用陶匏；宗廟貴文，誠宜雕俎。明堂之禮，於郊爲文，比廟爲質。請改器用純漆，庶合文質之衷。舊儀：鬯灌求神，初獻清酒，次醞終醁，禮畢，太祝取俎上祭肉〔二七〕，當御前以授〔二八〕。五帝天神，不可求之於地，二郊主祭，無授肉之禮。請停三獻灌鬯及授俎之法，止於一獻清酒。舊用太牢，按郊用繭栗，詩云祀文王於明堂，有維羊維牛。良由周監二代，其義貴文，明堂方郊，未爲極質，故特用三牲。今斟酌百王，義存通典，蔬果之薦，雖符周禮，而牲牢之用，宜遵夏、殷。請自今明堂牲用特牛。」從之。其堂制：十二年，毁宋太極殿，以其材構明堂十二間，皆準太廟。以中央六間安六天座，悉南向。東來第一青帝，五帝依次而列。又五人帝配饗在阼階，東上，北向〔二九〕。大殿後爲小殿五間，以爲五佐室焉。

帝曰：「明堂之祭五帝，則是總義；在郊之祭五帝，則是別義。宗祀所配，復應有室，若專配一室，則義非配五；若皆配五，則成五位。以理而言，明堂無室。」朱异以月令「天子居明堂左个、右个」，聽朔之禮，既在明堂，今若無室，則於義或闕。帝又曰：「鄭玄義，聽朔必在明堂，此則人神混淆，莊敬道廢。春秋左氏傳云：『介居二大國之間。』此云左、右个者，謂祀帝堂南又有小室，亦號明堂，分爲三處聽朔。既有三處，則有左右之義，在宮之内〔三〇〕，明堂之外。人神有別，差無相干。」其議是非莫定，初尚未改。十二年，太常丞虞瞬復引周禮明堂九尺之筵〔三一〕，以爲高下修廣之數，堂崇一筵，故階高九尺。漢家制度猶遵此禮。」於是毀宋太極殿，爲明堂十二間。

梁明堂送神諴雅一曲，四言。明堂徧歌、五帝登歌五曲，四言。

陳祀昊天上帝、五帝於明堂，牲以太牢，粢盛六飯，鉶羹，果蔬備薦焉〔三二〕。武帝以德帝配，文帝以武帝配。堂制：殿屋十二間，中央六間，依前代安六座，四方帝各依其方，黄帝居坤維，而配享坐依梁法。

後魏文帝太和十五年四月〔三三〕，經始明堂，改營太廟。遷洛之後，宣武永平、延昌中，欲建明堂，而議者或云五室，或云九室。至明帝神龜中，復議之。元叉執政〔三四〕，遂營九室，值代亂不成，宗配之禮，迄無所設。

北齊採周官考工記，爲五室。

後周採漢三輔黄圖爲九室，並竟不成。

隋文帝開皇十三年，議立明堂，繁役不就。終隋代，季秋祀五方上帝於雩壇上，其用幣各依其方。人帝各在天帝之左，太祖在太昊南，西向。五官在庭，各依其方。牲用犢十二。皇帝、太尉、司農行三獻禮於青帝及太祖，自餘有司助奠。五官位於堂下，行一獻禮。有燎。其省牲、進熟，如南郊禮。時禮部尚書牛弘定議造明堂，將作大匠宇文愷依月令樣，重檐複屋，五房四達，丈尺規矩，皆有準憑。帝命有司規兆，方欲崇建，又命詳定，諸儒爭論，莫之能決。煬帝大業年中，愷又奏之，以他役繁興，遂寢。

唐高祖武德初，定令每歲季秋祀五方上帝於明堂，以元帝配，五人帝、五官並從祀。迄於貞觀之末，竟未議立明堂，季秋大享，則於圜丘行事。

新唐書禮樂志：「明堂自漢以來，諸儒之論不一，至於莫知所從，則一切臨時增損，而不能合古。然推其本旨，要於布政、交神於王者尊嚴之居而已，其制作何必與古同！然爲之者至於無所據依，乃引天地、四時、風氣、乾坤、五行、數象之類，以爲倣象，而衆說亦不克成。隋無明堂，而季秋大享，常寓雩壇；唐高祖、太宗時，寓於圜丘。貞觀中，禮部尚書豆盧寬等議從昆侖道上層以祭天，下層以布政，而太子中允孔穎達以爲非。穎達大略謂：「六藝群書，皆訓基上曰堂，樓上曰觀，未聞重樓之上而有明堂。又明堂法天，聖王示儉，今若飛樓架道，浮閣凌空，不合古言。又古者，敬重大事，與祭相似，是以朝覲、祭祀，並在於廟。若樓上祭祖，樓下視朝，閣道升樓，路便窄隘，乘輦則接神不敬，步陟則勞勤聖躬，侍衛在旁，百司供奉，求之經誥，全無此理。」侍中魏徵請爲五室重屋，上圓下方，上以祭天，下以布政。謂前世儒者所言雖異，而以爲如此者多同。至於高下廣狹丈尺之制，可以因事制宜也。祕書監顏師古曰：『周書叙明堂有應門、雉門之制，以此知爲王者之常居爾。其青陽、總章、玄堂、太廟、左右个，皆路寢之名也。文王居明堂之篇，帶弓韣，禮高禖，九門磔禳，國有酒以合三族，推其事皆與月令合，則皆在路寢也。大戴禮曰在近郊，又曰文王之廟也，此奚足信哉？且門有皋、庫，豈得施於郊野〔三五〕？謂宜近在宮中。』徵及師古皆當時名儒，其論止於如此。」

高宗永徽二年，奉太宗配祀明堂，有司遂請以高祖配五天帝，太宗配五人帝。

顯慶元年，詔以高祖配圜丘，太宗配明堂。

太尉長孫無忌等議曰：「宗祀明堂，必配天帝，而伏羲五代，本配五郊，參之明堂，自緣從祀。今以太宗作配，理有未安。伏見永徽二年，追奉太宗以遵嚴配，當時高祖先在明堂，禮司致惑，竟未遷祀。乃以太宗降配五人帝，雖復亦在明堂，不得對越天帝。謹按孝經：『孝莫大於嚴父，嚴父莫大於配天。昔者，周公郊祀后稷以配天，宗祀文王於明堂，以配上帝。』又尋歷代禮儀，且無父子同配明堂之義，唯祭法云：『周人禘嚳而郊稷，祖文王而宗武王。』鄭玄注曰：『禘、郊、宗、祖，謂祭祀以配食也。禘謂祭昊天於圜丘，郊謂祭上帝於南郊，祖、宗謂祭五帝、五神於明堂也。』尋鄭此注，乃以宗、祖合爲一祭，又以文武共在明堂，連衽配祠，良爲謬矣，故王肅駁之。臣謹上考殷周，下洎貞觀，並無一代兩帝同配於明堂。伏惟高祖太武皇帝躬受天命，奄有神州，創制改物，體元居正，爲國始祖，抑有舊章。太宗文武皇帝道格上玄，功清下黷，拯率土之塗炭，布大造於生靈，請准詔書，宗祀於明堂，以配上帝。」從之。

乾封初，詔明堂仍祭五方上帝，依鄭玄義。

儀鳳二年，太常少卿韋萬碩奏曰：「明堂大饗，準古禮鄭玄義，祀五天帝；王肅義，祀五行帝；貞觀禮，依鄭義祀五帝；顯慶以來，新修禮，祀昊天上帝；奉乾封二年敕，祀五帝，又奉制兼祀昊天上帝；又奉上元三年三月敕，五祀行用已久，並依貞觀年禮爲定；又奉去年敕，並依周禮行事。今用樂須定所祀之神，未審依定何禮？臣以去年十二月録奏，至今未奉進止，所以樂章不定。」上及宰臣並不能斷，乃詔尚書省召學者更參議之，事仍不定。自此明堂大饗兼用貞觀、顯慶二禮，禮司益無憑準。

高宗改元總章，分萬年縣置明堂縣，示欲必立之。而議者紛然，或以爲五室，或以爲九室。帝依兩議，以帝幕爲之，與公卿臨觀，而議益不一。乃下詔率意班其制度，至取象黃琮，上設鴟尾，其言益不經，而明堂卒不能立。

上内出九室樣，更令有司損益之。有司奏言：「内樣：堂基三重，每基階各十二。上基方九雉，八角，高一尺；中基方三百尺，高一筵；下基方三百六十尺，高一丈二尺。上基象黃琮，爲八角，四面安十二階。請從内樣爲定。基高下仍請準周制高九尺，其方共作司約準百四十八尺，中基、下基，望並不用。又内樣：室各方三筵，開四闥，八窗，屋圓楣徑二百九十一尺。按季秋大饗五帝，各在一室，商量不便。請依兩漢季秋合饗，總於太室；若四時迎氣之祀，則各於其方之室。其安置九室之制，增損明堂故事，三三相重。太室在中央，方六丈；其四隅之室，謂之左右房，各方二丈四尺。當太室四面，青陽、明堂、總章、玄堂等室，各長六丈，以應太室；闊二丈四尺，以應左右房。室間並通巷，各廣一丈八尺。其九室并巷在堂上，總方一百四十四尺，法坤之策。屋圓楣、楯〔三六〕、檐，或爲未允，請據鄭玄、盧植等説，以前梁爲楣，其徑二百一十六尺，法乾之策。圓楣之下，所施圓柱，旁出九室四隅〔三七〕，各七尺，法天以七紀。柱外餘基，共作司約準面別各餘一丈一尺。内樣：室別四闥、八窗，檢與古合，請依爲定。其户仍在外，設而不開〔三八〕，内樣：外有柱三十六，每柱十梁；内有七間，柱根以上至梁高三丈，梁已上至屋峻起，計高八十一尺。上圓下方，飛檐應規，請依内樣爲定。其蓋屋形制，仍望據考工記改爲四阿，并依禮加重檐，準太廟安鴟尾。堂四向五色，請依周禮白盛爲便，其四向各隨方色。請施四垣及四門。辟雍，按大戴禮及前代説，辟雍多無水廣、内徑之數。蔡邕云：『水廣二十四丈，四周於外。』三輔黄圖云：『水廣四周。』與蔡邕不異，仍云『水外周堤』。又張衡東京賦稱：『造舟爲梁。』禮記明堂位陰陽録〔三九〕：『水左旋以象天。』商量水廣二十四丈，恐傷於闊，今請減爲二十四步，垣外量取周足。仍依故事，造舟爲梁，其外周以圓堤，并取陰陽『水行左旋』之制。殿垣，按三輔黄圖：殿垣四周方在水内，高不蔽日。殿門去殿七十二步。准今行事陳設，猶恐窄小。其方垣四門去堂步數，請準太廟南門去廟基遠近爲制；仍立四門八觀，依太廟門別，各安三門，施玄閫，四角造三重巍闕。」自後群儒分競，各執異議，九室、五室，俱有依憑，上令所司於觀德殿前依兩議張設，上觀之，謂公卿曰：「明堂之制，自古有之，議者不同，所以未造。今令張設兩議，公等以何者爲宜？工部尚書閻立德奏曰：「兩議不同，俱有典故。九室自暗，五室自明，取捨之宜，斷在聖慮。」上亦以五室爲便。後以制度未定而止。

校勘記

〔一〕其宫方三百步　「方」字原脱，據下文補。

〔二〕簏萆生　「簏」字原脱，據馮本補。

〔三〕明堂月令説　「堂」下原衍「説」字，據禮記明堂位疏删。

〔四〕則每季十八日居焉　「季」原作「時」，據上文改。

〔五〕以明堂特祀昊天上帝邪　「特」原作「時」，據元本、慎本、馮本改。

〔六〕泰山東北阯古時有明堂處　「處」字原脱，據漢書卷二五下郊祀志下補。

〔七〕處險不敞　「敞」原作「敝」，據元本、慎本、馮本及漢書卷二五下郊祀志下改。

〔八〕從西南入　「西」字原脱，據漢書卷二五下郊祀志下補。

〔九〕合高皇帝祠坐對之　「合」原作「令」，據漢書卷二五下郊祀志下改。

〔一〇〕毋修封　「毋」原作「後每」，據漢書卷二五下郊祀志下改。

〔一一〕天漢三年　「三」原作「四」，據漢書武帝紀改。

〔一二〕班時令　「班」上原衍「其」字，據後漢書卷二明帝紀删。

〔一三〕聖皇宗祀　「皇」原作「王」，據後漢書卷四〇下班固傳改。

〔一四〕明堂及靈臺丞各一人　「丞」原作「令」，據後漢書百官志二改。

〔一五〕四闥　「闥」原作「闈」，據上文及後漢書祭祀志中注新論改。

〔一六〕泰始二年二月丁丑　「泰」原作「太」，「二」原作「元」，據晉書卷三武帝紀、卷一九禮志上改。

〔一七〕太康十年十月　「太康」二字原脱，據晉書卷一九禮志上補。

〔一八〕即天帝也　「帝」原舛在「即」上，據晉書卷一九禮志上乙正。

〔一九〕禮同人鬼　「鬼」原作「理」，據晉書卷一九禮志上改。

〔二〇〕前太醫令韓楊上書　按郊祀與太史令職掌有關而與太醫令無涉，隋書經籍志天文類有太史令韓楊天文要集四十卷，疑即此人。此處「醫」疑爲「史」之誤。

〔二一〕明堂及郊祀五帝如舊儀　「儀」原作「議」，據晉書卷一九禮志上改。

〔二二〕宋孝武大明六年　「六」原作「五」，據宋書卷六孝武帝紀、卷一六禮志三改。

〔二三〕依漢汶上圖儀　「圖」字原脱，據宋書卷一六禮志三補。

〔二四〕以應一期之數　「期」原作「周」，據宋書卷一六禮志三改。

〔二五〕允屬武帝　「允」原作「元」，據南齊書卷九禮志上改。

〔二六〕蔬果之屬　「果」原作「菜」，據隋書卷六禮儀志一改。

〔二七〕太祝取俎上祭肉　「祭」，元本、慎本、馮本及隋書卷六禮儀志一皆作「黍」。

〔二八〕當御前以授　「授」下原衍「俎」字，據隋書卷六禮儀志一删。

〔二九〕北向　「北」，隋書卷六禮儀志一作「西」，疑是。

〔三〇〕在宫之内　「宫」，隋書卷六禮儀志一作「營域」。

〔三一〕太常丞虞瞬復引周禮明堂九尺之筵　「瞬」，隋書卷六禮儀志一作「矖」。

〔三二〕果蔬備薦焉　「果」字原脱，據隋書卷六禮儀志一補。

〔三三〕後魏文帝太和十五年四月　「五」原作「三」，據魏書卷七高祖紀上、卷一〇八禮志三改。

〔三四〕元叉執政　「叉」原作「乂」，據元本、慎本、馮本及魏書卷九肅宗紀、北史卷一六道武七王傳改。

〔三五〕豈得施於郊野　「得」原作「知」，據新唐書卷一三禮樂志三改。

〔三六〕楯　「楯」字原脱，據舊唐書卷二二禮儀志二補。

〔三七〕旁出九室四隅　「室」原作「宫」，據舊唐書卷二二禮儀志二、册府元龜卷五八五掌禮部奏議一三改。

〔三八〕設而不開　「開」，册府元龜卷五八五掌禮部奏議一三作「閉」。

〔三九〕禮記明堂位陰陽録　「位」字原脱，據舊唐書卷二二禮儀志二、唐會要卷一一明堂制度補。

卷七十四　郊社考七

明堂

武后臨朝，垂拱元年，郊丘、明堂諸祭，以高祖、太宗、高宗並配。詳見郊祀門。四年，毁乾元殿，於其地作明堂。明堂成，高二百九十四尺，方三百尺。凡三層：下層法四時，各隨方色；中層法十二辰，上爲圓蓋，九龍捧之；上層法二十四氣，亦爲圓蓋，上施鐵鳳，高一丈，飾以黄金。中有巨木十圍，上下通貫，栭、櫨、橕、欂藉以爲本。下施鐵渠，爲辟雍之象，號曰「萬象神宫」。宴賜群臣，赦天下，縱民入觀。改河南縣爲合宫縣〔一〕。又於明堂北起天堂五級，以貯大像，至三級，則俯視明堂矣。僧懷義以功拜左威衛大將軍、梁國公。侍御史王求禮上書曰：「古之明堂，茅茨不剪，采椽不斲。今者，飾以珠玉，圖以丹青，鐵鷟入雲，金龍隱霧。昔殷辛瓊臺，夏癸瑶室，無以加也。」太后不報。

永昌元年正月朔，大享萬像神宫。太后服衮冕，搢大圭，執鎮圭爲初獻，皇帝爲亞獻，太子爲終獻。先詣昊天上帝座，次高祖、太宗、高宗，次魏國先王，次五方帝座。太后御明堂受朝賀，布政於明堂，復御明堂享群臣。天授二年革命，以武氏祖宗配享明堂，唐三帝亦同配。

中宗神龍元年九月，親享明堂，合祭天地，以高宗配。季秋大享，復就圜丘行事。

玄宗開元五年，幸東都，將行大享之禮，以武太后所造明堂有乖典制，遂拆，依舊造乾元殿。每臨御，依正殿禮。自是駕在東都，常以元日、冬至於乾元殿受朝賀。季秋大享，依舊於圜丘行事。

十年，復題乾元殿爲明堂，而不行享禮。

二十年，季秋大享於明堂，祀昊天上帝，以睿宗配，又以五方帝、五官從祀。籩、豆、罇、罍之數與雩禮同。

二十五年，駕在西京，詔將作大匠康䛒素詣東都毁武后所創明堂。䛒素言：「則天時以木爲瓦，夾紵漆之，毁之勞人。」乃去其上層，易以真瓦，依舊改爲乾元殿。自是迄唐之世，季秋大享皆寓圜丘。

代宗永泰二年，禮儀使杜鴻漸奏：「季秋大享明堂，祀昊天上帝，請以肅宗配。」制可。

憲宗元和元年，太常禮院奏：「季秋大享明堂，祀昊天上帝。今太廟祔享禮畢，大享之日，准禮合奉皇考順宗配神作主。」詔曰：「敬依典禮。」

十五年，時穆宗已即位。禮院奏：「大享明堂，案禮文皇考配坐。今奉憲宗配神作主。」詔曰：「敬依典禮。」

唐開元禮

皇帝季秋大享於明堂儀

將祀，有司卜日，如别儀。前祀七日，戒誓百官。皇帝散齋、致齋，並如圜丘儀。祀官齋戒同。

前祀三日，尚舍直長施大次於明堂東門之外道北，尚舍奉御鋪御座。守宮設文武侍臣次於大次之後，文官在左，武官在右，俱北向。諸祀官次於璧水東門之外道南，從祀官文官九品以上於祀官之東，東方、南方蕃客又於其東，俱重行，每等異位，北向西上；介公、酅公於璧水西門之外道南，武官九品以上於介公、酅公西，西方、北方蕃客又於其西，俱重行，每等異位，北向東上。褒聖侯於文武三品之下。若有諸州使人，分方各於文武官之後。攝事無大次已下儀。守宮設祀官公卿已下次於璧水東門外道南，北向西上。設陳饌幔於璧水、東門之內道北，南向。前祀二日，太樂令設宮懸之樂於明堂前庭，如圜丘之儀。右校清掃明堂。內官、郊社令積柴於燎壇，其壇於樂懸之南。方一丈，高丈二尺，開上南出户，方六尺。前祀一日，奉禮設御位堂之東南，西向。設祀官公卿位於東門之內道南，攝事設祀官公卿位於明堂東南。執事者位於公卿之後，近南。每等異位，俱重行，西面北上。設御史位於堂下，一位在東南，西向；一位在西南，東向，令史各陪其後。設奉禮位於樂懸東，贊者二人在南，差退，俱西向；設協律郎位於堂上午陛之西，東向；設太樂令位於北懸之間。攝事於此下便設望燎位於柴壇之北，南向，無太祝已下至褒聖侯之位也。太祝奉玉帛位於柴壇之南，皆北向。設從祀文官九品已上於執事之南，東方、南方蕃客又於其南，俱每等異位重行，西向北上。介公、酅公位於西門之內道南，武官九品已上於介公、酅公之後。西方、北方蕃客於武官之南，俱每等異位重行，東面北上。其褒聖侯於文武三品之下。若有諸州使人，分位各於文武官之後。又設祀官及從祀群官等門外位於東門外道南，皆如設次之式。設牲牓於東門之外，當門，西向南上，牲數如雩祀之儀。設酒罇之位明堂之上下：昊天上帝太罇二、著罇二、犧罇二、山罍二，在室内神座之左；象罇二、壺罇二、山罍二，在堂下東南，西向。配帝著罇二，犧罇二、象罇二、罍二，在堂上神座之左。五方帝各太罇二、著罇二、犧罇二、罍一，各於室内神座之左，内向。五帝各著罇二，在堂上，各於神座之左，俱内向。五官各象罇二，在階下，皆於神座之左，俱右向。堂上之罇皆於坫，階下之罇皆藉以席，俱加勺、冪設爵於罇下。設御洗於東階東南，攝事設祀官洗。亞獻之洗又於東南，俱北向。罍水在洗東，篚在洗西南肆。篚實以巾爵。設五官罍、洗、篚、冪，各於酒罇之左，俱右向，其執罇、罍、篚、冪者，各位於其後。各設玉幣之篚於堂之上下、罇坫之間。祀日未明五刻，太史令、郊社令升，設昊天上帝神座於明堂太室之内，中央南向，席以藁秸；設睿宗大聖真皇帝神座於上帝之東南，西向，席以莞。設青帝於木室，西向；赤帝於火室，北向；黄帝於太室，南户之西，北向；白帝於金室，東向；黑帝於水室，南向，席皆以藁秸。設太昊、炎帝、軒轅、少昊、顓頊之座，各於五方帝之左，俱内向，差退。若非明堂五室，皆如雩祀、圜丘設座之禮。設五官座於明堂之庭，各依其方，俱内向，席皆以莞。設神位各於座首。

省牲器

鑾駕出宫並如圜丘儀

奠玉帛

祀日未明三刻，諸祀官各服其服。其設罇罍玉帛，升行掃除，門外位儀，舞人就位。皇帝出行宮之次，群官入就位，近侍臣陪從儀，並同圜丘。攝事亦如圜丘。皇帝至版位，西向立。每立定，太常卿與博士退立於左。太常卿前奏稱「請再拜」，退復位，皇帝再拜。奉禮曰「衆官再拜」，衆官在位者皆再拜。謁者引諸獻官俱詣東陛升堂，立於罇所。太祝與獻官皆跪取玉幣於篚，立於東南隅，西向北上。配帝太祝立於西南隅〔二〕，東向北上。五方帝五帝〔三〕、五官諸太祝及獻官又取幣於篚，立於罇所。太常卿引皇帝，太和之樂作。皇帝每行，皆奏太和之樂。皇帝升自南陛，侍中、中書令已下及左右侍衛量人從升。已下皆如之。攝則謁者引太尉升南陛，奠玉帛。皇帝升堂北面立，樂止。太祝加玉於幣，以授侍中，侍中奉玉帛西向進，皇帝搢鎮圭，受玉帛，凡受物皆搢鎮圭，奠訖，執圭，俛伏，興。登歌作肅和之樂，以大吕之均。太常卿引皇帝進，北向跪奠於昊天上帝神座，俛伏，興。太常卿引皇帝立於南方，北面。五方帝之太祝奉玉帛各奠於神座，還罇所。皇帝再拜訖，太祝又以配帝之幣授侍中，攝事皆謁者贊授太尉，上下皆然。侍中奉幣西向進，皇帝受幣，太常卿引皇帝進，西面跪奠於睿宗大聖真皇帝神位前，俛伏，興。太常卿引皇帝立於東方，西向。五帝之獻官各奠幣於神座，各還五官之祝次，奠幣神座，各還罇所。皇帝再拜訖，登歌止。太常卿引皇帝，樂作。皇帝降自南陛，還版位，西向立，樂止。初，群官拜訖，祝史皆奉毛血之豆立於堂下，於登歌止，祝史奉毛血各由其階升，諸太祝迎取於堂上，俱進奠於神座，諸太祝與祝史退立於罇所。

進熟

皇帝既升奠玉帛，其設饌、盥洗鐏爵，一如圜丘之儀。攝則太尉既升奠。太常卿引皇帝立於南方，北向，太祝一人持版進於皇帝之右，西面，跪讀祝文曰：「維某年歲次某月朔日，子嗣天子臣某敢昭告於攝事云「天子臣某謹遣太尉封臣名，敢昭告於」。昊天上帝：惟神覆燾群生，陶甄庶類，不言而信，普博無私。謹擇元辰，祗率恒禮，敬以玉帛、犧齊、粢盛、庶品，肅恭禋祀，式展誠敬。皇考睿宗大聖真皇帝配神作主。尚享。」訖，興，皇帝再拜。初，讀祝文訖，樂作。太祝進奠版於天帝神座，還鐏所，皇帝拜訖，樂止。太常卿引皇帝詣配帝酒鐏所，執鐏者舉冪，侍中取爵於坫，進，引皇帝受爵。侍中贊酌汎齊訖，樂作。太常卿引皇帝進睿宗大聖真皇帝座前，西向跪，奠爵，俛伏，興。太常卿引皇帝立於東方，西向。謁者五人引五方帝之太祝詣罍洗盥手，俱取匏於坫，酌汎齊，各進奠於其神座前，還鐏所，樂止。配帝太祝一人持版進於皇帝之左，北面，跪讀祝文曰：「維某年歲次月朔日，孝子開元神武皇帝臣某敢昭告於皇考睿宗大聖真皇帝：祗率舊章，肅恭恒禮，敬致禋祀於昊天上帝。惟皇考德光宇宙，道叶乾元，申錫無疆，實膺嚴配。謹以制幣、犧齊、粢盛、庶品，肅恭明薦，侑神作主。尚享。」訖，興，皇帝再拜。初，讀祝文訖，樂作；太祝進奠版於神座前，還鐏所，皇帝拜訖，樂止。太常卿引皇帝南方北向立，樂作。其飲福、還宮，並如圜丘儀。攝事亦同雩祀攝事。

大享明堂，祀昊天上帝，以睿宗大聖真皇帝配座，又以五方帝、五帝、五官從祀。籩豆等如冬至，都七十座。

宋初，因唐舊制。每歲冬至圜丘，正月上辛祈穀，孟夏雩祀，季秋大享，凡四祭昊天上帝。

太宗雍熙元年，以太祖配上帝。

淳化四年，詔季秋大享以宣祖配。

真宗時，季秋大享以太祖配。

仁宗時，季秋大享以真宗配。

皇祐二年秋九月辛亥，大享明堂，三聖並侑。

先是，宋庠建議，以今年當郊，而日至在晦，用建隆故事，宜有所避，因請季秋大享於明堂。詔從之。上謂輔臣曰：「明堂者，布政之宫，天子路寢，今大慶殿是也，況明道初已合祭天地於此。」乃下詔以大慶殿爲明堂，揭御篆「明堂」二字、飛白「明堂之門」四字，祠已，藏宗正寺。

判太常寺兼禮儀事宋祁等檢詳典禮〔四〕，條請：　一、據明堂制，有五室。當大享時，即設昊天上帝座於太室中央，南向；配帝位於上帝東南，西向；青帝室在東，西向；赤帝室在南，北向；黄帝在太室内少西南，北向；白帝室在西，東向；黑帝室在北，南向。今大慶殿初無五室，欲權爲幔室，以准古制，每室爲四户八牖；或不爲幔室，即止依方設版位，於禮亦不至妨闕。其五神位，即設於庭中東南。　一、明堂古制，南面三階，三面各二階。今大慶殿唯南向一面有兩階，其三面之制即難備設。欲於南向權設五階，以備乘輿登降。　一、明堂大享，唯真宗崇配，據禮合止告一室。伏緣乘輿入廟，仰對列聖，若專享一室，禮未厭情。今欲罷有司今年孟秋時享，請皇帝親行朝享之禮，即七室皆徧，可盡恭虔，於禮爲便。其真宗室祝册，兼告崇配之意，自餘齋宿，如南郊之儀。一、南郊禮畢，自大次輦還帷宫，鈞容鼓吹導引；自帷宫還内，諸營兵夾路鼓吹奉迎。今明堂禮畢還文德殿，以須旦明登樓肆赦，緣宫禁地近，難用鈞容鼓吹。其鈞容合在宣德門外排列，營兵鼓吹合在馳道左右排列，欲候禮成乘輿離大次還文德殿時，自内傳呼出外，許鈞容及諸營鼓吹一時振作〔五〕，俟乘輿至文德殿御幄，即傳呼令罷。

太常禮院言：「昨赴大慶殿詳度陳列天地以下神位。今參比郊壇壝兆上下位叙如左：殿上五室，内太室中北，昊天上帝位，皇地祇在左，皆南面；太祖、太宗、真宗位在東，西向。黄帝在太室中西南，北面，人帝在左，少退；青帝、赤帝、白帝、黑帝，各從本室，人帝在左，少退。神州、地祇、日、月、北極、天皇大帝，並設於五室之間，其位少退。五帝、神州、日、月、北極、天皇帝，郊壇爲第一龕位。五官、勾芒以下設於明堂庭中少東南，别爲露幄。五緯、十二次、紫微垣内官、五方嶽、鎮、海、瀆、歲星、真梠、鈎星以下七十二位，於東西夾廡下版設。於郊壇爲第二龕位。二十八舍、黄道内天官、角宿、攝提、五方山林、川澤以下一百七十九位，於丹墀龍墀道東西版設。於郊壇爲第三龕位。黄道外天官及衆星五方墳衍、原隰以下四百九十六位，並東西廡周環殿後版設，以北爲上。於郊壇爲内壝之内外位。倣古明堂之制，又稍與壇壝位叙相類。及令修内司并少府、司天監量廣深丈尺，約陳列祭器不至併隘。如得允當，望下司天監繪圖以進。」

詔曰：「國朝三歲親郊，即合祭天地，祖宗並配，而百神從祀。今祀明堂，而禮官所定祭天不及地，配坐不及祖宗，未合三朝之制。且移郊爲大享，蓋爲民祈福，宜合祭皇地祇，奉太祖、太宗、真宗並配，而五帝、神州、地祇亦親獻之。日、月、河、海諸神，悉如圜丘從祀。」因謂輔臣曰：「禮非天降地出，緣人情耳。今禮官習拘儒之舊傳，昧三朝之成法，非朕所以昭孝息民也。」

先是，資政殿學士、知杭州范仲淹建言：「祀明堂曠禮，宜召元老舊德陪位於庭。」乃詔南京起太子太保杜衍，西京起太子少傅任布陪祀，且供帳都亭驛待之。既而二人皆以老疾，力辭不至，遂賜衣帶、器幣。自後每遇大禮，而前兩府致仕者率有詔召焉，然亦無至者。

按：宋初雖有季秋大享明堂之禮，然未嘗親祠，只命有司攝事，沿隋、唐舊制，寓祭南郊壇。至仁宗皇祐二年，始以大慶殿爲明堂，合祭天地，三聖並侑，百神從事，一如圜丘南郊之儀。蓋當舉郊祀之歲，而移其禮用之於明堂，故不容不重其事也。

嘉祐七年九月辛亥〔六〕，大享明堂，奉真宗配。

禮院言：「皇祐參用南郊百神之位，不應祀法。宜如隋、唐舊制，設昊天上帝、五方帝位，以真宗配，而五人帝、五官神從祀，餘皆罷。又前一日親享太廟，當時嘗停孟冬之薦。考詳典禮，宗廟時祭，未有因嚴配而輟者。今明堂去孟冬晝日尚遠〔七〕，請復薦廟。前者祖宗並侑，今用典禮獨配，前者地祇、神州並享，今以配天而亦罷，是皆變於禮中之大者也。開元、開寶二禮，五帝無親獻儀。舊禮，先詣昊天奠獻，五帝並行分獻，以侍臣奠幣，皇帝再拜，次詣真宗神座，於禮爲允。」詔恭依，而五方帝亦行親獻。

宋祁奏：「臣切見鄭康成以上天之神凡六，昊天者天皇大帝，五帝者太微五帝。王肅曰：『天惟一神，以五帝爲次神。』而諸儒附鄭者多，故據而爲説云〔八〕：『凡合祭五帝，一歲有二祀：龍見之月，祭於南郊，謂之大雩，一也；九月大享於明堂，宗祀文王以配，一也。』祭明堂者，諸儒之言不同，或説：『周家祭五天帝，皆明堂中，以五人帝及文王配；五官神坐庭中，以武王配，號曰祖、宗。禮所謂祖文王而宗武王者也。施設神位，準五行相向以爲法：威仰在卯，西面；熛怒在午，北面；招拒在酉，東面；叶光紀在子，南面。太皞、炎帝、黄帝、少皞、高辛各在其位，少退，勾芒、祝融、后土、蓐收、玄冥皆在人帝下，少後。文王坐太皞之南，位如主人，少退。』或曰：『合祭之日，五精之帝皆西向。其牲，則天帝各一犢，合用十牲，文王、武王之牲用太牢，以詩我將篇曰：「我將我享，維羊維牛。」文王、武王而用太牢者，以五人帝各專配一天，爲之主，主足爲外神依止，則文王汎配五帝矣。不專配，則所用牲得從盡物之享云。』」

英宗治平元年冬十月，詔明堂奉仁宗配。

時禮院奏，乞與兩制同議仁宗皇帝配侑明堂。錢公輔等奏曰：「三代之法，郊以祭天，而明堂以祭五帝。郊之祭，以始封之祖，有聖人之功者配焉；明堂之祭，以創業繼體之君，有聖人之德者配焉。故孝經曰：『昔者，周公郊祀后稷以配天，宗祀文王於明堂以配上帝。』又曰：『孝莫大於嚴父，嚴父莫大於配天，則周公其人也。』以周公言之，則嚴父也；以成王言之，則嚴祖也。後世失禮，不足考據，請一以周事言之。臣切謂聖宋崛起，非有始封之祖也。則創業之君，是爲太祖矣。太祖則周之后稷，配祭於郊者也；太宗則周之文王，配祭於明堂者也。此二配至重，萬世不遷之法也。真宗則周之武王，宗乎廟而不祧者也，雖有配天之功，而無配天之祭。未聞成王以嚴父之故，廢文王配天之祭，而移於武王也。仁宗則周之成王也，雖有配天之功，而無配天之祭。亦未聞康王以嚴父之故，廢文王配天之祭，而移於成王也。以孔子之心，推周公之志，則嚴父也；以周公之心，攝成王之祭，則嚴祖也。嚴祖、嚴父，其義一也。下至於兩漢，去聖甚遠，明堂配祭，東漢爲得。在西漢時，則孝武始營明堂，而以高帝配之，其後又以景帝配之。孝武之後無聞焉。在東漢時，則孝明始建明堂，而以光武配，其後孝章、孝安之後無聞焉。當始配之代，適符嚴父之説，及時異事遷，而章、安二帝亦弗之變，此最爲近古而合乎禮者也。有唐始在孝和時，則以高宗配之；在明皇時，則以睿宗配之；在永泰時，則以肅宗配之。禮官杜鴻漸、王涯輩皆不能推明經訓，務合古初，反雷同其論，以惑時主，延及於今，牢不可破。當仁宗之初，倘有建是論者，配天之祭，常在乎太宗矣。當時無一人言者，故使宗周之典禮，不明於聖代，而有唐之曲學，流弊乎後人。願陛下深詔有司，博謀群賢，使配天之祭不膠於嚴父，而嚴父之道不專乎配天，循宗周之典禮，替有唐之曲學。治平元年正月上。」於是又詔臺諫及講讀官與兩制再詳定以聞。孫抃等奏議曰：「仁宗繼體保成，置天下於大安者四十二年，功德於人，可謂極矣。今祔廟之始，遂抑而不得配上帝之享，甚非所以宣章陛下爲後嚴父之大孝。」司馬光等奏曰：「臣等竊以孝子之心，誰不欲尊其父者？聖人制禮，以爲之極，不敢踰也。故祖已訓高宗曰：『祀無豐於昵。』孔子與孟懿子論孝，亦曰：『祭之以禮。』」祭則事親者不以數祭爲孝者，貴於得禮而已。前漢以高祖配天，後漢以光武配明堂，以是觀古之帝王，自非建邦啓土，及造有區夏者，皆無配天之文。故雖周之成、康，漢之文、景、明、章，其德業非不美也，然而子孫不敢推以配天者，避祖宗也。孝經曰：『嚴父莫大於配天，則周公其人也。』孔子以周公有聖人之德，成太平之業，制禮作樂，而文王適其父也，故引之以證『聖人之德，莫大於孝』答曾子之問而已，非謂凡有天下者，皆當以父配天，然後爲孝也。近世祀明堂者，皆以其父配五帝，此乃誤識孝經之意，而違先王之禮，不可以爲法也。景祐二年，仁宗詔禮院官稽案禮典，辨崇配之序，定二祧之位，以太祖爲帝者之祖，比周之后稷，太宗、真宗爲帝者之宗，比周之文武，然則祀真宗於明堂以配五帝，亦未失古禮。今仁宗雖豐功美德，洽於四海，而不在二祧之位，議者乃欲捨真宗而以仁宗配明堂，恐於祭法不合。必若此行之，不獨乖違典禮，恐亦非仁宗意也。臣等竊謂宜遵舊，以真宗配五帝於明堂爲便。」詔從孫抃等議，以仁宗配享明堂。

或問朱子曰：「我將之詩，乃祀文王於明堂之樂章。詩傳以爲物成形於帝，人成形於父，故季秋祀帝於明堂，而以父配之，取其成物之時也。此乃周公以義起之，非古制也。不知周公以後，將以文王配邪，以時王之父配邪？」曰：「諸儒正持此二議，至今不決，看來只得以文王配。且周公所制之禮，不知在武王之時，在成王之時。若在成王時，則文王乃其祖也，亦自可見。」又問：「繼周者如何？」曰：「只得以有功之祖配之。」問：「周公郊后稷以配天，宗祀文王於明堂以配上帝，此說如何？」曰：「此是周公創立一箇法如此，將文王配明堂，永爲定例。以后稷配郊推之，自可見後來妄將嚴父之説亂了。」

治平四年七月，時神宗已即位。翰林學士承旨張方平等言：「季秋大享明堂，請以英宗皇帝配神作主，以合嚴父之義。」詔恭依。

熙寧四年六月，詔以今年季秋有事於明堂，冬至更不行南郊之禮。恩賞就明堂禮畢施行。

太常禮院言：「親祀明堂，惟昊天上帝、英宗皇帝及五方帝，並皇帝親獻；五人帝、五官神位，即命分獻。」從之。

元豐三年，詔：「歷代以來，合宮所配，雜以先儒六天之説，朕甚不取。將來祀英宗皇帝於明堂，以配上帝，餘從祀群神悉罷。」

詳定郊廟奉祀禮文所詳定：「謹按周禮，有稱昊天上帝，有稱上帝。以義推之，稱昊天上帝者，一帝而已，如『祀昊天上帝則服大裘而冕，祀五帝亦如之』之類是也；稱上帝者，昊天上帝及五帝，如『類造上帝，封於大神』之類是也；稱五帝者，昊天上帝不與，如『祀五帝則張大次、小次』之類也，繇是而言，則經所謂『宗祀文王於明堂以配上帝』者，與周禮所稱上帝同矣。其將來祀英宗皇帝於明堂合配昊天上帝及五帝〔九〕，欲以此修入儀注。」并據知太常禮院趙君錫〔一〇〕、楊傑、王仲修，檢討楊完、何洵直狀〔一一〕：「謹按周禮掌次職曰：『王大旅上帝，則張氈案；祀五帝，則設大次、小次。』又司服職曰：『祀昊天上帝，則服大裘而冕，祀五帝亦如之。』明上帝與五帝異矣。則孝經所謂『宗祀文王於明堂以配上帝』者，非可兼五帝也。考之易、詩、書所稱上帝非一。易曰：『先王作樂崇德，薦之上帝，以配祖考。』詩曰：『昭事上帝，聿懷多福。』又曰：『上帝是祇。』書曰：『以昭受上帝，天其申命用休。』又曰：『惟皇上帝降衷於下民。』如此類者，豈可皆以五帝而言之？自鄭氏之學興，乃有六天之說，而事非經見。至晉泰始初，論者始以爲非，遂於明堂惟設昊天上帝一座而已。唐顯慶禮亦止祀昊天上帝於明堂。今大享在近，議者猶以謂上帝可以及五帝。請如聖詔，祀英宗皇帝於明堂，惟以配上帝，至誠精禋，以稱皇帝嚴父之意。」詔如趙君錫等所議。

楊氏曰：「愚按孝經曰：『昔者，周公郊祀后稷以配天，宗祀文王於明堂以配上帝。』而注疏家言明堂者，皆曰祀五帝，然則上帝之與五帝同乎，異乎？山陰黄度曰：『昊天上帝者，天之大名也；五帝，分王於四時者也。周人祀天於圜丘，祀上帝於明堂，皆報本也；祀五帝於四郊，所以致其生物之功也。大宗伯言禋祀昊天上帝，而不言祀五帝，義可知矣。』由此觀之，則明堂祀上帝者，祀天也，非祀五帝也。而注疏家言明堂者，皆曰祀五帝，其説何從始乎？遭秦滅學，專用夷禮。漢興，襲秦四時，增之爲五時。自是以後，郊祀用新垣平之言，則祠五帝；明堂用公玉帶之言，則祀五帝。皆以五時爲主，不知有上帝、五帝之分也。成帝即位，用匡衡之説改郊祀。明年，衡坐事免官，衆庶多言不當變動，祭祠者遂復甘泉泰時及雍五時如故。夫明堂祀五帝，自武帝首行之。光武中興以後，始建明堂，明帝、章帝、安帝遵行不變，大抵以武帝汶上明堂爲法，不知周人祀上帝於明堂之意矣。是故漢儒之注釋明堂者，皆云祀五帝，蓋其見聞習熟然也。其後晉泰始中，有言明堂、南郊宜除五帝坐，只設昊天上帝一位。未幾，韓楊建言，以漢魏故事，兼祀五帝，無祀一天者，竟復明堂五帝位，是又習熟漢魏故事而然也。抑又有甚焉者，唐開元中，王仲丘奏謂：『禋享上帝，有合經義，而五帝並祀，行之已久。請二禮並行，以成大享之義。』本朝皇祐中，宋祁奏以上帝、五帝二禮並存，以明聖人尊天奉神之義，不敢有所裁抑。夫祀上帝於明堂，周禮也；祀五帝於明堂，漢禮也。合周、漢而並用之，既並祀五帝，又祀上帝，其義何居！是說也，創於王仲丘，襲於宋祁，後之言禮者，習熟見聞，又將循此以爲不易之典。甚矣！知天之學不明，諸儒惑於古今同異，而莫知所決，行之既久，而莫覺其誤也。肆我神祖，聖學高明，洞見周人明堂以文王配上帝之深意，屏黜邪説，斷然行之，不以爲疑。非聰明睿智不惑之主〔一二〕，其孰能與於此哉！」

詳定禮文所言：「祀帝於南郊，以天道事之；享帝於明堂，以人道事之。以天道事之，則雖配帝用犢，禮所謂『帝牛不吉，以爲稷牛』是也；以人道事之，則雖天帝用太牢，詩所謂『我將我享，維羊維牛』是也。梁儀曹郎朱异請明堂用特牛，故隋唐因之，皆用特牲，非所謂以人道享上帝之意也。皇祐大享明堂，用犢七以薦上帝、配帝〔一三〕、五方帝，用豕各五以薦五人帝。熙寧中，禮院議昊天上帝、配帝用犢與羊豕各一，五帝、五人帝用犢與羊豕各五〔一四〕。皆未應禮。今明堂親祠上帝、配帝、五方帝、五人帝，請用牛羊豕各一。」六月，太常禮院言：「今年明堂，尚在慈聖光獻皇后三年之內，請如熙寧元年南郊故事，惟祀事用樂，鹵簿、鼓吹、宮架，皆備而不作。」從之。是後凡國有故，皆用此制。

又言：「按晉摯虞議，明堂之祭，備物以薦，三牲並陳，籩豆咸列，禮同人理，故配以近考。開元、開寶禮及見行儀注，明堂之享，席用藁鞂，器陶匏，並與郊祀無別，殊非所謂『禮同人理，配以近考』之意。請以莞席代藁鞂、蒲越，以玉爵代匏爵，其豆、登、簠、俎、罇、罍，並用宗廟之器。」從之。

哲宗元祐元年，吏部尚書吕大防等請宗祀神宗皇帝於明堂，以配上帝。詔以季秋擇日有事於明堂。九月辛酉，帝大享於明堂，詔：「明堂禮畢，御紫宸殿，群臣起居，不奏祥瑞。御樓惟行肆赦儀，稱賀並罷。」以太常寺言司馬光薨故也。

四年九月辛巳，大享於明堂。禮畢，詣景靈宫及寺觀恭謝。

先時，三省言：「按天聖五年南郊故事，禮畢行勞酒之禮，如元會之儀。今明堂禮畢，請太皇太后御會慶殿，皇帝於簾内行恭謝之禮，百僚稱賀訖，宣群官升殿賜酒。」太皇太后不許，詔曰：「皇帝臨御，海内晏安，五經季秋，再講宗祀，以享天心。顧吾何功，獲被斯福？今有司因天聖之故事，修會慶之盛禮，將俾文武稱慶於庭。吾自臨決萬機，祇畏，豈以菲薄之德，自比章獻之明？矧復皇帝致賀於禁中，群臣奉表於閤左，禮文既具，夫又何求？前朝舊儀，吾不敢受。將來明堂禮畢，更不受賀，百官並内東門拜表。」

六年，太常博士趙叡言：「本朝親享之禮，自明道以來，即大慶殿以爲明堂，至於有司攝事之所，乃尚御於圜丘。竊見南郊齋宫有望祭殿，請就行禮。」從之。

徽宗崇寧四年，詔：「營建明堂，已度地鳩工，俟過來歲，取旨興役。」明年，以彗出西方，遂詔罷之。

政和五年八月〔一五〕，詔立明堂於大内之丙地，徙祕書省於宣德門之東，以其地爲之。

詔：「明堂之制，朕取考工互見之文，得其制作之本。夏后氏世室，堂修二七，廣四修一；五室，三四步，四三尺；九階，四旁兩夾窗。考夏后氏之制，名曰『世室』，又曰『堂』者，則世室非廟。堂修二七，廣四修一，則度以六尺之步，其堂修十四步，廣十七步之半。又曰『五室，三四步，四三尺』者，四步益四尺，中央土室也；三步益三尺，木、火、金、水四室也。每室四户，户兩夾窗。此夏后氏之制也。商人重屋，堂修七尋，崇三尺，四阿重屋。商人名曰『重屋』而又曰『堂』者，非寢也。度以八尺之尋，其堂修七尋。又曰『四阿重屋』者，阿，屋之曲也，重者屋之複也，則商人有四隅之阿，四柱複屋，則知下方也。周人明堂，度以九尺之筵。三代之制不相襲，夏曰『世室』，商曰『重屋』，周曰『明堂』，則知皆堂也。東西九筵，南北七筵，堂崇一筵，五室，凡室二筵者，九筵則東西長，七筵則南北狹，所以象天，則知上圜也。夏、商、周之名雖不相襲，其制則一，唯步、尋、筵廣狹不同而已。考工記所言三代之制，亦各互見。朕取夏后氏益世室之度〔一六〕，兼商人四阿重屋之制，從周人度以九尺之筵，上圓象天，下方象地，四户以合四序，八窗以應八節，五室以聚五行，十二堂以聽十二朔，九階、四阿，每室四户，夾以八窗。兼三代之制，黜諸儒之臆説，享帝、嚴父、聽朔、布政於一堂之上，於古皆合，其制大備。宜令明堂使司遵圖建立。」於是内出明堂圖式，於崇政殿宣示百官，命蔡京爲明堂使，蔡攸討論指畫制度，蔡儵、蔡鯈、宋昇參詳，梁師成爲都監，童師敏爲承受；以開封尹盛章彈壓兵匠，章罷，以王革代之，復以章爲參詳。八月甲寅，開局興工，日役萬人，仍差天武、捧日兵士二千巡檢。蔡京言：「三代之制，世室、重屋、明堂修廣不相襲。夏度以六尺之步，商度以八尺之尋，而周以九尺之筵，世每近，制每廣。

今若以二筵爲太室，方一丈八尺，則室之中設版位，禮器已不可容，理當增廣。今從周之制，以九尺之筵爲度，太室修四筵，三丈六尺。廣五筵，四丈五尺。共爲九筵；木、火、金、水四室各修三筵，益四五，三丈一尺五寸。廣四筵，三丈六尺。共七筵，益四尺五寸。十二堂，古無修廣之數，今亦度以九尺之筵。明堂、玄堂各修四筵，三丈六尺。廣五筵，四丈五尺。左右个各修廣四筵，三丈六尺。青陽、總章各修廣四筵，三丈六尺。左右个各修四筵，三丈六尺。廣三筵，益四五，三丈一尺五寸。四阿各四筵，三丈六尺。堂柱外基各一筵。堂總修一十九筵，一十七丈一尺。廣二十一筵。」一十八丈九尺。蔡攸言：「明堂五門，廊廡蓋以素瓦，而門堂則以琉璃，其地則隨所向，而砌以五色之石，欄楯柱端以銅爲辟邪之象〔一七〕，而飾以五方所象之色〔一八〕。八窗、八柱則以青、黃、緑相間。堂室柱門欄楯〔一九〕，並以丹艧塗之。堂階爲三級，每級崇三尺，共爲一筵。改火珠爲雲龍之象。階庭植松、梓、檜之木，宫門不設戟，而殿隅並垂鈴云。」詔以「玄堂」犯聖祖之諱，取「平在朔易」之義，改爲平朔，門亦如之。仍改敷佑門曰左敷佑〔二〇〕，左承天門曰右敷佑，右承天門曰平秩〔二一〕，更衣大次曰齋明殿。其明堂、青陽、總章、玄堂、太室五門，並御書牓之。

七年，明堂成，有司請頒常視朔聽朝。詔：「明堂專以配帝嚴父，餘悉移於大慶、文德殿。」群臣五表陳請，乃從之。

禮制局列上明堂七議：「一曰，古者朔必告廟，示不敢專。請視朝、聽朔必先奏告，以見繼述之意。二曰，古者，天子負扆南鄉，以朝諸侯，聽朔則各隨其方。請自今御明堂正南鄉之位，布政則隨月而御堂，其閏月則居門焉。三曰，禮記月令，天子居青陽、總章，每月異禮。請稽月令十二堂之制，修定時令，使有司奉而行之。四曰，月令以季秋之月，爲來歲受朔之日。請以每歲十月，於明堂受新曆，退而頒之郡國。五曰，古者天子負扆，公侯伯子男，蠻夷戎狄四塞之國，各以內外尊卑爲位。請自今元正、冬至及朝會，並御明堂，遼使依賓禮，蕃國各隨其方，立於四門之外。六曰，古者以明堂爲布政之宮。自今若有御扎手詔，並請先於明堂宣示，然後榜之廟堂，頒之天下。七曰，赦書德音，舊制宣於文德殿。自今請非御樓肆赦，並請於明堂宣讀。」九月，詔頒朔布政自十月爲始。其月，皇帝御明堂平朔左个，頒天運政治，及八年戊戌歲運歷數於天下。百官常服立明堂下，乘輿自內殿出，負扆坐於明堂，大晟樂作，百官朝於堂下。大臣陞階進呈所頒布時令，左右丞一員跪請付外施行，宰相承制可之，左右丞乃下授頒政官，頒政官受而讀之，訖，出閤門奏禮畢，皇帝降御座，百官乃退。自是以爲常。

重和元年九月辛卯，大享明堂，併祀五帝。

初，禮部尚書許光凝等言：「月令『季秋大享帝』，說者謂徧祭五帝也。曲禮『大享不問卜』，說者謂祭五帝於明堂，莫適卜也。周官太宰『祀五帝，則掌百官誓戒』，說者謂祀五帝於四郊及明堂，而王安石以謂：『五帝者，五精之君，昊天之佐也。惟其爲五精之君，故分位於五室；惟其爲昊天之佐，故與享於明堂。』自神宗下詔，惟以英宗配上帝，而悉去從祀群神。陛下肇新宏規，季秋大享，位五帝於其室，既無以禰概配之嫌，止祀五帝，又無群神從祀之黷。則神宗黜六天於前，陛下正五室於後，其揆一也。」從之，乃詔從祀五帝。

禮制局言：「祀天神於冬至，祀地示於夏至，乃有常日，無所事卜。季秋大享帝，以先王配，則有常月而未有常日。禮不卜常祀，而卜其日，蓋月有上辛、次辛，謀及卜筮，所以極嚴恭之意也。請明堂以吉辛爲正。」

詔：「每歲季秋大享，親祠明堂，罷有司攝事。」又詔：「明堂近在宮城，秋享實薦時事，行之久遠，宜極簡嚴。其每歲季秋親祠，如孟月朝獻禮，更不差五使、儀仗等。」自是迄宣和末歲，行親享之禮云。

高宗紹興元年，上合祭天地於明堂，奉太祖、太宗配祀。禮畢，不受賀，文武百官拜表稱賀如儀。以嗣濮王仲湜爲亞獻，右監門衛大將軍、信州防禦使令話爲終獻。

時禮部尚書秦檜等言：「伏睹建炎恭行郊祀之禮，其時儀文制度與夫衣服、器皿之類，已不能如禮。明年渡江，國步愈艱。今歲復當郊祀，謹按冬祀大禮，神位六百九十，行事官六百七十餘員，而鹵簿、儀仗、輿輦、宮架、祭器、法服，散失殆盡，及景靈宮、太廟行事與登門肆眚等禮，不可悉行。至於祫享，親詣宗廟行禮，又不及天地，惟宗祀明堂，似乎簡易。苟朝廷深原禮意，采先儒之説，漢武帝、孝章之制，而略其嚴父之文；志存享帝，而不拘於制度之末，獨明堂之禮，尚或可行。乞博採群議，令有司參考典禮以聞。」

禮部尚書胡直孺議曰：「謹按百王之禮，沿革不同，而祀天地於郊丘，祀上帝於明堂，祫享祖宗於太廟，此三者萬世不易之禮。惟仁宗皇祐時，大享明堂，合祭天地，並侑祖宗，徧禮百神，聖訓有

『禮緣人情』之語，而文彦博以仁祖爲能達禮之情，適禮之變。由此觀之，皇祐祀典本非爲萬世不易之禮也。國朝配祀，初無定制。自英宗皇帝始專配以近考，司馬光、吕誨争之，以爲絀祖進父，然卒不能奪王珪、孫抃之謟辭。其後神宗皇帝謂周公宗祀在成王之時，成王以文王爲祖，則明堂非以考配明矣。王安石亦以誤引孝經嚴父之文，惜乎不能將順上意，以辨正典禮。謹按：聖宋崛起，非有始封之祖，則創業之君，太祖是也。太祖則周之后稷，配祭於郊者也；太宗則周之文王，配祭於明堂者也。此二祭者，萬世不遷之法。皇祐宗祀，合祭天地，固宜以太祖、太宗配，當時蓋拘於嚴父，故配帝并及於真宗。今主上紹膺大統，自真宗至於神宗均爲祖廟，獨躋則患在於無名，並配則幾同於祫享。又從祀百神，在於明堂，本非典禮，或升或黜，慢瀆爲多。今參酌皇祐詔書，將來請合祭昊天上帝、皇地祇於明堂，奉太祖、太宗以配天，惟禮專而事簡，庶幾可以致力於神明。然後申飭攸司，各揚乃職，犧牲必成，粢盛必潔，衣服必備，以盡其所以致力於神之意，則一朝大典，豈特施於艱難之時，情文粗稱，雖萬世行之可也。」是時，太常少卿蘇遲等則請用皇祐詔書之意，兼采景祐禮官之請，即常御殿，南向西上，設昊天上帝、皇地祇位；西向北上，設太祖、太宗、真宗神位；於殿之東廡，設圜丘第乙龕九位；於殿之西廡，設方澤第一成一十六位。庶幾誠意可展，儀物可備。如以不偏及列聖爲未足，則大禮前一日，有親詣太廟之文，今神主在温州，恐當命大臣於某處攝行祀事。如以不偏及百神爲未足，則請即行在天慶觀之大享後，擇一日，取祖宗大禮既畢恭謝之文，亦命大臣簡其儀物，悉舉以告，亦足以盡祈報之心。」詔：「依禮部新儀，一遵皇祐二年詔書，仍以明堂大禮爲稱，於常御殿設位行禮。」

禮部言：「準詔參酌皇祐詔書，合祭天地於明堂，奉太祖、太宗以配。合用神位四位，元係御筆明金青字，出雕木縷金五綵裝蓮花戲龍座，黄紗明金罩子，黄羅夾軟罩子，黄羅襯褥，朱紅漆腰捍套匣，黄羅夾帕事件，全昨緣揚州渡江失去，乞下所屬制造。」從之。

四年九月，有事於明堂，合祭天地，以太祖、太宗配，兼祀百神。

先時，有司請議郊祀、明堂、祫享之宜，禮部侍郎陳與義議曰：「臣切考國家大祀，天子躬行者，有南郊，有明堂，有祫祭，有恭謝。古者爲郊之制，在國之南五十里，蓋謂國都之南也。陛下駐蹕於此，非建都之地，置設壇壝，固無其所。建炎戊申，舉是禮於維揚者，是時以火德嗣興，大統復集，即位之初，不可以不見帝，以禮從權，非必襲用。而况鹵簿、儀物，渡江散盡，疆陲戎事，歲晚多虞，則南郊之禮在今日固不敢輕議者也。國步未定之際，奉安廟祏，權在永嘉，既已累年，若欲移徙，以便親祠，懼失在天神靈之意，則祫祭之禮在今日實不可行者也。陛下躬履多虞，嚴恭寅畏，方與萬姓請命於天，用實而去文，有祈而無報，則恭謝之禮在今日不可行者也。搢紳儒生又有爲柴望之説者，以謂雖祖宗未之或行，而今日可以肇修。臣嘗考之，其説本於書之堯典，本爲巡狩之用，而周室行之於時邁告祭之詩，其説詳於孔穎達之疏，指爲封禪之事，而漢光武用之，著於泰山刻石之文。陛下遭時艱故，遵養東南，修政理戎，俟天悔禍，舉兹大禮，惟務於忱，豈可托巡狩告至以有辭乎？又况柴望之祭，不及祖宗，所用時日，亦當有據。若一切損益之，則安用柴望之名哉？然則柴望之禮在今日亦不可行者也。

臣竊惟明堂之禮，有漢武帝汶上之制，紹興元年，實已行之。若再舉而行，適宜於今事，無戾於古典。或謂自維揚南郊之後，至於今日，再遇當郊之歲，不可以踰六年而不郊。以臣考之，郊之疏數，本無定制。真宗自景德二年祀南郊，至祥符七年而始祀東郊，則九年而後再郊矣。仁宗皇帝皇祐五年祀南郊，嘉祐元年行恭謝禮，四年行祫祭禮，七年行明堂禮，則踰九年而不再郊矣。踰六年而不郊，非所疑也。或以周公嚴父之文爲疑，則既有治平中司馬光、吕誨之議，又有熙寧中祖宗之聖訓與王安石之説，足以破萬世之惑矣。或以並配之禮爲疑，蓋紹興元年禮官之議，以謂皇祐之時，四方無虞，萬物盛多，是以明堂合祭天地，並配祖宗。蓋其説不盡不能推明所以變禮之意，是以致衆人之疑。謹按皇祐詔書，其略曰：『國朝自祖宗以來，三歲一郊。今祀明堂，正當三歲親郊之期，而禮官所定配坐，不及祖宗，宜並配以稱朕恭事祖宗之意。』蓋太祖則周之后稷，當配祭於郊者也；太宗則周之文王，當配祭於明堂者也。郊當祭太祖，而以當郊之歲，舉明堂之禮，則不可以遺太祖而不祭。稽之神理，本之人情，則皇祐詔書之本意，可以爲萬世不刊之典，豈特以四方無虞萬物盛多而舉此哉？並配之禮，又非所疑也。若乃神位儀物損益多寡之數，更合再加斟酌，以盡今日情文之宜。」詔從之。蓋中興郊祀明堂，合祭天地，並配祖宗之禮，參考推明，至與義之議而始定。於是太常寺條具：「乞以明堂大禮爲稱，左僕射誓行事、執事、陪祠官於尚書省，刑部尚書莅誓。明堂殿上下徹去黄道裀褥，入殿門不張蓋，百官不得回班。御燎從物、繖扇更不入殿。行禮前，衞士不起居呼萬歲，讀册官讀册至御名勿興。」詔並從之。

國子監丞王普言：「大禮明堂有未合典禮之事：正、配每位設太罇三，著罇二〔三〕，犧罇、象罇、壺罇、山罇各一，又設罍如罇之數。太罇，一實供内法酒，一實汎齊，一實醴齊；著罇，一實祠祭法酒，一實盎齊；犧罇實緹齊，象罇實沈齊，壺罇實昔酒，山罇實事酒；太罍，一實清酒，餘皆實明水。謹按周禮，春祠、夏禴用兩犧罇、兩象罇，秋嘗、冬烝用兩著罇、兩壺罇；四時之間祀用兩太罇、兩山罇。又曰『凡祭祀供五齊三酒，以實八尊』，然則六尊之數，凡十有二，其當時所用者四，其設而不酌者八。明堂乃季秋大享，則初獻當用兩著罇，一實玄酒，一實醴齊；亞、終獻當用兩壺罇，一實玄酒，一實盎齊，皆有罍如罇之實。又設兩太罇、兩山罇、兩犧罇、兩象罇，實五齊、三酒而不酌，罍亦如之。今祭祀所用惟九罇，而首設太罇者三，以供内法酒及汎齊、醴齊實之；又設著罇者二，以祠祭法酒及盎齊實之；又設犧罇、象罇、壺罇、山罇，各以緹齊、沈齊、事酒、昔酒實之。尊之數不足以盡五齊、三酒也。又設太罍，以清酒實之。玄酒不與齊酒對設也，則又爲八罍以實之，且在三酒之後焉。蓋不論所設之適與所陳之義，但取遍於罇罍之數而已，實無經據也。宜倣司罇彝秋嘗之制，設兩著罇，一實玄酒，一實醴齊，以俟初獻；又設兩壺罇，一實玄酒，一實盎齊，以俟亞獻、終獻；其餘八尊，以實五齊、三酒，設而不酌，悉如周官之制。其醴齊，請以祠祭法酒代之；其盎齊，請以供内法酒代之。增三罇爲十二之數，庶與周官相應。」

又言：「按：祭器實倣聶崇義三禮圖制度，如爵爲爵形，負盞於背，則不可以反坫；簠、簋如桶，其上爲龜，則不可以郤蓋。此類甚多，蓋出於臆度，而未嘗親見古器也。自劉敞著先秦古器記，歐陽脩著集古録，李公麟著古器圖，吕大臨著考古圖，乃親得三代之器，驗其款識，可以爲據。政和新成禮器制度，皆出於此，其用銅者，嘗有詔許外州以漆木爲之。至主上受命於應天，郊祀於維揚，皆用新成禮器，初未嘗廢止。緣渡江散失，無有存者。昨來明堂所用，乃有司率意略倣崇義三禮圖，其制非是，宜並從古器制度爲定，其簠、簋、罇、罍之屬，仍以漆木代銅，庶幾易得成就。」

紹興七年，詔大享明堂。時徽宗升遐，上躬行三年之喪。禮部、太常寺言：「景德、熙、豐南郊故事，皆在諒闇中。當時親郊行禮，除郊廟、景靈宫合用樂外，所有鹵簿鼓吹及樓前宫架、諸軍音樂皆備而不作。其逐處警揚，止鳴金鉦鼓角。乞依累朝故事行。」太常博士孫邦乞自受誓戒日，皇帝暨百僚、禁衛等權易吉服，至禮成還内仍舊。中書舍人傅崧卿援嚴父之文，欲陞徽宗配享。詔令侍從、臺諫、禮官同議。

禮部侍郎陳公輔言：「陛下方居道君皇帝之喪，而道君皇帝神靈方在几筵，豈可遽預配祭之禮？況梓宫未還，祔廟未有定議。臣愚以爲當先期一日，陛下盡哀致奠，奏於道君皇帝以將有事明堂，暫離几筵，暫假吉服，蓋國家故事不敢廢也。然後即齋宫入太廟，行明堂事，事畢，服喪如初，斯謂合禮。」吏部尚書孫近等議，引司馬光之説曰：「漢以高祖配天，後漢以光武配明堂。古之帝王，自非建邦啟土，造有區夏者，皆無配天之文。雖周之成、康，漢之文、景、明、章，德業非不美也，然子孫不敢推以配天者，避祖宗也。近世祀明堂者，皆以其父配，此乃誤認孝經之意，而違先王之禮，不可以爲法。況梓宫未還，几筵未除，山陵未下，而遽議配侑之事乎？臣等伏請今年明堂大禮，權依紹興元年詔書。請俟削平僭亂，恢復大業，然後定郊祀明堂之議，一從成周，庶不失禮經之正。」詔從之。

三十一年九月辛未，大享明堂，罷合祭，奉徽宗配祀。祀五天帝、五人帝於堂上，五官神於東廂，罷從祀諸神位，用熙寧禮也。

禮部、太常寺言：「明堂大禮，車輅、鹵簿、法駕、儀仗，理合預行討論。欲依政和五禮新儀，宗祀上帝，有司陳法駕、鹵簿，車駕自太廟乘玉輅詣文德殿。皇祐明堂記大駕字圖用萬有八千二百五十六人〔三〕；大中祥符元年，法駕用萬有六百六十一人。較之昨禮，令三分減一爲率。禮官所定凡萬有一千八十八人，昨紹興二十五年至二十八年郊祀大禮，大駕、鹵簿、捧日、奉宸隊等共一萬五千二百二十二人。今討論明堂大禮，乞依紹興二十八年例，三分減一，用一萬一百四十人〔四〕。」從之。

校勘記

〔一〕改河南縣爲合宫縣　「河南」下「縣」字原脱，據舊唐書卷二二禮儀志二補。

〔二〕配帝太祝立於西南隅　「配」上原衍「五方帝五」四字，據開元禮卷一〇删。

〔三〕五帝　「五帝」二字原脱，據開元禮卷一〇補。

〔四〕判太常寺兼禮儀事宋祁等檢詳典禮　「兼」下「禮」字原脱，據長編卷一六八皇祐二年三月辛亥條補。

〔五〕許鈞容及諸營鼓吹一時振作　「許」原作「計」，據馮本改。

〔六〕嘉祐七年九月辛亥　「七」原作「六」，據宋史卷一二仁宗紀四、長編卷一九七嘉祐七年九月辛亥條改。

〔七〕今明堂去孟冬晝日尚遠　「晝」字原脱，據宋史卷一〇一禮志四補。

〔八〕故據而爲説云　「故」原作「胡」，據馮本改。

〔九〕合配昊天上帝及五帝　「合」原作「以」，據元本、慎本、馮本及宋史卷一〇一禮志四改。

〔一〇〕知太常禮院趙君錫　「君」原作「居」，據上文及宋史卷一〇一禮志四改。

〔一一〕何洵直狀　「洵」原作「珣」，據元本、慎本、馮本及長編卷三〇八元豐三年八月壬寅條改。

〔一二〕非聰明睿智不惑之主　「主」原作「至」，據元本、慎本、馮本改。

〔一三〕配帝　「帝」字原脱，據文義補。

〔一四〕五人帝用犢與羊豕各五　「帝」字原脱，據長編卷三〇四元豐三年五月甲子條補。

〔一五〕政和五年八月　「五」原作「三」，據宋史卷二一徽宗紀三、宋會要禮二四之六八改。

〔一六〕朕取夏后氏益世室之度　「世」原作「土」，據宋史卷一〇一禮志四改。

〔一七〕爲辟邪之象　宋史卷一〇一禮志四「爲」下有「文鹿或」三字。

〔一八〕而飾以五方所象之色　「象」原作「向」，據宋會要禮二四之七三改。

〔一九〕堂室柱門欄楯　「楯」原作「柱」，據宋會要禮二四之七三改。

〔二〇〕仍改敷佑門曰左敷佑　「敷佑門」原作「敷右門」，據宋會要禮二四之七五改。「敷右門」，宋史卷一〇一禮志四作「敷祐門」。

〔二一〕右承天門曰平秩　「右」字原脱，據宋史卷一〇一禮志四、宋會要禮二四之七五補。

〔二二〕著鐏二 「二」原作「三」，據下文改。

〔二三〕大駕字圖用萬有八千二百五十六人 「字」原作「宇」。按宋大駕鹵簿有字圖，見宋史卷一四五儀衛志三，此處「宇」顯爲「字」之誤，據改。

〔二四〕用一萬一百四十人 宋史卷一四七儀衛志五作「用一萬一十五人」，宋會要輿服一之三九作「用一萬一千五人」。

卷七十五　郊社考八

明堂

孝宗乾道五年，太常少卿林栗言：「昊天上帝四祭，請並於圜壇行禮。」禮部侍郎鄭聞謂：「明堂當從屋祭，不當在壇。乞遇明堂親饗，則遵依紹興三十一年已行典故，如常歲有司攝事，則權寓净明寺行禮。庶合明堂之義。」詔從之。

中興後，昊天上帝四祀：春祈、夏雩、秋享、冬報。其二在南郊圜壇，其二在城西惠照院望祭齋宮。紹興元年十一月，太常少卿趙子畫謂〔二〕：「歲祀上帝，設位於紹興天慶觀。今駐兵其所，請更設於城外東南之告成觀。」十二月，禮官謂：「祀天當燔牛首，今牲止少牢。請燔羊首，毋築燎壇位。益籩、豆皆六，籩實菱芡、㮚脯、乾桃、乾橑；豆實芹菹、筍菹、葵菹、菁菹、韭菹、鹿臡。俎八，羊豕腥熟。槃一，毛血。簠二，稻粱。簋二。黍稷。進胙以羊體，始誓用禮神玉，備三獻。」二年，命擇地於臨安城外之東南以祀天。二月丁卯，太常少卿程瑀謂：「妙覺院去城遠，而天寧觀在城中，非城之東南。」詔權於天寧望祭。閏四月己未，太常少卿王居正謂：「秋祀上帝，奉神宗配。往歲，明堂禮官謂配以近考，失孝經本旨，遂議祖宗並配。今秋享不當復配以神宗。」權禮部侍郎趙子畫謂：「聖宋崛起，非有始封之祖。太祖則周之后稷，配祭於郊。太宗則周之文王，配祭於明堂。親祠並配，實出權宜。請自今季秋攝事，專祀昊天上帝，以太宗配。」從之。六年，大臣以圜丘、方澤之祭，寓於天慶，小屋三楹，卑陋湫隘，軍民喧雜。命奉常及臨安守臣別營之。正月，太常少卿何慤始請遷於城外惠照院。九年二月己卯，始用國子監丞張希亮之請，凡大祀，益籩、豆爲十有二。十三年十一月，禮官請今後祀天以及慶禮皆於圜壇。十四年四月，太常博士凌哲請大祠具樂舞，禮官定用工八十有三人，二舞九十人，押樂太常卿、丞皆一人，協律二人。十六年，始用政和儀，籩、豆皆二十有六，簠簋皆八十。九年八月，命禮官及臨安守臣葺惠照望祭殿，建齋宮於其西，合三十有一區。

淳熙六年秋九月，大享明堂，合祭天地。復奉太祖、太宗配。

先時，詔今歲行明堂大禮，令禮部、太常寺詳議。宰執進呈禮、寺議狀：「竊觀黃帝拜祀上帝於明堂，唐、虞祀五帝於五府，歷時既久，其詳莫得而聞。至禮記始載明堂位一篇，言天子負斧依南鄉而立。内之公侯伯子男，外之蠻夷戎狄，以序而立，故曰：『明堂也者，明諸侯之尊卑也。』孟子亦曰：『明堂者，王者之堂也。』周禮大司樂有冬至圜丘之樂，夏至方丘之樂，宗廟九變之樂。三者皆大祭祀，惟不及明堂，豈非明堂者，布政會朝之地，周成王時，嘗於此歌我將之頌，宗祀其祖文王乎？後暨漢唐，雖有沿革，至於祀帝而配以祖宗，多由義起，未始執一。本朝仁宗皇祐中，破諸儒異同之論，即大慶殿行親享之禮，並侑祖宗，從以百神。前期朝獻景靈宮，享太廟，一如郊祀之制。太上皇帝中興，斟酌家法，舉行皇祐之制於紹興之初，亦在殿庭合祭天地，並配祖宗，蓋得聖經之遺意。且國家大祀有四：春祈穀，夏雩祀，秋明堂，冬郊祀是也。陛下即位以來，固嘗一講祈穀，四躬冬祀，惟合宫、雩壇之禮，猶未親行。今若據已行典禮，及用仁宗時名儒李覯明堂嚴祖説，并治平中吕誨、司馬光、錢公輔等集議，近歲李燾奏劄所陳，特舉秋享，於義爲允。」上曰：「明堂合祭天地，並侑祖宗，從祀百神，並依南郊禮例。可依詳議事理施行。」

禮部、太常寺言：「明堂所設神位並依南郊禮例，係七百七十一位。今大慶殿鋪設昊天上帝、皇地祇、太祖皇帝、太宗皇帝四位。其從祀神位凡七百六十有七，於東西兩朵殿鋪設。五方帝至五嶽二十五位。餘從祀衆星，東廊二百八十位，西廊二百四十八位，南廊六十六位。欲於南廊前連檐修蓋瓦屋，與東西廊相接，設一百四十八位。依儀令，合設饌幔。欲於新置便門外幔道下結縛搭蓋屋二間，及合用祝册幄次，乞於南宫門裏過道門下面東兩壁釘設；其禮部捧册職掌等，乞於過道門面南壁宿齋；其皇帝位版幄次，乞於内藏庫相對廊上釘設。」從之。

太史局言：「將來明堂大禮，合祭天地，並侑祖宗，從祀百神，並依南郊禮例。今照得明堂兩朵殿上鋪設神位版共二十五位，其上十位五方帝、昊天上帝、皇地祇、神州地祇、夜明、大明，共十位。並金面青字大版，内一十五位五行、五官、五瀆。皆朱紅漆面、金字小版，將來鋪設大小不等。乞下所屬創造朱紅漆面金字大版神位一十五位。」從之。

御書「明堂」、「明堂之門」六字，并「嗣天子臣御名恭書」七字，令修内司製造牌二面，將來明堂大禮，其「明堂」牌於行禮殿上安掛，其「明堂之門」牌於行禮殿西門新置便門上安掛。

太常寺修定明堂大禮儀注

誓戒同郊祀

致齋三日。一日於文德殿，一日於太廟，一日再赴文德殿。儀並同郊祀，但改大慶殿爲文德殿。

奏告

前祀二日，奏告太祖皇帝、太宗皇帝室，如常告之儀。

陳設内玉、幣、籩、豆、簠、簋、俎、實、罇、罍、酒、齊數目，並同郊祀，不重録。惟實俎增羊腥、豕腥，如牛腥之數。

前祀三日，有司設大次於垂拱殿門内東廊，又設小次於明堂阼階下之東稍南，西面。設文武侍臣次於明堂門外，行事、執事、陪祠宗室及有司次於明堂門外。設東方、南方客使次於文臣之後，西方、北方客使次於武臣之後。設饌幔於明堂門外稍西，南向。前祀二日，太社令帥其屬掃除明堂之内外，置燎壇於明堂庭之東南隅。太社令積柴於燎壇，光禄牽牲詣祠所。太常設登歌之樂於堂上前楹間稍南，北向；設宫架於庭中，立舞表於酇綴之間。前祀一日，太常設神位版：昊天上帝、皇地祇位於堂上北方，南向西上；太祖皇帝、太宗皇帝位於堂上東方，西向北上；告潔畢，權徹。五方帝、神州地祇、大明、夜明、天皇太帝、北極、五行、五官、五嶽位二十五；北斗、天一、太一、帝座、五帝内座、五星、十二辰、河漢内官，五鎮、四海、四瀆、二十八宿、中官，山林、川澤、外官，丘陵、墳衍、原隰位三百八十有二；衆星位三百有六十。並分設於兩廊，東西相向，以北爲上，内南廊所設衆星，重行北向，以西爲上，鋪設。席皆以莞。奉禮郎、禮直官設皇帝位版於阼階之上，西向；飲福位於昊天上帝之西南，北向；望燎位於殿隔門上當中，南向。贊者設亞、終獻位於堂下阼階之東，少南，西向。大禮使、左丞相又於其南。行事吏部、户部、禮部、兵部、刑部、工部尚書，吏部、禮部、刑部侍郎，光禄卿，讀册、舉册官，光禄丞，於大禮使、左丞相之後。光禄丞稍却。執事官位又於其後。奉禮郎、搏黍太祝、太社、太官令，位於亞獻之北，少東，俱西向北上。監察御史位四：二於堂下西階之西，東向北上；一於殿隔門外東階下，一於殿隔門外西階下。協律郎位二：一於堂上磬簴之北，少西；一於宮架之西北，俱東向。押樂太常丞位於登歌鐘簴之北，押樂太常卿位於宮架之北，俱北向。分獻官、奉禮郎各立於從祀神位之前，俱北向。良醖令於酌罇所，北向。又設陪祠文武官位於行事、執事之南，東西相向。諸方客使在文官之南，隨其方國。光禄陳牲於明堂門外，東向。祝史各位於牲後。太常設省牲位於牲東，大禮使、左丞相在北，南向東上，分獻官位於其後。行事吏部、户部、禮部、兵部、刑部、工部尚書，吏部、禮部、刑部侍郎，押樂太常卿，光禄卿，讀册、舉册官，押樂太常丞、光禄丞，奉禮、協律郎、搏黍太祝、太社、太官令在南，北向東上。太常丞以下位皆稍却。監察御史在吏部尚書之東，異位稍却。光禄陳禮饌於行禮殿隔門外稍東，南向，設省饌位版於禮饌之南。大禮使、左丞相在南，北向西上，分獻官位於其後。監察御史位四，在西，東向北上。吏部、户部、禮部、兵部、刑部、工部尚書，吏部、禮部、刑部侍郎，押樂太常卿，光禄卿，讀册、舉册官，押樂官太常丞、光禄丞，奉禮、協律郎，摶黍太祝、太社、太官令在東，西向北上。禮部帥其屬設祝册案於神位之右，司罇彝帥其屬設玉幣篚於酌罇所。次設籩、豆、簠、簋之位：正配位皆左二十有五籩，右二十有五豆，俱爲四行。俎三：二在籩前，一在豆前。又俎六，在豆右，爲二重。登一，在籩豆間。鉶三，皆有柶，在登之前。簠七、簋七，在籩豆外三俎間，簠在左，簋在右。又設罇罍之位：每位皆著罇二、壺罇二，皆有罍，加勺、冪爲酌罇。太罇二、山罇二、犧罇二、象罇二，皆有罍，加冪，設而不酌。並在堂上稍南，北向西上。配位設於正位酒罇之東，每位玉爵一，有坫。又設從祀諸神籩、豆、簠、簋之位：五方帝以下二十有五位，皆左十籩，右十豆，俱爲三行，俎二在籩豆前，登一在籩豆間，簠二、簋二在俎間，簠在左，簋在右；爵一在俎前，有坫。内神州地祇、五行、五官、五嶽，每位皆加槃一，在登之前。其餘神位皆左二籩，右二豆，俎一在籩豆前，簠簋在俎前，簠在左，簋在右，爵一次之，登一在籩豆間。衆星三百六十位，皆不設登。又設從祀罇、坫之位：五方帝、神州地祇、大明、夜明、天皇大帝、北極，每位各設太罇二、著罇二於籩前之左；又各於東西廊五行、五官、五嶽神位之前，稍北，共設犧罇二、象罇二；又於東西廊帝座北斗以下神位之前，稍北，共設犧罇二、象罇二、壺罇二、概罇二；又於東西廊東鎮、西鎮以下神位之前，稍北，共設山罇二、係御嫌名。罇二、散罇二；又於東西南廊衆星神位之前，共設散罇二十有四；又設正配位籩、豆、簠、簋、槃各一，俎各三於饌幔内；設御盤匜於阼階上，進盤匜、帨巾内侍位於皇帝版位之後，分左右。奉盤者北向，奉匜及執巾者南向。又設亞、終獻盥洗、爵洗於其位之北，盥洗在東，爵洗在西。罍在洗東，加勺；篚在洗西，南肆，實以巾，若爵洗之篚，則又實以篚。執罍篚者位於其後。分獻官盥洗十二并罍勺、篚巾，分設於東西廊下，執罍篚者各位於其後。祀日丑前五刻，太社令與太史官屬各服其服陞堂，設昊天上帝、皇地祇、太祖皇帝、太宗皇帝神位版於堂上，又設五方帝、神州地祇、大明、夜明、天皇大帝、北極、五行、五官、五嶽二十五位於兩朵殿。太府卿、少府監帥其屬入陳玉幣於篚。光祿卿帥其屬入實正配位籩、豆、簠、簋。太官令帥其屬入實俎。良醖令帥其屬入實罇罍，又實從祀神位之饌，又實從祀神位之罇。太常官設燭於神位之前，又設大禮使以下行事、執事官揖位於明堂門外〔一二〕，如省牲位。有司設神位版幄，又設册幄於明堂門外。

皇帝自太廟詣文德殿並同郊祀車駕詣青城儀，止改青城齋宫爲麗正門。

省牲器並同郊祀，止改郊壇爲明堂。

奠玉幣並同郊祀

行事

皇帝自齋殿服通天冠、絳紗袍，乘輿以出。近侍及扈從之官導從至垂拱殿門内大次。皇帝降輿入大次，簾降。禮儀使、樞密院官、太常卿、閤門官、太常博士、禮直官，分立於大次外之左右。次引禮部侍郎詣大次前，奏請中嚴。少頃，又奏外辦。符寶郎奉寶陳於宮架之側。禮儀使當次前俛伏，跪奏：「禮儀使臣某言，請皇帝行事。」奏訖，俛伏，興，還侍立。禮儀使奏禮畢，准此。簾捲，皇帝服衮冕以出，侍衛如常儀。禮儀使以下前導至明堂殿西外班門，殿中監跪進大圭，前導皇帝入門。侍衛不應入者，止於門外。協律郎跪，俛伏，舉麾，興，工鼓柷，宮架儀安之樂作。皇帝陞降、行止，皆奏儀安之樂。由西廊降階，自宮架前至阼階下，偃麾，戛敔，樂止。凡樂皆協律郎跪，俛伏，舉麾，興，工鼓柷而後作；偃麾、戛敔而後止之也。陞自阼階，大禮使從，皇帝陞降，大禮使皆從。左右侍衛之官，量人數從陞。登歌樂作。至版位，西向立，樂止。禮儀使以下，分左右侍立。凡行禮，皆禮儀使、樞密院官、太常卿、閤門官、太常博士、禮直官前導。至位，則分立於左右。禮儀使前奏：「有司謹具，請行事。」宮架作成安之樂、右文化俗之舞，樂作三成，止。先引左丞相、吏部尚書、侍郎陞堂，詣昊天上帝神位前立。左丞相、吏部尚書俱西向北上，吏部侍郎東向。樂作六成，止。太社令升烟，燔牲首。禮儀使奏請再拜，皇帝再拜。贊者曰「再拜」，在位官皆再拜。内侍取玉、幣於篚，立於尊所。内侍各執盤匜、帨巾以進，宮架樂作。禮儀使奏請皇帝搢大圭、盥手。内侍進盤匜、沃水，皇帝盥手。又奏請帨手。内侍進巾，皇帝帨手訖。又奏請皇帝執大圭，樂止。禮儀使前導，登歌鎮安之樂作。殿中監跪進鎮圭。禮儀使奏請搢大圭、執鎮圭，前導皇帝詣昊天上帝神位前，北向立。内侍先設繅藉於地，禮儀使奏請跪奠鎮圭於繅藉，執大圭，俛伏，興。又奏請搢大圭，跪。内侍加玉於幣，以授吏部尚書，吏部尚書以授左丞相，西向跪以進。禮儀使奏請受玉、幣，皇帝受奠訖。吏部侍郎東向跪受以興，進奠於昊天上帝神位前。左丞相、吏部尚書、侍郎俱詣皇地祇神位前以俟。禮儀使奏請執大圭，俛伏，興。內侍舉鎮圭授殿中監。內侍又以繅藉詣皇地祇神位前，先設繅藉於地。禮儀使奏請再拜，皇帝再拜訖，樂止。禮儀使前導皇帝詣皇地祇、太祖皇帝、太宗皇帝神位前，奠鎮圭、玉、幣，並如上儀。皇地祇位作嘉安之樂，太祖皇帝位作廣安之樂，太宗皇帝位作化安之樂。配位唯不奠玉。皇帝東向受幣，左丞相北向進幣，吏部侍郎南向受幣。左丞相、吏部侍郎權於堂上稍西，東向立。吏部尚書降復位。禮儀使前導皇帝還版位，登歌樂作；至位西向立，樂止。內侍舉鎮圭、繅藉，以鎮圭授殿中監，以授有司。初，皇帝將奠配帝之幣，贊者引分獻官俱詣盥洗位，搢笏，盥手，帨手，執笏，各陞詣五方帝、神州地祇以下從祀神位前，各搢笏跪〔三〕。奉禮郎以幣授分獻官〔四〕，五嶽以上，奉禮郎奉幣；餘從祀，執事者奉幣。分獻官受幣奠之，執笏，俛伏，興，再拜訖，俱退復位。內五方帝、神州地祇、大明、夜明、五嶽神位前，奠玉、幣。祝史奉毛血槃立於堂下，陞自西階，太祝迎於堂上，俱進奠於神位前。太祝、祝史退立於罇所。

進熟

祀日，有司陳鼎十二於神厨，各在鑊右。太官令帥進饌者詣厨，以匕畢陞牛於鑊，實於一鼎；肩、臂、臑、肫、胳，正脊一、直脊一、横脊一、長脅一、短脅一、代脅一，皆二骨以並。次陞羊如牛、陞豕如羊，各實於一鼎，每位，牛、羊、豕各一鼎。皆設扃冪。祝史對舉，陳於饌幔內，重行南向西上。太常實籩、豆、簠、簋於饌幔內。籩實以粉餈，豆實以糝食，簠實以粱，簋實以稷。次引禮部侍郎詣饌所，視腥熟之節，俟皇帝升奠玉幣訖，復位，樂止。引禮部尚書詣饌所，執籩、豆、簠、簋以入。户部、兵部、工部尚書詣饌所，奉俎以入。户部奉牛，兵部奉羊，工部奉豕。舉鼎官舉鼎，太官令引入正門，宫架饎安之樂作，由宫架東折方進行，陳於西階下，北向北上。祝史抽扃，委於鼎右，除冪。初，鼎序入，有司執匕畢及俎以從，至西階下，各設俎於鼎北，匕畢加於鼎。太官令以匕畢陞牛及豕〔五一〕，各於一俎，其載如牛。每位，牛、羊、豕各一俎。鼎先退。祝史進，徹毛血槃，以次出。引禮部尚書搢笏，執籩、豆、簠、簋，户部、兵部、工部尚書搢笏、奉俎以升，執事者各迎於堂上。禮部尚書奉籩、豆、簠、簋，詣昊天上帝神位前，北向跪奠，啓蓋於下訖，執笏，俛伏，興。有司設籩於糗餌前，豆於酏食前，簠於稻前，簋於黍前。次引户部、兵部、工部尚書奉俎，詣昊天上帝神位前，北向跪奠，先薦牛，次薦羊，次薦豕，各執笏，俛伏，興。有司設於豆右、腸胃膚之前。皆牛在左，羊在中，豕在右。次詣皇地祇、太祖皇帝、太宗皇帝神位前，配位並東向。跪奠並如上儀。樂止，俱降復位。太祝取菹擩於醢，祭於豆間三。又取黍、稷、肺祭如初，皆藉以茅，退還罇所。次引左丞相、吏部侍郎升，詣昊天上帝神位前立，左丞相西向，吏部侍郎東向。又引吏部侍郎升堂，詣昊天上帝酌罇所，跪取玉爵於坫，詣皇帝版位前，奉爵北向立。内侍各執槃匜、帨巾以進，宫架樂作。禮儀使奏請皇帝搢大圭、盥手。内侍進槃匜，沃水，皇帝盥手。又奏請帨手，内侍進巾，皇帝帨手訖。奏請皇帝洗爵，吏部侍郎進爵，内侍沃水，皇帝洗爵。奏請拭爵。内侍進巾，皇帝拭爵訖，樂止。又奏請執大圭。吏部侍郎受爵，奉爵詣昊天上帝酌罇所，西向立。執罇者舉冪，良醞令酌著罇之醴齊訖，先詣皇地祇酌罇所，北向立。禮儀使前導，登歌慶安之樂作。皇帝詣昊天上帝神位前，北向立。禮儀使奏請搢大圭，跪。吏部侍郎以爵授左丞相，左丞相西向跪以進。

禮儀使奏請執爵，皇帝執爵，祭酒，三祭於茅苴。奠爵。吏部侍郎以爵復於坫。禮儀使奏請執大圭，俛伏，興。又奏請皇帝少立，樂止。左丞相、吏部侍郎先詣皇地祇神位前，西向立以俟。舉册官搢笏跪，舉祝册；讀册官搢笏東向跪，讀册文訖，奠册，各執笏興，先詣皇地祇神位前，東向立。禮儀使奏請再拜，皇帝再拜訖。禮儀使前導皇帝詣皇地祇、太祖皇帝、太宗皇帝神位前酌獻，並如上儀。皇地祇位作光安之樂，太祖皇帝位作彰安之樂〔六〕，太宗皇帝位作韶安之樂。其配位酌獻，皇帝東向，左丞相北向進爵，讀册官南向讀册文。左丞相以下俱復位。禮儀使前導皇帝還版位，登歌樂作。至版位西向立，樂止。禮儀使奏請皇帝還小次，登歌樂作。前導皇帝降自阼階，樂止。宮架樂作，將至小次。禮儀使奏請釋大圭，殿中監跪受大圭，入小次。簾降，樂止。文舞退，武舞進，宮架穆安之樂作。舞者立定，樂止。禮直官、太常博士引亞獻詣盥洗位，北向立，搢圭，盥手，帨手，執圭；詣爵洗位，北向立，搢圭，洗爵，拭爵；以爵授執事者，執圭升堂，詣昊天上帝酌罇所，西向立。宮架作穆安之樂、威功睿德之舞。執事者以爵授亞獻，亞獻搢圭，跪，受爵。執罇者舉冪，太官令酌壺罇之盎齊訖，先詣皇地祇酌罇所，北向立。亞獻以爵授執事者，執圭興，詣昊天上帝神位前，北向，搢圭，跪。執事者以爵授亞獻，亞獻執爵祭酒，三祭於茅苴，奠爵，執圭，俛伏，興，少退，北向再拜。次詣皇地祇、太祖皇帝、太宗皇帝神位前，酌獻並如上儀。樂止，降復位。初，亞獻行禮將畢，禮直官、太常博士引終獻詣洗及升堂酌獻，並如亞獻之儀，訖，降復位。初，亞獻將升，次引分獻官俱詣盥洗位，搢笏，盥手，帨手，執笏，各升詣從祀神位前，搢笏，跪，執爵，三祭酒於地，奠爵，執笏，俛伏，興，再拜訖，各復位。

飲福

望燎儀並同郊祀

紫宸殿稱賀

前期，有司帥其屬設御座於紫宸殿，於殿後設御閤如儀。俟皇帝行禮訖，還大次，奏解嚴，鼓吹振作。皇帝服靴袍出大次，樂作。乘輦入紫宸殿，降輦，樂止，歸後幄。内侍催班。先管軍臣僚并行門一班，北向立定。太史局奏祥瑞官面西側立。閤門引樞密使、知閤門官以下至看班祗候，并横行及諸司祗應、武功大夫，并行事武功大夫至保義郎，並常服於管軍後北向立。次御史臺、閤門、太常寺分引宰臣、使相、執政以下，并諸軍指揮使員僚，並常服詣紫宸殿下，分東西相向立定，閤門提點引皇太子常服東壁立。班定，皇帝服靴袍出，鳴鞭，禁衛等迎駕，自奏「聖躬萬福」。皇帝陞座，舍人揖管軍臣僚至行門躬，贊拜兩拜。班首不離位，躬奏「聖躬萬福」訖，班首出班俛伏，跪，致詞賀訖，伏，興，歸位。舍人揖躬，贊拜，兩拜，三呼「萬歲」，始宣諭〔七〕。俟宣諭訖，又贊拜，兩拜，三呼「萬歲」。贊各祗候直身立，管軍臣僚赴東壁侍立，行門分左右排立。次太史局官赴當殿北向立，舍人揖躬，贊拜，兩拜，不離位，躬奏「聖躬萬福」訖，自出班躬奏祥瑞訖，歸位。舍人揖贊拜，兩拜，贊祗候東出。次舍人揖樞密使以下躬，舍人當殿面北，直身通某官姓名以下起居稱賀。通訖，轉身西向立。舍人贊拜，樞密使以下兩拜，搢笏舞蹈，又兩拜。班首不離位，躬奏「聖躬萬福」訖，又兩拜。舍人引班首出班，俛伏，跪；致詞賀訖，伏，興，歸位。舍人揖躬，贊拜，兩拜，起，搢笏舞蹈，又兩拜，起，且躬身。知閤門官當殿躬承旨訖，西向稱「有制」。樞密使以下兩拜，起，知閤門官宣答訖，歸侍立位，舍人贊拜，樞密使以下兩拜，起，搢笏舞蹈，又再拜。贊各祗候，樞密使由西階升殿侍立，知閤門官以下赴殿下東壁面西侍立，餘官分引出。舍人揖皇太子以下就位，躬。舍人當殿面北，直身通文武百僚、皇太子某以下起居稱賀。通訖，舍人提點引皇太子以下横行北向立，兩省官并宗室遥郡以下依舊相向立。稱賀並如上儀。典儀贊拜，樞密當御座前承旨退，於折檻東稱「有制宣答」。賀訖，宣答樞密歸侍立位，宰臣、參知政事並由東階升殿東壁侍立。皇太子以下並退。皇帝興，殿下侍立宰臣、參知政事並退。自殿乘輦，樂作。出紫宸殿赴文德殿，至殿降輦，樂止。

淳熙十五年，大享明堂。以在高宗諒闇之内，自受誓戒以後，權易吉服，禮畢仍舊。其朝獻景靈宫、朝饗太廟、恭謝景靈宫，並遣官分詣行禮，仍免紫宸殿稱賀。

太常寺言：「今年九月，有事於明堂。檢照紹興三十一年六月十六日禮官議，按禮經喪三年不祭，惟祭天地、社稷，爲越紼而行事。元祐之初，大享明堂，而哲宗居神祖之喪，禮官謂景靈宫、太廟當用三年不祭之禮，遣大臣攝事。或謂聖祖爲天神，非廟享也。當時雖從其説，然黄帝實我宋之所自出，豈得不同於宗廟？今秋有事於明堂，以孝慈淵聖皇帝升遐，主上持斬縗之服。考之禮經及元祐已行故事，并當時禮官所議，竊謂前期朝獻景靈宫、朝享太廟，皆當遣大臣攝事，主上惟親行大享之禮。

其玉帛、牲牢、禮料、器服、樂舞，凡奉神之物依典禮外，鑾駕既不出宮，所有車輅、儀仗、供帳、宿頓之屬，令有司更不排辦。禮畢，於殿庭宣赦，及朝享景靈宮、朝享太廟。緣皇帝在高宗聖神武文憲孝皇帝諒闇之内。乞依上件典故。」從之。

權禮部侍郎尤袤等言：「逐次明堂大禮所設神位，沿革不一。紹興四年、七年、十年，設昊天上帝、皇地祇、太祖皇帝、太宗皇帝并天皇大帝已下從祀四百四十三位；紹興三十一年，設昊天上帝、徽宗皇帝并五天帝、五人帝、五官神從祀共一十七位；淳熙六年、九年，設昊天上帝、皇地祇、太祖皇帝、太宗皇帝并天皇大帝以下從祀共七百七十一位。」宰執進呈禮官申請明堂畫一，上曰：「配位何如？」周必大奏：「禮官昨已申請，高宗几筵未除，用徽宗故事，未應配坐，且當以太祖、太宗並配。他日高宗几筵既除，自當別議。大抵前代儒者多用孝經嚴父之説，便謂宗祀專以考配。殊不知周公雖攝政，而主祭則成王。自周公言之，故曰『嚴父』耳。晉紀瞻答秀才策曰：『周制，明堂宗其祖以配上帝。故漢武帝汶上明堂，捨文、景而遠取高祖爲配。』此其證也。」留正奏：「『嚴父莫大於配天，則周公其人也。』是嚴父專指周公而言，若成王則其祖也。」上曰：「有紹興間典故，自可參照，可以無疑。」

建炎以來朝野雜記：「明堂者，仁宗皇祐中始行之。其禮合祭天地，並配祖宗，又設從祀諸神，如郊丘之數。政和七年，既建明堂於大内，自是歲以九月行之。然獨祀上帝，而配以神宗，惟五帝從祀。紹興元年，上在會稽，將行明堂禮，命邇臣議之。王剛中居正爲禮部郎官，首建合祭之議，宰相范覺民主之，乃以常御殿爲明堂，但設天、地、祖、宗四位而已。四年，始設從祀諸神。七年，復祀明堂，而徽宗崩問已至，中書舍人傅崧卿請增設道君太上皇帝配位於太宗之次。禮部侍郎陳公輔言：『道君方在几筵，未可配帝。』乃不行。三十一年，始宗祀徽宗於明堂，以配上帝。而祀五天帝、五人帝於明堂上，五官神於東厢，罷從祀諸神位，用熙寧禮也。乾道以後，説者以德壽宮爲嫌，止行郊禮。淳熙六年，用李仁父、周子充議，復行明堂之祭，並侑焉。逮十四年，高宗崩。明年季秋，乃用嚴父之典，令郊祀從紹興，明堂從皇祐。惟歲時常祀，則以太祖配冬至圜丘、太宗配祈穀大雩，高宗配明堂宗祀。蓋尤延之爲禮官時所請云。」

淳熙十六年，光宗既受禪。閏五月，禮官言：「冬祀配以太祖，而春、夏、秋皆配以太宗。祖有功，宗有德，故推以配上帝。高宗身濟大業，紹開中興，揖遜之美，超越千古，功德茂盛，爲宋高宗。秋享明堂，宜奉以升侑。」又謂：「我將祀文王，實在成王之時，錢公輔、司馬光、吕誨皆以爲嚴祖。今以高宗配，於周制爲合。」於是高宗始配上帝。

四時祀天儀注：前期十日，獻官及職事者受誓於尚書省，退而齋宿如儀。前祀三日，有司設祀官次於壇東壝門之外及齋宮之内，設饌幔於内壝東門之外。宗祀皆於望祭殿東。厥明告於廟室，春、夏、秋皆太宗室，冬至告太祖室。淳熙以後，秋享告高宗室。有司牽牲至祠所。前一日，太社令帥其屬掃除，太常設正、配位席，太史設位版於壇上，宗祀於殿上。太常陳祭器以俟，告潔既畢，權徹。有司陳牲及饌於内壝之外，宗祀牲於東偏門外，饌於殿前。設登歌之樂於壇上，宗祀於殿上。宮架於壇南内壝之外，宗祀於殿上。立舞表於酇綴之間。獻官以下入視滌濯，遂省牲、省饌，宰人割烹。將祀丑前五刻，宗祀丑前三刻，設上帝位於壇之北方，南向。席以藁秸，宗祀席以莞。配位於壇之東方，西向。席以蒲越，宗祀以莞席。太常陳玉幣於篚，蒼璧置祝版於坫。實祭器，籩、豆皆二十六，俎十，登一，槃一，簠、簋、罇、罍皆八，洗二。及期，初獻以下各服其服入就位。宮架作景安之樂，帝臨嘉至之舞六成。太常升烟燔牲首，皆再拜。初獻適洗所，正安之樂作。遂盥升壇，登歌樂作。至上帝位前北向立，登歌嘉安之樂作。跪奠玉幣，再拜。至配位前東面立，登歌仁安之樂作。雩祀獻安，宗祀宗安，冬至定安。奠幣如上儀。將降，登歌樂作；既降，宮架樂作，乃復位。兵部、工部尚書奉俎而升，宮架豐安之樂作。北向跪薦於正、配位前，降復位。太祝取菹及黍、稷、肺以祭。初獻盥，宮架樂作，進洗。初，洗爵升，登歌樂作。至罇所西面立，嘉安之樂作。跪實爵，至上帝位前北向跪，三祭於茅，奠爵，遂太祝跪讀祝，初獻再拜，至配位前酌獻如上儀。祈穀登歌紹安，雩祀感安，宗祀德安，冬至英安。遂降復位。樂作如初。文舞退，武舞進，宮架正安之樂作。亞獻適盥洗所洗爵，升至罇所，西面立。宮架作文安之樂，神娭錫羨之舞。跪實爵，至上帝位跪，祭酒奠爵如前儀。配位亦如之，遂降。終獻亦如之。徹籩、豆，登歌肅安之樂作。乃賜胙，皆再拜。宮架作景安之樂一成，乃燎，皆退。徹饌，以胙進御史視之。光禄卿望闕再拜，退。

光宗紹熙五年，詔：「今歲郊祀大禮，改作明堂大禮，令有司除事神儀物、諸軍賞賜依舊外，其乘輿服御、中外支費，並從省約。」後以在壽皇喪制內，依淳熙十五年典故施行。

寧宗慶元六年，大享明堂。以諒闇，用紹熙禮。

紹熙五年，明堂，孝宗未卒哭。時趙汝愚朝獻景靈宮，嗣秀王伯圭朝享太廟，而上獨祀明堂。是年，光宗之喪甫踰月，而當行大禮。乃命右丞相謝深甫款天興之祠，嗣濮王不㬚攝宗廟之祭〔八〕，蓋用紹熙禮云。

嘉定二年，當郊，詔行明堂大禮。

臣僚言：「臣聞古之王者，父事天，母事地，一歲之間，冬夏日至，大雩、大享，以及四時迎氣之類，無非躬行郊見之禮。後世彌文日增，乘輿出郊，儀衛之供，百物之須，賞賚之數，無名之費，不一而足，雖欲行禮如先王，不可得已。夫禮從宜，苟不失乎先王之意，而有得於事天之實，何害其爲禮也。恭惟藝祖在位十有七年，親郊者四；太宗在位二十二年，親郊者五；真宗以後，三歲一郊，遂爲定制。逮仁宗皇祐間，始有事於明堂。蓋稽之古典，斷自聖意，而以義起也。陛下即位以來，圜丘、重屋，其禮迭舉。及茲三歲，又當親郊之期。有司文移督辦錢物，固已旁午於道。州縣之間，以應奉爲名，抑配於民，不知其幾。軍旅之後，旱蝗相仍，公私之積，旦暮不繼。民生既囏，國力大屈。重以近日使命往來，其費逾倍。空匱之狀，可爲寒心。臣願陛下相時之宜，權停郊祀之禮，仍以季秋大享明堂，既無失於事天之誠，而可以省不急之費。古之行禮，視年之上下，正此意爾。昔咸平中，鹽鐵使王嗣宗奏郊祀費用繁重，望行謁廟之禮。當是之時，帑藏充溢，天下富饒，嗣宗猶以爲請。况今日國計，比之咸平，萬萬不侔矣。檢照國朝故事，仁宗嘉祐元年，恭謝天地於大慶殿；四年，祫祭；七年，明堂。蓋不行郊禋者九年。哲宗元祐，繼舉明堂者再。高宗紹興，繼舉明堂者五〔九〕。若陛下申講宗祀之儀，則於祖宗舊章，不爲無據。欲望下臣此章，令禮部詳議施行。臣又聞，真宗因王嗣宗之請，詔三司非禋祀所須，並行減省，是歲減應奉雜物十萬六千。計其數之可考若此，則必有條目，而非漫然者矣。今若舉行明堂，其費較之郊丘，雖已不等，然明堂祭祀儀物之外，賜予浮費，豈無合從節約者？望并詔有司，取其凡目，參酌考訂，當減者減之，當去者去之。一切條畫，無爲具文。方國用窘乏、民力殫竭之餘，減千則吾之千也。若曰細微不足經意，則真宗全盛之時，視十萬六千何足道哉？惟陛下果斷而行之！」從之。

仁宗親祀明堂二。皇祐二年九月二十七日，嘉祐七年九月六日〔一〇〕。

神宗親祀明堂二。熙寧四年九月十日，元豐三年九月二十三日。

哲宗親祀明堂三。元祐元年九月六日，四年九月十四日，紹聖二年九月十九日。

徽宗親祀明堂十。大觀元年九月二十八日，政和七年九月六日，八年九月二日，宣和元年九月八日，二年九月十三日，三年九月十日，四年九月五日，五年九月十一日，六年九月八日，七年九月十三日。

高宗親祀明堂五。紹興元年九月十八日，四年九月十五日，七年九月二十一日〔一一〕，十年九月十日，三十一年九月二日〔一二〕。

孝宗親祀明堂二〔一三〕。淳熙九年九月十三日，十五年九月四日。

寧宗親祀明堂七。紹熙五年九月九日，慶元六年九月辛未，開禧二年九月辛卯〔一四〕，嘉定二年九月辛丑，八年九月辛未，十一年九月辛巳，十四年九月辛卯。

明禋儀注撮録拾遺

景靈宫聖祖一位素饌。十拜。四次跪，俛伏，興。　不設小次。中、後殿差官分詣。

第一上　參神兩拜。　盥帨。　跪奠鎮圭。　俛伏，興。　跪奠玉幣，兩拜，俛伏，興。

第二上　再盥帨。　洗拭爵。　跪，三進酒。　俛伏，興。　兩拜。

第三上　亞、終獻畢。　詣飲福位。　兩拜。　跪，三祭酒。　進摶黍〔一五〕，啐酒，飲福。　俛伏，興。　兩拜。　送神〔一六〕，　望燎。　奏禮畢。

太廟一十三室牲牢禮饌。　五十八拜。　四十跪，俛伏〔一七〕，興。　奏請還小次，大禮使以下一面望燎。

第一上　參神兩拜。　盥帨。　洗拭瓚。　各入室。　跪祼鬯。　出户外兩拜。

第二上　再盥帨。　洗拭爵。　各入室。　跪奠鎮圭。　俛伏，興。　跪奠幣。　三祭酒。　俛伏，興。　出户外。　讀册訖，兩拜。　還小次。

第三上　亞、終獻畢。　出小次，詣飲福位。　兩拜。　跪，三祭酒。　啐酒，受俎。　受摶黍。　俛伏，興。　兩拜。　送神。　奉神主入祏室。　奏禮畢。

明堂殿正配四位　昊天上帝。　皇地祇。　太祖。　太宗。各牲牢禮饌。　二十二拜。　一十三跪，俛伏，興。

第一上　參神兩拜。　盥帨。　各詣前位。　跪奠鎮圭。　俛伏，興。　跪奠玉幣。　俛伏，興。兩拜。

第二上　再盥帨。洗拭爵。各詣前位。跪，三祭酒。俛伏，興。讀册訖。兩拜。請還小次。依例不還。

第三上　亞、終獻畢。詣飲福位。兩拜。跪，三祭酒。啐酒，受俎。受摶黍。俛伏，興。兩拜。送神。望燎。奏禮畢。

太廟及明堂殿，並以丑時一刻行事。前一刻，到大次，逐處行禮。讀册官讀册，御樂傳旨，高宣御名，勿興。太廟行禮，祼鬯畢，還版位，宮架樂作。御樂宣諭樂卿，徐其音節，毋得減促，九成止。行禮歸大次東神門上，御樂宣諭亞、終獻：「列祖上帝，享以多儀。動容周旋，實勞宣力。」

五使

大禮使：總一行大禮事務。行事日，復從皇帝行禮。

禮儀使：行事日前導，奏請皇帝行禮。

儀仗使：總轄提振一行儀仗。儀仗用四千一百八十九人，自太廟排列至麗正門。

鹵簿使：依禮經，鹵者，大盾也。總一部儀仗前連後從，謂之鹵簿。

橋道頓遞使：提振修整車駕經由道路、頓宿齋殿等。

應奉官

禮儀使　禮部侍郎二員奏中嚴外辦。御前奏。　殿中監進接圭。兼進飲福酒後，受虚爵。　太常卿贊導。

禮部郎中二員奏解嚴。御前奏。　太常博士四員引禮儀使，　引太常卿，　引亞獻，　引終獻。　尚醖奉御執罇，合上罇酒，酌飲福酒。

宿齋行事官

侍中一員。　奏請皇帝降座，歸齋室。

景靈宮

大禮使　亞獻　終獻　左丞相眡滌濯，兼進玉、幣、爵、酒。　吏部尚書以玉幣授左丞相。　户部尚書薦俎并徹。　禮部尚書眡滌濯，省鼎鑊，眡濯溉，　薦籩、豆、簠、簋并徹。　刑部尚書實鑊水。　吏部侍郎受玉、幣、爵、酒、盥、洗、進爵。以爵詣罇酌酒訖，授左丞相，兼燎幣、册。　刑部侍郎增沃鑊水。　讀册官　光禄卿入實籩、豆、簠、簋等。　太常卿押樂。　監察御史　舉册官　太府卿　少府監監饌造。　奉禮郎設皇帝版位。　協律郎殿上舉麾，殿下舉麾。　太祝進摶黍，兼饌册。　太社令積柴掃除，設神席，升烟，束茅。　良醖令　太官令　執事官五員捧籩、　捧豆、　捧簠、　捧簋、　捧乳俎。　分詣官三員一員詣祖宗、諸帝神御，一員詣玄天大聖后并昭獻皇后、欽成皇后，一員詣欽慈皇后至恭淑皇后。

太廟

大禮使　亞獻　終獻　奏奉神主官　監察御史　進幣爵酒官進三物，兼瓚，并申視滌濯。　受爵酒官以爵酒授進爵酒者。　奉幣官以幣授進幣官。　受幣官受幣，并受爵復於坫。　盥洗奉爵官盥洗進爵，以爵詣罇彝所。酌酒訖，以爵酒授受爵酒官。　奉槃瓚官盥洗進瓚，以瓚詣罇彝所，酌鬱鬯訖，以瓚授進爵官。　薦牛俎官并徹籩、豆、俎，兼進飲福酒。實鑊水官 薦豕俎官兼省牲、眡腥熟節。增沃鑊水官 光禄卿巡牲，牽牲詣厨，入實籩、豆、簠、簋等。護册官 太常卿押樂。薦羊俎官兼眡滌、省牲、省鑊。太常丞〔一八〕押登歌樂。太府卿設幣。舉册官 光禄丞 奉禮郎 協律郎 太祝 良醖令 太官令 執事官十八員捧牛俎六員，羊俎六員，豕俎六員。宫闈令 薦香燈官太祖以下十三室。東西幄分行禮官四員。

明堂

大禮使 亞獻 終獻 左丞相同景靈宫。吏部尚書同前。户部尚書同前，兼進飲福酒。禮部尚書同前。兵部尚書薦羊俎并徹。吏部侍郎二員 禮部侍郎省牲、視腥熟節。刑部侍郎同上。讀册官 太常卿押樂。光禄卿 監察御史三員殿下，隔門外東階下，隔門外西階下。舉册官 太府卿 太常丞登歌押樂。少府監 光禄丞 奉禮郎 協律郎 太祝 太社令 太官令 良醖令酌皇帝獻酒。執事官五員捧籩、捧簠、捧牛俎、捧羊俎、捧豕俎。分獻官五員東朵殿、西朵殿、東廊、西廊、南廊。亞、終獻執事官四員供亞獻爵盞，供終獻爵盞，盥洗、盥爵，帨巾，拭爵并引饌。

太廟行禮畢，如值雨道路泥濘，降指揮，乘逍遥輦赴文德殿宿齋。應導駕官並免導駕，並令常服從駕，許令張雨具入麗正門。應執仗官兵等並免排立，並放散。淳熙六年九月，明堂。因雨，降前指揮。當晚晴霽，續降指揮，仍舊乘輅。合用執儀仗官兵等，止令於側近營寨，量前據數差撥前來排設。開禧二年九月，明堂。爲值雨，依前件指揮行事。

明堂神位

殿上正配四位

昊天上帝　皇地祇　太祖皇帝　太宗皇帝

東朶殿一十三位

青帝　感生帝　黃帝　大明　天皇大帝　木神　火神　土神　勾芒　祝融　后土　東嶽
南嶽

西朶殿一十二位

白帝　黑帝　神州地祇　夜明　北極　金神　水神　蓐收　玄冥　中嶽　西嶽　北嶽

東廊二百有八位

北斗　天乙　太乙　歲星　熒惑　鎮星　玄枵　星紀　析木　大火　壽星　鶉尾　鈎星　天
柱　天厨　柱史　女史　御女　尚書　大理　陰德　天槍　真戈　天床　三師　輔星　相星　太
陽守　東鎮　南鎮　中鎮　東海　南海　東瀆　南瀆　虚宿　女宿　牛宿　斗宿　箕宿　尾宿
太子　心宿　庶子　房宿　宋星　氐星　亢星　角宿　軫宿　翼宿　張宿　織女　建星　天紀
日星　七公　帝座　大角　攝提　人星　司命　司危　司非　司禄　天津　離珠　羅堰〔一九〕　天
桴　奚仲　左旂　河鼓　右旂　天鷄　輦道　漸臺〔二〇〕　敗瓜　扶箱　天井　天棓　帛度　屠
肆　宗星　宗人　宗正　天籥　女牀　候星　市樓　宦者　天江　東肆　斗星　斛星　天市垣列
肆　東咸　罰宿　貫索〔二一〕　鍵閉　鈎鈐　周伯星　西咸　天乳　招摇　梗河　亢池〔二二〕　周

鼎　天田　平道　進賢　郎位　郎將　内五諸侯　三公内座　九卿内座　東山　南山　中山　東林　南林　中林　東川　南川　東澤　南澤　天壘城　璃瑜　代星　齊星　周星　晉星　韓星　秦星　魏星　燕星　楚星　鄭星　越星　趙星　九坎　天田　狗國　天淵　狗星　鱉星　農丈人　杵星　糠星　魚星　龜星　傅説　神宮　積卒　從官　天輻　騎陣將軍　陣車　車騎　騎官　頓頑　折威　陽門　五柱　天門　衡星　庫樓〔一三〕　平星　南門　青丘　長沙　土司空　左右轄　軍門　器府　東甌　天廟　酒旗　天相　東丘　南丘　中丘　西丘　北丘　東陵　南陵　中陵　西陵　北陵　東墳　南墳　中墳　西墳　北墳　東衔　南衔　中衔　西衔　北衔　東原　南原　中原　西原　北原　東隰　南隰　中隰　西隰　北隰

西廊一百七十五位

帝座　五帝内座　太白　辰星　鶉火　鶉首　實沈　大梁　降婁　諏訾　河漢　天理　勢星　内厨　天牢　三公　文昌　内階　四輔　八穀　扛星　華蓋　傳舍　六甲　鈎陳　紫微垣　西鎮　北鎮　西海　北海　西瀆　北瀆　星宿　柳宿　鬼宿　井宿　參宿　觜宿　畢宿　昴宿　胃宿　婁宿　奎宿　壁宿　室宿　危宿　太微垣　太子　明堂　權星　三台　五車　諸王　月星　謁者　幸臣　常陳　内屏　從官　虎賁　靈臺　少微　長垣　黄帝座　四帝座　内平　太尊　積薪　積水　北河　天鐏　五諸侯　鉞星　座旗　司怪　天關〔一四〕　咸池　天潢〔一五〕　三柱〔一六〕　天高　礪石　天街　天船　積水　天讒　卷舌　天河　積尸　大陵　左

更　天大將軍　軍南門　右更　附路　閣道　王良　策星　天廄　土公　雲雨　霹靂　螣蛇　雷電　離宮　造父　土公吏　内杵　臼星　蓋屋　虚梁　墳墓　車府　西山　北山　西林　北林　中川　西川　北川　中澤　西澤　北澤　天稷　爟星　天記　外厨　天狗　南河　天社　矢星　水星　闕星　狼星　弧星　老人星　四瀆　野鷄　軍市　水府　孫星　子星　丈人　天屎　天厠　伐星　屏星　軍井　玉井　九游　參旗　附耳　九州殊口〔二七〕　天節　天園　天陰　天廩　天苑　天囷　芻藁　天庾　天倉　鈇鑕　天溷　外屏　土司空　八魁　羽林軍　壘壁陣斧鉞　敗臼　天綱〔二八〕　北落師門　天錢　泣星　哭星

東廊　西廊　南廊

衆星共一百五十八位。

右明禋親祠。先公景定庚申以樞密院編修官攝殿中監，咸淳己巳以右丞相充儀仗使，壬申充禮儀使，此儀注則當時奉常禮院所供也。喪亂以來，文書失散。貴謹弟游當塗，於故家得之，因得以參考史志、會要之所未備，如景靈宮、太廟、明堂三日行禮拜跪之節，與五使以下職掌之詳，從祀神祇之名數是也。其餘儀文，史之所有而纂輯已備者，則更不贅録云。

又按：禮經言郊報天而主日，配以月。然則周之郊，以后稷配天之外，從祀惟日、月而已。明堂，則鄭氏注謂所祀者五方五帝及五人帝、五官，配以文王、武王而已，不祀他神也。自秦漢以來，郊禮從祀之神漸多。晉太興中，賀循言：「郊壇之上，尊卑雜位千五百神。」唐圜丘壇位，上帝、配帝以及從祀，通計七百餘座。然圜丘所祀者昊天，則從祀者天神而已，於地祇、人鬼無預也。自漢末始有合祭天地之禮。魏晉以來，則圜丘、方澤之祀未嘗相溷。宋承五代之弊政，一番郊祀，賞賚繁重，國力不給。於是親祠之禮不容數舉，遂以后土合祭於圜丘，而海、嶽、鎮、瀆、山川、丘陵、原隰、墳衍皆在從祀之列。於是祭天從祀始及地祇矣。至仁宗皇祐二年，大享明堂，蓋以親郊之歲，移其祀於明堂，而其禮則合祭天地，並祀百神。蓋雖祀於明堂，而所行實郊禮也。然既曰明堂，則當如鄭氏之注及歷代所行，故以太昊、炎帝、黄帝、少昊、顓頊五人帝，勾芒、祝融、后土、蓐收、玄冥五官神，侑祀五帝。於是祭天從祀，又及人鬼矣。中興以來，國勢偏安。三歲親祀，多遵皇祐明堂之禮。然觀儀注所具神位，殿上正、配四位，東朵殿自青帝至南嶽十三位，西朵殿自白帝至北嶽十二位，東廊自北斗至北隰二百有八位，西廊自帝座至哭星一百七十五位，又有衆星一百五十八位，共五百七十位。則比晉賀循所言才三之一，唐圜丘所祀三之二耳。然晉、唐未嘗雜祀地祇、人鬼，而位數反多，此則以圜丘、方澤、明堂所祀合爲一祠，自五帝、五官、海、嶽以至於原隰，而位數反少，殆不可曉。然晉史、唐史但能言從祀之總數，而不及其名位之詳。故無由參稽互考，而不知其纖悉也。姑誌於此，以俟博聞者共訂焉。

校勘記

〔一〕太常少卿趙子晝謂　「晝」原作「畫」，據宋史卷二四七宗室傳四改。下同。

〔二〕執事官揖位於明堂門外　「揖」原作「攝」，據政和五禮新儀卷三〇皇帝宗祀上帝儀一改。

〔三〕各搢笏跪　「笏」字原脱，據馮本補。

〔四〕奉禮郎以幣授分獻官　「奉」原作「奏」，據元本、慎本、馮本改。

〔五〕太官令以匕畢陞牛及豕　據上文及注文，疑「豕」上脱「羊」字。

〔六〕彰安之樂　「彰」原作「章」，據元本、慎本、馮本改。

〔七〕始宣諭　「始」原作「如」，據馮本改。

〔八〕嗣濮王不璺攝宗廟之祭　「璺」原作「儔」，據宋史卷三七寧宗紀一、卷二四五宗室傳二改。

〔九〕繼舉明堂者五　「五」原作「三」，據下文改。

〔一〇〕嘉祐七年九月六日　「祐」原作「泰」，據宋史卷一二仁宗紀四改。

〔一一〕七年九月二十一日　「七」原作「九」，據宋史卷二八高宗紀五改。

〔一二〕三十一年九月二日　「三」原作「二」，據元本及宋史卷三二高宗紀九改。

〔一三〕孝宗親祀明堂二　按宋史卷三五孝宗紀三載，淳熙六年「九月辛未，合祭天地於明堂」，此處漏列。

〔一四〕開禧二年九月辛卯　「禧」原作「熙」，據宋史卷三八寧宗紀二改。

〔一五〕進搏黍　「進」原作「淮」，據元本、慎本、馮本改。

〔一六〕送神　「神」原作「真」，據下文改。

〔一七〕俛伏　「俛」原作「免」，據元本、慎本、馮本改。

〔一八〕太常丞　「常」下原衍「卿」字。按宋太常寺有卿、少卿及丞而無稱「卿丞」者，見宋史卷一六四職官志四，據删。

〔一九〕羅堰 「堰」原作「偃」，據宋史卷五〇天文志三改。

〔二〇〕漸臺 「漸」原作「所」，據元本、慎本、馮本及宋史卷五〇天文志三改。

〔二一〕貫索 「索」原作「咸」，據宋史卷四九天文志二改。

〔二二〕亢池 「亢」原作「元」，據宋史卷五〇天文志三改。

〔二三〕庫樓 「庫」原作「軍」，據宋史卷五〇天文志三改。

〔二四〕天關 「關」原作「闕」，據宋史卷五一天文志四改。

〔二五〕天潢 「潢」原作「漢」，據宋史卷五一天文志四改。

〔二六〕三柱 「三」原作「天」，據宋史卷五一天文志四改。

〔二七〕九州殊口 「殊」原作「珠」，據宋史卷五一天文志四改。

〔二八〕天綱 「綱」原作「網」，據宋史卷五〇天文志三改。

卷七十六　郊社考九

祀后土

夏以五月祭地祇。

殷以六月祭地祇。

周制，夏日禮地祇於方丘。曲禮：「天子祭天地。」疏曰：「地神有二，歲有二祭。夏至之日祭崑崙之神於方澤，一也；夏正之月祭神州地祇於北郊，二也。或云，建申之月祭之，與郊天相對。」又曰：「知方嶽之神是崑崙者，按地統書括地象云：『地中央曰崑崙。』又云：『其東南方五千里曰神州。』以此言之，崑崙在西北，別統四方九州。其神州者，是崑崙東南一州耳。於一州中更分爲九州，則禹貢之九州是也。其配地之神，孝經緯既云后稷爲天地之主，則后稷配天南郊，又配地北郊。則周人以嚳配圜丘，亦當配方澤也。」張騫贊，班固曰：「禹本紀言：河出崑崙，崑崙高二千五百里餘，日月所相避隱爲光明也。自張騫使大夏之後，窮河源，惡睹所謂崑崙者乎？故言九州山川，尚書近之矣。至禹本紀、山經所有〔一〕，放哉！」左傳：「凡祀，啓蟄而郊。」疏曰：「鄭玄注書多用讖緯，言地祇有二，有崑崙之神，又有神州之神。唯鄭玄立爲此議，而先儒悉不然。故王肅作聖證論，引群書以證之。」以黄琮禮地，禮，謂始告神時薦於神座。「禮地以夏至」，謂神在崑崙者也。禮神者必象其類，琮八方象地。疏曰：「云『琮八方以象地』者，天圓以對地方，地有四方，是八方也。易云『天玄而地黄』，今地用黄琮，隨地色。」牲、幣放其器之色，注疏見祀天禮。已上禮地玉幣。兩圭有邸以祀地。兩圭者，以象地數二也。僢而同邸。祀地，謂北郊神州之神。僢，昌絹反。疏曰：「云『僢而同邸』者，按王制注，『卧則僢』，彼謂兩足相向。此兩圭亦兩足同邸，是足相向之義，故以儛言之。則上四圭同邸者，亦是各自兩足相向，俱就此兩足相向而言之也。」春官典瑞。楊氏曰：「玉人之事『兩圭五寸有邸，以祀地』，即此兩圭有邸以祀地者也，義與四圭有邸以祀天同。又按，黄琮以禮地，兩圭以自執，亦如植璧、秉珪之謂。鄭氏並謂之禮地，又强分崑崙、神州爲二以當之，非也。」政和四年，禮制局言：「始則求神而禮之，終則正祭而祀焉。大宗伯『以黄琮禮地』，蓋施於求神之時也，與大司樂『以函鍾爲宫，至地祇皆出，可得而禮』同矣。典瑞『兩圭有邸以祀地』，蓋施於薦獻之時，與大司樂『奏太蔟，歌應鍾，舞咸池以祭地』同矣。鄭氏乃謂以黄琮禮地神之在崑崙者，兩圭有邸以祀地祇於北郊神州之神。且黄琮兩圭有邸，周官特言禮地祀地而已，初無崑崙、神州之別。鄭氏之説本於讖緯之書，前輩如長孫無忌輩固嘗辨其非矣。此義與徐邈不同，姑兩存之。」已上祭地所執之玉。

蒲越稾鞂。器用陶匏。並詳見祀天禮。已上祭地席器。

祭地之牛，角繭栗。陰祀用黝牲，毛之。陰祀，祭地北郊及社稷也。黝讀爲幽，黑也。毛之，取純毛也。地官牧人。已上祭地之牲。

天子爲籍千畝，以事天地、社稷，以爲醴酪齊盛。籍，在亦反。酪音洛。齊音咨。籍田也。祭義。酒正以法共五齊、三酒，以實八罇，大祭三貳。齊，才細反。三貳，三益副之也。并見祀天禮。已上齊盛、酒齊。

玉路，鍚，樊纓十有再就，建太常十有二斿以祀。鍚音陽。樊，步干反。斿音留。大馭掌馭玉路以祀。節服氏衮冕六人，維王之太常。並詳見祀天禮。已上車旗。

大司樂：大合樂，分樂乃奏太蔟，歌應鍾，舞咸池，以祭地示。凡六樂者：一變而致羽物及川澤之示；再變而致贏物及山林之示；三變而致鱗物及丘陵之示；四變而致毛物及墳衍之示；五變而致介物及土示。凡樂，函鍾爲宫，太蔟爲角，姑洗爲徵，南吕爲羽。靈鼓、靈鼗，孫竹之管，空桑之琴瑟，咸池之舞，夏日至，於澤中之方丘奏之。若樂八變，則地示皆出，可得而禮矣。疏曰：「禮地祇必於夏至之日者，以地是陰，夏至一陰生，是以還於陰生之日祭之也。」注疏詳樂考。鼓人以靈鼓鼓社祭。靈鼓，六面鼓也。社祭，祭土，神地之道。已上祭地之樂。

右祭地禮物樂舞。

前期十日。自此以後並如祀天禮。祭之日，通典云：「其日，王立於方丘東南，西面，乃奏函鍾爲宫以下之樂，以致其神。訖，王又親牽牲取血，并玉瘞之以求神，謂之二始。天地之祭，惟圜丘、方丘備此二始。謂圜丘之先奏圜鍾爲宫之樂，次燎牲及玉幣也。方丘則先奏函鍾爲宫之樂，次則瘞埋血及玉幣。二者在正祭之前，故云二始。」元豐元年九月，陳襄等議：陰祀自血起，請北郊先行瘞血之禮。俟薦獻禮畢，即瘞牲、幣之屬，則始終之禮備。詳見祀天「燔柴」條。瘞埋於泰折。折，之設反。疏曰：「瘞埋謂瘞繒、埋牲也。」祭法。爾雅曰：祭地曰瘞埋。太宰贊玉、幣、爵，注見祀天禮。郊特牲疏曰：「夏至祭方澤之禮，齊酒獻數與圜丘同。」通典云：「尸前既置玉幣等訖，次則王以匏片爲爵，酌瓦甒之泛齊以獻尸，謂之朝踐，所謂陶匏象天地之性。次，大宗伯亦以匏爵酌醴齊，攝王后之獻，凡二獻也。次，薦熟於神座前畢，王更以匏爵酌盎齊以獻尸，大宗伯以匏爵酌醍齊以亞之。所謂饋食之獻，凡四獻也。尸乃食訖，王更酌朝踐之泛齊以酳尸，所謂朝獻；大宗伯次酌饋食之醍齊以亞之，所謂再獻，凡六獻也。次，諸臣爲賓，酌沈齊以獻尸，凡七獻也。王每獻酒，皆作樂一終。」大宗伯奉齍，注疏見祀天禮。大司徒奉牛牲。注疏見祀天禮。

右祭地禮始終之序。

陳氏禮書曰：「周禮或言『大示』，或言『地示』，或言『土示』。蓋大示則地之大者；地示則凡地之示與焉；土示則五土之示而已。禮記言：『兆於南郊，就陽位也。』南郊祀天，則北郊祀地矣。祀天就陽位，則祭地就陰位矣。大宗伯『以黄琮禮地，牲、幣各放其器之色』，而牧人『陰祀用黝牲』，則牲有不同也。典瑞『兩圭有邸以祀地』，則玉有不同也。大司樂『奏太蔟，歌應鍾，以祀地示。凡樂，函鍾爲宫。若樂八變，地示皆出』，則樂有不同也。蓋先王之於神示，求之然後禮，禮之然後祀。函鍾爲宫，求之之樂也；太蔟、應鍾，祀之之樂也。若夫玉之黄琮兩圭，牲、幣之黄黑，蓋祭有不一，而牲、幣、器亦從而異也。鄭氏之徒謂夏至於方丘之上，祭崑崙之示；七月於泰折之壇，祭神州之示。此惑於讖緯之説，不可考也。凡以神仕者，『以冬日至致天神〔一〕、人鬽，以夏日至致地示、物鬽』。致天神而人鬽與之者，荀卿所謂『郊則并百王於上天而祭之』是也。郊天合百王，則郊地合物鬽，宜矣。鄭氏謂致人鬽於祖廟，致物鬽於壇墠，蓋用祭天地之明日，於經無據。」

又曰：「古者，正祭有常數，非正祭者無常時。故歲祭天者四。詩序曰：『春夏祈穀于上帝。』又曰：『豐年，秋冬報。』則春祈穀，左氏所謂『啓蟄而郊』是也；夏祈穀，所謂『龍見而雩』是也；秋報，月令所謂『季秋大享帝』是也；冬報，周禮所謂『冬日至，於地上之圜丘』是也。凡此，正祭也。旅、類、造、禱、祠之屬，非正祭也。祭地之禮，周禮所謂『夏日至，於澤中之方丘』，正祭也；禱、祠之屬，非正祭也。然先王親地，有社存焉。禮曰：『享帝於郊，祀社於國。』又曰：『郊所以明天道，社所以申地道。』又曰：『郊、社所以事上帝。』又曰：『明乎郊、社之義。』或以社對帝，或以社對郊，則祭社乃所以親地也。大宗伯『以血祭社稷』，又曰『大封先告后土』；太祝『太師、大會同，宜於社』，又曰『建邦國先告后土』，則后土非社矣。鄭氏釋大宗伯謂后土，土神，黎所食者』；釋月令謂后土，黎也；釋太祝謂后土，社神也。既曰土神，又曰社神，是兩之也。書曰：『敢昭告于皇天、后土。』左氏曰：『君戴皇天而履后土。』漢武帝祠后土於汾陰，宣帝祠后土於河東，而宋、梁之時，祠地皆謂之后土，則古者亦命地示爲后土矣。然周禮有大示，有地示，有土示，又有后土。則所謂后土者，非地示也。」

朱子曰：「周禮有圜丘、方澤之説，後來人却只説社便是后土。見於書傳，言郊社多矣。某看來也自有方澤之祭。」

楊氏曰：愚按：大司樂『奏太簇，歌應鍾，舞咸池，以祭地示』，鄭注云：『地示所祭於北郊及社稷。』牧人『陰祀用黝牲，毛之』，鄭注云：『陰祀祭地北郊及社稷。』夫祭地惟有夏至北郊方澤之禮，此外則有社祭，亦祭地也。鄭氏亦既知之矣，及注曲禮『天子祭天地』，大宗伯『黄琮禮地』，典瑞『兩圭祀地』，又云地神有二，歲有二祭，夏至祭崑崙之神於方澤，夏正祭神州之神於北郊，何也？蓋祭地惟北郊及社稷，此三代之正禮，而釋經之正説，鄭氏所不能違也。有崑崙，又有神州；有方澤，又有北郊，析一事以爲二事。此則惑於緯書，而牽合聖經以文之也。知有正禮，而又汩之以緯書，甚矣其惑也！」

右以上所述祀地禮文，係信齋楊氏祭禮據經文所載，條爲始終之序。如通典，則依鄭氏注，以方丘爲祭崑崙之神。丘在國之北，禮神之玉以黄琮，牲用黄犢，幣用黄繒。所謂「各如其器之色」。王及尸同服大裘，配以后稷。服與配，經文不載。注家以爲同祭天之禮，故服大裘，配后稷。其樂則大司樂之「函鍾爲宫」云云，至「八變則地祇皆出，可得而禮」是也。神州地祇，則爲壇於北郊，名泰折。玉用兩圭五寸有邸，牲用黝犢，陰祀用黝牲。幣用黑繒，幣，經無文。據牲用黑，知當從其色。配亦以后稷。其樂則「奏太簇，歌應鍾，舞咸池，以祭地示」是也。按：鄭氏解經，於天地之祀皆分而爲二，是有二天、二地矣。然古人祀天之禮，郊與明堂本二處，所配之祖又不同，則因「宗祀文王於明堂以配上帝」一語，而指其帝爲五精之神、感生之帝，猶云可也。至於祭地，則經文所載惟方澤而已。乃以爲此所祀者崑崙，而又有神州，則祭之於北郊。蓋北郊之名，亦出緯書，孝經緯：祭地示於北郊。禮經所不載。於是又因祭法有泰折之語，而以爲泰折即北郊，又非方澤也。其支離不通彌甚矣！

秦始皇帝即位三年，祠八神。二曰地主，祠泰山梁父。蓋天好陰，祠之必於高山之下時，命曰「時」；地貴陽，祭之必於澤中圜丘云。

漢武帝元狩二年，天子郊雍。曰：「今上帝親郊，而后土無祀，則禮不答也。」有司與太史令談、祠官寬舒議：「天地牲，角繭栗。今陛下親祠后土，后土宜於澤中圜丘爲五壇，壇一黄犢牢具，已祠盡瘞，而從祠衣上黄。」侍祠之人著黄衣。於是天子東幸汾陰。汾陽男子公孫滂洋等，見汾旁有光如絳。上遂立后土祠於汾陰脽上，如寬舒等議。上親望拜，如上帝禮。

漢舊儀：祭地河東汾陰后土宫，宫曲入河，古之祭地澤中方丘也。禮儀如祭天，名「泰一㫜丘」。

宣帝神爵元年，上幸河東，祠后土。

五鳳三年，上幸河東，祠后土。

元帝即位，遵舊儀，間歲郊泰畤，東至河東，祠后土。

成帝初即位，丞相匡衡、御史大夫張譚等奏請罷雍畤甘泉、汾陰后土祠，於長安立南北郊。從之。詳見郊祀門。

建始二年正月辛丑，上始祠后土於北郊。

永始三年，復汾陰后土祠。

四年，上幸河東，祠后土。

元延二年，幸河東，祠后土。

四年及綏和二年，並幸河東，祠后土。

二年，上崩。乃復長安南北郊。

哀帝即位，寢疾，復甘泉泰畤、汾陰后土祠。

平帝時，王莽奏罷甘泉泰畤，復長安南北郊。又奏：以天地合祭，以孟春正月上辛若丁，天子親合祀天地於南郊，以高帝、高后配。夏日至，使有司奉祭北郊，以高后配。詳見郊祀門。

光武建武二年，制郊兆於雒陽城南七里，采元始中故事，合祀天地。

中元元年，營北郊於洛陽城北四里，爲方壇四陛。遷呂太后於園，上薄太后尊號曰高皇后，配地祇郊。

二年正月，郊，別祀地祇，位南面西上；高皇后配，西面北上，皆在壇上。地理群神從食皆在壇下〔三〕，如元始故事。嶽、瀆位見山川門。地祇、高皇后用犢各一頭；五嶽共牛一頭；四海、四瀆共牛一頭；群神共二頭。奏樂亦如南郊。既送神，瘞俎實於壇北。

魏明帝景初元年，詔：「祀方丘所祭曰皇皇后地，以舜妃伊氏配；北郊所祭曰皇地之祇，以武宣后配。」

時高堂隆上表云：「古來娥、英、姜、姒，盛德之妃，未聞配食於郊者也。漢文初，祭地祇於渭陽，西漢武帝時始立汾陰后土於汾陰，亦以高帝配祠。孝文時無祭地祇於渭陽事。以高帝配。孝武立后土，宜依古典以武皇配天地。」

按：鄭康成分圜丘與南郊爲二、方澤與北郊爲二，而所祀天地亦各有二名。曹魏郊祀，遵用其說。然鄭說祀天則有昊天、有五帝，而魏圜丘所祀曰皇皇帝天，南郊所祀曰皇天之神。鄭說祀地則有崑崙、有神州，而魏方澤所祀曰皇皇后地，北郊所祀曰皇地之祇。往往見靈威仰及崑崙等名不雅馴，故有以易之。然不知皇天之與天神、后地之與地祇，果可分而爲二乎？可笑也！

晉武帝泰始二年，定郊祀，地郊除先后配〔四〕。是年，并圜方二丘於南北郊，更修壇兆。其二至之祀合於二郊。時從有司議云，古者郊丘不異。十一月庚寅，帝親祠於南郊。自後方澤不別立。

元帝太興二年，北郊未立，地祇共在天郊。

明帝太寧三年，詔立北郊，未及建而帝崩。

成帝咸和八年，於覆舟山南立地郊，以宣穆張皇后配，五嶽、四望、四海、四瀆、五湖、諸山江等凡四十四神，及諸小山從祀。此依魏氏故事，非晉舊也。

時將北郊，太常顧和表〔五〕：「按：後漢光武正月辛未，始建北郊。此則與南郊同月。」於是從和議。

郊廟牲、幣、璧、玉之色，雖有成文，秦代多以騂駒，漢則但云犢，未辨其色。江左南北，同用玄牲。

晉地郊享神歌一首。祠享天地五神迎送歌見郊祀門。

宋武帝永初二年，親祀南北郊。

孝武帝大明三年，移北郊於鍾山北原道西，與南郊相對。後還舊處。初，晉始置於覆舟山南，至於此移之。廢帝以舊地吉祥，復之。

齊高祖建元二年正月次辛，祀北郊。犧牲之色因舊不改而無配。用王儉議。

武帝永明三年〔六〕，議郊祀。用正月次辛瘞后土，御並親奉。車服之儀，率遵漢制，出以法駕、衮冕。用次辛之義，已注天郊。

梁武帝制：北郊爲壇於國之北，壇上方十丈，下方十二丈，高一丈，四面各一陛，其爲外壝再重。常與南郊間歲。正月上辛，祀后土於壇上，以德后配，禮以黄琮。五官、先農、五嶽及國内山川皆從祀。地攢題曰「后地座」，用上和香。以地於人親，宜加雜馥。省除四望座，博士明山賓議：「北郊有嶽、鎮、海、瀆之座，而又有四望座，疑重。」遂省四望座。松江、浙江、五湖、鍾山、白石山並留之如故〔七〕。帝行一獻之禮。

梁北郊迎神諴雅一曲三言，送神諴雅一曲四言，皇帝初獻，奏登歌二曲四言。

陳武帝受禪，亦以間歲正月上辛，用特牛一，祀於北郊，以皇妣昭后配。

文帝天嘉中，改以德皇帝配。

宣帝即位，以郊壇卑下，更增廣之。祠部郎中王元規議：「舊壇上徑廣九丈三尺，請加七尺以則地義；下徑廣十五丈，取二分益一〔八〕，高丈五寸，請加尺五寸，取二倍漢家之數。

後魏道武帝即位二年正月癸亥〔九〕，瘞地於北郊，以神元竇皇后配。壇兆制同南郊。五嶽名山在中壝内，四瀆大川於外壝内。后土、神元后共用玄牡一，玉用兩圭有邸，幣用束帛，五嶽等共牛一。祭畢，瘞牲體於壇北亥地。其後，夏至祭地於方澤，用牲幣之屬，與二郊同。

北齊制，三年一祭，以夏日至禘崑崙、皇地祇於方澤，以武明皇后配〔一〇〕。爲壇在國北郊。壇廣輪四十尺，高四尺，面各一陛。其外爲三壝，相去廣狹同圜丘。壝外大營，廣輪三百二十步，餘如圜丘。又爲瘞坎於壇之壬地中壝之外，廣深丈二尺。禮以黄琮、束帛。神州、社稷、天下山水並從祀，用牲十二，儀同圜丘〔一一〕。

後周祭后土地祇，於國北郊六里爲壇，壇一成，八方。下崇一丈，方六丈八尺；上崇五尺，方四丈。方各一陛，每尺一級。其壝八面，徑百二十步。内壝半之。以神農配。牲以其方之色。神州壇在其右，以獻侯莫那配焉。崇一丈，方四丈。其壇如方丘。莫那則周文帝之遠祖，自陰山南徙，始居遼西。

隋因周制，夏日至祭皇地祇於宫城北郊十四里，爲方壇，其丘再成，成高五尺。下成方十丈，上成方五丈。成則重也。以太祖武元配。神州、迎州、冀州、戎州、拾州、柱州、營州〔一二〕、咸州、揚州，其九州山林、川澤、丘陵、墳衍、原隰皆從祀。地祇及配帝在壇上，神州九州神座於壇第二等八陛之間，神州東南方，迎州南方，冀州、戎州西南方，拾州西方，柱州西北方，營州、咸州東北方，揚州東方〔一三〕。九州山海以下各依方面八陛之間，唯冀州山林、川澤、丘陵、墳衍於壇之南少西。地祇、配帝等，牲用黄犢二；神州以下各用方色犢一〔一四〕；九州山海、墳衍等加羊、豕各九。孟冬祭神州於北郊，亦以太祖武元配，牲用犢二。凡大祀養牲，在滌九旬；昊天、五帝、日、月、星、地祇、神州、宗廟、社稷。中祀三旬；星辰、五祀、四望。小祀一旬。司中、司命、風師、雨師、諸星、山、川。其牲方色難備者，聽以純色代之。

煬帝大業元年孟冬，祀神州，改以高祖文帝配。

北齊、後周、隋北郊迎送神等歌詞同南郊。

唐制，夏日至祭皇地祇。於宫城之北郊十四里爲方丘，壇因隋制，以景帝配，神州、五方嶽鎮、海瀆、山林、川澤、丘陵、墳衍、原隰皆從祀。地祇、配帝在壇上，神州在壇第二等，五嶽以下三十七座於壇下外壝之内，丘陵等三十座於壝外。地祇及配帝牲用黄犢二，神州用黝犢一，嶽鎮以下加羊、豕各五。孟冬祭神州於北郊，景帝配，牲用黝犢二。

太宗貞觀時，奉高祖配地郊。

中書令房玄齡與禮官議，以爲：「禮『有益於人則祀之』。神州者，國之所托，餘八州則義不相及。近代通祭九州。今除餘州等八座，唯祭皇地祇及神州，以正祀典。」

高宗永徽中，廢神州之祀。

禮部尚書許敬宗議：「方丘祭地之外别有神州，謂之北郊。分地爲二，既無典據，理又不通。請合於一祀，以符古義。仍並條附式令〔一五〕，永垂後則。」可之。

乾封初，詔依舊祀神州、皇地祇，壇依舊於渭水北安置。

奉常博士陸遵等議〔一六〕：「北郊之月，古無明文。漢光武正月辛未始建北郊，東晉成帝咸和中，議北郊用正月，皆無指據。武德來禮令即用十月，爲是陰用事，故於此時祭之。請依舊十月致祭。」從之。

武后天册萬歲元年，親享南郊，始合祭天地。

睿宗景雲三年〔一七〕，將祀南郊，有司請設皇地祇位。

諫議大夫賈曾上表曰：「謹按傳曰：『大祭曰禘。』然則郊之與廟俱有禘祭。禘廟，則祖宗之主俱合於太祖之廟；禘郊，則地祇、群望俱合於圜丘，以始祖配享。禮大傳曰：『不王不禘。』故知王者受命，必行禘禮。虞書曰：『月正元日，舜格于文祖，肆類于上帝，禋于六宗，望秩于山川〔一八〕，徧于群神。』此則受命而行禘禮者也。言『格于文祖』，則餘廟可知矣；言『類于上帝』，則地祇之合可知矣。且山川之祀皆屬於地，群望尚徧，况地祇乎？三輔故事漢祭圜丘儀，上帝位正南面，后土位亦南面而少東。伏惟陛下自臨宸極，未親郊祭，今之南郊，正當禘禮，固宜合祀天地，咸秩百神，豈可使地祇無位，未從禘享？今請備設皇地祇并從祀等座，則禮得稽古，義合緣情。」制令宰相召禮官詳議可否。禮官國子祭酒褚無量、司業郭山惲等咸依曾奏，其事竟寢。

開元十一年，上將還西京，便幸并州。兵部尚書張説進言曰：「陛下今因行幸，路由河東，有漢武后土之祠。此禮久闕，歷代莫能行之。願陛下紹斯墜典，以爲三農祈穀。此誠萬姓之福。」至十一年二月二十二日〔一九〕，祠后土於汾陰脽上。太史奏：「榮光出河，休氣四塞。祥風繞壇，日揚其光。」初，有司奏：「修壇掘地，獲古銅鼎二。其大者容四升，小者容一升，色皆青。又獲古甎，長九寸，有篆書『千秋萬歲』字及『長樂未央』字。又有赤兔見於壇側。」舊祠堂爲婦人塐像，則天時，移河西梁山神塐像，就祠中配焉。至十一年，有司遷梁山神像於祠外之别室焉。兼以中書令張嘉貞爲壇場使，將作少監張景爲壇場副使，張説爲禮儀使。

二十年，車駕欲幸太原。中書令蕭嵩上言云：「十一年，親祀后土，爲蒼生祈穀。自是神明昭祐，累年豐登。有祈必報，禮之大者。且漢武親祠脽上，前後數四。伏請准舊事，至后土行報賽之禮。」上從之。至十一月二十一日，祀后土於脽上。其文曰：「恭惟坤元道昭，品物廣大，茂育暢於生成，庶憑休和，惠及黎獻。博厚之位，粵在汾陰。肅恭時巡，用昭舊典。敬以琮幣、犧牲、粢盛庶品，備兹瘞禮，式展誠慤。睿宗皇帝配神作主。」禮畢，令所司刊石於祠所。上自爲文。

二十一年，詔：「夏日至，祀皇地祇於方丘，以高祖配；立冬，祭神州於北郊，以太宗配。」

天寶五載，詔：「皇王之典，聿修於百代；郊祭之義，允屬於三靈。聖人既因時以制宜，王者亦緣情以革禮。且尊莫大於天地，禮莫崇於祖宗。嚴配昭升，豈宜異數？今烝嘗之獻，既著於常式；南北之郊，未展於時享。自今已後，每載四時孟月，先擇吉日祭昊天上帝，其皇地祇合祭。以次日祭九宮壇，令宰臣行禮奠祭。務崇蠲潔，稱朕意焉。」

唐開元禮

夏日至，祭皇地祇於方丘。壇上以高祖神堯皇帝配座。每座籩、豆各十二；簠、簋、甄、俎各一。都七十二座。祭神州地祇於壇第一等，籩、豆各四，餘如上也。祭五嶽、四鎮、四海、四瀆、五山、五川、五林、五澤、五丘、五陵、五墳、五衍、五原、五隰於內壝之外，各依方面。每座籩、豆各一，簠、簋、俎各一，皆准舊禮爲定。立冬後祭神州地祇於北郊，以太宗文武聖皇帝配座。每座籩、豆各十二，簠、簋、甄俎各一也。

舊樂用姑洗三成。准周禮云：「函鍾之均八變，則地祇皆出，可得而禮。」鄭玄云：「祭地有二：一是大地崑崙爲皇地祇，則宗伯黄琮所祭者；二是帝王封域内之神州，則兩珪有邸所祭者。」國家後禮則不立神州之祀，今依前禮爲定。既曰地祇，其樂合用函鍾之均八變。

皇帝夏日至祭方丘儀后土同，孟冬祭神州及攝事並同。

齋戒

前祭七日，戒誓，皇帝服衮冕。前祭二日，太尉告高祖神堯皇帝廟，如常告之儀。告以配神作主。孟冬祭神州，則告太宗文武聖皇帝廟。餘並如圜丘之儀。

陳設

前祭三日，尚舍直長施大次於外壝東門之外道北，南向，攝事衛尉設祭官公卿已下次於東壝外道南，北向西上。尚舍奉御鋪御座。衛尉設文武侍臣次於大次之後，文官在左，武官在右，俱南向。設祭官次於東壝之外道南，北向西上。三師於南壝之外道東，諸王於三師之南，俱西向北上。文官九品以上於祭官之東，北向西上。介公、酅公於南壝之外道西，東向。諸州使人：東方、南方於諸王東南，西向；西方、北方於介公、酅公西南，東向，皆北上。諸國之客：東方、南方於諸州使人之南，西向；西方、北方於諸州使人之南，東向，皆北上。武官三品以下、七品以上，於西壝之外道南，北向東上。其褒聖侯於文官三品之下。攝事，無御座以下至此儀。設陳饌幔於内壝東門、西門之外道北，南向。壇上及神州、東方、南方之饌陳於東門外，西向；西方、北方之饌陳於西門外，東向。神州無西門之饌。前祭二日，太樂令設宮懸之樂於壇南内壝之外，樹靈鼓於北懸之内道之左右，餘如圜丘儀。又爲瘞埳於壇之壬地内壝之外，方深取足容物，南出陛。前祭一日，奉禮設御位攝事無御位。於壇之東南，西向；設望瘞位於壇西南，當瘞埳，北向。設祭官公卿位於内壝東門之外道南，分獻官於公卿之南，執事者位於其後，每等異位，俱重行，西向北上。設御史位於壇上，正位於東南隅，西向；副位西南隅，東向。設奉禮位於樂懸東北，贊者二人在南，差退，俱西向北上。設奉禮贊者位於瘞埳西南，東向南上。設協律郎位於壇上南陛之西，東向。設太樂令位於北懸之間，當壇北向。設從祭之官三師位於懸南道東，諸王位於三師之東，俱北向西上。介公、酅公位於道西，北向東上。文官從一品以下、九品以上，位於執事之南，每等異位，重行，西向；武官三品以下、九品以上，位於西方，當文官，每等異位，重行，東向，皆北上。諸州使人位：東方、南方於諸王東南，重行，北面西上；西方、北方於介公、酅公西南，重行，北面東上。設諸國客使位於内壝南門之外：東方、南方於諸州使人之東，每國異位，重行，北面西上；西方、北方於諸州使人之西，每國異位，重行，北面東上。攝事，無三師以下至此儀。設門外位：祭官公卿以下，皆於東壝之外道南，每等異位，重行，北面西上。三師位於南壝之外道東，諸王於三師之南，俱西向；介公、酅公於道西，東向，皆北上。文官從一品以下、九品以上，位於東壝之外、祭官之南，每等異位，重行，北向西上；武官三品以下、九品以上，位於西壝之外道南，每等異位，重行，北面東上。諸州使人位：東方、南方於諸王東南，重行，西面；西方、北方於介公、酅公西南，重行，東面，俱北上。設諸國客位：東方、南方於諸州使人之南，每國異位，重行，西面；西方、北方於諸州使人之南，每國異位，重行，東面，皆北上。攝事，無三師以下至此儀。設牲牓於東壝之外〔二〇〕，當門西向。黃牲一居前，又黃牲一在北，少退；玄牲一在南，少退。設廩犧令位於牲西南，祝史陪其後，俱北向。設諸太祝位於牲東，各當牲後，祝史陪其後，俱西向。設太常卿省牲位於牲前近北，南向。設皇地祇酒罇於壇之上下：太罇二、著罇二、犧罇二、罍一，在壇上東南隅，北向；象罇二、壺罇二、山罍二，在壇下，皆於南陛之東，北向，俱西上。設配帝：著罇二、犧罇二、象罇二、罍一，在壇上，皆於皇地祇酒罇之東，北向西上。孟冬北郊酒罇於神州酒罇之東，如夏至之儀。神州：太罇二，在第一等。每方嶽鎮、海瀆俱山罇二，山林、川澤俱蜃罇二；丘陵、墳衍、原隰俱概罇二。凡罇各設於神座之左而右向。神州以上之罇置於坫；以下之罇俱藉以席。皆加勺羃，設爵於罇下。孟冬儀：壇上之罇置於坫，壇下之罇藉以席。設御洗及設玉、幣之篚等，並如圜丘儀。孟冬祭同。祭日未明五刻，太史令、郊社令各服其服，帥其屬升。設皇帝祇神座於壇上北方，南向，席以藁秸。設高祖神堯皇帝神座孟冬神州，則設太宗文武聖皇帝神座。於東方，西向，席以莞。設神州地祇神座於第一等東南方，席以藁秸。又設嶽鎮、海瀆以下之座於內壝之內，各於其方，皆有原隰、丘陵、墳衍之座。又設中嶽以下之座於壇之西南，俱內向。自神州以下六十八位，席皆以莞，設神位各於座首。

省牲器如別儀

鑾駕出宫

服以衮冕。餘如上辛圜丘儀。孟冬北郊同圜丘。

奠玉帛

祭日未明三刻，諸祭官服其服，郊社令、良醖令各帥其屬，入實罇、罍、玉、幣，凡六罇之次：太罇爲上，實以泛齊；著罇次之，實以醴齊；犧罇次之，實以盎齊；象罇次之，實以醍齊；壺罇次之，實以沈齊；山罍爲下，實以三酒。配帝：著罇爲上，實以泛齊〔二〕；犧罇次之，實以醴齊；象罇次之，實以盎齊。以上，孟冬同。神州：太罇，實以泛齊。五方、嶽鎮、海瀆之山罇，實以醍齊；山林、川澤之蜃罇，實以沈齊；丘陵以下之散罇，實以清酒。玄酒各實於諸齊之上罇。禮神之玉：皇地祇以黄琮，其幣以黄；配帝之幣亦如之；神州之玉以兩圭有邸，其幣以玄，孟冬同；嶽瀆以下之幣，各從方色。太官令帥進饌者入實饌及禮官就位，御史、太祝行掃除等，並如圜丘儀。孟冬同。駕將至，謁者、贊引各引祭官、從祭官、客使等，俱就門外位。駕至大次門外，迴輅南向。將軍降立於輅右〔三〕。侍中進當鑾駕前跪，奏稱：「侍中臣某言，請降輅。」跪，俛伏，興，還侍位。五品以上從祭之官皆就壝外位。攝事，無駕至大次下儀。太樂令帥工人、二舞次入就位：文舞入陳於懸内；武舞立於懸南道西。謁者引司空入，行掃除訖，出復位。皇帝停大次半刻頃，謁者、贊引各引祀官，通事舍人分引從祀群官、介公、酅公、諸方客使，皆先入就位。太常博士引太常卿立於大次門外，當門北向。侍中版奏外辦。皇帝服衮冕孟冬神州，大裘而冕。出次，華蓋、侍衛如常儀。侍中負寶陪從如式。太常博士引太常卿，太常卿引皇帝，至中壝門外。殿中監進大珪，尚衣奉御又以鎮珪授殿中監。皇帝搢大珪，執鎮珪，華蓋、仗衛停於門外，侍者從入。謁者引禮部尚書、太常少卿陪從，如常儀。皇帝至版位，太常卿請再拜及請行事，並如圜丘儀。攝事，如圜丘攝事儀。協律郎舉麾，工鼓柷，奏順和之樂。乃以林鍾爲宫，太蔟爲角，姑洗爲徵，南吕爲羽，作文舞之舞，樂舞八成，林鐘、太蔟、姑洗、南吕皆再成。偃麾，戛敔，樂止。太常卿前奏稱「請再拜」，退復位，皇帝再拜。奉禮曰「衆官再拜」，在位者皆再拜。皇帝奠玉幣及奏樂之節，並如圜丘。攝事，則太尉奠玉帛。下倣此。登歌作肅和之樂，以應鍾之均。太常卿引皇帝進，北向跪奠於皇地祇孟冬神州。神座，俛伏，興。及奠配座，並如圜丘儀。攝事，同圜丘攝事儀。

皇帝既升奠玉幣，太官令陳饌之儀如圜丘。俎初入門，奏雍和之樂，以太蔟之均。自後，接神之樂用太蔟。饌至陛，樂止。祝史俱進，跪，徹毛血之豆，降自東陛以出。皇地祇之饌升自南陛，配帝之饌升自東陛，神州之饌升自北陛，孟冬神州升自南陛。諸太祝迎引於壇上，各設於神座前。設訖，謁者引司徒，太官令帥進饌者，降自東陛以出，司徒復位，諸太祝還罇所。又進設嶽鎮以下之饌，相次而畢。太常卿引皇帝詣罍洗，樂作。其盥洗、酌獻、跪奠、奏樂之儀，並如圜丘。攝事，如圜丘攝事儀。太祝持版進於神座之右，東向跪，讀祝文

進熟

曰：「維某年歲次月朔日，子嗣天子臣某，攝事，云「謹遣太尉臣名」。下倣此。敢昭告於皇地祇：乾道運行，日躔北至。景風應序，離氣效時。嘉承至和，肅若舊典。敬以玉帛、犧齊、粢盛、庶品，備茲祇瘞，式表誠慤。高祖神堯皇帝配神作主。尚享。」太祝俛伏，興。孟冬神州，云：「包函區夏，載植群生。溥被域中，賴兹厚德。式遵彝典，揀此元辰。敬以玉帛〔二三〕、犧齊、粢盛、庶品，明獻厥成，備茲祇瘞。皇祖太宗文武聖皇帝配神作主。」皇帝再拜。攝，則太尉再拜。初，讀祝文訖，樂作。太祝進，跪奠版於神座，興，還罇所。皇帝拜訖，樂止。太常卿引皇帝詣配帝酒罇所。執罇者舉冪。侍中取爵於坫，進。皇帝受爵，侍中贊酌泛齊訖，樂作。太常卿引皇帝進高祖神堯皇帝神座前，東向跪，奠爵，俛伏，興。太常卿引皇帝少退，東向立，樂止。太祝持版進於神座之左，北向跪，讀祝文曰：「維某年歲次月朔日，孝曾孫開元神武皇帝臣某〔二四〕，敢昭告於高祖神堯皇帝：時維夏至，肅敬訓典，用祇祭於皇地祇。惟高祖德叶二儀，道兼三統，禮膺光配，敢率舊章。孟冬云：「皇曾祖太宗文武聖皇帝，德被乾坤，格於上下。昭配之儀，欽率舊章。」謹以制幣、犧齊、粢盛、庶品，肅雍明薦，作主侑神。尚享。」太祝俛伏，興。皇帝再拜。初，讀祝文訖，樂作。太祝進奠版於神座，興，還罇所，樂止。皇帝飲福、受胙及亞獻、終獻盥洗、酌獻、飲福，並如圜丘儀。唯皇地祇，太尉亞獻酌醴齊時武舞作，合六律六同爲異耳。初，太尉將升獻，謁者一人引獻官詣罍洗。盥洗匏爵訖，升自巳陛，詣酒罇所。執罇者舉冪，酌泛齊進奠於神州座前，引降還本位。謁者五人次引獻官各詣罍洗。盥洗訖，各詣酒罇所。俱酌醍齊訖，引獻官各進奠爵於諸方嶽鎮、海瀆首座，餘座皆祝史助奠，相次而畢，引還本位。又贊引五人各引獻官詣罍洗，盥洗，詣酒罇所酌沈齊〔二五〕，獻山林、川澤如嶽鎮之儀，訖，又引獻官詣罍洗，盥洗訖，詣酒罇所，俱酌清酒獻丘陵以下及齋郎助奠如上儀訖，各引還本位。武舞六成，樂止。舞獻俱畢，諸祝徹豆及賜胙，皇帝再拜，奏樂，並如圜丘儀。太常卿前奏：「請就望瘞位。」太常卿引皇帝，樂作。皇帝就望瘞位，北向立，樂止。於群官將拜，上下諸祝各執篚，進神座前取玉帛。齋郎以俎載神州以上牲體、稷黍飯、爵酒，各由其陛降壇北行，當瘞埳西行。諸太祝以玉幣、饌物置於埳。諸祝又以嶽鎮以下之禮幣及牲體皆從瘞。奉禮曰「可瘞」，埳東西厢各六人寘土。半埳，太常卿前奏禮畢，引皇帝還大次，樂作。從祀群官、諸方客使、御史以下出，並如圜丘儀。其祝版燔於齋所。

鑾駕還宫如圜丘儀

宋制，夏至祭皇地祇，孟冬祭神州地祇，並爲大祀。南郊親祀昊天上帝，則併設皇地祇之位。南郊四祭圜丘，正月上辛祈穀，孟夏雩祀，季秋大享。及感生帝、皇地祇、神州地祇，凡七祭，並以四祖迭配。太祖親郊者四〔二六〕，並以宣祖配；太宗即位，其七祭但以宣祖、太祖更配。方丘在宫城北十四里，常以夏至祭皇地祇；别爲壇於北郊，以孟冬祭神州地祇。

真宗景德三年四月，太常寺言：「神州壇壝中有阬塹及車馬之迹，又兩壝步數迫隘，不合禮文。望令改擇壇位，及依令式封標諸壇外壝，禁人耕墾樵牧。」奏可。即徙壇於方丘之西焉。

四年正月，以朝陵，遣工部尚書王化基詣汾陰后土祠致祭，用大祀禮。

汾陰后土，漢武帝元鼎中所立脽上祠。宣帝、元帝、成帝、後漢光武、唐玄宗皆親祭。是後，曠其禮。開寶九年，徙廟稍南。是年，始遣使致祭。其後又詔：「自今凡告天地，仍詣祠告祭。命禮官考定衣冠制度，令有司修製，遣使奉上。」

大中祥符三年，河中府言：「進士薛南率耆老、僧道千二百九十人列狀求詣闕，請親祠。」詔不允，仍止其來。七月，復上表固請，群臣亦詣東上閤門陳請。八月，詔以來年春有事於汾陰后土。

有司定制：「玉册、金玉匱，度廟庭擇地爲埳，中置石匱。匱方五尺，厚二尺，中容玉匱。刻金繩道三，闊一寸，深五分。繫繩處刻深四寸，方三寸五分，容『天下同文』寶。俟祀畢，太尉奉玉匱置其中。將作監領徒舉石覆之。石厚一尺，繫繩、填泥、印寶，悉如社首封䃭之制。皇帝省視訖，加蓋其上，封固，爲小壇，廣厚五尺。」從之。九月，經度制置使詣脽上築壇，如方丘之制。廟北古雙柏旁有堆阜，即就其地焉。十月，禮儀使王欽若言：「準儀注，祀畢，太尉封玉册於廟庭石匱，百官班於庭中。皇帝謁廟禮畢，至石匱南，北向省視。」

四年正月丁酉，備鑾駕出京師。二月丙辰，至奉祇宫。戊午，致齋。召近臣登延慶亭，南望仙掌，北瞰龍門。自宫至脽丘，列植嘉樹，六師環宿行闕，旌旗帟幕照曜郊次，眺覽久之。己未，遣入内都知鄧永遷詣祠，上衣服、供具。庚申，群臣宿祠所。辛酉，具法駕詣脽壇。夾路設燎火，其光如晝。盤道紆屈，周以黄麾仗。至壇次，服衮冕登壇。祀后土地祇，備三獻，奉天書於神座之左。以太祖、太宗並配，悉如封禪之禮。先是，脽上多風。及行禮，頓止。黄氣繞壇，月重輪，衆星不見，惟大角光明。少頃，改服通天冠、絳紗袍，乘輦詣廟，設登歌，奠獻，省封石匱，遣官分奠諸神。登鄈丘亭，望河、汾。還行宫，鼓吹振作，紫氣四塞。觀者溢路，民有扶老携幼，不遠千里而至者。壬戌，御朝覲壇肆赦。是行，塗中屢有甘澍之應，皆夕降晨霽，從官、衛兵無霑服之患；又農事方興，耕民懽忭相屬。三月，駐蹕西京。四年，詔脽上后土廟宜上額爲「太寧正殿」。

慶曆時，夏至祭皇地祇，用犢、羊、豕各一。其後，禮官馮浩言：「皇地祇壇角再成，面廣四丈九尺，東西四丈六尺。上等高四尺五寸，下等高五尺，方五丈三尺，陛廣三尺五寸。大抵卑陋不應禮典。」禮院請如唐郊祀録增廣。因詳制度之未合禮者。五年，諸壇皆改。嘉祐配位七十一，加羊、豕各五。諫官司馬光奏：「告大行謚號於圜丘，而皇地祇止於望告，下同駿食，失尊卑之序。」下禮院，定非次祭告皇地祇，請差官就壇行事。

景祐二年，詔：「有司孟冬祭神州地祇，遣内臣降香。春秋朝陵、諸祠祈解，亦然。」

慶曆用羊、豕各五，正配山罍、簠、簋二。皇祐，定壇高三尺，廣四十八步，四出陛。

神宗元豐元年，詳定郊廟奉祀禮文。樞密院直學士陳襄上言：「合祀天地於圜丘爲非禮，請依古禮，祭地於方澤。」詔禮院集議。詳見郊祀門。至六年，尚書禮部言：「太常寺修定郊祀之歲夏至皇帝親祭皇地祇於北郊方丘及上公攝事儀。」詔：「親祀北郊，盡如南郊儀。其上公攝事，惟改樂舞及不備官；其俎豆、樂架、圭幣之數，史官奉祝册，並如親祀。」

哲宗元祐七年，帝初郊，合祭地祇於圜丘。集議見郊祀門。

紹聖元年，右正言張商英、御史中丞黄履等言：「宜用先帝北郊儀注，以時躬行。罷去合祭之禮。」

三省言：「合祭既非禮典，但盛夏祭地，必難親行。」詔令兩省、臺諫、禮官同議。可以親祀北郊，然後可罷合祭之禮。曾布言：「天地、宗廟，四時皆有祭，未聞盛夏可以廢祭祀也。若謂議可以親祠北郊，然後可議罷合祭，則先帝罷合祭爲不當矣。」四月，翰林學士錢勰、刑部侍郎范純禮議：「先帝親祠之詔，所宜遵守。但當斟酌時宜，省去繁文末節，以行親祠之禮。若謂盛夏難於出郊，則姑從權變禮，以循祖宗故事。」吏部侍郎韓宗師、兵部侍郎王古、殿中侍御史井亮采、監察御史常安民又以南郊合祭，當循祖宗舊制。權户部侍郎李琮以乘輿出郊，暑雨不常，合祭權宜，亦難輕罷。太常博士傅楫以祀天地不可以暑暍廢大禮。給事中虞策、權給事中劉定、中書舍人盛陶、太常少卿黄裳，請用十月親祭皇地祇於北郊。吏部侍郎豐稷請於夏至前三日，皇帝致齋於文德殿，遣官奏告太廟。至日五鼓，詣北郊齋殿。質明行事，禮畢還宫，不甚炎溽。若遇陰雨，大慶殿可陳望祭之禮。起居舍人葉祖洽謂：「北郊之禮主於祀地，而太廟、景靈宫自可差官攝事。皇帝致齋於文德殿。前事一日，夙興至郊外齋宫。次日五鼓行事。質明禮畢還内。則是乘輿宿外不過一日，無憚暑之虞，於理爲可。」户部尚書蔡京、禮部尚書林希、翰林學士蔡卞、御史中丞黄履、工部侍郎吴安持、祕書少監鼂端彦、侍御史翟思、殿中侍御史郭知章、正言劉拯、監察御史黄慶基、董敦逸等，請罷合祭天地。自後間因大禮歲，以夏至之日親祠北郊；其親祠北郊之歲，更不親祠南郊。明年，乃詔：「罷合祭。自今間因大禮之歲，以夏至之日躬祭地祇於北郊。應緣祀事儀物及壇壝、道路、帷宫等，宜令有司參酌詳具以聞。」蓋用蔡京等議。然北郊親祠，終帝世未克舉云。

權禮部侍郎黄裳等言：「南郊用大駕鹵簿儀仗二萬六十一人，明堂祫享用法駕計一萬八千八十八人〔二七〕。今親祀北郊，備物則當用大駕。如以盛暑之月稍減煩文，即依明堂禮，用法駕鹵簿。」詔依南郊用大駕鹵簿。又言：「南郊朝祭服皆以羅綾爲之。今北郊，盛暑之月，難用袷服。謹按月令，孟夏初衣暑服，孟冬始裘。欲依袞冕制度，改用單衣。」從之。

元符元年，帝幸瑞聖園觀新成北郊齋宮。故事，郊宮悉設以幕帟，其費不貲。上命繕營，不日而成。曰：「三歲一郊，次舍之費，縑帛三十餘萬，工又倍之。易以屋室，一勞永逸，所省多矣。」

徽宗崇寧元年，禮部尚書黃裳言：「南郊，壇十二龕，壝中布列從享星位，具載其名，凡三百三十有八。至於北郊，第以嶽鎮、海瀆、山林、川澤〔二八〕、丘陵、墳衍、原隰之目，別以四方，寘於成壝，而不列其名。雖從享於大祇，莫非山澤，而何者來格？今茲講行北郊大禮，尚未論著，是爲闕典。欲乞令太常寺丞陳暘考其名位，取其可以從享者，詳具以聞，列於成壝。」從之。

二年，禮部員外郎陳暘奏：「臣聞天一與地六合而生水於北，其神玄冥；地二與天七合而生火於南，其神祝融；天三與地八合而生木於東，其神句芒；地四與天九合而生金於西，其神蓐收；天五與地十合而生土於中，其神后土。蓋地乘陰氣，播五行於四時。當有帝以爲之主，必有神以爲之佐也。五行之帝既從享於南郊第一成，則五行之神亦當列於北郊第一成矣。上辛大雩帝及五時迎氣，並以五人神配，而不設五行之神。是取小而遺大也。神宗皇帝嘗詔地示之祭以五行之神從享，以五人神配。然尚列嶽鎮、海瀆之間。臣今欲陞之第一成。」又云：「地示之祭，先儒之說有二。或繫於崑崙，或繫於神州，皆有所經見。惟爾雅曰：『西北之美者，有崑崙之球琳琅玕焉。』河圖括地象曰〔二九〕：『崑崙東南萬五千里曰神州。』是崑崙不過域於西北，神州不過域於東南也。神宗皇帝嘗詔禮官討論北郊祀典，位崑崙於方丘第一成之西北，位神州於第一成之東南，而其上設地祇位焉。崑崙、神州之説雖出不經，然古人『有其舉之，莫敢廢也』。特降於從享之列爾。欲望明推神考詔旨，列崑崙、神州於從享之位。」又言：「三代而上，山川之神，有望秩之祭。故五嶽之秩視三公，四瀆之秩視諸侯。五嶽不視侯而視公，猶未極乎推崇之禮。聖朝始帝五嶽而王四瀆。竊惟天莫尊於上帝，而五方帝次之；地莫尊於大示，而五嶽帝次之。神宗皇帝親祠上帝於南郊，而五方帝列於第一成，然則五嶽帝其可尚與四鎮、海瀆而並列乎？今欲陞之於第一成。」並從之。

政和三年，詔：「自今每遇冬大禮後一歲夏至，祭地於方澤。其儀物、儀衛、應奉行事悉從簡省；從祭臣僚與隨駕衛士，量行支賜。簡而易行，無偏而不舉之失，以稱朕意。可令禮制局裁定以聞。」又詔：夏至齋宮大内門曰「廣禋」，東偏門曰「東秩」，西偏門曰「西平」，正東門曰「含光」，正西門曰「咸亨」，正北門曰「至順」，南門裏大殿門曰「厚德」，東曰「左景華」，西曰「右景華」，正殿曰「厚德」，便殿曰「受福」、曰「坤珍」、曰「道光」，亭曰「承休」。

四年五月丙戌夏至日，帝始親祭地於方澤，以太祖皇帝配。禮成，帝親製二表，遣觀文殿學士鄧洵武告於永泰陵。詔以其日爲景貺節。

故事：大禮，御札皆前期六月乃降。六年冬祀、夏祭，始同一札，五使亦同日命之，遂爲定制。十二日，皇帝親祭地於方澤，以皇弟燕王俁爲亞獻，越王偲爲終獻。前期，皇帝散齋七日於別殿，致齋七日於内殿，一日於齋宫。舊儀：侍從官設次青城内，餘就草場。今聽於青城附近官舍設次，日給食錢，更不具食。祭前一日，奏告太祖皇帝室。殿中監設大次於外壝西門之内道北，南向；小次於第二成子陛之西，東向；設皇帝褥位於小次前，東向。設文武侍臣次於大次前，陪祀、行事官、宗室及有司次於外壝南門之外。設饌幔於内壝東西門之外，開瘞坎於壇子陛之北，壬地。光禄牽牲詣祀所。大晟陳登歌之樂於壇上稍北，南向；設宫架於壇北内壝之外，立舞表於酇綴之間。祭前一日，太史設皇地祇位於壇上南方，北向，席以藁秸；太祖皇帝位於壇上西方，東向，席以蒲越；神州地祇位於第二成午陛，席以藁秸；五官神、嶽鎮、海瀆各以其方，設位於第二成；山林、川澤、丘陵、墳衍、原隰各以其方，設位於壇下内壝之内，皆席以莞，内向。奉禮郎、禮直官設皇帝版位於第二成子陛之西，東向；飲福位於壇上皇地祇神位東北，南向；望瘞位於瘞坎之南，北向；設燎火於望瘞位之西，北向。司罇彝帥其屬設玉幣篚於酌罇所。又設籩、豆、簠、簋之位：正配位皆左十有一籩，右十有一豆，俱爲三行；俎一在籩前，二在豆右，爲二重；登一在籩豆間；血槃一在登之前；簠一、簋一在籩豆外，簠在左，簋在右。又設罇罍之位：每位太罇三，著罇二，犧罇、象罇、壺罇、山罇各一。罇皆有罍，以東爲上，罇南罍北。又設篚一於第二成子陛之側，實以槃匜巾爵。坫二於正配位罇罍之次。又設内侍供奉皇帝盥帨位於皇帝版位之前。又設象罇二、壺罇二在壇下子陛之西，俱南向東上，皆加勺、冪，並實水。又設第二成從祀每位皆左十籩、右十豆，俱爲三行；俎二在籩豆前；登一、槃一神州地祇、五官神同。在籩豆間；簠一、簋一在籩豆外，簠在左，簋在右；爵一置於俎上。内壝神位，每位皆左二籩、右二豆；俎一在神位前；爵一次之；簠一、簋一在爵之前，簠在左、簋在右；登一在籩豆之間。又設罇罍之位：二成每方各犧罇二、山罇二，壇下每方設蜃罇二、散罇二，在神位之左，蜃罇、散罇外，餘皆有罍副之，凡罇、罍皆加勺、冪。又設正配位籩、豆、簠、簋、俎、斗、鼎各一於饌幔之內。太府卿、少府監帥其屬陳玉幣於篚，皇地祇玉以黄琮，幣以黄，配帝幣亦如之；神州地祇玉以兩圭有邸，幣以黑；五行、五官、五方嶽鎮、海瀆諸神，幣各從其方色。禮神之玉，各置於神位前，瘞玉加於幣。先是，郊祀罇、彝、籩、豆、簠、簋之類，襲用前代，無所考正。上遠稽三代，作郊廟禋祀之器。至是舉而用之，粲然大備。手詔具親祀圜壇門。前期一日，尚輦奉御進輿於垂拱殿。皇帝服通天冠、絳紗袍，乘輿以出，稱警蹕如常儀。乘黄令進玉輅於宣德門外。左輔奏「請降輿升輅」，至齋宮明禋殿前，迴輅南向。左輔奏「請降輅乘輿入齋殿」，侍衛如常儀。祭日，皇帝服通天冠、絳紗袍，乘輿至大次，禮儀使等分立大次前。有司奏「請行事」，皇帝服衮冕以出。禮儀使等前導至中壝門外，殿中監跪進大圭，皇帝執以入，宫架儀安之樂作；至午陛，樂止。登歌樂作，至第二成版位東向立，樂止。禮儀使奏「有司謹具，請行事」，宫架作寧安之樂、廣生儲祐之舞八成，止，皇帝再拜。禮儀使奏請搢大圭，盥手，登歌樂作；帨手訖，執大圭至壇，樂止。登歌嘉安之樂作，殿中監進鎮圭。皇帝搢大圭，執鎮圭，詣皇地祇神位前，南向跪，奠鎮圭於繅藉，執大圭，俛伏，興，搢圭。禮儀使奏請受玉幣，奠訖，俛伏，興，再拜，樂止。恭安樂作，詣太祖皇帝神位前，西向，奠圭幣如前儀。禮儀使前導皇帝還版位，登歌樂作，至位東向立，樂止。禮部、户部尚書以下奉饌俎，宫架豐安之樂作，奉奠訖，樂止。皇帝再詣罍洗，搢大圭，盥手，登歌樂作；帨手，洗爵，拭爵訖，執大圭至壇上，樂止。登歌光安之樂作，詣皇地祇神位前，搢大圭，跪，執爵祭酒三，奠爵訖，執圭，俛伏，興，樂止。太祝讀册，皇帝再拜訖，登歌英安之樂作，詣太祖皇帝神位前如前儀。皇帝還版位，登歌樂作，至位，樂止。皇帝還小次，登歌樂作，殿中監跪受大圭，簾降，樂止。文舞退，武舞進，宮架文安之樂作，舞者立定，樂止。亞獻盥帨訖，作隆安之樂、厚載凝福之舞，禮畢，樂止。終獻行禮如前儀。皇帝詣飲福位，登歌樂作，至位，樂止。禧安之樂作，皇帝再拜、搢圭，跪受爵，祭酒三，啐酒，奠爵，受俎，奠俎，受摶黍豆，既奠，再受爵，飲福訖，奠爵，執圭，俛伏，興，再拜，樂止。皇帝還版位如前儀。禮部、户部尚書撤俎、豆，登歌成安之樂作，卒撤，樂止。禮部尚書等降復位。禮直官曰「賜胙」，行事、陪祀官再拜，宮架寧安之樂作，一成，止。皇帝詣望瘞位，登歌樂作，降自子陛，樂止。宮架樂作，至位北向立，樂止。禮直官曰「可瘞」，舉爟火，瘞半坎，禮儀使跪奏「禮畢」，宮架樂作，皇帝出中壝門，殿中監受大圭，皇帝至大次，樂止。有司奏解嚴，皇帝常服乘大輦還齋宮，鼓吹振作。皇帝升御座，百官稱賀。皇帝降座，鳴鞭。殿上侍立官以次退，所司放仗，還内如常儀。

徽宗夏至親祠后土於方澤凡四。政和四年五月十二日，宣和二年五月十八日，五年五月十四日，七年五月二十一日。

程子曰：「元祐時，朝廷議行北郊。只爲五月間天子不可服大裘，皆以爲難行。不知郊天、郊地，禮制自不同。天是資始，故凡物皆尚純。藉用稾秸，器用陶匏，服用大裘是也。地則資生，安可亦用大裘？當時諸公知大裘不可服，不知别用一服。是時，蘇子瞻便據昊天有成命之詩，謂郊祀同。文潞公便謂譬如祭父母，作一處何害？曰：『此詩冬至、夏至皆歌，豈不可邪？』郊天地又與共祭父母不同也。此是報本之祭，須各以其類祭，豈得同時邪？」

朱子曰：「天地合祭於南郊，及太祖不別立廟室，千五六百年無人整理。」

楊氏曰：「愚按：古者祭天地，有正祭，有告祭。禮雖不同，義各有當。冬至一陽生，此天道之始也。陽一嘘而萬物生，此又天道生物之始也。故周官大司樂以圜鍾爲宮，冬日至，於地上之圜丘奏之，六變以祀天神，所以順天道之始而報天也。祭天必於南郊，順陽位也。夏至一陰生，此地道之始也。陰一噏而萬物成，又地道成物之始也。故大司樂以函鍾爲宮，夏日至，於澤中之方丘奏之，八變以祀地示，所以順地道之始而報地也。祭地必於北郊，順陰位也。此所謂正祭也。舜之嗣堯位也，類于上帝，望于山川；歲二月東巡守，則柴于岱宗，望秩于山川。武王之伐商也，底商之罪，告于皇天、后土；又柴望並舉，大告武成。成王之營洛也，丁巳，用牲于郊；翼日戊午，乃社于新邑。凡因事並告天地，有同日而舉，有繼日而舉者，此所謂告祭也。然祀上帝則曰『類』。類者，謂倣郊祀之禮而爲之，則非正祭天也。告地而舉望祭之禮，或社祭之禮，則非正祭地矣。蓋特祭天地，乃報本之正祭也，故其禮一而專；並祭天地，因事而告祭也，不必拘其時，不必擇其位，雖舉望、祀、社，可以該地示，故其禮要而簡。所謂『禮雖不同，義各有當』者，此也。自漢以來，分冬至、夏至二祀爲南、北郊。南郊則周人之圜丘也，北郊則周人之方澤也。然後之人主欲行親郊之禮者，未聞以南郊爲難，而常以北郊爲難。夫五月雖盛暑之月，他事之當舉、他事之當行者，未嘗廢也，而獨難於北郊，何也？諸儒謬誤之説惑之也。按，司服：『王祀昊天上帝，則服大裘而冕，祀五帝亦如之。』

惟祀地之服，經無明文，鄭注亦未嘗及之。賈公彦始爲之疏曰：『崑崙、神州亦服大裘可知。』夫賈公彦一時率爾之言，未嘗深考其故。豈有夏至陽極之月，而可服大裘哉？而崔靈恩〔三〇〕、孔穎達與杜佑通典亦爲是説。於是祀天地之服，不問寒暑，必服大裘，而北郊遂爲不可行之禮。至本朝元祐中，議北郊禮，論者猶以大裘不可服爲言。於是始有請於冬至南郊而合祭天地者矣，若顧臨等所言是也；有援虞、周告祭之禮，以證祀地之正祭者矣，如蘇軾之言是也。因諸儒一時謬誤之言，而欲廢祀地之大典，可不惜哉！或曰：『正祭、告祭之禮不同，而人主父事天，母事地，其心則一也。告祭不拘其時，不擇其位，而可以對越天地；則正祭不拘其時，不擇其位，奚爲不可以對越天地乎？』曰：因天道之始而祀天，因地道之始而祀地，以類求類，此報本之祭也。當天道之始而祀地，於義何居？周公制禮，冬至祀天，夏至祀地，其義不可易矣。周公豈欺我哉？」

又曰：「按，司服：『王祀昊天上帝，則大裘而冕。』先鄭、後鄭注皆云『大裘之上，又有玄衣』，何也？玉藻曰：『君衣狐白裘，錦衣以裼之。君子羔裘豹飾，緇衣以裼之；狐裘，黄衣以裼之。』論語曰：『緇衣羔裘，素衣麑裘，黄衣狐裘。』裘之上未嘗無衣。裘而無衣，則近於褻矣。凡衣必象裘色；凡冕服皆玄上纁下。大裘者，黑羔裘也。玄衣之下，用黑羔裘，取其同色也。凡冕服皆玄上纁下，何也？易曰：『黄帝、堯、舜垂衣裳而天下治。』蓋取諸乾坤。乾爲天，其色玄；坤爲地，其色黄。但土旺於季夏，南方屬火，其色赤黄，而兼赤爲纁，故裳用纁也。玉藻曰：『衣正色，裳間色。』鄭注云：『謂冕服玄上纁下是也。』自黄帝始備衣裳之制，舜觀古人之象，繪日、月、星、辰、山、龍、華、蟲於衣，繡宗彝、藻、火、粉米於裳，凡十二章，歷代皆然。至周而又備繅旒之數。郊特牲曰：『祭之日，王被衮以象天，戴冕，璪十有二旒，則天數也。』自衮冕而下，享先公則鷩冕者，不敢以天子之服臨先公也。祀四望、山川則毳冕；祭社稷、五祀則希冕，不敢以至尊之服施於所卑也。王者事天明，事地察，祭祀冕服，同乎異乎？曰：冬至祀天，夏至祀地；蒼璧禮天，黄琮禮地。各因其類以象天地之性者，不容以不異也。冕服者，王之所服以事昊天上帝、后土地祇，不容以不同也。但夏至不用大裘爾。周禮屨人曰：『凡四時祭祀，以宜服之。』夫屨猶辨四時之宜，則冕服可知矣。唐長孫無忌曰：『天子祀天地，服大裘冕。按周郊祀被衮以象天，戴冕，璪十二旒，與大裘異。月令：孟冬，天子始裘以禦寒。冬至報天，啟蟄祈穀，服裘可也。孟夏迎夏，龍見而雩，如之何而可服？故歷代惟服衮章。』斯言也，信而有證矣。」

按：北郊之議，始於元豐初。至元豐六年，始罷合祭。元祐七年復合祭。紹聖以後復罷之。政和四年，始親祀地祇於方澤。蓋自元豐六年至宣和之末，共四十二年，凡十一郊。惟元祐七年一次合祭，及政和四年以後，四次親祠方澤而已。其餘六郊，則遂廢地祇之祀矣。夫本以合祭爲非禮，分祭爲禮，至分合之議不決，則廢親祠，而權以上公攝事者且二十年。蓋病其非禮，而反至於廢禮。以爲不當並祀於圜丘，而終不能親祠於方澤，則固不若一遵祖宗之法，三歲並祀南郊之爲愈也。要之，周禮冬至圜丘，夏至方澤，其禮甚正，亦無難行者。諸儒議論所以不能以時決者，其拘牽有二：禮文煩縟則憚勞，賞賚優渥則憚費。如陳古靈之説，每遇親郊之歲，一日宿太廟以告，一日宿北郊以祭地，一日宿南郊以祀天。是欲以二祀併在一時，則不至倍費矣，而執禮之勞加甚。如曾曲阜之説，親郊之歲，依古禮以夏至親祠方澤，一如郊禮；至冬至則舉圜丘之祀，是以二祀分在二時，則不至甚勞矣。而賞賚之費倍增。然禮文乃百王相承之大典，不可損略；而賞賚則五季姑息之敝政，何難更張？則如政和三年之詔，以郊天後一歲祭地方澤，應奉支賜務從簡省，毋使有偏而不舉之失，乃爲至論。但恐當時方倡豐豫之説，縻費未必能省。所以中興之後，國勢倥偬，則不復能遵而行之也。

高宗紹興元年，禮部、太常寺討論：夏日至祭皇地祇，以太祖皇帝配。正配二位，每位罇、爵、籩、豆各一，實以酒脯、鹿臡，以獻官一員行禮；立冬祭神州地祇，以太宗皇帝配，於天慶觀望祭。

二年，禮官言：「國朝祀皇地祇，設位於壇之北方，南向。政和四年，禮局議設於南方，北向。今北面望祭，北向爲難，且於經無據，請仍南向。」從之。

太常寺每歲常祀，夏日至祭皇地祇，係於行在錢湖門外惠照院望祭齋宮設位行禮，以太祖皇帝配。三獻官，依儀：初獻係差宰執；亞獻禮部尚書、侍郎，有故或闕，次輪別曹長貳，次給舍、諫議；終獻太常卿少、禮部郎官，有故或闕，差北司官，次輪別曹郎官。合用禮料：牲牢，羊一口，豕一口。籩二十有六，菱二、芡二、栗二、鹿脯二、乾棗、濕棗、乾桃、濕桃、乾橑、榛栗實、麷、蕡、白、黑、形鹽、膴、鮑魚、鱐、餭、餌、粉、餈。簠八，稻、粱各四。登一，大羹。槃一，毛血。簋八，黍、稷各四。豆二十有六，飿食、糝食、芹、兔醢、深蒲、醓醢二、菭菹、鴈醢、笋、魚醢二〔三〕、葵、蠃醢、脾析、蠯醢、大蛤、蚳醢、豚拍、韭、昌本、菁、鹿臡、茆、麇臡二。俎八，羊腥七體、豕腥七體，羊熟十一、豕熟十一，羊腥腸，胃、肺，羊熟腸，胃、肺，豕腥膚、豕熟膚。罇罍共二十有四。著罇二：一實玄酒加明水，一實盎齊；太罇二：一實泛齊，一實醴齊；山罇二：一實盎齊，一實醍齊；犧罇二：一實沈齊，一實事酒；象罇二：一實昔酒，一實清酒。以上各加罍二隻，係實明水。

校勘記

〔一〕山經所有　「有」原作「由」，據漢書卷六一張騫李廣利傳贊改。

〔二〕以冬日至致天神　「日」字原脱，據周禮神仕、陳祥道禮書卷八九補。

〔三〕地理群神從食皆在壇下　「理」原作「禮」，據元本、慎本、馮本及後漢書祭祀志中改。

〔四〕地郊除先后配　「除」字原脱，據晉書卷一九禮志上補。

〔五〕太常顧和表　按上文所叙爲成帝咸和八年事，而據晉書卷一九禮志上，顧和上表爲康帝建元元年事。

〔六〕武帝永明三年　按南齊書卷九禮志上，議郊祀事在永明二年。

〔七〕松江浙江五湖鍾山白石山並留之如故　按隋書卷六禮儀志一載「於是八座奏省四望、松江、浙江等座，其鍾山、白石既土地所在，並留如故」，與此不同。

〔八〕取二分益一　「二」原作「三」，據隋書卷六禮儀志一改。

〔九〕後魏道武帝即位二年正月癸亥　「正月」二字原脱，據魏書卷一〇八之一禮志一補。

〔一〇〕以武明皇后配　「明」原作「德」，據北齊書卷九神武婁后傳、隋書卷六禮儀志一改。

〔一一〕儀同圜丘　「儀」原作「犧」，據隋書卷六禮儀志一改。

〔一二〕營州　「營」原作「宮」，據隋書卷六禮儀志一改。下同。

〔一三〕揚州東方　「東」下原衍「南」字，據隋書卷六禮儀志一删。

〔一四〕各用方色犢一　「各」字原脱，據隋書卷六禮儀志一補。

〔一五〕仍並條附式令　「條」原作「循」，據舊唐書卷二一禮儀志一改。又同書係此事於顯慶二年而非永徽中。

〔一六〕陸遵等議　「陸遵」，舊唐書卷二一禮儀志一作「陸遵楷」。

〔一七〕睿宗景雲三年　據新唐書卷五睿宗紀，景雲二年之次年正月即改元太極，同書及册府元龜卷三三帝王部崇祭祀二皆作「太極元年」，疑此處紀年有誤。

〔一八〕望秩于山川　「望」字原脱，據尚書舜典補。按此段引文係集尚書舜典文字而成，並非原文。

〔一九〕至十一年二月二十二日　「一」原作「二」，據下文及舊唐書卷八、新唐書卷五玄宗紀改。

〔二〇〕設牲牓於東壝之外　「設」字原脱，據開元禮卷二九補。

〔二一〕實以泛齊　「泛」原作「沈」，據開元禮卷二九改。

〔二二〕將軍降立於輅右　「右」原作「左」。按開元禮例，千牛將軍降立於輅右，無一立於輅左者，據改。

〔二三〕敬以玉帛　「玉」原作「音」，據元本、慎本、馮本改。

〔二四〕孝曾孫開元神武皇帝臣某　「孝曾孫」原作「子孝孫」，據開元禮卷二九改。

〔二五〕酌沈齊　「沈」原作「泛」，據開元禮卷二九改。

〔二六〕太祖親郊者四　「四」字原脱，據宋史卷九九禮志二補。

〔二七〕一萬八千八十八人　「八千」，宋史卷一四五儀衛志三作「一千」。

〔二八〕山林川澤　「林川」二字原倒，據元本、慎本、馮本乙正。

〔二九〕河圖括地象曰　「地」字原脱。按緯書有河圖括地象，此處顯脱「地」字，故補。

〔三〇〕崔靈恩　「恩」上原衍「遠」字，據梁書卷四八儒林傳删。

〔三一〕魚醢二　「二」原作「三」，據元本、慎本、馮本改。

卷七十七　郊社考十

雩禱水旱附

春秋左氏傳：「龍見而雩。」龍見建巳之月，蒼龍宿之體昏見東方，萬物始盛，待雨而大。故祭天，遠爲百穀祈膏雨也。

月令：仲夏，命樂師修鞀、大刀反。鞞、步西反。鼓，均琴、瑟、管、簫，執干、戚、戈、羽，調竽、笙、竾、篪同。簧，飭鐘、磬、柷、敔，爲將大雩帝習樂也。修、均、執、調、飭者，治其器物，習其事之意。　疏曰：「鞀，鼗鼓，持其柄搖之，兩耳自擊。鞞，鼓人以雷鼓鼓神祀之屬，小鼓在大鼓旁。鞀，導也，所以導樂作。鞞，裨也，裨助鼓節。琴，長三尺六寸六分，五絃。瑟，長八尺一寸，二十七絃。管，長尺，圍寸，併漆之，有底，如篪六孔，并兩而吹之。簫，編二十二管，長尺四寸，今賣餳飴所吹者。干，盾也。戚，斧也。戈，鉤矛戟。羽，鳥羽，周禮羽舞、皇舞之屬。竽，三十六簧；笙，十三簧。列管瓠中，施簧管端，大者十九簧。篪，以竹爲之，長尺四寸，圍三寸，一孔，上出寸三分，名『翹』，横吹之。又云八孔。篪，啼也，聲如嬰兒啼。簧者，竽、笙之名，氣鼓之而爲聲。簧，横也，於管頭横施之。柷，如漆桶，方二尺四寸，深一尺八寸，中有椎柄，連底，撞之，令左右擊其椎。敔，如伏虎，背上有二十七鉏鋙，刻以木，長尺擽之。修者，謂修理舊物；均者，均平其聲；執者，操執營爲；調者，和調音曲；飭者，整頓器物也。　命有司爲民祈祀山川百源。大雩帝，用盛樂。乃命百縣雩祀百辟卿士有益於民者，以祈穀實。陽氣盛而常旱。山川百源，能興雲雨者也。衆水始所出爲百源，必先祭其本乃雩。雩，吁嗟求雨之祭也。雩帝，謂爲壇南郊之旁，雩五精之帝，配以先帝也。自鞀、鞞至柷、敔皆作，曰盛樂。凡他雩，用歌舞而已。百辟卿士，古者上公，若句龍、后稷之類也。春秋傳曰：「龍見而雩。」雩之正，當以四月。凡周之秋三月之中而旱〔一〕，亦修雩禮以求雨，因著正雩此月，失之矣。天子雩上帝，諸侯以下雩上公。周冬及春夏雖旱，禮有禱無雩。疏曰：「將雩祀，帝先命有司祈祀山川百源。百縣，謂諸侯也。既雩之後，則命諸侯祈祀古之有功於民者。以先帝配者，五人帝也。引春秋傳曰『龍見而雩』者，欲明正雩在四月，不在五月也。云『凡周之秋三月之中旱，亦修雩禮以求雨』者，釋此經大雩在五月之中，爲五月不雨修雩祭。作記者言五月之雩是常雩，故記之於五月也。」郊特牲疏曰：「其爲祭五天帝則於國城南，故鄭注論語云『沂水在魯城南，雩壇在其上』是也。」

通典曰：「建巳月，雩五方上帝，其壇名曰雩。禜於南郊之旁，命樂正習盛樂，舞皇舞。」

楊氏曰：「愚按：啓蟄而郊，龍見而雩，此詩頌所謂春夏祈穀於上帝也。龍見而雩，與周禮所掌、春秋所書不同。周禮司巫帥巫而舞雩，爲旱而雩也；春秋書雩二十有一，因旱而雩也。龍見而雩，乃建巳之月，萬物始盛，待雨而長，聖人爲民之心切，遠爲百穀祈膏雨，與啓蟄之郊其意同。是以樂則必用盛樂，與他祭獨不同。聲音之號，所以詔告於天地之間，以達神明也。郊非不用樂也，以禮爲主；雩非不用禮也，以樂爲主。各隨其宜也。但注言『雩五精之帝』，疏言『春、夏、秋、冬共成歲功，則不可偏祭一帝』。其言似矣，然天一而已矣。因時迭王，則有五帝之名，易曰『帝出乎震』是也；祭於四郊，則有五帝之位，小宗伯『兆五帝於四郊』是也。注、疏謂夏雩總祭五帝，是一天而有五祭，祭於南郊乎，抑兼祭於四郊乎？其義何居？自注、疏之説行，諸儒莫之能決，有雩祀五方上帝、五人帝、五官於南郊者，如唐貞觀禮是也；有雩祀昊天上帝於圜丘者，如唐顯慶禮是也。及開元中，起居舍人王仲丘奏：『祀昊天上帝於圜丘，尊天位也。然雩祀五帝既久，請二帝並行，以成大享帝之義。』既祀昊天上帝，又祀五帝，與明堂並祀上帝、五帝之禮同歸於誤。此則學禮者之所深惜，而不可以不辨也。」

右孟夏大雩。

大司徒以荒政十有二聚萬民，十有一曰「索鬼神」。荒，凶年也。鄭司農云：「救饑之政，十有二品。索鬼神，求廢祀而修之。雲漢之詩所謂『靡神不舉，靡愛斯牲』者也。」地官。

司巫，若國大旱，則帥巫而舞雩。雩，旱祭。天子於上帝，諸侯於上公之神。鄭司農云：「魯僖公欲焚巫尪，以其舞雩不得雨。」尪音汪。國有大烖，則帥巫而造巫恒。玄謂：「恒，久也。巫久者，先巫之故事。」疏曰：「後鄭之意，以恒爲先世之巫久故所行之事。今司巫見國大烖，則帥領女巫等往造所行之事，案視舊所施爲而法之。」春官。女巫旱暵則舞雩。凡邦之大烖，歌哭而請。注曰：「女巫舞旱祭，崇陰也。故檀弓曰：『歲旱，繆公召縣子而問焉。曰：吾欲暴巫而奚若？曰：天則不雨，而望之愚婦人，無乃已疏乎？』有歌者，有哭者，冀以悲哀感神靈也。」疏曰：「此歌者，憂愁之歌，若雲漢之詩是也。」暵，呼旱反。繆音穆。縣音玄。暴，蒲卜反。舞師教皇舞，帥而舞旱暵之事。旱暵之事，謂雩也。暵，熱氣也。玄謂：「皇，析五采羽爲之，亦如帗。」疏曰：「謂『皇，析五采羽爲之，亦如帗』者，鍾氏染鳥羽象翟鳥、鳳皇之羽，皆五采，此舞者所執，亦以威儀爲飾。言『皇』是鳳皇之字，明其羽五采，其制亦如帗舞。若然，帗舞、羽舞、皇舞，形制皆同也。」又見祭物樂條。稻人，旱暵共其雩斂。稻人共雩斂，稻，急水者也。鄭司農云：「雩事所發斂。」疏曰：「餘官不言共雩斂，於此官特言共者，以稻是水穀，急須水，故旱時特使共雩之發斂也。」地官。

湯之時，大旱七年。雒坼川竭，煎沙爛石。於是，使人持三足鼎祝山川。教之祝曰：「政不節邪？使人疾邪？苞苴行邪？讒夫昌邪？宮室營邪？女謁盛邪？何不雨之極也？」蓋言未已而天大雨。故天之應人，如影之隨形、響之效聲者也。詩云：「上下奠瘞，靡神不宗。」言疾旱也。東漢鍾離意傳注云：「帝王紀曰：成湯大旱七年，齋戒、剪髮、斷爪，以己爲犧牲禱於桑林，以六事自責。」說苑。

齊大旱之時，景公召群臣問曰：「天不雨久矣，民且有饑色。吾使人卜之，祟在高山、廣水。寡人欲少賦斂，以祠靈山，可乎？」群臣莫對。晏子進曰：「不可，祠此無益也。夫靈山固以石爲身，以草木爲髮。天久不雨，髮將焦，身將熱，彼獨不欲雨乎？祠之無益！」景公曰：「不然，吾欲祠河伯，可乎？」晏子曰：「不可，祠此無益也。夫河伯以水爲國，以魚鼈爲民。天久不雨，水泉將下，百川竭，國將亡，民將滅矣。彼獨不用雨乎？祠之何益？」景公曰：「今爲之奈何？」晏子曰：「今誠避宮殿，暴露，與靈山、河伯共憂，其幸而雨乎？」於是景公出野，暴露三日，天果大雨，民盡得種樹。景公曰：「善哉！晏子之言。可無用乎？其惟有德也。」說苑。齊景公之時，天大旱三年，卜之，曰：「必以人祠，乃雨。」景公下堂頓首曰：「凡吾所以求雨者，爲吾民也。今必使吾以人祠乃且雨，寡人將自當之。」言未卒而天大雨。新序雜事。衛大旱，卜有事於山川，不吉。有事，祭也。甯莊子曰：「昔周饑，克殷而年豐。今邢方無道，諸侯無伯，天其或者欲使衛討邢乎？」從之。師興而雨。僖公十九年左氏傳。鄭大旱，使屠擊、祝款、豎柎有事於桑山。柎音附。三子，鄭大夫。斬其木，不雨。子産曰：「有事於山，蓺山林也。蓺音藝。蓺，養護令繁殖。而斬其木，其罪大矣！」奪之官邑。昭公十六年左氏傳。

春秋穀梁傳：「定公元年九月，大雩。雩月，雩之正也。秋大雩，非正也。冬大雩，非正也。秋大雩之爲非正，何也？冬，禾稼既成，猶雩，則非禮可知。秋，禾稼始苗，嫌當須雨，故問也。毛澤未盡，人力未竭，未可以雩也。邵曰：「凡地之所生謂之毛。公羊傳曰『錫之不毛之地』是也。言秋百穀之潤澤未盡也。人力未盡，謂耕耘之功未畢。」耘音云。雩月，雩之正也。月之爲雩之正，何也？其時窮，人力盡，然後雩，雩之正也。何謂其時窮，人力盡？是月不雨，則無及矣；是年不艾，則無食矣。是謂其時窮，人力盡也。雩之必待其時窮，人力盡，何也？雩者，爲旱求者也。求者，請也。古之人重請。何重乎請？人之所以爲人者，讓也。請道，去讓也。則是舍其所以爲人也，是以重之。焉請哉？請乎應上公。古之神人有應上公者，通乎陰陽，君親帥諸大夫道之而以請焉〔二〕。道之，謂君必爲先也。其禱詞曰：「方今大旱，野無生稼，寡人當死，百姓何辜！不敢煩民請命，願撫萬民，以身塞無狀。」禱，亦請也。此即請辭也。　艾，魚廢反。爲旱，於僞反。去讓，羌呂反。焉請，於虔反。夫請者，非可詒託而往也，必親之者也，是以重之。」詒託，猶假寄。　詒，以之反。

月令「大雩帝」疏曰：「按春秋桓五年秋，大雩。傳云：『書不時。』僖十一年秋八月，大雩；十三年秋九月，大雩。成公三年秋，大雩；七年冬，大雩。襄五年秋，大雩。傳曰：『旱。』八年九月，大雩。傳曰：『旱。』十六年秋，大雩；十七年秋九月，大雩；二十八年秋八月，大雩。傳曰：『旱。』昭三年秋八月，大雩。傳曰：『旱。』六年九月，大雩。傳曰：『旱。』八年秋，大雩；十六年秋九月，大雩。傳曰：『旱。』二十四年秋八月，大雩。傳曰：『旱。』二十五年秋七月上辛，大雩；季辛又雩。傳曰：『秋書再雩，旱甚。』定元年秋九月，大雩；七年秋〔三〕，大雩；九月，大雩；十二年秋，大雩。僖二十一年夏，大旱。宣七年秋，大旱。莊三十一年冬，不雨。僖二年冬十月，不雨；三年正月，不雨；夏四月，不雨；六月，雨。傳曰：『自十月不雨至於五月，不曰旱，不爲災。』文二年，自十有二月不雨，至於秋七月；十年，云自正月不雨，至於秋七月；十三年，云自正月不雨，至於秋七月。是春秋之中，不雨有七，大旱有二，大雩有二十一，都并有三十。莊三十一年冬，不雨，以冬時旱氣已過，故不數。僖二十一年夏，大旱；宣七年秋，大旱。二旱災成，故不數。昭二十五年，一月再雩。祇是一旱之事爲再雩，一雩不數。定七年秋，大雩；九月，大雩。亦一時之事而爲二雩，一雩不數。成七年冬，大雩。穀梁云：『冬無爲雩。』明亦不數。三十之中，去此六事不數，唯有二十四在。就二十四之中分爲四部。桓五年秋大雩，説雩禮，是一部也。僖二年冬十月，不雨；僖三年正月，不雨；夏四月，不雨，説禱禮，是二部也。文二年、文十年、文十三年，皆云自某月不雨至於秋七月，説旱不爲災，是三部也。此三部總有七條。於二十四去七條，餘有十七條，説旱氣所由。故鄭釋廢疾云：春秋凡書二十四旱；考異郵説云，分爲四部，各有義焉。是其事也。」

陳氏禮書曰：「春秋書雩二十有一，皆在七月以後。左氏曰：『龍見而雩，過則書。』蓋龍見建巳之月，而建巳乃陽充之時，陰氣所以難達也。故雩祀作焉。過此而後雩，此春秋所以譏也。大雩，禮之盛也。猶所謂大旅、大饗。趙氏謂雩稱大國偏雩，誤矣。詩序曰『夏祈穀於上帝』，月令曰『大雩帝』，則雩祀昊天上帝及五帝也。鄭氏謂雩祀五精之帝。然周禮稱上帝與五帝不同，則上帝非止五帝也。月令曰『令百縣雩祀百辟卿士』，則百辟卿士之祭亦曰雩也。鄭氏曰：『天子雩上帝，諸侯雩上公。』然周禮小祝小祭祀，逆時雨〔四〕，寧風旱。則百辟亦天子所祀也。祭法有雩禜之壇。春秋之時，魯以南門爲雩門，先儒皆以魯之舞雩在城南。鄭氏曰：『雩爲壇於南郊之旁。』其説蓋有所受也。古者，雩斂在稻人，雩樂以皇舞，以女巫。皇與女，陰也。則舞所以達陽中之陰而已。董仲舒祈雨之術，閉南門，縱北門，蓋亦古者達陰之意也。然則雩祀上帝必升烟，後世乃謂用火不可以祈水，而爲坎以瘞；就陽不可以求陰，而移壇於東。梁禮。雩必自郊徂宫，後世或祈山林、川澤、群廟、百辟卿士，然後及於上帝。亦梁禮也。北齊及唐皆然。雩樂以舞爲盛，後世或選善謳者歌詩而已。皆非古也。北齊禮。」

右因旱而雩。

莊公二十五年秋，大水。鼓，用牲于社、于門。左氏曰：「亦非常也。凡天災，有幣無牲。天災，日月食、大水也。祈請而已，不用牲也。疏曰：「天之見異，所以譴告人君，欲令改過修善，非爲求人飲食。既遇天災，隨時即告。唯當告請而已，是故有幣無牲。若乃亢旱歷時，霖雨不止，然後禱祀群神，求弭災沴者，設禮以祭，祭必有牲。詩雲漢之篇美宣王爲旱禱請，自郊徂宫，無所不祭，云：『靡神不舉，靡愛斯牲。』是其爲旱禱祭，皆用牲。」非日月之眚，不鼓。眚，猶災也。月侵日爲眚。陰陽逆順之事，賢聖所重，故特鼓之。疏曰：「傳稱『日月之眚』，日、月並言，則月食亦有鼓。」穀梁子曰：「高下有水災曰大水。救日以鼓兵，救水以鼓衆。」救日以鼓兵者，謂伐鼓以責陰，陳兵示禦侮，救水以鼓衆者，謂擊鼓聚衆也。皆所以發陽也。鄭大水，龍鬬於時門之外洧淵。時門，鄭城門也。國人請爲禜焉。子産弗許，曰：「我鬬，龍不我覿也；龍鬬，我獨何覿焉？禳之，則彼其室也。淵，龍之室。吾無求於龍，龍亦無求於我。」乃止也。昭公十九年左氏傳。

漢承秦滅學，正雩禮廢。旱，太常祝天地、宗廟。

董仲舒春秋：「春旱求雨，令縣邑以水日令民禱社稷，家人祠户。毋伐名木，毋斬山林。暴巫聚蛇八日。於邑東門之外爲四通之壇，方八尺，植蒼繒八。其神共工，祭之以生魚八、玄酒，具清酒、膊脯〔五〕，擇巫之潔清辨口利辭者以爲祝。祝齋三日，服蒼衣。先再拜，乃跪陳。陳已，復再拜，乃起。

祝曰：『昊天生五穀以養人，今五穀病旱，恐不成。敬進清酒、膊脯，再拜請雨。雨幸大澍，即奉牲禱〔六〕。』以甲、乙日爲大青龍一，長八丈，居中央；爲小龍七，各長四丈，於東方，皆東鄉，其間相去八尺。小僮八人，皆齋三日，服青衣舞之。田嗇夫亦齋三日，服青衣而立之。鑿社通之於閭外之溝〔七〕。取五蝦蟇，錯置社之中。池方八尺，深一尺，置水蝦蟇焉。具清酒膊脯，祝齋三日，服蒼衣，拜跪、陳祝如初。取三歲雄鷄與三歲豭猪，皆燔之於四通神宇。令民闔邑里南門，置水其外〔八〕，開里北門，具老豭猪一，置之里北門之外。市中亦置一豭猪。聞鼓聲〔九〕，皆燒猪尾，取死灰骨埋之〔一〇〕，開山泉積薪而焚之。决通橋道之壅塞不行者决瀆之。幸而得雨，報以豚一，酒、鹽、黍財足。以茅爲席，毋斷。夏求雨，令縣邑以水日家人祀竈，毋舉土功。更大浚井。暴釜於壇，杵臼於術，七日。爲四通之壇於邑南門之外，方七尺，植赤繒七。其神蚩尤，祭之赤雄鷄七，玄酒，具清酒、膊脯。祝齋三日，服赤衣，拜跪、陳祝如春。以丙、丁日爲大赤龍一〔一一〕，長七丈，居中；又爲小龍六，各長三丈五尺〔一二〕，於南方，皆南鄉，其間相去七尺。壯者七人，皆齋三日，服赤衣而舞之。司空、嗇夫亦齋三日，服赤衣而立之。鑿社而通之閭外之溝。取五蝦蟇，錯置社之中。池方七尺，深一尺。具酒脯，祝齋〔一三〕，衣赤，拜跪、陳祝如初。取三歲雄鷄、豭猪，燔之四通神宇。開陰、閉陽如春也。季夏，禱山陵以助之。令縣邑十日一徙市於邑南門之外〔一四〕，五日禁男子無得入市。家人祠中霤。毋舉土功〔一五〕。聚巫市旁，爲之結蓋。爲四通之壇於中央，植黄繒五，其神后稷，祭之以母䬻五，母音模，禮謂之淳母。䬻音移，周禮曰「䬻食」。玄酒，具清酒、膊脯。令各爲祝齋三日，衣黄衣，餘皆如春祠。以戊、己日爲大黄龍一，長五丈，居中央；又爲小龍四，各長二丈五尺，於中央〔一六〕，皆南鄉，其間相去五尺。丈夫五人，皆齋三日，服黄衣而舞之。老者五人亦齋三日〔一七〕，衣黄衣而立之。亦通社中於閭外溝。蝦蟇池方五尺，深一尺。他皆如前。秋，暴巫尪至九日。毋舉火事，無煎金器〔一八〕。家人祠門。爲四通之壇於邑西門之外，方九尺，植白繒九。其神太皞〔一九〕。祭之桐木魚九，玄酒，具清酒、膊脯。衣白衣。他如春。以庚、辛日爲大白龍一，長九丈，居中央；爲小龍八，各長四丈五尺，於西方，皆西鄉，其間相去九尺。鰥者九人，皆齋三日，服白衣而舞之。司馬亦齋三日，衣白衣而立之。蝦蟇池方九尺，深一尺。他如前。冬，舞龍六日，禱於名山以助之。家人祠井。毋壅水。爲四通之壇於邑北門之外，方六尺，植黑繒六。其神玄冥。祭之以黑狗子六，玄酒，具清酒、膊脯。祝齋三日，衣玄衣，祝禮如春。以壬、癸日爲大黑龍一，長六丈，居中央；又爲小龍五，各長三丈，於北方，皆北鄉，其間相去六尺。老者六人，皆齋三日，衣黑衣而舞之。尉亦齋三日，服黑衣而立之。蝦蟇池皆如春。四時皆庚子日，令吏民夫婦皆偶處。凡求雨大體，丈夫欲藏而居，女子欲和而樂。」應龍有翼，法言曰：「象龍之致雨，難矣哉！龍乎！龍乎！」新論曰：「劉歆致雨，具作土龍，吹律及諸方術，無不備設。譚問：『求雨所以爲土龍何也？』曰：『龍見者，輒有風雨興起以迎送之。故緣其象類而爲之。』」

武帝元封六年，旱。女子及巫、丈夫不入市。董仲舒奏江都王云：「求雨之方，損陽益陰。願大王無收廣陵女子爲人祝者一月租，賜諸巫者。諸巫毋大小皆相聚於郭門，爲小壇，以脯酒祭。女獨擇寬大便處移市。市使無内丈夫，丈夫無得相從飲食。令吏妻各往視其夫，皆到即起，雨注而已。」

成帝五年六月〔二〇〕，始命諸官止雨，朱繩反縈社，擊鼓攻之。是後水旱常不和。干寶曰：「朱絲縈社。社，太陰也；朱，火色也；絲，屬離。天子伐鼓於社，責群陰也；諸侯用幣於社，請上公也；伐鼓於朝，退自責也。此聖人厭勝之術也。」

漢舊儀：「孟夏，龍見而始雩。壇在城東南，引龜山爲沂水，至壇西南行，曰雲水曲中，壇上舞雩。舊制：求雨，太常禱天地、宗廟、社稷、山川已塞，各如具常祭牢禮。四月立夏後旱，乃求雨；禱求雨到七月畢，塞之。秋、冬、春三時，不求雨。」

按：漢世未嘗舉雩祀。通典謂漢承秦滅學，正雩禮廢；而漢舊儀以爲有雩壇，且指龜山、沂水以言其所，即論語言曾點、樊遲所遊之地。蓋魯國祀天之所，去漢都甚遠，非國城南郊之外也。然漢人舉祀事，大概多即前代舊祀之地，如雍五畤祀上帝，則因秦所建，其他如作明堂奉高旁，祀后土汾陰之類，皆以爲古者嘗於其地祠祭。然則豈魯沂水之雩壇舊趾尚存，漢曾就其地立壇舉雩祀邪？

後漢制：自立春至立夏盡立秋，郡國上雨澤。若少，府郡縣各掃除社稷。其旱也，公卿官長以次行雩禮以求雨〔二一〕。何休注公羊傳曰：「君親之南郊，以六事謝過自責，使童男女各八人舞而呼雩，故謂『雩』也。」春秋繁露曰：「大旱雩祭而請雨，大水鳴鼓而攻社，天地之所爲，陰陽之所起。或請焉，或攻焉，何如也？曰：大旱，陽滅陰也。陽滅陰者，尊厭卑也。固其義也，雖太甚，拜請之而已，敢有加也？大水者，陰滅陽也。陰滅陽者，卑勝尊也。以賤陵貴者逆節，故鳴鼓而攻之，朱絲而脅之，爲其不義。此亦春秋之不畏強禦也。變天地之位，正陰陽之序，直行其道而不忌其難〔二二〕，義之至也。」閉諸陽，衣皁，興土龍，山海經云：「大荒東北隅中有山，名凶犁土丘。應龍處南極，殺蚩尤與夸父，不得復上，故下數旱。旱而爲應龍之狀，乃得大雨。」郭璞曰：「今之土龍本此。氣應則自然冥感，非人所能。」立土人舞僮二佾，七日一變如故事。反拘朱索縈社〔二三〕，伐朱鼓，禱賽以少牢如禮。

晉武帝咸寧二年春，旱。因後漢舊典，諸旱處廣加祈請。五月，祈雨於社稷、山川。

穆帝永和時，議制雩壇於國南郊之旁。依郊壇近遠，阮諶云：「壇在巳地，按得衛宏漢儀，稱魯人爲雩壇在城東南。諸儒所說皆云『壇』，而今作『墠』。論語樊遲從遊於舞雩之下，魯城東南有舊迹存。」祈上帝，百辟。旱則祈雨，大雩社稷、山林、川澤。舞僮八佾六十四人，皆玄服，持羽翳而歌雲漢之詩。

戴邈議云：「周冬及春夏旱，禮有禱無雩。夫旱日淺則災微，日久則災甚。微則祈小神、社稷之屬，甚乃大雩帝耳。按春秋左傳之義，春夏無雨未成災，雩而得雨則書雩，不得雨則書旱，明災成也。然則始雩未得便告饑饉之甚，爲歌哭之請。」

博士議：「雲漢之詩，宣王承厲王，撥亂，遇災而懼，故作是歌。今晉中興，奕葉重光，豈比周人耗斁之辭乎？漢、魏之代，別造新詩。晉室太平，不必因故。」司徒蔡謨議曰：「聖人迭興，禮樂之制或因或革。雲漢之詩興於宣王，今歌之者，取其修德禳災，以和陰陽之義。故因而用之。」

齊明帝建武二年，旱，雩，以武帝配饗於雩壇。

祠部郎中何佟之議曰：「皇齊以武帝配五精於明堂，今亦宜配饗於雩壇矣。今武帝遏密未終，自可不奏樂。至於旱祭舞雩，蓋是嗟吁之義，既非歡樂，此不涉嫌。祝史稱祠，仰祈靈澤，舞雩無闕。」

梁武帝天監九年〔二四〕，有事雩壇。壇於南郊之左，高及廣輪四丈，周十二丈，四陛。帝以爲雨既類陰，而求之正陽，其謬已甚。東方既非盛陽，而爲生養之始，則雩壇應在東方，祈晴亦宜此地。遂移於東郊。

十年，帝又以雩祭燎柴，以火祈水，於理爲乖。於是停用柴燎，從坎瘞典。時儀曹郎朱异議曰：「按周宣雲漢之詩，毛注有瘞埋之文，不見燎柴之説。若以五帝必柴，則明堂又無其事。」

大同五年，又築雩壇於籍田兆內。四月後旱，則祈雨，行七事，一、理冤獄及失職者；二、賑鰥寡孤獨；三、省徭輕賦；四、舉進賢良；五、黜退貪邪；六、命會男女，恤怨曠；七、徹膳羞，施樂縣而不作。天子降法服。七日，乃祈社稷；七日，乃祈山林、川澤常興雲雨者；七日，乃祈群廟之主於太廟；七日，乃祈古來百辟卿士有益於人者；七日，乃大雩，祈上帝〔二五〕，徧祈前祈所有事者。大雩禮於壇，用黃牯牛一。祈五天帝及五人帝，各依其方，以太祖配，位於青帝之南，五官配食於下。七日，乃去樂。又徧祈社稷、山林、川澤，就故地處大雩。國南除地爲墠，舞僮六十四人，皆衣玄衣，爲八列，各執羽翳，每列歌雲漢詩一章而舞。旱而祈澍，則報以太牢，皆有司行事。唯雩則不報也。若郡縣邑旱請雨，則五事同時並行。五事謂黜退貪邪以上如前。守令皆齋潔三日，乃祈社稷。七日不雨，更齋祈如初。三變仍不雨，復齋祈其界內山林〔二六〕、川澤常興雲雨者。祈而澍，亦各有報。

陳因梁故事，武帝時以德皇帝配，廢帝以文帝配。牲用黃牯牛〔二七〕，而以清酒四升洗其首。其壇墠配享歌舞皆如梁禮。天子不親奉，則太宰、太常、光祿行三獻禮，其法皆採齊建武二年舊典。

後魏文成帝和平元年四月，旱。詔州郡於其界內，神無大小，悉灑掃薦以酒脯。年登之後，各隨本秩，祭以牲牢。

北齊以孟夏龍見而雩，祭太微宫五精帝於南郊之東。爲圓壇，廣四十五尺，高九尺，四面各一陛。爲三壝外營，相去深淺，并燎壇，一如南郊。若建午、申、未之月不雨，則使三公祈五帝於雩壇。禮用玉帛，有燎，不設樂。選伎工端潔善謳詠者，使歌雲漢之詩於壇南，其儀如郊禮。

隋制，雩壇國南十三里啓夏門外道左，高一丈，周十二丈〔二八〕。孟夏龍見則雩五方上帝，配以五人帝於上，太祖配饗，五官從祀於下。牲用犢十，各依方色。若京師孟夏後旱，則祈雨，行七事。如梁之七事。七日，祈嶽鎮、海瀆及諸山川能興雲雨者。又七日，祈社稷及古來百辟卿士有益於人者。又七日，乃祈宗廟及古帝王有神祠者。又七日，乃修雩，祈神州。又七日，仍不雨，復從嶽瀆以下祈禮如初。秋分以後不雩，但禱而已。皆用酒脯。初請後二旬不雨者，即徙市禁屠。皇帝御素服，避正殿、減膳、徹樂，或露坐聽政，百官斷傘扇。令家人造土龍。雨澍，則命有司報。州縣祈雨，理冤獄，存鰥寡孤獨，掩骼埋胔，潔齋祈於社〔二九〕。七日，乃祈界内山川能興雲雨者，徙市斷屠。雨澍有報。

唐武德初，定令每歲孟夏雩祀昊天上帝於圜丘，景皇帝配。牲用蒼犢二。五方上帝、五人帝、五官並從祀，用方色犢十。

太宗貞觀時，雩祀於南郊。

高宗顯慶時，行雩禮於圜丘。

玄宗開元十一年：孟夏後旱則祈雨，審理冤獄，賑恤窮乏，掩骼埋胔。先祈嶽鎮、海瀆及諸山川能興雲致雨者，皆於北郊遥祭而告之。又祈社稷、宗廟，每以七日皆一祈。不雨，還從嶽瀆如初。旱甚，則大雩。秋分後不雩。初祈後一旬不雨，即徙市，禁屠殺，斷傘扇〔三〇〕，造大土龍。雨足，則報祀。祈用酒、脯、醢，報準常祀，皆有司行事。已齋未祈而雨及所經祈者〔三一〕，皆報祀。

起居舍人王仲丘議：「按貞觀禮，孟夏雩祀五方上帝、五人帝、五官於南郊；顯慶禮則雩祀昊天上帝於圜丘。按鄭玄注月令云：『雩於上帝者，天之別號，元屬昊天。祀於圜丘，尊天位也。』然雩祀五帝既久，亦請二禮並行，以成大雩帝之義。」

唐開元禮

孟夏，雩祀昊天上帝於圜丘，以太宗文武聖皇帝配。籩豆等如冬至儀，都十七座。又祀五帝於壇第一等、五人帝於壇第二等；籩、豆各四，簠簋、俎各一也。又祀五官於內壝之外。每座籩、豆各二，餘各一。其儀並如冬至圜丘。

時旱祈太廟

將祈，有司卜日如別儀。前二日，守宮設祈官以下次，各於常所。右校掃除內外，又爲瘞埳於北門之內道西，方深取足容物。前一日，諸祈官清齋於廟所，諸衛令其屬晡後一刻各以其方器服守衛廟門。奉禮設版位於內外，並如常儀；設望瘞位於堂之東北，當瘞埳西南；又設奉禮位於瘞埳東北，南向，贊者二人在西，少退。太廟令拂拭神幄，又帥其屬以罇、坫、罍、洗、篚、冪，制幣、篚入設，皆如常儀。執罇、罍、篚、冪者，各位於罇、罍、篚、冪之後。太官令先饌酒、脯、醢。告日未明三刻，諸告官以下各服其服。太廟令、良醖令之屬入實罇、罍及幣。每室春夏用兩犧罇，秋冬用兩著罇。一實明水爲上，一實醴齊次之。山罍二：一實玄酒爲上，一實清酒次之。幣以白，各長一丈八尺。未明二刻，奉禮帥贊者先入就位。贊引引御史、博士、太廟令、宮闈令、太祝以下入，當階間北面西上，立定。奉禮曰「再拜」，贊者承傳，凡奉禮有詞，贊者皆承傳。御史以下皆再拜訖，升，行掃除於上。太廟令以下升自東階入，開埳室，奉出獻祖以下九室神主，各置於座如常儀訖，各引就位。質明，謁者引祈官以下俱就門外位。謁者引祈官、贊引引執事者次入就位，立定。奉禮曰「再拜」，祈官以下皆再拜。謁者進祈官之左，白：「有司謹具，請行事。」退復位。太官令出，帥進饌陳於東門之外。初，太官令出，諸太祝俱取幣於篚，各立於罇所。謁者引祈官升自東階，詣獻祖廟室户前北向，太祝以幣東向授祈官〔三一〕，祈官受幣進〔三二〕，北面跪奠於獻祖神座，俛伏，興，出户，北向再拜。訖，謁者引祈官次進幣於懿祖以下諸室，皆如上儀。訖，謁者退還本位，諸太祝各還罇所。太官令引饌入自正門，升自太階，諸太祝迎引於階上，各設神座前訖。太官令以下降復位，諸太祝各還罇所。謁者引祈官詣罍洗，盥手、洗爵訖，升自東階，詣獻祖酒罇所，執罇者舉冪。祈官酌醴齊訖，謁者引祈官入詣獻祖神座前，北向跪奠爵，俛伏，興，出户，北向立。太祝持版進於户外之右，東向跪讀祝文，其文爲水旱、癘疾、蝗蟲及征伐四夷，各臨時制之。訖，興，祈官再拜。太祝進，跪奠版於神座前，俛伏，興，還罇所。謁者引祈官次詣懿祖以下諸室，如獻祖之儀。唯不盥洗。訖，謁者引祈官詣東序，西向立。諸太祝以爵酌罍福酒，合置一爵，一太祝持爵進祈官之左，北向立。祈官再拜受爵，跪祭酒，遂飲卒爵。太祝進受爵，復於坫。祈官俛伏，興，再拜訖，謁者引祈官降復位。諸太祝各入室，跪，徹豆如式，興，還罇所。奉禮曰「再拜」，在位者皆再拜。已飲福者不拜。奉禮曰「再拜」，祈官以下皆再拜訖。謁者進祈官之左，白「請就望瘞位」，贊者轉就瘞埳東北位，謁者引祈官就望瘞位，西向立。於祈官將拜，諸太祝各執篚進神座前，跪，取幣，興，降自太階。詣瘞埳，以制幣置於埳訖，奉禮曰「可瘞」，東西面各四人寘土。半埳，謁者進祈官之左，白「禮畢」。謁者引祈官，贊引引執事者以次出。初白「禮畢」〔三四〕，奉禮、贊者還本位，御史、太祝以下俱復執事位，立定。奉禮曰「再拜」，御史以下俱再拜，贊引引出。太廟令、太祝、宮闈令納神主如常儀。其祝版燔於齋坊。若得所祈，報祠用太牢，受胙與將祈同，餘與告禮同。祭文臨時制撰。

時旱祈於太社

將祈，有司卜日如別儀，行事、薦獻與巡狩告社稷禮並同。太社祝文曰：「維某年歲次月朔日，子嗣天子某，謹遣具位姓名，敢昭告於太社：爰以農功，久闕時雨。惟神哀此蒼生，敷降靈液。謹以清酒、脯醢明薦於太社，以后土勾龍氏配神作主。尚享。」太稷祝文同。后土氏祝文曰：「嗣皇帝某，謹遣具位姓名，敢昭告於后土氏。」餘同。后稷文同。得雨則用太牢，瘞幣血、飲福、受胙，與正祭同，餘與告禮同。太社祝文曰：「往以久闕時雨，敢陳精誠。惟神昭祐，降茲嘉液，率土霑洽，蒼生咸賴。謹以玉帛、清酒、醴齊、粢盛、庶品，明薦於太社。以后土勾龍氏配神作主。尚享。」后稷、后土氏、太稷，祝文並同。每配祝無「玉帛」字。

時旱祈嶽鎮以下於北郊報祠同〔三五〕

將祈，有司筮日如别儀。就祈及禜同〔三六〕。前二日，守宫設祈官以下次於東壝之外道南，北向，以西爲上。設陳饌幔於内壝東門外道北，南向。右校掃除壇之内外，又爲瘞埳於壇之壬地，方深取足容物。前一日，諸祈官清齋於祈所。諸衛令其屬晡後一刻各以其方器服守衛壝門，俱清齋一宿。奉禮設祈官位於内壝東門之内道北，執事位於道南，每等異位，俱重行西面，以北爲上。設御史位於壇下西南，東向，令史陪其後。設奉禮位於祈官西南，贊者二人次之，少退，俱西向北上。設望瘞位於壇之東北，西向。又設祈官門外位於東壝之外道南，每等異位，重行北向，以西爲上。郊社令以酒罇入設於位：嶽鎮、海瀆各山罇二，山川各蜃罇二。每方皆於神座之左，俱右向。皆有坫以置爵。設罍、洗、篚、冪各於其方，皆道之左，俱内向。執罇、罍、篚、冪者位於罇、篚之後。其日未明二刻，太史令、郊社令各服其服，設嶽鎮、海瀆及諸山川神座，各於其方，俱内向，席皆以莞。設神位各於座首。未明一刻，諸祈官以下各服其服，郊社令與良醖令之屬入實罇罍〔三七〕，山罇實以醴齊，蜃罇實以沈齊〔三八〕，其明水各實於上罇。太祝以幣置於篚，設於饌所。嶽鎮、海瀆皆有幣，各依方色，俱丈八尺。太官令帥進饌者實籩豆，入設於内壝東門之外饌幔内。奉禮帥贊者先入就位。贊引引御史、太祝以下與執罇、罍、篚、冪者入，詣南方山川之西南，當門，重行北面，以西爲上，立定。奉禮曰「再拜」，贊者承傳，御史以下皆再拜。執罇、罍、篚、冪者各就位，贊引引御史以下行掃除如常訖，出還齋所，奉禮以下次還齋所。質明，謁者引獻官以下俱就門外位。奉禮帥贊者先入就位。贊引引御史以下入就位。謁者引獻官，贊引引執事者次入就位，立定。奉禮曰「再拜」，獻官以下皆再拜。謁者進獻官之左，白：「有司謹具，請行事。」退復位。奉禮曰「再拜」，在位者皆再拜。太祝各取幣於篚以授獻官，獻官受幣，詣東嶽座。諸太祝各奠幣於諸嶽鎮、海瀆之座。謁者引獻官再拜訖，降還本位。於獻官初受幣，太官令帥進饌者奉饌陳於東門之外，獻官奠幣再拜訖，太官令引饌入。諸太祝迎引於座首，各奠於神座前。施設訖，太官令以下還本位，諸祝各還罇所。謁者引獻官詣罍洗，盥手，洗爵詣東嶽酒罇所。執罇者舉冪，獻官酌酒。謁者引獻官進東嶽神座前，東向跪，奠爵，興，少退，東向立。初獻官進奠，祝史以爵酌酒，助奠東鎮以下，還罇所。太祝持版進於神座之右，南面跪讀祝文曰：「敢昭告於東方嶽鎮、海瀆：久闕時雨，黎元恇懼。惟神哀救蒼生，敷降嘉液。謹以制幣、清酌、脯醢，明薦於東方嶽鎮、海瀆。尚享。」太祝興，獻官再拜。太祝進，跪奠版於神座，興，還罇所。獻官再拜。謁者引獻官以次獻諸方嶽鎮、海瀆，如東方之儀。諸方祝文並同。訖，謁者引獻官還本位。初，獻東嶽，贊引次引獻官就罍洗盥手，洗爵訖，詣東方山川酒罇所，執罇者舉冪，獻官酌酒訖。贊引引獻官進詣東方山川首座前，跪奠爵，興，少退，東向立。初，獻官奠酒，齋郎酌酒助奠訖，還罇所。祝史持版進於神座之右，西向跪讀祝文，文同嶽祭。興，獻官再拜。祝跪奠版於神座，興，還罇所。獻官再拜訖，贊引引獻官以次獻諸方山川，如東方之儀。諸方祝文皆同。訖，贊引引獻官還本位，諸祝各進，跪，撤豆如式，興，還罇所。奉禮曰「再拜」，獻官以下皆再拜。謁者進獻官之左，白：「請就望瘞位。」謁者引獻官就望瘞位，西向立。於在位者將拜，諸太祝各進神座前，跪取幣置於坮。奉禮曰「可瘞」，東西廂各二人寘土。半坮，謁者進初獻之左，白「禮畢」。遂引獻官出，贊引引執事者以次出。御史、太祝以下俱復執事位，立定。奉禮曰「再拜」，御史以下皆再拜，贊引引出。祝版，燔於齋所。報祀用牲幣，飲福、受胙於東方嶽鎮、山川首座之前。其山川唯飲福即不受胙，埋幣血與正祭同，餘與祈禮同。祝文與報社同。

時旱就祈嶽鎮海瀆

前一日，諸祈官皆於祈所清齋一宿，所司清掃内外，又爲埋埳於壇南如常。奉禮設祈官位於壇東南，執事者位於祈官東南，奉禮位於執事西南，贊者二人在南，差退，俱西面北上。又設太祝奉幣位於瘞埳之南，北向。海瀆南設奉幣位向沉所。又設祈官以下門外位於南門之外道東，重行，西面北上。設罇、坫、罍、篚各於常所，執罇、罍、篚者各位於罇罍之後。其日未明，祈官以下各服其服，所司帥其屬入設神座。及實罇、罍如常儀。太祝以幣置於篚，幣各依方色，長丈八尺。掌饌者實籩豆。籩一，實脯；豆一，實醢。奉禮帥贊者先入就位。贊引引太祝及執罇、罍、篚者入，當壇南重行北面，以西爲上，立定。奉禮曰「再拜」，贊者承傳，太祝以下皆再拜。執罇、罍者各就位。贊引引太祝升自東陛，行掃除於上訖，降，行掃除於下，皆就位。質明，謁者引祈官，贊引引執事者俱入就位，立定。奉禮曰「再拜」，祈官以下皆再拜。其先拜者不拜。謁者進祈官之左，白：「有司謹具，請行事。」退復位。奉禮曰「再拜」，在位者皆再拜。初，白請行事，掌饌者帥進饌者奉饌陳於東門外。祈官拜訖，太祝跪取幣於篚，以授祈官。祈官奉幣置於神座，祈官拜訖，降復位。掌饌者引饌入，升自南陛。太祝迎引於壇上，進設於座前。設訖，掌饌者以下降復執事位。

謁者引祈官詣罍洗，盥手，洗爵，升自南陛，詣酒罇所。執罇者舉冪，祈官酌酒。謁者引祈官進，北面跪，奠於神座前，俛伏，興，少退，北向立。太祝持版進於神座之右，東面跪讀祝文曰。文與祈社同。嶽鎮、海瀆各隨其稱。祝興，祈官再拜，祝進跪奠版於神座，興，還罇所。祈官拜訖，謁者引祈官降復位。太祝進跪，撤豆如式，還罇所。奉禮曰「再拜」，在位者皆再拜。謁者進祈官之左，白：「請就望瘞位。」謁者引祈官就望瘞位，西向立。於在位者將拜，太祝進神座前跪取幣，置於坎，東西面各二人寘土。半坎，海瀆則以幣沉之。奉禮曰「再拜」，祈官以下皆再拜。謁者進祈官之左，白「禮畢」，遂引祈官出，贊引引執事者以次出。太祝以下俱復執事位，立定。奉禮曰「再拜」，太祝以下皆再拜以出，奉禮、贊者以次出。其祝版燔於齋所。得雨報祠用特牲，其沉瘞幣血及飲福，受胙皆與正祭同，餘與祈禮同。祝文與北郊報祠同。

久雨禜祭國門

將祭，有司筮日如別儀。前一日，諸祭官清齋於祭所，右校掃除祭所。太官丞先饌酒、脯、醢。罇以瓢齊。其日質明，郊社丞帥其屬設神座，皆内向，設酒罇各於神座之左，設罍、洗及篚於酒罇之左，俱内向，並實以巾、爵。執罇、罍、洗、篚者各位於罇、罍、洗、篚之後。奉禮設獻官位於罍、洗之左而右向，執事者於其後，皆以近神爲上。郊社丞與良醞之屬實罇、罍。獻官以下俱就位，立定。謁者贊拜，獻官以下皆再拜。祝與執罇、罍、篚者各就位。太官丞出詣饌所。謁者進獻官之左，白：「有司謹具，請行事。」退復位。太官丞引饌入，太祝迎引設於神座前訖〔三九〕。太官丞以下還本位，祝還罇所。謁者引獻官詣罍洗，盥手，洗爵，詣罇所，執罇者舉冪，獻官酌酒，進神座前，跪奠爵，俛伏，興，少退，向座立。太祝持版進於神座之右，跪讀祝文曰：「維某年歲次月朔日，子嗣天子遣某官姓名，昭告於國門：霖雨淹久，害於百穀。惟靈降福，應時開霽。謹以清酌、嘉薦明告於神。尚享。」祝興，獻官再拜。太祝跪奠版於神座，俛伏，興，還罇所。獻官再拜訖，謁者引還本位。祝進跪撤豆，俛伏，興，還罇所。祝與執罇、罍、篚者俱復執事位。謁者贊拜，獻官以下皆再拜。謁者進獻官之左，白：「禮畢。」遂引獻官以下出。每祭皆如之。祝版皆燔於齋所。若雨止，報祠用少牢，飲福與祈同。祝文曰：「前日以霖雨，式陳誠禱。惟神降祉，應時開霽。謹以清酌、少牢、粢盛、庶品，明薦於神。尚享。」

諸州禜城門縣禜附

若霖雨不止，禜祭城門。設神座，皆內向。設瓢齊之罇，各於神座之左。設罍、洗及篚於酒罇之左，俱內向。設司功縣則縣尉。位於罍洗之左而右向，執事者位於其後，皆以近神爲上。贊禮者贊拜。無幣，不爲瘞埳，餘與祈社神同。祝文曰：「維某年歲次月朔日，子刺史姓名縣則縣令姓名。遣具位姓名，昭告於城門：霖雨淹久，害於百穀，惟靈降福，應時開霽。謹以清酌、嘉薦，明告於城門。尚享。」若雨止，報祠用特牲，飲福，餘與禜同。祝曰：「前以霖雨，式陳誠禱。惟靈降祉，應時開霽。」餘同上。

宋制，孟夏雩祀昊天上帝，爲大祀。國初以來以四祖迭配。太宗即位，以宣祖、太祖更配。

太祖開寶九年，詔：以江表底定，方內大同，幸西京。以四月有事於南郊。即大雩之祀，詳見郊祀門。

真宗景德三年，詔有司詳定諸祠祭事。有司言：「今年四月五日，雩祀昊天上帝。十三日，立夏，祀赤帝。按月令：『立夏之日，天子迎夏于南郊。』注云：『迎夏爲祀赤帝於南郊。』又云：『是月也，大雩。』注云：『春秋傳曰：龍見而雩。』謂建巳之月，陽氣盛而常旱。萬物待雨而長，故祭天以祈雨。龍星謂角、亢也。立夏後，昏見於東方。又按五禮精義云：『自周以來，歲星差度。今則龍見或在五月。以祈甘雨，於時已晚。但四月上旬卜日。』今則唯用改朔，不待時節，祭於立夏之前，違茲舊禮之意。苟或龍見於仲夏之時，雩祀於季春之節，相去遼闊，於理未周。欲請自今並於立夏後卜日，如立夏在三月，則待改朔。庶節氣協於純陽，典禮符於舊史。又按月令云：『季秋之月，乃命冢宰。農事備收，藏帝籍之收於神倉。是月也，大饗帝。』則季秋之月，農事之終，大享明堂，報茲嘉穀。苟或猶未得節，尚當建酉，因而卜日，有屬先時。欲望自今並過寒露，然後卜日。或寒露在八月，則至九月乃卜。自餘諸祠祭皆叶禮令，無所改易。」奏可。

太祖建隆二年夏，旱。翰林學士王著請令近臣按舊禮告天地、宗廟、社稷，及望告嶽鎮、海瀆於北郊，以祈甘澤。詔用其禮，惟不祀配座及名山大川。雨足，報賽如禮。

太祖、太宗時，凡京師水旱稍久，上親禱者，則有建隆觀、大相國太平興國寺、上清太一宮。甚，則再幸。或撤樂減膳，進蔬饌。遣官禱者，則天齊、五龍、城隍、祅神四廟，大相國、開寶、報慈、乾明、崇夏五寺及建隆觀。令開封府祭九龍、浚溝、黄溝，子張、子夏、信陵君、段干木、扁鵲、張儀、吴起、單雄信廟。雍熙後，多遣宰相、近臣。至道後，又於寺、觀建道場，復遣常參官或內侍詣嶽瀆致祠。咸平後，祈禱又增玉清昭應、景靈宮，會靈、祥源觀、泰一宮，或親幸致禱。

真宗咸平元年，以旱，遣使禱衛州百門廟、白鹿山。百門廟以祈禱有應，賜名靈源廟。

內出李邕祈雨法：以甲、乙日，擇東方地作壇，取土造青龍。長吏齋三日，詣龍所汲流水。設香案、茗果、餈餌，率群官、鄉老日再至祝酹，不得用音樂、巫覡以致媟瀆。雨足，送龍水中。餘四方皆如之，飾以方色。大凡日干及建壇取土之里數、器之大小、龍之脩廣，皆取五行生成數焉。詔頒諸路，及令祀雨師、雷神。

又以畫龍祈雨法付有司鏤板頒下。其法：擇潭洞或湫濼林木深邃之所，以庚、辛、壬、癸日，刺史、縣令帥耆老齋潔，先以酒脯告社令訖。築方壇三級，高一尺，闊丈三尺。壇外二十步，界以白繩。壇上植竹枝，張畫龍。其圖以縑素上畫黑魚左顧，環以天黿十星；中爲白龍，吐雲黑色；下畫水波，有龜亦左顧，吐黑氣如綫，和金銀朱丹飾龍形。又設皂幡，刎鵝頸，取血置槃中，楊枝洒水龍上。俟雨足三日，賽以豭，取畫龍投水中。

神宗元豐四年，詳定郊廟奉祀禮文所言：「近詔宗祀明堂，配以上帝，其餘從祀群神悉罷。今祈穀、大雩猶循舊制，皆群神從祀，恐與詔旨相戾。請孟春祈穀、孟夏大雩，惟祀上帝，以太宗皇帝配，餘從祀群神悉罷。又請改築雩壇於國南門〔四〇〕，以嚴祀事。」並從之。

禮部言：「雩壇當立於圜丘之左巳地，其高一丈，廣輪四丈，周十二丈，四出陛，爲三壝各二十五步，周垣四門，一如郊壇之制。」從之。

熙寧元年，帝幸寺觀祈雨，詔在京舉望祭禮。諸路分禱嶽鎮、海瀆、名山、大川。又幸相國寺、天清寺、集禧醴泉觀祈雨。雨足，幸西太一宮報謝。

元豐四年，詳定禮文所言：「案禮記祭法曰：『埋少牢於泰昭，祭時也。』雲漢之詩曰：『靡愛斯牲。』周禮太祝注曰：『禬、禜皆有牲。』是祈禱有牲也。請祈禱郊廟、社稷，皆用少牢。」從之。

高宗紹興後，孟夏雩祀上帝，在城西惠照院望祭齋宮行禮。其後又於圜壇行禮。

紹興八年，以時雨愆候，令臨安府差官迎請天竺觀音，赴法慧寺建置道場，如法祈求。候到，宰執率侍從前詣燒香。

其後每祈水旱，則迎天竺觀音入城。或就明慶寺建道場，或差官就天竺寺祈禱。

孝宗淳熙十四年七月，太常寺言：「亢陽爲沴。檢點國朝典禮，凡京都旱，則祈嶽鎮、海瀆及諸山川能興雲雨者，於北郊望告。又祈宗廟、社稷及雩祀上帝、皇地祇。」詔命宰臣以下分詣祭告。八月三日，獲感應，復命報謝。

宰執進呈太常寺乞謝雨，王淮等奏，初疑後時，而禮官謂有祈必有報。上曰：「既是天地、宗廟、社稷，宫觀亦不容已。」淮等奏：「報謝只是酒脯。」上曰：「如何無牲牢？」淮等奏：「國朝典禮，祈用酒脯，謝如常祀。且紹興以來，並只是酒脯。惟雩祀用牲，然雩無報謝之禮。」上問：「前日雩祭禮儀及歌雲漢之詩，樂工能之否？」淮等奏：「三獻並用宰執。一篇之詩，工人兩日習歌，亦如法。」

校勘記

〔一〕凡周之秋三月之中而旱　「三」原作「五」，據禮記月令疏改。下同。

〔二〕君親帥諸大夫道之而以請焉　「帥」原作「師」，據春秋穀梁傳定公元年改。

〔三〕七年秋　「秋」字原脱，據春秋左傳定公七年補。

〔四〕逆時雨　「時」原作「風」，據周禮小祝改。

〔五〕膞脯　「膞」原作「摶」，據春秋繁露卷一六求雨改。下同。

〔六〕即奉牲禱　「即」字原脱，據春秋繁露卷一六求雨補。

〔七〕鑿社通之於閭外之溝　「鑿」原作「諸里」，據春秋繁露卷一六求雨改。

〔八〕置水其外　「其外」二字原脱，據春秋繁露卷一六求雨補。

〔九〕聞鼓聲　「聞」下原衍「彼」字，據春秋繁露卷一六求雨刪。

〔一〇〕取死灰骨埋之　「灰」，春秋繁露卷一六求雨作「人」。

〔一一〕爲大赤龍一　「大赤」二字原倒，據春秋繁露卷一六求雨乙正。

〔一二〕各長三丈五尺　「各」字原脱，據春秋繁露卷一六求雨補。

〔一三〕具酒脯祝齋　「具」字原脱，「祝」原作「祭」，據春秋繁露卷一六求雨補改。

〔一四〕令縣邑十日一徙市於邑南門之外　「十日」二字原脱，據春秋繁露卷一六求雨補。

〔一五〕毋舉土功　「舉」原作「過」，據春秋繁露卷一六求雨改。

〔一六〕於中央　「中央」，春秋繁露卷一六求雨作「南方」。

〔一七〕老者五人亦齋三日　「五人」二字原脱，據春秋繁露卷一六求雨補。

〔一八〕無煎金器　「無」字原脱，據春秋繁露卷一六求雨補。

〔一九〕其神太皞　「太皞」，春秋繁露卷一六求雨作「少皞」。

〔二〇〕成帝五年六月　按漢書卷一〇成帝紀，建始三年秋，關内大水；同書卷二七上五行志上，建始三年夏，大水。疑此處「五」为「三」之誤，其上並脱建始年號。

〔二一〕行雩禮以求雨　「以求雨」三字原脱，據後漢書禮儀志中補。

〔二二〕直行其道而不忌其難　「直」原作「貞」，據春秋繁露卷三精華改。

〔二三〕反拘朱索縈社　「縈」字原脱，據通典卷四三禮典三補。

〔二四〕梁武帝天監九年　「九」原作「元」，據隋書卷七禮儀志二改。

〔二五〕祈上帝　「祈」字原脱，據隋書卷七禮儀志二補。

〔二六〕复齋祈其界内山林　「内」字原脱，據隋書卷七禮儀志二補。

〔二七〕牲用黄牯牛　「牯」字原脱，據隋書卷七禮儀志二補。

〔二八〕周十二丈　「十二」二字原倒，據隋書卷七禮儀志二乙正。

〔二九〕潔齋祈於社　「社」下原衍「稷」字，據隋書卷七禮儀志二删。

〔三〇〕斷傘扇　「傘」字原脱，據舊唐書卷二四禮儀志四補。

〔三一〕而雨及所經祈者　「而雨」二字原脱，據舊唐書卷二四禮儀志四補。

〔三二〕東向授祈官　「祈官」二字原脱，據開元禮卷六五補。

〔三三〕祈官受幣進　「幣進」二字原倒，據開元禮卷六五乙正。

〔三四〕謁者引祈官贊引引執事者以次出初白禮畢　十八字原脱，據開元禮卷六五、通典卷一一〇禮典八〇補。

〔三五〕報祠同　「祠」原作「祀」，據開元禮卷六六改。

〔三六〕就祈及禜同　「禜」原作「祭」，據通典卷一二〇禮典八〇改。

〔三七〕郊社令與良醖令之屬入實罇罍　上「令」字原脱，據開元禮卷六六補。

〔三八〕蜃罇實以沈齊　「沈」原作「泛」，據開元禮卷六六改。

〔三九〕太祝迎引設於神座前訖　「引」原作「跪」，據開元禮卷六七、通典卷一二〇禮典八〇改。

〔四〇〕又請改築雩壇於國南門　「門」字原脱，據宋史卷一〇〇禮志三補。

卷七十八　郊社考十一

祀五帝 五時迎氣

周禮小宗伯：兆五帝於四郊。兆，爲壇之營域。疏曰：「云『兆爲壇之營域』者，按封人云『社稷之壝』，謂壝土爲之，即此壇之營域，一也。不言壇者，舉外營域，有壇可知。」春官。因吉土以享帝於郊。吉土，王者所卜而居之土也。享帝於郊，以四時所兆，祭於四郊者也。今漢亦四時迎氣，其禮則簡。詳見祀天禮。

先立春三日，太史謁之天子，曰：「某日立春，盛德在木。」天子乃齋。太史，禮官之屬，掌正歲年以序事。謁，告也。疏曰：「先立春三日者，周法，五時迎氣皆前期十日而齋，散齋七日，致齋三日。今秦法簡省，故三日也，蓋散齋二日，致齋一日。盛德在木者，天以覆蓋生民爲德，四時各有盛時，春則爲生，天之主育盛德在木位，故云盛德在木。」立春之日，天子親帥三公、九卿、諸侯、大夫，以迎春於東郊。迎春，祭蒼帝靈威仰於東郊之兆也。王居明堂禮曰：「出十五里迎歲。」蓋殷禮也。周近郊五十里。還反，賞公、卿、諸侯、大夫於朝，還音旋。賞，謂有功德者，有以顯揚之也。朝，大寢門外。命相布德和令，行慶施惠，下及兆民。相，謂三公相王之事也，德，謂善教也。令，謂時禁也。慶，謂休其善也。惠，謂恤其不足也。天子曰兆民。慶賜遂行，毋有不當。遂，猶達也。言使當得者皆得，得者無非其人。先立夏三日，太史謁之天子，曰：「某日立夏，盛德在火。」天子乃齋。立夏之日，天子親帥三公、九卿、大夫，以迎夏於南郊。還反，行賞，封諸侯，慶賜遂行，無不欣說。迎夏，祭赤帝赤熛怒於南郊之兆也。不言「帥諸侯」，而云「封諸侯」，諸侯時或無在京師者，空其文也。說音悅。熛，必遥反。先立秋三日，太史謁之天子，曰：「某日立秋，盛德在金。」天子乃齋。立秋之日，天子親帥三公、九卿、諸侯、大夫，以迎秋於西郊。還反，賞軍帥、武人於朝。迎秋者，祭白帝白招拒於西郊之兆也。軍帥，諸將也。武人，謂環人之屬有勇力者。先立冬三日，太史謁之天子，曰：「某日立冬，盛德在水。」天子乃齋。立冬之日，天子親帥三公、九卿、大夫，以迎冬於北郊。還反，賞死事，恤孤寡。迎冬者，祭黑帝叶光紀於北郊之兆也。死事，謂以國事死者，若公叔禺人、顏涿聚者也。孤寡，其妻子也。有以惠賜之，大功加賞。禺音寓。涿，丁角反；又作椓。

大宗伯以玉作六器，以禮天地四方：以青圭禮東方，以赤璋禮南方，以白琥禮西方，以玄璜禮北方。禮東方以立春，謂蒼精之帝，而太皞、句芒食焉。禮南方以立夏，謂赤精之帝，而炎帝、祝融食焉。禮西方以立秋，謂白精之帝，而少昊、蓐收食焉。禮北方以立冬，謂黑精之帝，而顓頊、玄冥食焉。禮神者必象其類。圭銳，象春物初生；半圭曰璋，象夏物半死；琥猛，象秋嚴；半璧曰璜，象冬閉藏，地上無物，惟天半見。疏曰：「『禮東方以立春謂蒼精之帝』者，此已下皆據月令四時迎氣皆在四立之日，故以立春、立夏、立秋、立冬言之也。知皆配以人帝、人神者，亦據月令四時十二月皆陳人帝、人神，彼止爲告朔於明堂，及四時迎氣配天帝而言。告朔於明堂，告五人帝、五人神，配以文王、武王。必知迎氣亦有五人帝、五人神者，以其告朔入明堂，至秋總享五帝於明堂，皆以五人帝、五人神配天。若然，迎氣在四郊，還是迎五天帝，明知五人帝、五人神亦配祭可知，以其自外至者無主不止，故皆以人帝、人神爲配也。言蒼精、赤精、白精、黑精者，皆據春秋緯運斗樞云太微宫有五帝座星，文耀鉤亦曰靈威仰之等而説也。云『禮神者必象其類』者，即『圭銳』已下，是象其類也。云『圭銳象春物初生』者，雜記贊大行云，圭剡上，左右各寸半，是圭銳也。云『半圭曰璋』者，按典瑞云：『四圭有邸以祀天，兩圭有邸以祀地。』是兩圭半四圭。又云：『圭璧以祀日月。』是一圭半兩圭。又云：『璋邸射以祀山川。』是璋又半一圭，故云：『半圭曰璋。』公羊傳亦云：『寶者何？璋判白。』亦半圭曰璋。云『象夏物半死』者，夏時薺麥死，是半死。云『琥猛，象秋嚴』者，謂以玉爲虎形，猛屬西方，是象秋嚴也。云『半璧曰璜』者，逸禮記文，似半圭曰璋也。云『冬閉藏，地上無物，惟天半見』者，列宿爲天文，草木爲地文，冬時草木枯落，唯天上列宿仍在，故云『唯天半見』，故用半璧曰璜也。此六玉所用，則上璧下琮。按覲禮加方明，東方圭，南方璋，西方琥，北方璜，與此同。唯上圭下璧與此違者，鄭彼注云：上宜以蒼璧，下宜以黄琮〔一〕，而不以者，則上下之神，非天地之至貴者也。彼上下之神是日月，故陳玉與此不同也。此經神不見中央含樞紐者，此四時迎氣，皆在四郊。小宗伯云『兆五帝於四郊』，鄭注云『黄帝亦於南郊』是也。」璋音章。琥音虎。璜音黄。皆有牲幣，各放其器之色。注疏見祀天禮。

太宰：祀五帝，則掌百官之誓戒與其具修。祀五帝，謂四郊及明堂。誓戒，要之以刑，重失禮也。明堂位所謂「各揚其職，百官廢職服大刑」，是其辭之略也。具，所當共。修，埽除糞洒。洒，色賣反。疏曰：「具所當共者，祭祀之聯事，祭祀之具，百官共供。宫人云『掌六寢之修』，守祧云『其廟，有司修除之』，是其修埽除糞洒也。」前期十日，帥執事而卜日，遂戒。前期，前所諏之日也。十日，容散齋七日，致齋三日。執事，宗伯、太卜之屬。既卜，又戒百官以始齋。疏曰：「大宗伯職云，凡祀大神、享大鬼、祭大示，帥執事而卜日，謂宗伯莅卜。但四時迎氣，冬至、夏至〔二〕、郊天等，雖有常日常時，猶須審慎，仍卜日。故表記云：『不犯日月，不違卜筮。』注：日月，謂冬、夏至，正月，及四時也。所不違者，日與牲、尸也。假令不吉，改卜後日。」及執事，眂滌濯。疏曰：「春官小宗伯：『大祭祀，眂滌濯。』大宗伯亦云：『宿眂滌濯。』彼二官親眂滌濯，太宰尊，亦往莅之。」及納亨，贊王牲事。納亨，納牲將告殺，謂鄉祭之晨既殺以授亨人。凡大祭祀，君親牽牲，大夫贊之。鄉，許亮反。疏曰：「謂牽牲入時也。禮器云：『納牲詔於庭。』殺訖，毛以告純，血以告殺，腥其俎，豚解而新之〔三〕。以此訖，乃納與亨人爓祭。祭天無祼，故先迎牲。若宗廟之祭，有祼，而後迎牲也。」及祀之日，贊玉、幣、爵之事。日，旦明也。玉、幣所以禮神，玉與幣各如其方之色。爵所以獻齊酒。不用玉爵，尚質也。三者執以從王，王至而授之。疏曰：「下經，享先王用玉爵，尚文。此祭天，不用玉爵，故云『尚質』。云『三者執以從王，至而授之』者，謂至此祀圜丘、方澤祭所而授之。王親自執玉、幣奠於神座，親酌以獻尸。」祀大神示亦如之。疏曰：「云『祀大神』謂冬至祭天於圜丘。云『祀大祇』謂夏至祭地於方澤。『亦如之』者，皆如已上祀五帝之禮。」享先王亦如之。天官。

大司寇：若禋祀五帝，則戒之日涖誓百官，戒於百族。戒之日，卜之日也。百族，謂府史以下也。郊特牲曰：「卜之日，王立於澤，親聽誓命，受教諫之義也。獻命庫門之內，戒百官也。太廟之內，戒百姓也。」疏曰：「禋之言烟。烟祀五帝，謂迎氣於四郊，及總享五帝於明堂也。云『戒之日』者，謂前十日卜之日，卜吉，即戒之，使散齋。云『涖誓百官』者，謂餘官誓百官之時，大司寇則臨之。云『戒於百族』者，大司寇親自戒之。其百官所戒者，當太宰爲之。是以太宰云『祀五帝前期十日，帥執事而卜日，遂戒』，故知太宰戒百官也。若然，太宰云『祀五帝則掌百官之誓戒』，太宰雖云掌百官誓戒，戒則親爲之，誓則掌之而不親誓。何者？此司寇卑於太宰，此云『涖誓百官』，豈司寇得臨太宰乎？故知太宰掌之，餘小官誓之，司寇臨之也。」又曰：「鄭知『百族，府史以下』者，以其王之百姓亦同太宰戒之，故知百族，府史、胥徒也。引郊特牲者，欲見百族非王之親，是府史以下也。云『獻命庫門之內，戒百官也』者，王自澤宮而還，入皋門，至庫門之內。太宰獻命，命即戒百官。又於庫門內而東入廟門，廟門之內戒百姓。彼註云：『百姓，王之親也』。以親〔四〕，故入廟乃戒之。」乃納亨，前王，祭之日亦如之，亨，普庚反。疏曰：「納亨謂將祭之辰。祭之日謂旦明也。此二者，大司寇爲王引道，故云『亦如之』。」奉其明水、火。疏曰：「司烜氏以陽燧取火於日中，以陰鑑取水於月中。明，潔也。奉此水、火者，水以配鬱鬯與五齊，火以給爨亨也。」秋官。

掌次，祀五帝，則張大次、小次，設重帟、重案。疏曰：「祀五帝，謂四時迎氣。次，謂幄帳也。大幄、小幄，但幄在幕中，既有幄，明有帷幕可知。設重帟者，謂於幄中設承塵。云重案者，案則牀也，牀言重，謂牀上設重席。不言氈及皇邸，亦有可知。此謂四時迎氣，月令四立之祭。大幄，謂王侵晨至祭所，祭時未到，去壇壝之外遠處設大次，王且止居，故云大幄，初往所止居也。接祭者，與群臣交接，相代而祭。去壇宜近，置一小幄退候之處。云『重帟、複帟』者，謂兩重爲之。云『重案牀、重席』者，案司几筵：莞筵、繅席、次席三重。此言重席，亦當有此三重，與重帟不同。」天官。氈案皇邸，見郊祭旅上帝條。

王祀昊天上帝，則服大裘而冕，祀五帝亦如之。疏見祀天禮。春官司服。

小司寇：凡禋祀五帝，實鑊水。納亨亦如之。鑊，户郭反。其實鑊水，當以洗解牲體肉。疏曰：「五帝所祀，謂四時迎氣〔五〕，總享明堂。實鑊水，以擬洗肉所用也。納亨亦如之，謂將祭亨祭之晨，實以水亨牲也〔六〕。鄭知『實鑊水爲洗解牲肉』者，以下云『納亨亦如之』，是實鑊水亨煮肉，故知此是洗肉也。封人云『供其水槀』，亦謂洗牲肉也。」秋官。士師：祀五帝則沃尸，及王盥，洎鑊水。洎，謂增其沃汁。疏曰：「按特牲、少牢，尸尊不就洗，入門北面，則以盤匜盥手。王盥，謂將獻尸時，先就洗盥。洎鑊水，增其沃汁。鑊在門外之東，亨牲之爨，言須鑊水就爨增之。亨實鑊水，此官增之，示敬而已。」同上。充人：掌繫祭祀之牲牷，祀五帝則繫於牢，芻之三月。牢，閑也。必有閑者，防禽獸觸齧。養牛羊曰芻。三月，一時，節氣成。疏曰：「祭祀之牲皆體牷具〔七〕，故以牷言之。上云『掌繫祭祀之牲牷』，則總養天地、宗廟之牲；下別言祀五帝，則略舉五帝而已。其實昊天及地祇、四望、社稷之等，皆繫之也。云『牢，閑也』者，校人養馬謂之閑。此養牛羊謂之爲牢。言『閑』見其閑衛；言『牢』見其牢固。所從言之異，其實一物也。按宣三年公羊云：『帝牲在於滌三月。』何休云：『滌，宫名。養帝牲三牢之處也。三牢者，各主一月。』」地官。大司徒：祀五帝，奉牛牲，羞其肆。肆，託歷反。注「肆解」同。司農音四，註「肆陳」同。牛能任載，地類也。奉，猶進也。鄭司農云：「羞，進也。肆，陳骨體也。」玄謂進所肆解骨體。士喪禮曰〔八〕：「肆解去蹄。」疏曰：「牛能任載，地類也，故屬地官司徒。骨體，肩、臂、脊、脅之屬。司農以肆爲『四』音讀之，故云『肆』，陳也，謂陳牲體於俎上，即體解折節爲二十一體是也。『玄謂進所肆解骨體』者，後鄭之意，以肆爲『擿』音讀之，肆解骨體者爲七體解之。故引士喪禮曰：『肆解去蹄。』按士喪禮曰：『特豚四鬄去蹄。』彼註云：『四解之殊肩髀。』彼言『殊肩髀』，與此骨體一也；但彼云『四鬄』，此云『肆解』，其字不同者，鄭直以義讀之，非彼正文。此云『解』，當彼『鬄』也。後鄭必不從先鄭爲肆陳骨體爲二十一體者，按禮運云：『腥其俎，孰其殽。』彼註云：『腥其俎，謂豚解而腥之也。孰其殽，謂體解而爓之也。』祭祀之法，先豚解，後體解。經云『奉牛牲』，謂初牽入時，即言『羞其肆』，明先豚解。又按國語：『禘郊之事，則有全烝。』明知不得先有體解。若然，則禘郊之事先全烝，始後豚解也。若宗廟之祭〔九〕，則無全烝，先豚解，次體解，禮運所云者是也。」地官。大司樂：乃奏黄鍾，歌大吕，舞雲門以祀天神。天神，謂五帝及日、月、星、辰。

傳，季康子問於孔子曰：「舊聞五帝之名，而不知其實。請問何謂五帝？」孔子曰：「昔丘也聞諸老聃曰：『天有五行，水、火、木、金、土。分時化育，以成萬物。一歲三百六十日，五行各主七十二日也。化生長育，一歲之功，萬物莫不受成。其神謂之五帝。』五帝，五行之神，佐天生物者。而後世讖緯皆爲之名字，亦爲妖怪妄言。古之王者，易代而改號，取法五行。五行更王，終始相生，亦象其義。更，古衡反。王音旺，下「王天」同。法五行更王，終始相生，以木德王天下，其次以所生之行轉相承。而諸説乃謂五精之帝下生王者，其爲蔽惑，無可言者。故其生爲明王者，死而配五行。是以太皞配木，炎帝配火，黄帝配土，少皞配金，顓頊配水。」康子曰：「太皞氏其始之木，何如？」孔子曰：「五行用事，先起於木。木，東方，萬物之初皆出焉。是故王者則之，而首以木德王天下。其次則以所生之行轉相承也。」木生火，火生土之屬。康子曰：「吾聞句芒爲木正，祝融爲火正，蓐收爲金正，玄冥爲水正，后土爲土正，此則五行之主而不亂。稱曰帝者，何也？」孔子曰：「凡五正者，五行之官名。五行佐成上帝，而稱五帝，太皞之屬配焉。亦云帝，從其號。天至尊，物不可以同其號，亦兼稱上帝，上得包下。五行佐成天事，謂之五帝，以地有五行，而其精神在上，故亦謂之上帝。黄帝之屬，故亦稱帝，蓋從天五帝之號。故王者雖號稱帝，而不得稱天帝，而曰天子者，天子與父，其尊卑相去遠矣。曰天王者，言乃天下之王也。昔少皞氏之子有四叔，曰重、曰該、曰修、曰熙，實能金木及水，使重爲句芒，該爲蓐收，修及熙爲玄冥；顓頊氏之子曰犂，爲祝融。龔工氏之子曰句龍，爲后土。此五者，各以其所能業爲官職，各以一行之官，爲職業之事。生爲上公，死爲貴神，别稱五祀，不得同帝。」神故不得稱帝也。康子曰：「陶唐、有虞、夏后、殷、周，獨不得配五帝，意者德不及上古邪？將有限乎？」孔子曰：「古之平治水土及播殖百穀者衆矣，唯句龍兼食於社，兼猶配也。而棄爲稷神，易代奉之，無敢易者，明不可與等。故自太皞以降，逮於顓頊，其應五行而王，數非徒五，而配五帝，是其德不可以多也。」家語五帝篇。

楊氏曰：「愚按此章注云：『五帝，五行之神，佐天生物者，而後世讖緯皆爲之名字，亦爲妖怪妄言。』夫所謂爲之名字，如靈威仰而下是也。自伏羲始畫八卦，更文王、夫子而後易道備。卦象、文言、繫辭言天者詳矣，何嘗有此等名字？推原此説之所出，則曰易緯乾鑿度也、春秋緯文耀鈎也、運斗樞也、孝經緯文也〔一〇〕、鈎命决也、援神契也。抑不知易也，春秋也，孝經也，聖人何嘗有一言一句如此？信乎其爲妖怪妄言矣！但此章所謂『五帝五行之神，佐天生物者』，愚恐非夫子之言。或謂家語王肅所作。何也？以易論之，乾、坤爲父、母，震、巽、坎、離、艮、兑爲六子，卦畫固有此象矣。然序卦言帝出乎震，齊乎巽，自震、巽而下，皆天帝之爲也。謂在天有五行，能生物則可；謂五行佐天生物，則天與五行爲二矣。是以程子曰：『不知乾、坤之外，甚底是六子？譬如人之四肢，只是一體耳。學者大惑也。』」

按：五帝之祀，見於周禮；五帝之義，見於家語，其説本正大也。自秦漢間廢祀天之禮，而以所謂郊祀者祀於五時，名曰五帝。鄭康成解經，習聞秦漢之事，遂於經所言郊祀，多指爲祀五帝。且據緯書爲之名字：東曰靈威仰，南曰赤熛怒，西曰白招拒，北曰叶光紀，中曰含樞紐。於是王子雍群儒引經傳以排之，而謂五帝者，太皞以下五人帝也。先儒楊信齋則謂：「果以五人帝爲五帝，則五人帝之前，其無司四時者乎？鄭則失矣，王亦未爲得也。」其説善矣，然楊氏之釋五帝，則以爲如毛公所謂元氣昊大謂之昊天，遠視蒼蒼謂之蒼天；程子所謂以形體謂之天，以主宰謂之帝之類，則五帝乃天之别名，而元未嘗有所謂五帝之神也。愚謂若以爲天之别名而已，則曰「帝」可矣，何必拘以五？又何必於祀上帝之外，别立祀五帝之禮乎？蓋五帝者，五行之主而在天，猶五嶽爲五方之鎮而在地也。五帝不出於天之外，而謂五帝即昊天則不可；五嶽不出於地之外，而謂五嶽即后土亦不可，家語所言盡之矣。今因疑緯書靈威仰等名字，而謂五帝之本無，因疑五帝之本無，而謂家語之非聖言，亦過矣。如日、月、星、宿、風伯、雨師，皆天神之見於祀典者，經傳所言昭昭也，而道家者流則以爲各有名稱，甚者或爲之姓字，其妖妄不經，甚於緯書，儒者所不道也。然因是而疑日月諸神之本無，可乎？

三山林氏曰：「古之祭上帝與祭五帝之禮，以經推之，禮莫盛於周。周之祭上帝，亦曰祀天，郊祀之天，明堂之上帝，即一也。郊祀從簡，爲報本反始，以稷配；明堂從備，爲大享報成，以文王配。稷，王業所始；文王，王業所成，從其類也。祭於郊曰天，於明堂曰上帝，天言兆朕，帝言主宰也。是故歲之祭天者四：郊於冬至，一也；明堂於季秋，一也；祈穀於孟春，一也，左氏謂『郊而後耕』，併言后稷是已；大雩於龍見，一也，詩頌所謂『春夏祈穀於上帝』是已。歲之祭五帝者五：周禮所謂『祀五帝亦如之』是也，先言『祀上帝』，次言『祀五帝亦如之』，蓋言祀青帝之禮亦如之，祀赤帝之禮亦如之，不可詳數，故但曰『祀五帝亦如之』。夫所謂『祀五帝亦如之』者，謂大臣之贊相、有司之備具，至其圭幣，則五帝各有方色，未嘗與上帝混而同也。周禮曰禮東方，禮南方；月令云四立迎氣，故曰歲之祭上帝者四，而祭五帝者五。若有故而旅，則不在此矣。」又曰：「愚按：祀五帝禮物、樂章，大略當與郊祀同。而亦有不同者，如小宗伯『兆五帝於四郊』，乃祀五帝之位；月令四立之祭，乃祀五帝之時；大宗伯以青圭禮東方、以赤璋禮南方之類，乃禮五帝之玉；大宗伯『牲、幣各放其器之色』，大司徒奉牛牲之類，皆祀五帝之禮也。大司樂：『乃奏黄鍾，歌大吕，舞雲門，以祀天神。』鄭註云：『天神謂五帝及日月星辰。』則祀五帝之樂也。又按大宗伯註疏：『祭五天帝，以五人帝、五人神配食。』通典云：『其配祭以五人帝，春以太皞，夏以炎帝，季夏以黄帝，秋以少皞，冬以顓頊。其壇位，各於當方之郊。去國五十里内曰近郊。爲兆位，於中築方壇，亦名曰太壇，而祭之。其禮七獻，畢獻之後，天子舞當代之樂。』又按鄭氏註『掌次，祀五帝則張大次、小次，設重帟、重案』云：『此所謂四時迎氣，月令四立之祭是矣。』及註太宰祀五帝，大司寇、小司寇禋祀五帝，皆云四時迎氣，亦當與掌次同，註又兼云『總享明堂』，何邪？夫總享五帝於明堂，漢禮則有之，非周禮也。漢襲秦禮，郊祀及明堂皆祀五時之帝，周禮安有此哉？鄭注蓋約漢禮以言周禮耳。我將之詩曰：『我將我享，維羊維牛，維天其右之。』又曰：『我其夙夜，畏天之威，于時保之。』我將之詩言天者再，天即帝也，帝即天也。觀我將之詩，則知周人明堂祀天，非總享五帝明矣。」又詳見明堂篇。

祀五人帝、五人神禮：楊氏曰：「鄭註五帝爲五天帝；賈逵、馬融、王肅等以五帝爲五人帝。故爲鄭學者辯之云：享帝於郊，而風雨節，寒暑時。若是五人帝，何能使風雨寒暑得時？二説不同，當以鄭氏之説爲正。」又鄭氏註春官宗伯，謂：禮五天帝，而以五人帝配食，謂如立春禮蒼帝於東郊，而太皞、句芒食焉。以其自外至者，無主不止，故四時别祀五帝，而以五人帝配食也。又孟夏大雩、季秋大享，鄭註謂：合祭五天帝，而以五人帝配之。合祭五帝之説無所據。又鄭註謂十二月聽朔，告五人帝、五人神，配以文王、武王。原鄭註之意，蓋以月令十二月皆有五人帝、五人神之文，如其帝太皞、其神句芒之類，故有是説，未知然否。

春，其帝太皞，其神句芒。此蒼精之君、木官之臣，自古以來，著德立功者也。太皞，宓戲氏。句芒，少皞氏之子，曰重，爲木官。宓音密。戲作羲。疏曰：「按異義古尚書説〔一一〕：『元氣廣大，謂之皞天。』則皞皞，廣大之意。以伏羲德能同天，故稱皞。以東方生養，元氣盛大；西方收斂，元氣便小，故東方之帝謂之太皞，西方之帝謂之少皞。『其神句芒』者，謂自古以來，主春立功之臣〔一二〕，其祀以爲神。是句芒者，主木之官。木初生之時，句屈而有芒角，故云句芒。言『太皞句芒』者，以此二人生時，木王主春，立德立功；及其死後，春祀之時則祀此太皞、句芒。太皞在前，句芒在後，相去懸遠，非是一時。太皞木主，句芒有主木之功，故取以相配也。云『著德立功』者，著德謂太皞，立功謂句芒也。云『太皞宓戲氏』者，以東方著德，則謂之太皞，德能執伏犧牲，謂之伏羲，即宓戲也。律曆志云：『太皞作網罟以佃漁，取犧牲，故天下號曰包犧氏。』」又「季春天子乃薦鞠衣於先帝」，注云：「爲將蠶求福祥之助也。鞠衣，黄桑之服；先帝，太皞之屬。」疏曰：「禮，祭五帝則服大裘。今薦鞠衣，與桑同色，蓋薦於神座。菊者，草名。花色黄，故季秋之月云『菊有黄華』，是鞠衣黄也。與桑同色，又當桑生之時，故云『黄桑之服』也。云『先帝太皞之屬』者，以其言『先』不言『上』，故知非天，唯太皞之屬。春唯祭太皞，云『之屬』者，以蠶功既大，非獨祭太皞。故何胤云『總祭五方之帝』。其所祭之處，王權、賀瑒、熊氏等並以爲在明堂，以太皞祭在明堂故也。」

夏，其帝炎帝，其神祝融。此赤精之君，火官之臣，自古以來著德立功者也。炎帝，大庭氏也。祝融，顓頊氏子，曰犂，爲火官。疏曰：「春秋説云：『炎帝號大庭氏。下爲地皇，作耒耜，播百穀，曰神農』也。」中央土，其帝黄帝，其神后土。此黄精之君，土官之臣。自古以來著德立功者也。黄帝，軒轅氏也。后土，亦顓頊氏之子，曰犂，兼爲土官。疏曰：「按昭二十九年左傳云：『顓頊氏有子曰犂，爲祝融；共工氏有子曰句龍，爲后土。』后土爲土官，知此經后土非句龍而爲犂者，以句龍初爲后土，後轉爲社，后土官闕，犂則兼之。故鄭注大宗伯云：『犂食火土。』以宗伯別云社稷，又云五祀，句龍爲社神，則不得又爲五祀。故云犂兼也。」秋，其帝少皞，其神蓐收。此白精之君，金官之臣，自古以來著德立功者也。少皞，金天氏。蓐收，少皞氏之子，曰該，爲金官。疏曰：「左傳昭元年云：

『昔金天氏有裔子，曰昧，爲玄冥師，生允格、臺駘。』稱金天氏，與少皞金位相當，故少皞則金天氏也。昭二十九年，蔡墨云：少皞氏之子曰該，又云該爲蓐收。是爲金神，佐少皞於秋。蓐收者，言秋時萬物摧辱而收斂。」冬，其帝顓頊，其神玄冥。此黑精之君、水官之臣，自古以來著德立功者也。顓頊，高陽氏也。玄冥，少皞氏之子，曰修、曰熙，爲水官。疏曰：「按五帝德云：『顓頊，高陽氏，姬姓也。』又帝王世紀云：『生十年而佐少皞，十二年而冠，二十年而登帝位。在位七十八年而崩，以水承金也。』」季冬，乃畢祀帝之大臣、天之神祇。四時之功成於冬。孟月祭其宗，至此可以祭其佐也。帝之大臣，句芒之屬。疏曰：「前孟冬是祭先啬神農，并祭五帝。但孟冬其文不具，則五帝爲宗，大臣句芒等爲佐。是『孟月祭其宗，此月祭其佐』也。」月令。問：「祭先聖如何？」朱子曰：「有功德在人，人自當報之。古人祀五人帝，只是如此。」

秦襄公作西畤，祠白帝。宣公作密畤，祠青帝。靈公作吴陽上畤，祠黃帝；作下畤，祠炎帝。詳見郊祀門。

漢高祖二年，立黑帝祠，命曰「北畤」。詳見郊祀門。命晉巫祠五帝；九天巫祠九天。皆以歲時祠宫中。

索隱曰：「孝武本紀云〔一三〕：『立九天廟於甘泉。』三輔故事云：『胡巫事九天於神明臺。』淮南子云：『中央曰鈞天，東方曰蒼天，東北旻天，北方玄天，西北幽天，西方皓天，西南朱天，南方炎天，東南陽天。』是爲九天也。」正義曰：「太玄經云：一、中天；二、羨天；三、徒天〔一四〕；四、罰更天〔一五〕；五、晬天；六、郭天；七、咸天；八、治天；九、成天也。」

按：五帝之説，先儒多闢之。以爲帝即天也，天一而已，安得有五？然帝者主宰之名，五行之在天，各有神以主之。而謂之五帝，猶云可也。至於九天之説，則其虚誕特甚，而漢初已祠之宫中。索隱、正義引淮南子及太玄經所載名字，是果何所傳授，而於義何所當邪？後來道家有所謂九天，又有所謂三十三天，且各有名字，然則其説所從來遠矣。

文帝十五年，趙人新垣平以望氣見上，言：「長安東北有神氣，成五采，若人冠冕焉。或曰東北神明之舍〔一六〕，西方神明之墓也。神明，日也，日出東北〔一七〕，舍謂暘谷；日没於西，墓，濛谷也〔一八〕。天瑞下，宜立祠上帝，以合符應。」於是作渭陽五帝廟，同宇。宇，謂上同下異，禮所謂「複廟重屋」也。一營宇之中立五廟。括地志云：「渭陽五帝廟在雍州咸陽縣東三十里。」一宇之内而設五帝，各依其方帝別爲一殿。帝一殿，面各五門，各如其帝色。祠所用及儀，亦如雍五畤。夏四月，帝親拜霸、渭之會，以郊見渭陽五帝。五帝廟南臨渭，北穿蒲池溝水〔一九〕。權火舉而祠，若光輝然屬天焉。於是貴平上大夫，賜累千金。而使博士諸生刺六經中作王制，謀議巡狩封禪事。文帝出長門〔二〇〕，若見五人於道北，遂因其直北立五帝壇，祠以五牢。其後，人有上書告新垣平所言皆詐，下吏治，誅夷平。自後，帝怠於神明之事，而渭陽、長門五帝，使祠官領，以時致禮，不親往焉。

武帝時，亳人繆忌言：「天神貴者泰一，泰一佐者五帝。」乃令祠官寬舒等具泰一祠壇。祠壇放薄忌泰一壇，壇三垓。五帝壇環居其下，各如其方。又治明堂奉高旁，祠泰一、五帝於明堂上座。詳見郊祀門。

成帝時，匡衡請於長安立南北郊，奏言：「今雍、鄜、密、上、下畤〔二一〕，本秦侯各以其意所立，非禮之所載術也。漢初，儀制未定，且因秦故祠，復立北畤。今既稽古，建定天地之大禮。郊見上帝，青、赤、白、黄、黑五方之帝皆畢陳，各有位饌，祭祀備具。諸侯所妄造，王者不當長遵；及北畤，未定時所立，不宜復修。」天子皆從焉。漢舊儀：匡衡既奏罷雍畤、甘泉、汾陰，作南北郊祀天地，復作五畤祭五帝於長安城旁十里内。

平帝元始五年，大司馬王莽奏：「臣前奏徙甘泉泰畤、汾陰后土，皆復於南北郊。謹按：周官『兆五帝於四郊』，山川各因其方。師古曰：「春官小宗伯之職也。兆，謂爲壇之營域也。『五帝於四郊』，謂青帝於東郊，赤帝及黃帝於南郊，白帝於西郊，黑帝於北郊也。『各因其方』，謂順其所在也。」今五帝兆居在雍五時，不合於古。又日、月、雷、風、山、澤，易卦六子之尊氣，所謂六宗也；星、辰、水、火、溝、瀆，皆六宗之屬也。今或未特祀，或無兆居。謹與太師光、大司徒宮、羲和歆等八十九人議，皆曰：天子父事天，母事地。今稱天神曰皇天上帝，泰一兆曰泰時。而稱地祇曰后土，與中央黃靈同，又兆北郊未有尊稱。宜令地祇稱皇地后祇，兆曰廣時。易曰：『方以類聚，物以群分。』師古曰：「易上繫之辭也。方，謂所向之地。」分群神以類相從爲五部，兆天地之別神：中央帝黃靈后土時及日廟、北辰、北斗、鎮星、中宿中宮於長安城之未地兆；東方帝太昊青靈句芒時及雷公、風伯廟、歲星、東宿東宮於東郊兆；南方炎帝赤靈祝融時及熒惑星、南宿南宮於南郊兆；西方帝少皞白靈蓐收時及太白星、西宿西宮於西郊兆；北方帝顓頊黑靈玄冥時及月廟、雨師廟、辰星、北宿北宮於北郊兆。」奏可。於是長安旁諸廟兆時甚衆矣。世祖建武二年，制郊兆於雒陽城南。採元始故事，爲圜壇八陛，中又爲重壇，天地位其上，皆南鄉，西上。其外壇上爲五帝位：青帝位在甲寅之地，赤帝位在丙巳之地，黃帝位在丁未之地，白帝位在庚申之地，黑帝位在壬亥之地。天、地、高帝、黃帝各用犢一頭；青帝、赤帝共用犢一頭；白帝、黑帝共用犢一頭。凡樂奏青陽、朱明、西皓〔三〕、玄冥。餘見郊祀門。

顯宗永平二年，祀五帝於明堂，光武帝配。五帝座位堂上，各處其方。黃帝在未，皆如南郊之位。

永平中，以禮讖及月令有五郊迎氣服色，因採元始中故事，兆五郊於雒陽四方。中兆在未，壇皆三尺，階無等。立春之日，迎春於東郊，祭青帝句芒。月令章句曰：「東郊去邑八里，因木數也。」車旗、服飾皆青。歌青陽，八佾舞雲翹之舞，及因賜文官太傅、司徒以下縑各有差。立夏之日，迎夏於南郊，祭赤帝祝融。月令章句曰：「南郊七里，因火數也。」車旗、服飾皆赤，歌朱明，八佾舞雲翹之舞。先立秋十八日，迎黃靈於中兆，祭黃帝后土。月令章句曰：「去邑五里，因土數也。」車旗、服飾皆黃，歌朱明，八佾舞雲翹、育命之舞。魏代繆襲議曰：「漢有雲翹、育命之舞，不知所出。舊以祀天，今可兼以雲翹祀圜丘，兼以育命祀方澤。」立秋之日，迎秋於西郊，祭白帝蓐收。月令章句曰：「西郊九里，因金數也。」車旗、服飾皆白。歌西皓，八佾舞育命之舞。使謁者以一特牲先祭先虞於壇，有事，天子入囿射牲，以祭宗廟，名曰貙劉。語在禮儀志。立冬之日，迎冬於北郊，祭黑帝玄冥。月令章句曰：「北郊六里，因水數也。」車旗、服飾皆黑，歌玄冥，八佾舞育命之舞。獻帝起居注曰：「建安八年，公卿迎氣北郊，始復用八佾。」皇覽曰：「迎禮春、夏、秋、冬之樂，以順天道。是故距冬至日四十六日，則天子迎春於東堂。距邦八里，堂高八尺，堂階八等〔二三〕，青稅八乘。旗旄尚青，田車載矛，號曰『助天生』。唱之以角，舞之以羽翟，此迎春之樂也。自春分數四十六日，則天子迎夏於南堂。距邦七里，堂高七尺，堂階七等〔二四〕，赤稅七乘。旗旄尚赤，田車載戟，號曰『助天養』。唱之以徵，舞之以鼓鞉，此迎夏之樂也。自夏至數四十六日，則天子迎秋於西堂。距邦九里，堂高九尺，堂階九等，白稅九乘。旗旄尚白，田車載兵，號曰『助天收』。唱之以商，舞之以干戚，此迎秋之樂也。自秋分數四十六日，則天子迎冬於北堂。距邦六里，堂高六尺，堂階六等，黑稅六乘。旗旄尚黑，田車載甲鐵鍪，號曰『助天誅』。唱之以羽，舞之以干戈，此迎冬之樂也。」

靈帝時，議郎蔡邕上疏言：「臣自在宰府，及備朱衣，朱衣，謂祭官也。迎氣五郊〔二五〕，而車駕稀出，四時致敬，屢委有司。雖有解除，猶爲疏廢。解除，謂謝過也。忘禮敬之大，任禁忌之書。拘信小故，以虧大典。故皇天不悅，顯風霆災妖之異。」

晉武帝泰始二年，群臣議：「五帝即天也〔二六〕，王氣時異，故殊其號。雖名有五，其實一神。明堂、南郊，宜除五帝之座；五郊，改五精之號，皆同稱昊天上帝，各設一座而已。」帝從之。

太康十年〔二七〕，詔曰：「孝經『郊祀后稷以配天，宗祀文王於明堂，以配上帝』；而周官云『祀天旅上帝』〔二八〕，又曰『祀地旅四望』。望非地，則明堂上帝不得爲天。往者衆議除明堂五帝位〔二九〕，考之禮文不正。且詩序曰『文武之功，起於后稷』，故推以配天。宣帝以神武創業，既已配天，復以先帝配天，於義亦所不安。其復明堂及南郊五帝座。」摯虞議見明堂門。

晉傅玄撰祠天地五郊夕牲歌一，祠天地五郊迎送神歌一〔三〇〕，享天地五郊歌一。

宋孝武大明五年，依漢汶上儀，設五帝位，大祖、文帝對享。

六年，帝親奉明堂，祀祭五時帝，以太祖配。用鄭玄議。

齊高祖建元元年，祭五帝之神於明堂，有功德之君配。明堂制五室。明帝時，有司奏以武帝配。

梁祀五帝於明堂，服大裘冕，罇以瓦，俎、豆以純漆，牲以特牛，餚膳准二郊。詳見郊及明堂門。

陳祀昊天上帝、五帝於明堂，牲以太牢。詳見明堂門。

梁明堂徧歌、五帝登歌，五曲四言，每帝各一首。沈約撰。

後魏道武帝親祀上帝於南郊，五帝以下天文從食。

明元帝太常三年，立五精帝兆於四郊。遠近放五行數，各爲方壇四陛，埒壝三重，通四門，以太皞等及諸佐配。祭黃帝常以立秋前十八日，餘四帝各以四立日祀之，牲各一牛。又立春日，遣有司迎春於東郊，祭用酒脯、棗栗，無牲、幣。

北齊三年一祭天於圜丘，五精帝、天文等從祀。後諸儒定禮：圜丘改以冬至祀之。南郊則歲一祀。以正月上辛，爲壇於國南，祀所感帝靈威仰，以神武皇帝配。五郊迎氣，爲壇各於四郊，又爲黄壇於未地，所祀天帝及配帝、五官之神同梁。其玉、帛、牲，各以其方色。其儀與南郊同。帝及后各以夕牲日之旦，太尉陳幣，告請其廟，以就配焉。其從祀之官，位皆南陛之東，西向。壇上設饌畢，太宰丞設饌於其座。亞獻畢，太常少卿乃於其所獻。事畢，皆撤。又立春前五日，於州大門外之東，造青土牛兩頭，耕夫犁具。立春，有司迎春於東郊，豎青幡於青牛之旁。

後周祀昊天於圜丘，以其先炎帝神農氏配，五帝、天文並從祀。又祀所感帝靈威仰於南郊，以始祖獻侯莫那配。五郊壇，其崇及去國如其行之數。其廣皆四丈，其方俱百二十步，内壝皆半之。祭配皆同後齊。星辰、七宿、嶽鎮、海瀆、山林、川澤、丘陵、墳衍，亦各於其方配郊而祀之。其星辰爲壇，崇五尺，方二丈。嶽鎮爲埳，方二丈，深二尺。山林已下亦爲埳。壇崇三尺，坎深一尺，俱方一丈。其儀頗同南郊。冢宰亞獻，宗伯終獻，禮畢。

隋以冬至日祀昊天於圜丘，五方上帝、天文並從祀。又以孟春上辛，祀感帝赤熛怒於南郊，並以太祖武元帝配。煬帝即位，以高祖配感帝。季秋，祀五方上帝於雩壇，其用幣各依其方。人帝各在天帝之左，太祖在太皞南，西向。五官在庭，各依其方。牲用犢十二。皇帝、太尉、司農行三獻禮於青帝及太祖，自餘有司助奠。五官位於堂下，行一獻禮，有燎。其省牲、進熟，如南郊禮。五時迎氣：青郊爲壇，國東春明門外道北，去宫八里，高八尺。赤郊爲壇，國南明德門外道西，去宫十三里，高七尺。黄郊爲壇，國南安化門外道西，去宫十二里，高七尺。白郊爲壇，國西開遠門外道南，去宫八里，高九尺。黑郊爲壇，宫北十一里丑地，高六尺。並廣四丈。各以四方立日〔三一〕，黄郊以季夏土王日，祀其方之帝，各配以人帝，以太祖武元帝配。五官及星、三辰、七宿，亦各依其方從祀。其牲依方色，各用犢二，星辰加羊豕各一。其儀同南郊。其嶽鎮海瀆，各依五時迎氣日，遣使就其所，祭之以太牢。

北齊五郊迎氣樂辭：五帝降神〔三二〕，各奏高明樂辭一首；祠五帝於明堂，先祀一日，夕牲〔三三〕，群官入自門，奏肆夏一首；太祝令迎神，奏高明樂、覆燾舞辭一首；太祖配享，奏武德樂、昭烈舞辭一首；牲出入，薦血毛，各奏昭夏辭一首；進熟，皇帝入門〔三四〕，奏皇夏辭一首；初獻，祼獻，太祝送神，奏高明樂、覆燾舞辭各一首；皇帝飲福酒，還便殿，各奏皇夏辭一首。

周祀五帝樂辭〔三五〕：皇帝初獻，青帝、赤帝、黄帝、白帝、黑帝，各奏雲門舞辭一首。

隋五郊歌辭：青帝，奏角音一首；赤帝，奏徵音一首；黄帝，奏宫音一首；白帝，奏商音一首；黑帝，奏羽音一首；感帝，奏諴夏辭一首。

唐高祖武德元年，制：「每歲季秋，祀五方上帝於明堂，以元皇帝配；孟春辛日，祀感帝於南郊，以元皇帝配。」

高宗顯慶二年，詔：「南郊祈穀、明堂大享，皆祭昊天上帝。」

太尉長孫無忌言：「按史記天官書等，太微宫有五帝者，自是五精之神，五星所奉。以其是人主之象，故況之曰『帝』，如房、心爲天王之象，豈是天乎？周禮：『兆五帝於四郊』；『祀五帝則掌百官之誓戒』。唯稱五帝，皆不言天。此自太微之神，本非穹昊之祭。今請憲章姬、孔，取王去鄭。四郊迎氣，存太微五帝之祀，南郊明堂，廢緯書六天之義。」詔可之。詳見郊祀門。

乾封元年，詔祈穀復祀感帝。二年，詔明堂兼祀昊天及五帝。

永昌元年〔三六〕，敕：「天無二稱，帝是通名。承前諸儒，互生同異。乃以五方之帝，亦謂爲天。假有經傳互文，終是名實未當。稱號不别，尊卑相混。自今郊祀之禮，唯昊天上帝稱天，自餘五帝皆稱帝。」

玄宗開元十一年正月一日，制：「獻歲之吉，迎氣方始。敬順天時，無違月令。所由長吏，可舉舊章。」二十五年十月一日，制：「自今已後，每年立春之日，朕當帥公卿親迎春於東郊。其後夏及秋，常以孟月朔，於正殿讀時令，禮官即修撰儀注。既爲常式，乃是常禮。務從省便，無使勞煩也。」至二十六年正月八日，親迎氣於東郊，祀青帝壇，以句芒配。歲星及三辰、七宿從祀。忠王璵爲亞獻，潁王璬爲終獻。其壇本在春明門外，上以祠所隘，始移於滻水之東，面值望春宫。其壇一成，壇上及四面皆青色。句芒壇在其西，歲星已下共爲一小壇，在青帝壇北〔三七〕。

十五年，太常博士錢嘉會言：「準月令及祠令，九月農功畢，大享五帝於明堂。貞觀及神龍，皆於南郊報祭。中間寢廢，有虧祀典。準孝經『宗祀文王於明堂，以配上帝』，請每年九月，於南郊雩壇行享禮，以睿宗皇帝配。」制從之。

肅宗元年建卯月一日，赦文：「朕敬授人時，慎徽月令。庶無極僽，以獲休徵。自今以後，每至四孟月迎氣之日，令所司明按典禮，宣讀時令，朕當以百辟卿士舉而行之。」

德宗時，術士巨彭祖上疏云：「大唐土德，千年合符，請每四季郊祠祀天地。」詔禮官、儒者議之。禮官歸崇敬議曰：「按禮，立春之日，迎春於東郊，祭青帝；立夏之日，迎夏於南郊，祭赤帝；立秋前十八日，迎黃靈於中地，祀黃帝。秋、冬各如其方。黃帝於五行爲土，王在四季，土生於火，用事於未而祭〔三八〕，三季則否。漢、魏、周、隋，共行此禮。國家土德乘時，亦以每歲六月土王之日，祠黃帝於南郊，以后土配，所謂合禮。彭祖今請用四季祠，多憑緯候之説，且據陰陽書，事涉不經，恐難行焉。」

德宗貞元元年，詔：「郊祀之義，本於至誠。制定禮名，合從事實。使名實相副，尊卑有倫。五方配帝，上古哲王，道濟烝人，禮著明祀。論善計功，則朕德不類；統天御極，則朕位攸同。而祝文所在稱臣以祭，既無益於誠敬，徒有黷於等夷。宜從改正，以敦至禮。自今以後，祀五方配帝祝文，並不須稱臣，其餘禮數如舊。」

唐開元禮

立春日，祀青帝於東郊；以太皞配，句芒、歲星、三辰、七宿從祀。立夏日，祀赤帝於南郊；炎帝配，祝融、熒惑、三辰、七宿從祀。季夏日，祀黃帝於南郊；軒轅配，后土、鎮星從祀。立秋日，祀白帝於西郊；少皞配，蓐收、太白、三辰、七宿從祀。立冬日，祀黑帝於北郊。顓頊配，玄冥、恒星、三辰、七宿從祀。正座、配座籩豆各十二，五辰、五官、三辰、七宿籩豆各二，餘各一。籩豆實物，並見郊祀門。

皇帝立春祀青帝於東郊儀餘四郊及攝事並同

齋戒攝事祀官齋戒如圜丘儀

前祀七日平明，太尉誓百官於尚書省曰：「某月某日，祀青帝於東郊，各揚其職。不供其事，國有常刑。」皇帝散齋四日，致齋三日，如圜丘儀。

陳設

前祀三日〔三九〕，尚舍直長施大次於外壝東門之内道北，南向；尚舍奉御鋪御座。攝事則衛尉設祀官、公卿已下次於道南，北向西上。衛尉設陳饌幔於内壝東門之外道南，北向；設文武侍臣次，又設祀官及從祀官、諸州使、蕃客等次。前二日，太樂令設宫懸之樂於壇南内壝之内〔四〇〕，設歌鐘、磬於壇上，各如圜丘之儀。右校掃除壇之内外。郊社令積柴於燎壇，其壇於樂縣之南〔四一〕，外壝之内。攝事則其壇於神壇之左，内壝之外。方一丈，高丈二尺，開上南出户，方六尺。前祀一日，奉禮設御位在壇之東南，西向；攝事則設祀官、公卿位於内壝東門之内道北，執事位於道南，每等異位，重行西向，以北爲上也。設望燎位於柴壇之北，南向；設祀官、公卿位於内壝東門之外道南，分獻之官於公卿之南，執事位於其後；設祀官及從祀群官位及門外等位，一如圜丘。攝事則御史位於壇上。設牲榜於東壝之外，當門西向〔四二〕，配帝牲榜少退在南；設廪犧令位於牲西南，祝史陪其後，俱北向；設諸太祝位於牲東，各當牲後，祝史陪其後，俱西向；設太常卿省牲位於牲前，近北南向。設青帝夏赤帝，季夏黃帝，秋白帝，冬黑帝。酒罇於壇之上下，太罇二、著罇二、犧罇二、罍二，在壇上，於東南隅，北向；象罇二、壺罇二、山罍二，在壇下，皆於南陛之東，北向西上；設配帝著罇二、犧罇二、象罇二、罍一〔四三〕，在壇上，於青帝酒罇之東，北向西上；歲星、三辰、句芒氏夏祝融，季夏后土，秋蓐收，冬玄冥，已下倣此。俱象罇二，各設於神座之左，皆右向；七宿，壺罇二，設於神座之右而左向。上帝配帝之罇，置於坫；星辰已下罇，藉以席，皆加勺、冪，設爵於罇下。設御洗於壇南陛東南，亞獻之洗又於東南，俱北向。罍水在洗東，篚在洗西，南肆。篚實以巾、爵。設星辰之罇、罍、洗、篚各於其方陛道之左，俱内向，執罇、罍、篚、冪者各於其後；又設玉幣之篚於壇上下罇坫之所。祀日未明五刻，太史令、郊社令設青帝靈威仰神位赤帝赤熛怒，黃帝含樞紐，白帝白招拒，黑帝叶光紀。於壇上北方，南向，席以藁秸；設配帝太皞氏神座夏神農，季夏軒轅，秋少皞，冬顓頊，已下倣此。於東方，西向，席以莞；設歲星、三辰之座於壇之東北，七宿之座於壇之西北，各於其壇南向，相對爲首；設句芒氏之座於壇之東南〔四四〕，西向，席皆莞；設神位各於座首。

省牲器如別儀

鑾駕出宮如圜丘儀

奠玉幣

祀日，未明三刻，諸祀官各服其服。郊社令、良醞令各率其屬入實罇、罍、玉、幣。凡六罇之次：太罇爲上，實以汎齊；著罇次之，實以醴齊；犧罇次之，實以盎齊；象罇次之，實以醍齊；壺罇次之，實以沈齊；山罍爲下，實以三酒。配帝：著罇爲上，實以汎齊；犧罇次之，實以醴齊；象罇次之，實以盎齊〔四五〕；其歲星、三辰、句芒氏之象罇，俱實以醍齊；七宿之壺罇，俱實以沈齊。玄酒各實於五齊之上罇。禮神之玉：東方以青珪，南方以赤璋，中央以黄琮，西方以騶虞，北方以玄璜。其幣，各隨方色，長丈八尺。太官令帥進饌者實籩、豆、簠、簋，入設於内壝東門之外饌幔内。未明二刻，奉禮帥贊者先入就位，贊引引御史、博士、諸太祝及令史、祝史與執罇、罍、篚、冪者入自東壝門，當壇南，重行北面，西上。立定，奉禮曰「再拜」，贊者承傳，御史已下皆再拜訖，執罇、罍、篚、冪者各就位。贊引引御史、博士、諸太祝詣卯陛升，行掃除於上，令史、祝史行掃除於下訖，引就位。車駕將至，謁者、贊引引祀官，通事舍人分引從祀群官、諸方客使先置者各就門外位。駕至大次門外，迴輅南向。將軍降，立於輅右。侍中進，當鑾駕前跪，奏稱：「侍中臣某言，請降輅。」俛伏，興，還侍位。皇帝降輅，之大次。通事舍人各引文武九品已上從祀官就壝外位，攝則無「車駕將至」下至「壝外位」儀。太樂令帥工人、二舞次入就位，文舞入陳於懸内，武舞立於懸南道西。謁者引司空入，行掃除訖，出復位如常儀。皇帝停大次半刻頃，通事舍人、贊引各引從祀群官、介公、酅公、諸方客使先入就位，太常博士引太常卿立於大次門〔四六〕，當門北向。侍中版奏外辦。攝則初司空入，謁者引祀官、贊引引執事俱就門外位，司空掃除訖，各引入就位，贊再拜。謁者進太尉之左，白：「有司謹具，請行事。」無「皇帝停大次」下至「太常奏謹具」儀。皇帝服大裘而冕。夏服衮冕。出次，華蓋、侍衛如常儀。博士引太常卿，太常卿引皇帝，凡太常卿前導，皆博士先引。至內壝外，殿中監進大珪，尚衣奉御，又以鎮珪授殿中監，殿中監受進，皇帝搢大珪，執鎮珪。華蓋、仗衛停於門外，近侍者從入如常。謁者引禮部尚書、太常少卿陪從如常儀。皇帝至版位，西向立。每立定，太常卿、博士退立於左〔四七〕。謁者、贊引各引祀官次入就位。立定，太常卿前奏稱「請再拜」，退復位，皇帝再拜。奉禮曰「衆官再拜」，衆官在位者皆再拜。其先拜者不拜。太常卿前奏：「有司謹具，請行事。」退復位。協律郎跪，俛伏，舉麾，鼓柷，奏角音，夏徵音，季夏宮音，秋商音，冬羽音。乃以黃鍾之均、文舞之舞，樂六成；偃麾，戛敔，樂止。太常卿前奏稱「請再拜」，退復位，皇帝再拜。攝事拜。奉禮曰「衆官再拜」，衆官在位者皆再拜。上下諸太祝俱取玉、幣於篚，各立於罇所。其奠玉幣及毛血，並如圜丘儀。攝則太尉爲初獻，受玉、幣，登歌作肅和之樂，餘亦如圜丘攝事之儀。

進熟

皇帝既升奠玉、帛，其設饌、盥洗、奠，皆如圜丘之儀。攝事如圜丘攝事儀。太祝持版進於神座之右，東向跪，讀祝文曰：「維某年歲次某月朔某日，子嗣天子臣某，攝事云：「嗣天子臣某謹遣太尉封臣名。」敢昭告於青帝靈威仰：獻春伊始，時惟發生，品物昭蘇。式遵恒禮，敬以玉帛、犧齊、粢盛、庶品，肅恭燔祀，暢茲和德。帝太皞氏配神作主。尚享。」訖，興，夏云：「昭告於赤帝赤熛怒：朱明届序，長嬴馭節，庶品蕃碩。用遵恒典，敬以玉帛、犧齊、粢盛、庶品，恭敬禋祀，肅昭養德。帝神農氏配神作主。」季夏云：「黃帝含樞紐：爰茲溽暑，實惟土潤，戊己統位，黃鍾在宮。敬以玉帛、犧齊、粢盛、庶品，恭備燔祀，式虔厚德。帝軒轅氏配神作主。」秋云：「白帝白招拒：素秋伊始，品物收成，祗率舊章，展其恒禮，云云。帝少皞氏配神作主。」冬云：「黑帝叶光紀：玄冥屆序，庶類安寧，資此積歲，祗率恒典，云云。帝顓頊氏配神作主。」皇帝再拜。初，讀祝文訖，樂作；太祝進奠版於神座前，興，還罇所，皇帝拜訖，樂止。太常卿引皇帝詣配帝酒罇所，執罇者舉羃，侍中取爵進，侍中贊酌汎齊訖，樂作；太常卿引皇帝進，當太皞氏神座前，東向跪，奠爵，俛伏，興，太常卿引皇帝少退，東向立，樂止。太祝持版進於神座之左，北向跪，讀祝文曰：「維某年歲次某月朔日，子開元神武皇帝臣某，敢昭告於帝太皞氏：爰始立春，盛德在木，用致燔燎於青帝靈威仰。惟帝布茲仁政，功叶上玄，謹以制幣、犧齊、粢盛、庶品，備茲明薦，配神作主，尚享。」訖，興。夏云：「昭告於帝神農氏：時維孟夏，火德方融，用致明禋於赤帝赤熛怒。惟帝表功協德，允斯作對，謹以制幣、犧齊、粢盛、庶品，式陳明薦，作主配神。」季夏云：「告於帝軒轅氏：時維季夏，用膺土德，式奉明禋於黃帝含樞紐。惟帝功施厚地，道合上玄〔四八〕，謹以云云。」秋云：「告於帝少皞氏：時維立秋，金德在馭，用致燔燎於白帝白招拒。惟帝立茲義政，叶此神功，云云。」冬云：「帝顓頊氏：時維立冬，水德在馭，用致禋燎於黑帝叶光紀。惟帝道合乾元，允茲升配，謹以云云。」其飲福及亞獻、終獻至還宮，並同圜丘。攝事同圜丘攝事。

宋制，以正月上辛祀感生帝，四孟及土王日祀五方帝。太祖皇帝乾德元年，博士聶崇義上言：「皇家以火德上承正統。膺五行之王氣，纂三元之命曆。恭尋舊制，存於祀典。伏請奉赤帝爲感生帝，每歲正月，別尊而祭之。」事下尚書省集議，請如崇義之奏。有司酌隋制，感生帝爲壇於南郊，高七尺，廣四丈，奉宣祖升配〔四九〕，牲用騂犢二，玉用四圭有邸，幣如方色。常以正月上辛奉祀。

二年正月，有司言：「上辛祀昊天上帝，五方帝從祀。伏緣明詔，別祀赤帝爲感生帝，用符火德，一日之内，兩處俱祀。且祭有煩數之禁，况同時並祀，在禮非宜。其昊天從祀神位，望不設赤帝座。」從之。

太宗太平興國八年，詔祀土德於黄帝壇，如太祠之制。

淳化三年正月上辛，親祀南郊，五方帝並列從祀，詔罷本壇之祭。

真宗景德二年，鹵簿使王欽若言：「五方帝位版如靈威仰、赤熛怒，皆是帝名，理當恭避。望下禮官詳定。」禮官言：「按開寳通禮義纂：靈威仰、赤熛怒、含樞紐、白拒招、叶光紀者，皆五帝之號。漢書注五帝自有名，即靈符、文祖之類是也。既爲美稱，不煩迴避。」詔可。

仁宗時，制四立、土王日祭五方帝。青帝壇高七尺，方六步四尺；赤帝壇高六尺，東西六步三尺，南北六步二尺；黄帝壇高四尺，方七步；白帝壇高七尺，東西七步，南北七步一尺〔五〇〕；黑帝壇高五尺，方三步七尺。

天聖六年，詔太常葺四郊宫，少府監遣吏齎祭服就給祠官，光禄進胙，監祭使封題。慶曆用羊、豕各一，正位太罇、著罇各二，不用犧罇，增山罍爲二，壇上簠、簋、俎各增爲二〔五一〕。皇祐定壇如唐郊祀録，各廣四丈，其高用五行八、七、五、九、六爲尺數。嘉祐加羊、豕各二。禮官丁諷言：「春秋文耀鉤，五方帝名靈威仰、赤熛怒、含樞紐、白招拒、叶光紀，祝文位版，有司皆書斥其名。」下禮院議去之。春分朝日，秋分夕月，慶曆用羊、豕各二，籩、豆十二，簠、簋、俎二。

神宗熙寧五年，中書門下言：「僖祖神主，爲太廟始祖。每歲孟春祀感生帝，當以僖祖配。」詔從之。

元豐三年，大享明堂，詔罷五帝從祀。見明堂門。

哲宗元祐六年，知開封府范百禄言：「每歲四立及中央迎氣於四郊，祀五帝，配以五神，國之大祠也。古者，天子皆親率三公、九卿、諸侯、大夫，以虔恭重事，而導四時之和氣。今吏部所差三獻，皆常參官，其餘執事與贊相之人，皆班卑品下，不得視中祠行事者之例。請下禮部與太常寺官講議，凡大祠，以公卿攝事。」

徽宗大觀四年，議禮局言：「太常祀感生帝、神州地祇儀注，牲用繭栗，席用藁秸，已合古祀，而所用之器，與宗廟同，則爲非稱。請改用陶匏。」又言：「國家崇奉赤帝爲感生帝，以僖祖配侑，與迎氣之禮不同，所以尊異之也。今乃於立夏迎氣之壇，甚不稱所以尊異之意。請於南郊別立感生壇，視赤帝高廣之制。」並從之。

政和三年議禮局上五禮新儀：感生帝壇廣四丈，高七尺，壇飾依方色。四出陛，兩壝，每壝二十五步。五方帝壇廣四丈。青帝壇高八尺，赤帝壇高七尺，黄帝壇高五尺，白帝壇高九尺，黑帝壇高六尺，壇飾依方色。立春祀青帝，以帝太皞氏配，以句芒氏、歲星、三辰、七宿從祀。句芒位於壇下卯階之南；歲星、析木、大火、壽星於壇下子階之東，西上〔五三〕；角宿、亢宿、氐宿、房宿、心宿、尾宿、箕宿位於壇下子階之西，東上。立夏祀赤帝，以帝神農氏配，以祝融氏、熒惑、三辰、七宿從祀。祝融位於壇下卯階之南；熒惑、鶉首、鶉火、鶉尾位於子階之東，西上；井宿、鬼宿、柳宿、星宿、張宿、翼宿、軫宿位於子階之西，東上。季夏祀黄帝，以帝軒轅氏配，以后土、鎮星從祀。后土位於壇下卯階之南；鎮星位於壇下子階之東。立秋祀白帝，以帝少皞氏配，以蓐收、大白、三辰、七宿從祀。蓐收位於壇下卯階之南，太白、大梁、降婁、實沈位於子階之東，西上；奎宿、婁宿、胃宿、昴宿、畢宿、觜宿、參宿位於子階之西，東上。立冬祀黑帝，以帝高陽氏配，以玄冥、辰星、三辰、七宿從祀。玄冥位於壇下卯階之南；辰星、娵訾、玄枵、星紀位於子階之東，西上；斗宿、牛宿、女宿、虚宿、危宿、室宿、壁宿位於子階之西，東上。皇帝祀五方帝儀：皇帝服衮冕，祀黑帝則服裘被衮。配位，登歌作承安之樂，餘並如祈穀祀上帝儀。

重和元年，大享明堂，祀五帝於五室。詳見明堂門。

高宗紹興元年，禮部、太常寺討論：「孟春上辛日祀感生帝，以僖祖配，於天慶觀設位望祭。幣依方色，權不用玉。正、配二位，每位罇、爵、籩、豆各一，實以酒脯、鹿臡，以獻官一員行禮。」

三年，司封員外郎鄭士彦請以立春、立夏、季夏土王日、立秋、立冬，祀五帝於四郊。

九年，國子監丞張希亮言：「祀五帝今用酒脯，乞依大祀用牲牢。」

十八年臣僚言：「鄭康成謂周祀感生帝，而以后稷配。其説若曰：天之五帝，迭王四時，王者之興，必感其一，故於夏正之月，祭所生帝於南郊，而以祖配之。周運木德，帝威靈仰，乃尊后稷以配蒼龍之精。我朝火德，赤熛怒實爲感生帝，大觀式至親祠，故猗蘭孕秀，子孫衆多，龜鼎之祚，與天無極。陛下中興寖久，祀秩咸修，惟感生帝本爲大祀，牲玉甄異，有司因循，尚淹小祀，寓於招提，酒脯而已。欲望明詔有司，復舉縟典，升爲上祀，庶幾炎精潛感，永錫蕃衍盛大之貺。」禮官議請三獻，牲用少牢，籩、豆皆十有二，具登歌樂舞〔五三〕，前期誓戒祠於望祭齋宫。」從之。

太常寺取到禮料，用羊、豕各一口，籩十二，菱、芡、栗、鹿脯、榛實、乾桃、乾䕩、乾棗、形鹽、魚鱐、糗餌、粉餈。簠二，稻、粱。瓦登一，大羹。盤一，毛血。簋二，黍、稷。豆十二，芹、筍、葵、菁、韭、飽食、魚醢、兔醢、豚、鹿臡、醓醢、糝食。俎八，羊腥七體，羊熟十一。羊腥腸、胃、肺，羊熟腸、胃、肺。豕腥十體，豕熟十一。豕腥膚，豕熟膚。罇、罍二十四，實以酒，並同皇地祇。

三十一年七月二十七日，臣僚言：「伏遇宗祀徽考於明堂，以配上帝，聞有司將設五方帝位於朵殿，五人帝、五官神位於兩廊，悉於典故未合。望詔禮官更加詳議。」禮部、太常寺討論：「今行禮殿難設五室，欲依臣僚所乞，升祀五方帝、五人帝於堂，各依方向鋪設神位，內五人帝從位各於其左稍却，五官神位於殿下東廊稍南，設位俱西向，以北爲上，並差官分獻行禮。其五帝、五人帝既升祀於堂，依禮例逐位合用十二籩、豆。」從之。

校勘記

〔一〕下宜以黃琮　「黃」原作「璜」，據元本、慎本、馮本及周禮大宗伯疏改。

〔二〕夏至　「夏至」二字原脱，據周禮太宰疏補。

〔三〕豚解而新之　「新」原作「腥」，據周禮太宰疏改。

〔四〕以親　「以」原作「族」，據周禮大司寇改。

〔五〕謂四時迎氣　「謂」字原脱，據元本、慎本、馮本及周禮小司寇疏補。

〔六〕實以水亨牲也　「牲」原作「牷」，據周禮小司寇疏改。

〔七〕祭祀之牲皆體牷具　「牷」原作「全」，據周禮充人改。

〔八〕士喪禮曰　「士」字原脱，據周禮大司徒疏補。

〔九〕若宗廟之祭　「之祭」二字原脱，據周禮大司徒疏補。

〔一〇〕孝經緯文也　「文」字在此難解，疑衍。

〔一一〕按異義古尚書説　「説」原作「曰」，據禮記月令疏改。

〔一二〕主春立功之臣　「春」原作「德」，據禮記月令疏改。

〔一三〕孝武本紀云　「武」原作「文」，據史記卷二八封禪書索隱改。

〔一四〕徒天　「徒」原作「從」，據元本、慎本、馮本及史記卷二八封禪書索隱改。

〔一五〕罰更天　「罰」字原脱，據元本、慎本、馮本及史記卷二八封禪書索隱改。

〔一六〕或曰東北神明之舍　「或」字原脱，據史記卷二八封禪書補。

〔一七〕日出東北　「北」原作「方」，據史記卷二八封禪書集解改。

〔一八〕濛谷也　「濛」原作「北」，據史記卷二八封禪書集解改。

〔一九〕北穿蒲池溝水　史記卷二八封禪書正義謂「疑『蘭』字誤作『蒲』」。

〔二〇〕文帝出長門　「長」下原衍「安」字，據史記卷二八封禪書删。

〔二一〕今雍鄜密上下畤　「今」下原衍「郊」字，據漢書卷二五下郊祀志下删。

〔二二〕西皓　後漢書卷二明帝紀注引續漢書作「白藏」。

〔二三〕堂階八等　「八」原作「三」，據後漢書祭祀志中注引獻帝起居注改。

〔二四〕堂階七等　「七」原作「三」，據後書書祭祀志中注引獻帝起居注改。

〔二五〕迎氣五郊　「郊」原作「時」，據後漢書卷六〇下蔡邕傳改。

〔二六〕五帝即天也　「也」原作「地」，據局本及晉書卷一九禮志上改。

〔二七〕太康十年　「太康」二字原脱，「十」原作「三」，據晉書卷一九禮志上補改。

〔二八〕周官云祀天旅上帝　「云」原作「之」，據晉書卷一九禮志上改。

〔二九〕除明堂五帝位　「位」字原脱，據晉書卷一九禮志上補。

〔三〇〕祠天地五郊迎送神歌一　「迎」字原脱，據晉書卷二二樂志上補。

〔三一〕各以四方立日　「方」原作「時」，據元本、慎本、馮本及隋書卷七禮儀志二改。

〔三二〕五帝降神　「降神」二字原脱，據隋書卷一四音樂志中補。

〔三三〕夕牲　「夕牲」二字原脱，據隋書卷一四音樂志中補。

〔三四〕皇帝入門　四字原脱，據隋書卷一四音樂志中補。

〔三五〕周祀五帝樂辭　「帝」原作「官」，據隋書卷一四音樂志中改。

〔三六〕永昌元年　「年」原作「帝」，據元本、慎本、馮本改。

〔三七〕在青帝壇北　「在」字原脱，據文義補。

〔三八〕用事於未而祭　本句舊唐書卷二一禮儀志一作「用事於未而祭於秋」，同書卷一四九歸崇敬傳作「故火用事之未而祭之」。

〔三九〕前祀三日　「三」原作「二」，據通典卷一一〇禮典七〇改。

〔四〇〕壇南内壝之内　「南」下「壝」上原脱「内」字，據開元禮卷一二補。

〔四一〕其壇於樂縣之南　「縣」字原脱，據通典卷一一〇禮典七〇補。

〔四二〕當門西向　「向」字原脱，據開元禮卷一二、通典卷一〇九禮典六九補。

〔四三〕罍一　「一」原作「二」，據開元禮卷一二、通典卷一一〇禮典七〇改。

〔四四〕於壇之東南　「南」原作「面」，據開元禮卷一二改。

〔四五〕實以盎齊　按下文稱「其奠玉幣及毛血並如圜丘儀」，而本書卷七〇皇帝冬至祀圜丘儀奠玉幣於本句下有「山罍爲下，實以清酒」八字，疑此處有脱文。

〔四六〕引太常卿立於大次門　「立」原作「位」，據開元禮卷一二改。

〔四七〕太常卿博士退立於左　「退」原作「即」，據通典卷一〇九禮典六九改。

〔四八〕道合上玄　「玄」原作「蒼」，據開元禮卷一六、通典卷一一〇禮典七〇改。

〔四九〕奉宣祖升配　「宣」原作「先」，據宋史卷一〇〇禮志三改。

〔五〇〕東西七步南北七步一尺　宋史卷一〇〇禮志三作「方七步」。

〔五一〕壇上簠簋俎各增爲二　「壇」上原衍「在」字，據宋史卷一〇〇禮志三删。

〔五二〕西上　「上」原作「土」，據元本、慎本、馮本及宋史卷一〇〇禮志三改。

〔五三〕具登歌樂舞　「登歌」二字原脱，據宋史卷一〇〇禮志三補。

卷七十九　郊社考十二

祭日月

大宗伯以實柴祀日、月、星、辰。實柴，實牛柴上也。疏曰：「祭義云：『郊之祭也，大報天而主日〔一〕，配以月。』則郊祭並祭日、月可知。」　玉人之事，圭璧五寸，以祀日、月、星、辰。圭其邸爲璧，取殺於上帝。疏曰：「此圭璧謂以璧爲邸，旁有一圭，故云『圭其邸爲璧』也。云『取殺於上帝』者，按上文四圭以祀天，此日、月、星、辰爲天之佐。故一圭，是取殺於上帝也。」冬官。　春官典瑞同。

掌次，朝日則張大次、小次，設重帟、重案。疏詳見祀五帝篇。

王搢大圭，執鎮圭，繅藉五采、五就以朝日。繅有五采文，所以薦玉。木爲中幹，用韋衣而畫之。就，成也。王朝日者，示有所尊，訓民事君也。天子常春分朝日、秋分夕月。覲禮曰：「拜日於東門之外。」玉人職曰：「大圭長三尺，杼上終葵首，天子服之；鎮圭尺有二寸，天子守之。」繅，讀爲藻率之藻。五就，五匝也，一匝爲一就。　衣，於既反。　疏曰：「搢，插也，謂插大圭長三尺玉笏於帶間。手執鎮圭尺二寸。『繅藉五采五就』者，謂以五采就繅藉玉也。『以朝日』者，謂以春分朝日於東郊也。云『繅有五采文』者，釋繅字以其繅者雜采之名，故云『繅有五采文，所以薦玉』也。云『木爲中幹，用韋衣而畫之。就，成也』者，鎮圭尺二寸、廣三寸，則此木板亦長尺二寸、廣三寸，與玉同。然後用韋衣之，乃於韋上畫之。一采爲一匝，五采則五匝。一匝爲一就。就，成也，是采色成者也。云『玉人職曰大圭長三尺，杼上終葵首，天子服之』者，按：彼註云：『杼，殺也。』終葵首，謂大圭之上近首殺去之，留首不去處爲椎頭。齊人名椎爲終葵，故名圭首爲椎頭者爲終葵首也。按：玉藻云：『天子搢珽，方正於天下。』即此大圭也。云『鎮圭尺有二寸，天子守之』者，亦玉人文，引之證經大圭與鎮圭之義也。」杼，除汝反。　春官典瑞。　禮器曰：「大圭不琢。」注曰：「琢，當爲『篆』字之誤也。」疏曰：「大圭，天子朝日、月之圭也。尚質之義，但杼上終葵首，而無琢桓蒲之文也。」天子玄端而朝日於東門之外。端，當爲「冕」字之誤也。玄衣而冕，冕服之下。朝日，春分之時也。東門，謂國門也。疏曰：「按：宗伯實柴祀日、月、星、辰，則日、月爲中祀。而用玄冕者，以天神尚質。」玉藻。天子乘龍，載大旂，象日、月、升龍、降龍，出拜日於東門之外，反，祀方明。禮日於南門外，禮月與四瀆於北門外。覲禮。注見百神篇祀方明禮。黄氏曰：「覲禮載朝日之禮，蓋時會殷同，王既揖諸侯於壇，乘龍路，載大旂，出拜日於東門之外，反，祀方明。此所謂大朝覲者也。常歲，春朝朝日，諸侯有修歲事而朝者，豈亦帥之而出與？國語：大采朝日，小采朝月。蓋日朝焉。」大司樂乃奏黄鐘，歌大呂，舞雲門以祀天神。天神，謂五帝及日、月、星、辰。春官。

孟冬，天子乃祈來年於天宗。疏曰：「謂祭日、月、星、辰也。」月令。

傳：王宮，祭日也；夜明，祭月也；幽宗，祭星也。疏曰：「王，君也。宮，亦壇也，營域如宮也。日神尊，故其壇曰君宮也。夜明者，祭月壇名也。月明於夜，故謂其壇爲夜明也。幽宗，祭星壇名也。幽，闇也。宗，當爲禜。禜，壇域也。蓋星至夜而始出，故謂之幽也。爲營域而祭之，故謂之幽禜也。」祭法。郊之祭，大報天而主日，配以月。注見祀天禮報天主日條。祭日於壇，祭月於坎，以別幽明，以制上下。幽明者，謂日照晝，月照夜。疏曰：「此經及下經皆據春分朝日、秋分夕月。祭日於壇，謂春分也；祭月於坎，謂秋分也。」祭日於東，祭月於西，以別外内，以端其位。別，彼列反。端，正。疏曰：「祭日於東，用朝旦之時；祭月於西，鄉夕之時。而崔氏云：『祭日於壇，祭月於坎。』還據上文郊祭之時。」今謂若是郊祭，日與月當應同處，何得祭日於壇、祭月於坎，日於東，月於西，祭不同處？則崔説非也。崔又云：『日月有合祭之時，謂郊祭天而主日，配以月。其禮大，用牛。各祭之時，謂春分朝日、秋分夕月，其禮小，故祭法用少牢。』今謂小司徒云：『小祭祀奉牛牲。』鄭註謂玄冕所祭。自玄冕皆用牛也，何得用少牢？今謂祭法『日月用少牢』，鄭云：禱祈之祭也。崔氏説又非。崔氏又云：『迎春之時，兼日月者。』今按：諸文迎春、迎秋，無祭日月之文。小宗伯云：『兆五帝於四郊，四望、四類亦如之。』謂四望、四類之祭，亦如五帝在四郊。故鄭云『兆日於東郊，兆月與風師於西郊』，不謂兆五帝之時即祭日月。崔說又非。」

通典曰：「凡祭日月，歲有四焉：迎氣之時，祭日於東郊，祭月於西郊，一也；二分祭日月，二也；祭義云：『郊之祭，大報天而主日，配以月。』三也；月令：『十月祭天宗，合祭日月。』四也。但四時之氣，有分有合。二分之日祭，謂分也；大報天而主日，以月配之，是合也。大報配祭之時，日燎於壇，月埋於坎。瘞埋之時自血始，燔燎之時自氣先。合爲大祭，分爲中祭。郊特牲云『大報天而主日』，其禮宜重，用犢；分祭宜輕，輕則用少牢。拜日於東郊、禮月於西郊者，此因而祭於郊也。郊特牲：大報之時，掃地而祭，燔柴而郊，就陽位也。祭法：分祭之時，王宮祭日、夜明祭月以少牢，在壇上，不於地也。至時，於二祭所用珪玉亦無差別。」

陳氏禮書曰：「古者之祀日月，其禮有六：郊特牲曰：『郊之祭，大報天而主日，配以月。』一也；玉藻曰：『朝日於東門之外。』祭義曰：『祭日於東，祭月於西。』二也；大宗伯：『四類於四郊，兆日於東郊，兆月於西郊。』三也；大司樂：『樂六變而致天神。』月令：『孟冬，祈來年於天宗。』天宗者，日月之類，四也；覲禮：『拜日於東門之外，反祀方明；禮日於南門之外，禮月於北門之外。』五也；雪霜風雨之不時，於是乎禜之，六也。夫因郊蜡而祀之，非正祀也。類禜而祀之，與覲諸侯而禮之，非常祀也。春分朝之於東門之外，秋分夕之於西門之外，此祀之正與常者也。日言朝，則於日出之朝朝之也；月言夕，則於月出之夕夕之也。日壇謂之王宮，以其有君道故也；月壇謂之夜明，以其明於夜故也。其次，則大次、小次，設重帟、重案；其牲體，則實柴；其服則玄冕、玄端；其圭之繅藉，則大采、少采；禮之之玉，則一圭邸璧；祀之之樂，則奏黄鐘，歌大吕，舞雲門。玉藻十有二旒，龍衮以祭，玄端以朝日於東門之外，則龍衮、玄端，皆言其衣也。衣玄冕之衣，則用玄冕矣。鄭氏改玄端爲玄冕，不必然也。虞氏釋國語，謂：朝日以玄冕。然祀上帝以衮冕，而朝日以圭璧與張次、設帟，一切殺於上帝，則其不用衮冕可知矣。周禮於掌次之次、帟、案，於典瑞之大圭、鎮圭、繅藉，言朝日而已，則夕月之禮又殺乎此也。漢武帝因郊泰畤，朝出行宫，東向揖日，其夕西向揖月，則失東西郊之禮也。魏文帝正月祀日於東門之外，則失春分之禮也。齊何佟之曰：『王者兄日姊月，馬、鄭用二分，盧植用立春。佟之以爲日者太陽之精，月者太陰之精。春分陽氣方永，秋分陰氣向長。天地至尊，故用其始，而祭以二至；日月次天地，故祭以二分。則融與康成得其義矣〔二〕。』魏薛靖曰：『朝日宜用仲春之朔，夕月宜用仲秋之朏。』此尤無據也。後周於東門外爲壇以朝日，燔燎如圜丘；於西門外爲壇於坎中，方四丈、深四尺，以夕月，燔燎如朝日。隋唐壇坎之制，廣狹雖與後周差異，大概因之而已。」

楊氏曰：「愚按典瑞『朝日』注云：『天子常春分朝日，秋分夕月。』玉藻『朝日於東門之外』注云：『朝日於春分之時。』馬融、鄭康成皆同此説。賈誼亦曰：『三代之禮，春朝朝日，秋暮夕月，所以明有敬也。』蓋冬至祭天，夏至祭地，此祭天地之正禮也；春分朝日，秋分夕月，此祭日月之正禮也。陳氏云：『天地至尊，故用其始，而祭以二至；日月次天地，故祭以二分。』此言是也。所謂兆日於東郊，兆月於西郊；祭日於壇，祭月於坎；祭日於東，祭月於西；王宫祭日，夜明祭月，即春分朝日，秋暮夕月之事也。此外則因事而祭，如大報天而主日，配以月。此因郊而祭也。覲禮：拜日於東門之外，禮日於南門外，禮月於北門外。此因覲禮而行拜也；月令：祈來年於天宗。此因蜡而祈也。日月星辰之神，則雪霜風雨之不時，於是乎禜之，此因禜而祭也。」

天子大采朝日，與三公、九卿祖識地德。虞説云：「大采，袞織也。祖，習也。識，知也。地德所以廣生。」昭謂：禮玉藻：天子玄冕以朝日。玄冕，冕服之下，則大采非袞織也。周禮：「王搢大圭，執鎮圭，藻五采五就以朝日。」則大采謂此也。言天子與公卿因朝日以修陽政而習地德，因夕月以治陰教而糾天刑。日照晝，月照夜，各因其照，以修其事也。日中考政，與百官之政事。師尹惟旅、牧、相宣序民事。宣，徧也。序，次也。三君云：「師尹，大夫官也，掌以媺詔王。」惟，陳也。旅，衆士也。牧，州牧也。相，國相也。皆百官政事之所及也。一云：「師尹，公也〔三〕。」少采夕月，與太史、司載糾虔天刑。夕月以秋分。糾，共也。虔，敬也。刑，法也。或云：「少采，黼衣也。」昭謂：朝日以五采，則夕月其三采也。載，天文也。司天文謂馮相氏、保章氏，與太史相儷偶也。此因夕月而恭敬觀天法，考行度，以知妖祥也。馮，皮冰反。相，息亮反。儷，力智反。共，音恭。日入監九御，使潔奉禘、郊之粢盛，監，視也。九御，九嬪之官，主粢盛、祭服者。而後即安。即，就也。國語魯語。又周語曰：「古者，先王既有天下，又崇立上帝明神而敬事之。於是乎有朝日、夕月，以教民事君。」日月星辰之神，則雪霜風雨之不時，於是乎禜之。昭公元年左氏傳。莊公十有八年春王三月，日有食之。穀梁子曰：「不言日、不言朔，夜食也。何以知其夜食也？曰：王者朝日。王制曰：「天子玄冕而朝日於東門之外。」故日始出而有虧傷之處，是以知其夜食也。疏云：「此是禮記玉藻文。而云『王制』者，謂王者之法制，非是王制之篇也。此魯事而輒言天子朝日者，言王者朝日，所以顯諸侯朝朔也。天子朝日於東門之外，服玄冕。其諸侯，則玉藻云，皮弁以聽朔於太廟。與天子禮異。其禮雖異，皆早旦行事，而昨夜有虧傷之處尚存〔四〕，故知夜食也。」故雖爲天子，必有尊也；貴爲諸侯，必有長也。故天子朝日，諸侯朝朔。

秦始皇東遊海上，行禮祠名山大川及八神〔五〕。六曰月主，祠之萊山，在東萊長廣。在齊北，並渤海。七曰日主，祠盛山。盛山斗入海，盛山在東萊不夜縣。斗，絶入海也。最居齊東北陽以迎日出云。雍有日、月、參、辰廟，各以歲時奉祠。

漢武帝立二十八年始郊泰一。朝日、夕月，改周法。其後常以郊泰時，質明出行竹宫，東向揖日，西向揖月，即爲郊日月。又不在東西郊，遂朝夕常於殿下東面拜日。群公無四朝之事。

郊泰一時，祭日以牛，祭月以羊、彘特。若牛、若羊、若豕，只一特牲。泰一祝宰衣紫及繡。五帝各如其色。日赤，月白。

魏文帝黄初二年正月，朝日於東門之外。

宣帝時，於成山祠日，萊山祠月。

詔曰：「漢氏不拜日於東郊，而旦夕常於殿下東西拜日月。煩褻似家人之事，非事天神之道也。」

時議者以爲朝日於正月，非二分之義。祕書監薛靖論云：「按周禮：朝日無常日。鄭玄云用二分。秋分之時，月多東昇，西向拜之，背實遠矣。朝日宜用仲春之朔，夕月宜用仲秋之朏。」淳于睿駁之，引禮記云：「祭日於東，祭月於西，以端其位。周禮秋分夕月，並行於上代。西向拜月，雖如背實，亦猶月在天而祭之於坎，不復言背也。猶如天子東西遊幸，其官猶北向朝拜，寧得以背實爲疑？」

明帝太和元年二月丁亥朔，朝日於東郊；八月己丑，夕月於西郊，始得古禮。

晉武帝太康二年，有司奏：「春分朝日，寒温未適，不可親出。」詔曰：「頃方難未平，今戎事已息，此禮爲大。」遂親朝日。此後廢。

齊末，東昏侯永元元年，何佟之議：「王者兄日姊月。馬、鄭用二分，盧植用立春。佟之以爲：日者太陽之精，月者太陰之精。春分陽氣方永，秋分陰氣向長。天地至尊，故用其始而祭以二至；日月次天地，朝敬故以二分。差有理據，則融、玄得其義矣〔六〕。今損漢儀，上採周禮春分之義，又無諸侯之事，無所出於東郊。今正殿即朝會行禮之廷〔七〕，宜常以春分正殿之廷拜日。」其夕月，文不分明。佟之謂：「魏代所行，善得與奪之衷。今請以春分朝於殿廷西，東向而拜日；秋分夕於殿廷東，西向而拜月。此所謂『正於日月，以端其位』。服無旒藻之飾，蓋本天至質。朝日不得同昊天至質之禮，故以玄冕三旒。近代祀天，服衮冕十二旒，極文章之美。則是古今禮變，禮天、朝日，服宜有異。頃代天子小朝會，服絳紗袍、通天金博山冠，斯即今朝之服，次衮冕者也。竊謂宜服此拜日月，甚得差降之宜。」

後魏孝文泰和十五年，詔曰：「近論朝日、夕月，皆以二分之日於東西郊行禮。然月有餘閏，行無常准。今若一以分日，或值月出於東，而禮於西。尋情即理，不可施行。昔曹魏薛靖以爲：朝日取月一日爲朔，夕月三日爲朏。朏者，月形始著。今未知朏朔、二分，何者爲是？」游明根等對曰：「考按舊式，推校衆議〔八〕，宜從朏、朔。」

後周以春分朝日於東門外，爲壇如其郊，用特牲、青幣〔九〕，青珪有邸。皇帝乘青輅，及祀官俱青冕，執事者青弁。司徒亞獻，宗伯終獻，燔燎如圜丘。秋分夕月於國西門外，爲壇於坎中，方四丈、深四尺，燔燎如朝日禮。

隋因周制。開皇初，國東春明門外爲壇如其郊，每以春分朝日。又於國西開遠門外爲坎，深三尺，廣四丈，爲壇於坎中，高一尺，廣四尺，每以秋分夕月。牲、幣與周同。其朝日、夕月，奏諴夏辭各一首。迎送神登歌樂辭與圜丘同。

唐制，以二分日朝日、夕月於國城東西，各用方色犢，籩、豆各十，簠、簋、甄、俎各一。樂舊用黃鐘之均三成，新改用天神之樂，圜鐘之均六成。

唐開元禮

皇帝春分朝日於東郊儀秋分夕月及攝事附

齋戒

前祀五日，皇帝散齋三日，致齋二日，如圜丘儀。諸應祀之官齋戒如別儀。

陳設如祀五帝儀，惟不設配帝位及罇、罍。燎壇方八尺，高一丈，開上南出户，方三尺。

鑾駕出宫如圜丘之儀

奠玉帛

祀日，未明三刻，諸祀官各服其服，郊社令、良醞令各帥其屬入實罇、罍、玉、幣；凡罇之次：太罇爲上，實以醴齊；著罇次之，實以盎齊；罍罇實以清酒。其玄酒各實於上罇，罍罇無玄酒。禮神之玉，以珪有邸。其幣，大明以青，夜明以白。太官令帥進饌者實諸籩、豆、簠、簋，入設於内壝東門之外饌幔内。未明二刻，奉禮帥贊者先入就位，贊引引御史、太祝及令史與執罇、罍、篚、冪者入自東門，當壇南，重行北面，以西爲上。凡引導者每曲一逡巡。立定，奉禮曰「再拜」，贊者承傳，凡奉禮有詞，贊者皆承傳。御史以下皆再拜訖。執罇者升自東陛，立於罇所壇下，執罍、洗、篚、冪者各就位。贊引引御史、太祝詣壇東陛升，行掃除於上，令史、祝史行掃除於下訖，引降就位。駕將至，謁者、贊引各引祀官及從祀群臣、諸國蕃客使先置者〔一〇〕，俱就門外位。駕至大次門外，迴輅南向，將軍降立於輅右。侍中進當鑾駕前跪，奏稱：「侍中臣某言，請降輅。」俛伏，興，還侍位。皇帝降輅，之大次。通事舍人引文武五品以上從祀之官皆就門外位。太樂令帥工人、二舞次入就位。文舞入陳於懸内，武舞立於懸南道西。謁者引司空入就位，立定。奉禮曰「再拜」，司空再拜訖。謁者引司空詣壇東陛升，行掃除於上；降，行樂懸於下訖，引出就位。皇帝停大次半刻頃，通事舍人分引從祀文武群官、介公、酅公、諸國客使先入就位。太常博士引太常卿立於大次門外，當門北向。侍中版奏外辦。皇帝服玄冕出次，華蓋、侍衛如常儀。侍中負寶陪從如式。博士引太常卿，太常卿引皇帝凡太常卿前導，皆博士先引。至南内壝門外。殿中監進大珪，尚衣奉御又以鎮圭授殿中監，殿中監受進。皇帝搢大珪，執鎮珪，華蓋、仗衛停於門外，近侍者從入如常。謁者引禮部尚書、太常少卿陪從如常。皇帝至版位，西面立。每立定，太常卿與博士退立於左。謁者、贊引各引祀官次入就位。立定，太常卿前奏稱「請再拜」，退復位。皇帝再拜。奉禮曰「衆官再拜」，在位者皆再拜。太常卿前奏：「有司謹具，請行事。」攝則初司空入，謁者、贊引各引祀官以次入就位，贊拜訖，謁者進太尉之左，白請行事。凡獻，皆以太尉爲初獻。退復位。協律郎跪，俛伏，舉麾，凡取物者皆跪，俛伏而取以興。奠物則奠訖，俛伏而後興。鼓柷，奏元和之樂。乃以圜鐘之均，以文舞之舞，樂舞六成。偃麾，戛敔，樂止。凡樂皆協律郎舉麾，工鼓柷而後作；偃麾，戛敔而後止。太常卿前奏稱「請再拜」，退復位。攝，則奉禮贊曰「衆官再拜」。皇帝再拜。奉禮曰「衆官再拜」，在位者皆再拜。太祝取玉、幣於篚，立於罇所。太常卿引皇帝，太和之樂作，皇帝每行皆作太和之樂。皇帝詣壇，升自南陛。侍中、中書令已下及左右侍從量人從升。以下皆如之。皇帝升壇北向立，樂止。攝則謁者引太尉升奠。太祝加玉於幣以授侍中。侍中奉玉、帛東向進，皇帝搢鎮珪，受玉、帛，每受物，搢鎮珪奠訖，執珪，俛伏，興。登歌作肅和之樂，乃以大吕之均。太常卿引皇帝進，北面跪奠於大明夕月云夜明。神座，俛伏，興。太常卿引皇帝少退，北向再拜訖，登歌止。太常卿引皇帝，樂作；皇帝降自南陛，還版位，西向立，樂止。攝則謁者引太尉。初，群官拜訖，祝史奉毛血之豆立於門外。

於登歌止，祝史奉毛血入，升自南陛，太祝迎取於壇上，進奠於神座前。太祝與祝史退立於罇所。

進熟

皇帝既升，奠攝則太尉既升奠。玉、帛。太官令出，帥進饌者奉饌陳於內壝門外。謁者引司徒出詣饌所，司徒奉俎。初，皇帝既入至位，樂止。太官令引饌入，俎初入門，雍和之樂作，以黃鐘之均；饌至陛，樂止。祝史進，徹毛血之豆，降自東陛以出。饌升南陛，太祝迎引於壇上，設於神座前。籩豆、蓋冪先徹，乃升簠、簋，既奠，却其蓋於下。設訖，謁者引司徒以下降自東陛，復位，太祝還罇所。太常卿引皇帝詣罍洗，樂作。其盥洗之儀如圜丘。太常卿引皇帝，樂作；皇帝詣壇升自南陛，樂止。謁者引司徒升自東陛，立於罇所。齋郎奉俎從升，立於司徒之後。太常卿引皇帝詣罇所，執罇者舉冪，侍中贊酌醴齊訖，壽和之樂作。皇帝每酌獻及飲福，皆作壽和之樂。太常卿引皇帝進大明神座前，北向跪，奠爵，俛伏，興（一二）。太常卿引皇帝少退，北向立，樂止。太祝持版進於神座之右，東面跪，讀祝文曰：「維某年歲次月朔日，子嗣天子臣某，攝則云：「謹遣太尉封臣名。」敢昭告於大明：惟神宣布太陽，照臨下土，動植咸賴，幽隱無遺。時維仲春，敬遵常禮。夜明云：「昭著懸象，煇耀陰精。理曆授時，仰觀取則。爰茲仲秋，用率常禮。」謹以玉帛、犧齊、粢盛、庶品，祇祀於神。尚享。」訖，興，皇帝再拜。初，讀祝文訖，樂作；太祝進奠版於神座，還罇所，皇帝拜訖，樂止。太祝以爵酌上罇福酒授侍中，侍中受爵，西向進，皇帝再拜受爵，跪，祭酒，啐酒，奠爵，俛伏，興。太祝帥齋郎進俎，太祝減神前胙肉加於俎。太祝持俎以授司徒。司徒奉俎西向進，皇帝受以授左右。攝則太尉受以授齋郎。謁者引司徒降復位。皇帝跪，取爵，遂飲，卒爵。侍中進受爵，以授太祝。太祝受爵，復於坫。皇帝俛伏，興，再拜。太常卿引皇帝〔二〕，樂作；皇帝降自南陛，還版位，西向立，樂止。文舞出，鼓柷，作舒和之樂；出訖，戛敔，樂止。武舞入，鼓柷，作舒和之樂；立定，戛敔，樂止。初，皇帝獻將畢，謁者引太尉詣罍洗，盥手，攝則太尉獻將畢，謁者引太常卿爲亞獻。下皆倣此。洗匏爵訖，謁者引太尉自東陛升壇，詣著罇所。執罇者舉冪，太尉酌盎齊，武舞作。謁者引太尉進大明神座前，北向跪，奠爵，興。謁者引太尉少退，北向再拜。太祝以爵酌罍福酒進太尉右，西向立，太尉再拜受爵，跪，祭酒，遂飲卒爵。太祝進受爵，復於坫。太尉興，再拜。謁者引太尉降復位。初，太尉獻將畢，謁者引光禄卿皇帝儀與攝事同以光禄卿爲終獻。詣罍洗，盥手〔三〕，洗匏爵，升，酌盎齊。終獻如亞獻之儀。訖，謁者引光禄卿降復位，武舞六成，樂止。舞、獻俱畢，太祝進徹豆，還罇所。徹者籩、豆各少移於故處。奉禮曰「賜胙」，贊者唱「衆官再拜」，在位者皆再拜，已飲福受胙者不拜。元和之樂作。太常卿前奏稱「請再拜」，退復位，皇帝再拜。奉禮曰「衆官再拜」，在位皆再拜，樂一成止。太常卿前奏「請就望燎位」，太常卿引皇帝，樂作；攝，則謁者引太尉。皇帝就望燎位，南向立，樂止。於群官將拜，太祝執篚進神座前跪，取玉、帛、祝版，齋郎以俎載牲體、黍稷飯、爵酒，興，降自南陛，南行經懸内，當柴壇南，東行，自南陛登柴壇，以玉幣、祝版、饌物置於柴上户内。訖，奉禮曰「可燎」，東西各四人以炬燎火。半柴，太常卿前奏「禮畢」，太常卿引皇帝還太次，樂作。皇帝出内壝門，殿中監前受鎮珪，以授尚衣奉御。殿中監又前受大珪，華蓋、仗衛如常儀。皇帝入次，樂止。謁者、贊引引祀官及從祀群官、諸國蕃客以次出。贊引引御史以下俱復執事位。立定，奉禮曰「再拜」，御史以下俱再拜，贊引引出。工人、二舞以次出。

鑾駕還宫如圜丘之儀

宋制：春分朝日、秋分夕月爲大祀，用羊、豕各二，籩、豆十二，簠、簋、俎二。

仁宗皇祐二年，禮院言：「知石州王簡塋近九宫、朝日壇，今其家舉葬，乞移祀壇。今二壇皆闊一百步。據咸平四年，升九宫爲大祠，遷展壇壝，亦言百步内無墳林，是依淳化四年敕大祠壇壝制度。禮部式，天地五郊壇三百步内不得葬埋，不言諸祠。圜丘、方澤、五帝壇三百步内墳塋不少，若移二壇，京城側近，墳冢相屬。一壇之地，若方闊六百步無墳塋始爲吉土，則近城無地。請天地五郊壇依諸祠壇式。」詔可。

五年，定朝日壇，舊高七尺，東西六步一尺五寸，增修高八尺，廣四丈，如唐郊祀録。夕月壇與隋唐制度不合，從舊則壇小，如唐則坎狹。定坎深三尺、廣四丈，壇高一尺，廣二丈，四方爲陛，降入坎中，然後升壇。

神宗元豐六年，禮部言：「熙寧祀儀，朝日壇廣四丈，夕月壇廣二丈。以唐王涇郊祀録考之，夕月壇方廣四丈，今止二丈，蓋祀儀之誤。請依制廣改造夜明壇。」從之。

徽宗政和三年，議禮局上五禮新儀：朝日壇廣四丈，高八尺，四出陛，兩壝二十五步；夕月壇坎深三尺〔一四〕，廣四丈，壇高一尺，廣二丈，四方各爲陛，入坎中，然後升壇。兩壝，每壝二十五步。

高宗紹興三年，司封員外郎鄭士彦言：「春分朝日，秋分夕月，祀典未舉。望詔禮官講求。」從之。其後於城外惠照院望祭，位版日書曰「大明」，月書曰「夜明」。玉用圭璧，大明幣用赤，夜明幣用白。禮如祀感生帝。

校勘記

〔一〕大報天而主日　「天」原作「大」，據周禮大宗伯疏改。

〔二〕則融與康成得其義矣　「其」字原脱，據馮本補。

〔三〕公也　「公」原作「工」，據國語魯語下韋昭註改。

〔四〕而昨夜有虧傷之處尚存　「昨」原作「作」，據穀梁傳莊公十八年疏改。

〔五〕行禮祠名山大川及八神　「大」字原脱，據史記卷二八封禪書補。

〔六〕則融玄得其義矣　「其」字原脱，據馮本及南齊書卷九禮志上補。

〔七〕今正殿即朝會行禮之廷　「朝」字原脱，據南齊書卷九禮志上補。

〔八〕推校衆議　「推」原作「准」，據魏書卷一〇八之一禮志改。

〔九〕青幣　二字原脱，據隋書卷七禮儀志二補。

〔一〇〕諸國蕃客使先置者　「置」原作「至」，據開元禮卷二四、通典卷一一一禮典七一改。

〔一一〕太常卿引皇帝進大明神座前北向跪奠爵俯伏興　二十字原脱，據開元禮卷二四補。

〔一二〕太常卿引皇帝　「太」上原衍「樂止」二字，據開元禮卷二四删。

〔一三〕盥手　「手」字原脱，據上文及新唐書卷一二禮樂志二補。

〔一四〕夕月壇坎深三尺　「壇」字原脱，據上文補。

卷八十　郊社考十三

祭星辰

大宗伯：以實柴祀日、月、星、辰。實柴，實牛柴上也。星謂五緯；辰謂日月所會十二次。疏曰：「五緯即五星：東方歲星，南方熒惑，西方太白，北方辰星，中央鎮星。言緯者，二十八宿隨天左轉爲經，五星右旋爲緯。按昭七年左氏傳：晉侯問伯瑕曰：『何謂六物？』對曰：『歲、時、日、月、星、辰是謂也。』公曰：『多語寡人辰而莫同，何謂辰？』對曰：『日月之會是謂辰，故以配日。』是其事。但二十八星面有七，不當日月之會直謂之星。若日月所會則謂之宿，謂之辰，謂之次，亦謂之房。故尚書胤征云：『辰弗集於房。』孔註云：『房，日月所會。』是也。祭義曰：『郊之祭也，大報天而主日，配以月。』則郊祭并祭日、月可知，其餘星也、辰也，亦自明矣。」以槱燎祀司中、司命、風師、雨師。槱，羊九反。燎，良召反。槱，積也。詩曰：「芃芃棫樸，薪之槱之。」積柴實牲體焉。燔燎而升烟，所以報陽也。鄭司農云：「司中，三能、三階也。司命，文昌宮星。風師，箕也。雨師，畢也。」玄謂：「司中、司命，文昌第五、第四星。或曰中能、上能也。」棫音域。樸音卜。能，他來反。春官。黄氏曰：「司中、司命，文昌第五、第四星，未可信。鄭又以爲中能、上能，則當時已有兩說矣。」又曰：「風師，箕；雨師，畢，亦未可信。箕好風，畢好雨，見於書者如此。即以爲風師、雨師，恐未然也。三代之禮，散亡久矣。諸儒之說於經有據而理安者方可信，出於讖緯不經、與凡臆度義起而於理不安者，皆難信。」楊氏曰：「先鄭釋司中、司命，是一說；後鄭又是一說。竊謂惟皇上帝，降衷於民，非帝之外別有司中之神也。乾道變化，各正性命。非乾道之外別有司命之神也。蓋統言之則曰帝、曰乾；祀典專指一事之所主而祀之，以報其德，則曰司中、曰司命，義與司民、司禄同。注家穿鑿異同，又以星象言之，過矣！」小司寇，孟冬祀司民，獻民數於王，王拜受之。司民，星名，謂軒轅角也。小司寇於祀司民而獻民數於王，重民也。秋官。司民：「及三年大比〔一〕，以萬民之數詔司寇，司寇及孟冬祀司民之日，獻其數於王。王拜受之，登於天府。」疏曰：「云『及孟冬祀司民之日』者，謂司寇於孟冬祭祀司民星之日，以與司寇爲節〔二〕。此日，司寇獻其民數於王。云『王拜受之，登於天府』者，重此民數，民爲邦本故也。先鄭云：『文昌宫三能屬軒轅角，相與爲體。近文昌爲司命，次司中，次司禄，次司民。』武陵太守星傳：文昌第一曰上將，第二曰次將，第三曰貴相，第四曰司命，第五曰司中，第六曰司禄。不見有司民。三台六星，兩兩相居，起文昌東南，別在太微，亦無司民之事。故後鄭不從。云『司民，軒轅角也』者，按：軒轅星有十七星，如龍形，有兩角，角有大民、小民，故依之也。」天府：若祭天之司民、司禄而獻民數、穀數，則受而藏之。數穀數，上所主反，下所具反。司民，軒轅角也。司禄，文昌第六星，或曰下能也。禄之言穀也，年穀登乃後制禄。祭此二星者以孟冬，既祭之而上民、穀之數於天府。上，時掌反。楊氏曰：「愚按：當獻民數之時而祭司民，所以報天生烝民之德也。當獻穀數之時而祭司禄，所以報天生百穀之德也。然則所謂天者，其昊天上帝歟？曰：莫非天也。凡天之生物，只氣數到自生。天生烝民，有烝民之氣數；百穀雖植物，亦有百穀之氣數。氣數之所主處，便自有神。亦如五土之神、五穀之神之類是也。即一事之所主而名之，曰司；因一事之功而祭報之，則曰司民、司禄之神。亦如司春、司夏、司寒、司中、司命之類是也。其大者，如乾坤六子之神，日月星辰之神，嶽瀆山川之神，亦不越乎氣數。所以成變化而行鬼神者，此也。先鄭、後鄭以星言之，人各一説，此不可以爲據。」

按：祀司中、司命、司民、司禄，出於周禮。注家以爲四司皆星也，未知何據。而星宿之名，多出於緯書。又先、後鄭之説自爲牴牾，此後人之所以難據以爲信也。但信齋楊氏皆歸之於天與氣數，而以爲非有一星以主之。則其説又似太渺茫。蓋天之有日月星辰，猶君之有百司、庶府也。謂品物歲功一出於天，而無日月星辰以司之，是猶謂政教號令一出於君，而無百司、庶府以行之也。況金、木、水、火、土，人間有此五物，則天上亦有此五星以主之。而洪範言星有好風，星有好雨，則司風雨者亦星也。然則司中、司命、司民、司禄，何害其爲星乎？

玉人之事，圭璧五寸，以祀日、月、星、辰。注見祭日月門。大司樂：乃奏黄鍾，歌大吕，舞雲門，以祀天神。天神，謂五帝及日、月、星、辰。孟冬，天子乃祈來年於天宗。注謂祭日、月、星、辰也。月令。

傳：幽宗，祭星也。幽宗，祭星壇名也。幽，闇也。「宗」當爲「禜」。禜，壇域也。星至夜而出，故曰幽也。爲塋域而祭之，故曰幽禜也。祭法。日、月、星、辰之神，則雪霜風雨之不時，於是乎禜之。昭公元年左氏傳。祭星曰布，李巡曰：「祭星者，以祭布露也，故曰布。」孫炎曰：「既祭，布散於地，似星布列也。」祭風曰磔。謂披磔牲體，象風之散物，因名云。郭云：「今俗當大道中磔狗，云以止風，此其象。」爾雅。楊氏曰：「肆師，立大祀、次祀、小祀。先鄭云：『小祀，司命已下。』後鄭云：『小祀又有司中、風師、雨師。』黄氏曰：『風雨功用博，必非小祀也。』鄭以風雨爲箕、畢星，亦有玉，豈小祀哉？」按黄氏云箕、畢星亦有玉者，圭璧以祀日、月、星、辰。按大司樂，乃奏姑洗，歌南吕，舞大磬，以祀四望。後鄭注云：此言祀者司中、司命、風師、雨師。或亦用此樂與？」疏曰：「大宗伯：天神云祀，地祇云祭，人鬼云享。四望是地祇，不云祭而變稱祀，明經意本同司中等神，故變文見用樂也。無正文，故云『或』、『與』，以疑之也。」季冬乃畢祀天之神祇。天之神祇：司中、司命、風師、雨師。月令。

周制，仲秋之月，祭靈星於國之東南。東南祭之，就歲星之位也。歲星，五星之始，最尊，故就其位。王者所以復祭靈星者，爲人祈時以種五穀，故別報其功也。五經通義曰：「靈星爲立尸，故云『絲衣其紑，載弁絿絿』。言王者祭靈星公尸所服也。」

月令：立春後丑日，祭風師於國城東北；立夏後申日，祀雨師於國城西南；秋分日，享壽星於南郊；壽星，南極老人星。立冬後亥日，祀司中、司命、司民、司禄於國城西北。

秦始皇時，雍有日、月、參、辰、南北斗、熒惑、太白、歲星、鎮星、辰星、二十八宿、風伯、雨師廟，各以歲時奉祠。

漢高祖八年，命郡國、縣邑立靈星祠。時或言周興而邑立后稷之祀，至今血食，以其有播種之功也。於是高祖命立靈星祠。三輔故事：長安城東十里有靈星祠。一云，靈星，龍左角，爲天田，主穀，農祥晨見而祭之。言祠后稷而謂之靈星者，以后稷又配食星也。常以歲時祠以牛，古時，歲再祭靈星，春秋用少牢。壬、辰位祠之。壬爲水，辰爲龍，就其類也。縣邑令長侍祠。舞者童男十六人，即古之二羽。舞象教田。初爲芟除，次耕種，次耘耨、驅爵及穫刈、舂簸之形，象其功也〔三〕。

武帝時亳人謬忌奏祠泰一方，曰：「天神貴者泰一，泰一佐者五帝。古者，天子以春秋祭泰一東南郊，日一太牢；七日，每日以一太牢，凡七日祭也。爲壇開八通之鬼道。」於是天子令太祝立其祠長安城東南郊，常奉祠如忌方。其後，人上書言：「古者，天子三年一用太牢祠三一：天一、地一、泰一。」天子許之，令太祝領祠之於忌泰一壇上，如其方。

置壽宮神君。壽宮，奉神之宮也。神君最貴者曰泰一，其佐曰太禁、司命之屬，皆從之。非可得見，聞其言，言與人音等。時去時來，來則風肅然。居室帷中，時晝言，然常以夜。天子祓，然後入。崇潔自除祓，然後入。因巫爲主人，關飲食，所欲言，行下。神所欲言，下之於巫。又置壽宮、北宮，張羽旗，設供具，以禮神君。神君所言，上使受書，其名曰「畫法」。策畫之法也。其所言，世俗之所知也，無絶殊者，而天子心獨喜。其事秘，世莫知也。

或言：「五帝，泰一之佐也。宜立泰一，而上親郊之。」上疑未定。齊人公孫卿奏黃帝上僊事，乃拜卿爲郎，使東候神於太室。上幸甘泉，令祠官寬舒等具泰一祠壇，祠壇放薄忌即謬忌。泰一壇，三陔。三重也。五帝壇環居其下。泰一所用，如雍一時物，而加醴、棗脯之屬，殺一犛牛，音狸。西南夷長尾髦之牛。以爲俎豆牢具。而五帝獨有俎豆醴進。其下四方地，爲腏食群神從者及北斗云。「腏」字與餟同，謂聯續而祭也。已祠，胙餘皆燎之。泰一祝宰則衣紫及繡。天子始郊拜泰一，如雍郊禮。伐南越，告禱泰一，以牡荆畫幡日、月、北斗、登龍，以象泰一三星。爲泰一鋒旗，牡荆作幡柄，而畫幡爲日、月、龍及星。三星，太一旁三星，三公也。命曰「靈旗」。爲兵禱，則太史奉以指所伐國。

又作明堂汶上，每修封，則祠泰一、五帝於明堂上坐，合高皇帝祠對之。

按：泰一莫知其何神。天官書言：中宫天極星，其一明者，泰一常居。則其爲星也明矣。祭法雖有幽禜之禮，然叙其事於祭天地、四時、寒暑、日月之後，則亦非祀典之首也。漢承秦制，以祀五帝爲郊天。至武帝時，採謬忌之説，則以爲五帝特泰一之佐。於是具泰一祠壇在五帝之上，帝親郊拜，則以事天之禮事之矣。然郊祀明堂，巍然受祭天之禮，何其崇極也？至於因巫爲主人，關飲食，所欲言行下，則又何其猥屑也？武帝惑於方士求僊延年之説，故所以事鬼神者，其謟且瀆至於如此！

宣帝立歲星、辰星、太白、熒惑、南斗祠於長安城旁。

漢舊儀：祭參、辰星於池陽谷口，夾道左右爲壇營覆地〔四〕，各周三十六里。

成帝時，匡衡奏罷雍舊祠二百三所，惟山川、諸星十五所爲應禮云。

平帝時，王莽奏：「分群神以類相從，爲五部：兆鎮星從黄帝；歲星從青帝；熒惑從炎帝；太白從白帝；辰星從黑帝。詳見五帝門。

東漢以仲秋之月，祀老人星於國都南郊老人星廟；季秋之月，祀心星於城南壇心星廟；以丙戌日，祀風師於戌地；以己丑日，祀雨師於丑地。牲用羊、豕。

晉以仲秋月，祀老人星於國都遠郊老人星廟；季秋，祀心星於南郊壇心星廟。

東晉以來，靈星、老人星、心星配享南郊，不復特祀。

隋令太史署常以二月八日於署庭中以太牢祀老人星，兼祀天皇大帝、天一、泰一、日、月、五星、勾陳、北極、北斗、三台、二十八宿、丈人星、孫星，都四十六座。凡應合祀享官，令太醫給除穢氣散藥，先齋一日服之以自潔。其儀本之齊制。

隋於國城西北十里亥地爲司中、司命、司禄三壇，同壝，祠以立冬後亥；國城東北七里通化門外爲風師壇，祠以立春後丑；國城西南八里金光門外爲雨師壇，祠以立夏後申。壇皆三尺，牲並以一少牢。

唐制：立春後丑日，祀風師於國城東北；立夏後申日，祀雨師於國城南；立秋後辰日，祀靈星於國城東南；立冬後亥日，祀司中、司命、司民、司禄於國城西北。已上四祀，舊不用樂，籩、豆各八，簠、俎等各一也。

玄宗開元二十四年，有上封事者言：「月令云，八月，日會於壽星居次。列宿之長，請每至八月社日，配壽星祠於太社壇享之。」敕曰：「宜令有司特置壽星壇，常以千秋節日修其祠典。」又敕：「壽星壇宜祭老人星及角、亢七宿，著之常式。」

天寶三載，術士蘇嘉慶上言：「請於城東置九宮貴神壇〔五〕，壇三成〔六〕，成三尺，四階。其上依位置小壇九，壇高尺五，縱廣八尺。東南曰招搖，正東曰軒轅，東北曰太陰，正南曰天一，中央曰天符，正北曰泰一，西南曰攝提，正西曰咸池，西北曰青龍。五數爲中，戴九履一，左三右七，二四爲上，六八爲下，符於遁甲。每歲四孟月祭，尊爲九宮貴神。」十月十六日敕：「無文咸秩，有功必祀。漢則八神是禱，晉則六宗置壇。皆議叶當時，禮高群望。惟九宮貴神，實司水旱，功佐上帝，德庇下民，冀嘉穀歲登，災害不作。至於祀典，歷代猶闕。豈有享於幽贊之功，而無昭報之禮？宜令所司。即擇處以來月甲子日立壇，仍議其牲牢禮秩。每至四時初節，令中書門下往攝祭者。著以成式，垂之不刊。」後議禮次昊天上帝壇，而在太清宮、太廟上，用牲、牢、璧、幣，類於天地神祇〔七〕。其年十二月二十四日，親祀九宮貴神壇於東郊。初，九宮神位，四時改位，呼爲「飛位」。乾元元年後不易位。如有司行事，即宰臣爲之。

四載，敕：「風伯、雨師，濟時育物。謂之小祀，頗紊彝倫。去載衆星已爲中祀，永言此義，固合同升。自今已後，並宜升入中祀。仍令諸郡各置一壇，因春秋祭社之日，同申享祠。」至九月十六日，敕：「諸郡風伯壇，請置在社壇之東，雨師壇於社壇之西，各稍北三數十步，其壇卑小於社壇造。其祀風伯，請用立春後丑，祀雨師，用立夏後申。祀所祭，各請用羊一，籩、豆各十，簠、簋、俎一，酒三斗。應緣祭須一物已上，並以當郡公廨社利充；如無即以當處官物充。其祭官准祭社例，取太守已下充。」

五載，詔曰：「發生振蟄，雷爲其始。畫卦陳象，威物效靈。氣實本於陰陽，功大施於動植。今雨師、風伯久列於常祠，惟此震雷未登於群望。其已後每祀雨師，宜以雷師同壇祭，共牲，別置祭器。」

肅宗乾元元年，詔九宮貴神，減冬夏二祭。至二年正月，上親祠之。

至德三年，置泰一神壇於南郊東，命忠王璵祭之。

元年丑月，親拜南郊，又祭泰一壇。蓋別有禱請，非舊制也。

德宗貞元二年，詔問禮官：「其風師、雷師祝版署訖，合拜否？」太常博士陸淳奏：「以是小祠，准禮無至尊親祭之文。今雖請御署，檢詳經據，並無拜禮。」詔曰：「風師、雨師爲中祠，有烈祖成命。況在風雨，至切蒼生。今禮雖無文，朕當屈己再拜，以申子育之意，仍永爲常式。」

憲宗元和十五年，太常禮院奏：「來年正月三日，皇帝有事於南郊；同日立春後丑，祀風師。按周禮，大宗伯官以槱燎祀風師。鄭玄云：『風，箕星也。』故今禮立春後丑，於城東北就箕星之位，爲壇祭之。祀禮昊天上帝於圜丘，百神咸秩，箕星從祀之位，在壇之第三等。伏以皇帝有事南郊，徧祭之儀，百神咸在。其五方帝并日、月、神州已下，緣對昊天上帝、皇地祇，尊不得申，並爲從祀，悉無上公行事并御署祝版之儀。風師既是星神，厭降之儀，便當陪祭。如非遇郊祀，其特祭如常儀。」

文宗太和二年，監察御史舒元輿奏：「九宮祝版，御署稱臣。伏以天子之尊，除祭天地、宗廟之外，無稱臣者。王者父天母地，兄日姊月。以九宮爲目，是分方而守位，於天地猶子男也，於日月猶侯、伯也。陛下爲天子，豈可反臣於天之子男邪？臣竊以爲過。乞令有司詳議，正此誤典。」敕付所司。

三年，以祀九宮壇舊是大祠，太常博士崔龜從議曰：「九宮貴神，經典不載。天寶中，術士奏請，遂立祠壇，事出一時，禮同郊祀。臣詳其圖法，皆是星名。縱司水旱兵荒，品秩不過列宿。今者，五星悉是從祀，日月猶在中祠。豈容九宮獨越常禮，備列王事，誠誓百官？尊卑乖儀，莫甚於此。若以常在祀典，不可廢除，臣請降爲中祀。」從之。

武宗會昌元年，中書門下奏：「九宮貴神壇，天寶三載敕，宜令次昊天上帝，壇在太清宮、太廟上，用牲牢、璧幣，類於天地。三載十二月，玄宗親祀。乾元二年正月，肅宗親祀。伏以累年以來，水旱僭候，恐是有司禱請，誠敬稍虧。今屬孟春，合修祀典，望至明年正月祭日，差宰臣一人禱請。向後四時祭，並請差僕射、少師、少保、尚書、太常卿等官，所冀稍重其事，以申嚴敬。」

中書門下奏：「伏見太和禮官狀云：『縱司水旱兵荒，品秩不過列宿。今者，五星悉是從祀，日月猶在中祠。』竊詳其意，以星辰不合比於天地。曾不知統而言之，則爲天地，而在天成象，自有尊卑。謹按後魏王均志：『北辰第二星，盛而常明者，元星露寢，天帝常居〔八〕，始由道奧而爲變通之迹。又天皇大帝，其精耀魄寶，蓋萬神之祕圖，與河海之命紀皆稟焉。』據兹説〔九〕，即昊天上帝也。天一掌八氣、九精之政令〔一〇〕，以佐天極，徵明而有常，則陰陽序而大運興。泰一掌十有六神之法度，以輔人極，徵明而得中，則神人和而王道平。又北斗有權、衡二星，天一、泰一參居其間，所以財成天地，輔相神道也。若一概以列宿論之，實爲淺近。按漢書：『天神貴者泰一，泰一佐曰五帝。』古者，天子以春秋祭泰一，則列於祀典，其來久矣。今五帝猶爲大祠，則泰一豈宜降禮？稍重其祀，固爲得所。劉向言：『祖宗所立神祇舊典〔一一〕，誠未易動。』又曰：『古今異制，經無明文。至尊至重，難以疑説正也。』其意不欲非祖宗舊典。以劉向之博通，尚難於改作，況臣等學不究於天人，識尤懵於祀典，欲爲參酌，恐未得中。伏望更令太常卿與學官同詳定，庶獲明據。」從之。其月，檢校尚書左僕射、太常卿王起及國子監廣文博士盧就等奏〔一二〕：「九宮貴神，位列星座，往因致福，詔立祠壇。降至尊以稱臣，就東郊而親拜，在祀典雖云過禮，庇群生豈患無文。思福黔黎，特申嚴奉，誠聖人屈己以安天下之心也。厥後祝史不明，精誠亦怠，禮官建議，降處中祠。今聖德憂勤，期臻壽域，兵荒水旱，寤寐軫懷，爰命台臣，輯興墜典。伏惟九宮所稱之神，即泰一、攝提、軒轅、招摇、天符、青龍、咸池、太陰、天一者也。謹按黄帝九宮經及蕭吉五行大義：『一宮，其神泰一，其星天蓬〔一三〕，其卦坎，其行水，其方白；二宮，其神攝提，其星天芮〔一四〕，其卦坤，其行土，其方黑；三宮，其神軒轅，其星天衝，其卦震，其行木，其方碧；四宮，其神招摇，其星天輔，其卦巽，其行木，其方緑；五宮，其神天符，其星天禽，其卦坤，其行土，其方黄；六宮，其神青龍，其星天心，其卦乾，其行金，其方白；七宮，其神咸池，其星天柱，其卦兑，其行金，其方赤；八宮，其神太陰，其星天任，其卦艮，其行土，其方白；九宮，其神天一，其星天英，其卦離，其行火，其方紫。』統八卦，運五行，土飛於中，數轉於極。雖敬事迎釐，不聞經見，而範圍亭育，有助昌時〔一五〕。以此兩朝親祀而臻百祥也〔一六〕。然以萬物之精，上爲列星，星之運行，畢繫於物。貴而居者，則必司八氣、總萬神，斡化權於混茫，賦品彙於陰隲，與天地、日月誠相參也。伏請自今以後，却用大祀之禮，誓官備物，無有降差。惟御署祝版，以社稷爲準，稱『嗣天子謹遣某官某昭告』。伏緣以稱臣於天帝，無二尊故也。謹具詳議如前。」敕旨宜依，付所司。

祀風師雨師靈星司中司命司人司禄儀

立春後丑日祀風師於國城東北

前祀三日，諸應祀之官散齋二日，致齋一日，並如别儀。前祀一日，晡後一刻，諸衛令其屬各以其方器服，守衛壝門，俱清齋一宿。衛尉設祀官次於東壝之外道南，北向，以西爲上；陳饌幔於内壝東門之外道南，北向。郊社令積柴於燎壇，其壇在神壇之左，内壝之外。方五尺，高五尺，開上南出户。祀日，未明三刻，奉禮設祀官位於内壝東門之内道北〔一七〕，執事位於道南，每等異位，俱重行西向，皆以北爲上；設望燎位當柴壇之北，南向；設御史位於壇上西南隅，東向，令史陪其後；於壇下設奉禮位於祀官西南，贊者二人在南，差退，俱西向；又設奉禮、贊者位於燎壇東北，西向北上；設祀官門外位於東壝之外道南，每等異位，重行北向，以西爲上。郊社令帥齋郎設酒罇於壇上東南隅，象罇二置於坫，北向西上；設幣篚於罇坫之所；設洗於壇南陛東南，北向，罍水在洗東，篚在洗西，南肆。篚實以巾爵。執罇、罍、篚、冪者各位於罇、罍、篚、冪之後。太官令帥宰人以鸞刀割牲烹於厨〔一八〕。祀日，未明二刻，太史令、郊社令升，設風師神座於壇上近北，南向，席以莞；設神位於座首。未明一刻，諸祀官各服其服，郊社令、良醖令各帥其屬入實罇、罍及幣。實以醍齊，其玄酒實於上罇。太官令帥進饌者實諸籩、豆、簠、簋，入設於内壝東門之外饌幔内。奉禮帥贊者先入就位，贊引引御史、太祝及令史與執罇、罍、篚、冪者入當壇南，重行北面，以西爲上。立定，奉禮曰「再拜」，贊者承傳，凡奉禮有詞，贊者皆承傳。御史以下皆再拜。執罇者升自東陛，立於罇所，執罍、洗、篚、冪者各就位。贊引引御史、太祝詣壇東陛升，行掃除於上，令史行掃除於下訖，各引就位。質明，謁者引祀官，贊引引執事者俱就門外位，謁者、贊引各引祀官以次入就位。立定，奉禮曰「衆官再拜」，在位者皆再拜。謁者進獻官之左，白：「有司謹具，請行事。」退復位。太官令出，帥進饌者陳於門外〔一九〕。初，太官令出，太祝跪取幣於篚，興，立於罇所。謁者引獻官升自南陛，進當神座前，北向立，太祝以幣東向進，獻官受幣進，北面跪奠於神座，俛伏，興，少退，北面再拜訖，謁者引獻官降復位。太官令引饌入詣南陛升壇，太祝迎引於壇上，設於神座前。籩、豆蓋冪先徹乃升，簠簋既奠，却其蓋於下。設訖，太官令以下降復位，太祝還罇所。謁者引獻官詣罍洗盥手、洗爵訖，謁者引獻官自南陛升壇，詣罇所，執罇者舉冪，獻官酌醍齊訖，謁者引獻官進神座前，北向跪，奠爵，俛伏，興，少退，北向立。太祝持版進於神座之右，東面跪，讀祝文曰：「維某年歲次月朔日，子嗣天子謹遣具位臣姓名，敢昭告於風師：含生開動，必佇振發，功施造物，實彰祀典。謹以制幣、犧齊、粢盛、庶品，明薦於神。尚享。」訖，興，獻官再拜。太祝進，跪奠版於神座，興，還罇所。獻官拜訖，謁者引獻官立於南方北向，太祝以爵酌福酒進獻官之右，西向立，獻官再拜受爵，跪，祭酒，遂飲卒爵，太祝進受爵，復於坫，獻官俛伏，興。太祝帥齋郎進俎，太祝跪減神前胙肉加俎，興，以俎西向進獻官，受以授齋郎，謁者引獻官降復位，太祝進，跪，徹籩、豆，還罇所。徹者，籩、豆各一，少移於故處。奉禮曰「賜胙」，贊者唱「衆官再拜」，在位者皆拜。已飲福受胙者不拜。謁者進獻官之左，白請就望燎位，遂引獻官就望燎位，南向立。太祝執篚跪，取幣、祝版，齋郎以俎載牲體、黍稷飯、爵酒，興，自南陛降壇南行，當柴壇南，東行，自南陛登柴壇，以幣、祝版、饌物置柴上户内訖，奉禮曰「可燎」，東西面各二人以炬燎火。半柴，謁者進獻官之左，白「禮畢」，遂引獻官出。贊引引執事者以次出。贊引引御史以下俱復執事位，立定，奉禮曰「再拜」，御史以下皆再拜，贊引引出。

立夏後申日祀雨師於國城南

有司行事。祝文曰：「百昌萬寶，式仰膏澤。率遵典故，用備常祀。」其首尾與風師文同。

立秋後辰日祀靈星於國城東南

有司行事。祝文曰：「維九穀方成，三時不害。憑兹多祐，介其農穡。」其首尾與風師文同。

立冬後亥日祀司中司命司人司禄於國城西北

有司行事。每座象罇二，於壇上東南隅北向，皆有坫，以西爲上。設司中、司命、司人、司禄神座於壇上近北，南向，以西爲上。初獻司中，祝文曰：「時屬安寧，億兆康乂。用率常禮，報兹祉福。」次獻司命，祝文曰：「賴兹正直，黎庶康寧。資此良辰，用申常禮。」次獻司人，祝文曰：「星紀已周，兆庶寧阜。備兹蠲吉，式薦馨香。」次獻司禄，祝文曰：「玄英紀時，歲事云畢。聿遵典故，修其常祀。」飲福及行事如風師之儀。

宋制：二仲祀九宮貴神爲大祀。立春後丑日祀風師，立夏後申日祀雨師，爲中祀。立秋後辰日祀靈星，秋分享壽星，立冬後亥日祀司中、司命、司人、司禄，爲小祀。

真宗咸平四年，駕部員外郎、直祕閣杜鎬上言：「按封禪書：天神貴者泰一，泰一佐曰五帝。今禮以五帝爲大祠，泰一爲中祠。況九宮所主風雨、霜雹、疾疫之事，唐朝玄、肅二宗並嘗親祀；會昌中，陞次昊天上帝。欲望復爲大祀。」從之。其御署祝版，禮同社稷。增設壇兩壝，玉用兩圭有邸，其稾秸加茵褥，如幣色。

大中祥符元年，東封泰山。於行宮東築壇二成三尺，上成縱廣各五丈，下成五丈二尺，上爲小壇，餘如京城祀壇。牲用太牢，以祀九宮。

景德三年，知樞密院事王欽若言：「壽星之祀，肇自開元。伏以陛下光闡鴻猷，並秩群祀，而蕭薌之祭，獨略此祠，縉紳之談，皆謂缺典。加以周伯星出，實居角宿之間，天既垂休，禮罔不答。伏望特詔禮官，俾崇祀事，庶百祥之允集，介萬壽以無疆。」詔有司詳定。遂請以秋分日饗壽星及角、亢七宿，爲壇南郊，高三尺，周回八步四尺，四陛一壝。其祭器、祀禮，咸以靈星爲准。奏可。

大中祥符二年，澤州請建風伯、雨師廟。上以外州未詳典式，令禮官考儀頒下。有司言：「唐制，諸郡置風伯壇於社壇之東，雨師壇於西。各稍北三數十步，卑下於社壇。雷神無立廟之文。又按開寶通禮，州縣鎮神祀並如小祀，用一羊，籩、豆各八，簠、簋各二。」奏可。

仁宗景祐二年，學士承旨章得象等定司天監生于淵、役兵單訓奏，祀九宮貴神止用一局，失逐年飛宮法。「按郄良遇九宮法，有飛棋立成圖，每歲一移，主九州災福事。天寶中，術士蘇嘉慶始置九宮神壇，一成，高三尺，四陛。上依位置九小壇：東南曰招摇，正東曰軒轅，東北曰太陰，正南曰天一，中央曰天符，正北曰泰一，西南曰攝提，正西曰咸池，西北曰青龍。五數爲中，戴九履一，左三右七，二四爲上，六八爲下，符於遁甲，此則九宮定位也。每歲祭以四孟，位隨歲改，故謂之行棋〔二〇〕。自乾元以後，止依本位祭，遂不飛宮，仍減冬、夏二祭。國朝因乾元故事，而未嘗有所更。今于淵等所請，既合天寶初祭之禮，又合良遇飛棋之圖。然九宮之法，本自術家，時祭之文，經禮不載。昔漢室祠官所領，多本於方士。牲幣、壇場之數，歲時昏曉之節，薦配鼓舞，即用其方。故有黄帝用梟、武夷用乾魚之類。是則爲民請福，無文咸秩。寧有過立，非執一隅。議者或謂不必飛宮，若日、月、星、辰躔次周流，而祭有常所，此則定位之祀所當從也。若其推數於回復，候神於恍惚，因方弭沴，隨氣考祥，則飛位之文固可遵用。請依唐禮，遇祭九宮之時，遣司天監官一員詣祠所，隨每年貴神飛棋之方，以定祭位。仍自天聖己巳入曆，泰一在一宮，歲進一位，飛棋巡行，周而復始。」詔可。慶曆儀，每座籩、豆十二，簠、簋、俎二。皇祐增定壇如郊祀録三成，成三尺，四陛，上依位置小壇九，皆高尺五寸，縱廣八尺，西南爲坤陛。治平初，樞密副使胡宿言：「九宮司水旱，國家列於常祀。至和中，光禄小吏慢於祭而震死二人，威靈所傳，耳目未遠。今首夏垂盡，而時雨尚愆，有惻上仁，偏走群望。宜特遣近臣并祠九宮。」禮院以爲舊制每歲雩祀外，水旱稍久，皆遣官告天地、宗廟、社稷及諸寺觀、宮廟，貴神亦宜准此。從之。

皇祐定風師壇高三尺，周三十三步；雨師、雷師壇高三尺，方一丈九尺。

慶曆四年，靈臺郎王太明言：「按占書，主河、江、淮、濟溝渠溉灌之事十九星，汴口祭河、瀆七位，而不及星。」司天監定亢池主渡水，往來送迎事；北河爲胡門北界，南河爲越門南界，主司空，掌水土功事，皆不主江、淮、濟。箕、斗、奎三星，顓主津瀆，太明所遺，請與東井、天津、天江、咸池、積水、天淵、天潢、水位、水府、四瀆、九坎、天船、王良、羅堰等十七星在天河内者，當祠。二月，詔汴口祭河兼祠十七星。

慶曆中，修大火祠，在南京，三月、九月祠之〔二〕。初，鴻慶宮災，集賢校理胡宿請修火祀，以閼伯對祭大火。禮官議曰：「閼伯配火侑食，如周棄配稷、后土配社之比，下歷千歲，遂爲重祀。祖宗以來，郊祀上帝，而大辰已在從祀，閼伯之廟，每因赦文及春秋，委京司長吏致奠，咸秩之典，未始云闕。然國家有天下之號，實本於宋，五運之次，又感火德。宜因興王之地，商丘之舊，作爲壇兆，秩祀大火，以閼伯配。建辰、建戌出納之月，内降祝版，留司長吏奉祭行事。籩豆牲幣，得視中祠。雖非舊章，特示新禮。」閼伯舊廟，官給財費修飾，乃上壇制：高五尺，廣二丈，四出陛，陛廣五尺〔三〕，壝一重，四面距壇各二十五步。位版以黑漆朱書曰「大火位」，配位曰閼伯位。牲用羊一、豕一，器准中祠。歲以三、九月擇日，長吏已下分三獻，州、縣官攝太祝、奉禮。小祠，慶曆獻官有祭服。

神宗熙寧四年，司天中官正周琮言：「泰一經推算，七年甲寅歲，泰一陽九、百六之數，復元之初。故經言：『太歲有陽九之災，泰一有百六之厄，皆在入元之初終。』今陽九、百六當癸丑、甲寅之歲，爲災厄之會。然五福泰一，自國朝雍熙元年甲申歲，入東南巽宮時，修東泰一宮。天聖七年己巳歲〔三〕，五福泰一入西南坤位，修西泰一宮。請稽詳故事，崇建宮宇，迎五福泰一於京師。」詔將作監於集禧觀相視建宮。六年，中泰一宮成。命宰相王安石爲奉安泰一使，樞密副使吴充、龍圖閣學士孫固等爲前導官，主管鹵簿，奉安神像，降德音於天下。

太常禮院言：「中泰一宮冠服，依東、西泰一，而東、西泰一惟五福、君基冠通天冠，大遊以下皆冠道冠。按史記，天神貴者泰一，泰一佐者五帝。又方士言十泰一皆天之尊神，請並用通天冠、絳紗袍。」從之。

元豐四年，郊廟奉祀禮文所言：「國朝時令，秋分享壽星於南郊。熙寧祀儀，於壇上設壽星一位，南向；又於壇下卯陛之南，設角、亢、氐、房、心、尾、箕七位，東向。按爾雅曰：『壽星，角、亢也。』説者曰：『數起角、亢，列宿之長，故曰壽星，非此所謂秋分所享壽星也。』今於壇下設角、亢位，且以氐、房、心、尾、箕同祀，尤爲無名。又按晉書天文志：『老人一星在弧南，一曰南極，常以秋分之旦見於丙，春分之夕没於丁，見則治平，主壽昌，常以秋分候之南郊。』後漢於國都南郊立老人星廟，常以仲秋祀之，則壽星謂老人星矣。請依後漢，於壇上設壽星一位，南向，祀老人星，其壇下東方七宿位不宜復設。」從之。

政和五禮新儀：壽星壇高三尺，東西長一丈三尺，南北長一丈二尺，四出陛，一壝，二十五步。

六年，太常博士何洵直言：「熙寧祀儀，春秋仲月祀九宮貴神，當與社稷爲比，爲大祠。祝版依會昌故事、開寶禮書，書御名。」

禮部言：「五福、十泰一祝版署詞，稱嗣天子臣某。謹按：古之祝辭，以天子至尊，雖祇事天地、宗廟，示民嚴上，蓋未有稱臣者。故禮曰：『踐祚臨祭祀，内事曰孝王某，外事曰嗣王某。』内謂宗廟，外謂郊社。大戴禮載祀天祝文，稱予一人某。漢承古禮，稱天子以事天，其贊享辭又曰皇帝。魏明帝始詔天地、明堂、五郊可稱天子臣某。東晉賀循製策祝文，稱皇帝臣某。沿襲至今，蓋用魏晉之制。本朝儀注祀儀，於上帝、五帝、日、月並稱臣。檢會昌九宮貴神祝版，進書已不稱臣。五福、十泰一當依熙寧六年以前故事，其被遣之官，自宜稱臣。如此，則不失輕重之體。」從之。

哲宗元祐七年，監察御史安鼎言：「本朝春秋祀九宮泰一用羊、豕，其四立祭泰一宮十神皆無牲，以素饌加酒焉。再詳星經，泰一一星在紫宮門右，天一之南，號曰天之貴神。其佐曰五帝，主使十六神，知風雨、水旱、兵革、饑饉、疫疾、災害之事。唐書曰：『九宮貴神實司水旱。泰一掌十六神之法度，以輔人極。』國朝會要：『十神泰一，亦云天之尊神，及十精、十六神並主風雨。』由是觀之，十神泰一、九宮泰一與漢所祀太乙，共是一神。今十神皆用素饌，而九宮並薦羊、豕，葷素不同，似非禮意。」詔令禮官詳定。禮官言：「九宮、十神泰一各有所主，名義不同，即非一神。故自唐迄今皆用牲牢，别無祠壇用素食之禮。欲依舊制。」從之。

徽宗崇寧元年，詔建長生宫於洞真宫舊址，以祠熒惑。

其後，又詔天下崇寧觀並建火德真君殿，仍詔正殿以「離明」爲名。泰常博士羅畸言：「熒惑者，至陽之精。比者，就國之陽，特開琳館，以安其靈。謂宜倣泰一宫遣官薦獻，或立壇於南郊，如祀靈星、壽星之儀。」從之。七月，有司言：「閼伯，陶唐氏之火正也，居宋地。國家以火德王天下，而興王之都實次大火。閼伯有功於宋，宜從祀離明殿。」從之。四年，禮部言：「離明殿增閼伯位。按春秋傳：五行之官，封爲上公，祀爲貴神。祝融，高辛之火正也；閼伯，陶唐氏之火正也。祝融既爲上公，則閼伯亦當服上公衮冕九章之服。」從之。

五禮新儀：立夏日祀熒惑及祀陽德。熒惑壇廣四丈，高七尺，四出陛，兩壝，二十五步。陽德觀火德、熒惑，以閼伯配，俱南向。五方火精、神等，並爲從祀。

政和三年，議禮局上五禮新儀：立春，祀東泰一宮；立夏、季夏土王日，祀中泰一宮；立秋日，祀西泰一宮；立冬日，祀中泰一宮。

中泰一宮真室殿，五福泰一在中，君基泰一在東，大遊泰一在西，俱南向。延休殿，四神泰一。承鼇殿，臣基泰一在東，西向，北上。凝祐殿，直符泰一。臻福殿，民基泰一在西，東向，北上。膺慶殿，小遊泰一在中，天一泰一在東，地一泰一在西。靈貺殿，太歲在中，太陰在西，俱南向。三皇、五方帝、日、月、五星、二十八宿、十日、十二辰、天地水三官、五行、九宮、八卦、五岳、四海、四瀆、十二山神等，並爲從祀。東、西泰一宮準此。東泰一宮大殿，五福泰一在東，君基泰一在西，俱南向。大遊泰一殿在大殿之北，南向。臣基泰一殿在南，北向。小遊泰一、直符泰一、四神泰一殿在大殿之東，西向，北上。天一泰一、民基泰一、地一泰一殿在大殿之西，東向，北上。西泰一宮黄庭殿，五福泰一在中，君基泰一在東，大遊泰一在西；均福殿，小遊泰一在中，俱南向。延貺殿，天一泰一在中，四神泰一在南，臣基泰一在北，俱西向。資祐殿，地一泰一在中，民基泰一在南，直符泰一在北，俱東向。

五禮新儀：仲春、仲秋祀九宫貴神，壇三成，一成縱廣十四丈，再成縱廣十二丈，三成縱廣十丈，各高三尺。其上依方位置小壇九，各高一尺五寸，縱廣八尺，四陛，又西南爲一陛曰坤道，兩壝，每壝二十五步。

四月，議禮局議上五禮新儀，立秋後辰日祀靈星，壇高三尺，周八步四尺，四出陛，一壝，二十五步。

詳定郊廟奉祀禮文所言：「周禮：『小宗伯之職，兆五帝於四郊，四類亦如之。』鄭氏曰：『兆，爲壇之塋域。四類，日、月、星、辰，運行無常，以氣類爲之位。兆日於東郊，兆月與風師於西郊，兆司中、司命於南郊，兆雨師於北郊。』各以氣類而祭之於四郊，則謂之四類。漢儀，縣邑常以丙戌日祠風伯於戌地，以己丑日祠雨師於丑地，亦從其類故也。熙寧祀儀，兆日於東郊，兆月於西郊，是以氣類爲之位。至於兆風師於國城東北，兆雨師於國城西北，司中、司命於國城西北亥地，則是各從其星位，而不以氣類，非所謂四類也。請稽舊禮四類之義，兆風師於西郊，祠以立春後丑日；兆雨師於北郊，祠以立夏後申日；兆司命、司禄於南郊，祠以立冬後亥日。其壇兆則從其氣類，其祭辰則從其星位，仍依熙寧祀儀，以雷師從雨師之位，以司民從司中、司命、司禄之位。其雨師、雷師爲二壇，同壝；司中、司民、司禄爲四壇，同壝。壇制高廣自如故事。其祀風師、雨師，則用柏柴升烟〔二四〕。」並從之。

政和三年，議禮局上五禮新儀：司中、司命、司民、司禄壇各廣二十五步；風師、雨師、雷師壇高三尺，四出陛，並一壝，二十五步；風師壇廣二十三步，雨師、雷師壇廣十五步。

又言：「本朝都城壇壝之制，風師在城之西，雨師在城之北，雷師從雨師之位，爲二壇，同壝。州縣，風師在社之東，雨師在雷師之西，非所謂各依其方類求神者。請倣都城方位之制，仍以雷師從雨師之位，爲二壇，同壝。」從之。

高宗紹興七年，太常博士黄積言：「立春後丑日祀風師，立夏後申日祀雨師、雷神，秋分日享壽星，立夏日祀熒惑。望下有司舉行。」從之。

壽星禮料用籩一，鹿脯；豆一，鹿臡；著罇一，實以法酒。祀風、雨禮料，初依奏告例，後比擬舊制，見嶽鎮、海瀆内減鉶鼎三，登一。詳見其門。

元符祀風師雨師雷師儀注

陳設

前祀二日，本司豫修除壇之内外，設祀官次於壇東壝之外道南，北向，以西爲上。祀日，掌事者設神位版於壇上，席以莞。執罇、罍者設祭器，掌饌者實之。每位，籩八，在神位前左，重三行；豆八，在神位前右，重三行；俎二，在籩、豆外，分左右；簠、簋各一，在二俎間。設罇於壇上東南隅，北向，罇置坫，加勺冪。設洗於壇南陛之東南，北向，罍在洗東，加勺冪；篚在洗西，南肆，置巾爵。設三獻位於壇卯陛之東，西向，北上。設祝位二於壇南，北向，西上。雨師於兩壇間，又設位於壇上，西向，北上。雨師、雷壇飲福位準此。設初獻飲福位於壇上神座之東，北向。設望燎位於壇南，南向。燎壇積柴於上，開上南出户。置香爐合并燭於神座之前，幣置篚陳於左，祝版置坫陳於右。

行禮

祀日，質明，諸祀官各服其服，贊禮者引三獻官以下入就位立。贊禮者少前初獻之左，贊請行事。執事者升烟燔牲首，贊唱者曰「拜」，獻官以下皆再拜訖，祝升自東陛，就西向位；祝跪取幣於篚，興，立於神座左。贊禮者引初獻詣罍洗南，北向，執罍者酌水，初獻搢笏，盥手，執篚者取巾於篚，授初獻，帨手訖，即授巾奠於篚，執笏。初獻升自午陛，詣神座前，北向搢笏，跪，三上香，祝以幣，西向跪授初獻訖，興，復位。初獻受幣，奠於神座前，執笏，俛伏，興，再拜，內雨師行禮訖，降壇，次詣雷師壇位前，行禮如上儀。降陛復位。少頃，引初獻再詣罍洗南立，北向，執罍者酌水，初獻搢笏，盥手，帨手訖，又取爵以授初獻，執罍者酌水，初獻洗爵，又授巾，初獻拭爵訖，巾奠於篚，執笏。初獻升自午陛，執事者引初獻詣酒罇所，舉冪，酌酒於爵。初獻詣神座前北向，搢笏，跪，執爵，三祭酒，奠爵，執笏，俛伏，興，少退，北向立。祝持版於神座之右，東向跪，讀祝畢，初獻再拜。祝奠版於神座右坫，興，讀祝訖，先詣雷師神位，初獻三祭酒，奠爵，興，祝持版於神座右跪讀祝畢，奠版於神座右坫，興，復位。初獻降復位。次引亞獻詣罍洗，北向搢笏，盥手，帨手，洗爵，拭爵，執笏，升自東陛，詣神座前搢笏，跪，執爵，三祭酒，奠爵，執笏，俛伏，興，再拜訖，降復位。詣雷師壇並如上儀。次引終獻詣罍洗，升獻如亞獻之儀訖，降復位。次引初獻詣雷師壇，升自午陛，詣飲福位北向立。

執事者各以爵酌酒，合置一爵，持爵詣初獻之左，東向立。初獻再拜，搢笏，跪受爵，祭酒，啐酒，奠爵。執饌者以俎減神座前胙肉，合置一俎上，又以豆取稷黍飯，合置一豆。先以飯授初獻，受訖，又以俎授初獻，受訖，皆以授執饌者。初獻取爵，飲卒爵，執事受虛爵復於坫。初獻執笏，俛伏，興，再拜，降復位。引初獻以下就望燎位，南向立。執事者以篚詣神位前跪，取版、幣，降自東陛，置於燎柴。贊唱者曰可燎，以炬燎，柴半，贊者少前北面贊禮畢，引初獻以下退。

十一年，太常丞朱輅言：「九宮貴神所主風、雨、雪、霜、雹、疫，所繫甚重。請舉行祀典，以春秋二仲祭。」

十八年，禮部侍郎沈該言：「國家乘火德之運，以王天下。先朝建陽德觀專奉火德，配以閼伯，而祀以夏至。舊典可舉，望詔有司於宮觀內別建一殿，專奉火德，配以閼伯，以時修祀，益固炎圖。」詔禮部、太常寺討論。

太常寺討論得應天府祀大火，繫以季春、秋擇日差官於本廟致祭。今道路未通，從宜於行在春秋設位。臣僚言：「多事以來，大火之祀弗舉。比年多災，雖緣有司不戒，然預防之計，宜無所不用其至。望命有司參酌舊典，即行在每建辰、戌出納之月，設位望祭，豈特昭炎德昌熾之福，亦弭災之道。」尋太常寺請以季春出火日於東郊，季秋納火日於西郊，各建壇壝，以大祠之禮禮火神，禮料依感生帝。詳見祀五帝門。

詔擇地建泰一宮。

先是，命禮官考典故，十月癸卯上之，曰：「太平興國初，司天楚芝蘭建言：『泰一有十，曰五福、君基、大遊、小遊、天一、臣基、直符、民基、四神、地一，天之尊神也。五福所在〔二五〕，無兵疫，人民豐樂。自雍熙元年入巽宮吴分，蘇州請建宮都城東南蘇村，以應蘇臺之名，乃建東泰一宮。八年，宮成，合千一百區，凡十殿四廊，圖三皇、五帝、九曜、七元、天地水三官、南斗、三台、二十八宿、天曹四司、十精泰一、五嶽、儲副、佐命、十二山神、八卦、六丁、五行、四瀆、本命等神，及四直靈官、三十六神將像，五百二十四軀。天聖六年，司曆者言，泰一入蜀之坤宮。又建西宮於八角鎮，前後東西凡四殿；又建齋殿，塑像自内出，始鑄印給之。熙寧四年十月，司天言，甲寅，五福當入中都。又建中宮於集禧觀。政和間，改龍德宮爲北泰一宮。今四立日，皆望祀泰一於惠照設位，宜擇地建宮。」詔兩浙漕臣營之。癸丑，詔製像於新宮。十一月甲戌，禮官謂：「泰一冠服，不載於傳記。略記東西宮像，服道冠、仙衣，侍臣二人服道衣，童子二人青衣，執紅絲拂。中泰一宮道流朱忠焕亦謂：『十神泰一，皆服通天冠、絳服，執圭；從臣梁冠、絳服，執笏；童子執紅絲拂。』請如其飾，及名諸殿。」十八年正月癸未，又請上書其榜：泰一殿曰靈休，殿門曰崇真，挾殿曰瓊章寶室；三清殿曰金闕寥陽，火德殿曰明離，本命殿曰介福，齋殿曰齊明。三月，宮成，凡百七十有四區。十泰一位於殿上，南面，西上；從祀，東廡九十有八，西廡九十有七，皆北上。乙亥，設官榜。丙子，奉安神像，用細仗二百人，鈞容樂、親從、威儀、道士皆百人，宰臣爲奉安使。上親謁泰一宮，前期，有司張帟於齋殿，設褥位於靈休殿、介福殿上之東，西向，及香案之前；設群臣次宮之内外。質明，帝服履袍，自崇政殿輦出宮北門，至齋殿降輦。群臣先入，班於靈休殿下，皆北面。帝自齋殿後步至宮之東廡，入便門，升殿東側階，至褥位西面立，再拜，群臣皆再拜。凡帝拜，群臣皆拜。帝進五福泰一前，三上香，再拜；次至君基、大遊、小遊、天一、地一、四神、臣基、民基、直符前，皆如五福之儀。還褥位，再拜。群臣自西廡班於介福殿下。帝降，由東廡升介福殿東側階，至褥位，西面立，再拜，進建生星斗君前，三上香，再拜。次至本命元辰真官前亦如之。帝還褥位。若命宰臣炷香，則宰臣升自西階，以次上香畢，降階，帥群臣再拜。帝再拜，還齋殿。群臣皆退，帝還宮。

太常寺主簿林大鼐言：「十神泰一、九宮泰一，皆天之貴神，國朝分而爲二，並爲大祀。比新泰一宮，而九宮貴神尚寓屋而不壇，與小祀雜。」乃詔臨安府於國城之東，擇爽塏地，建九宮貴神壇壝。其儀如祀上帝，以泰一、攝提、權星、招摇、天符、青龍、咸池、太陰、天一爲序，牲以少牢，籩、豆十有二，玉以圭璧。泰一幣以黑，攝提、招摇、天符以黄，權星以青，青龍以紫，咸池以白，太陰以紅，天一以赤。

孝宗乾道五年，太常少卿林栗等言：「本寺已擇九月十四日，依元降旨設位，望祭應天府大火，以商丘宣明王配。二十一日内火，祀大辰，以閼伯配。大辰即大火，閼伯即商丘宣明王。國朝以來，建號以火紀德。太祖皇帝、光堯壽聖太上皇帝皆受命於宋，故推原發祥儲祉之所自，崇建商丘之祠，府曰應天，廟曰光德，加封王爵，錫謚宣明，所以追嚴者備矣。今有司旬日之間，舉行二祭，一稱其號，一斥其名，義所未安。乞自今立夏日祀熒惑，季春出火，季秋内火，祀火神，其配位稱閼伯者，祝文、位版並依應天府大火禮例，改稱商丘宣明王，以稱國家崇奉火正之意。」從之。

校勘記

〔一〕及三年大比　「及」字原脱，據周禮司民補。

〔二〕以與司寇爲節　「寇」原作「民」，據元本、慎本、馮本及周禮司民疏改。

〔三〕象其功也　「其」原作「成」，據後漢書祭祀志下改。

〔四〕夾道左右爲壇營覆地　「營」原作「塋」，「地」字原脱，據太平御覽卷五二六禮儀部五祭禮下引漢舊儀改補。

〔五〕置九宫貴神壇　「貴」字原脱，據舊唐書卷二四禮儀志四補。

〔六〕壇三成　「三成」原作「一」，據舊唐書卷二四禮儀志四改。

〔七〕類於天地神祇　「祇」字原脱，據舊唐書卷二四禮儀志四補。

〔八〕天帝常居　「天」原作「大」，據舊唐書卷二四禮儀志四改。

〔九〕據兹説　「兹」原作「元」，據册府元龜卷五九二掌禮部奏議二〇改。

〔一〇〕九精之政令　「令」字原脱，據舊唐書卷二四禮儀志四、册府元龜卷五九二掌禮部奏議二〇補。

〔一一〕祖宗所立神祇舊典　「舊典」二字原脱，據舊唐書卷二四禮儀志四、册府元龜卷五九二掌禮部奏議二〇補。

〔一二〕太常卿王起及國子監廣文博士盧就等奏　「太常卿」三字原脱，據舊唐書卷二四禮儀志四、册府元龜卷五九二掌禮部奏議二〇補。

〔一三〕其星天蓬　「蓬」原作「逢」，據舊唐書卷二四禮儀志四改。

〔一四〕其星天芮　「芮」原作「内」，據舊唐書卷二四禮儀志四改。

〔一五〕有助昌時　「有」原作「期」，據舊唐書卷二四禮儀志四改。

〔一六〕以此兩朝親祀而臻百祥也　「此」字原脱，據舊唐書卷二四禮儀志四補。

〔一七〕奉禮設祀官位於内壝東門之内道北　「禮」下原衍「郎」字，據開元禮卷二八删。

〔一八〕以鸞刀割牲烹於厨　「割」字原脱，「牲」原誤在「烹」下，據開元禮卷二八補、乙正。

〔一九〕帥進饌者陳於門外　「者」字原脱，據開元禮卷二八補。

〔二〇〕位隨歲改故謂之行棋　宋史卷一〇三禮志六、宋會要禮一九之四皆作「隨歲改位行棋，謂之飛位」。

〔二一〕九月祠之　「月」原作「日」，據下文及宋史卷一〇三禮志六改。

〔二二〕陛廣五尺　「五」字原脱，據宋史卷一〇三禮志六補。

〔二三〕天聖七年己巳歲　「己」原作「乙」，據元本、慎本、馮本及宋史卷一〇三禮志六改。

〔二四〕則用柏柴升烟　「柴」字原脱，據宋史卷一〇三禮志六補。

〔二五〕五福所在　「福」原作「神」，據元本、慎本、馮本改。

卷八十一　郊社考十四

祭寒暑

祭法：相近於坎、壇，祭寒暑也。注：「『相近』當爲『禳祈』，聲之誤也。禳，猶却也。祈，求也。寒暑不時，則或禳之，或祈之。寒於坎，暑於壇。祭用少牢。疏曰：「祭寒暑者，或寒暑太甚，祭以禳之；或寒暑頓無，祭以祈之。」

籥章：掌土鼓豳籥。杜子春曰：「土鼓以瓦爲匡，以革爲兩面，可擊也。」鄭司農云：「豳籥，豳國之地竹，豳詩亦如之。」玄謂：「豳籥，豳人吹籥之聲章。」明堂位曰：「土鼓、蕢桴、葦籥，伊耆氏之樂。」疏曰：「後鄭云『豳人吹籥之聲章』，云『豳人吹籥』，其義難明。謂作『豳人吹樂之聲章』，商祝、夏祝之類聲章，即下文豳詩之等是也。」「明堂位曰：『土鼓、蕢桴、葦籥，伊耆氏之樂』者，鄭注禮運云：『土鼓，築土爲鼓也。蕢桴，桴謂擊鼓之物，以土塊爲桴。』」蕢，苦對反；又苦壞反。桴，音浮。中春晝，擊土鼓，龡豳詩以逆暑。中音仲。龡，昌垂反。豳詩，豳風七月也。龡之者，以籥爲之聲。七月，言寒暑之事。迎氣歌，其類也。此風也，而言詩，詩總名。迎暑以晝，求諸陽。疏曰：「中春，二月也。言『迎暑』者，謂中春晝夜等，已後漸暄，故預迎之耳。」又曰：「鄭知『龡之者以籥爲之聲』者，以發首云『掌土鼓豳籥』，故知詩與雅、頌皆用籥龡之也。云『七月言寒暑之事』者，七月云：『一之日觱發，二之日栗烈。』『七月流火』之詩，是寒暑之事。『迎暑以晝，求諸陽』者，對下『迎寒以夜，求諸陰』也。」中秋夜，迎寒亦如之。迎寒以夜，求諸陰。疏曰：「『亦如之』，亦當擊土鼓，龡豳詩也。」春官。朱子豳風七月詩集傳曰：「周禮籥章：中春晝擊土鼓，龡豳詩以逆暑，中秋夜迎寒亦如之。即謂此詩也。」

楊氏曰：「籥章下文『凡國祈年於田祖』，疏曰：『此祈年於田祖，并上迎暑、迎寒，並不言祀事。既告神，當有祀事可知。但以告祭非常，故不言之耳。若有禮物，不過如祭法埋少牢之類。」」仲春，天子乃鮮羔開冰。鮮，注音獻。「鮮」當爲「獻」，聲之誤也。獻羔，謂祭司寒也。祭司寒而出冰，薦於宗廟，乃後賦之。疏曰：「按詩豳風七月云：『四之日其蚤，獻羔祭韭。』故知『鮮』爲『獻』也。云『獻羔謂祭司寒』者，以經云：『獻羔啓冰，先薦寢廟。』恐是獻羔寢廟，故云祭司寒。左傳直云：『獻羔而啓之。』知祭司寒者，以傳云『祭寒而藏之』。既祭司寒，明啓時亦祭之。『薦於宗廟』，謂仲春也。『乃後賦之』，謂孟夏也。故凌人云『夏頒冰』，左傳云『火出而畢賦』是也。畢，盡也。謂應是得冰之人，無問尊卑，盡賦與之。」蚤音早。月令。

傳：昭公四年，大雨雹。季武子問於申豐曰：「雹可禦乎？」禦，止也。申豐，魯大夫。對曰：「聖人在上，無雹；雖有，不爲災。古者日在北陸而藏冰，雨，於付反。雹，蒲學反。陸，道也。謂夏十二月，日在虛、危，冰堅而藏之。夏，户雅反。疏曰：「釋天云：『北陸，虛，西陸，昴也。』孫炎云：『陸，中也。北方之宿，虛爲中也；西方之宿，昴爲中也。』彼以陸爲中，杜以陸爲道者，陸之爲中、爲道，皆無正訓，各以意言耳。周禮凌人：『正歲十有二月，令斬冰。』詩云：『二之日，鑿冰冲冲。』月令：『季冬，冰盛水腹，命取冰。』鄭玄云：『腹，厚也。』以此知日在北陸，謂夏之十二月也。」西陸朝覿而出之。謂夏三月，日在昴、畢，蟄蟲出而用冰。春分之中，奎星朝見東方。疏曰：「覿，見也。西道之宿，有早朝見者，於是而出之，謂奎星晨見而出冰也。西方凡有七宿，傳言西陸朝覿，於傳之文，未知何宿覿也。杜以西陸朝覿，實是春分二月。故杜此注云：『春分之中，奎星朝見東方。』及下『獻羔啓之』，注云：『謂二月春分，獻羔祭韭。』是皆據初出其冰，公始用之時也。所以杜又注云『謂夏之三月，日在昴、畢，蟄蟲出而用冰』者，以此傳云『西陸朝覿而出之』下，傳覆之云『其出之也，朝之祿位、賓食、喪祭，於是乎用之』，則是普賜群臣。故杜云『謂夏三月』，又下注云『言不獨共公』，是據普頒之時也，故下傳又云『火出而畢賦』是也。然冰之初出，在西陸始朝覿之時；冰之普出，在西陸朝覿之後。總而言之，亦得稱西陸朝覿而出之也。」共音恭。其藏冰也，深山窮谷，固陰沍寒，於是乎取之。沍，閉也。必取積陰之冰，所以道達其氣，使不爲災。沍，户故反。其出之也，朝之祿位，賓食、喪祭，於是乎用之。言不獨共公。疏曰：「此謂公家用之也。朝廷之臣，食祿在位，大夫以上皆當賜之冰也。其公家有賓客、享食，公家有喪有祭，於是乎用之，言其不獨共公身所用也。周禮凌人云：『春始治鑑。凡內外饔之膳羞鑑焉，凡酒漿之酒醴亦如之。祭祀共冰鑑，賓客共冰，大喪共夷槃冰。』是公家所用冰也。」其藏之也，黑牡、秬黍以享司寒，牡，茂后反。秬音巨。黑牡，黑牲也。秬，黑黍也。司寒，玄冥北方之神，故物皆用黑。有事於冰，故祭其神。疏曰：「此祭玄冥之神，非大神，且非正祭，計應不用大牲。杜言『黑牡，黑牲』，當是黑牡羊也。『秬，黑黍』，釋草文也。啓冰唯獻羔祭韭，藏冰則祭用牲、黍者，啓唯告而已，藏則設享祭之禮。祭禮大而告禮小故也。月令於冬云『其神玄冥』，故知司寒是玄冥也。」其出之也，桃弧、棘矢以除其災。桃弓、棘箭，所以禳除凶邪，將御至尊故。疏曰：「說文云：『弧，木弓也。』謂空用木，無骨飾也。服虔云：『桃，所以逃凶也。棘矢者，棘赤有箴，取其名也。』蓋出冰之時，置此弓矢於凌室之戶，所以禳除凶邪。將御至尊，故慎其事，爲此禮也。」其出入也時。食肉之祿，冰皆與焉。與音預。食肉之祿，謂在朝廷治其職事就官食者。大夫命婦，喪浴用冰。命婦，大夫妻。祭寒而藏之，享司寒。獻羔而啓之，謂二月春分，獻羔祭韭，始開冰室。韭音久。公始用之。公先用，優尊。火出而畢賦。火星昏見東方。謂三月、四月中。疏曰：「周禮云『夏頒冰』，謂正歲之夏，即四月是也。故杜兼言四月。」自命夫、命婦至於老疾，無不受冰。老，致仕在家者。其藏之也周，其用之也徧。則冬無愆陽，愆，過也。謂冬溫。夏無伏陰，伏陰，謂夏寒。春無淒風，淒，寒也。秋無苦雨。霖雨，爲人所患苦。雷出不震，疏曰：「雷出不震，言有雷而不爲霹靂也。下云『雷不發而震』，言無雷而有霹靂也。」無菑霜雹，癘疾不降，菑音災。癘音利。疏曰：「霜雹即是菑，言無此菑害之霜雹也。寒暑失時，則民多癘疾，天氣爲之，故云『降』也。」民不夭札。札，側八反。短折爲夭，夭死爲札。今藏川池之冰棄而不用，風不越而殺，雷不發而震。疏曰：「風不以理舒散而暴疾害物，雷不徐緩動發而震擊爲害。」雹之爲菑，誰能禦之？七月之卒章，藏冰之道也。」七月，詩豳風。卒章曰：「二之日，鑿冰沖沖」，謂十二月鑿而取之；「三之日，納于凌陰」，凌陰，冰室也；「四之日其蚤，獻羔祭韭」，謂二月春分，蚤開冰室，以薦宗廟。

秦德公時，初作伏祠。立秋之後，以金代火。金畏於火〔一〕，故遇庚日必伏。庚，金也。周時無伏，至此乃方有之。磔狗邑四門，以御蠱災。

按：秦伏祠磔狗之禮，非古也。以古有祀寒暑之禮，姑附於此。

宋孝武帝大明六年，立凌室藏冰。有司奏：「季冬之月，冰壯之時，凌室長率山虞及輿隸，取冰於深山窮谷固陰沍寒之地，以納於凌陰。務令周密，無泄其氣。先以黑牡、秬黍祭司寒於凌室之北。仲春之月，春分之日，以黑羔、秬黍祭司寒。啓冰室，先薦寢廟。夏祀用鑒盛冰，室一鑒，以禦温氣、蠅蚋。御殿及太官膳羞，並以鑒供冰。自春分至立秋，不限稱數，以周喪事。繕制夷槃，隨冰供給。凌室在樂遊苑内，置長一人、吏一人〔二〕、保舉吏二人。」

隋以季冬藏冰，仲春開冰。並用黑牡、秬黍，於冰室祭司寒神。開冰，加以桃弧、棘矢〔三〕。

唐制：先立春三日，用黑牡、秬黍祭司寒之神於冰室。祭訖，鑿冰萬段，方三尺、厚尺五寸而藏之。仲春開冰，祭如藏禮，加以桃弧、棘矢，設於冰室户内之右，禮畢遂留之。

唐開元禮

孟冬祭司寒儀納冰、開冰附。

前三日，諸祭官散齋二日於家正寢，致齋一日於祭所。右校掃除祭所，衛尉陳設如常。祭日，未明十刻〔四〕，太官丞具特牲之饌。未明一刻，郊社丞入布神座於廟北，南向，設神位於座首。又帥其屬設酒罇於座東南，設洗於酒罇東南，俱北向。罍水在洗東，篚在洗西，南肆，篚實以巾爵。執罇、罍、篚者各位於罇、罍、篚之後。上林令設桃弧、棘矢於冰室户內之右。祭訖，遂留之。奉禮設上林令位於神座東南，執事者陪其後，俱重行，西向北上。質明，上林令以下各服其服。郊社丞、良醖之屬入實罇、罍，太官丞、監實籩、豆、簠、簋。贊引引上林令，又贊引引執事者俱就門外位，立定。太祝與執罇、罍、篚、羃者先入，立於神座前，北向，俱再拜訖，各就位。贊引引上林令，又贊引引執事者俱入就位，立定，贊「拜」，上林令以下皆再拜。太官丞出詣饌所，贊引進上林令左，白：「有司謹具，請行事。」退復位。太官丞引饌入，太祝迎於座首，設於神座前訖，太官丞以下還罇所。贊引引上林令盥手、洗爵，詣酒罇所。執罇者舉羃，上林令酌酒。贊引引上林令進神座前，北向跪，奠爵，俛伏，興，少退，北向立。太祝持版進於神座之右，東向跪，讀祝文曰：「維某年歲次月朔日，開元神武皇帝謹遣某官姓名，敢昭告於玄冥之神：順兹時令，增冰堅厚，式遵常典，將納凌陰。謹以玄牡、秬黍、嘉薦、清酌，明祀於神。尚享！」訖，興。上林令再拜，太祝進跪奠版於神座，俛伏，興，還罇所。太祝以爵酌福酒進上林令之右，西向立。上林令再拜，受爵，跪，祭酒，遂飲卒爵。太祝進受爵，還罇所。上林令俛伏，興，再拜。贊引引還本位。太祝進，跪，徹豆，俛伏，興，還罇所。太祝與執罇、罍、篚者俱復位，立定。贊引贊「拜」，上林令以下皆再拜。贊引進上林令之左，白：「禮畢。」贊引引上林令以下出。其祝版焚於齋所。

周顯德元年，詔築壇北郊，以孟冬祭司寒。其藏冰、開冰之祭俟冰室成即行之。

宋太祖皇帝建隆二年，始置藏冰署，修其祭。常以四月命官率太祝，以黑牡祭於玄冥神，用幣。乃開冰以薦太廟。

太宗淳化三年，祕書監李至言：「周制，以仲春天子獻羔開冰，先薦寢廟。詳其開冰之祭，當在春分，乃有司之失。」上覽奏，即命正其禮。其後又以孟冬祀司寒，羊一、豕一，不行飲福。

天聖令：「春分開冰，季冬藏冰，皆祭。」

神宗元豐中，詳定郊廟奉祀禮文所言：「熙寧祀儀，孟冬選吉日祭司寒。國朝祀令，春分日開冰、季冬月藏冰，祭司寒於北郊。按春秋左傳曰：『古者，日在北陸而藏冰，西陸朝覿而出之。其藏之也，黑牡、秬黍以享司寒；其出之也，桃弧、棘矢以除其災。』古享司寒，唯以藏冰、啓冰之日。孟冬非有事於冰，則不應祭享。其祀儀孟冬選吉日祭司寒，宜從寢罷。惟季冬藏冰，則享司寒於冰井務，牲用黑牡羊、穀用秬黍；仲春開冰，則但用羔而已。月令：『天子獻羔開冰。』孔穎達曰：『啓冰惟獻羔。』唐郊祀録：『仲春開冰，祭司寒於冰室，以桃弧、棘矢設於神座。』夫桃弧、棘矢以禳除凶邪，非禮神之物，當置於凌室之户。其啓冰獻羔，當依孔穎達之説。」從之。

徽宗大觀四年，議禮局言：「左氏傳春秋，以少皞有四叔，其一爲玄冥。杜預以玄冥爲水官，故歷代祀之爲司寒。則玄冥非天神矣。本朝儀注，其祭司寒，禮畢燔燎。是以祀天神之禮而享人鬼也。請罷燔燎而埋祝幣。」從之。

六宗四方

按：舜典言「類于上帝」之下繼以「禋于六宗」。曲禮言「天子祭天地」之下繼以「祭四方」。然則古帝王祭六宗、四方之禮，亞於天地，蓋非小祀也。但經傳俱不明言其神之名目，而先儒訓釋互有異同。如六宗則或以爲天神，或以爲地祇，或以爲祖宗；四方則或以爲五官，或以爲四望，或以爲蜡之百物。而歷代之舉此二祀者，各主一說。今除五帝、日月、星辰、水旱、寒暑、山川、八蜡等項各自該載入本門外，專立「六宗四方」一門，以考歷代所以舉二祀之說。而先儒訓釋之同異、考訂之去取，併詳著焉。

虞舜禋於六宗。精氣以享謂之禋。宗，尊也。所尊祭者，其祀有六，謂四時也、寒暑也、日也、月也、星也、水旱也。

祭法：埋少牢于泰昭，祭時也；相近于坎壇，祭寒暑也；王宮，祭日也；夜明，祭月也；幽禜，祭星；雩禜，祭水旱也。昭，明也，亦謂壇也。時，四時也，亦謂陰陽之神也。埋之者，陰陽出入於地中也。凡此已下，皆祭用少牢。「相近」當爲「禳祈」。禳，猶却也；祈，猶求也。寒暑不時，則或禳之、或祈之。寒於坎，暑於壇。王宮，日壇；夜明，月壇；幽禜，星壇；雩禜，水旱壇也。疏曰：「按周禮大宗伯備列諸祀，而不見祭四時、寒暑、水旱者，宗伯所謂，依周禮常祀，歲時常祭。此經所載，謂四時乖序、寒暑僭逆、水旱失時，須有祈禱之理，非關正禮之事，故不列於宗伯也。是以康成之意，謂此諸神爲祈禱之禮。故康成六宗之義，不以此神尊之，明非常禮也。祭時者，謂春、夏、秋、冬四時之氣不和，爲人害，故祭此氣之神也。祭寒暑者，或寒暑太甚，祭以禳之；或寒暑頓無，祭以祈之。祭水旱者，水甚祭水、旱甚祭旱，謂祭此水旱之神。若王肅及先儒之意，以此爲六宗，歲之常禮，宗伯不見，文不具也。非鄭義，今不取云。『凡此以下，皆祭用少牢』者，以埋少牢之文在諸祭之首，故知以下皆祭用少牢。」

楊氏曰：「愚按：孔注『禋於六宗』，取祭法：四時、寒暑、日、月、星、水旱爲六宗。王肅之説亦同。朱子書説非苟從者，亦取祭法六者爲宗，必有深意。但鄭玄注祭法，改『相近』爲『禳祈』，又以六者皆爲祈禱之祭。夫舜類于上帝，禋于六宗，望於山川，徧于群神，乃是攝位告祭之禮，安得有禳祈之禮哉？故書疏云：『鄭以彼皆爲祈禱之祭，則不可用鄭玄注以解此傳也。』周官大宗伯『以實柴祀日月、星辰；以槱燎祀司中、司命、風師、雨師』，鄭君以爲六宗。按異義：今歐陽、夏侯説六宗者，上不及天，下不及地，旁不及四方。居中央，恍惚無有，神助陰陽變化，有益於人。故郊祭之。古尚書説：六宗，天地神之尊者，謂天宗三、地宗三。天宗，日、月、星辰；地宗，岱山、河、海。日、月屬陰陽宗，北辰爲星宗，岱爲山宗，河爲水宗，海爲澤宗。祀天則天文從祀，祀地則地理從祀。謹按：夏侯、歐陽説云，宗實一而有六，名實不相應。春秋『魯郊猶三望』，言郊天，日、月、星、河、海、山，凡六宗。魯下天子，不祭日、月、星，但祭其分野星、國中山、川，故言『三望』。六宗與古尚書説同。玄之聞也〔五〕，書曰：『肆類于上帝，禋于六宗，望于山川，徧于群神。』此四物之類也。禋也、望也、徧也，所祭之神各異。六宗言禋，山川言望，則六宗無山川，明矣。周禮大宗伯：『以禋祀祀昊天上帝，以實柴祀日、月、星辰，以槱燎祀司中、司命、風師、雨師。』凡此所祭，皆天神也。禮記郊特牲曰：『郊之祭也，迎長日之至也，大報天而主日也。兆於南郊，就陽位也。掃地而祭，於其質也。』祭義曰：『郊之祭也，大報天而主日，配以月。』則郊祭并祭日、月可知。其餘星也、辰也、司中、司命、風師、雨師，此之謂六宗，亦自明矣。禮論：王莽時，劉歆、孔昭以爲易震、巽等六子之卦爲六宗。漢武即位，依虞書『禋于六宗』，禮用大社。至魏明帝時，詔令王肅議六宗。取家語宰我問六宗，孔子曰：『所宗者六，埋少牢於泰昭，祭時相近，於坎壇祭寒暑，王宮祭日，夜明祭月，幽禜祭星，雩禜祭水旱。』孔安國注尚書與此同。張融許從鄭君，於義爲允。按月令孟冬云：『祈來年于天宗』。鄭云：『天宗，日、月、星辰。』若然，星辰入天宗，又入六宗。其日、月入天宗，即不入六宗之數也。以其祭天主日，配以月。日月既尊如是，故不得入宗也。」

舜典「禋于六宗」，疏曰：「漢世以來，説六宗者多矣。歐陽及大、小夏侯説尚書，皆云所祭者六。上不謂天，下不謂地，旁不謂四方。在六者之間，助陰陽變化，實一而名六宗矣。孔光、劉歆以六宗謂乾、坤六子，水、火、雷、風、山、澤也。賈逵以爲：六宗者，天宗三，日、月、星也；地宗三，河、海、岱也。馬融云：『萬物非天不覆，非地不載，非春不生，非夏不長，非秋不收，非冬不藏，此其謂六也。』鄭玄以六宗言禋與祭天同名，則六者皆是天之神祇，謂星、辰、司中、司命、風師、雨師。星，謂五緯也；辰，謂日月所會十二次也；司中、司命，文昌第五、第四星也；風師，箕也；雨師，畢也。晉初，幽州秀才張髦上表云：『臣謂：禋于六宗，祀祖考所尊者六，三昭、三穆是也。』司馬彪又上表云歷難諸家及自言己意〔六〕：天宗者，日、月、星、辰、寒、暑之屬也；地宗，社稷、五祀之屬也；四方之宗，四時、五帝之屬。惟王肅據家語，六宗與孔同。各言其志，未知孰是。司馬彪續漢書云：『安帝元初六年，立六宗祠於洛陽城西北亥地。祀比大社。』魏亦因之。晉初，荀顗定新祀，以六宗之神諸說不同，廢之。摯虞駁之，謂宜依舊。近代以來，皆不立六宗之祠也。」楊氏曰：「諸儒說六宗異同如此。愚按舜典『類于上帝，禋于六宗，望于山川』，六宗在上帝之後、山川之前。其禮甚重。因諸家之說不同而遂廢，惜哉！」

天子祭四方，歲徧；諸侯方祀，歲徧。祭四方，謂祭五官之神於四郊也。勾芒在東，后土、祝融在南，蓐收在西，玄冥在北。詩云：「來方禋祀。」方祀者，各祭其方之官而已。疏曰：「諸侯方祀者，諸侯不得總祭四方之神。唯祀當方，故曰方祀。」曲禮下。

舞師教羽舞，帥而舞四方之祭祀。羽，析白羽爲之，形如帗。四方之祭祀，謂四望也。帗，音拂，一音弗。疏曰：「教，謂教野人使知之。羽舞用白羽，帗舞用五色繒。用物雖異，皆有柄，其制相類，故云『形如帗』也。五嶽、四瀆亦布在四方，故知四方即四望也。」地官。

大司馬中秋教治兵，疏曰：「言『教治兵』者，凡兵出曰治兵，入曰振旅。春以入兵爲名，尚農事；秋以出兵爲名，秋嚴尚威故也。」遂以獮田，羅弊致禽以祀祊。獮，息淺反。祊音方。弊，婢世反；劉薄許反。秋田爲獮。獮，殺也。羅弊，罔止也。秋田主用罔，中殺者多也。皆殺而罔止。「祊」當爲「方」，聲之誤也。秋田主祭四方，報成萬物。詩曰：「以社以方。」疏曰：「祊乃是廟門之外內，惟因祭宗廟及明日繹祭，乃爲祊祭。今既因秋田而祭，當是祭四方之神，故云誤也。」夏官。

月令：季秋，天子乃厲飾，執弓、挾矢以獵，命主祠祭禽於四方〔七〕。注曰：「厲飾，謂戎服，尚威武也。以所獲禽祀四方之神。司馬職曰：『羅弊致禽以祀祊。』」疏曰：「厲飾，謂嚴厲武猛容飾。熊氏云：謂『戎服』者，韋弁服也。以秋冬之田，故韋弁服，若春夏則冠弁服。故司服云『凡甸，冠弁服』，義或然也。主祠，謂典祭祀者也。禽者，獸之通名也。四方，四方有功於方之神也。其祭四方，但用此禽。又用別牲，故甫田云『與我犧羊，以社以方』是也。此祀四方者，謂四方五行之神也。」

大宗伯以疈辜祭四方百物。疈，孚逼反。鄭司農云：「罷辜，披磔牲以祭，若今時磔狗祭以止風。」玄謂：疈，疈牲胸也。疈而磔之，謂磔禳及蜡祭。疏曰：「云『若今時磔狗祭以止風』者，此舉漢法以況疈辜爲磔之義。必磔狗止風者，狗屬西方金，金制東方木之風，故用狗止風也。云『疈，疈牲胸也』者，無正文，蓋據當時疈磔牲體者皆從胸臆解析之，故以胸言之。云『謂磔禳及蜡祭』者，按禮記月令云，九門磔禳；又十二月大儺時，亦磔禳，是磔牲禳去惡氣之禮也。」春官。

鬯人掌共秬鬯而飾之。注、疏見社稷禮。　凡四方用蜃。注、疏見四望禮。

王祭群小祀則玄冕。林澤、墳衍、四方百物之屬。詳見群小祀條。

四坎、壇，祭四方也。四方，即謂山林、川谷、丘陵之神也。祭山林、丘陵於壇，川谷於坎，祭用少牢。　疏曰：「『四坎、壇，祭四方也』者，謂山林、川谷、丘陵之神，有益於人民者也。四方各爲一坎、一壇。壇以祭山林、丘陵，坎以祭川谷、泉澤。故言坎、壇祭四方。」

陳氏禮書曰：「周禮大司馬：春祭社，秋祭祊。舞師：『教帗舞，帥而舞社稷之祭祀；教羽舞，帥而舞四方之祭祀。』詩曰：『以我犧羊，以社以方。』又曰：『方社不莫。』古者，言社必及方。則社爲民祈，方爲民報。祈在春，報在秋。詩言：『來方禋祀。』明堂位言：『春社秋省。』則秋省斂而因祀焉，此所謂『來方禋祀』也。鄭康成釋曲禮，謂四方五官之神，東勾芒、南祝融與犂、西蓐收、北玄冥；釋舞師，謂四方，四望也。康成從先鄭之說，釋大宗伯，謂四方，百物八蜡也。然鬯人四方在山川之下；大司樂四望在山川之上。則四方非四望也。舞師『教羽舞，帥而舞四方之祭祀』；鼓人『凡祭祀百物之神，鼓兵舞帗舞者』，則四方非百物也。五官之說，亦不可考。大司馬於社言祭，則地祇也；於礿烝言享，則人鬼也；於方言祀，蓋兼上下之神也。祀之之禮，其位四郊，其鬯蜃罇，鬯人，凡山川四方用蜃。其舞羽舞，舞師，教羽舞，帥而舞四方之祭祀。其牲體則疈之，其牲色則各以其方之色而已。詩曰：『以我犧羊，以社以方。』周禮小司徒，小祭祀共牛牲。則四方之祭，不特用羊而已。詩言『犧羊』者，孔穎達言犧以見純，明非特羊也。穎達之言，則是謂犧爲純，誤矣。」

楊氏曰：「愚按四方篇注疏，曲禮一條，謂五官之神；祭法一條，謂山林、川谷、丘陵之神；舞師一條，謂四望之神；大宗伯一條，謂蜡祭四方百物之神；月令一條，謂四方五行之神；大司馬一條，謂祭四方之神。詳考諸説，惟舞師『帥而舞四方之祭祀』，謂四望也，其説爲近。蓋四方即四望，而又有不同。四望者，郊祀之後，合四方名山、大川之神而望祭之，如左氏曰『望郊之屬』是也。四方者，四時各望祭於其方，如『天子祭四方，歲徧』是也。通而言之，則同時合祭四方謂之望。四時各祭於其方，亦謂之望。如舜即位，同時告祭，曰：『望于山川』；歲二月東巡狩，亦曰『望秩于山川』是也。諸侯方祀，亦云歲徧，何也？諸侯之國，雖居一方，然國内又各有東西南北，亦隨四時而望祭於其方也。望祭四方，則五官之神、五行之神及山林、川澤之神皆在其中矣。固不可又分而爲四也。大宗伯『以疈辜祭四方百物』亦謂之四方，何邪？

按：以血祭祭五岳，以疈辜祭四方百物，禮固不同。所謂祭四方百物，言祭四方之内百物之神耳。鼓人『鼓兵舞帗舞』，疏云『百物之小神』是也，非祭四方也。」

漢興，於甘泉、汾陰立壇禋六宗。

平帝時，王莽奏：「祀典，功施於民則祀之。天文日、月、星辰，所昭仰也；地理山川、海澤，所生殖也。易有八卦，乾、坤六子，水火不相逮〔八〕，雷風不相悖，山澤通氣，然後能變化，既成萬物也。日、月、雷、風、山、澤，易卦六子之尊氣，所謂六宗也。星、辰、水、火、嶽、瀆〔九〕，皆六宗之屬也。今或未特祀，或無兆居〔一〇〕。謹與太師光等議，易曰：『方以類聚，物以群分。』群神以類相從爲五部兆〔一一〕。

天墜之別神：中央帝黃靈后土畤及日廟、北辰、北斗、鎮星、中宿中宮，於長安城之未墜兆；東方帝太皞青靈勾芒畤及雷公、風伯廟、歲星、東宿東宮，於東郊兆；南方炎帝赤靈祝融畤及熒惑星、南宿南宮，於南郊兆；西方帝少皞白靈蓐收畤及太白星、西宿西宮，於西郊兆；北方帝顓頊黑靈玄冥畤及月廟、雨師廟、辰星、北宿北宮，於北郊兆。」奏可。於是長安旁諸廟兆畤甚盛矣〔二〕。

按：王莽既以六子爲六宗矣，然所謂「群神以類相從爲五部兆」，則日、月、雷、風皆祠之，而不及山、澤。何也？

後漢安帝元初六年三月，初立六宗，祀於洛陽城西戌亥之地，禮比大社。時司空李郃奏：「尚書『禋于六宗』，漢興亦不廢。今宜復舊制。以尚書歐陽家說，謂六宗者，在天地四方之中〔三〕，爲上下四方之宗；以元始中故事，謂六宗，易六子之氣，日、月、雷公、風伯、山、澤者爲非是。」從之。

魏明帝立六宗，祀六子之卦。帝疑其事，以問王肅。肅以爲六子之卦，故不廢。

景初二年，改祀太極中和之氣。時散騎常侍劉劭言：「萬物負陰而抱陽，冲氣以爲和。六宗者，太極冲和之氣，爲六氣之宗也。」時從其議。

晉初，罷其祀。後復立六宗，因魏舊事。

摯虞奏：「舜受命，禋于六宗。漢魏相承，著爲貴祀。凡崇禮百神，有其舉之，莫敢廢也。宜定新禮，祀六宗如舊。」從之。

後魏明元帝泰常三年〔四〕，立六宗祀，皆有別兆，祭有常日，牲用少牢。

孝文太和十三年，詔祀天皇大帝及五帝之神於郊天壇。

時大議禋祀之禮。高閭曰：「六宗之祀，議者不同。凡十一家，莫能詳究。遂相因承，別立六宗之兆，總爲一位而祭之。」帝曰：「尚書稱：『肆類上帝，禋于六宗。』文相接屬，理似一事。上帝稱肆而無禋，六宗言禋而不別其名。以此推之，上帝、六宗當是一時之祀，非別祭之名。肆類非獨祭之目，禋非他祀之用〔一五〕。六宗者，必是天皇大帝及五帝之神。是祭帝之事，故稱禋；以關其他〔一六〕，故稱六宗。一祭也，互舉以成之。今祭圜丘，五帝在焉，其牲、幣一也〔一七〕，故稱『肆類上帝，禋于六宗』，一祭而六祀備焉〔一八〕。六祭俱備，無煩別立。」

通典評曰：「虞書：『肆類于上帝，禋于六宗，望于山川，徧于群神。』漢以王莽等奏，日、月、星、辰、山川、海澤六子之卦爲六宗者，按周禮以實柴祀日、月、星、辰，則星、辰非六宗矣。卦是物象，不應祭之。後漢馬融以天地四時爲六宗者，禮無禋地與四時之義。孔安國言寒、暑、日、月、水、旱爲六宗者，於理又乖。鄭玄以星、辰、司中、司命、風師、雨師爲六宗者，並是星質，不應更立風師、雨師之位。魏劉劭以冲和之氣六氣宗之者，氣先於天，不合禋天之下。氣從天有，則屬陰陽。若無所受，何所宗之？其間有張迪以六代帝王，張髦以宗廟三昭、三穆等，並不堪録。後魏孝文帝以天皇大帝、五帝爲六宗，於義爲當。何者？按周禮：『以禋祀昊天上帝。』則禋祀在祀天，不屬別神。又司服云：『祀昊天上帝，大裘而冕。祀五帝亦如之。』昊天、五帝乃百神之尊，宗之義也。或難曰：書既云『類上帝』，何更言禋者？此叙巡狩祀禮之次矣。將出征，肆類也；禋宗，徧祀六天也，何以肆類之文而迷都祀之禮乎?」

儀禮祀方明儀

諸侯覲於天子，爲宮方三百步，四門，壇十有二尋，深四尺，加方明於其上。四時朝覲，受之於廟。此謂時會殷同也。宮謂壝土爲埒，以象墻壁也。爲宮者，於國外。春會同則於東方，夏南，秋西，冬北。八尺曰尋。十有二尋則方九十六尺也。深謂高也，從上曰深。司儀職曰：「爲壇三成。」成，猶重也。三重者，自下差之爲三等〔一九〕，而上有堂焉。堂上方二丈四尺，上等、中等、下等，每面十二尺。方明者，上下四方神明之象也。會同而盟，明神鑒之，則謂之天之司盟。有象者，猶宗廟之有主乎？王巡狩至於方嶽之下，諸侯會之，亦爲此宮以見之。司儀職曰「將會諸侯，則命爲壇三成。宮旁一門，詔王儀」，南鄉見諸侯也。方明者，木也，方四尺。設六色：東方青，南方赤，西方白，北方黑，上玄下黃；設六玉：上圭下璧，南方璋，西方琥，北方璜，東方圭。六色象其神，六玉以禮之。上宜以蒼璧，下宜以黃琮。而不以者，上下之神非天地之至貴者也。設玉者，刻其木而著之。上介皆奉其君之旂，置於宮，尚左。公、侯、伯、子、男，皆就其旂而立。置於宮者，建之，豫爲其君見王之位也。諸公，中階之前，北面東上；諸侯，東階之東，西面北上；諸伯，西階之西，東面北上；諸子，門東，北面東上；諸男，門西，北面東上。尚左者，建旂，公東上，侯先伯，伯先子，子先男，而位皆上東方也。諸侯入壝門，或左或右，各就其旂而立。王降階，南向見之，三揖。土揖庶姓〔二〇〕，時揖異姓，天揖同姓。見揖，位乃定。四傳擯。王既揖五者，升壇設擯，升諸侯以會同之禮。其奠瑞玉及享幣，公拜於上等，侯、伯於中等，子、男於下等。擯者每延之升堂致命，王受玉，撫玉，降拜於下等。及請事勞，皆如覲禮。是以記之覲云。「四傳擯」者，每一位畢，擯者以告，乃更陳列而升其次。公也、侯也、伯也，各一位，子、男俠門而俱東上〔二一〕，亦一位也。至庭乃設擯，則諸侯初入門，王官之伯帥之。天子乘龍，載大旂，象日月、升龍、降龍，出拜日於東門之外，反，祀方明。此謂會同以春者也。馬八尺以上爲龍。

大旂，太常也。王建太常，縿首，畫日月，其下及旂，交畫升龍、降龍。朝事儀曰：「天子冕而執鎮圭，尺有二寸，繅藉尺有二寸。搢大圭，乘大路，建太常十有二旒，樊纓十有二就；貳車十有二乘。帥諸侯而朝日於東郊，所以教尊尊也。退而朝諸侯。」由此二者言之，已祀方明，乃以會同之禮見諸侯也。凡會同者，不協而盟。司盟職曰：「凡邦國有疑會同，則掌其盟約之載書及其禮儀，北面詔明神，既盟則藏之〔二二〕。」言北面詔明神，則明神有象也。象者，其方明乎？及盟時，又加於壇上，乃以載辭告焉。詛祝掌其祝號。

禮日於南門外，禮月與四瀆於北門外，禮山川、丘陵於西門外。此謂會同以夏、冬、秋也。變「拜」言「禮」者，容祀也〔二三〕。禮月於北郊者，月，太陰之精，以爲地神也〔二四〕。盟神必云日月山川者，尚著明也。詩曰：「謂予不信，有如皦日。」春秋傳曰：「縱子忘之，山川神祇其忘諸乎？」皆以神爲信也。

祭天燔柴，祭山丘陵升，祭川沈，祭地瘞。升、沈必就祭者也。就祭，則是謂王巡狩及諸侯之盟祭也。其盟，揭其著明者也。燔柴、升、沈、瘞，祭禮終矣，備矣。郊特牲曰：「郊之祭也，迎長日之至也，大報天而主日也。」宗伯職曰：「以實柴祀日月星辰。」則燔柴祭天，謂祭日也。柴爲祭日，則祭地瘞者，祭月也。日月而云天地，靈之也。王制曰：「王巡狩至于岱宗，柴。」是王巡狩之盟，其神主日也。春秋傳曰：「晉文公爲踐土之盟。」而傳云「山川之神」，是諸侯之盟，其神主山川也。月者，太陰之精。上爲天使，臣道莫貴焉。是王官之伯會諸侯而盟，其神主月與？揭，苦蓋反。儀禮。

朱子曰：「愚按：覲禮特言拜日，禮日，禮月，禮山川、丘陵，而無禮天、禮地之文。下文乃曰『祭天燔柴，祭山丘陵升，祭川沈，祭地瘞』。何也？鄭注曰：『升、沈必就祭者也。就祭，謂王巡狩及諸侯盟祭也。』此蓋博記祭天地、日月、山川、丘陵之禮，有燔柴、升、沈、瘞之別，非專言覲禮也。注又傅會上文爲之說，曰：『燔柴祭天者，祭日也；祭地瘞者，祭月也。王巡狩之盟，其神主日；諸侯之盟，神主山川；王官之伯會盟，其神主月。』一說之外，又生一說，穿鑿支離甚矣！」

王制：歲二月，東巡狩至于岱宗，柴而望祀山川，覲諸侯。疏曰：「柴祭天告至，謂燔柴以祭上天而告至。其祭天之後，乃望祀山川，覲見東方諸侯。告至之後，爲宮，加方明於壇，天子出宮東門外拜日，反祀方明，祀後乃徹去方明。故鄭云：『由此二者言之，已祀方明，乃以會同之禮見諸侯。』云『二者』，謂覲禮經文，朝日東門，反祀方明；朝事儀云：朝日東郊，退而朝諸侯。故云『由此二者言之，已祀方明，乃以會同禮見諸侯』也。今於覲禮，未祀方明之先，未有見諸侯之事。若有不協，更加方明於壇上，諸侯等俱北面。戎右傳敦血以授歃者，司盟主其職。故司盟云：『掌其盟約之載及其禮儀，北面詔明神』。於時王立無文，不可與諸侯同北面，當於阼階上西面。又以柴爲盟之所用不同者，告至與盟必非一事。鄭意證巡狩盟時有柴，故引岱宗以明之。」秋官司儀：將合諸侯，則令爲壇三成，宮旁一門。合諸侯，謂有事而會也。爲壇於國外，以命事。宮，謂壝土以爲墻處，所謂爲壇壝宮也。天子春帥諸侯拜日於東郊，則爲壇於國東；夏禮日於南郊，則爲壇於國南；秋禮山川、丘陵於西郊，則爲壇於國西；冬禮月、四瀆於北郊，則爲壇於國北。既拜禮而還，加方明於壇上而祀焉。覲禮曰：「諸侯覲於天子，爲宮方三百步，四門，壇十有二尋，深四尺」是也。王巡狩殷國而同，則其爲宮亦如此與？疏曰：「云『有事而會也』者，春秋左氏傳文。但春秋時，有事而會，不協而盟。是霸者法，引之者時雖不同，爲有事而行會禮則同〔二五〕。故引以爲證。云『爲壇於國外以命事』者，宮方三百步，明在國外也。言『命事』，則大行人云『時會以發四方之禁，禁即九伐』，是其事也。云『既拜禮而還，加方明於壇上而祀焉，所以教尊尊也』者，言『教尊尊』者，天子親自拜日，禮月之等，是尊尊之法，教諸侯已下尊敬在上者也。」秋官司盟：凡邦國有疑會同，則掌其盟約之載及其禮儀，北面詔明神，既明，則貳之。有疑，不協也。明神，神之明察者。覲禮：「加方明於壇上，所以依之也。」詔之者，讀其載書以告之也。「貳之」者，寫副，當以授六官。疏曰：「時見曰會，殷見曰同，若有疑則盟之。」

校勘記

〔一〕金畏於火　「火」原作「人」，據元本、慎本、馮本及史記卷二八封禪書索隱改。

〔二〕吏一人　宋書卷一五禮志二無此三字。
〔三〕加以桃弧棘矢　「加」原作「依」，據隋書卷七禮儀志二改。下同。
〔四〕未明十刻　「十」原作「二」，據開元禮卷五一、通典卷一一六禮典七六改。
〔五〕玄之聞也　「聞」原作「文」，據駁五經異義六宗條、周禮大宗伯疏改。
〔六〕司馬彪又上表云歷難諸家及自言己意　按尚書舜典阮元校勘記：「盧文弨云『云』字疑衍。」
〔七〕命主祠祭禽於四方　「祠」原作「祀」，據禮記月令改。
〔八〕水火不相逮　「不」字原脱，據漢書卷二五下郊祀志下補。
〔九〕星辰水火嶽瀆　「嶽」，元本、慎本、馮本及漢書卷二五下郊祀志下皆作「溝」。
〔一〇〕或無兆居　「居」字原脱，據漢書卷二五下郊祀志下補。
〔一一〕群神以類相從爲五部兆　漢書卷二五下郊祀志下「群」上有「分」字。
〔一二〕於是長安旁諸廟兆畤甚盛矣　「兆」字原脱，據漢書卷二五下郊祀志下補。
〔一三〕在天地四方之中　「在」字原脱，據後漢書卷五安帝紀、同書祭祀志中補。
〔一四〕後魏明元帝泰常三年　「元」字原脱，「泰」原作「太」，據魏書卷一〇八之一禮志一補改。
〔一五〕禋非他祀之用　「他」原作「地」，據魏書卷一〇八之一禮志一改。
〔一六〕以關其他　「關」原作「闕」，「他」原作「地」，據魏書卷一〇八之一禮志一改。
〔一七〕其牲幣一也　「一也」，魏書卷一〇八之一禮志一作「俱禋」。
〔一八〕一祭而六祀備焉　「六」字原脱，據魏書卷一〇八之一禮志一補。

〔一九〕自下差之爲三等　「三」原作「二」，據儀禮覲禮注改。

〔二〇〕土揖庶姓　「土」，儀禮覲禮阮元校勘記謂毛本作「上」。

〔二一〕子男俠門而俱東上　「俱」原作「居」，據儀禮覲禮疏改。

〔二二〕既盟則藏之　「藏」，周禮司盟作「貳」，注：「貳之者，寫副，當以授六官。」

〔二三〕容祀也　「容」原作「客」，據元本、慎本、馮本及儀禮覲禮注改。

〔二四〕以爲地神也　「地」原作「北」，據儀禮覲禮注改。

〔二五〕爲有事而行會禮則同　「同」原作「曰」，據元本、慎本、馮本及周禮司儀疏改。

卷八十二　郊社考十五

社稷

王爲群姓立社曰太社，王自爲立社曰王社。諸侯爲百姓立社曰國社，諸侯自爲立社曰侯社。大夫以下成群立社曰置社。爲，于僞反。　群，衆也。大夫以下，謂下至庶人也。大夫不得特立社，與民族居，百家以上則共立一社，今時里社是也。郊特牲曰：「唯爲社事，單出里。」　疏曰：「『王爲群姓立社曰太社』者，群姓謂百官以下及兆民。言群姓者，包百姓也。太社在庫門内之右，故小宗伯云：『右社稷。』『王自爲立社曰王社』者，其王社所在，書傳無文。或曰與太社同處，王社在太社之西。崔氏云：『王社在籍田。王自所祭，以供粢盛。』今從其説。故詩頌云『春籍田而祈社稷』是也。其諸侯國社，亦在公宫之右。侯社在籍田。『大夫以下成群立社曰置社』者，『大夫以下』，謂包士庶成群聚而居，其群衆滿百家以上得立社，爲衆特置，故曰置社，大夫至庶人等共在一處也。大夫北面之臣，不得自專土地，故不得特立社。社以爲民，故與民居百家以上，則可以立社。知百家者，詩頌云：『百室盈止，殺時犉牡。』故曰百家。言『以上』，皆不限多少。」　祭法。　白虎通曰：「王者所以有社稷者，爲天下求福報功。人非土不立，非穀不食。土地廣博，不可徧敬也；五穀衆多，不可一一而祭也。故封土立社，示有土尊；稷，五穀之長，故封稷而祭之也。王者自親祭社稷何？社者，土地之神也。土生萬物，天下之所主也，尊重之，故自祭也。其壇大如何？春秋文義曰：『天子之社稷廣五丈，諸侯半之。』其色如何？春秋傳曰：『天子有太社焉。東方青色，南方赤色，西方白色，北方黑色，上冒以黄土。故將封東方諸侯，青土苴以白茅，謹敬潔清也。』」

諸侯祭社稷。王制、禮運。

小宗伯掌建國之神位，右社稷，左宗廟。庫門内、雉門外之左右。　疏曰：「言『右社稷，左宗廟』

者，按匠人亦云『左祖、右社』。彼掌其營作，此掌其成事位次耳。地道尊右，故社稷在右，是尚尊尊之義。此據外神在國中者，社稷爲尊，故鄭注郊特牲云：『國中神莫大於社。』祭義注『周尚左』者，據内神而言。若據衣服尊卑，先王衮冕、先公鷩冕，亦貴於社稷。故云『周尚左』。各有所對，故注不同也。」又曰：「鄭知庫門内、雉門外者，後鄭義以雉門爲中門，故知雉門外、庫門内之左右也。」春官。白虎通曰：「社稷在中門之外、外門之内何？尊而親之，與先祖同也。不置中門内何？敬之，示不褻瀆也。」匠人營國，左祖、右社。王宫所居也。祖，宗廟。疏曰：「左右前後者，據王宫所居處中而言之。」冬官。封人掌設王之社壝。壝，維癸反。壝謂壇及堳埒也。不言稷者，稷，社之細也。疏曰：「云『掌設王之社壝』者，謂王之三社、三稷之壇，及壇外四邊之壝，皆設置之。直言壝，不言壇，舉外以見内。内有壇可知也。」又曰：「『壝謂壇及堳埒也』者，堳埒即壝，經不言壇，故鄭兼見之也。按孝經緯：社是五土總神，稷是原隰之神。原隰則是五土之一耳，故云『稷，社之細』。舉社則稷從之矣，故言社不言稷也。云『社謂后土』者，舉配食者而言耳。」凡封國，設其社稷之壝。封國，建諸侯，立其國之封。疏云：「『設其社稷之壝』者，按禹貢『徐州貢五色土』，孔注云：『王者封五色土爲社，建諸侯則各割其方色土與之，使立社。燾以黄土，苴以白茅；茅取其潔，黄取王者覆四方。』是封諸侯立社稷之法也。」令社稷之職。將祭之時，令諸有職事於社稷者也。郊特牲曰：「唯爲社事，單出里；唯爲社田，國人畢作；唯爲社，丘乘共粢盛。所以報本反始也。」爲，于僞反。單音丹。乘，繩證反。共音恭。疏曰：「春秋祭社，皆有職事。令之者，使其各依職司而行，故須令之也。」地官。小司徒，凡建邦國，立其社稷。疏曰：「言『邦國』者，謂立畿外諸侯邦國。『立其社稷』者，諸侯亦有三社、三稷。謂『國社』、『侯社』、『勝國之社』，皆有稷配之。」同上。内宰，凡建國，佐后立市，祭之以陰禮。市朝者，君所以建國也。建國者，必面朝後市，王立朝而后立市，陰陽相成之義。鄭司農云：「『佐后立市』者，始立市，后立之也。『祭之以陰禮』者，市中之社，先后所立社也。『陰禮』，婦人之祭禮。」朝，直遥反。疏曰：「王者建國，非定一所，隨世而遷。謂若自契至湯八遷、太王遷岐、文王遷豐、武王遷鎬、成王營洛，皆是建國。故云『凡』以該之。云『建國者必面朝後市』，乃冬官匠人文。云『王立朝』者，即三朝皆王立之也。『而后立市』者，即此文是也。『祭之以陰禮』者，市乃先后所立，故以陰禮，爲市中之社〔五一〕，亦先后所立社也。」天官。

黄氏曰：「社祭土，稷祭穀，郊丘祭天地，天子之禮也。土、穀之祭，達乎上下，故方丘與社皆地祭也。而宗伯序祭，有社無示。舉社則其禮達乎上下，舉示則天子獨用之。鼓人職曰：『以靁鼓鼓神祀，以靈鼓鼓社祭。』不曰示祭，而曰社祭，亦見其禮之達乎上下也。大司樂：靁鼓靁鼗，以祀天神；靈鼓靈鼗，以祭地示。是則示祭、社祭，其用同矣。非天子不祭天，而天子與庶人皆得祭社，尊父親母之義也。」

陳氏禮書曰：「社所以祭五土之示，稷所以祭五穀之神。五穀之神而命之稷，以其首種先成而長百穀故也。稷非土無以生，土非稷無以見生生之效。故祭社必及稷，以其同功均利而養人故也。祭法：王社、侯社，無預農事，故不置稷；大社、國社，則農之祈報在焉，故皆有稷。先儒謂王社或建於大社之西，或建於籍田。然國語：王籍，則司空除壇，農正陳籍禮。而歷代所祭，先農而已，不聞祭社也。故詩曰『春籍田而祈社稷』，非謂社稷建於籍田也。其言王社建於大社之西，於國社、亡國社與天子同；其祭用少牢，與天子異。先儒謂天子社廣五丈，諸侯半之；天子社五色，冒以黄，而諸侯受土各以其方之色，亦冒以黄。其言雖不經見，然五土數，黄正色。則天子社廣五丈，冒以黄，信矣。諸侯之禮常半天子。天子六軍，諸侯三軍；天子六卿，諸侯三卿；天子六宫，諸侯三宫；天子辟雍，諸侯泮宫；天子之馬十二閑，諸侯之馬六閑。則社半五丈，信矣。禹貢：徐州貢土五色以爲社。則大社五色，諸侯受土各以其方之色，信矣。」又曰：「大夫以下，其社之大者，則二千五百家爲之，周禮所謂州社是也；其小則二十五家亦爲之，左傳所謂書社、千社是也。左傳昭二十五年：「齊侯致千社於魯〔二〕」；哀十五年：「齊人與衛地，自濟以西，禚、媚、杏以南，書社五百。」杜氏注：「二十五家爲一社。」鄭氏謂：「百家以上，共立一社，若今時里社。」此以漢制明古也。左傳有清丘之社，月令仲秋命民社。先儒以謂自秦以下，民始得立社。然禮言大夫以下，則民社不始於秦。」

州長，若以歲時祭祀州社，則屬其民而讀法。屬音燭。疏曰：「此云『歲時』，謂歲之二時，春、秋耳。春祭社以祈膏雨，望五穀豐熟；秋祭社者，以百穀豐稔，所以報功，故云『祭祀州社』也。凡讀法皆因節會以聚民。今既祭，因聚民而讀法。」凡州之大祭祀，涖其事。大祭祀，謂州社稷也。涖，臨也。疏曰：「言『大祭祀謂州社稷』者，以上文云『歲時祭祀州社』，此經又因言州之大祭祀，故知還是上文州社也。知有稷者，以其天子、諸侯三社皆稷對之，黨祭禜，族祭酺，故此特言州社也。」地官。閭胥，凡春秋之祭祀，既比則讀法。注曰：「祭祀謂州社。」詳見百神篇禜酺條。仲春擇元日，命民社。郊特牲疏曰：「社祭一歲有三：仲春命民社，一也；詩云『以社以方』，謂秋祭，二也；孟冬大割祠于公社〔三〕，三也。」

右天子諸侯大夫之制。州社民社附。

大司徒，設其社稷之壝而樹之，田主各以其野之所宜木，遂以名其社與其野。社稷、后土及田正之神壝壇與堳埒也。田主，田神；后土、田正之所依也，詩人謂之田祖。所宜木，謂若松、柏、栗也。若以松爲社者，則名松社之野，以別方面。疏曰：「謂於中門之外有邊設大社、大稷，王社、王稷；又於廟門之屏設勝國之社稷，其社稷外皆有壝埒於四面也。句龍生時，爲后土官，有功於土，死配社而食；棄爲堯時稷官，立稼穡之事，有功於民，死乃配稷而食，名爲田正也，故云『社稷、后土及田正之神』，雙言之耳。云『田主田神』，謂郊特牲云『先嗇』，與神農一也。以神農爲主祭，尊可以及卑，故使后土、田正二神憑依之，同壝共位耳。田正，則郊特牲所云『司嗇』，一也。又引『詩人謂之田祖』者，詩云『以御田祖』，毛云『田祖，先嗇』。籥章亦云『凡國祈年於田祖』，鄭云『田祖，始耕田者，謂神農也。』」地官。

哀公問社於宰我。宰我對曰：「夏后氏以松，殷人以柏，周人以栗。」朱子曰：「宰我，孔子弟子，名予。三代之社不同者，古者立社，各樹其土之所宜木以爲主也。」八佾。 問：「古者各樹其所宜木以爲社，不知以木造主，還便以樹爲主？」朱子曰：「看古人意思，只以樹爲社主，使神依焉，如今人説神樹之類。」白虎通曰：「社稷所以有樹何？尊而識之，使民人望見敬之，又所以表功也。」尚書無逸篇曰：「大社唯松，東社唯柏，南社唯梓，西社唯栗，北社唯槐。」陳氏曰：「後世，宋有櫟社，豐有枌榆社。先儒謂諸侯社皆立樹以爲主，以象其神，大夫以下但各以地之所宜木立之，於義或然。」

小宗伯立軍社。王出軍，必有事於社及遷廟，而以其主行。社主曰軍社，遷主曰祖。春秋傳曰：「軍行祓社釁鼓，祝奉以從。」書曰：「用命，賞于祖；不用命，戮于社。」社之主，蓋用石爲之。疏曰：「按許慎云：今山陽俗祠有石主。社既以土爲壇，石是土之類，故鄭云『社主蓋以石爲之』。無正文，故云『蓋』以疑之也。」

陳氏禮書曰：「鄭氏注：『社之主蓋用石爲之。』唐神龍中，議立社主。韋叔夏等引吕氏春秋及鄭玄義，以爲社主用石。又後魏太平中，大社石主遷於社宫。是社主用石矣。又檢舊社主長二尺五寸，方一尺七寸，在禮無文。按韓詩外傳云：天子大社方五丈，諸侯半之。蓋以五是土數，故壇方五丈。其社主長五尺，方二尺，剡其上以象物生，方其下以體地體，埋其半，以根在土中而本末均也。過尺二寸，其短以寸計之。唐之時，舊主二尺五寸，方一尺七寸，蓋有所傳然也。而議者謂宜長五尺，方二尺，埋其半於土中。此臆論也。古者，天子、諸侯有載社之禮。而陳侯嘗擁社以見鄭子展，襄二十五年左傳〔四〕。果埋其半，則不可迎而載；果石長五尺，方二尺，則不可取而擁。」

右社主、社木。

天子祭社稷皆太牢，諸侯祭社稷皆少牢。王制。 按書曰：「乃社于新邑，羊一、牛一、豕一。」是天子用太牢也。

郊特牲而社稷太牢。郊特牲。陰祀用黝牲，毛之。陰祀，祭地北郊及社稷也。黝讀爲幽，黑也。毛之，取純毛也。地官牧人。以血祭祭社稷。陰祀自血起，貴氣臭也。社稷，土穀之神，有德者配食焉。疏曰：「此地之次祀，先薦血以歆神。且社稷亦土神，故舉社以表地示。鼓人亦云『靈鼓鼓社祭』，亦舉社以表地，此其類也。云『陰祀自血起』者，對天爲陽祀，自烟起，貴氣臭同也。」春官大宗伯。次祀用牲幣。玄謂次祀又有社稷。春官肆師。鬯人掌共秬鬯而飾之。秬鬯，不和鬱者。飾之，謂設巾。疏曰：「云此直共秬黍之酒無鬱也。鄭知『飾之謂設巾』者，按冪人云：『以疏布巾冪八尊，畫布巾冪六彝。』明秬鬯之酒尊亦設巾可知。」冪人疏曰：「舉天地，則四望、山川、社稷、林澤皆用疏布。皆是尚質之義也。」凡祭祀，社壝用大罍。壝，唯癸反，欲鬼反。罍音雷。壝謂委土爲壇墠，所以祭也。大罍，瓦罍。墠音善。疏曰：「四邊委土爲壝，於中除地爲墠。墠內作壇，謂若三壇同墠之類也。此經云社壝，謂若封人及大司徒皆云社壝，皆直據外壝而言也。」春官。餘見祭器條。三獻文，謂祭社稷五祀，其神稍尊，比群小祀禮儀爲文飾也。疏曰：「希冕三章，祭社稷五祀。故知三獻祭社稷五祀也。」禮器。三獻爓。爓，似廉反。三獻，祭社稷五祀。爓，沈肉於湯也。同上。王祭社稷則希冕。書曰「希繡」。「希」讀爲「絺」，或作「黹」，字之誤也。希，刺粉米無畫也。其衣一章，裳二章，凡三也。黹，展几反，又張里反。疏曰：「『希，刺粉米無畫也』者，衣是陽，應畫。今希冕三章，在裳者自然刺繡，但粉米不可畫。今雖在衣亦刺之不變，故得『希』名，故鄭特言粉米也。」春官司服。大司樂乃奏太蔟，歌應鍾，舞咸池以祭地示。地示，所祭於北郊及社稷。春官。鼓人以靈鼓鼓社祭。靈鼓，六面鼓也。社祭，祭地祇也。疏曰：「郊特牲『社祭土，神地之道』，故舉社以表地祇。大宗伯亦云『血祭祭社稷五祀』，亦舉社以表地祇。其實地之大小之祭，皆用靈鼓。」地官。舞師教帗舞，帥而舞社稷之祭祀。帗音拂，繒有柄。疏曰：「帗舞用五色繒〔五〕。」詳見祭物樂舞。「載芟，春籍田而祈社稷也」。「良耜，秋報社稷也」。「豐年，秋冬報也」。

右祭社稷禮物、樂舞。

肆師，社之日，涖卜來歲之稼。社祭土，爲取財焉。卜者，問後歲稼所宜。　疏曰：「此社亦是秋祭社之日也。言『涖卜來歲之稼』者，祭社有二時，謂春祈、秋報。報者，報其成熟之功，今卜者，來歲亦如今年宜稼，亦不但春稼、秋穡。不言穡而言稼者，秋穡由於春稼，故據稼而言之。郊特牲云：『社祭土而主陰氣也。』取財於地，取法於天，故云社祭土而取財焉。」　春官。

厲山氏之有天下也，其子曰農，能殖百穀。夏之衰也，周棄繼之，故祀以爲稷。共工氏之霸九州也，其子曰后土，能平九州，故祀以爲社。厲，力世反。左傳作「烈山」。共音恭。　厲山氏，炎帝也。起由厲山，或曰有烈山氏。棄，后稷名也。共工氏無録而王（六），謂之霸，在太皞、炎帝之間。　疏曰：「『其子曰農，能殖百穀』者：農，謂厲山氏後世子孫名柱，能殖百穀；故國語云，神農之名柱，作農官，因名農是也。『夏之衰也，周棄繼之』者，以夏末湯遭太旱七年，欲變置社稷，故廢農祀棄，以配稷之神。『其子曰后土，能平九州，故祀以爲社』者，是共工後世子孫，爲后土之官。后，君也。爲君而掌土，能治九州五土之神，故祀以爲配社之神。」　祭法。

蔡墨曰：「共工氏有子曰句龍，爲后土。共工在太皞後、神農前，以水名官。其子句龍，能平水土，故死而見祀。　疏曰：「言共工有子，謂後世子耳。亦不知句龍之爲后土，在於何代。」后土爲社。　疏曰：「句龍既爲后土，又亦配社，故言『后土爲社』也。」稷，田正也。掌播殖也。　疏曰：「周語云：『宣王不籍千畝，虢文公諫曰：民之大事在農，是故稷爲大官。』然則百穀稷爲其長，遂以稷名爲農官之長。正，長也。稷是田官之長。」有烈山氏之子曰柱，爲稷，烈山氏，神農世諸侯。　疏曰：「魯語及祭法皆云烈山氏之有天下也，其子能殖百穀，故祀以爲稷。言『有天下』，則是天子矣，杜注不得爲諸侯也。賈逵、鄭玄皆云：烈山，炎帝之號。杜言『神農世諸侯』者，按帝王世紀，神農本起烈山。然則初封烈山爲諸侯，後爲天子。猶帝堯初爲唐侯然也。此及魯語皆云其子曰柱；祭法云其子曰農者，劉炫云：蓋柱是名，其官曰農；猶呼周棄爲稷。」自夏以上祀之，祀柱。上，時掌反。周棄亦爲稷，棄，周之始祖，能播百穀。湯既勝夏，廢柱而以棄代之。　疏曰：「棄爲周之始祖，能播殖百穀，經傳備有其事。以其後世有天下，號國曰周，故以周冠棄。棄時未稱周也。」自商以來祀之。傳言蔡墨之博物。昭公二十九年左氏傳。郊特牲疏曰：「社稷之義，先儒所解不同。鄭康成之說，以社爲五土總神，稷爲原隰之神。句龍以有平水土之功，配社祀之；稷有播種之功，配稷祀之。鄭必爲此說者，按郊特牲云『社祭土而主陰氣』，又云『社所以神地之道』，又禮運云『命降於社之謂殽地』，又王制云『祭天地、社稷，爲越紼而行事』。據此諸文，故知社即地神，稷是社之細別，名曰稷。稷乃原隰所生，故以稷爲原隰之神。若賈逵、馬融、王肅之徒，以社祭句龍，稷祭后稷，皆人鬼也，非地神。故聖證論王肅難鄭云：『禮運云：祀帝於郊，所以定天位；祀社於國，所以列地利。社若是地，應云定地位。而言列地利，故知社非地也。』爲鄭學者馬昭之等通之云：『天體無形，故須云定位；地體有形，不須云定位，故唯云列地利。』肅又難鄭云：『祭天，牛角繭栗，而用特牲；祭社，牛角尺，而用太牢。又祭天地，大裘而冕；祭社稷，絺冕。又唯天子令庶民祭社。社若是地神，豈庶民得祭地乎？』爲鄭學者通之云：『以天神至尊，而簡質事之，故牛角繭栗，而用特牲，服大裘。天地至尊，天子至貴，天子祭社，是地之別體，有功於人，報其載養之功，故用太牢，貶降於天，故角尺也。祭用絺冕，取其陰類，庶人蒙其社功，故亦祭之，非是方澤之地也。』肅又難鄭云：『召誥，用牲于郊，牛二。明后稷配天，故知二牲也。又云，社于新邑，牛一、羊一、豕一。明知唯祭句龍，更無配祭之人。』爲鄭學者通之云：『是后稷與天尊卑既別，不敢同天牲。句龍是上公之神，社是地祇之別，尊卑不甚縣絶，故云配同牲也。』肅又難鄭云：『后稷配天，孝經有配天明文，后稷不稱天也。祭法及昭二十九年傳云：「句龍能平水土，故祀以爲社。」不云祀以配社，明知社即句龍也。』爲鄭學者通之云：『后稷非能與天同功，唯尊祖配之，故云不得稱天。句龍與社同功，故得云祀以爲社，而得稱社也。』肅又難云：『春秋說伐鼓于社責上公，不云責地祇。明社是上公也。又月令命民社，鄭注云：社，后土也。孝經注云，后稷，土也；句龍爲后土。鄭既云社后土，則句龍也。是鄭自相違戾。』爲鄭學者通之云：『伐鼓責上公者，以日食，臣侵君之象，故以責上公言之。句龍爲后土之官，其地神亦名后土，故左傳云，君戴皇天而履后土。地稱后土，與句龍稱后土，名同而實異也。鄭注云后土者，謂地神也，非謂句龍。故中庸云郊社之禮，注云：社，祭地神〔七〕。又鼓人云，以靈鼓鼓社祭。注云：社祭，祭地祇也。是社爲地祇也。』」朱子曰：「或說稷是丘陵、原隰之神，或云穀神。看來穀神較是。社是土神。」又問曰：「社如何有神？」曰：「能生物便是神也。」楊氏曰：「王、鄭之學，互有得失。若鄭云句龍有平水土之功，配社祀之，后稷有播種之功，配稷祀之，則鄭說爲長。」

右社稷配祭。

喪祝，掌勝國邑之社稷之祝號，以祭祀禱祠焉。勝國邑，所誅討者；社稷者，若亳社是矣。存之者，重神也。蓋奄其上而棧其下，爲北牖。疏曰：「以祭祀禱祠者，祭祀謂春秋正祭，禱祠謂國有故祈請。求福曰禱，得福報賽曰祠。云『勝國邑所誅討』者，據武王伐紂，取其社稷而事之，故云『若亳社是也』。據其地則曰亳，據彼國喪亡，即爲亡國之社稷。此注勝之，即爲勝國之社稷。是以郊特牲云『喪國之社』，春秋謂之『亳社』也。君自無道被誅，社稷無罪，故存之，是重神也。公羊曰揜其上，即屋之也；棧其下者，非直不受天陽，亦不通地陰。」春官。士師，若祭勝國之社稷，則爲之尸。以刑官爲尸，略之也。周謂亡殷之社爲亳社。疏曰：「按鳧鷖詩，宗廟社稷七祀，皆稱公尸，不使刑官。今祭勝國之社稷，士師爲尸，故鄭云：『用刑官爲尸，略之也。』」秋官。

右勝國社稷。

傳：社祭土而主陰氣也。疏曰：「土謂五土：山林、川澤、丘陵、墳衍、原隰，以時祭之，故云『社祭土』。土是陰氣之主，故云『而主陰氣』也。」君南鄉於北墉下，答陰之義也。墻謂之墉，社内北墻。疏曰：「墉，墻也。社既主陰，陰宜在北，故祭社時，以社在南，設主壇上，北面，而君來在北墻下，而南鄉祭之，是對陰之義也。」日用甲，用日之始也。國中之神，莫貴於社。疏曰：「社是國中之貴神，甲是旬日之初始，故用之也。」月令疏曰：「召誥：戊午乃社于新邑。用戊者，周公告營洛邑位成，非常祭也。」天子大社，必受霜露、風雨，以達天地之氣也。大音泰。大社，王爲群姓所立。疏曰：「是解『社不屋』義也。達，通也。風雨至則萬物生，霜露降則萬物成。故不爲屋，以受霜露、風雨。」是故喪國之社，屋之，不受天陽也；薄社北牖，使陰明也。喪，息浪反。絶其陽，通其陰而已。薄社，殷之社，殷始都薄。「薄」又作「亳」，步各反。疏曰：「周立殷社以爲戒。天是生法，以其無生義，故屋隔之，令不受天之陽也。白虎通云：『王者、諸侯必有戒社者何？示有存亡也。明爲善者得之，爲惡者失之。周立殷社爲戒而屋之，塞其三面，唯開北牖，示絶陽而通陰。陰明，則物死也。」」社所以神地之道也。地載萬物，天垂象。取財於地，取法於天，是以尊天而親地也，故教民美報焉。家主中霤而國主社，示本也。中霤，亦土神也。疏曰：「言立社之祭，是神明於地之道故也。『地載萬物』者，釋地所得神之由也。『天垂象』者，地有其物，天上皆垂其象，所謂『在天成象，在地成形』也。『取財於地』者，財並在地出，爲人所取也。『取法於天』者，人知四時早晚，皆放日月星辰，以爲耕作之候，是取法於天。所取法者，故尊而祭之，天子祭天是也；所取財者，故親而祭之，一切親地而共祭社是也。『故教民美報焉』者，此結祀社也。地既爲民所親，故與庶民祭之，以教民美報故也。中霤謂土神。卿大夫之家主祭土神於中霤。『示本也』者，以土神生財，以養官之與民，故皆主祭土神，蓋所以示其生養之本也。」唯爲社事，單出里；唯爲社田，國人畢作；唯社，丘乘共粢盛，所以報本反始也。爲，於僞反。乘，時證反，又徒徧反。共音恭。粢音資。「單出里」，皆往祭社於都鄙。二十五家爲里。畢作，人則盡行，非徒羡也。丘，十六井也。四丘六十四井曰甸，或謂之乘。乘者，以於車賦出長轂一乘。甸，徒練反，又繩證反。疏曰：「社事，祭社事也。單，盡也。里，居也。社既爲國之本，故若祭社，則合里之家並盡出，故云『單出里』也。此惟每家出一人，不人人出也。田，獵也。畢，盡也。作，行也。既人人得社福，故若祭社，先爲社獵，則國中之人皆盡行，無得住家也。『唯社丘乘共粢盛』者，鄉説祭社用牲，此明祭社用米也。丘乘者，都鄙井田也。九夫爲井，四井爲邑，四邑爲丘，四丘爲乘。唯祭社而使丘乘共粢盛也。粢，稷也。稷曰明粢，在器曰盛。庾蔚曰〔八〕：『粢盛所須者少，故丘乘共之也〔九〕。』皇氏云：『若天子、諸侯祭社，則用籍田之穀；大夫以下無籍田，若祭社，則丘乘之民共之，示民出力也。』『單出里，皆往祭社於都鄙』者，按周禮，都鄙，公卿大夫采地。公卿大夫祭社，其里之人皆往就祭。此據采地言之，故云『往祭社於都鄙』。必知據采地者，以經云『唯社丘乘』，丘、乘是采地井田之制，故舉采地言焉。『所以報本反始也』者，結美報也。」郊特牲。

社，天子之祭也。春田祭社。明堂位。

命降於社之謂殽地。殽，户教反。謂教令由社下者也。社，土地之主也。周禮土會之法，有五地之物生。疏曰：「殽，效也。命者，政令之命降下於社，謂從社而來以降民也。社即地也。指其神謂之社，指其形謂之地。法社以下教令，故云『之謂殽地』。地有五土，生物不同，人君法地，亦養物不一也。」禮運。

祀社於國，所以列地利也。疏曰：「地出財，故云『列地利』也，亦即是『命降於社之謂殽地』也。」同上。

以我齊明，與我犧羊，以社以方。朱子曰：「齊音咨，賦也。『齊』與『粢』同。曲禮曰『稷曰明粢』，此言『齊明』，便文以協韻耳。犧羊，純色之羊也。社，后土也，以句龍氏配。方，秋祭四方，報成萬物，周禮所謂『羅弊獻禽以祀祊』是也。」小雅甫田。大雅雲漢「方社不莫」，朱子注曰：「方，祭四方；社，祭土神也。」

起大事，動大衆，必先有事乎社而後出，謂之宜。有事，祭也，周官所謂宜乎社。爾雅。左傳帥師者受服於社，及君以軍行，祓社。周禮大祝，大師宜於社。肆師：「凡師甸，用牲於社宗，則爲位。」大司馬：「若師有功，愷樂獻於社。」並見內祭篇甸條。小宗伯：「凡天地之大烖，類宗廟、社稷則爲位。見祈禳條。月令：「大割祠于公社。」見百神篇䄍條。大雅緜詩：「迺立冢土，戎醜攸行。」朱子注曰：「冢土，大社也，亦大王所立，而後因以爲天子之制也。戎醜，大衆也。起大事，動大衆，必先有事乎社而後出，謂之宜。」

孟子曰：「民爲貴，社稷次之。」朱子曰：「社，土神；稷，穀神。建國則立壇壝以祀之。」云云〔一〇〕：「犧牲既成，粢盛既潔，祭祀以時，然而旱乾水溢，則變置社稷。」盛音成。祭祀不失禮，而土、穀之神不能爲民禦災捍患，則毀其壇壝而更置之，亦「年不順成，八䄍不通」之意，是社稷雖重於君，而輕於民也。盡心下。大傳曰：「重社稷，故愛百姓。」

鄭子産伐陳，入之。陳侯免，擁社，以待於朝。免，喪服。擁社，抱社主，示服。免音問，喪冠也。擁，於勇反〔一一〕。襄公二十五年左氏傳。

莊公如齊觀社。莊公二十三年，齊因祀社，蒐軍實以示客，公往觀之。曹劌諫曰：「夫齊棄太公之法而觀民於社，太公，齊始祖太公望也。君爲是舉，舉，動也。而往觀之，非故業也，何以訓民？土發而社，助時也。土發，春分也。周語曰：「土乃脉發。」社者，助時祈福，爲農始也。今齊社而往觀旅，非先王之訓也。旅，衆也。天子祀上帝，上帝，天也〔一二〕。諸侯會之，受命焉；助祭，受政命也。諸侯祀先王、先公，先王，謂若宋祖帝乙、鄭祖厲王之屬也。先公，先君也。卿大夫佐之，受事焉。事，職事也。臣不聞諸侯之相會祀也，祀又不法。」不法謂觀民。國語魯語。哀公四年六月辛丑，亳社災。穀梁子曰：「亳社者，亳之社也。亳，亡國也。亳即殷也。殷都於亳，故國謂之亳社。亡國之社以爲廟屏，戒也。立亳之社於廟之外，以爲屏蔽，取其不得通天，人君瞻之而致戒心。其屋亡國之社，不得達上也。」必爲之作屋，不使上通天也。緣有屋，故言災。公羊子曰：「蒲社災。蒲社者何？亡國之社也。」疏曰：「蒲社者，先世之亡國在魯境者。公羊解以爲蒲者，古國之名，天子滅之，以封伯禽，取其社以戒諸侯，使事上。今災之者，若曰王教絶云爾。左氏、穀梁以爲亳社者，武王滅殷，遂取其社賜諸侯，以爲有國之戒。」社者，封也。封土爲社。其言災何？據封土非火所能燒。亡國之社蓋揜之，揜其上而柴其下。故火得燒之。揜柴之者，絶不得使通天地四方，以爲有國之戒。蒲社災何以書？記災也。」戒社者，先王所以威示教戒諸侯，使事上也。是後宋事彊吳，齊、晉前驅，滕、薛夾轂，魯、衛驂乘。故天去戒社，若曰王教滅絶云爾。疏曰：「春秋説文謂十三年黄池之會時也。」

胡氏曰：「古者，祭地於社，猶祀天於郊也，故泰誓曰『郊社不修』〔一三〕。而周公祀于新邑，亦先用二牛於郊，後用太牢於社也。記曰：『天子將出，類於上帝，宜於社。』又曰：『郊所以明天道，社所以神地道。』周禮以禋祀祀昊天上帝，以血祭祭社稷，而別無地示之位。四圭有邸，舞雲門以祀天神；兩圭有邸，舞咸池以祀地。而別無祭社之説，則以郊對社可知矣。後世既立社，又立北郊，失之矣。」

楊氏曰：「愚按禮經：天子祭天地，諸侯祭社稷，祭莫重於天地，而社稷其次也。胡氏乃合祭地、祭社二者而一之，何也？曰：社者，五土之神，是亦祭地也，而有廣狹之不同。曰里社，則所祭者一里之地而已；曰州社，則所祭者一州之地而已；諸侯有一國，其社曰侯社，則所祭者一國之地，一國之外不及也；天子有天下，其社曰王社，則所祭者天下之地，極其地之所至，無界限也。故以祭社爲祭地，惟天子可以言之。凡胡氏所引，皆天子社也。但云『後世既立社，又立北郊，失之矣』，此皆未然。有正祭，有告祭。冬至祭天於南郊，順陽時，因陽位；夏至祭地於北郊，順陰時，因陰位。以類求類，故求諸天而天神降，求諸地而地示出，所謂正祭也。匠人營國，左祖右社，以社與祖對，尊而親之。若因事而告地，則祭社亦可矣。記曰『天子將出，類於上帝，宜於社』之類是也。説者曰：『類者，依郊祀正禮而爲之也；宜者，有事乎社，求福祐也，此所謂告祭也。』知祭各有義，不可以一説拘，則知聖人制禮精微之意矣。」

漢高祖初起，禱豐枌榆社。鄭氏曰：「枌榆，鄉名。」師古曰：「以此樹爲神因立名，蓋高祖里社也。」

二年，東擊項籍，還入關，因命縣爲公社，猶官社。立靈星祠，以后稷配。見祭星門。

四年，天下已定，詔御史令豐治枌榆社，常以時，春以羊彘祠之。梁巫祠天社，秦巫祠杜主〔一四〕。即五社主也。

十年，令縣常以春二月及臘祠稷以羊彘。民里社各自裁以祠。謂隨其祠具之豐儉也。

漢舊儀：官大社及大稷一歲各再祠，太祝令常以二月、八月以一太牢，使者監祠，南向立，不拜。天下祠社稷。社者，古司空，主平水土。共工氏之子句龍氏能平水土，植百穀，祭於社以報其功。稷者，司馬官長，助后稷耕種，祭於稷以報其功。祠社稷，各官長、諸侯、丞相、中二千石、二千石以下令長侍祠。

平帝時，大司馬王莽上書：「帝王建立社稷，百王不易。社者，土也。宗廟，王者所居。稷者，百穀之主，所以奉宗廟，共粢盛，人所食以生活也。王者莫不尊重親祭，自爲之主，禮如宗廟。詩曰：『乃立冢土。』師古曰：「大雅緜之詩也。冢，大也。土，土神，謂大社也。」又曰：『以御田祖，以祈甘雨。』師古曰：「小雅甫田之詩也。田祖，稷神也。言設樂以御祭於神，爲農求甘雨也。」禮記曰：『唯祭宗廟、社稷，爲越紼而行事。』李奇曰：「引棺車謂之紼。當祭天地五祀，則越紼而行事，不以私喪廢公祀。」師古曰：「紼，引車索也。」聖漢興，禮儀稍定，已有官社，未立官稷。」臣瓚曰：「高帝除秦社稷，立漢社稷，禮所謂大社也。時又立官社，配以夏禹，所謂王社也。見漢祀令。而未立官稷，至此始立之。世祖中興，不立官稷，相承至今也。」遂於官社後立官稷，以夏禹配食官社，后稷配食官稷。稷種穀樹，師古曰：「穀樹，楮樹也。其子類穀，故於稷種。」徐州牧歲貢五色土各一斗。

光武建武二年，立太社稷於洛陽。在宗廟之右，方壇，無屋，有門墻而已。二、八月及臘，一歲三祠，皆太牢具，使有司祠。郡縣置社稷，太守、令、長侍祠，牲用羊豕。唯州所治有社無稷，以其使官。古者，師行平，有載社主，不載稷也。漢儀：朔前後各二日，皆牽羊、酒至社下，以祭日。日有變，割羊以祠社，用救日。

何休注公羊傳曰：「日有食之，鼓，用牲于社，求乎陰之道也。以朱絲縈社，或曰脅之，或曰爲闇，恐人犯之，故縈之也。」何休曰：「脅之，與責求同義。社者，土地之主也；月者，土地之精也。上繫於天而犯日，故鳴鼓而攻之，脅其本也；朱絲縈之，助陽抑陰也。『或曰爲闇』者，社者，土地之主尊也。爲日光盡，天闇冥，恐人犯歷之，故縈之。然此說非也，先言『鼓』，後言『用牲』者，明先以尊者命責之，後以臣子禮接之，所以爲順也。」白虎通曰：「日食必救之，陰侵陽也；鼓攻之，以陽責陰也。故春秋日食，鼓，用牲于社。所以必用牲者，社，地別神也，尊之不敢虛責也。日食、大水則鼓用牲；大旱則雩祭求雨，非虛言也，助陽責下，求陰之道也。」

魏自漢後，但太社有稷，官社無稷，故常二社一稷也。至明帝景初中，立帝社。

博士孔鼂議：「漢氏及魏初，皆立一社一稷。至景初之時，更立太社、太稷，又特立帝社云。禮記祭法云『王爲群姓立社曰太社』，言爲群姓下及士庶皆使立社，非自立也。今並立二社，一神二位，同時俱祭，於事爲重，於禮爲黷。宜省除一社，以從舊典。」劉喜難曰：「祭法爲群姓立社，若如鼂議，當言『王使』，不得言『爲』。下云『王爲群姓立七祀』，『諸侯自爲立五祀』，若是使群姓私立，何得踰於諸侯而祭七祀乎？却爲群姓立七祀，乃王之祀也。夫人取法於天，取財於地，普天率土，無不奉祀，而何言乎一神二位，以爲煩黷？」

明帝時，祭社但稱皇帝。

王肅議：「太尉等祭祀，但稱名，不稱臣。每有事須告，皆遣祝史。」

晉武帝太康九年，詔曰：「社實一神，其併二社之祀。」

車騎司馬傅咸表曰：「祭法王社、太社各有其義。穀梁傳曰『天子親耕』，故自立社，爲籍而報也。國以人爲本，人以穀爲命，爲百姓立社而祈報焉。事異體殊〔一五〕，此社之所以有二。武帝外祖王肅景侯之論王社〔一六〕，亦謂春祈籍田，秋而報之也。其論太社，則曰：『王者布下圻内，爲百姓立之，謂之太社，不自立之於京師也。』景侯此論據祭法：『大夫以下成群立社，曰置社。』景侯解曰：『今之里社是也〔一七〕。』太社，天子爲百姓而祀〔一八〕，故稱天子社。郊特牲曰：『天子太社，必受霜露風雨。』夫以群姓之衆，王者通爲立社，故稱太社。若夫置社〔一九〕，其數不一，蓋以里所爲名，左氏傳『盟於清丘之社』是也。衆庶之社〔二〇〕，不稱『太』矣，若復不立之京都，當安所立乎？前被敕：尚書召誥云：『社于新邑，唯一太牢。』不立二社之明義也。郊特牲曰：『社稷太牢。』必據一牢之文，以明社之無二，則稷無牲矣。説者則曰：『舉社則稷可知。』苟可舉社以明稷，何獨不舉一以明二？國之大事，在祀與戎。若有二而除之〔二一〕，不若過而存之。存之有義，除之無據。周禮封人掌設社壝，無『稷』字，今帝社無稷，蓋出於此。然國主社稷，故經傳動稱社稷。周禮王祭社稷則絺冕，此王社有稷之文也。封人設社壝，無『稷』字，説者以爲約文，從可知也。謂宜仍舊立二社，而加立帝社之稷。禹貢：『惟土五色。』景侯解曰：『王者取五色土爲太社，封四方諸侯，各割其方色土者，覆四方也。』如此，太社復爲立京都也。」詔曰：「社實一神，而相襲二位，衆議不同，何必改作！其便仍舊〔二二〕，一如魏制。」

元帝建武元年，依洛京立二社、一稷。

宋仍晉舊，無所改作。

齊武帝永明十一年，修儀。其神一，位北向。稷東向。齋官社壇東北，南向立，以西爲上。諸執事西向立，以南爲上。稷名「太稷」。

祠部郎中何佟之議：「按禮記效特牲：『社祭土而主陰氣也。君南向於北墉下，答陰之義也〔二三〕。』王肅云：『陰氣北向，故君南向以答之，答之爲言〔二四〕，是相對之稱。』知古祭社，北向設位，齋官南向，明矣。近代相承，帝社南向，太社及稷並東向，而齋官位在帝壇北〔二五〕，西向，於神背行禮。又名『稷』爲『稷社』，甚乖禮意。謂二社，語其義則殊，論其神則一，位並宜北向。稷若北向，則成相背。稷是百穀之總神，非陰氣之主〔二六〕，宜依先東向。齋官立社壇東北〔二七〕，南向立，以東爲上〔二八〕；諸執事西向立，以南爲上。稷依禮無兼稱，若欲尊崇，正可名『太稷』，豈得云『稷社』邪？」治禮學士議曰：「郊特牲云：『君南向，答陽也；臣北向，答君也。』若以陽氣在南，則立應北向；陰氣向北，則立宜向南。今二郊一限南向，皇帝黑瓚階東西向〔二九〕，故知壇壝無係於陰陽，設位寧拘於南北？群神小祠，類皆南面，薦饗之時，北向行禮，蓋欲伸靈祇之尊，表求幽之理。」議與佟之相難，凡三往返。有司議：「治禮無的然明據。」佟之議乃行也。

梁社稷在太廟西。天監四年，以太常省牲，太常丞牽牲，太祝令贊牲。至大同初，又加官社官稷〔三〇〕，并前爲五壇。

其初，蓋晉元帝建武元年所創，有太社、帝社、太稷，凡三壇，門墻並隨其方色。每以仲春、仲秋并令郡國縣祠社稷、先農；及臘，又各祠社稷於壇。百姓則二十五家爲一社，其舊社及人稀者，不限其家。春秋祠，水旱禱祈，祠具通其豐約〔三一〕。舊太社，廩犧吏牽牲，司農省牲，太祝吏贊牲。天監中，明山賓議：「郊特牲云：『社者，神地之道。』國主社稷，義實爲重〔三二〕。今公卿貴臣，親執盛禮，而令微吏牽牲，頗爲輕末。且司農省牲，又非其義，太常禮官，實當斯職。禮，祭社稷無親牽牲之文，謂宜以太常省牲，廪犧令牽牲，太祝令贊牲。」帝唯以太祝贊牲爲疑，又以司農省牲，於禮似傷，廪犧吏執紖，即事誠卑。議以太常丞牽牲，餘依山賓議。於是遂定。

陳依梁舊，而帝社以三牲首，餘以骨體。薦粢盛爲六飯，粳以敦，稻以牟，黄粱以簠，白粱以簋，黍以瑚，粢以璉。其義本之齊制。敦音對。

後魏天興二年，置太社、太稷、帝社於宗廟之右，爲方壇四陛。以二月、八月，日用戊，皆太牢。句龍配社，周棄配稷，皆有司侍祠。

北齊立太社、帝社、太稷三壇於國右。每仲春、仲秋元辰及臘，各以一太牢祭焉。皇帝親祭，則司農卿省牲、進熟，司空亞獻，司農終獻。

隋文帝開皇初，建社稷，並列於含光門内之右。仲春、仲秋吉戊，各以一太牢祭，牲色用黑；孟冬下亥，又臘祭之。州郡縣二仲月〔三〕，並以少牢各祭，百姓亦各爲社。

唐社稷亦在含光門内之右。仲春、仲秋二時戊日，祭太社、太稷，社以句龍配，稷以后稷配。

武德九年，親祠太社，詔：「令四方别其姓類，命爲宗社。京邑庶士、臺省群官，里閈相從，共遵社法，以時供祀，各申祈報。具立節文，明爲典制。」

高宗咸亨五年，以宗邑等社，事屬煩擾，罷之。

中宗神龍元年〔二四〕，改先農壇爲帝社壇，於太壇西立帝稷壇，禮同太社、太稷。其壇不備方色，異於太社。

時祝欽明與禮官等奏：「經典並無先農之文，永徽年中，猶名籍田；垂拱以後，改爲先農。然則先農與社本是一神〔三五〕，其先農壇請改爲帝社，以應王社之義。其祭先農改爲帝社，仍請准令用孟春吉亥祭后土〔三六〕，以句龍配。」從之。

又其年五月，詔於東都建置太社，令禮官議定社主。太常少卿韋叔夏等引呂氏春秋及鄭玄議，以爲社主用石；又按後魏天平四年四月，太社石主遷於社宫，是社主用石矣。又檢舊社主長二尺六寸，方一尺七寸。禮官博士議：「社主制度長短，在禮無文。按韓詩外傳云，天子太社方五丈，諸侯半之。蓋以五是土數〔三七〕，故壇方五丈。其社主請准五數，長五尺；准陰之二數，方二尺，剡其上以象物生，方其下以象地體，埋其半以根在土中而本末均也，則神道設教，法象有憑。其尺請用古尺。」又檢舊社稷壇上，四方布以方色，唯中央數尺飾以黄土。禮官韋叔夏等又議曰：「韓詩外傳曰：『天子太社廣五丈，各分置四方色訖，上冒以黄土，象王者覆彼四方。』據此，合用黄土遍覆壇上。今檢舊壇之上，亦備方色，唯中央數尺飾以黄土，則是覆被之道，有所不及。既乖舊制，請准古改造。」於是以方色飾壇之四面及四陛，其上則以黄土覆之。

玄宗開元十九年正月三十日，敕：「普天率土，崇德報功，饗祀惟殷，封割滋廣，非可以全惠養之道，協靈祇之心。其春秋二時社及釋奠，天下諸州府縣等並停牲牢，惟用酒脯。務存修潔，足展誠敬，自今以爲常式。」至二十二年三月二十五日，敕：「春秋祈報，郡縣常禮。比不用牲，豈云血祭？陰祀貴臭，神何以歆？自今以後，州縣祭祀特以牲牢，宜依常式。」其年六月二十八日，敕：「大祀、中祀及州縣社稷，依式合用牲牢，餘並用酒脯。」至貞元五年九月十二日，國子祭酒包佶奏：「春秋祭社稷，准禮，天子社稷皆太牢。至大曆六年十月十三日敕，中祀少牢。社稷是中祠，至今未改。」敕旨宜准禮用太牢。天寶三載，詔：「社稷列爲中祀，頗紊大猷。自今以後，社稷及日月、五星並升爲大祀，仍以四時致祭。」

唐開元禮

仲春、仲秋上戊，祭太社、后土配。太稷。后稷配。每坐籩、豆各十，簠、簋各二，鉶、俎各三。舊樂用姑洗之均三變。社稷之祀，於禮爲尊，豈同丘陵，止用三變？合依地祇，用函鍾之均，八變之樂。

皇帝仲春仲秋上戊祭太社太稷儀攝事附

齋戒如前祭方丘儀

陳設

前祭三日，尚舍直長施大次於社宮西門之外道北，南向。尚舍奉御鋪御座。衛尉設文武侍臣次於大次之後，文官在左，武官在右，俱南向；設諸祭官次於齋坊之內，攝事無設大次儀，但守臣設祭官次。三師於北門之外道西〔三八〕，諸王於三師之北，俱東向南上；文官從一品以下、九品以上於齋坊南門之外，重行，東向北上；介公、酅公於北門之外道東，西向，以南爲上；諸州使人，東方、南方於諸王西北，東向，西方、北方於介公、酅公東北，重行，俱南上；武官三品以下、九品以上於東門之外道北，南向，以西爲上；諸國之客於東門之外，東方、南方於武官東北，南向，西方、北方於道南，北向，俱以西爲上。攝事無三師以下至此儀。

前祭二日，太樂令設宮懸之樂於壇北，東方、西方磬簴起南，鐘簴次之，南方、北方磬簴起東，鐘簴次之；設十二鎛鐘於編懸之間，各依辰位；樹靈鼓於南懸之內道之左右；植建鼓於四隅，置柷敔於懸內，柷在左，敔在右。設歌鐘、歌磬各於壇上近北，南向，皆磬簴在東，鐘簴在西〔三九〕，其匏、竹者各立於壇下重行南向〔四〇〕，相對爲首；凡懸皆展而編之。諸工人各位於懸後，東方、西方以南爲上，南方、北方以東爲上。右校清掃內外，又爲瘞埳二於南門之內，於稷壇西南，攝事爲埋坎二於樂懸之北。方深取足容物，北出陛。前祭一日，奉禮設御位北門之內，當社稷之壇北，南向；將祭，奉禮郎一人守之，在版位東北立五步所〔四一〕，南向。又設望瘞位西門之內，當瘞埳南向；攝事無御位以下至此儀。設祭官公卿位於西門之內道北，執事位於其後少退〔四二〕，每等異位，俱重行東面，以南爲上；設御史位於壇上，正位於太社壇東北隅，西向，副位於太稷壇西北隅，東向；攝事、令史陪後。設奉禮位於樂懸西北，贊者二人在北，差退，俱東面南上；又設奉禮、贊者位於瘞埳西北，東向北上；攝事無奉禮位。設協律郎位各於壇之上東北隅，俱西向；設太樂令位於南懸之間，南向；設祭官位、三師位於北門之內道西，諸王位於三師之西〔四三〕，俱南面東上；設介公、酅公位於道東，南面西上；文官從一品以下、九品以上位於執事北，每等異位，俱重行東向；武官三品以下、九品以上位於東方，值文官，每等異位，重行西向，皆以南爲上；諸州使人位，東方、南方於北門之内道西，於諸王西北，重行南向，以東爲上；西方、北方於道東，於介公、酅公東北，重行南向，以西爲上；諸蕃客位於北門之内，東方、南方於諸州使人西〔四四〕，每國異位，俱重行南向，以東爲上〔四五〕；西方、北方於諸州使人東〔四六〕，每國異位，俱重行南向，以西爲上。設門外位，祭官公卿以下皆於西門之外道南，每等異位，重行北向，以東爲上；三師位於北門之外道西，諸王於三師之北，俱東向；介公、酅公位於道東，西向，皆以南爲上；文官從一品以下、九品以上位西門之外、祭官之南，每等異位，重行北面，以東爲上；武官三品以下、九品以上位於東門之外道北，每等異位，重行南面，以西爲上；諸州使人位，東方、南方於諸王西北，重行東面；西方、北方於介公、酅公東北，西面，俱南上；設諸國客位，東方、南方於武官東北，每國異位，俱重行南向；西方、北方於道南，每國異位，重行北向，皆以西爲上。攝事無三師北門内位至此儀，但設祭官門外之位。設酒罇之位：太社太罇二、著罇二、罍二，壇上西北隅，南向；設后土氏象罇二、著罇二、罍二，於太社酒罇之西，俱南向東上，各置於坫，皆加勺冪；爵皆置於罇下。設太稷后稷酒罇於其壇上，如太社后土之儀。設御洗各於太社、太稷壇之西北，南向；亞獻之洗，又各於西北，南向，俱罍水在洗西，篚在洗東，北肆。篚實以巾爵也。執罇、罍、篚、冪者位於罇、罍、篚、冪之後，各設玉幣之篚於壇上罇坫之所。晡後，謁者引光禄卿詣厨，省饌具訖，還齋所。祭日，未明十刻，太官令帥宰人以鸞刀割牲，祝史以豆取毛血，攝事，齋郎取毛血。置於饌所，遂烹牲。牲皆用黝。未明五刻，太史令、郊社令各服其服升，設太社、太稷神座各於壇上近南，北向；設后土氏於太社神座之左，后稷氏神座於太稷神座之左，俱東向，席皆以莞；設神位各於座首。

鑾駕出宫如方丘之儀

奠玉帛

祭日，未明三刻，諸祭官各服其服，郊社令、良醖令各帥其屬入實罇、罍、玉、幣。太罇爲上，實以醴齊；著罇次之，實以盎齊；罍爲下，實以清酒。配座之罇亦如之。齊加明水，酒加玄酒，各實於上罇。禮神之玉：太社、太稷俱以兩珪有邸。幣色皆以玄。太官令帥進饌者實諸籩、豆、簠、簋，皆設於神厨。未明二刻，奉禮帥贊者先入就位，贊引引御史、諸太祝及令史、祝史與執罇、罍、篚、冪者入自西門，當太社壇北，重行南面，以東爲上。凡引導者每曲一逡巡。立定，奉禮曰「再拜」，贊者承傳，凡奉禮有詞，贊者皆承傳。御史以下皆再拜訖。執罇者各升自西陛，立於罇所；執罍、洗、篚、冪者各就位。贊引引御史、諸太祝詣太社壇西陛升，行掃除於上，令史、祝史行掃除於下。降，又詣太稷壇行掃除如太社之儀訖，各引就位。駕將至，謁者、贊引各引祭官，通事舍人分引從祭群官、客使先置者〔四七〕，俱就門外位。駕至大次門外，迴輅南向，將軍降立於輅右，侍中進當鑾駕前跪，奏稱：「侍中臣某，奏請降輅。」俛伏，興，還侍位。皇帝降輅，之大次，謁者引文武五品以上從祭群官皆就門外位。攝事，謁者、贊引引祭官各就位，無駕將至至此儀。太樂令帥工人二舞次入就位，文舞入陳於懸內，武舞立於懸北道東。謁者引司空入就位，立定，奉禮曰「再拜」，司空再拜訖，謁者引司空詣壇西陛升，行掃除於上，升稷壇亦如之，訖，降，行樂懸於下訖，引就門外位。皇帝停大次半刻頃，謁者、贊引各引祭官，通事舍人分引從祭文武群官、介公、酅公、諸國客使先入就位。太常博士引太常卿立於大次門外，當門北向。侍中版奏外辦。皇帝服繡冕出次，華蓋、侍衛如常儀。侍中負璽陪從如式。博士引太常卿，太常卿引皇帝，凡太常卿前導，皆博士引。至社宮西門外，殿中監進大珪，尚衣奉御又以鎮圭授殿中監，受，進。皇帝搢大圭，執鎮圭，華蓋、仗衛停於門外〔四八〕，近侍者從入如常儀。謁者引禮部尚書、太常少卿陪從如常。皇帝至版位南向立，每立定，太常卿與博士退立於左。謁者、贊引各引祭官次入就位。立定，太常卿前奏稱「請再拜」，退復位，皇帝再拜。奉禮曰「衆官再拜」，在位者皆再拜，其先拜者不拜。太常卿前奏：「有司謹具，請行事。」退復位。攝事，謁者白太尉。下放此。協律郎跪，俛伏，舉麾，凡取物者跪，俛伏而取以興；奠物則奠訖俛伏而後興。鼓柷，奏順和之樂，乃以函鍾爲均，文舞八成，偃麾，戛敔，樂止。凡樂皆協律郎舉麾，工鼓柷而後作；偃麾，戛敔而後止。太常卿前奏稱「請再拜」，退復位，皇帝再拜。奉禮曰「衆官再拜」，在位者皆再拜。諸太祝俱取玉、幣於篚，各立於罇所。太常卿引皇帝，太和之樂作。皇帝每行，皆作太和之樂。皇帝詣太社壇，升自北陛，侍中、中書令下及左右侍衛量人從升。以下皆如之。皇帝升壇南向立，樂止。太祝加玉於幣，以授侍中，侍中奉玉、幣西向進，皇帝搢鎮圭，受玉帛，凡受物皆搢鎮圭〔四九〕，奠訖執圭，俛伏，興。登歌作肅和之樂，乃以應鍾之均。太常卿引皇帝進，南向跪奠於太社神座，俛伏，興。太常卿引皇帝少退，南向再拜。太常卿引皇帝立於東方，西向，太祝以幣授侍中，侍中奉幣南向進，皇帝受幣，太常卿引皇帝進，西向跪奠於后土氏神座，俛伏，興。太常卿引皇帝少退，西向再拜訖，登歌止。太常卿引皇帝降自北陛，樂作；太常卿引皇帝詣太稷壇，升自北陛，南向立，樂止。太祝加玉於幣，以授侍中，侍中奉玉、幣西向進，皇帝受玉、幣，登歌作。太常卿引皇帝進，南向跪奠於太稷神座，俛伏，興。太常卿引皇帝少退，南向再拜訖。太常卿引皇帝立於東方，西向，又太祝以幣授侍中，侍中奉幣南向進，皇帝受幣，登歌作。太常卿引皇帝進，西面跪奠於后稷氏神座〔五〇〕，俛伏，興。太常卿引皇帝少退，西向再拜訖，登歌止。太常卿引皇帝降自北陛，樂作；皇帝還版位，南向立，樂止。初，群官拜訖，祝史各奉毛血之豆立於門外，於登歌止〔五一〕，祝史奉毛血入，各由其陛升，諸太祝迎取於壇上，俱進奠於神座前，諸太祝與祝史退立於罇所。

進熟

皇帝既升，奠玉幣，太官令出帥進饌者奉饌，陳於西門外。謁者引司徒出詣饌所，司徒奉太社之俎。初，皇帝既至位樂止，太官令引饌入，太社、太稷之饌入自正門，配座之饌入自左闈。俎初入門，雍和之樂作，以太蔟之均；饌至陛，樂止。祝史各進徹毛血之豆，降自西陛以出。太社、太稷之饌升自北陛，配座之饌升自西陛，諸太祝迎引於壇上，各設於神座前。籩、豆蓋冪先徹，乃升簠、簋。奠訖，却其蓋於下。設訖，謁者引司徒以下降自西陛復位，諸太祝還罇所。太常卿引皇帝詣罍洗，樂作，共盥洗之儀，並如圜丘。太常卿引皇帝，樂作；皇帝詣太社壇，升自北陛，樂止。謁者引司徒升自西陛，立於罇所，齋郎奉俎從升，立於司徒之後。太常卿引皇帝詣太社酒罇所，執罇者舉冪，侍中贊酌醴齊，壽和之樂作；皇帝每酌獻及飲福，皆作壽和之樂〔五二〕。太常卿引皇帝進太社神座前，南面跪，奠爵，俛伏，興；太常卿引皇帝少退，南向立，樂止。太祝持版進於神座之右，西面跪，讀祝文曰：「維某年歲次月朔日，子嗣天子某，攝事云「謹遣太尉封臣名」。下同。敢昭告於太社：維神德兼博厚，道著方直，載生品物，含弘庶類。謹因仲春〔五三〕，仲秋〔五四〕。祇率常禮，敬以玉帛、一元大武、柔毛、剛鬣、明粢、薌合、薌萁、嘉蔬、嘉薦、醴齊，備茲禋瘞，用伸報本，以后土句龍氏配神作主。尚饗。」興。皇帝再拜。初，讀祝文訖，樂作；太祝進奠版於神座前，還罇所，皇帝拜訖，樂止。太常卿引皇帝詣后土氏酒罇所，執罇者舉冪，侍中取爵於坫，進，皇帝受爵，侍中贊酌醴齊，樂作。太常卿引皇帝進后土氏神座前，西向跪，奠爵，俛伏，興。太常卿引皇帝少退，西向立。太祝持版進於神座之左，南面跪，讀祝文曰：「維某年歲次月朔日，子開元神武皇帝某，敢昭告於后土氏：爰茲仲春，仲秋。揆日惟吉，恭修常祀，薦於太社。惟神功著水土，平易九州，昭配之義，實惟通典。謹以制幣、一元大武、柔毛、剛鬣、明粢、薌合、薌萁、嘉薦、醴齊，陳於表位，作主侑神。尚饗。」訖，興。皇帝再拜。初，讀祝文訖，樂作；太祝進奠版於神座前，還罇所，皇帝拜訖，樂止。太常卿引皇帝進太社神位前，南向立，樂作。太祝各以爵酌上罇福酒，合置一爵訖，太祝持爵授侍中，侍中受爵東向進，皇帝再拜〔五五〕，受爵，跪，祭酒，啐酒，奠爵，俛伏，興。太祝帥齋郎進俎，太祝減太社神座前三牲胙肉，各置一俎上，太祝以俎授司徒，司徒持俎，東向以次進皇帝，每受以授左右。皇帝跪，取爵，遂飲卒爵。侍中進受爵，以授太祝，太祝受爵，復於坫。皇帝俛伏，興，再拜，樂止。太常卿引皇帝，樂作；皇帝降自北陛，詣罍洗，樂止。謁者引司徒降壇西陛以從。皇帝至罍洗，盥手洗爵，侍中、黄門侍郎贊洗如常訖，太常卿引皇帝，樂作；皇帝詣太稷壇，升自北陛，樂止。謁者引三公，三公與齋郎奉俎，升自西陛，立於罇所。皇帝詣太稷酒罇所，執罇者舉冪，侍中贊酌醴齊，樂作；太常卿引皇帝進太稷神座前，南向跪，奠爵，俛伏，興，太常卿引皇帝少退，南向立，樂止。太祝持版進於神座之右，西向跪，讀祝文曰：「維某年歲次月朔日，子嗣天子某，敢昭告於太稷：惟神播生百穀，首兹八政，用而不匱，功濟氓黎。恭以玉帛、一元大武、柔毛、剛鬣、明粢、薌合、薌萁、嘉薦、醴齊，式陳瘞祭，備修常禮，以后稷棄配神作主。尚饗。」訖，皇帝再拜。初讀祝文訖，樂作；太祝進奠版於神座，還罇所，皇帝拜訖，樂止。太常卿引皇帝詣后稷氏酒罇所，執罇者舉冪，侍中取爵於坫，進，皇帝受爵，侍中贊酌醴齊，樂作；太常卿引皇帝詣后稷氏神座前，西向跪，奠爵，俛伏，興，太常卿引皇帝少退，西向立，樂止。太祝持版進於神座之左，南面跪，讀祝文曰：「維某年歲次月朔日，子開元神武皇帝某，敢昭告於后稷氏：爰以仲春，仲秋。式揀吉辰，敬修常禮，薦於太稷。惟神功叶稼穡，闡修農政，允兹從祀，用率舊章。謹以制幣、一元大武、柔毛、剛鬣、明粢、薌合、薌萁、嘉薦、醴齊，陳於表位，作主配神。尚饗。」訖，興。皇帝再拜。初讀祝文訖，樂作，太祝進奠版於神座前，還罇所，皇帝拜訖，樂止。太常卿引皇帝進太稷神座前，南向立，樂作；皇帝飲福受胙，如太社之儀訖，樂止。太常卿引皇帝，樂作；皇帝降自北陛，還版位，南向立，樂止。謁者引司徒降自西陛，復位。文舞出，鼓柷，作舒和之樂，出訖，戛敔，樂止。武舞入鼓柷，作舒和之樂，立定，戛敔，樂止。皇帝獻后土氏將畢，謁者引太尉攝事則引太常卿。下同。詣罍洗，盥手洗爵訖，謁者引太尉自西陛升壇，詣太社酒罇所，執罇者舉冪，太尉酌盎齊，武舞作。謁者引太尉進太社神座前，南向跪，奠爵，興，謁者引太尉少退，南向再拜。謁者引太尉詣后土氏酒罇所，取爵於坫，執罇者舉冪，太尉酌盎齊。謁者引太尉進后土氏神座前，西向跪〔五六〕，奠爵，興。謁者引太尉少退，西向再拜。謁者引太尉進太社神座前，南向立。太祝各以爵酌罍福酒，合置一爵訖，太祝持爵進太尉之右，東向立。太尉再拜受爵，跪祭酒，遂飲卒爵。太祝進受爵，復於坫。太尉興，再拜。謁者引太尉降自西陛，詣罍洗，盥手洗爵〔五七〕，詣太稷壇，升獻如太社之儀訖，引降復位。初，太尉獻后土將畢，謁者引光禄卿攝事同，以光禄卿爲終獻。詣罍洗，盥手，洗爵，升，酌盎齊終獻，如亞獻之儀訖，謁者引光禄卿降復位。武舞六成，樂止。舞獻俱畢，諸太祝各徹豆，還罇所。奉禮曰「賜胙」，贊者唱「衆官再拜」，在位者皆再拜，已飲福受胙者不拜。順和之樂作，太常卿奏稱「請再拜」，退復位，皇帝再拜。奉禮曰「衆官再拜」，在位者皆再拜，樂一成，止。太常卿前奏「請就望瘞位」，太常卿引皇帝，樂作；皇帝就望瘞位，南向立，樂止。群官將拜，諸太祝各執篚，進神座前取幣，齋郎以俎載牲體、稷黍飯、爵酒，各由其陛降壇南行，當瘞埳西行，諸太祝以玉、幣、饌物置於埳訖〔五八〕，奉禮曰「可瘞」，埳東西面各四人寘土。半埳，太常卿前奏「禮畢」。太常卿引皇帝還大次，樂作；皇帝出門，殿中監前受鎮珪，以授尚衣奉御，殿中監又前受大珪，華蓋侍衛如常儀，皇帝入次，樂止。謁者、贊引引祭官，通事舍人引從祭群官、諸方客使以次出。贊引引御史以下俱復執事位，立定，奉禮曰「再拜」，御史以下皆再拜，贊引引出〔五九〕。工人二舞以次出。其祝版燔於齋所。

鑾駕還宮如方丘之儀

諸州祭社稷儀諸縣祭社稷附

前三日，刺史縣則縣令。下放此。散齋於別寢二日，致齋於廳事一日；亞獻以下應祭之官散齋二日各於正寢，致齋一日皆於壇所；上佐爲亞獻，録事參軍及判司爲終獻。若刺史及上佐等有故〔六〇〕，並次差攝之。縣則丞爲亞獻，主簿及尉通爲終獻。若縣令已下有故，並以次差，不足則州官及比縣官充。諸從祭之官各清齋於公館一日。從祭官，刺史未出之前，先赴祭所齋，皆如別儀。前二日，本司先修除壇之内外，其壇方二丈五尺，高三尺，四出陛〔六一〕，三等。爲瘞埳二於壇西門之外道北，南向。縣埳於壇北，方深足容物。設刺史次於社壇西門之外道北，南向；縣令同。諸祭官已下，次於刺史次西北，俱南向，以東爲上。前一日，晡後，本司帥其屬守社稷壇四門，去壝九十步所，縣七十步。禁止行人。本司設刺史位於北門之内道西，南向；若刺史有故，攝祭初獻位於亞獻之前，東面。縣令位同。設亞獻、終獻位於社稷壇西北，設掌事者位於西門之内道北，俱每等異位，東向南上；設贊唱者位於終獻東北〔六二〕，東面南上；設州官位於祭官掌事者之北，東面；縣從祭官位同。府官位於東方，當州官西面，俱重行南上。縣無府官以下至此。設望瘞位於埳北，南向東上。設門外位，祭官以下於西門之外道南，州官於祭官之南，俱重行北面，以東爲上；縣從祭官位同。府官於東門之外道南，重行北面，以西爲上。祭器之數：每座罇二、籩八、豆八、簋二、簠二、俎三、羊豕及腊各一俎〔六三〕。縣同。掌事者以罇、坫升自西階，各設於壇上西北隅，配座之罇在西，俱南向東上，皆加勺冪。社稷皆爵一〔六四〕，配座皆爵四，各置於坫。設洗於社壇北陛之西〔六五〕，去壇三步所，南向。罍水在洗西，加勺冪；篚在洗東，北肆，實爵六、巾二，加冪。執罇、罍、洗、篚者各位於罇、罍、洗、篚之後。祭日，未明，烹牲於厨，祝以豆二取牲血。夙興，掌饌者實祭器。牲體羊、豕皆載右胖，前脚三節肩臂臑，節一段，皆載之；後脚三節，節一段，去下一節，載上肫胳二節；又取正脊、脡脊、橫脊、短脅、正脅、代脅各二骨以並，餘皆不設。簠實黍稷，簋實稻粱，籩實石鹽、乾魚、棗、栗、榛、菱、芡、鹿脯，豆實虀葅，醓醢、菁葅、鹿醢、韭葅、兔醢、筍葅、魚醢。若土無者，各以其類充之。本司帥掌事者以席入自西門，詣壇西階升。設社稷神座各於壇上近南，北向；又設后土氏神座於社稷之左，后稷氏神座於稷神之左，俱東向。席皆以莞。質明，諸祭官及從祭之官各服其服。祭官服祭服，從祭之官應公服者公服，非公服者常服。本司帥掌事者入實罇罍。每座罇二，一實玄酒爲上，一實醴齊次之。祝版各置於坫，祝以幣各置於篚，與血豆俱設於饌所。社稷之幣皆用黑，各長丈八尺。贊唱者先入就位，祝與執罇、罍、篚者入自西門，當社壇北，重行南向，以東爲上。立定，贊唱者曰「再拜」，祝以下皆再拜。執罇者升自西階，立於罇所，執罍、篚者各就位。諸祝詣社壇，升自西階，行掃除訖，降詣稷壇，升，掃除如社壇之儀，降，掃除於下訖，皆就位。刺史將至，縣則縣令將至。下放此。贊禮者引祭官及從祭之官與掌事者俱就門外位。刺史至，參軍事引之。次贊唱者先入就位。縣令贊者引。下放此。刺史停於次少頃，服祭服出次，參軍事引刺史入自西門，就位，南向，參軍事立於刺史之東，少退，南向。贊禮者引祭官以下及從祭之官以次入就位。凡導引者每曲一逡巡。立定，贊唱者曰「再拜」，刺史以下皆再拜。參軍事少進刺史之左，西面白「請行事」〔六六〕，退復位。本司帥執饌者奉饌陳於西門之外。祝以幣授刺史，參軍事引刺史自北階升社壇〔六七〕，南向跪，奠幣於社神座前訖，興，少退，再拜。祝又以幣授刺史，參軍事引刺史升稷壇，南向跪，奠幣於稷神座，如社壇之儀訖，參軍事引刺史降復位。本司引饌入，社稷之饌升自北階，配座之饌升自西階。諸祝迎引於壇上，設於神座前。籩、豆蓋冪先徹，乃升簠、簋。既奠，却其蓋於下。籩居右，豆居左，簠、簋居其間，羊豕二俎橫而重於右，腊特於左。本司與執饌者降自西階，復位，諸祝各還罇所。參軍事引刺史縣，贊禮者引縣令。下同。詣罍洗，執罍者酌水，執洗者跪取盤，興，承水。刺史盥手，執篚者跪取巾於篚，興，進。刺史帨手訖，執篚者受巾，跪奠於篚，遂取爵，興，以進，刺史受爵。執罍者酌水，刺史洗爵，執篚者又取巾於篚，興，進，刺史拭爵訖，受巾奠於篚，奉盤者跪，奠盤，興。參軍事引刺史自社壇北階升，詣社神酒罇所，執罇者舉冪，刺史酌醴齊。參軍事引刺史詣社神座前，南向跪，奠爵，興，少退，南向立。祝持版進於神座之右，西向跪，讀祝文曰：「維某年歲次月朔日，子某官姓名，敢昭告於社神：維神德兼博厚，道著方直，載生品物，含養庶類。謹因仲春，仲秋。祗率常禮，恭以制幣、犧齊、粢盛、庶品，備茲明薦，用伸報本，以后土句龍氏配神作主。尚饗。」縣祝文以下並同。訖，祝興，刺史再拜。祝進跪奠版於神座，興，還罇所。刺史拜訖，參軍事引刺史詣配座酒罇所，取爵於坫，執罇者舉冪，刺史酌醴齊，參軍事引詣后土氏神座前，西向跪，奠爵，興，少退，西向立。祝持版進於神座之左，南面跪，讀祝文曰〔六八〕：「爰茲仲春，仲秋。厥日惟戊，敬修常祀，薦於社神。惟神功著水土，平易九州，昭配之義，實通祀典。謹以犧齊、粢盛、庶品，式陳明薦，作主侑神。尚饗。」祝興，刺史再拜。祝進跪奠版於神座，興，還罇所。刺史拜訖，參軍事引刺史進當社神座前南向立，祝各以爵酌福酒，合置一爵，祝持爵進於刺史之右，東向立。刺史再拜受爵，跪，祭酒，啐酒，奠爵，興。祝帥執饌者以俎進，減社神座前胙肉，各取前脚第二骨。共置一俎上，興。祝持俎東向進，刺史受以授左右，刺史跪取爵，飲卒爵，祝進受爵，復於坫，刺史興，再拜。參軍事引刺史降自北階，詣罍洗盥手，洗爵，自稷壇北階升，詣稷神酒罇所，執罇者舉冪，刺史酌醴齊。參軍事引刺史詣稷神座前，南向跪，奠爵，興，少退，南向立。祝持版進於神座之右，西面跪，讀祝文曰〔六九〕：「敢昭告於稷神：惟神播生百穀，首兹八政，用而不匱，功濟氓黎。恭以制幣、犧齊、粢盛、庶品，祗奉舊章，備兹瘞禮，以后稷棄配神作主。尚饗。」訖，祝興，刺史再拜。祝進跪奠版於神座，興，還罇所。刺史拜訖，參軍事引刺史詣配座酒罇所，刺史取爵於坫，執罇者舉冪，刺史酌醴齊。參軍事引刺史詣后稷氏座前，西向跪，奠爵，興，少退，西向立。祝持版進於神座之左〔七〇〕，南面跪，讀祝文曰：「敢昭告於后稷氏：爰以仲春，仲秋。恭修常禮，薦於稷神。惟神功叶稼穡，闡修農政，允兹從祀，用率舊章。謹以制幣、犧齊、粢盛、庶品，式陳明薦，作主配神，尚饗。」訖，祝興，刺史再拜。祝進跪奠版於神座，興，還罇所。刺史拜訖，參軍事引刺史詣稷神座前，南向立，飲福受胙，如社壇之儀。訖，參軍事引刺史降自北階，還本位。初，刺史獻將畢，贊者引亞獻詣罍洗，盥手洗爵，升獻如刺史之儀。唯不讀祝文，不受胙。亞獻將畢，贊禮者引終獻詣罍洗，升酌終獻，如亞獻之儀訖，降復位。諸祝各進神座前，跪徹豆，興，還罇所。贊唱曰「賜胙，再拜」，非飲福受胙者皆再拜。贊唱者又曰「再拜」，刺史以下皆再拜。參軍事少進刺史之左，西面曰：「請就望瘞位。」刺史就望瘞位，南向立〔七一〕，祝於神前取幣及血寘於埳。贊唱者曰「可瘞」，埳東西面各二人寘土。半埳，參軍事進刺史左，白「禮畢」，遂引刺史出還次。贊禮者引祭官以下次出，諸祝及執鐏、罍、篚者降復掌事位。贊唱者曰「再拜」，祝以下皆再拜以出。其祝版燔於齋所。

諸里祭社稷儀

前一日，社正及諸社人應祭者各清齋一日於家正寢。正寢者，謂人家前堂待賓之所。應設饌之家先修治神樹之下，又爲瘞埳於神樹之北，方深取足容物。掌事者設社正位於稷座西北十步，東面，諸社人位於其後，東面南上。設祝奉血豆位於瘞埳之北，南向。祭器之數：每座酒鐏二并勺一，以巾覆之；俎一〔七二〕、籩二、豆二、爵二、簠二、簋二。無禮器者，量以餘器充之。祭日，未明，烹牲於厨，唯以特豕。祝以豆取牲血而置於饌所。夙興，掌饌者實祭器。牲體載右胖折節，如州縣制，分載二俎。其鐏一實玄酒爲上，一實清酒次之。籩實棗栗，豆實菹醢，簋實黍稷，簠實稻粱〔七三〕。掌事者以席入，社神之席設於神樹下，稷神之席設於神樹西，俱北向。質明，社正以下各服其服。掌事者以盥水器入，設於神樹北十步所，加勺巾二、爵一於其下，盛以箱；又以酒鐏入，設於神樹北近西〔七四〕，社神之鐏在東，稷神之鐏在西，俱東上南向。置爵二及祝版於鐏下。執鐏者立於鐏後。掌事者入實鐏酒訖，祝及執鐏者其祝以社人有學識者充之。入，當社神北，南向，以東爲上，皆再拜。執酒鐏者就鐏後立，其執盥者就盥器後立。贊禮引社正以下俱就位，立定，贊禮者贊「再拜」，社正以下皆再拜。祝詣鐏所，贊禮者贊「再拜」，社正以下皆再拜。掌事者以饌入，各設於神座前菹醢居前左右厢，黍稷在其間，俎居其外。訖，掌事者出。贊禮者引社正詣盥器所，執盥者酌水，社正洗手，取巾拭手訖，洗爵，拭爵訖，贊禮者引社正詣社神酒鐏所酌酒訖，贊禮者引社正詣社神座前跪，奠爵於饌右，興，少退，南向立。

祝持版進社神座東，西面跪，讀祝文曰：「維某年歲次月朔日，子某坊村則云某村，以下准此〔七五〕。社正姓名，合社若干人等，今昭告於社神：惟神載育黎元，長兹庶物，時屬仲春，仲秋。日惟吉戊，謹率常禮，恭用特牲、清酌、粢盛、庶品，祗薦社神。尚饗。」祝興。社正以下及社人等俱再拜。贊禮者引社正詣稷神罇所，取爵酌酒訖，贊禮者引社正詣稷神座前南向跪，奠酒於饌右，興，少退，南向立。祝持版進於稷神座西，東向跪，讀祝文曰：「若干人等敢昭告於稷神：惟神主兹百穀，粒此群黎，今仲春吉戊，秋云「仲秋」。謹率常禮，恭以特牲、清酌、粢盛、庶品，祗薦於稷神。尚饗。」祝興。社正以下及社人俱再拜。贊禮者引社正立於社神座前，南向〔七六〕，祝以爵酌社稷神福酒，合置一爵，進社正之右。社正再拜受酒訖，跪，祭酒，遂飲卒爵。祝受爵，還罇所，社正興，再拜。贊禮者引社正還本位。立定，贊禮者贊「再拜」，社正及社人俱再拜訖，祝以血置於埳，埳東西各一人寘土。半埳，贊禮者少前，白「禮畢」，遂引社正等出。祝與執罇者復位，再拜訖，出。其餘饌，社人等俱於此餕，如常會之儀。其祝版燔於祭所。

宋制，祀太社、太稷爲大祀，每歲春秋二仲月及臘日奉之。其常祀，州縣惟春秋二祭。

真宗景德四年，户部員外郎、判太常禮院李維言〔七七〕：「天下祭社稷、釋奠，長吏多不親行事，及闕三獻之禮，甚非爲民祈福、尊師設教之意。望令禮官申明舊典。」詔付有司。

神宗元豐三年，詳定郊廟禮文所言：「太社太稷祝版、牲幣、饌物，請並瘞於坎，更不設燔燎。」

又言：「周禮大宗伯『以血祭祭社稷』，社爲陰祀，血者陰幽之物。陰祀而用幽陰之物，所謂本乎地者親下，各從其類也。今祭社稷儀注，不用血祭，皆違經禮。請祭社稷以埋血爲始。郊天先薦血〔七八〕，次薦腥，次薦爓，次薦熟；社稷、五祀先薦爓，次薦熟；至於群小祀，薦熟而已。近世，社稷、五祀不薦爓，皆未應禮。請社稷、五祀先薦爓，次薦熟。古者祭社，君南向於北墉下，所以答陰也。今社壝内不設北墉，而有司攝事，乃設東向之位，於禮非是。請太社壝内設北墉，以備親祠南向答陰之位；其有司攝事，則立北墉下少西。王制曰：『天子社稷皆太牢，諸侯社稷皆少牢。』今自太社、太稷下至郡縣社稷，皆用少牢而祭，殊不應禮。夫爲一郡邑報功者，當用少牢；爲天下報功者，當用太牢。所有春秋祈報太社、太稷，請於羊豕之外，加以角握牛二〔七九〕。」並從之。

七年，詔諸州社稷於壇側建齋廳三楹，以備望祭。

徽宗政和三年，議禮局上五禮新儀：太社壇廣五丈，高五尺，四出陛，五色土爲之；太稷壇在西，如社壇之制。社以石爲主，其形如鐘，長五尺，方二尺，剡其上，培其下半。州縣社壇方二丈五尺，高三尺，四出陛；稷壇如社壇之制。四門同一壝，二十五步。壇飾各隨方色，幬以黄土。

五年，知歙州歙縣盧知原言：「社稷之祭，郡邑以長吏及以次官充三獻官，著於甲令，比來州郡多委曹掾攝事。請申嚴有司，應奉祀官非實有疾故，不得輒委他官行禮。」從之。

高宗紹興元年，禮官請歲以春秋二仲及臘前祭太社太稷，設位於天慶觀，以酒脯一獻。明年，望祭於臨安天寧觀。

八年，改祀於惠照齋宫。以言者謂用血祭，始用羊豕皆四，籩豆皆十有二，備三獻，如祀天地之儀。徙齋宫之欞星門於南，除其地以設牲器。

十四年，詔築壇壝於觀橋之東。壇成，立石主，置太社令一員。

孝宗淳熙四年，命臨安守臣更立望祭殿及庖室、齋廬，其儀皆如祭神州。唯設太社、太稷位於壇之南方，北向，后土句龍氏、后稷氏位於其西，東向。

祀社稷儀注

陳設

前祀二日，本司修除壇之内外。設祀官次於壇西門之外道北，南向。祀日，掌事者設神位版於壇上，席以莞。執罇、罍者設祭器，掌饌者實之。正、配每位籩八，在神位前左，重三行；豆八，在神位前右，重三行；俎二，在籩、豆外，分左右；槃一，在籩、豆之間；簠、簋各一，在二俎之間。設罇二於壇上西北隅，配位之罇在西，俱南向西上，罇置於坫，加以勺、冪。設洗二，各於子陛之西，南向。社稷各一。罍在洗西，加勺、冪；篚在洗東，北肆，置巾、爵。設三獻位於壇西北，祝位二，又於其西，俱道北，南向東上。又設祝位於稷壇上，東向南上。設初獻飲福位於稷壇上神座之東北，南向。設望瘞位於瘞埳之南，北向東上，開瘞埳，各於壇之北壬地，方深取足容物。南出陛置香爐合并燭於神座之前。幣置篚，陳於左；祝版置坫，陳於右。

行禮

祀日，質明，諸祀官各服其服。贊禮者引三獻官以下入，就位立，贊禮者少前，初獻之左，贊「請行事」。執事者瘞血，贊唱者曰「拜」，獻官以下皆再拜訖，祝詣社壇，升自酉陛，就位，東向立。俟初獻將詣罍、洗，祝詣社壇，跪取幣於篚，興，立於社神座左。贊禮者引初獻詣社壇罍、洗北，南向，執罍者酌水，初獻搢笏，盥手。執篚者取巾於篚，授初獻帨手訖，即受巾，奠於篚。初獻執笏，升自子陛，詣社神座前，南向，搢笏，跪，三上香。祝以幣東向跪，授初獻訖，興，詣配位前南向立。初獻受幣，奠於社神座前，執笏，俛伏，興，再拜訖，引初獻詣后土神座前，西向，如上儀訖。祝次詣稷神座前，東向立。初獻降壇，詣稷壇罍洗，升獻並如社壇之儀訖，降還位。祝復位，立少頃，引初獻再詣社壇罍、洗，南向。執罍者酌水，初獻搢笏，盥手，帨手訖，又取爵以授初獻，執罍者酌水，初獻洗爵。又授巾，初獻拭爵訖，巾奠於篚。初獻執笏升自子陛，執事者引初獻詣社神酒罇所，舉冪，酌酒於爵。初獻詣社神座前，南向，搢笏，跪，執爵，三祭酒，奠爵，執笏，俛伏，興，少退，南向立。初獻將詣罍洗，祝詣社壇，持版於社神座之右，西面跪讀祝訖，初獻再拜，祝奠版於神座右坫，興。次詣配位前，北向立。執事者引初獻詣配位酒罇所，舉冪，酌酒於爵。初獻詣后土氏神座前，西向跪，執爵，三祭酒，奠爵。初獻執笏，俛伏，興，少退，西向立。祝持版於后土神座之右，北面跪，讀祝畢，初獻再拜。祝奠版於神座右坫，興，詣稷神座前西向立。初獻降壇，詣稷壇罍洗盥帨、洗爵訖，升自子陛，執事者詣稷神酒罇所舉冪，酌酒於爵。初獻詣稷神座前，南向，搢笏，跪，執爵，三祭酒，奠爵，執笏，俛伏，興，少退，南向立。祝持版於稷神之右，西面跪，讀祝畢，初獻再拜，祝奠版於神座右坫，興，次詣配位前北向立。執事者引初獻詣配位酒罇所，舉冪，酌酒於爵。初獻詣后稷氏神座前西向跪，執爵，三祭酒，奠爵，執笏，俛伏，興，少退，西向立。祝持版於后稷神座之右，北面跪讀祝畢，初獻再拜，祝奠版於神座右坫，興，初獻降復位。次引亞獻詣社壇罍洗北，南向，搢笏，盥手，帨手，洗爵，執笏，升自酉陛，詣社神座前南向，搢笏，跪，執爵，三祭酒，奠爵，執笏，俛伏，興，再拜。次詣后土氏神座前，如上儀訖，降壇。詣稷壇罍洗、升獻，並如社壇之儀訖，降復位。次引終獻詣社稷壇罍洗、升獻，如亞獻之儀，降復位。次引初獻詣稷壇，升自子陛，詣飲福位南向立。執事者各以爵酌酒，合置一爵，持爵詣初獻之左，西向立。初獻再拜，搢笏，跪，受爵，祭酒，啐酒，奠爵。執饌者以俎減社稷神座前胙肉，合置一俎上，又以豆取稷黍飯合置一豆，先以飯授初獻，受訖，又以俎授初獻，受訖，皆以授執饌者。初獻取爵飲卒爵，執事者受虛爵，復於坫。初獻執笏，俛伏，興，再拜，降復位。引初獻以下詣社稷壇望瘞位北向立，執事者以篚詣神位跪取祝版、幣及饌物牲之左髀，寘於埳，以火焚半。贊禮者曰「可瘞」，寘土半埳訖，贊禮者少前贊「禮畢」，引初獻以下出退。

舊制：用羊豕各一口；籩十二，菱、芡、栗、鹿脯、榛實、乾桃、乾橑、乾棗、形鹽、魚鱐、糗餌、粉餈；登二，太羹；鉶鼎三，鉶羹；盤一，毛血；簋二，黍、稷；簠二，稻、粱；豆十二，芹、筍、葵、菁、韭、酏食、魚醢、豚拍、鹿臡、醓醢、糝食、兔俎八；羊腥七體，羊熟十一，羊腥胃、肺，羊熟腸、胃、肺；豕腥七體，豕熟十一，豕腥膚，豕熟膚；罇、罍二十四，實以酒，並同皇地祇。

七年，權禮部侍郎齊慶胄奏：「郡縣春秋祈報，社稷壇壝、器服之度，升降跪起之節，鄙野不經。請以祥符所頒祭器圖制、元豐郊廟祀禮、政和五禮新儀與其沿革，及今所用冕服、壇壝之制，祭祀之儀，參類爲書，鏤版以賜。」禮官謂：「祥符祭器圖制以竹木，今臨安上丁、上戊及祀風雷亦用之。請以祥符圖制及郡縣壇壝〔一〇〕、冕服祀儀，類爲一書，命臨安守臣刻之，摹上禮部，下之四方，名曰淳熙編類祀祭儀式。」從之。

朱子州縣社稷壇說

州縣社壇方二丈五尺，四步，今每步六分之一。凡言「方」者，皆徑也。此言方二丈五尺者，從東至西二丈五尺，從南至北二丈五尺也。壝二十五步，其説亦然。高三尺，既言壇高三尺，又言壇分三級，則是以一尺爲一級也。四出陛。此陛之級即壇之級也，但於四面陛之兩旁各以石砌作慢道隔斷，使其中爲陛級，外爲壇級可也。稷壝如社壇之制。社以石爲主，其形如鐘，長二尺五寸，方一尺一寸，剡其上，培其下半。舊法惟社有主，而稷無主，不曉其意，恐不可以己意增添。其言壇上之南方，非壇之中也。蓋神位坐南向北，而祭器設於神位之北，故此石主當壇上南陛之上。若在壇中央，即無設祭處矣。四門同一壝，二十五步。壝方二十五步者，亦是徑二十五步，謂從東至西二十五步。以丈計之，六尺爲步，則爲十五丈也。四角築土爲壝，高三尺許，使壇上與齋廳相望得見。壝上不用瓦，蓋以磚兩面砌，使其走水，尤爲堅固。四門，當中開門。古法不言闊狹，恐須闊一丈餘，庶幾行禮執事之人往來寬展，不相妨礙。兩旁各立一華表，高一丈許，上以横木貫之，如門之狀。華表於禮無文，但見州縣有如此者。或恐易得損壞，不作亦得。但壇面二丈五尺，乃是上一級之數，下面更兩級，一級須展一尺，即壇脚須徑二丈九尺。壇飾各隨方色，上蓋以黄土。古者，社稷不屋有明文，不用磚砌無所考。

然亦不言磚砌者，中原土密，雖城壁亦不用磚；今南方土疏，不砌恐易壞。赤土飾之，又恐僭於郊壇，不可用也。瘞坎於壇之北壬地，南出陛，方深取足容物。瘞坎在壇之北壬地，即是合在北壝門內兩壇邊，各於中央下日隔取壬地，各用磚石砌作一小天井，深闊三四尺。許其南作踏道上下，閉時以土實之，臨祭即令人取去土，掃令潔淨。祭畢，即使人持幣及祝版之屬，從踏道下送入坎中，然後下土築實，依條差人守視。又曰：「右出政和五禮新儀，以行事儀考之，二壇東西相並，坐南向北，石主在壇上之南方。北門壝外空地須令稍寬，可容獻官席位。空地之北，乃作齋廳，以備風雨，設獻官位。獻官南面行事。社各植以土之所宜木。壇壝等當用古尺，不當用大尺。」

校勘記

〔一〕爲市中之社　「中」字原脱，據周禮內宰疏補。

〔二〕齊侯致千社於魯　「致」原作「置」，據左傳昭公二十五年改。

〔三〕孟冬大割祠于公社　「祠」原作「祀」，據禮記月令改。

〔四〕襄二十五年左傳　「五」原作「二」，據左傳襄公二十五年改。

〔五〕帗舞用五色繒　「繒」字原脱，據元本、慎本、馮本及周禮舞師疏補。

〔六〕共工氏無録而王　「録」原作「禄」，據禮記祭法注改。

〔七〕祭地神　「神」原作「也」，據禮記郊特牲疏改。

〔八〕庾蔚曰　禮記郊特牲疏同。按隋書卷三二經籍志一著録有宋員外郎庾蔚之撰喪服、禮論鈔、禮答問等書，疑此處「蔚」下脱「之」字。

〔九〕故丘乘共之也　「共」原作「若」，據元本、慎本、馮本及禮記郊特牲疏改。

〔一〇〕云云　據文義，疑上「云」字爲「又」之誤。

〔一一〕擁於勇反　「於」原作「芳」，據經典釋文卷一八改。

〔一二〕上帝天也　「帝」下原衍「上」字，據國語魯語上删。

〔一三〕故泰誓曰　「泰」原作「秦」，據尚書泰誓改。

〔一四〕秦巫祠杜主　「杜」原作「社」，據史記卷二八封禪書、漢書卷二五上郊祀志上改。

〔一五〕事異體殊　「體」，晉書卷一九禮志上作「報」，疑是。

〔一六〕武帝外祖王肅景侯之論王社　「論」下原衍「曰」字，據晉書卷一九禮志上删。

〔一七〕今之里社是也　「也」字原脱，據晉書卷一九禮志上補。

〔一八〕天子爲百姓而祀　「百姓」原作「人」，據晉書卷一九禮志上改。

〔一九〕若夫置社　「置」原作「里」，據晉書卷一九禮志上改。

〔二〇〕衆庶之社　「衆庶」原作「人間」，據晉書卷一九禮志上改。

〔二一〕若有二而除之　「二」原作「過」，據晉書卷一九禮志上改。

〔二二〕其便仍舊　「便」原作「使」，據元本、慎本、馮本及晉書卷一九禮志上改。

〔二三〕答陰之義也　「之義」二字原脱，據禮記郊特牲、南齊書卷九禮志上補。

〔二四〕答之爲言　「答之」二字原脱，據南齊書卷九禮志上補。

〔二五〕而齋官位在帝壇北　「位」字原脱，據南齊書卷九禮志上補。

〔二六〕非陰氣之主　「氣」原作「陽」，據南齊書卷九禮志上改。

〔二七〕齋官立社壇東北　「立」原作「在」，據南齊書卷九禮志上改。

〔二八〕以東爲上　「東」原作「西」，據南齊書卷九禮志上改。

〔二九〕皇帝黑瓚階東西向　「黑瓚階」原作「奠幣」，據南齊書卷九禮志上改。

〔三〇〕又加官社官稷　「官社」二字原脱，據隋書卷七禮儀志二補。

〔三一〕祠具通其豐約　「通」，隋書卷七禮儀志二作「隨」。

〔三二〕義實爲重　「義」字原脱，據隋書卷七禮儀志二補。

〔三三〕州郡縣二仲月　「州」字原脱，據隋書卷七禮儀志二補。

〔三四〕中宗神龍元年　「中」原作「睿」。按通鑑考異卷一二引則天實録，神龍原爲武則天年號，中宗復辟後沿用，此處「睿」顯爲「中」之誤，據改。

〔三五〕然則先農與社本是一神　「則」字原脱，據新唐書卷一四禮樂志四補。

〔三六〕用孟春吉亥祭后土　「亥」原作「辰」，據新唐書卷一四禮樂志四改。

〔三七〕蓋以五是土數　「五」與「土」二字原倒，據通典卷四五禮典五乙正。

〔三八〕三師於北門之外道西　「道西」二字原脱，據開元禮卷三三、通典卷一一三禮典七三補。

〔三九〕皆磬簴在東鐘簴在西　「在東鐘簴」四字原脱，據開元禮卷三三補。

〔四〇〕各立於壇下重行南向　「重行」二字原脱，據開元禮卷三三補。

〔四一〕在版位東北立五步所　「版位」二字原倒，據開元禮卷三三乙正。

〔四二〕執事位於其後少退　「退」原作「北」，據開元禮卷三三、通典卷一一三禮典七三改。

〔四三〕諸王位於三師之西　八字原脱，據開元禮卷三三補。

〔四四〕諸州使人西　「西」原作「東」，據開元禮卷三三、通典卷一一三禮典七三改。

〔四五〕以東爲上　四字原脱，據開元禮卷三三、通典卷一一三禮典七三補。

〔四六〕諸州使人東　「東」原作「西」，據開元禮卷三三、通典卷一一三禮典七三改。

〔四七〕客使先置者　「置」原作「至」，據開元禮卷三三、通典卷一一三禮典七三改。

〔四八〕仗衛停於門外　「仗」原作「侍」，據開元禮卷三三改。

〔四九〕凡受物皆搢鎮圭　「受」原作「授」，據開元禮卷三三改。

〔五〇〕西面跪奠於后稷氏神座　「西面跪」三字原脱，據開元禮卷三三補。

〔五一〕於登歌止　「於」字原脱，據開元禮卷三三補。

〔五二〕皆作壽和之樂　「作」字原脱，據開元禮卷三三、通典卷一一三禮典七三補。

〔五三〕謹因仲春　「春」原作「秋」，據開元禮卷三三、通典卷一一三禮典七三改。

〔五四〕仲秋　「秋」原作「春」，據開元禮卷三三、通典卷一一三禮典七三改。

〔五五〕皇帝再拜　「再」字原脱，據開元禮卷三三、通典卷一一三禮典七三補。

〔五六〕西向跪　「西」原作「南」，據開元禮卷三三改。

〔五七〕盥手洗爵　「盥手洗」三字原脱，據開元禮卷三三補。

〔五八〕饌物置於埳訖　「物」字原脱，據開元禮卷三三補。

〔五九〕贊引引出 「出」字原脱，據開元禮卷三三補。

〔六〇〕若刺史及上佐等有故 「刺史」原作「判司」，據開元禮卷六八改。

〔六一〕四出陛 「四」下原衍「寸」字，據開元禮卷六八删。

〔六二〕設贊唱者位於終獻東北 「東」原作「西」，據開元禮卷六八、通典卷一二一禮典八一改。

〔六三〕羊豕及腊各一俎 「及」原作「皮」，據開元禮卷六八改。

〔六四〕社稷皆爵一 「爵一」二字原倒，據開元禮卷六八、通典卷一二一禮典八一乙正。

〔六五〕設洗於社壇北陛之西 「壇」原作「稷」，據開元禮卷六八改。

〔六六〕西面白請行事 「白」原作「曰」，據開元禮卷六八、通典卷一二一禮典八一改

〔六七〕自北陛升社壇 「社」字原脱，據開元禮卷六八、通典卷一二一禮典八一補。

〔六八〕祝持版進於神座之左南面跪讀祝文曰 「神座之左南面跪讀」原作「后土氏前」，據開元禮卷六八改補。

〔六九〕西面跪讀祝文曰 「西面跪讀祝文」六字原脱，據開元禮卷六八補。

〔七〇〕祝持版進於神座之左 「左」原作「右」，據開元禮卷六八改。

〔七一〕南向立 「南」原作「西」，據開元禮卷六八改。

〔七二〕俎一 「一」原作「二」，據開元禮卷七一、通典卷一二一禮典八一改。

〔七三〕簠實黍稷簋實稻粱 「簠」原作「簋」，「簋」原作「簠」，據開元禮卷七一改。

〔七四〕設於神樹北近西 「樹」字原脱，據開元禮卷七一補。

〔七五〕以下准此 「以」原作「次」，據開元禮卷七一、通典卷一二一禮典八一改。

〔七六〕南向 「向」下原衍「立」字，據開元禮卷七一删。

〔七七〕判太常禮院李維言 「李維」二字原脱，據長編卷六五真宗景德四年四月甲戌條補。

〔七八〕郊天先薦血 「薦」原作「祭」，據宋史卷一〇二禮志五改。

〔七九〕加以角握牛二 「牛」字原脱，據宋史卷一〇二禮志五補。

〔八〇〕請以祥符圖制及郡縣壇壝 「制」原作「製」，據上文改。

卷八十三　郊社考十六

祀山川

虞舜，歲二月，東巡狩至于岱宗，柴；岱宗，泰山，爲四嶽所宗，故名。柴，燔柴祭天告至。望秩于山川。東嶽。諸侯境内名山大川，如其秩次望祭之。謂五嶽牲禮視三公，四瀆視諸侯，其餘視伯、子、男。五月，南巡狩至于南嶽，如岱禮。南嶽，衡山。八月，西巡狩至于西嶽，如初。西嶽，華山。十有一月朔，巡狩至于北嶽，如西禮。北嶽，恒山。

周制，小宗伯兆五帝于四郊，四望亦如之。兆，爲壇之營域。鄭司農云：「四望，道氣出入。」又云：「日、月、星、海。」玄謂：「四望，五嶽、四鎮、四瀆。」疏曰：「鄭司農云，四望日、月、星、海，而後鄭不從者，禮無祭海之文。又書『望秩于山川』，是山川稱望。言四望者，不可一往就祭，當四向望而爲壇遥祭之，故稱四望也。」　司服，王祀四望則毳冕。毳，罽衣也。玄謂毳畫虎、蜼，謂宗彝也。其衣三章，裳二章，凡五也。　罽，居例反。　疏曰：「云『毳罽衣也』者〔一〕，按爾雅云：『毛氂謂之罽』。則續毛爲之，若今之毛布。但此毳則宗彝謂虎、蜼，而先鄭以爲罽衣，於義不可，故後鄭不從也。又知登火於宗彝者，宗彝則毳也。若不登火在於宗彝上，則毳是六章之首，不得以毳爲五章之首，故知登火於宗彝，取其明也。」　春官。　大司樂，乃奏姑洗，歌南吕，舞大磬，以祀四望。磬，上昭反。　姑洗，陽聲第三，南吕爲之合。四望，五嶽、四鎮、四瀆。　疏曰：「以大宗伯五嶽在社稷下、山川上，此文四望亦在社稷下、山川上，故知四望是五嶽、四鎮、四瀆也。　詳見祭物樂條。　牧人，望祀，各以其方之色牲，毛之。毛之，取純毛也。　疏曰：

「以其言望與四望義同，故知是四望，望五嶽等也。」地官。 通典曰：「牲用少牢，各隨方色，幣亦隨方色。」五獻察。察，明也。疏曰：「謂祭四望山川，其神既尊，神靈明察。」又曰：「毳冕五章，祀四望山川，故知五獻祭四望山川也。」禮器。 通典曰：「其祭之嶽、鎮則升血爲始，次薦豆籩及爓肉爲朝踐。」 大祭用腥，則次祀用爓也。爓謂沈肉於湯，故鄭云「湯肉爲爓」。 時王酌盎齊以獻，所謂朝踐之獻也；大宗伯亞獻，亦以盎齊。至熟，王酌清酒以獻尸，亞者亦清酒，所謂饋食之獻，通前四獻也。尸食訖，王又酌清酒以酳尸，凡五獻也。

男巫掌望祀望衍授號，旁招以茅。衍，依注音延。 杜子春云：「望衍，謂衍祭也。授號，以所祭之名號授之。旁招以茅，招四方之所望祭者。」玄謂衍讀爲延，聲之誤也。望祀謂有牲、粢盛者。延，進也。謂但用幣致其神。二者詛祝所授類造攻説禬禜之神號，男巫爲之招。 疏見祈禳條。 黄氏曰：「望祀，四望之類是。望衍，小祭祀，如四方百物之類是。衍之言多也。夫既多矣，不止則爲黷。秦漢以來，淫祀何可數計，鄭康成改爲延，協於大小之衍祭。其曰延而進之，獨用幣，義亦通。」 大祝，國將有事于四望則前祝。注疏見因祭征伐條。

陳氏禮書曰：「天子四望，達於四方。魯三望，泰山、河、海而已。書曰：『海、岱及淮惟徐州。』諸侯之望，皆其境内之名山大川也。望雖以名山大川爲主，而其實兼上下之神。故詩於柴望言『懷柔百神，及河喬嶽』。周禮於望皆言祀而不言祭。又典瑞四望與山川異玉，大司樂四望與山川異樂。左氏曰：『望，郊之細也。』又曰：『望，郊之屬也。』公羊曰：『方望之事，無所不通。』則望兼上下之神可知矣。鄭司農釋大宗伯曰：『四望，日、月、星、海。』杜預釋左傳曰：『望祀分野之星及封内山川。』許慎曰：『四望，日、月、星辰、河海、大山。』其説蓋有所受之也。鄭康成釋大宗伯曰：『四望，五嶽、四瀆。』釋大司樂，又兼之以司中、司命、風師〔二〕、雨師；釋舞師，又以四望爲四方。其言異同，不可考也。望之禮有二，而其用不一。男巫掌望祀、望衍，鄭氏讀『衍』爲『延』，謂望祀有牲與粢盛，望衍用幣致神而已。然鄭氏於大祝衍祭，亦以爲『延』，祭禮文殘缺，不可考也。望祀，或設於郊天之後，或設於巡狩之方，或旅於大故之時，則望有常有不常之祀也。崔靈恩謂四望之祭，歲各有四，不知何據然也。望祀，其兆四郊，其牲各放其方之色，其樂姑洗、南吕、大磬，其玉兩圭有邸，其服毳冕，其位茆以辨之，而植表於其中，周禮所謂『旁招以茆』，晉語所謂『置茆蕝，設望表』是也。白虎通謂周公祭泰山，以召公爲尸，其言無所經見。」

楊氏曰：「愚按：四望之説，惟鄭氏注小宗伯云『四望，五嶽、四鎮、四瀆』，其説爲是。蓋言望祭天下之名山大川也。所謂『懷柔百神』者，言合祭四方名山大川之神，故云百神，非必兼上下之神也。舜即位，『類于上帝，禋于六宗，望于山川，徧于群神』。類也，禋也，望也，各是一事，非望兼上下之神可知也。」

傳：僖公三十一年夏四月，四卜郊，不從，乃免牲，龜曰卜。不從，不吉也。卜郊不吉，故免牲。免，猶縱也。猶三望。三望，分野之星。國中山川，皆因郊祀望而祭之。魯廢郊天而修其小祀，故曰「猶」。猶者，可止之辭。分，夫問反。疏曰：「公羊傳曰：『三望者，祭泰山、河、海。』且魯境不及於河，禹貢『海岱及淮惟徐州』，徐即魯地，三望謂淮、海、岱也。賈逵、服虔以爲三望分野之星，國中山川，今杜亦從之。」左氏曰：「非禮也。望，郊之細也。不郊，亦無望可也。」公羊子曰：「天子祭天，諸侯祭土，天子有方望之事，無所不通；諸侯，山川有不在其封内者，則不祭也。三望者何？望祭也。然則曷祭？祭泰山、河、海。曷爲祭泰山、河、海？山川有能潤於百里者，天子秩而祭之，觸石而出，膚寸而合，側手爲膚，按指爲寸。不崇朝而徧雨乎天下者，惟泰山爾。河、海潤於千里。猶者何？

通可以已也。何以書譏，不郊而望也。」又三正記曰：「郊後必有望。」成王盟諸侯於岐陽，岐山之陽。楚爲荆蠻，荆州之蠻。置茆蕝，設望表，與鮮牟守燎。置，立也。蕝，謂束茆而立之，所以縮酒。望表，謂望祭山川，立木以爲表，表其位也。鮮牟，東夷國。燎，庭燎也。國語晉語。楚昭王曰：「三代命祀，祭不越望。江、漢、睢、漳，楚之望也。」睢，七餘反。詳見因祭疾而禱條。春秋昭公七年左氏傳：晉韓宣子曰：「寡君寢疾，並走群望。」見疾而禱條。朱子曰：「諸侯祭山川，也只祭得境内底。如楚昭王病，卜云：『河爲祟。』時諸大夫欲去祭河，昭王自言『楚之分地不及於河，河非所以爲祟』。孔子所以美之，云：『楚昭王知大道矣，其不失國也，宜哉。』這便見得境外山川與我不相關，自不當祭之。」

小宗伯，兆山、川、丘、陵、墳、衍，各因其方。順其所在。疏曰：「按大司徒職，地有十等，此不言林、澤、原、隰，亦順所在可知，故略不言也。」春官。山虞，若祭山林，則爲主而修除，且蹕。爲主，主辨護之也。修除，治道路場壇。疏曰：「此山林在畿内，王國四方，各依四時而祭。云『則爲主』者，謂主當祭事者也。云『修除』者，謂掃除糞灑。云『且蹕』者，且復蹕止行人也。按中候握河紀堯受河圖云：『帝立壇磬折西向，禹進迎，舜、契陪位，稷辨護。』注云：『辨護者，供時用相禮儀。』則此云『辨護』者，亦謂供時用相禮儀者也。場謂墠，即除地之處。壇，神位之所也。地官。典瑞，璋邸射以祀山川。射，食亦反。璋有邸而射，取殺於四望。鄭司農云：「射，剡也。」剡，以冉反，或因冉反。疏曰：「此『祀山川』謂若宗伯云『兆山川、丘陵各於其方』，亦隨四時而祭，則用此璋邸以禮神。」春官。冬官：「玉人之事，璋邸射素功，以祀山川。」注曰：「邸射，剡而出也。」鄭司農云：「素功，無瑑飾也。」疏云：「『以祀山川』者，謂四望之外，所有山川皆是。云『邸射剡而出也』者，向上謂之出，半圭曰璋，璋首邪却之。今於邪却之處，從下向上總邪却之，名爲剡而出。」司服，王祀山川則毳冕。注疏見四望禮。大司樂，乃奏蕤賓，歌函鍾，舞大夏，以祭山川。蕤，人誰反。函，胡南反。蕤賓，陽聲第四，函鍾爲之合。疏曰：「應鍾之六三，上生蕤賓之九四，是陽聲第四也。蕤賓，午之氣也，五月建焉，而辰在鶉首；函鍾，未之氣也，六月建焉，而辰在鶉火。是函鍾爲之合也〔三〕。」詳見樂考。大宗伯，以血祭祭五嶽，以貍沈祭山林、川澤。疏曰：「云『陰祀自血起』者，對天爲陽祀，自烟起，貴氣臭同也。云『五嶽：東曰岱宗，南曰衡山，西曰華山，北曰恒山，中曰嵩高山』者，此五嶽所在，據東都地中爲説。按大司樂云：『四鎮、五嶽崩。』注云：『華在豫州，嶽在雍州。』彼據鎬京爲説。彼必據鎬京者，彼據災異。若據洛邑，則華與嵩高並在豫州，其雍州不見有災異之事，故注有異也。按爾雅，江、河、淮、濟爲四瀆爲定。五嶽不定者，周國在雍州，時無西嶽，故權立吴嶽爲西嶽，非常法，爾雅不載。以東都爲定，故爾雅載之也。若然，此南嶽衡，按爾雅，霍山爲南嶽者，霍山即衡山，故地理志揚州霍山爲南嶽者，山今在廬江，彼霍山與冀州霍山在嵩華者别。云『不見四瀆』，四瀆者，五嶽之匹，或省文者，五嶽、四瀆相對若天地，故設經省文，惟見五嶽也。若然，下云『貍沈祭山林、川澤』，五嶽歆神，雖與社稷同用血，五嶽、四瀆，山川之類，亦當貍沈也。云『祭山林曰貍，川澤曰沈，順其性之含藏』者，經『貍沈祭山林、川澤』，總言，不析别其説，故鄭分之，以其山林無水，故貍之；川澤有水，故沈之，是其順性之含藏也。」春官。楊氏曰：「以血祭祭五嶽，是四望事。四望，乃天子之禮也。然其方之諸侯亦所當祭，如魯祭泰山是也。」通典曰：「黄帝祭於山川，與爲多焉。與，比也。祭祀山川，黄帝爲多。虞氏秩於山川，徧於群神。周制，四坎壇祭四方。四方，即謂山林、川谷、丘陵之神。祭山林、丘陵於壇，川谷於坎。每方各爲坎，爲壇，牲用少牢，各隨方色，幣亦隨方色。其祭之嶽、鎮則升血爲始，四瀆則沈血爲始。」爾雅：「祭山曰庪縣，祭川曰浮沈。」疏曰〔四〕：「庪縣，祭山之名也。庪謂貍藏之。大宗伯云，以貍沈祭山林、川澤。鄭注云『祭山林曰貍』是也。縣，謂縣其牲幣於山林中。郭云『或庪或縣，置之於山』是也。又山海經曰『縣以吉玉』是也。浮沈，郭云：『投祭水中，或浮或沈。』大宗伯云：『以貍沈祭山林、川澤。』鄭注云『祭川澤曰沈，順其性之含藏』是也〔五〕。庪，九委反，又九僞反，徐居綺反，字亦作「庋」，同。夏官小子：「凡沈辜侯禳，飾其牲。」注曰：「鄭司農云，沈謂祭川，辜謂磔牲以祭也。」詳見祈禳條。

舞師，掌教兵舞，帥而舞山川之祭祀。疏曰：「云『掌教兵舞』，謂教野人使知之，國有祭山川，則舞師還帥領往舞山川之祀。」詳見祭物樂舞。鬯人，掌共秬鬯而飾之。注疏見社稷禮。凡山川用蜃。故書「蜃」或爲「謨」。杜子春云：「『謨』當爲『蜃』。」鄭司農云：「謨，器名，漆罇也。」玄謂蜃畫爲蜃形，蚌曰合漿，尊之象。蚌，步項反。曰合音含，本亦作含。疏曰：「云『蜃畫爲蜃形』者，亦謂漆畫之。云『蚌曰合漿，尊之象』者，蚌蛤一名含漿，含漿則是容酒之類，故畫爲蜃而尊名也。」五獻察。謂祭四望山川。注疏及通典五獻並見四望。　孟春，命祀山林、川澤，犧牲毋用牝。爲傷妊生之類。　仲冬，天子命有司祈祀四海大川、名原、淵澤、井泉。順其德盛之時祭之也。今月令「淵」爲「深」。　季冬，乃畢山川之祀。月令。　天子祭天下名山、大川，五嶽視三公，四瀆視諸侯。視，視其牲器之數。　疏曰：「按夏傳云：『五嶽視三公，四瀆視諸侯，其餘山川視伯，小者視子、男。』鄭注云：『謂其牲幣、粢盛、籩豆、爵獻之數，非謂尊卑。』按周禮：上公饔餼九牢，飧五牢，饗禮九獻，豆四十；侯、伯饔餼七牢，飧四牢，饗禮七獻，豆三十有二；子、男饔餼五牢，飧三牢，饗禮五獻，豆二十有四。又五等諸侯膳皆太牢，祭亦太牢，簋皆十有二。祭四望山川用毳冕。鄭注禮器『五獻察』，謂祭四望山川也。又侯、伯無別，三公與子、男同。今此王制云『五嶽視三公，四瀆視諸侯』，則三公尊於諸侯。夏傳云：『四瀆視諸侯，其餘山川視伯，小者視子、男。』是伯與侯別。今鄭注此，云『視，視其牲器』；又注夏傳，謂其牲幣、粢盛、籩豆、爵獻之數。參驗上下，並與周禮不同，不可强解，合之爲一。此王制所陳，多論夏、殷之制；夏傳所說，又非周代之禮。鄭之所注者，當據異代法也。此經云『四瀆視諸侯』，夏傳『視諸侯』之下云『其餘山川視伯，小者視子、男』，則此諸侯謂是侯爵者，不得總爲五等諸侯。」　諸侯祭名山大川之在其地者。魯人祭泰山，晉人祭河是也。　王制。　曲禮：「天子、諸侯祭山川。」疏曰：「祭山川者，周禮『兆五帝於四郊，四望、四類亦如之』也。祭山川者，王制云『在其地則祭之，亡其地則不祭』是也。」楊氏曰：「『舜望秩於山川』。秩，序也。以次序而祭之。五嶽視三公，四瀆視諸侯，特言其禮有隆殺輕重爾。注疏拘於牲幣、粢盛、籩豆、爵獻之數，失於太泥，遂至於不可强解，不必然也。」

傳：五嶽者何謂也？泰山，東嶽也；霍山，南嶽也；華山，西嶽也；恒山，北嶽也；嵩高山，中嶽也。五嶽何以視三公？能大布雲雨焉，能大斂雲雨焉，雲觸石而出，膚寸而合，不崇朝而雨天下，施德博大，故視三公也。四瀆者何謂也？江、河、淮、濟也。四瀆何以視諸侯？能蕩滌垢濁焉，能通百川於海焉，能出雲雨千里焉，爲施甚大，故視諸侯也。山川何以視子、男也？能出物焉，能潤澤物焉，能生雲雨，爲恩多，然品類以百數，故視子、男也。書曰「禋於六宗，望秩于山川，徧于群神」矣。說苑。三王之祭川也，皆先河而後海。疏曰：言三王祭百川之時，皆先祭河而後祭海也。學記。晉人將有事於河，必先有事於惡池。惡，依注音呼。池，大河反。惡當爲「呼」，聲之誤也。呼池、嘔夷，并州川。嘔，烏侯反。疏曰：「有事於河，謂祭河也。必先告惡池小川，從小而祭也。先告從祀者，然後祭河也。呼池、嘔夷，并州川。夏官職方文。」齊人將有事於泰山，必先有事於配林。配林，林名。疏曰：「謂祭泰山也，先告配林，是泰山之從祀者也。故先告從祀，然後祭泰山，此皆積漸從小至大之義也。」禮器。季氏旅於泰山，子謂冉有曰：「女弗能救與？」對曰：「不能。」子曰：「嗚呼，曾謂泰山不如林放乎？」女，音汝。朱子曰：「旅，祭名。泰山，山名，在魯地。禮，諸侯祭封内山川，季氏祭之，僭也。冉有，孔子弟子，名求，時爲季氏宰。救，謂救其陷於僭竊之罪。嗚呼，嘆辭。言神不享非禮，欲季氏知其無益而自止，又進林放以厲冉有也。」問「季氏旅於泰山」一段。朱子曰：「天子祭天地，諸侯祭其國之山川。只緣是他屬我，故我祭得他；他若不屬我，則氣便不與之相感，如何祭得他？」因舉太子申生秦將祀于事。

秦始皇即帝位三年，東遊海上，行禮祠名山川及八神，求仙人羨門之屬。應劭曰：「羨門，名子高，古仙人也。」八神將自古而有之，或曰太公以來作之。齊所以爲齊，以天齊也。蘇林曰：「當天中央齊也。」師古曰：「謂其衆神異，如天之腹齊也。」其祀絶莫知起時。八神：一曰天主，祠天齊，天齊淵水，居臨菑南郊山下下者。師古曰：「下下謂最下也。」臨菑城南有天齊水，五泉並出，蓋謂此也。」二曰地主，祠泰山梁父，蓋天好陰，祠之必於高山之下時，命曰時。師古曰：「名其祭處曰時也。」地貴陽，祭之必於澤中圜丘云。三曰兵主，祠蚩尤。蚩尤在東平陸監鄉，齊之西境也。師古曰：「東平陸，縣名也。監，其縣之鄉名也。」四曰陰主，祠三山。師古曰：「三山，即下所謂三神山。」五曰陽主，祠之罘山。韋昭曰：「之罘山在東萊腄縣〔六〕。」師古曰：「罘音浮。腄音直瑞反。」六曰月主，祠之萊山。韋昭曰：「在東萊長廣也。」皆在齊北，並渤海。師古曰：「並音步浪反。」七曰日主，祠盛山。盛山斗入海，韋昭曰：「盛山在東萊不夜縣，斗入海也。」師古曰：「斗，絶也。盛音成。」最居齊東北陽，以迎日出云。八曰四時主，祠琅邪，在齊東北，蓋歲之所始。師古曰：「山海經云，琅邪臺在渤海間，謂臨海有山，形如臺也。」皆各用牢具祠，而巫祝所損益，圭幣雜異焉。師古曰：「言八神牲牢皆同，而圭幣各異也。」

昔三代之居，皆河、洛之間，師古曰：「謂夏都安邑，殷都朝歌，周都洛陽。」故嵩高爲中嶽，而四嶽各如其方，四瀆咸在山東。至秦稱帝，都咸陽，則五嶽、四瀆皆并在東方。自五帝以至秦，迭興迭衰，名山大川，或在諸侯，或在天子，其禮損益世殊，不可勝記。師古曰：「代代殊異，故不可盡記。」及秦并天下，令祠官所常奉天地、名山、大川鬼神可得而序也。於是自崤以東，名山五，大川祠二。師古曰：「崤即今之陜州二崤也。」曰太室。太室，嵩高也。恒山，泰山，會稽，湘山。水曰泲，曰淮。師古曰：「泲音子禮反。此本濟水之字。」春以脯酒爲歲禱，因泮凍；服虔曰：「解凍也。」師古曰：「泮音普半反。」秋涸凍；師古曰：「涸讀與『沍』同。沍，凝也。音下故反〔七〕。春則解之，秋則凝之。春秋左氏傳曰『固陰沍寒』。禮記月令曰：『孟冬行春令，則凍閉不密。』」冬塞禱祠。師古曰：「塞謂報其所祈也，音先代反。」其牲用牛犢各一，牢具、圭幣各異。自華以西，名山七，名川四。曰華山，薄山。薄山者，襄山也。師古曰：「説者云薄山在河東，一曰在潼關北十餘里，而此志云自華以西者，則今閿鄉之南山連延西出〔八〕，並得華山之名。」嶽山，岐山，吴山，鴻冢，瀆山。瀆山，蜀之岷山也。師古曰：「周禮職方氏：『雍州，其山曰嶽。』爾雅亦云：『河西曰嶽。』説者咸云嶽即吴嶽也。今志有嶽山，又有吴山，則吴、嶽非一山之名，但未詳嶽之所在耳。徐廣云：『嶽山在武功。』據地理志，武功但有垂山，無嶽山也。岐山即在今之岐山縣，其山兩岐，俗呼爲箭栝嶺。吴山在今隴州吴山縣。鴻冢，釋在下。岷山在湔氐道。」水曰河，祠臨晉。師古曰：「即今之同州朝邑縣界。」沔，祠漢中。師古曰：「沔，漢水之上名也。漢中，今梁州是也。沔音彌善反。」湫淵，祠朝那。蘇林曰：「湫淵在安定朝那縣，方四十里，停水不流，冬夏不增不減，不生草木。湫音將蓼反〔九〕。」在涿郡遒縣〔一〇〕。師古曰：「此水今在涇州界，清澈可愛，不容穢濁，或有諠污，輒興雲雨。土俗亢旱，每於此求之，相傳云龍之所居也。天下山川隈曲，亦往往有之。湫音子由反。」江水，祠蜀。亦春秋泮涸禱塞如東方山川，而牲亦牛犢、牢具、圭幣各異。而四大冢，鴻、岐、吴、嶽〔一一〕，皆有嘗禾。孟康曰：「以新穀祭之。」陳寶節來祠，服虔曰：「陳寶神應節來也。」其河加有嘗醪。此皆雍州之域，近天子都，故加車一乘，騮駒四。灞、滻、灃、澇、涇、渭，長水，皆不在大山川數，師古曰：「灞、滻出藍田，灃、澇出鄠。長水者言其源流長也。」澇音勞。以近咸陽，盡得比山川祠，而無諸加。師古曰：「加謂車及騮駒之屬。」汧、洛二淵，鳴澤、蒲山、嶽壻山之屬，爲小山川，亦皆禱塞泮涸祠，禮不必同。諸此祠皆太祝常主，以歲時奉祠之。至如他名山川諸神及八神之屬，上過則祠，去則已。

漢高祖初悉召故秦祀官，復置太祝、太宰，如其故儀。又令河巫祠河於臨晉。

文帝時，始名山大川在諸侯，諸侯祝各自奉祠，天子官不領。及齊、淮南國廢，令太祝盡以歲時致禮如故。明年，廣增諸祀壇場、珪幣，河、湫、漢水玉加各二。

武帝元狩元年，濟北王以爲天子且封禪，上書獻泰山及其旁邑，天子以他縣償之。常山王有罪，䙴，師古曰：「『䙴』與『遷』同。」天子封其弟真定，以續先王祀，而以常山爲郡。然後五嶽皆在天子之邦。

歐陽氏集古録：「漢西嶽華山廟碑，文字尚完可讀。其述自漢以來云：『高祖初興，改秦淫祠，太宗承循，各詔有司，其山川在諸侯者，以時祠之。孝武皇帝修封禪之禮，巡省五嶽，立宮其下。宮曰集靈宮，殿曰存僊殿，門曰望僊門。中宗之世，使者持節，歲一禱而三祠。後不承前，至於亡新，寖用丘墟。建武之元，事居其中，禮從其省，但使二千石歲時往祠。自是以來，百有餘年，所立碑石，文字磨滅。延熹元年，弘農太守袁逢修廢起頓，易碑飾闕。會遷京兆尹，孫府君到，欽若嘉業，遵而成之。孫府君諱璆。』其大略如此。所謂集靈宮者〔一二〕，他書皆不見，惟見此碑，則余之集録不爲無益矣。」

按：古者，天子祭四望，五嶽、四瀆，其大者也。然王畿不過千里，千里之外，則皆諸侯之國，所謂嶽者，豈必在畿内而後祭之？如舜都蒲坂，而一歲巡五嶽，俱有望秩之禮是也。始皇雖併六國，而禮典廢墜，所祠祭山川，皆因其遊觀所至處，與封禪求仙，則及之；而其領之祠官，以歲時致祭，且雜以淫祠者，大率多秦中山川也。至漢，則名山大川之在諸侯國者，不領於天子之祠官，必俟齊、淮南、常山之國廢及濟北王獻地，而後舉五嶽之祭，俱非古義也。

元封元年三月〔一三〕，上幸緱氏，禮登中嶽太室，從官在山上聞若有言「萬歲」云。問上，上不言；問下，下不言。迺令祠官加增太室祠，禁毋伐其山木，以山下户凡三百封崈高〔一四〕，爲之奉邑，獨給祠，復無有所與。詳見封禪門。

五年，上巡南郡，至江陵而東，登禮灊之天柱山，灊音潛，廬江縣也，天柱山在焉。武帝以天柱山爲南嶽。號曰南嶽。浮江，自潯陽出樅陽，過彭蠡，禮其名山大川。北至琅邪，並海上。四月，至奉高修封焉。

宣帝神爵元年，制詔太常：「夫江、海，百川之大者也，今闕焉無祠。其令祠官以禮爲歲事，言每歲常祠之。以四時祠江、海、雒水，爲天下祈豐年焉。自是五嶽、四瀆皆有常禮。東嶽泰山於博，中嶽泰室於嵩高，南嶽灊山於灊，西嶽華山於華陰，北嶽常山於上曲陽；上曲陽，常山郡之縣也。河於臨晉，馮翊之縣也。江於江都，淮於平氏，南陽之縣。濟於臨邑界中，東郡之縣。皆使者持節侍祠。惟泰山與河歲五祠，江水四，餘皆一禱而三祠云。

光武中元元年，定北郊祀地祇，地理群神從食，如元始故事，在壇下。中嶽在未，四嶽各在其方孟辰之地，中營内。海在東；四瀆：河西、濟北、淮東、江南；他山川各如其方，皆在外營内。五嶽共牛一頭，海、四瀆共牛一頭。

章帝元和二年，詔曰：「山川百神，應祀者未盡。其議增修群祀宜享祀者。」

魏文帝黄初二年〔一五〕，禮五嶽、四瀆，咸秩群祀，沈瘞珪璋。

晉成帝咸和八年，立北郊於覆舟山，祀地祇。地郊從祀則五嶽、四望、四海、四瀆、五湖、五帝之佐，沂山、嶽山、白山、霍山、醫無閭山、蔣山、松江、會稽山、錢塘江、先農，凡四十四神。江南諸小山，蓋江左所立，如漢西京、關中小水皆有祭秩也。

穆帝升平中，何琦備論五嶽祠曰〔一六〕：「唐、虞之制，天子五載一巡狩，順時之方，柴燎五嶽，望於山川，偏於群神，故曰『因名山升中於天』，所以昭告神祇，饗報功德。是以災厲不作，而風雨寒暑以時。降及三代，年數雖殊，而其禮不易，五嶽視三公，四瀆視諸侯，著在經記，所謂『有其舉之，莫敢廢也』。及秦、漢都西京，涇、渭長水，雖不在祀典，以近咸陽，故盡得比大川之祠，則正立之祀可以闕哉？自永嘉之亂，神州傾覆，茲事替矣。惟灊音潛。之天柱在王略之内也，舊臺選百户吏卒，以奉其職。中興之際，未有官守，廬江郡常遣大史兼假四時禱賽，春釋寒而冬請冰。咸和迄今，又復隳替。計今非典之祠，可謂非一。考其正名，則淫昏之鬼；推其糜費，則百姓之蠹。而山川大神更爲簡闕，良由頃國家多難，日不暇給，草建廢滯，事有未遑。今元憝徒對反。已殲，宜修舊典。嶽瀆之域，風教所被，而神明禋祀，未之或甄，崇明前典，將候皇輿北旋。可令禮官作式，歸諸誠簡，以達明德馨香，如斯而已。其諸妖孽，可粗依法令，先去其甚，俾邪正不黷。」時不見省。

宋孝武帝大明七年，有司奏奠祭霍山，殿中郎丘景先議：「宜使太常持節，牲以太牢之具，饈用酒脯、時穀，禮用赤璋、纁幣，器用陶匏，藉用茅席，爲壇兆。」時不用蜃，同郊祀，以爵獻。凡肴饌種數，依社祭。

梁令郡國有五嶽者，置宰祀三人；及有四瀆若海應祀者，皆以孟春、仲冬祠之。

後魏景穆帝立五嶽、四瀆廟於桑乾水之陰〔一七〕，春秋遣有司祭。其餘山川百神三百二十四所，每歲十月遣祠官詣州鎮徧祀〔一八〕。有水旱災厲，則牧守各隨其界内而祈禱。王畿内諸山川，有水旱則禱之。

太武帝南征，造恒山，祀以太牢；浮河、濟，祀以少牢；過岱宗，祀以太牢；遂臨江，登瓜步而還。

後周大將出征，遣太祝以羊一，祭所過名山大川。

隋制，祀四鎮：東鎮沂山，西鎮吳山，南鎮會稽山，北鎮醫無閭山。在東夷中，遙祀。冀州鎮霍山，並就山立祠。祀四海：東海於會稽縣界，南海於南海鎮南，並近海立祠。及四瀆，並取側近巫一人，主知灑掃，並令多植松柏。

唐武德、貞觀之制，五嶽、四鎮、四海、四瀆，年別一祭，各以五郊迎氣日祭之。東嶽岱山，祭於兗州；東鎮沂山，祭於沂州；東海於萊州，東瀆大淮於唐州。南嶽衡山於衡州，南鎮會稽山於越州，南海於廣州，南瀆大江於益州。中嶽嵩山於洛州，西嶽華山於華州，西鎮吴山於隴州，西海及西瀆大河於同州。北嶽恒山於定州，北鎮醫無閭山於營州，北海及北瀆大濟於洛州〔一九〕。其牲皆用太牢，祀官以當界都督、刺史充。

武后垂拱四年，封洛水神爲顯聖侯，享齊於四瀆；封嵩山爲神嶽天中王。至萬歲通天元年，尊神嶽天中王爲神嶽天中皇帝；神龍元年，復爲天中王。先天二年，封華嶽爲金天王。

玄宗開元十一年，敕：「霍山宜崇飾祠廟，秩視諸侯。蠲山下十户，以爲灑掃。晉州刺史，春秋致祭。」

十三年，封泰山神爲天齊王，禮秩加三公一等。

二十五年，敕：「三時不害，百穀用成，遂使京坻，遍於天下。和平之氣，既無遠而不通；禋祀之典，亦有祈而必報。宜令中書令李林甫等分祭郊廟、社稷，尚書左丞相裴耀卿等分祭五嶽四瀆〔二〇〕。」

開元時，天台道士司馬承禎言：「今五嶽神祠是山林之神也，非正真之神也。五嶽皆有洞府，有上清真人降任其職，山川、風雨、陰陽、氣序，是所理焉。冠冕服章、佐從神仙，皆有名數。請別立齋祠之所。」上奇其説，因敕五嶽各置真君祠一所。

天寶元年，以西成頗熟，令光禄卿、嗣鄭王希言等分祭五嶽；其四瀆名山，委所由長官擇日致祭。

七載、八載、十載，皆以歲豐，遣官分祭嶽瀆。

五載，詔封中嶽爲中天王，南嶽爲司天王，北嶽爲安天王。

六載，詔封河瀆爲靈源公，濟瀆爲清源公，江瀆爲廣源公，淮瀆爲長源公，令所司擇日差使告祭。

七載，封昭應山爲元德公。

八載，封太白山爲神應公。其九州鎮山，除入諸嶽外，並宜封公。

十載，封東海爲廣德王，南海爲廣利王，西海爲廣潤王，北海爲廣澤王。封沂山爲東安公〔二〕，會稽山爲永興公，嶽山爲成德公〔三〕，霍山爲應聖公，醫無閭山爲廣寧公。

肅宗至德二載，敕吴山宜改爲吴嶽，祠享官屬，並準五嶽故事。

上元二年，改封華山爲太山，華陰縣爲太陰縣。

德宗貞元二年，詔太常卿裴郁等十人，各就方鎮祭嶽瀆等。舊禮，皆因郊祀望而祭之。天寶中，始有遣使祈福之祠，非禮之正也。

太常卿董晉奏：「五嶽、四瀆，伏準開元禮，每年各以五郊迎氣日祭之，其祝版並合御署。自上元元年，中祠、小祠，一切權停。自後因循，不請御署。其祝版欲至饗祭日所司準程先進取御署，附驛發遣。」敕旨宜依，仍委所司每至時先奏，附中使送往。

文宗開成二年四月十一日，敕：「如聞京師舊説，以爲終南山興雲，即必有雨。若晴霽，雖密雲他至，竟不沾濡。況兹山北面闕庭，日當顧矚，修其望祀，寵數宜及。今聞都無祠宇，巖谷湫却在命祀〔二三〕，終南山未備禮秩，湫爲山屬，捨大從細，深所謂闕於興雲致雨之祀也。宜令中書門下且差官設奠，宣告致禮，便令擇立廟處所，回日以聞，然後命有司即時建立〔二四〕。」其年九月，敕終南山宜封爲廣惠公，準四鎮例，以本府都督、刺史充獻官，每年一祭，以季夏土王日祭之。

僖宗乾寧五年，敕封少華山爲佑順侯。

昭宗天佑二年，敕封洞庭湖君爲利涉侯，青草湖君爲安流侯。

唐開元禮

祭五嶽四鎮四海四瀆儀

諸嶽、鎮、海、瀆，每年一祭，各以五郊迎氣日祭之。四祭，每座籩、豆各十，簠、簋各二，俎三〔二五〕。設祭州界已具歷代祀山川篇。前祭五日，諸祭官各散齋三日，致齋二日，如别儀。前一日，嶽令、瀆令清掃内外，又爲瘞埳於壇壬地，方深取足容物。海、瀆則埳内爲壇，高丈四尺，皆爲陛。贊禮者設初獻位於壇東南，亞獻、終獻於初獻南少退，俱西向北上；設掌事者位於終獻東南，重行西面，以北爲上；設贊唱者位於終獻西南，西向北上；設獻官等望瘞位於瘞坎之東北，西向〔二六〕；祭海、瀆無望瘞位。設祭官以下門外位於南門之外道東，重行西向，以北爲上。祭器之數：罇六，籩十，豆十，簠二，簋二，俎三。嶽、瀆令帥其屬詣壇東陛升，設罇於壇上東南隅，北向西上；罇皆加勺、冪，有坫以置爵。設玉篚於罇坫之所；設洗於南陛東南，北向，罍水在洗東，篚在洗西，南肆。篚實以巾爵。執罇、罍、洗、篚者各位於罇、罍、篚之後。祭日，未明，烹牲於厨，其牲各隨方色。齋郎以豆先取血毛，置於饌所。夙興，掌饌者實祭器。牲體：牛、羊、豕皆載右胖，前脚三節，節一段，肩、臂、臑皆載之，後脚三節，節一段，去下節，載上肫、胳二節。又取正脊、脡脊、横脊、短脅、正脅、代脅各二骨以並，餘皆不設。簋實稷、黍；簠實稻、粱；籩十，實石鹽、乾魚、棗、栗、榛、菱、芡、鹿脯、白餅、黑餅；豆十，實韭菹、醓醢、菁菹、鹿醢、芹菹、兔醢、笋菹、魚醢、脾析菹〔二七〕、豚胉。若土無者，各以其類充之。凡祭官各服其服。三品毳冕，四品繡冕，五品玄冕，六品以下爵弁。若有二品以上各依令〔二八〕。嶽令、瀆令帥其屬入，詣壇東陛升，設嶽神、瀆神座於壇上近北，南向〔二九〕，席以莞；又實罇、罍及玉，凡罇，一實醴齊，一實盎齊，一實清酒，其玄酒各實於上罇。祭神之玉，兩珪有邸。祝版置於坫。嶽令、瀆令又以幣置於篚，齋郎以豆血，皆設於饌所。其幣長丈八尺，各隨方色。贊唱者先入就位，祝與執罇、罍、篚者入，當壇南，重行北面，以西爲上。立定，贊唱者曰「再拜」，祝以下俱再拜。執罇者升自東陛，立於罇所，執罍、篚者各就位。祝詣壇東陛升，行掃除於上；降，行掃除於下訖，瀆則掃除坫外訖。各就位。質明，贊禮者引祭官以下俱就門外位，立定，一刻頃，贊唱者曰「再拜」，在位者皆再拜。贊禮者進初獻之左，白：「有司謹具，請行事。」退復位。贊唱者曰「再拜」。在位者皆再拜。祝跪取玉、幣於篚，興，立於罇所，凡取物者皆跪，俛伏而取以興。奠物奠訖，俛伏而後興。掌饌者帥齋郎奉饌陳於東門之外，贊禮者引初獻詣壇，升自南陛，進神座前，北向立，祝以玉、幣，東向進，初獻受玉、幣，祝還罇所〔三〇〕。贊禮者引初獻進，北向跪，奠於神座，興，少退，北向再拜，贊禮者引初獻降，還本位。掌饌者引饌入，升自南陛，祝迎引於壇上，設於神座前。掌饌者帥齋郎降自東陛〔三一〕，復位，祝還罇所。贊禮者引初獻詣罍洗，盥手，洗爵，升自南陛，詣酒罇所。執罇者舉冪，初獻酌醴齊，贊禮者引初獻進詣神座前，北向跪，奠爵，興，少退，北向立。祝持版進於神座之右，東面跪，讀文曰：「維某年歲次月朔日，子嗣天子某謹遣某官某，敢昭告於東嶽岱宗：維神資養萬品，作鎮一方。式因春始，南嶽云「夏始」，中嶽云「季夏」，西嶽云「秋始」，北嶽云「冬始」。謹以玉幣、犧齊、粢盛、庶品，朝薦於東嶽岱宗。尚享。」東瀆大淮云：「惟神源流深泌，潛潤溥洽，阜成百穀，疏滌三川。青春伊始，用遵典秩。」南瀆大江云：「惟神總合大川，朝宗巨海，功昭潤化，德表靈長。敬用夏首，修其常典。」西瀆大河云：「惟神上通雲漢，光啓圖書，分導九枝，旁潤千里。素秋戒序，用率典常。」北瀆大濟云：「惟神泉源清潔，浸被遐遠〔三二〕，播通四氣，作紀一方。元冬肇節，聿修典制。」訖，興，初獻再拜。祝進奠版於神座，還罇所。祝以爵酌清酒進初獻之右，西向立，初獻再拜，受爵，跪，祭酒，啐酒，奠爵，興〔三三〕。祝帥齋郎以俎進，減神座前三牲胙肉，各取前脚第二節〔三四〕，共置一俎上，以授初獻；初獻受，以授齋郎。初獻跪取爵，遂飲卒爵，祝進受爵，復於坫，初獻興，再拜。贊禮者引初獻降復位。於初獻飲福酒，贊禮者引亞獻詣罍洗，盥手，洗爵，升自東陛，詣罇所。執罇者舉冪，亞獻酌盎齊。贊禮者引亞獻詣神座前，北面跪，奠爵，興，少退，北向再拜。祝以爵酌清酒，進於亞獻之右，西向立。亞獻再拜，受爵，跪，祭酒，遂飲卒爵。祝受虛爵，復於坫，亞獻興，再拜。贊者引亞獻降，復位。初亞獻將畢，贊禮者引終獻盥洗、升獻、飲福如亞獻之儀訖，贊禮者引終獻降復位。祝進神座前徹豆，還罇所。贊唱者曰「再拜」，非飲福受胙者皆再拜。贊禮者進初獻之左，白「請就望瘞位」，贊唱者引初獻就望瘞位〔三五〕，西向立，於獻官將拜，嶽令進神座，跪，取幣，齋郎以俎載牲體、黍稷飯詣瘞埳，以饌物置於埳。祭海、瀆，獻官拜訖，瀆令及齋郎以幣血沈於瀆，瀆令退就位。東西廂各二人寘土。半埳，贊者進初獻之左，白「禮畢」，遂引初獻以下出。祝與執罇、罍、篚、冪者俱復執事位，立定，贊唱者曰「再拜」，再拜訖，遂出。祝版燔於齋所。

宋初，緣舊制，祭東嶽泰山於兗州，西嶽華山於華州，北嶽恒山於定州，中嶽嵩山於河南府。

太祖皇帝建隆四年，平湖南，命給事中李昉祭南嶽。

乾德六年，有司言：「祠官所奉止四嶽，今按祭典，請祭南嶽於衡州，東鎮沂山於沂州，南鎮會稽山於越州，西鎮吳山於隴州，中鎮霍山於晉州；東海於萊州，南海於廣州，西海、河瀆並於河中府，北海、濟瀆並於孟州，淮瀆於唐州；其江瀆，準顯德五年敕，祭於揚州揚子江口，今請復祭於成都府；北鎮醫無閭山在營州界，未行祭享。」從之。其後望祭北鎮於定州北嶽祠。

開寶四年〔三六〕，廣南平，遣司農少卿李繼芳祭南海。劉鋹先尊海神爲昭明帝，廟爲聰正宮，其衣飾以龍鳳。詔削其號及宮，各易以一品之服。

五年，詔：自今嶽、瀆并東海、南海廟各以本縣令兼廟令，尉兼廟丞，專掌祀事，常加按視，務於蠲潔。仍籍其廟宇祭器之數，受代日，交以相付。本州長吏，每月一詣廟察舉。縣近廟者，遷治所就之。

太宗太平興國八年，河決滑州，遣樞密直學士張齊賢詣河祭告，用兩圭有邸沉之。自是凡決溢、修塞，皆致祭。

真宗景德三年，令澶州置河瀆廟。上幸大名也。禱之有應。及元年，駐蹕澶淵，戎騎在郊，河流不冰，故立祠，春秋致祭。

大中祥符元年，封禪禮畢，詔加號泰山天齊王爲仁聖天齊王，修飾廟宇，山四面七里內，各禁樵採。又封泰山通泉廟爲靈泒侯，亭亭廟爲廣禪侯，鄒縣嶧山廟爲靈巖侯。十一月，車駕過澶州，幸河瀆廟酌奠，進號河瀆曰顯聖靈源公，遣官往河中府〔三七〕、澶州祭告。

二年八月，祕書丞董温其上言：「漢以霍山爲南嶽，望令壽州長吏春秋致祭。」詔禮官與崇文院檢討詳定。上奏曰：「按爾雅云『江南衡山』，注云『衡山，南嶽』。又『霍山爲南嶽』，注云：『即天柱山，潛水所出。』此即非特霍山爲南嶽。舜五月南巡，周之王制，皆以衡山爲南嶽，惟漢武帝以衡山遼遠，取讖緯之説，而祭灊、霍。至隋復以衡山爲嶽。況奉祠已久，國家疆宇夐廣，難於改制。其霍山如有祈請及特致祭，即委州縣奉行。」從之。

三年，修鳳翔太白山、泗州龜山廟。

四年，親祀汾陰后土，還至河中，親謁奠河瀆廟，親謁華陰西嶽廟，群臣陪位，廟垣内外列黄麾仗，遣官分奠廟内諸神。

五年，詔加上東嶽曰天齊仁聖帝，南嶽曰司天昭聖帝，西嶽曰金天順聖帝，北嶽曰安天元聖帝，中嶽曰中天崇聖帝。命翰林學士李宗諤等與禮官詳定儀注及冕服制度，其玉册如宗廟謚册之制。遣官詣五嶽充奉册使、副，有司設册使一品鹵簿及授册黄麾仗於乾元門外〔三八〕，各依方所；又設載册輅及衮冕輿於朝元門外，群臣朝服序班，仗衛如元會儀。上服衮冕御朝元殿，中書侍郎引五嶽玉册，尚衣奉御筆、衮冕升殿，上爲之興。奉册使、副班於香案前，侍中宣制曰：「今加上五嶽帝號〔三九〕，遣卿等持節奉册展禮。」咸承制再拜。奉册使以次升自東階，受册於御座前，降西階；副使受衮冕輿於丹墀。玉册至朝元門外，上復坐。册使奉册升輅，鼓吹振作而行。册至廟，内外列黄麾仗，設登歌。奉册於輅，衮冕於輿，使、副袴褶騎從，遣官三十員前導。及門，奉置幄次，以州長吏以下充祀官，致祭畢，奉玉册、衮冕置殿内。十一月戊戌，詔加上東嶽淑明后、南嶽景明后、西嶽肅明后、北嶽靖明后、中嶽正明后之號，又詔華山及華州管内靈迹並禁樵採。

陳氏曰：泰山曰天齊仁聖帝，在唐爲天齊王，至本朝，以東方主生，加「仁聖」二字，封帝。帝只一上帝而已，安有山而謂之帝？今立廟儼然人形貌，垂旒端冕衣裳而坐，又立后殿於其後，不知又是何山可以當其配而爲夫婦邪？據泰山，魯封内惟魯公可以祭。今隔一江一淮，與南方地脉絶不相干涉，而在在州縣皆立東嶽行祠，亦失於講明之故。

仁宗康定二年，增封海、瀆，遂處遣官致祭：東海爲淵聖廣德王，南海爲洪聖廣利王，西海爲通聖廣潤王，北海爲冲聖廣澤王，江瀆爲廣源王，河瀆爲靈源王，淮瀆爲長源王，濟瀆爲清源王。

慶曆二年，儂智高反，圍廣州，數有風雨，遂遁。乃詔益封南海神爲洪聖廣利昭順王。

神宗元豐三年，集賢校理陳侗言：「按周禮小宗伯之職，『兆五帝於四郊，四望、四類亦如之』。鄭氏注：『四望謂五嶽、四瀆也；四類，日、月、星、辰也。』今四郊有五帝及日、月、星辰之壇，而獨四望之壇不建，或遇朝廷有祈焉，則設位皇地祇壇下，甚非古制。請依周禮，建四望壇於四郊，以祭五嶽、四鎮、四瀆，庶合於經。」詔下詳定禮文所。詳定所請以國朝祠令所載嶽、鎮、海、瀆，兆四望於四郊：岱山、沂山、東海、大淮於東郊，衡山、會稽山、南海、大江、嵩山、霍山、大海於南郊，華山、吴山、西海、大河於西郊，常山、醫無閭山、北海、大濟於北郊。每方嶽、鎮則共爲一壇，海、瀆則共爲一坎，以五時迎氣日祭之，皆用血祭瘞埋，有事則請禱之。又以四方山川各附於本方嶽、鎮、海、瀆之下，別爲一壇、一坎，水旱則禱之。其北郊從祀及諸州縣就祭如故。詔每方嶽鎮共爲一壇望祭，餘從之。

徽宗政和三年，議禮局上五禮新儀：五方嶽、鎮、海、瀆壇各高五尺，周四十步，四出陛，兩壝，每壝二十五步，壇飾依方色。祭嶽、鎮、海、瀆，設位南向，以西爲上；山川從祀，西向，以北爲上。諸嶽、鎮、海、瀆，年別一祭，以祭五帝日祭之：東嶽泰山於兗州界，東鎮沂山於青州界，東海於萊州界，東瀆大淮於唐州界，南嶽衡山於潭州界，南鎮會稽山於越州界，南海於廣州界，南瀆大江於益州界，中嶽嵩山於河南府界，中鎮霍山於晉州界，西嶽華山於華州界，西鎮吴山於隴州界，西海、西瀆大河於河中府界，北嶽常山及遥祀北鎮醫巫閭山於定州界，北海、北瀆大濟於孟州界。太常言：「大中祥符中，封五嶽爲帝，四海爲王，獨五鎮封爵尚仍唐舊。元豐八年，始封西鎮吴山爲成德王，而未及四鎮。」詔並封王。

高宗建炎元年，權太常少卿滕康言：「車駕巡幸所過名山大川，望差官致祭。」從之。紹興七年，太常博士黄積厚言：「百神之祀，曠歲弗修，如中祀未舉者，嶽、瀆、海、鎮、中嶽、中鎮是也。望舉而行之。」從之。

每歲以四立日、季夏土王日設祭，其禮料初依奏告例，後比擬舊制，用羊豕各一口，籩十，菱、芡、栗、鹿脯、榛實、乾桃、乾蕨、乾棗、形鹽、魚鱐。簠二，稻、粱。簋二，黍、稷。鉶鼎三，鉶羹。登二，大羹。脂盤一，毛血。豆十，芹、筍、葵、菁、韭、魚醢、兔醢、豚胉、鹿臡、醓醢。俎八，羊腥七體、羊熟十。羊腥，腸、胃。羊熟，腸、胃、肺。豕腥七體、豕熟十一。豕腥，膚。豕熟，膚。尊罍二十四。實酒，並同皇地祇。

三十一年，知樞密院事、督視軍馬葉義問言：「比虜寇進逼江上，與鎮江、建康、太平諸郡纔隔一水。先報虜人謀開第二港河，欲徑衝丹徒。施工累日，一夕大風，沙漲，截斷不得渡，以爲水府陰祐。仰惟陛下神聖威武，將士用命，犬羊之衆，未遽衝突；然滔滔大江，横截其前，虜軍爲之逡巡退却，雖有舟楫，不得施者，實神助有道，陰相於冥冥之中，所以致然。乞詔禮官考其制，乞依五嶽例，峻加帝號，令建康守臣擇地建廟。其金山、采石二水府，乞增封，遣官精潔祭告。」詔令禮部、太常寺討論。已而太常寺言：「江瀆已封廣源王，止係二字，欲特增加六字，作八字王。擬昭靈孚應威烈廣源王，令建康守臣擇爽塏之地建廟，賜額曰佑德。其乞峻加帝號一節，恢復中原日别議封册。兼契勘廣源王本廟，係在成都府，今來所封廟額，并增八字王，令本廟一體稱呼。」從之。

孝宗乾道五年，太常少卿林栗言：「國家駐蹕東南，東海、南海實在封域之内。檢照國朝祀儀，立春祭東海於萊州，立夏祭南海於廣州，其西、北海遠在夷貊，獨即方州行二時望祭之禮。自渡江以後，惟南海廣利王廟歲時降御書祝文，令廣州行禮，并紹興七年，加封至八字王爵，如東海之祠。但以萊州隔絶，不曾令沿海官司致其時祭，殊不知通、泰、明、越、温、台、泉、福，皆東海分界也。紹興辛巳，虜人入寇，李寶等舟師大捷於膠西，是時神靈助順，則東海之神於國爲有功矣。謹按：東海祠，隋祭於會稽縣界，唐祭於萊州界。本朝沿唐制，萊州立祠。元豐元年，建廟於明州定海縣。既成，命知制誥鄧潤甫撰記。二年，加封『淵聖』之號。崇寧二年，本廟歲度道士一員。大觀四年，又加『助順』二字。則東海之祠，本朝累加崇奉，皆在明州，不必泥於萊州矣。欲乞行下禮部，參照南海已封禮例，將李寶等昨來立功事迹顯著，特封東海之神八字王爵，自今後立春及大禮告謝，乞依見令廣州祭南海禮例，關報所屬，請降香祝下明州排辦，差官行禮。」詔從之。

校勘記

〔一〕云毳罽衣也者　「毳」字原脱，據周禮司服疏補。

〔二〕風師　「師」原作「伯」，據陳祥道禮書卷九一四望、周禮大司樂注改。

〔三〕是函鍾爲之合也　「爲」字原脱，據周禮大司樂疏補。

〔四〕疏曰　「疏」原作「注」，據爾雅釋天疏改。

〔五〕順其性之含藏是也　「是」字原脱，據爾雅釋天疏補。

〔六〕之罘山在東萊腄縣　「縣」字原脱，據漢書卷二五上郊祀志上韋昭注補。

〔七〕音下故反　「下」原作「十」，據漢書卷二五上郊祀志上顔師古注改。

〔八〕連延西出　「出」原作「山」，據元本及漢書卷二五上郊祀志上顏師古注改。

〔九〕湫音將蓼反　「湫」字原脱，據漢書卷二五上郊祀志上蘇林注補。

〔一〇〕在涿郡遒縣　五字與湫淵無關，疑衍。

〔一一〕而四大冢鴻岐吴嶽　「冢鴻」二字原倒，據史記卷二八封禪書乙正。

〔一二〕所謂集靈宫者　「靈」原作「僊」，據歐陽文忠公全集卷一三四後漢西嶽華山廟碑改。

〔一三〕元封元年三月　漢書卷二五上郊祀志上同。漢書卷六武帝紀「三月」作「春正月」。

〔一四〕密高　「高」原作「嵩」，據漢書卷六武帝紀、卷二五上郊祀志上改。

〔一五〕魏文帝黄初二年　「二」原作「三」，據三國志卷二文帝紀改。

〔一六〕何琦備論五嶽祠曰　「備論」，晉書卷一九禮志上作「論修」。

〔一七〕桑乾水之陰　「水」原作「木」，據元本、慎本、馮本及魏書卷一〇八之一禮志一改。

〔一八〕詣州鎮徧祀　「祀」原作「禱」，據魏書卷一〇八之一禮志一、通典卷四六禮典六改。

〔一九〕洛州　「洛」原作「洺」，據通典卷四六禮典六、舊唐書卷二四禮儀志四改。

〔二〇〕裴耀卿等分祭五嶽四瀆　「耀」原作「輝」，據舊唐書卷八玄宗紀改。

〔二一〕東安公　「東安」二字原倒，據舊唐書卷二四禮儀志四、唐會要卷四七封諸嶽瀆、册府元龜卷三三帝王部崇祭祀二乙正。

〔二二〕嶽山爲成德公　「嶽山」，舊唐書卷二四禮儀志四、册府元龜卷三三帝王部崇祭祀二作「吴嶽山」。

〔二三〕巖谷湫却在命祀　「巖」原作「炭」，據唐會要卷四七封諸嶽瀆改。

〔二四〕然後命有司即時建立　「後」字原脱，據唐會要卷四七封諸嶽瀆補。

〔二五〕俎三　「三」原作「二」，據開元禮卷三五、三六改。

〔二六〕西向　二字原倒，據通典卷一一二禮典七二乙正。

〔二七〕髀析菹　「髀析」原作「菜」，據開元禮卷三五、三六改。

〔二八〕若有二品以上各依令　「上」原作「下」，據通典卷一一二禮典七二改。

〔二九〕南向　「南」上原衍「面」字，據開元禮卷三五、通典卷一一二禮典七二删。

〔三〇〕祝還罇所　「祝還」二字原倒，據開元禮卷三五、三六乙正。

〔三一〕掌饌者帥齋郎降自東陛　「者」字原脱，據開元禮卷三五、三六及通典卷一一二禮典七二補。

〔三二〕浸被遐遠　「被」原作「彼」，據開元禮卷三六改。

〔三三〕興　原脱，據開元禮卷三五補。

〔三四〕減神座前三牲胙肉各取前脚第二節　「三牲」與「各取」四字原脱，據開元禮卷三五補。

〔三五〕贊唱者引初獻就望瘞位　十字原脱，據開元禮卷三五、通典卷一一二禮典七二補。

〔三六〕開寶四年　「四」原作「三」，據長編卷一二太祖開寶四年六月辛未條改。

〔三七〕河中府　「中」原作「東」，據宋史卷一〇二禮志五改。

〔三八〕授册黄麾仗於乾元門外　「授」原作「援」，據宋史卷一〇二禮志五改。

〔三九〕今加上五嶽帝號　「上」原作「大」，據宋史卷一〇二禮志五改。

卷八十四　郊社考十七

封禪

秦始皇既即帝位，三年，東巡守郡縣，祀騶嶧山騶，魯縣也。嶧山在北。嶧音亦。頌功業。謂刻石自著功業。於是徵齊魯之儒生博士七十人，至於泰山下。諸儒生或議曰：「古者，封禪爲蒲車，惡傷山之土石草木；蒲車，以蒲裹輪。埽地而祠，席用苴稭，稭，稾本也，去皮以爲席。苴音租，稭音戛。苴，藉也，茅藉也。「苴」字本作「菹」，假借用。言其易遵也。」始皇聞此議各乖異，難施用，由此黜儒生，而遂除車道，上自泰山陽。至顛，立石頌德，明其得封也。從陰道下，山南曰陽，山北曰陰。禪於梁父。其禮頗采泰祝之祀雍上帝所用，而封藏皆祕之，世不得而記也。始皇之上泰山，中阪遇暴風雨，休於大樹下。諸儒既黜，不得與封禪，聞始皇遇風雨，即譏之。於是始皇遂東遊海上，行禮祠名山川及八神，求仙人羨門之屬。使人齎童男女入海，求不死之藥。既封禪十二年而秦亡。諸儒生疾秦焚詩、書，誅滅文學，皆曰「始皇上泰山，爲風雨所擊，不得封禪」云。

齊桓公既霸，會諸侯於葵丘而欲封禪。師古曰：「葵丘會在僖九年。葵丘在陳留外黃縣東。封禪者，封土於山而禪祭於地也。解在武紀。管仲曰：「古者，封泰山、禪梁父者七十二家，而夷吾所記者十有二焉。昔無懷氏封泰山，禪云云；鄭氏曰：「無懷氏，古之王者，在伏羲前。見莊子。」服虔曰：「云云在梁父東，山名也。」晉灼曰：「云云山在蒙陰縣故城東北，下有云云亭。」虙羲封泰山，禪云云；虙讀曰伏。神農氏封泰山，禪云云；炎帝封泰山，禪云云；炎帝，神農後。黄帝封泰山，禪亭亭；服虔曰：「亭亭山在牟陰。」晉灼曰：「地理志，鉅平有亭亭山。」師古曰：「晉説是也。」顓頊封泰山，禪云云；帝嚳封泰山，禪云云；堯封泰山，禪云云；舜封泰山，禪云云；禹封泰山，禪會稽；湯封泰山，禪云云；周成王封泰山，禪於社首；應劭曰：「山名，在博縣。」晉灼曰：「在鉅平南十二里。」師古曰：「晉説是也。」皆受命然後得封禪。」桓公曰：「寡人北伐山戎，過孤竹；應劭曰：「伯夷國也，在遼西令支。」師古曰：「令音郎定反。支音地祇之祇。」西伐，束馬縣車，上卑耳之山；韋昭曰：「將上山，纏束其馬，縣鈎其車也〔一〕。卑耳即齊語所謂辟耳。」南伐，至召陵，師古曰：「召陵，楚地也，在汝南。召讀曰邵。」登熊耳山，以望江漢。師古曰：「熊耳山在順陽北益陽縣東，非禹貢所云『導洛自熊耳』者也。其山兩峰，狀亦若熊耳，因以爲名也。」兵車之會三，乘車之會六，九合諸侯，一匡天下，師古曰：「兵車之會三，謂莊十三年會于北杏，以平宋亂；僖四年侵蔡，蔡潰，遂伐楚，次于陘；六年伐鄭，圍新城也。乘車之會六，謂莊十四年會于鄄，十五年又會于鄄，十六年同盟于幽，僖五年會于首止，八年盟于洮，九年會于葵丘也。匡，正也。一匡天下，謂定襄王爲天子之位也。一説謂陽穀之會，令諸侯云『無障谷，無貯粟，無以妾爲妻』，天下皆從，故云『一匡』者也。」諸侯莫違我。昔三代受命，亦何以異乎？」於是管仲睹桓公不可窮以辭，因設之以事，曰：「古之封禪，鄗上黍，北里禾，所以爲盛；應劭曰：「鄗音臛。」蘇林曰：「鄗上、北里，皆地名也。」師古曰：「盛，謂以實簠簋。」江淮間，一茅三脊，所以爲藉也。服虔曰：「茅草有三脊也。」張晏曰：「謂靈茅也。」師古曰：「藉，以藉地也，音才夜反。」東海致比目之魚，師古曰：「爾雅云：『東方有比目魚焉，不比不行，其名謂之鰈。』鰈，土盍反。」西海致比翼之鳥。師古曰：「山海經云：『崇吾之山有鳥狀如鳧，而一翼一目，相得乃飛，其名曰鶼。』爾雅曰：『南方有比翼鳥焉，不比不飛，其名謂之鶼鶼。』而管仲乃云西海，其説異也〔一〕。然後物有不召而自至者十有五焉。今鳳凰、麒麟不至，嘉禾不生，而蓬蒿藜莠茂，鴟梟群翔，師古曰：「蓬、蒿、藜、莠，皆穢惡之草。梟，不祥之鳥也。鴟，蓋今所謂角鴟也。梟，王梟也。」而欲封禪，無乃不可乎？」於是桓公乃止。

太史公曰：「自古受命帝王，曷嘗不封禪？蓋有無其應而用事者矣，未有睹符瑞見而不臻乎泰山者也。雖受命而功不至，至梁父矣而德不洽，洽矣而日有不暇給，是以即事用希。傳曰：『三年不爲禮，禮必廢；三年不爲樂，樂必壞。』每世之隆，則封禪答焉，及衰而息。厥曠遠者千有餘載，近者數百載，故其儀闕然堙滅，其詳不可得而記聞云。」

按：文中子曰：「封禪，非古也，其秦、漢之侈心乎？而太史公作封禪書，則以爲古受命帝王未嘗不封禪，且引管仲答齊桓公之語，以爲古封禪七十二家，自無懷氏至三代俱有之。蓋出於齊魯陋儒之説，詩、書所不載，非事實也。」當以文中子之言爲正，故今叙封禪，以秦始皇爲首，而管仲所言古七十二家，則姑存其説，附始皇封禪之後。

漢武帝元封元年，上與公卿諸生議封禪。封禪用希曠絶，莫知其儀體，而群儒采封禪尚書、周官、王制之望祀射牛事。師古曰：「天子有事宗廟，必自射牲，示親殺也。事見國語。」齊人丁公年九十餘，曰：「封禪者，古不死之名也。秦始皇不得上封。陛下必欲上，稍上稍，漸也。即無風雨，遂上封矣。」上於是迺令諸儒習射牛，草封禪儀。數年，至且行。天子既聞公孫卿及方士之言，黄帝以上封禪皆致怪物與神通，欲放黄帝放，依也。以接神人蓬萊，高世比德於九皇，韋昭曰：「上古有人皇者九人。」而頗采儒術以文之。群儒既已不能辨明封禪事，又拘於詩、書古文而不敢騁。上爲封祠器示群儒，群儒或曰「不與古同」，徐偃又曰「太常諸生行禮不如魯善」，周霸屬圖封事，屬，會也，音之欲反。於是上黜偃、霸，而盡罷諸儒弗用。三月，廼東幸緱氏，禮登中嶽太室，從官在山上聞若有言「萬歲」云。問上，上不言；問下，下不言。乃令祠官加增太室祠，禁毋伐其山木，以山下户凡三百封崈高，爲之奉邑，崈，古「崇」字耳。以崇奉嵩高之山，故謂之崈高。奉，音扶用反。獨給祠，復無有所與。音豫。上因東上泰山，如淳曰：「言易上也。泰山從南面直上，步道三十里，車道百里。」泰山草木未生，廼令人上石，立之泰山顛。從山下轉石而上也。上遂東巡海上，行禮祠八神。齊人之上疏言神怪奇方者以萬數，廼益發船，令言海中神山者數千人〔三〕，求蓬萊神人。公孫卿持節常先行候名山，至東萊，言「夜見大人，長數丈，就之，則不見，見其迹甚大，類禽獸」云。群臣有言見一老父牽狗，言「吾欲見鉅公」，天子也。已忽不見。上既見大迹，未信；及群臣又言老父，則大以爲仙人也。宿留海上，與方士傳車及間使求神仙人以千數。四月，還至奉高。上念諸儒及方士言封禪人殊不經，難施行。天子至梁父，禮祠地主。至乙卯，令侍中、儒者皮弁縉紳，射牛行事。封泰山下東方，如郊祠泰一之禮。封廣丈二尺，高九尺，其下則有玉牒書，書祕。禮畢，天子獨與侍中奉車子侯上泰山，子侯，霍去病子也。亦有封，其事皆禁。明日，下陰道。丙辰，禪泰山下阯東北肅然山，如祭后土禮。天子皆親拜見，衣上黄而盡用樂焉。江淮間一茅三脊爲神藉，五色土益雜封，縱遠方奇獸、飛禽及白雉諸物，頗以加祠，兕牛、象、犀之屬不用。皆至泰山，然後去。封禪祠，其夜若有光，晝有白雲出封中。天子從禪還，坐明堂，群臣更上壽。

詔曰：「朕以眇身承至尊，兢兢焉惟德菲薄，不明於禮樂，故用事八神。即郊祀志所説天主、地主、兵主、陰主、陽主、日主、月主、四時主也。其祠皆在齊地，始皇封禪時禮之，武帝亦然。遭天地況施，著見景象，屑然如有聞。聞呼「萬歲」者三是也。震於怪物，欲止不敢，遂登封泰山，至於梁父，然後升禪肅然。增天之高〔四〕，歸功於天。禪，闡也，廣土地也。肅然，山名，在梁父。自新，嘉與士大夫更始，其以十月爲元封元年。行所巡至：博、奉高、蛇丘、歷城、梁父，民田租逋賦貸，已除。加七十以上孤寡帛，人二匹。四縣無出今年算。自博至梁父凡五縣。今云四縣者，奉高一縣素以供神，非算限也。賜天下民爵一級，女子百户牛、酒。」

正義曰：「泰山上築土爲壇以祭天，報天之功，故曰『封』。泰山下小山上除地，報地之功，故曰『禪』。言禪者，神之也。白虎通云：『或曰封者，金泥銀繩；或曰石泥金繩〔五〕，封之印璽也。』」

孟康曰：「王者功成治定，告成功於天。封，崇也，助天之高也。刻石紀號，有金策、石函、金泥、玉檢之封焉。」應劭曰：「封者，壇廣十二丈，高二丈，階三等，封於其上，示增高也。刻石，紀績也。立石三丈一尺，其辭曰：『事天以禮，立身以義，事親以孝，育民以仁。四守之内，莫不爲郡縣，四夷八蠻，咸來貢職，與天無極。人民蕃息，天禄永得。』尚玄酒而俎生魚。下禪梁父，祀地主，示增廣。此古制也。武帝封廣丈二尺，高九尺，其下有縢書，祕語。」

按：秦始皇、漢武帝之封禪也，皆黜當時諸儒之議，而自定其禮儀。考史氏所載，則秦之諸儒進蒲車、掃地之説，漢之諸儒有拘於詩、書古文而不敢騁之説，以此拂二帝之意，而不見録。然封禪非古禮也。竊詳諸儒之意，蓋欲以古帝王巡狩、望祀之禮而緣飾之。然古帝王之事，則省方問俗，賞善罰惡，凡以爲民，其意出於公也。秦漢二主之事，則誇誦功德，希求福壽，凡以爲己，其意出於私也。迹其舉措，正自冰炭，則又安能考詩、書之説，行簡質之禮乎？固宜其見黜也。

又詔曰：「古者，天子五載一巡狩，用事泰山，諸侯有朝宿地。其令諸侯各治邸泰山下。」天子既已封泰山，無風雨，而方士更言蓬萊諸神若將可得，於是上欣然庶幾遇之，復東至海上望焉。

其秋，有星孛於東井。後十餘日，有星孛於三能，能讀曰台。望氣王朔言：「候獨見填星出如瓜，食頃，復入。」有司皆曰：「陛下建漢家封禪，天其報德星云。」

二年夏，旱，公孫卿曰：「黄帝時，封則天旱，乾封三年。」三年不雨，暴所封之土令乾也。上乃下詔：「天旱，意乾封乎？」

四年，上北至琅琊，並海上。四月，至奉高，修封焉。

公王帶曰：「黄帝時，雖封泰山，然風后、封鉅、岐伯令黄帝封東泰山，風后等皆黄帝臣。東泰山在琅琊朱虚界，中有小泰山是。禪凡山，凡山在朱虚縣。合符，然後不死。」天子既令設祠具，至東泰山。東泰山卑小，不稱其聲。乃令祠官禮之，而不封焉。其後，令帶奉祠候神物。復還泰山，修五年之禮如前，而加禪祠石閭。石閭者，在泰山下阯南方，方士言仙人閭也。故上親禪焉。泰山五年一修封，武帝凡五修封〔六〕。

光武建武三十年，群臣上書請封禪。詔曰：「即位三十年，百姓怨氣滿腹，吾誰欺，欺天乎？曾謂泰山不如林放，何事汙七十二代之編録！桓公欲封，管仲非之。若郡縣遠遣吏上壽，盛稱虚美，必髡，兼令屯田。」從此群臣不敢復言。三月，帝幸魯，退，祭泰山及梁父。

三十二年，上齋，夜讀河圖會昌符，曰：「赤劉之九，會命岱宗。」感此文，乃詔梁松按索河、雒讖文言九世封禪事者〔七〕。松等列奏，乃許焉。東觀書曰：「群臣奏言，登封告成。爲民報德，百王所同。陛下輒拒絕不許，臣下不敢頌功述德業。」求元封時故事，議封禪所施用。有司奏：「當用方石再累置壇中，皆方五尺，厚一尺，用玉牒書藏方石。牒厚五寸，長尺三寸，廣五寸，有玉檢。又用石檢十枚，列於石傍，東西各三，南北各二，皆長三尺，廣一尺，厚七寸。檢中刻三處，深四寸，方五寸，有蓋。檢用金縷五周，以水銀和金以爲泥。玉璽二，其一方一寸二分，其一方五寸〔八〕。方石四角又有距石，皆再累。枚長一丈，厚一尺，廣二尺，皆在圜壇上。其下用距石十八枚，皆高三尺，厚一尺，廣二尺，如小碑，環壇立之，去壇三步。距石下皆有石跗，入地四尺。又用石碑，高九尺，廣三尺五寸，厚尺二寸，立壇之丙地，去壇三丈以上，以刻書。」帝以用石功難，又欲及二月封禪，故詔梁松欲因故封石空檢，更加封而已。欲及二月者，虞書：「歲二月，東巡守至于岱宗，柴。」祭山曰燔柴，積柴加牲於其上而燔之也。松上疏爭之，以爲：「登封之禮，告功皇天，垂後無窮，以爲萬民也。承天之敬，尤宜章明；奉圖書之瑞，尤宜顯著〔九〕。今因舊封，竄寄玉牒故石下，恐非重命之義。受命中興，宜當特異，以明天意。」遂使泰山郡及魯趣音促。石工，宜取完青石，無必五色。令印工刻玉牒書，書祕。刻方石中，令容玉牒。二月，帝至奉高。

應劭漢官馬第伯封禪儀記曰〔一〇〕：「車駕正月二十八日發雒陽宮，二月九日到魯，十二日宿奉高。遣虎賁郎將先上山，三按行〔一一〕。還，益治道徒千人。十五日，始齋。諸庴從王公以下及東方諸侯盡齋。馬第伯自云，某等七十人先之山虞，觀祭山壇治石。石二枚，狀博平，圜九尺，此壇上石也。其一石，武帝時石也。時用五車不能上，因置山下，爲屋，號五車石。四維距石長丈二尺，廣二尺，厚尺半所，四枚。檢石長三尺，廣六寸，狀如封篋。長檢十枚。一紀號石，高丈二尺，廣三尺，厚尺二寸，名曰立石，一枚，刻文字，紀功德。是朝，上山騎行，往往道峻峭，下騎，步牽馬，乍步乍騎，且相半，至中觀留馬。去平地二十里，南向極眺無不睹，仰望天關，如從谷底仰觀抗峰。其爲高也，如視浮雲；其峻也，石壁窅窱，如無道徑，殊不可上。四布僵臥石上，有頃復蘇。亦賴賫酒脯，處處有泉水，目輒爲之復明。勉强相將行，到天關，自以已至，尚十餘里。自道傍山脅，大者廣八九尺，狹者五六尺。仰窺巖石松樹，鬱鬱蒼蒼，若在雲中。俛視谿谷，碌碌不可見丈尺。遂至天門之下，仰視天門，窔遼如從穴中視天。直上七里，賴其羊腸逶迤，名曰環道，往往有絙索，可得而登也。兩從者扶掖，前人相牽，後人見前人履底，前人見後人頂，如畫重累人耳。早食上，晡後到天門〔三〕。使者得銅物，形狀如鐘，又方柄有孔，疑封禪具也，汝南人楊通得之。東北百餘步，得封所，始皇立石及闕在南方，漢武在其北。二十餘步得北垂圜臺，高九尺，方圓三丈所，有兩陛。從東陛上，臺上有壇，方一丈二尺所，上有方石，四維有距石，四面有闕。鄉壇再拜謁，人多置錢物壇上，亦不掃除。國家上見之，則詔書所謂酢梨、酸棗狼籍，散錢處數百，幣帛具，道是武帝封禪至泰山下，未及上，百官爲先上跪拜，置梨、棗、錢於道，以求福，即此也。」

遣侍御史與蘭臺令史，將工先上山刻石。文曰：「維建武三十有二年二月，皇帝東巡狩，至于岱宗，柴，望秩于山川，班于群神，遂覲東后。從臣太尉憙，行司徒事、特進、高密侯禹等。漢賓二王之後在位，孔子之後褒成侯序在東后，蕃王十二，咸來助祭。河圖赤伏符曰：『劉秀發兵捕不道，四夷雲集龍鬬野，四七之際火爲主。』河圖會昌符曰：『赤帝九世，巡省得中，治平則封，誠合帝道孔矩，則天文靈出，地祇瑞興。帝劉之九，會命岱宗，誠善用之，姦僞不萌。赤漢德興，九世會昌，巡岱皆當。天地扶九，崇經之常。漢大興之，道在九世之王。封於泰山，刻石著紀，禪於梁父，退省考五。』河圖合古篇曰：『帝劉之秀，九名之世，帝行德，封刻政。』河圖提劉予曰〔一三〕：『九世之帝，方明聖，持衡矩。九州平，天下予。』雒書甄曜度曰：『赤三德，昌九世，會修符，合帝際，勉刻封。』孝經鉤命決曰：『予誰行，赤劉用帝。三建孝，九會修，專兹竭行封岱、青。』河、雒命后，經讖所傳。昔在帝堯，聰明密微，讓於舜庶，後裔握機。王莽以舅后之家，三司鼎足冢宰之權勢，依託周公、霍光輔幼歸政之義，遂以篡叛，僭號自立。宗廟隳壞，社稷喪亡，不得血食，十有八年。揚、徐、青三州首亂，兵革横行，延及荆州，豪傑并兼，百里屯聚，往往僭號。北夷作寇，千里無烟，無鷄鳴犬吠之聲。皇天睠顧皇帝，以匹庶受命中興，年二十八載興兵，以次誅討〔一四〕，十有餘年，罪人斯得〔一五〕。黎庶得居爾田，安爾宅。書同文，車同軌，人同倫。舟輿所通，人迹所至，靡不貢職。建明堂，立辟雍，起靈臺，設庠序。同律度量衡，修五禮五玉三帛二牲一死贄。吏各修職，復於舊典。在位三十有二年，年六十有二。乾乾日昃，不敢荒寧，涉危歷險，親巡黎元，恭肅神祇，惠恤耆老，理庶遵古，聰允明恕。皇帝唯慎河圖、雒書正文，是月辛卯，柴，登封泰山。甲午，禪於梁陰。以承靈瑞，以爲兆民，永兹一宇，垂於後昆。百僚從臣，郡守師尹，咸蒙祉祐，永永無極。」二十二日辛卯晨，燎祭天於泰山下南方，群神皆從祀，用樂如南郊。諸王、王者後二公、孔子後褒成君，皆助祭位事也。事畢，將升封，或曰「泰山雖已從食於柴祭，今親升告功，宜有禮祭」。於是使謁者以一特牲於常祠泰山處，告祠泰山，如親耕、貙劉、先祠、先農、先虞故事。至食時，帝御輦升山。日中後到山上，更衣。早晡時，即位於壇，北面。群臣以次陳後，西上。畢位升壇，尚書令奉玉牒檢，皇帝以寸二分璽親封之，訖，太常命人發壇上石，尚書令藏玉牒已，復石，覆訖，尚書令以五寸印封石檢。封禪儀曰：「以金爲繩，以石爲檢，東方、西方各三檢。檢中石泥及壇土〔一六〕，各如其方色。」事畢，皇帝再拜，群臣稱萬歲。命人立所刻石碑，乃復道下。二十五日甲午，禪，祭地於梁陰，以高后配，山川群神從祀，如元始中北郊故事。服虔曰：「禪，廣土地。」項威曰：「除地爲墠〔一七〕，後改『墠』曰『禪』，神之也。」四月己卯，大赦天下，以建武三十二年爲建武中元元年，以吉日刻玉牒書函藏金匱，璽印封之。乙酉，使太尉行事，以特牲告至高廟。太尉奉匱以告高廟，藏於廟室西壁石室高主室之下。

司馬彪論：「自上皇以來，封泰山者，至周七十二代。易姓則改封者，著一代之始，明不相襲也。繼世之王巡狩，則有修封以祭而已。自秦始皇、孝武帝封泰山，本因好仙，信方士之言，及造石檢印封之事也。天道質誠，約而不費，故牲用犢，器用陶匏，殆將無事於檢封之間，而樂難攻之石也。夏少康、周宣由廢復興，不聞改封。光武欲因孝武故封，而梁松固争，以爲必改乃當天意。既封之後，未有能福，而松卒被誅死。雖罪由身作，蓋亦誣神之咎也。且帝王所以能大著於後者，實在其德加於人，不聞其在封矣。」

崔靈恩曰：自周以前，封者皆封土爲壇，至秦皇、漢武，始用石檢。

袁宏曰：「夫揖讓受終，必有至德於天下；征伐革命，則有大功於萬物。是故王者初基，有封禪之事，蓋以其成功告於神明者也。夫東方者，萬物之所始；山嶽者，靈氣之所宅〔一八〕。故求之物本，必於其始；取其所通，必於所宅。崇其壇場，則謂之封；明其代興，則謂之禪。然則封禪者，王者開務之大禮也。德不周洽，不得輒議斯事；功不弘濟，不得髣髴斯禮。曠代一有，其道至高。自黄帝、堯、舜至於三代，各一得封禪，未有中修其禮者也。雖繼體之君，時有功德，此蓋率復舊業，增修其前政，不得仰齊造國，同符改物者也。夫神道真一〔一九〕，其用不煩；天地易簡，其禮尚質。故藉用白茅，貴其誠素；器用陶匏，取其易從。然則封禪之禮簡易可也。若夫石函、玉牒，非天地之性也。」

致堂胡氏曰：「緯書原本於五經而失之者也，而尤紊於鬼神之理，幽明之故。夫鬼神之理，幽明之故，非知道者不能識。斷國論者，誠能一決以聖人之經，經所不載，雖有緯書、讖記，屏而不用，則庶乎其不謬於理矣。登封之事，原本於柴燔而失之者也。詩、書紀巡狩而柴者，記所謂祭天也；『至于岱宗，陟其高山』云者，記所謂因名山也。有山則因以爲高，無則於郊而壇，其義類一也。又有大事而告於上帝者，武王克商，始有天下，故柴望而告也。舍此則瀆矣。記以饗帝於郊與升中於天爲二事，則傳者之失也。然則七十二君之編録，詩、書、禮典，略不經見。審有是事，乃天下國家之盛舉，堯、舜、禹、湯、文、武、成、康、昭、宣，皆身致太平，安得闕而不講？故前世論登封者，莫善於許懋，惜乎世祖之臣，智不及此，陷其君於過舉而不得聞也。且世祖享國，至是已三十年，四陲無虞，中土寧謐，其心寖滿，是以告功皇天，明示得意，而不自知其多失也。不法唐、虞、三代，而法始皇、武帝，一失也。玉檢祕文，人不得見，是必祈求永年，三失也。前年拒群臣之請，而削去成、哀、平三君，二失也。按讖文『九世當封禪』，則孝成之世，今乃自綴於元帝，謂『百姓怨氣滿腹，吾欺天乎』，豈有治天下三十年，民怨未除，纔後兩歲，即已歡洽，此四失也。敕戒郡縣，有上壽稱美者，必髡令屯田，詔墨未乾，乃自令梁松等討論故事，此五失也。奉高后配地祇，未幾，黜降廟主，歸於寢園，此六失也。即位改元，終身不可改，而又改之，此七失也。凡此七者，人君舉動之大節，而疵病如此，惜乎光武勇智出倫而學問不足也。光武年及耳順，方建中元，則意在久生，不言而自見矣。其視向者對宗族乞復之言，壽陵迭興之詔，即已大異。蒯徹所謂人心無常，詎不然哉？」

魏明帝時，中護軍蔣濟請封禪，帝雖拒濟議，而實使高堂隆草封禪儀，以天下未一，不欲便行大禮。會高堂隆卒，不行。

晉武帝平吳，太康元年〔二〇〕，衛瓘議封禪，帝曰：「此盛德之事，非所議也。」瓘等又奏，至於再三，詔報絶之。

宋文帝在位長久，有意封禪，詔學士山謙之草其儀注。屬魏師南逼，其意乃息。

孝武大明元年，太宰江夏王義恭表三請，帝以文軌未一，不從。

梁武帝天監中，有請封會稽、禪國山者，帝命諸儒草封禪儀，欲行之。著作郎許懋建議曰〔三〕：「舜柴岱宗，是爲巡狩。而鄭引孝經鉤命決云：『封於泰山，考績燔燎；禪於梁父，刻石紀號。』此緯書之曲說。七十二君，燧人之前，世質民淳，安得泥金檢玉？結繩而治，安得鐫文告成？妄亦甚矣！若聖主，不須封禪；若凡主，不應封禪。秦始皇嘗封泰山，孫皓嘗封國山，皆由主好名於上，而臣阿旨於下，非盛德之事，不可爲法也。」上嘉納之。因推演懋議，稱制旨以答，請者由是遂止。

致堂胡氏曰：「封禪之事，漢唐之君往往行之，曾無一人建議明白如許懋者，賢哉懋乎，其學可謂正矣！漢唐以來，緯書行而經學弛，重以鄭玄博聞寡要，不知折衷於聖人，而惟緯書之信。世無稽古大儒，稽古言以祛群惑，遂使有天下者，於無事時肆其侈心，千乘萬騎，巡狩侈費，登山琢石，誇大功德，或有祕祝，以祈不死，取笑當代，貽譏後來。彼梁武之資，未必如漢光武之英也，一聞懋言，遂遏欲行之意，推廣其義，以答請者，則賢於光武遠矣。使其舉措每如此，則金甌之業，何缺壞之有！」

北齊有巡狩之禮并登封之儀，竟不行。

隋文帝開皇九年，平陳，朝野皆請封禪，詔曰：「豈可命一將軍除一小國，遐邇注意，便謂太平？以薄德而封名山，用虛言而干上帝，非朕攸聞。今後言及封禪，宜即禁絕。」

十四年，晉王廣帥百官抗表固請封禪，帝令牛弘等創定儀注。既成，帝視之曰：「茲事體大，朕何德以堪之！但當東巡，因致祭泰山耳。」

唐太宗貞觀初，群臣並請封禪，惟魏徵以爲不可。太宗曰：「朕欲卿極言之。豈功不高邪？德不厚邪？夷狄不慕義邪？嘉瑞不至邪？年穀不登邪？何謂而不可！」對曰：「陛下功則高矣，而民未懷惠；德雖厚矣，而澤未滂流；諸夏雖安矣，未足以供事；遠夷慕義矣，無以供其求；符瑞雖臻，罻羅猶密；積歲豐稔，倉廩尚虛：此臣所以竊爲未可。臣未能遠比，且借喻於人。今有人十年長患，療治且愈，皮骨僅存，便欲使負米一石，日行百里，必不可得。隋氏之亂，非止十年，陛下爲之良醫，除去疾苦，雖已乂安，未甚充實，告成天地，臣竊有疑。且陛下東封，萬國咸萃，要荒之外，莫不奔走。今伊洛已東，暨於海岱，萑莽巨浸，茫茫千里，人烟斷絶，鷄犬不聞，道路蕭條，進退艱阻。豈可引彼夷狄，示以虛弱？竭財以賞，未厭遠人之望；加年給復，不償百姓之勞。或遇水旱之災，風雨之變，庸夫横議，悔不可追。豈獨臣之懇言，亦有輿人之誦。」太宗不能奪，於是乃止焉。

六年，文武官以初平突厥，盛德被於海内，又年穀屢登，表封泰山。太宗謂侍臣曰：「朕每見衆議，以封禪爲盛事，頻奏勸朕行之。如朕本心，但使天下太平，家給人足，雖闕封禪之禮，亦可比德於堯、舜；若百姓不足，夷狄内侵，縱修封禪之儀，亦何異桀、紂？昔秦始皇爲暴虐之主，漢文爲有德之君，以此而言，無假封禪。且禮云『掃地而祭』，以表至誠。何必遠登高山，封三尺土也？」侍中王珪對曰：「陛下發德音，明封禪本末，非臣愚短之所能及。」祕書監魏徵又進曰：「隋末大亂，黎民遇陛下，始有生望。養之則至仁，勞之則未可。升中之禮，須千乘萬騎，供帳之費，動役數州，户口蕭條，何以能給？」太宗雖納徵言，而藩臣猶抗表勸請，乃命祕書少監顔師古、諫議大夫朱子奢等集當時名儒博士雜議，不能決。

於是左僕射房玄齡、特進魏徵、中書令楊師道博採衆議奏上之，其議曰：「爲壇於泰山下，祀昊天上帝。壇之廣十二丈，高丈二尺。玉牒長一尺三寸，廣、厚五寸；玉檢如之，厚減三寸。其印齒如璽，纏以金繩五周。玉策四，皆長一尺三寸，廣寸五分，厚五分，每策皆五簡，聯以金。昊天上帝配以太祖，皇地祇配以高祖。已祀而歸格於廟，盛以金匱。匱高六寸，廣足以容之，制如表函，纏以金繩，封以金泥，印以受命之璽。而玉牒藏於山上，以方石三枚爲再累，纏以金繩，封以石泥，印以受命之璽。其山上之圓壇，土以五色，高九尺，廣五丈，四面各爲一階〔二二〕。天子升自南階而封玉牒。已封，而加以土，築爲封，高一丈二尺，廣二丈。其禪社首亦如之。其石檢封以受命璽，而玉檢別製璽，方一寸二分，文如受命璽。以石距非經，不用。又爲告至壇，方八十一尺，高三尺，四出陛，以燔柴告至，望秩群神。」遂著於禮，其他降禪、朝覲皆不著。至十五年，將東幸，行至洛陽，而彗星見，乃止。

高宗乾封元年，封泰山，爲圓壇山南四里，如圜丘，三壝，壇上飾以青，四方如其色，號封祀壇。玉策三，以玉爲簡，長一尺二寸，廣一寸二分，厚三分，刻以金文。玉匱一，長一尺三寸，以藏上帝之册；金匱二，以藏配帝之册。纏以金繩五周，金泥、玉璽，璽方一寸二分，文如受命璽。石䃭以方石再累，皆方五尺，厚一尺，刻方其中，以容玉匱。䃭旁施檢，刻深三寸三分，闊一尺，當繩刻深三分，闊一寸五分。石檢十枚，以檢石䃭，皆長三尺，闊一尺，厚七寸〔二三〕；印齒三道〔二四〕，皆深四寸，當璽方五寸，當繩闊一寸五分。檢立於䃭旁，南方、北方皆三，東方、西方皆二〔二五〕，去䃭隅皆二尺〔二六〕，䃭纏以金繩五周，封以石泥。距石十二，分距䃭隅，皆再累，皆闊二尺，厚一尺〔二七〕，長一丈，斜刻其首，令與䃭隅相應。又爲壇於山上，廣五丈，高九尺，四出陛，一壝，號登封壇。玉檢、玉牒、石䃭、石距、玉匱、石檢皆如之。爲降禪壇於社首山上，八隅、一成、八陛如方丘，三壝。上飾以黄，四方如其色，其餘皆如登封。其議略定，而天子詔曰：「古今之制，文質不同。今封禪以玉牒、金繩，而瓦罇、匏爵、秸席，宜改從文。」於是昊天上帝褥以蒼，地祇褥以黄，配褥皆以紫，而罇爵亦更焉。是歲正月，天子祀昊天上帝於山下之封祀壇，以高祖、太宗配，如圜丘之禮。親封玉册，置石䃭，聚五色土封之，徑一丈二尺，高尺〔二八〕。已事，升山。明日，又封玉册於登封壇。又明日，祀皇地祇於社首山之降禪壇，如方丘之禮，以太穆皇后、文德皇后配，而以皇后武氏爲亞獻，越國太妃燕氏爲終獻，率六宫以登，其帷帟皆錦繡。群臣瞻望，多竊笑之。又明日，御朝覲壇以朝群臣，如元日之禮。乃詔立登封、降禪、朝覲之碑，名封祀壇曰舞鶴臺，登封壇曰萬歲臺，降禪壇曰景雲臺，以紀瑞焉。其後將封嵩嶽，以吐番、突厥寇邊而止。

玄宗開元十二年，四方治定，歲屢豐稔，群臣多言封禪，中書令張説又固請，乃下制以十三年有事於泰山。於是説與右散騎常侍徐堅、太常少卿韋縚、祕書少監康子元、國子博士侯行果刊定儀注。立圓臺於山上，廣五丈，高九尺，土色各依其方。又於圓臺上起方壇，廣一丈二尺，高九尺，其壇臺四面爲一階。又積柴爲燎壇於圓臺之東南，量地之宜，柴高一丈二尺，方一丈，開上，南出户六尺。又爲圓壇於山下，三成十二階，如圜丘之制。又積柴於壇南爲燎壇，如山上。又爲玉册、玉匱、石䃭，皆如高宗之制。玄宗初以謂升中於崇山，精享也，不可諠譁，欲使亞獻已下皆行禮山下壇。召禮官講議，學士賀知章等言：「昊天上帝，君也；五方精帝，臣也。陛下享君於上，群臣祀臣於下，可謂變禮之中。然禮成於三，亞、終之獻，不可異也。」於是三獻皆升山，而五方帝及諸神〔二九〕，皆祭山下壇。玄宗問：「前世何爲祕玉牒？」知章曰：「玉牒以通意於天，前代或祈長年，希神仙，旨尚微密，故外莫知。」帝曰：「朕今爲民祈福，無以祕爲。」即出玉牒，以示百僚。

玉牒詞曰：「有唐嗣天子臣某，敢昭告於昊天上帝：天啓李氏，運興土德。高祖、太宗受命立極，高宗升中，六合殷盛。中宗紹復，繼體不定。上帝眷祐，錫臣忠武。底綏内艱，推戴聖父。恭承大寶，十有三年。敬若天意，四海晏然。封祀岱嶽，謝成於天。子孫百禄，蒼生受福。」

乃祀昊天上帝於山上壇，以高祖配；祀五帝以下諸神於山下，其祀禮皆如圜丘。

張說、韋縚、徐堅等議曰〔三〇〕：「乾封舊儀，禪社首，享地祇，以先后配饗，文德皇后配地祇，天后爲亞獻，越國太妃爲終獻。以宫闈接神，有乖舊典。上玄不祐，遂有天授易姓之事，宗社中圮，公族誅滅，皆由此也。景龍之季，有事圜丘，韋庶人爲亞獻，皆以婦人升壇執籩豆，渫黷穹蒼，享禮不潔。未及踰年，國有大難，亞獻、終獻終受其咎，平座齋郎及女人執祭者，多亦夭卒。今主上尊天敬神，必須革正斯禮。請以睿宗大聖真皇帝配皇地祇，侑神作主〔三一〕。三獻禮：上初獻，邠王守禮亞獻，宋王成器終獻。」從之。

天寶九載正月，敕以今載十一月有事華山。三月，西嶽廟災，京師旱，遂停封嶽之禮。

唐開元禮

皇帝封祀泰山儀禪社首山附。

鑾駕進發禪儀無此篇。

皇帝將有事於泰山，有司卜日如別儀。告昊天上帝、太廟、太社，皆如巡狩之禮。告太廟高祖祝文，加封祀配神作主之意。告睿宗祝文，加禪祭配神作主之意。皇帝出宮，備大駕鹵簿，軷於國門，祭所過山川、古先帝王、名臣、烈士，皆如巡狩之禮。通事舍人承制問百年。所經州縣，刺史、縣令先待於境。至泰山下，柴告昊天上帝於圜丘壇，如巡狩告至之禮。有司攝事。前祀，所司以太牢祭於泰山神廟，如常式。

齋戒

前七日，太尉戒誓百官。封云「封於泰山」，禪云「禪於社首山」。齋儀同封禮。皇帝散齋於行宮後殿四日，致齋於前殿三日。服衮冕結佩等，並如圜丘儀。百官如別儀。

將作大匠先領徒於泰山上立圓臺〔三二〕，廣五丈，高九尺，土色各依其方；又於圓臺上起方壇，廣一丈二尺，高九尺。其臺壇四面各爲一陛。玉版長一尺三寸，廣五寸，厚五分〔三三〕，刻牒爲字，以金填之，用金匱盛。其玉牒文，中書、門下進取進止，所由承旨請内鐫。其石檢等並如後制〔三四〕。郊社令積柴爲燎壇於山上圓臺之東南，量地之宜，柴高一丈二尺，方一丈，開上，南出户，方六尺。又爲圓壇於山下，三成，十二陛，如圜丘之制，隨地之宜。壇上飾以玄，四方依方色。壇外爲三壝。郊社令又積柴於壇南，燎如山上之儀。又爲玉册，皆以金繩連編玉牒爲之，每牒長一尺二寸，廣一寸二分，厚三分，刻玉填金爲字。少府監量文多少爲之。又爲玉匱一，長一尺三寸，并檢方五寸，當纏繩處刻爲五道，當封寶處刻深二分，方取容受命寶印，以藏正座玉册。又爲金匱二，以藏配座玉册〔三五〕，制度如玉匱。又爲黄金繩，以纏玉匱、金匱；又爲石䃭，以藏玉匱，用方石再累，各方五尺，厚一尺，縱鑿石中，廣深令容玉匱。䃭旁施檢處，皆刻深三寸三分，闊一尺，南北各二，東西各三，去隅皆七寸。纏繩處皆刻深三分，闊一寸五分。爲石檢十枚，以檢石䃭〔三六〕，皆長三尺，闊一尺，厚七寸，皆刻爲三道，廣一寸五分，深四寸，當封處大小取容寶印，深二寸七分；皆有小石蓋，制與封刻處相應，以檢擫封印；其檢立於䃭旁當刻處。又爲金繩三，以纏石䃭各五周，徑三分。爲石泥以封石䃭。以石末和方色土爲之〔三七〕。其封玉匱、金匱、石䃭同用受命寶，並所司量時先奏請出之。爲距石十二枚，皆闊二尺，厚一尺，長一丈，斜刻其首，令與䃭隅相應，分距䃭四隅，皆再累。爲五色土圓封，以封石𥖁，上徑一丈二尺，下徑三丈九尺。禪禮制度：將祭，將作先於社首山禪所爲禪祭壇，如方丘之制，八角，三成，每等高四尺，上闊十六步。設八陛，上等陛廣八尺，中等陛廣一丈，下等陛廣一丈二尺。爲三重壝，量地之宜，四面開門。玉册、石𥖁、玉匱、金匱、金泥、檢、距、圓封、立牌等，並如封祀之儀。

陳設

前祀三日，衛尉設文武侍臣次於山下封祀壇外壝東門之内道北，皆文官在左，武官在右，俱南向。設諸祀官次於東壝之外道南，北向西上；三師南壝之外道東，諸王於三師之南，俱西向北上；文官從一品以下、九品以上於祀官之東，皇親五等以上、諸親三等以上於文官之東，東方諸州刺史、縣令又於文官之東，俱北向西上；介公、酅公於南壝之外道西，東向；諸州使人於介公、酅公之西，東向；諸方之客：東方、南方於諸王東南，西向；西方、北方於介公、酅公西南，東向，皆以北爲上。武官三品以下、九品以上於西壝之外道南，北向東上。設陳饌幔各於内壝東門、西門之外道北〔三八〕，南向。北門之外道東，西向。壇上及東方之饌陳於東門外，南方及西方之饌陳於西門外，北方之饌陳於北門外。前祀二日，太樂令設宫懸之樂於山下封祀壇之南，内壝之外，如圜丘儀。右校掃除壇之内外。禪儀：祭前三日，尚舍、壇長施大次於外壝東門内道北，尚舍鋪御座，守宫設文武官次於大次前，東西相向。諸祭官次於東壝外〔三九〕，文官九品以上於祭官東，皇親、諸親又於其東，蕃客又於其東。介公、酅公於西壝外道南，武官九品於介公、酅公西，蕃客又於其西，褒聖侯於三品文官下。有諸州使，分於文武官後。設陳饌幔於内壝東西門外道北，南向。其壇上及東方饌陳於東門外，南方、西方、北方饌陳於西門外。其陳樂懸，則樹靈鼓。右校掃除，又爲瘞埳於壇壬地。前祀一日，奉禮郎設祀官公卿位於山下封祀壇内壝東門之外道南，分獻之官於公卿之南，執事者位於其後，每等異位重行，西面北上。設御史位於壇上，一位於東陛之南，西向；一位於西陛之南，東向。設奉禮位於樂懸東北，贊者二人在南，差退，俱西向。設協律郎位於壇上南陛之西，東向。設太樂令位於北懸之間，當壇北向。設從祀之官位：三師位於懸南道東，諸王位於三師之東，俱北面西上；介公、酅公位於道西，北面東上；文官從一品以下、九品以上於執事之南，東方諸州刺史、縣令又於文官之南，每等異位重行，西向，俱以北爲上；武官三品以下、九品以上位於西方，當文官，皇親五等以上、諸親三等以上，於武官之南，每等異位重行，東向；諸州使人位於内壝南門之外道西，重行東面，皆以北爲上。設諸國客使位於内壝南門之外〔四〇〕：東方、南方於諸王東南，每國異位重行，北向西上；西方、北方於介公、酅公西南，每國異位重行，北面，以東爲上。其褒聖侯於文官三品之下，諸州使人各於文武官後。禪儀：奉禮設御位於壇東南，設祭官位於内壝東門外道南〔四一〕，分獻官於祭官南，執事者位於後。設御史位於壇下，一位於東南，西向；一位於西南，東向〔四二〕。令史陪後。設奉禮位於懸東北，贊者二人在南，差退；協律郎於壇上，太樂令於北懸間，並如常。設望瘞位於壇東北，從祭官於執事南，皇親又於南，諸州刺史、縣令又於南，蕃客又於南；介公、酅公於内壝西門外道南，武官於後，蕃客於武官南。設門外位於東西壝門外道南，皆如設次之式。設牲牓於山下封祀壇之外，當門西向。蒼牲一，居前；正座。又蒼牲一、配座。青牲一在北，少退，南上；次赤牲一，次黄牲一，次白牲一，次玄牲一；以上並方帝座。又青牲一；大明。又白牲一。夜明也。禪禮：設牲牓於東壝外，如式。正座黄牲一，居前；配座黄牲一，在北，少退；神州黝牲一，在南，少退。設廩犧令位於牲西南，史陪其後，俱北向。設太祝位於牲東，各當牲後，祝史陪其後，俱西向。設太常卿省牲位於牲前近北，又設御史位於太常卿之西，俱南向。設昊天上帝酒罇於圜臺之上下：太罇二、著罇二、犧罇二、山罍二在壇上，於東南隅，北向；象罇二、壺罇二、山罍四在壇下，於南陛之東，北面西上。設配帝著罇二、犧罇二、象罇二、山罍二在壇上，皆於昊天上帝酒罇之東，北向西上。其山下封祀壇，設五帝、日、月，俱太罇二，在神座之左。其内官，每陛間各象罇二，在第二等；中官，每陛間各壺罇二，在第三等；外官，每陛間各概罇二，於内壝之内；衆星，每道間各散罇二，於内壝之外。凡罇各設於神座之左而右向。五帝、日、月以上之罇置於坫，内官以下罇俱藉以席，皆加勺、羃，設爵於罇下。禪儀：設皇地祇太罇二、著罇二、犧罇二、山罍二，在壇上東南隅，北向；象罇二、壺罇二、山罍四，在壇下南陛之東，北向，俱西上。設配帝著罇二、犧罇二、象罇二、山罍二，在壇上正座罇東，北向西上；神州太罇二，在第一等。每方嶽、鎮、海、瀆，俱山罇二；山、川、林、澤，各蜃罇二；丘陵以下各散罇二：皆於壇下，皆加勺、羃。設罍、洗各於壇南陛東南，亞獻之洗又於東南〔四三〕，俱北向，罍水在洗東，篚在洗西，南肆。篚實以巾、爵。設分獻罍、洗、篚、羃，各於其方陛道之左，俱西向。執罇、罍、篚、羃者，各於罇、罍、篚、羃之後，各設玉、幣之篚於壇之上下，罇、坫之所。祀日，未明五刻，太史令、郊社令各服其服，升，設昊天上帝神座於山圜臺之上，北方南向，以三脊茅爲神藉。設高祖神堯皇帝神座於東方，西向，席以莞。神位皆於座首。又太史令、郊社令設五天帝〔四四〕，日、月神座於山下封祀壇之上：青帝於東陛之北，赤帝於南陛之東，黄帝於南陛之西，白帝於西陛之南，黑帝於北陛之西，大明於東陛之南，夜明於西陛之北，席皆以藁秸。設五星、十二辰、河漢及内官之座於第二等十有二陛之間，各依方面，凡席皆内向。其内官中有北斗、北辰位南陛之内，差在行位前。設二十八宿及中官之座於第三等，亦如之。布外官席位於内壝之內，衆星席位於内壝之外，各依方次。席皆以莞，設神位各於座首。禪禮：神位，皇地祇神座於壇上北方，南向，席以藁秸。睿宗大聖真皇帝座於東方，西面，席以莞。神州於第一等東南方，席以藁秸〔四五〕。嶽、鎮以下於内壝内〔四六〕，各於其方；嵩嶽以下於壇西南，俱内向，席皆以莞。所司陳其異寶及嘉瑞等於樂懸之北東西廂〔四七〕。禪禮無瑞物。

省牲器

省牲之日，午後十刻，去壇二百步所，諸衛之屬禁斷行人。晡後二刻，郊社令、丞帥府史三人及齋郎，以罇、坫、罍、篚、冪入設於位。凡升壇者各由其陛。贊引引御史、諸太祝詣壇東陛，御史二人升，行掃除於上，太祝七人與祝史行掃除於下〔四八〕。其五星以下羊豕，所司各依令先備，如常儀並如別儀。禪禮無五星以下羊豕，餘同。

鑾駕上山禪禮無上山儀。

前祀三日，本司宣攝内外各供其職。衛尉設祀官、從祀群官五品以上便次於行宫朝堂，如常儀。前祀二日，尚舍直長施大次於圓臺東門外道北，又於山中道設止息大次，俱南向。尚舍奉御鋪御座。衛尉設從駕文武群官及諸方使應從升者次於圓臺南門之外〔四九〕，文東武西，並如常儀。郊社令設御洗於圓臺南陛之東，北向，罍水在洗東，篚在洗西，南肆。設巾、冪。其日，奉禮設御位於圓臺南，當壇北向，設群官五品以上版位於御位之南，文東武西，重行北向，相對爲首。設東方諸州刺史、縣令位於文官之東，諸州使人位於武官之西〔五〇〕。設諸國客位：東方、南方於文官東南，每國異位，北面西上；西方、北方於武官西南〔五一〕，每國異位，北面東上。設御史位於圓臺東西，如祀禮。設奉禮、贊者位於群官東北，西面。設執事位於東門之内道南，西面，皆北上。前祀一日，未明七刻，搥一鼓爲一嚴。三嚴時節，祀前二日，侍中奏裁。未明五刻，搥二鼓爲再嚴，侍中版奏請中嚴，從祀官五品以上俱就次，各服其服，所司陳大駕鹵簿。未明二刻，搥三鼓爲三嚴，諸衛之屬各督其隊與鈒戟，以次陳於行宫門外。謁者、贊引引祀官，通事舍人分引從祀群官，諸侍臣結佩，俱詣行宫門外奉迎。侍中負寶如式。乘黄令進輦於行宫門外，南向，侍中版奏請登山，皇帝服衮冕乘輦以出，稱警蹕如常儀。黄門侍郎進當輦前，跪，奏稱：「黄門侍郎臣某言，請鑾輿進發。」俛伏，興，退復位。鑾輿動，又稱警蹕，黄門侍郎、侍中、中書令以下夾引以出，千牛將軍夾輿而趨。駕至侍臣上馬所，黄門侍郎奏請鑾輿權停，敕侍臣上馬。侍中前承制，退，稱制曰「可」。黄門侍郎退，稱「侍臣上馬」，贊者承傳，文武侍臣皆上馬。諸侍衛之官，各督其屬，左右翊鑾輿在黄麾内，符寶郎奉六寶，與殿中監後部從在黄鉞内。侍臣上馬畢，黄門侍郎奏「請鑾輿進發」，退復位。鑾駕動，稱警蹕如常，鼓吹不鳴，不得諠譁。從祀官在玄武隊後如常，若復先置〔五二〕，則聽臨時節度。車輅鼓吹待於山下，御史大夫、刺史、縣令前導如式。至中道止息大次前，迴輦南向，侍中奏請降輦如常。皇帝降輦，之大次，群官皆隨便而舍。停大次三刻頃，侍中奏請皇帝出次，升輦進發如初。駕至臺東門外大次，回輦南向，侍中進當駕前，跪，奏稱：「侍中臣某言，請降輅。」俛伏，興。皇帝降輦，之大次，如常儀。通事舍人承旨，敕從祀群官退就門外位。禪儀：鑾駕出行宫，如封泰山之儀。

薦玉幣

祀日未明三刻，諸祀官各服其服，郊社令帥其屬以玉、幣及玉册置於山上圓臺壇上坫所，禮神之玉蒼璧，幣以蒼。配座之幣亦如之。又以玉匱、金匱、金繩、金泥盛於篚，置於石礙之側。良醞令帥其屬各入實罇、罍、玉、幣，太官令帥進饌者實籩、豆、簠、簋，各設於饌幔內。未明二刻，奉禮帥贊者先入就位，贊引引御史以下入，行掃除如常儀。禪禮：自「未明二刻」下至「掃除畢就位」，與夏至方丘同。駕將至，謁者、贊引各引祭官，通事舍人分引從祭群官、諸方客使俱就門外位。自「鑾輿至大次」以下至「進熟」，與方丘同。未明一刻，謁者、贊引各引文武五品以上從祀之官皆就圓臺南立，謁者引司空入行掃除訖，出復位。侍中版奏外辦，皇帝服大裘而冕出次〔五三〕，華蓋、侍衛如常儀。侍中負寶陪從如式。博士引太常卿，太常卿引皇帝凡太常卿前導，皆博士先引。入自東門，殿中監進大珪，尚衣奉御又以鎮珪授殿中監，殿中監受進，皇帝搢大圭，執鎮珪，繅藉，華蓋、仗衛停於門外，近侍者從入如常。謁者引禮部尚書、太常少卿陪從如常。大珪如搢不便，請先定近侍承奉之。皇帝至版位北面立。每立定，太常卿與博士退立於左。謁者、贊引各引祀官次入就位。立定，太常卿前奏請再拜，退復位，皇帝再拜。奉禮曰「衆官再拜」，在位者皆再拜。太常卿前奏：「有司謹具，請行事。」退復位。正座、配座太祝取玉、幣於篚，各立於罇所。太常卿引皇帝詣壇，升自南陛，侍中、中書令以下及左右侍衛量人從升。以下皆如之。皇帝升壇，北向立。太祝加玉於幣以授侍中，侍中奉玉、幣東向進，皇帝搢鎮珪，受玉、幣。凡受物皆搢鎮珪。奠訖，執鎮珪，俛伏，興。登歌作肅和之樂，以大吕之均。太常卿引皇帝進，北面跪，奠於昊天上帝神座，禪則皇地祇神座。俛伏，興。太常卿引皇帝立於西方，東向。又太祝以幣授侍中，侍中奉幣北向進，皇帝受幣，太常卿引皇帝進，東面跪，奠於高祖神堯皇帝神座，俛伏，興。太常卿引皇帝少退，東向再拜訖，登歌止。太常卿引皇帝，樂作；皇帝降自南陛，還版位，西向立，樂止。太祝還罇所。

山下封祀壇其日，自山上五步立一人〔五四〕，直至下壇，遞呼萬歲，以爲節候。

祀日未明三刻，諸祀官各服其服，郊社令帥其屬以五帝及日、月、中官、外官以下之玉、幣，各置於坫所。五帝之玉以四珪有邸，日月以珪璧。幣各依方色。良醖令帥其屬各入實罇、罍、玉、幣。五帝俱以太罇，皆實以汎齊；日、月之罇，實以醴齊；其内官之象罇，實以醍齊；中官之壺罇，實以沈齊；外官之概罇，實以清酒；衆星之散罇，實以昔酒〔五五〕；其玄酒各實於五齊之上罇。禮神之玉：青帝以青珪，赤帝以赤璋〔五六〕，黄帝以黄琮，白帝以騶虞，黑帝以玄璜〔五七〕，日、月珪邸。五帝、日、月以下幣，皆從方色。太官令帥進饌者實諸籩、豆、簠、簋，各設於饌幔内。未明二刻，奉禮帥贊者先入就位，贊引引御史以下入，行掃除如常儀。未明一刻，謁者、贊引各引祀官皆就位。太樂令帥工人、二舞次入就位，文舞入陳於懸内，武舞立於懸南道西。謁者引司空入，行掃除訖，出復位。於皇帝奠玉幣也，封祀壇謁者、贊引引祀官入就位。立定，奉禮曰「衆官再拜」，在位者皆再拜。其先拜者不拜。協律郎跪，俛伏，興，舉麾，鼓柷，奏元和之樂，乃以圜鍾之宫，黄鍾爲角，太蔟爲徵，姑洗爲羽，圜鍾三奏，黄鍾、太蔟、姑洗各一。舞文舞之舞，樂舞六成，偃麾，戛敔，樂止。奉禮曰「衆官再拜」，在位皆再拜。謁者七人各引獻官及諸太祝奉玉、幣進奠於神座，如常儀。將進奠，登歌作肅和之樂，以大吕之均，餘星座幣亦如之。進奠訖，各還本位。初，群官拜訖，夜明以上祝史各奉毛血之豆，立於門外，登歌止。祝史奉毛血各由其陛升壇，以毛血各致其座，諸太祝俱迎受，各奠於神座前，諸太祝與祝史退立於罇所。

進熟

燔燎儀並同郊祀

封玉册

燔燎畢，禪儀：皇帝既就望瘞位。侍中跪，奏稱：「具官臣某言，請封玉册。」太常卿引皇帝自南陛升壇，北向立。近侍者從升如式。少府監具金繩、金泥等并所用物，立於御側，符寶郎奉受命寶立於侍中之側。謁者引太尉進昊天上帝神座前，禪儀：進皇地祇神座前。跪，取玉册置於案，進，皇帝受玉册，跪，疊之，内於玉匱中，纏以金繩，封以金泥。侍中取受命寶，跪以進，皇帝取寶，以印玉匱訖，興，侍中受寶，以授符寶郎。通事舍人引太尉進，皇帝跪捧玉匱授太尉，太尉跪受，皇帝興。太尉退復位，側身奉玉匱。太常卿前奏請再拜，皇帝再拜訖，入次如常儀。太尉奉玉匱之案於石磩南，北向立。執事者發石蓋，太尉奉玉匱，跪藏於石磩内。執事者覆石蓋，檢以石檢，纏以金繩，封以石泥訖，太尉以玉寶徧印訖，引降復位。將作帥執事者以石距封固，又以五色土圜封後，續令畢其功。禪儀同。配座玉牒禪儀：太尉又進睿宗大聖真皇帝座，跪取玉册，内金匱。封於金匱，皆如封玉匱之儀。訖，太尉奉金匱從降，俱復位。封禪還，以金匱内太廟，藏於高祖神堯皇帝之石室，如別儀。太常卿前奏「禮畢」，若有祥瑞，則太史監跪奏訖，侍臣奉賀〔五八〕，再拜，三稱「萬歲」，内外皆稱「萬歲」訖，又再拜。太常卿引皇帝還大次，樂作。皇帝出東門，禪禮：皇帝出中壝門。殿中監前受鎮珪，以授尚衣奉御，殿中監又前受大珪，華蓋侍衛如常儀。皇帝入次，樂止。謁者、贊引各引祀官，通事舍人分引從祀群官，以次出復位。立定，奉禮曰「再拜」，衆官在位者皆再拜訖，贊引引出。工人、二舞以次出。禪禮：祭訖，以奇禽異獸合瑞典者，皆縱之神祠所。

鑾駕還行宫禪儀同。

皇帝既還大次，侍中版奏請解嚴，將士不得輒離部伍。轉仗衛於還途，如來儀。二刻頃，侍中版奏請中嚴，皇帝服通天冠、絳紗袍，諸祀官服朝服。皇帝出次，升輦降山，下至圓壇所權停。乘黄令進玉輅，太僕升執轡。以下入宫並如圜丘儀。

朝覲群臣禪祭訖行此禮

禪之明日，朝覲群官及岳牧以下於朝覲壇，如巡狩儀。皇帝服衮冕，乘輿以出，曲直華蓋、警蹕侍衛，入自北壝門，由北陛升壇，即御座。符寶郎奉寶置於座，扇開，樂止。通事舍人引三品以上及岳牧以下入就位〔五九〕，如常儀。通事舍人引上公一人，舒和之樂作。公至西陛，就解劍席，樂止。脱舄，跪，解劍，置於席，興。相禮者與通事舍人引進，當御座前北面跪，稱：「具官臣名等言，天封肇建，景福惟新。

伏惟開元神武皇帝陛下萬壽無疆!」俛伏,興。通事舍人引上公降壇,詣解劍席,跪,帶劍納舄,樂作;通事舍人引復位,立定,樂止。典儀曰「再拜」,贊者承傳,上公以下皆再拜。侍中前承制,降詣上公之東北,面西向稱「有制」,上公及群官皆再拜訖,宣云:「封禪之慶,與公等同之。」上公及群官又再拜〔六〇〕,舞蹈,三稱「萬歲」訖,又再拜,引退。

考制度如巡狩儀

宋太宗皇帝太平興國八年,泰山父老千餘人詣闕請東封,上謙讓不允。中外群臣獻歌頌、稱功德、請封禪者不可勝計。雍熙元年,群臣三上表陳請,詔以今年十一月有事於泰山,尋以乾元、文明二殿災,詔罷封禪。

真宗大中祥符元年,兖州父老吕良等千二百八十七人詣闕請封禪〔六一〕。上曰:「此大事,不可輕議。」知州邵曄又率屬官及兖州進士孔謂等伏闕陳請,宰相王旦率文武百官、諸軍將校、州縣官吏、蕃夷、僧道、耆壽二萬四千三百七十人〔六二〕,詣東上閤門請封泰山,詔不允。又四表懇請,乃詔以今年十月有事於泰山。

先是,殿中侍御史趙湘請封禪,上拱揖不答。王旦等曰:「封禪之禮,曠廢已久,若非盛世承平,豈能振舉?」初,王欽若既以城下之盟毁寇準,上自是常怏怏。他日,問欽若曰:「今將奈何?」欽若度上厭兵,即謬曰:「陛下以兵取幽薊,乃可刷此耻也。」上令思其次,欽若因請封禪,以鎮服四海,誇示夷狄。又言「封禪當得天瑞」。又言：「天瑞蓋有以人力爲之。陛下謂河圖、洛書果有之乎？聖人以神道設教耳。」上曰：「王旦得無不可？」欽若遂以上意諭旦，旦黽勉而從。

詔取鄆州臨鄺路赴泰山，禮畢，幸兗州，取中都路還京。詔禁緣路采捕；山下工役，無得調發丁夫，止用兗、鄆州兵充役。行宮止建前後殿，餘悉張幄幕。前代封禪壇址摧圮者修完之〔六三〕。初，太平興國中，有得唐明皇社首玉册、蒼璧，至是，令瘗於舊所。文武官升山者皆公服。山上置圜臺，徑五丈，高九尺，四出陛，上飾以青，四面如方色。一壝，廣一丈，圍以青繩三周。燎壇在圜臺東南，高一丈二尺，方一丈，開上南出户，方六尺。山下封祀壇，四成，十二陛，如圜丘制。上飾以玄，四面如方色，設三壝，燎壇同山上。社首壇，八角，三成，八陛，三壝。如方丘制。又爲瘗埳於壬地外壝之内。天地玉牒、玉册，並刻字填金，聯以金繩，金脆難用，以金塗銀繩代之。緘以玉匱，置石䃭中。配座玉册，緘以金匱。牒册制並長尺二寸，牒廣五寸，厚一寸，册廣寸二分，厚三分。金玉匱制並長尺三寸，檢長如匱，厚二寸，闊五寸，當纏繩處刻爲五道，封匱以金泥，和金粉、乳香爲之。印以受命寶。寶准今尺方寸二分，文曰「皇帝恭膺天命之寶」。封匱當寶處刻深二分。石䃭制用石再累，各方五尺，厚一尺，鑿中廣深容玉匱，旁施檢處皆刻深七寸，闊一尺，南北各三，東西各二，去隅皆七寸，纏繩處皆刻三道，廣寸五分。又爲石檢十以擫䃭，皆長三尺，闊一尺，厚七寸，刻三道，廣深如纏繩。其當封處，刻深二寸，取足容寶。又皆爲小石蓋，與封刻相應。其檢立䃭旁，當刻處又爲金繩三以纏䃭，皆五周，徑三分。封䃭以石泥，石末和方色土爲之。印以「天下同文」寶。鑄以金，制同御前寶。距石十二，分距四隅〔六四〕，皆闊二尺，厚一尺，長一丈，斜刻其首，與磩隅相應，皆再累。又爲五色土圜封磩，上徑丈二尺，下徑三丈九尺。命祕書丞、直史館劉鍇，内侍張承素，領徒封圜臺石磩；太常博士、直集賢院宋皋，内侍郝昭信封社首石磩，並先往規度。凡册牒七。文思玉工言〔六五〕，玉追琢難成，宰相請代以珉石，及階州采進。上曰：「此碔砆之類，目之爲玉以奉天，於禮可乎？」即遣中使遍詢玉工，有趙榮者言：「太平興國中，令與衆工治美玉爲牒册，歲餘方就，寘崇聖殿庫。」亟取而用之。又詔岳州采三脊茅三十束，備藉神縮酒之用〔六六〕。有老人黄皓識之，授皓州助教，賜以粟帛。有司言：「南郊惟昊天、皇地祇、配帝、日、月、五方、神州各用幣，内官而下別設六十六段分充。按開寶通禮，嶽、鎮、海、瀆，幣從方色，即明皆有制幣〔六七〕。今請封祀壇内官至外官三百一十八位，社首壇嶽、鎮、海、瀆已下一十八位，並用方色幣。又南郊牲，惟正座、配座用犢〔六八〕，五方帝、日、月、神州共用羊豕二十二，其從祀七百三十七位，仍以前數分充。今請神州而上十二位並用犢，其舊供羊豕改充從祀牲。又景德中，陞天皇、北極第一等，今請亦於從祀牲内體薦〔六九〕。」奏可。舊制，郊祀正座、配座褥皆以黄，皇帝拜褥以緋。至是，詔配座以緋，拜褥以紫。又詔：「祀事所用酒醴，委有司別擇器用醖釀，朕親封題付主者。」六月壬辰，有司上儀注，上曰：「此儀久廢，非典禮具備，豈爲盡美？」即手札疑互凡十九事，令五使參議釐正而行之。又以靈山清潔，命祀官差減其數，或令兼攝，自朞喪未滿、餘服未卒哭者，不得預祭。内侍諸司官，除掌事宿衛外，從升者裁二十四人、諸司職掌九十三人。有司又請：「前祀七日，遣官以牲幣分祭天齊淵等八神，又祀云云、亭亭、肅然、徂來、會稽五山，及於泰山下擇地望祭前代封禪帝王。前祀一日，以太牢祠泰山，少牢祠社首。」並從之。

九月朔，詔審刑院、開封府勿奏大辟案。十月，禁天下屠宰。上自告廟，即屏葷茹。群臣三上表，以道塗寒沍，請復常膳，不許。又令自進發至行禮前，並禁樂。有司請：「登封日，圜臺立黃麾仗，至山下壇設爟火，將行禮，燃炬相屬。又出漆牌，遣執仗者傳付山下，牌至，公卿就位，皇帝就望燎位，山下傳呼『萬歲』，下即舉燎。皇帝還大次，解嚴，又傳呼而下，祀官始退。又社首瘞坎，亦設爟火三爲準。」從之。上遣司天以漏壺先設山之上下。及以日晷覆校，復於壇側擊版相應。自太平頂、天門、黃峴、岱嶽觀，各以長竿揭籠燈下照，參候不愆其節。辛卯，車駕發京師，至鄆州，令從官、衛士蔬食。丁未，次奉高宮。戊申，清齋於穆清殿，諸司升山人官給衣，令祀日沐浴服之。庚戌，上服通天冠、絳紗袍，乘金輅，備法駕，至山門幄次，改服鞾袍，乘步輦登山，鹵簿、儀衛列於山下，黃麾仗衛士、親從卒，自山阯盤道至太平頂，兩步一人，彩繡相間。樹當道者，令勿伐掘，止以繒帛縈之。路經峻隘，上必降輦徒步。有司議益扶衛，皆却之。導從者或至疲頓，而上辭氣益壯〔七〇〕。至迴馬嶺，以天門斗絶，給從官橫版，選親從卒推引而上。版之制，長二尺許〔七一〕，兩端施綵帛，上則施於背，下則施於臆。衛士皆給釘鞵。上至御幄，召近臣觀玉女泉及古碑。前一夕，山上大風裂帟幕，遲明未已；及上之至，天氣温和，纖羅不動。祀官、點饌習儀於圜臺，祥光瑞雲，交相輝映。是夕，山下罷警場。辛亥，設昊天上帝位於圜臺，奉天書於座左，太祖、太宗並配西北側，申祖宗恭事之意。上服衮冕，升臺奠獻，侍從、導衛悉減去，蕃翟止於壝門，籠燭前導亦徹之。中書侍郎讀玉牒文曰：「有宋嗣天子臣諱，敢昭告於昊天上帝：運啓大同，惟宋受命。太祖開階，功成治定。太宗膺圖，重熙累盛。粤惟冲人，丕承列聖。一紀於兹，四隩來暨。元貺殊尤，元符章示。時和年豐，群生咸遂。僉議大封，聿申昭事。躬陟喬嶽，對越上玄。祈福逮下，侑神奉先。天禄無疆，靈休允迪。萬葉其昌〔七二〕，永保純錫。」令群官饗諸神於山下封祀壇。上還次，司天監跪奏慶雲繞壇，月有黄輝氣，宰臣率從官稱賀。即日還仗奉高宫。壬子，禪祭社首山，如封祀之禮。上至山下，服鞾袍，步出大次。侍臣言：「山路峻滑，請乘步輦。」上曰：「接神在邇，敢不徒行。」五使等復固請，終不許。前夕陰晦，風勢勁猛，不能燃燭。及行事，風頓止，天宇澄霽，燭焰凝然。封石礎訖，紫氣蒙壇。法駕還奉高宫，日重輪〔七三〕，五色雲見，鼓吹振作，觀者塞路，懽呼動天地。國朝以來，四方所獻珍禽奇獸，悉縱於山下。癸丑，御朝覲壇，大赦天下，改乾封縣曰奉符。配座金匱，迴日奉置太廟本室，上作登泰山謝天書述二聖功德銘。初，王欽若言：「唐高宗、玄宗二碑之東，石壁南向平峭，欲即崖成碑，以勒聖製。」上曰：「朕之功德，故無所紀，若須撰述，不過謝上天敷佑，叙祖宗盛美爾。」又詔王旦撰封祀壇頌，王欽若撰社首壇頌，陳堯叟撰朝覲壇頌，改太平頂曰天平頂。先是，泰山多陰翳雷雨，及工徒升山，景氣晴爽。上之巡祭也，往還四十七日，未嘗遇雨雪，嚴冬之候，景氣怡和，祥應紛委，咸以爲誠感昭格，天意助順之致也。

徽宗政和四年〔七四〕，兖、鄆、濮、開德、興仁、潁昌府，鄭州，廣濟、永興軍等上言，父老欲詣闕請皇帝登封，詔却之。

時蔡京當國，將講封禪，以文太平。預具金繩、玉檢及凡儀物甚備，造舟四千艘，雖雨具亦以十萬計，他皆稱是。然不果行。

校勘記

〔一〕縣鉤其車也　「鉤」原作「鈞」，據漢書卷二五上郊祀志上韋昭注改。

〔二〕其説異也　「異」上原衍「則」字，據漢書卷二五上郊祀志上顔師古注删。

〔三〕令言海中神山者數千人　「神山」二字原倒，據漢書卷二五上郊祀志上乙正。

〔四〕增天之高　「天」原作「土」，據元本、慎本、馮本及漢書卷六武帝紀服虔注改。

〔五〕金泥銀繩或曰石泥金繩　原作「金銀繩或曰古泥繩」，據史記卷二八封禪書正義補改。

〔六〕武帝凡五修封　「封」原作「奉」，據漢書卷二五下郊祀志下改。

〔七〕雒讖文言九世封禪事者　「雒」原作「圖」，據後漢書祭祀志上改。

〔八〕其一方五寸　「五」原作「三」，據後漢書祭祀志上、册府元龜卷三五帝王部封禪一改。

〔九〕尤宜顯著　四字原脱，據後漢書祭祀志上、册府元龜卷三五帝王部封禪一補。

〔一〇〕應劭漢官馬第伯封禪儀記曰　「劭」下原衍「曰」字，據後漢書祭祀志上注删。

〔一一〕三按行　「三」字原脱，據後漢書祭祀志上注補。

〔一二〕晡後到天門　「晡」原作「脯」，據元本、慎本、馮本及後漢書祭祀志上注改。

〔一三〕河圖提劉予曰　「予」原作「子」，據後漢書祭祀志上改。

〔一四〕以次誅討　「以」上原衍「起是」二字，「以」下原衍「中」字，據後漢書祭祀志上删。

〔一五〕罪人斯得　「人」下原衍「則」字，據後漢書祭祀志上删。

〔一六〕檢中石泥及壇土　後漢書祭祀志上注引封禪儀，「土」下有「色赤白黑」四字。

〔一七〕除地爲墠　「爲」原作「日」，據後漢書祭祀志上項威注改。

〔一八〕靈氣之所宅　「所」字原脱，據後漢書祭祀志上注補。

〔一九〕夫神道真一　「真」，後漢書祭祀志上、通典卷五四禮典一四注作「貞」。

〔二〇〕太康元年　「元」原作「九」，據晉書卷二一禮志下改。

〔二一〕著作郎許懋建議曰　「作」下原衍「佐」字，據梁書卷四〇許懋傳删。

〔二二〕四面各爲一階　「各」字原脱，據舊唐書卷二三禮儀志三、通典卷五四禮典一四補。

〔二三〕厚七寸　「寸」原作「分」，據舊唐書卷二三禮儀志三、通典卷五四禮典一四改。

〔二四〕印齒三道　「三」原作「二」，據舊唐書卷二三禮儀志三、通典卷五四禮典一四改。

〔二五〕西方皆二　「二」原作「一」，據舊唐書卷二三禮儀志三、通典卷五四禮典一四改。

〔二六〕去礴隅皆一尺　「一尺」，舊唐書卷二三禮儀志三、通典卷五四禮典一四作「七寸」。

〔二七〕厚一尺　三字原脱，據通典卷五四禮典一四補。

〔二八〕高尺　舊唐書卷二三禮儀志三、唐會要卷七封禪作「高九尺」。

〔二九〕而五方帝及諸神　「神」原作「臣」，據舊唐書卷二三禮儀志三、通典卷五四禮典一四改。

〔三〇〕韋縚徐堅等議曰　「縚」、「徐」二字原脱，據舊唐書卷二三禮儀志三補。

〔三一〕侑神作主　「主」字原脱，據舊唐書卷二三禮儀志三、通典卷五四禮典一四補。

〔三二〕領徒於泰山上立圓臺　「臺」原作「壇」，據開元禮卷六三、通典卷一一九禮典七九改。

〔三三〕厚五分　「分」原作「寸」，據開元禮卷六三改。

〔三四〕其石檢等並如後制　「石」原作「名」，據開元禮卷六三改。

〔三五〕又爲金匱二以藏配座玉册　十一字原脱，據舊唐書卷二三禮儀志三補。

〔三六〕以檢石磩　「以」字原脱，據開元禮卷六三補。

〔三七〕以石末和方色土爲之　「之」字原脱，據開元禮卷六三補。

〔三八〕設陳饌幔各於内壝東門西門之外道北　「陳」原作「諸」，據開元禮卷六三改。

〔三九〕諸祭官次於東壝外　「次」字原脱，據開元禮卷六四補。

〔四〇〕南門之外　「南」原作「東」，據開元禮卷六三改。

〔四一〕設祭官位於内壝東門外道南　「位」字原脱，據開元禮卷六四、通典卷一一九禮典七九補。

〔四二〕設御史位於壇下一位於東南西向一位於西南東向　「於壇下一位於東南西向一位於西南東向」原作「壇東南西向」，據開元禮卷六四補改。

〔四三〕又於東南　「於」下原衍「壇」字，據開元禮卷六三删。

〔四四〕五天帝　「天」原作「方」，據開元禮卷六三改。

〔四五〕睿宗大聖真皇帝座於東方西面席以莞神州於第一等東南方席以藁秸　二十九字原脱，據通典卷一一九禮典七九補。

〔四六〕嶽鎮以下於内壝内　「嶽」上原衍「東南方」三字，據通典卷一一九禮典七九删。

〔四七〕樂懸之北東西廂　「北」字原脱，據開元禮卷六三補。

〔四八〕諸太祝詣壇東陛御史二人升行掃除於上太祝七人與祝史行掃除於下　「詣壇東陛御史二人升行掃除於上太祝」十六字原脱，據開元禮卷六三補。

〔四九〕次於圓臺南門之外　「次」字原脱，據開元禮卷六三補。

〔五〇〕武官之西　「西」原作「後」，據開元禮卷六三改。

〔五一〕武官西南　「武」原作「文」，據開元禮卷六三改。

〔五二〕若復先置　「置」原作「至」，據開元禮卷六三改。

〔五三〕皇帝服大裘而冕出次　「而」原作「衮」，據開元禮卷六三、通典卷一一九禮典七九改。

〔五四〕五步立一人　「一」字原脱，據開元禮卷六三補。

〔五五〕實以昔酒　「昔」原作「旨」，據開元禮卷六三改。

〔五六〕赤帝以赤璋　「赤」原作「外」，據元本、慎本、馮本及開元禮卷六三、通典卷一一九禮典七九改。

〔五七〕黑帝以玄璜　「璜」原作「黄」，據開元禮卷六三、通典卷一一九禮典七九改。

〔五八〕侍臣奉賀　「賀」原作「駕」，據通典卷一一九禮典七九改。

〔五九〕三品以上及岳牧以下入就位　「三」原作「二」，據開元禮卷六四、通典卷一一九禮典七九改。

〔六〇〕上公及群官又再拜　「上」字原脱，據開元禮卷六四、通典卷一一九禮典七九補。

〔六一〕千二百八十七人詣闕請封禪　「八十七」原作「七十八」，據宋史卷一〇四禮志七、長編卷六八大中祥符元年三月甲戌條改。

〔六二〕二萬四千三百七十人　「三百」二字原脱，據宋史卷一〇四禮志七、長編卷六八大中祥符元年四月辛卯條補。

〔六三〕前代封禪壇址摧圮者修完之　「壇」字原脱，據宋史卷一〇四禮志七補。

〔六四〕分距四隅　「距」字原脱，據宋史卷一〇四禮志七、長編卷六九大中祥符元年五月壬戌條補。

〔六五〕文思玉工言　「文」原作「又」，據元本、慎本、馮本及長編卷六九大中祥符元年七月壬戌條改。

〔六六〕備藉神縮酒之用　「藉神」二字原倒，據長編卷六八大中祥符元年四月丙辰條乙正。

〔六七〕即明皆有制幣　「即明」原作「從祀」，據元本、慎本、馮本及宋史卷一〇四禮志七、長編卷六九大中祥符元年七月庚申條改。

〔六八〕惟正座配座用犢　「惟」原作「准」，據長編卷六九大中祥符元年七月庚申條改。

〔六九〕今請亦於從祀牲内體薦　「體薦」二字原倒，據宋史卷一〇四禮志七、長編卷六九大中祥符元年七月庚申條乙正。

〔七〇〕而上辭氣益壯　「壯」原作「莊」，據長編卷七〇大中祥符元年十月庚戌條改。

〔七一〕長二尺許　「二」，宋史卷一〇四禮志七作「三」。

〔七二〕萬葉其昌　「葉」原作「乘」，據宋史卷一〇四禮志七改。

〔七三〕日重輪　「重」字原脱，據長編卷七〇大中祥符元年十月壬子條補。

〔七四〕徽宗政和四年　「四」，宋史卷一〇四禮志七作「三」。

卷八十五　郊社考十八

高禖

仲春，玄鳥至。至之日，以太牢祠于高禖，天子親往，玄鳥，燕也。燕以施生時來巢人堂宇而孚乳，嫁娶之象也，禖氏之官以爲候。高辛氏之世，玄鳥遺卵，娀狄吞之而生契〔一〕。後王以爲媒官嘉祥，而立其祠焉。變「媒」言「禖」，神之也。禖音梅。娀，夙中反。契，息列反。疏曰：「按蔡邕以爲禖神是高辛已前舊有。高者，尊也。謂尊高之禖，不由高辛氏而始有高禖。又生民及玄鳥，毛詩傳云：『姜嫄從帝而祠於郊禖。』又云：『簡狄從帝而祈於郊禖。』則是姜嫄、簡狄之前，先有禖神矣。而此注立高辛氏爲禖神，是高辛氏已前未有禖神，參差不同也。」后妃帥九嬪御。御謂從往侍祠。周禮，天子有夫人，有嬪，有世婦，有女御。獨云「帥九嬪」，舉中言也〔二〕。乃禮天子所御，帶以弓韣，授以弓矢于高禖之前。韣，大木反。天子所御謂今有娠者，於祠，大祝酌酒，飲於高禖之庭，以神惠顯之也。帶以弓韣，授以弓矢，求男之祥也。王居明堂禮曰：「帶以弓韣，禮之禖下，其子必得天材。」疏曰：「祭高禖既畢，祝官乃禮接天子所御幸有娠之人，謂酌酒以飲之。飲酒既畢，乃屬帶此所御之人以弓韣，又授之以弓矢於高禖之前，而北面也。禮此所御之人於禖神之前，禖在壇上，御者在下，故云禖下。以祭神必福降，故云其子必得天材。」月令。朱子生民詩集傳曰：「古者立郊禖，蓋祭天於郊，而以先禖配也。變『媒』言『禖』者，神之也。其禮以玄鳥至之日用太牢祀之。姜嫄出祀郊禖，見大人迹而履其拇，遂歆歆然如有人道而震動有娠，乃周人所由以生之始也。」陳氏曰：「高禖事當以毛詩傳及朱子集傳爲正。」

漢武帝年二十九乃得太子，甚喜，始立爲高禖之祠於城南，祭以特牲。晉博士束晳云：「漢武帝晚得太子，始爲立高禖之祠。高禖者，人之先也，故立石以爲主，而祀之以太牢也。」

後漢因之，祀於仲春之月。

魏禖壇有石。青龍中造。許慎云：「山陽人以石爲主。」

晉以仲春之月，立高禖祠於城南〔三〕，祀以特牲。惠帝元康六年，高禖壇上石中破。博士議：「禮無高禖置石之文，未知設造所由。既已毁破，可無改造。」束皙議以爲石在壇上，蓋主道也。禮，祭器弊則埋而置新，今宜埋而更造，不宜遂廢。後得高堂隆故事，詔更鐫石令如舊，置高禖壇上，埋破石入地一丈。按：江東太廟北門内道西有石，文如竹葉〔四〕，小屋覆之。宋文帝元嘉中，修廟所得石。陸澄以爲晉孝武時郊禖石，然則江左亦有此禮矣。或曰：「百姓祀其傍，或謂之落星也。」

北齊制高禖壇於南郊旁，廣輪二十六尺，高九尺，四陛，三壝。每歲玄鳥至之日，皇帝親帥六宮，祀青帝於壇，以太皞配，而祀高禖之神以祈子。其儀：青帝北方南向，配帝東方西向，禖神壇下東陛之南，西向。禮用青珪束帛，牲共以一太牢。皇帝衮冕乘玉輅，皇后褘衣乘重翟。皇帝初獻，降自東陛；皇后亞獻，降自西陛，並詣便座；夫人終獻。上嬪獻於禖神訖，帝及后並詣攢位，乃送神。皇帝皇后及群嬪皆拜，乃撤就燎，禮畢而還。

隋亦以玄鳥至日，祀高禖於南郊壇，牲用一太牢。

唐亦以仲春玄鳥至之日，以太牢祀於高禖，天子親往。

宋仁宗景祐四年，御史張奎請親祀高禖。下禮院定：築壇南郊，春分之日祀青帝，本詩「克禋以祓」

之義，配以伏羲、帝嚳，以禖神從祀，報古爲禖之先。以石爲主〔五〕，依東漢、晉、隋之舊，牲用太牢，樂以升歌，儀視先蠶，有司攝事，以乘輿所御弓矢、弓韣致禖神前，祀已，與胙酒進内，以禮所御，使齋戒受之。每歲孟春，有司申請，以俟上旨，命曰「特祀」。即用其年春分，遣官致祭。壇高九尺，周廣二丈六尺，四出陛，陛廣五尺，設三壝，壝别二十五步。青石主長三尺八寸，用木生成之數，形準廟社主，植壇上稍北，露首三寸。圭、幣青色，牲用牛、羊、豕各一，如盧植説。樂章、祀儀準青帝，罇器、神座如句芒，唯有司攝事、受福不飲爲異。祀前一日，内侍請皇后宿齋别寢，宫嬪從。齋庭量地設香案、褥位各二，重行南向，以望禖壇。又設褥位香案北，重行。皇后服褘衣，褥位以緋；宫嬪服宫中朝賀之服，褥位以紫。祀日，有司以福酒、胙肉、弓矢、弓韣授内臣，奉至齋所。置弓矢、弓韣於箱，在香案東；福酒於坫，胙肉於俎，在香案西。内臣引宫嬪詣褥位，東上，南向立；又詣皇后幄次，跪，請皇后行禮，導至褥位，南向立。請再拜，在位者皆再拜。導皇后詣香案褥位上香，帶弓韣，受弓矢，轉授内臣，置於箱，又請再拜。内臣進胙，皇后受訖，轉授内臣。次進福酒，内侍曰「請飲福」，飲訖〔六〕，内臣又奏請再拜。乃解弓韣，内臣跪受置於箱，導皇后歸東向褥位。又引宫嬪最高一人詣香案上香，帶弓韣，受弓矢，轉授左右置於箱，請再拜，左右授福酒，請飲福，再拜，解弓韣，還位。又引以次宫嬪，悉如上儀。俟俱復位〔七〕，内侍奉請皇后詣南向褥位，皆再拜。内侍跪奏「禮畢」，導皇后歸幄次，宫嬪並退。是歲，宫中又置赤帝像，以祈皇嗣。

宋神宗元豐四年，天章閣待制羅拯言：「高禖壇在南郊，制不甚廣，上設神位三，皆密列祭器，執事之人殆不容足，祀官奠獻，或側身拜於褥位。乞令修展，以叶禮制。」詔太常、禮院詳定以聞。禮官言：「高禖壇高八尺，廣二十六尺，上以青帝爲主，伏羲、高辛配侑，高禖設位壇下。壇上神位三，陳設祭器、樂架，實爲狹隘，酌奠拜跪及執事進退，不可觀禮。按祀儀：青帝壇廣四丈，高八尺。今祠高禖，既以青帝爲主，其壇之高廣，請如青帝之制。」從之。

尚書禮部言：「先農正座帝神農氏，祝文云『以后稷配神作主』，配座后稷云『作主侑神』。謹按春秋公羊傳曰：『郊則曷爲必祭稷？王者必以其祖配。王者則曷爲必以其祖配？自内出者，無匹不行；自外至者，無主不止。』何休曰：『天道闇昧，故推人道以接之。』然則古者作主配神之意，本施於祖宗，其間有雖非祖宗而祝辭可以言作主配神者，如五人帝之於五帝，是推人道以接天神；勾龍之於社，后稷之於稷，是推人道以接土穀之祇，其祝辭俱云『作主』可也。若並爲外祭，而正配座又皆人鬼，則以正座爲主，其配座但合食從祭而已。伏請於神農祝文云『以后稷配』，於后稷云『配食於神』。高禖以伏羲、高辛配，祝文並云『作主配神』，神無二主，伏羲既爲主，其高辛祝文改云『配食於神』。」從之。

徽宗政和二年，詔：「春分祀高禖、青帝，以帝伏羲氏、高辛氏配，簡狄、姜嫄從祀。」

高宗紹興元年，太常少卿趙子畫言：「祀典，每歲春分日祀高禖，青帝正位，配以伏羲、高辛，從以簡狄、姜嫄。弓矢、弓韣，内出備器。禮畢，收徹三從祀神位前禮料〔八〕，入禁中行禮。自車駕巡幸，雖多故之際，禮文難備，至於祓無子，祝多男，所以繫四方萬里之心者，蓋不可闕。乞自來歲之春，復行高禖之祀。」從之。

十六年，監察御史王鎡言：「禖祀之壇，卑陋弗稱，有司致齋於社亭之上，行事於民居之後；遇雨望祭，徙置江館，去壇既遠，事涉瀆慢，未足以彰禋潔祀，爲帝王求嗣之禮。乞申命攸司考昔制度，一新壇宇，仍命大臣取生民姜嫄從於帝而見於天之義，月令以太牢祠於高禖，天子親往之文，詳加定議，乞法駕臨祠，必獲聖嗣詵詵之福。」詔禮部看詳。

先時，禮部、太常寺檢會國朝禮例，高禖壇在國之東南，依儀合差三獻官、監察御史等，各前十日受誓戒，及排設登歌之樂，内行事官就南郊齋宮宿齋。牲用牛羊豕，每位籩、豆各一十二。昨緣車駕駐蹕臨安府，權於錢湖門外惠照院齋宮設位行禮，牲用羊豕，每位籩、豆各六，差獻官一員行禮，不受誓戒，亦不設登歌之樂。今來劉嶸所請，欲令臨安府於行宮東南城外踏逐，隨宜修建，及踏逐近便寺觀，權充行事官齋舍。所有設登歌樂，差行事官受誓戒，并合用牲牢、禮料、籩豆之數，並依見今大祀禮例，差官排辦。」從之。

禮部言：「竊詳生民之詩，言『履帝武敏歆』，先儒以『敏』爲拇，謂姜嫄履巨迹之拇，以歆郊禖之神，是生后稷，以爲從帝嚳祀禖神之應。其説頗附會玄鳥生契之意。如詩言『繩其祖武』，傳言『夫子步亦步，趨亦趨』，皆繼踵相因循之意。『履帝武敏歆』，猶言帝嚳行禖祀之禮，姜嫄踵而行之，疾而不遲，故上帝所歆，居然生子，以見視履考祥，其應亦速。而後世弗深考經旨、傳注，怪詭禨祥，併爲一談。至北齊妃嬪參饗，黷而不蠲，去禮逾遠，歷世非之。唯禮記、通典載大唐月令，具言仲春玄鳥至之日，以太牢祀於高禖，天子親往，而政和新禮亦有皇帝親饗高禖之儀。緣祖宗以來，未嘗舉行親祠，唯兩制官并有司攝事，今欲乞比祖宗故事，增重祀典，依每歲元日祈穀於上帝禮例，命執政官攝事，前期申取指揮施行。又檢會國朝會要，每歲春分，遣官致祭，牲用牛羊豕各一，弓矢、弓韣，以乘輿所御者權降付外有司，奉祠訖，以福酒、胙肉、弓矢、弓韣授内侍，以進皇后、宮嬪，就宮中受胙飲福。詳見上文。今欲遇祠高禖及徹禮饌進内，依景祐儀制，行飲福受胙之禮。所有牲牢，亦依祖宗故事，用牛羊豕，務從豐備，以盡祈天錫羨之誠。」從之。

十七年二月，上親祠高禖，以普安郡王爲亞獻，恩平郡王爲終獻。

禮部、太常寺言：「按禮經，仲春天子親祠高禖。徽宗皇帝修成親祠之制，具載新儀，未經舉行。望皇帝親祠，以祈多男之祥，副天下之望。」從之。

八蜡

籥章：國祭蜡則龡豳頌，擊土鼓，以息老物。龡，昌垂反〔九〕。玄謂：「十二月，建亥之月也。求萬物而祭之者，萬物助天成歲事，至此，爲其老而勞，乃祀而老息之，於是國亦養老焉，月令『孟冬勞農以休息之』是也。豳頌亦七月也。七月又有『穫稻作酒，躋彼公堂。稱彼兕觥，萬壽無疆』之事，是亦歌其類也。謂之頌者，以其言歲終人功之成。」疏曰：「此祭蜡直擊土鼓。按明堂位云：『土鼓葦籥，伊耆氏之樂。』即此，亦各有葦籥可知。言『以息老物』者，謂息田夫萬物也。云『謂之頌者，以其言歲終人功之成』者，凡言頌者，頌美成功之事，故於七月，風詩之中亦有雅、頌也。」春官。

孟冬，天子乃祈來年於天宗，大割祠于公社及門閭，臘先祖、五祀。此周禮所謂蜡祭也。天宗，謂日、月、星辰也。大割，大殺群牲割之也。臘謂以田獵所得禽祭也。五祀，門、户、中霤、竈、行也。或言「祈年」，或言「大割」，或言「臘」，互文。　疏曰：「『祈來年于天宗』者，謂祭日、月、星辰也。『大割祠於公社』者，謂大割牲以祀公社，以上公配祭，故云『公社』。『及門閭』者，非但祭社，又祭門閭，但先祭社，後祭門閭，故云『及』。『臘先祖、五祀』者，臘，獵也，謂獵取禽獸，以祭先祖、五祀也。此等之祭，總謂之蜡。若細別言之，天宗、公社、門閭謂之蜡。其祭則皮弁、素服、葛帶、榛杖。其臘先祖、五祀，謂之息民之祭。其服則黄衣、黄冠。鄭注郊特牲云：息民與蜡異也。知此周禮所謂蜡者，以郊特牲蜡者索也，索萬物而饗之。按籥章云：『國祭蜡，歈豳頌，以息老物。』蜡而後息老，此經亦先祭衆神，乃後勞農休息，文與籥章相當，故經廣祭衆神，是周禮籥章所謂蜡祭也。云『天宗謂日、月、星辰』者，以蜡祭唯祠公社，不祭地，故知祭天宗者，不祭天。若是祭天，何須稱宗？下季冬云『天之神』，是天之衆神，有司中、司命，不稱宗，明稱宗者，謂日、月、星也。云『臘謂田獵所得禽祭』者，以欲臘祭之時，暫出田獵以取禽，非仲冬大閲之獵也。左傳云『惟君用鮮』，則天子、諸侯祭用鮮獸。云『或言祈年，或言大割，或言臘，互文』者，天宗、公社、門閭、先祖、五祀等，皆祈年大割臘祭之事，故云『互』也。」勞農以休息之。黨正屬民飲酒、正齒位是也。　疏曰：「按黨正職：國索鬼神而祭祀，則以禮屬民。此亦祭衆神之後，勞農休息，文正相當，故云是此等休息，是正齒位。按雜記子貢觀蜡云：『一國之人皆若狂者。』按鄉飲酒，初立賓行禮，至禮終，脱屨升堂而燕行無算爵。然則初時正齒位，後則皆狂蜡祭。蔡邕云：『夏曰清祀，殷曰嘉平，周曰蜡，秦曰臘。』按左傳云：『虞不臘矣。』是周亦有臘名也。」月令。

黨正，國索鬼神而祭祀，則以禮屬民，而飲酒於序，以正齒位。屬音燭，合也。　「國索鬼神而祭祀」，謂歲十二月大蜡之時，建亥之月也。「正齒位」者，鄉飲酒義所謂六十者坐，五十者立侍；六十者三豆，七十者四豆，八十者五豆，九十者六豆，是也。必正之者，爲民三時務農，將闕於禮，至此農隙，而教之尊長養老，見孝悌之道也。黨正飲酒禮亡，以此事屬於鄉飲酒之義，微失少矣。凡射飲酒，此鄉民雖爲鄉大夫，必來觀禮。鄉飲酒、鄉射記大夫樂作不入，士既旅不入是也。　疏曰：「黨正行正齒位之禮，在十二月建亥之月爲之，非蜡祭之禮。而此云『國索鬼神而祭祀』者，以其正齒位禮在蜡月，故言之以爲節耳。當國索鬼神而祭祀之時，則黨正屬聚其民，而飲酒於序學中，以行正齒位之法。當正齒位之時，民内有爲一命以上〔一〇〕，必來觀禮，故須言其坐之處。」地官。

羅氏，蜡則作羅襦。襦，女俱反，或音須。作，猶用也。鄭司農云：「蜡謂十二月大祭萬物也。郊特牲曰：天子大蜡，謂歲十二月合聚萬物而索饗之。繻，細密之羅。繻讀爲「繻」，有衣袽之繻。」玄謂：「蜡建亥之月，此時火伏蟄者畢矣。豺既祭獸，可以羅罔圍取禽也。」夏官。

蔡邕獨斷：「四代臘之别名：夏曰嘉平，殷曰清祀，周曰大蜡，漢曰臘。五帝臘祖之别名：青帝以未臘卯祖，青帝，太皞。木行。赤帝以戌臘午祖，赤帝，炎帝。火行。白帝以丑臘酉祖，白帝，少皞。金行。黑帝以辰臘子祖，黑帝，顓頊。水行。黄帝以辰臘未祖。黄帝，軒轅后土。土行。

陳氏禮書曰：「蜡之爲祭，所以報本反始，息老送終也。其服，王玄冕而有司皮弁，素服，葛帶，榛杖。其牲，體廳辜。其樂，六樂而奏六變，吹豳頌，擊土鼓，舞兵舞、帗舞。其所致者，川澤、山林以至土示、天神莫不與焉。則合聚萬物而饗之者，非特八神也，而所重者八，以其尤有功於田故也。其神之尊者，非特先嗇也，而主先嗇，以其始有事於田故也。鄭氏曰：『先嗇若神農者，司嗇后稷是也。農，田畯也。郵表畷，田畯所以督約百姓於井間之處也。』爾雅曰：『畯，農夫也。』然則蜡之八神，則先嗇也，司嗇也，百種也，農也，郵表畷也，禽獸也，坊也，水庸也。古者，蜡則飲於學，黨正屬民飲酒於序是也。既蜡則臘先祖、五祀於廟。仲尼與於蜡賓，事畢，出遊於觀之上是也。然則臘亦謂之蜡矣。先儒以郊特牲言皮弁、素服而祭，又言黄衣、黄冠而祭，則二祭之服不同。月令言祈來年于天宗，割祠于公社，又言臘先祖、五祀，則祈臘之名不同：於是謂皮弁、素服而祭，與祈來年于天宗，蜡也。黄衣、黄冠而祭，與臘先祖、五祀，臘也。蜡以息老物，臘以息民，息民固在蜡後矣。此記所以言既蜡而收民息已也。周蜡於十有二月，秦臘於孟冬，皆建亥之月也。晉侯以十二月滅虢，遂襲虞，宫之奇曰：『虞不臘矣。』則臘在蜡月可知矣。古者，臘有常月而無常日，祖在始行而無常時。由漢以來，溺於五行之説，以王曰祖，以衰曰臘，其失先王之禮遠矣！後周兼五天帝、五人帝與百神而蜡於五郊；唐不祭五天帝、五人帝，特蜡百神於南郊，而闕其方之不登者。然蜡因其順成之方以報神，因其州之序以樂民，則唐一於南郊，非也。蜡及天宗，則日、月、星辰之類而已。後唐兼天帝而祭之，亦非也。先儒謂蜡六奏樂而禮畢，東方之祭則用太蔟、姑洗，南方蕤賓，西方夷則、無射，北方則黄鍾爲均，於理或然。」

楊氏曰：「愚按，夏正建寅，殷正建丑，周正建子，三正不同。夫子告顏淵，獨以夏時爲正。蓋建寅者，生物之始，亦人事之始，故以爲歲首；建丑者，成物之終，亦人事之終，故以爲歲終。歲終則行蜡、臘之祭，宜也。禮記月令：『孟冬臘先祖、五祀。』籥章：『國祭蜡。』黨正：『國索鬼神而祭祀。』鄭氏兩注皆謂建亥之月，此亦可疑。原記禮者及注家之意，豈不曰此皆周禮也，周以建子爲歲首，故以建亥之月爲歲終。然夏、殷、周三正，示不相沿，特以其月爲大朝會、大政令之始，而天時之始終則不可易也。建亥，孟冬之月，謂之歲終，可乎？漢史：臘月，陳勝之御莊賈殺勝以降秦。張晏曰：『秦之臘月，夏之九月也。』其意亦曰秦以建亥爲正，而臘則建戌也。臣瓚曰：『建丑之月也。』師古曰：『史記云，胡亥二年十月誅葛嬰，十一月周文死，十二月陳勝死。臣瓚説是也。』夫秦人不師古始，猶知以建丑之月爲臘，孰謂周人以建亥爲臘乎！」

傳：天子大蜡八。疏曰：「大蜡八者，即鄭注云先嗇一、司嗇二、農三、郵表畷四、貓虎五、坊六、水庸七、昆蟲八。所祭之神，合聚萬物而索饗之，但以此八神爲主。蜡云『大』者，是天子之蜡，對諸侯爲大。天子既有八神，則諸侯之蜡未必八也。謂若先嗇，古之天子，諸侯未必得祭也。」知諸侯亦有蜡者，禮運云『仲尼與於蜡賓』，是諸侯有蜡也。」伊耆氏始爲蜡。耆，巨夷反〔一一〕。 伊耆氏，古天子號也，或云即帝堯是也。 陳氏曰：「禮記曰：『伊耆氏始爲蜡。』周禮，伊耆氏掌共王之杖，咸以老者待杖然後安，猶於物待蜡然後息也。伊耆氏以有功於耆老著矣，故後世以其官爲姓，周又以其姓名官。先儒謂其始制鼓籥，又始爲蜡，於是以爲古天子之號。然古之制法者，隸首造曆，大撓作甲子，蒼頡造書之類，豈皆古王者哉？果伊耆氏實古王者之號，周人固應尊異而神之，不宜列於銜枚氏、壺涿氏，而以下士之官名之也。」蜡也者，索也。謂求索也。歲十二月，合聚萬物而索饗之也。饗者，祭其神也。 疏曰：「云『饗者祭其神也』者，解經『合聚萬物而索饗之』。萬物非所饗，但饗其萬物之神。所以饗其神者，萬物所以能功加於民者，神使爲之，故祭之以報焉。」蜡之祭也，主先嗇而祭司嗇也。先嗇，若神農者。司嗇，后稷是也。 疏曰：「『若』是不定之辭。以神農比擬，故云『若』。司嗇后稷無所疑，故不言『若』，直云『后稷是也』。以先嗇爲主，司嗇從祭。」祭百種以報嗇也。 疏曰：「百種，則農及郵表畷、禽獸等。所以祭之者，報其助嗇之功，使盡饗焉。」饗農及郵表畷、禽獸，仁之至，義之盡也。 郵本亦作「尤」。畷，丁劣反，又丁衛反。 農，田畯也。郵表畷，謂田畯所以督約百姓於井間之處也。 畯音俊。約，因妙反。 疏曰：「農，謂古之田畯，有功於民。郵表畷者，是田畯於井間所舍之處。郵若郵亭屋宇處所。表，田畔。畷者，謂井畔相連畷。於此田畔相連畷之所，造此郵舍，田畯處焉。禽獸者，即下文云貓虎之屬。」古之君子，使之必報之。迎貓，謂其食田鼠也；迎虎，謂其食田豕也。迎而祭之也。迎其神也。祭坊與水庸，事也。水庸，溝也。 疏曰：「『祭坊與水庸事也』者，是營爲所須之事，故云事也。坊者，所以畜水，亦以障水；庸者，所以受水，亦以泄水。謂祭此坊與水庸之神。」曰：「土反其宅，水歸其壑，昆蟲毋作，草木歸其澤。」此蜡祝辭也。若辭同，則祭同處可知矣。壑猶坑也。昆蟲暑生寒死，螟、螽之屬爲害者也。螽音終。 疏曰：「此以下皆蜡祭之祝辭。土，即坊也。反，歸也。宅，安也。土歸其宅則不崩。『水歸其壑』者，水即水庸；壑，坑坎也。水歸其壑，謂不汎溢。『昆蟲毋作』者，昆蟲，螟、螽之屬也，得陰而死，得陽而生。曰『昆蟲毋作』，謂不爲災。『草木歸其澤』者，草，苦、稗；木，榛、梗之屬也。當各歸生藪澤之中，不得生於良田，害嘉穀也。蜡祭乃是報功，故亦因祈禱有此辭也。一云：祝辭言此神，由有此功，故今得報，非祈禱也。辭有水、土、昆蟲、草木者，以其無知，故特有辭也。而先嗇之屬有知，故不假辭也。據此，祭草木有辭，則草木當有神。八蜡不數之者，以草木徧地皆是。不如坊與水庸之屬，各指其一物，故不數。」皮弁、素服而祭。素服，以送終也。葛帶、榛杖，喪殺也。蜡之祭，仁之至，義之盡也。榛，側巾反，以榛木爲杖也。殺，所界反。送終、喪殺，所謂息老物也。素服，衣裳皆素。黄衣、黄冠而祭，息田夫也。祭，謂既蜡，臘先祖、五祀也，於是勞農以休息之。論語曰：「黄衣狐裘。」疏曰：「上云蜡，此云祭，故知既蜡，臘先祖、五祀。對文蜡臘有别，總其義俱名蜡也。故月令：『孟冬，祈來年于天宗，大割祠于公社及門閭，臘先祖、五祀。』鄭注云：『此周禮所謂蜡』是也。」野夫黄冠。黄冠，草服也。言祭以息民，服象其時物之色，季秋而草木黄落。大羅氏，天子之掌鳥獸者也，諸侯貢屬焉。草笠而至，尊野服也。諸侯於蜡，使使者戴草笠，貢鳥獸也。詩云：「彼都人士，臺笠緇撮。」又曰：「其餉伊黍，其笠伊糾。」皆言野人之服也。疏曰：「天子掌鳥獸之官，謂大羅氏也。謂爲大羅者，鄭云，能以羅捕鳥獸者也。周禮，羅氏掌羅烏鳥，蜡則作羅襦。鄭司農云：『襦，細密之羅也。』解者云：順秋冬殺物，故羅氏用細密之羅網以捕禽鳥矣。然周禮不云掌獸，此云獸者，以其受貢獸故也。『諸侯貢屬焉』者，大羅氏既以羅爲名，能張羅得鳥獸，故四方諸侯有貢獻鳥獸於王者，皆入屬大羅氏也。」羅氏致鹿與女而詔客告也。以戒諸侯曰：「好田、好女者，亡其國。」好，呼報反。疏曰：「羅氏先受貢事，使者臨去，羅氏又以鹿及女子致與使者，而宣天子之詔於使者，令使者反還其國，以告戒其君，故云『詔客告』也。『以戒諸侯曰：好田、好女者，亡其國』者，此宣詔所告之言也。令使者還其國，以如此告汝君曰：不得好田臘及女色，使國亡也。言鹿，是田臘所得之物；女，是亡國之女，而王所以獲者也。故與之鹿、女，明以此爲戒也。一云：豈每國輒與女、鹿邪？正當羅氏以鹿與女示使者爾。」天子樹瓜華，不斂藏之種也。華，果、蓏也。又詔以天子樹瓜蓏而已，戒諸侯以蓄藏蘊財利也。蓏，力果反。蘊，於粉反。疏曰：「言天子唯樹瓜與果、蓏，所以唯樹植此瓜華者，是供一時之食，不是收斂久藏之種。若其可久藏之物，則不樹之，不務蓄藏與民爭利。」八蜡以記四方，疏曰：「言蜡祭八神，因以明記四方之國，記其有豐稔、凶荒之異也。」四方年不順成，八蜡不通，以謹民財也。疏曰：「『四方年不順成，八蜡不通』者，謂四方之內年穀不得和順成熟，則當方八蜡之神，不得與諸方通祭。所以然者，以謹慎民財，欲使不熟之方，萬民謹慎財物也。鄭數八神，約上文也。王肅分貓、虎爲二，無昆蟲；鄭數昆蟲合貓、虎者，昆蟲不爲物害，亦是其功。貓、虎俱是除田中之害，不得分爲二。不言『與』，故合爲一也。」順成之方，其蜡乃通，以移民也。疏曰：「四方之內，有順成之方，其蜡之八神乃與諸方通祭。所以然者，以其蜡祭豐饒，皆醉飽酒食，使民歆羡也。」既蜡而收，民息已，故既蜡，君子不興功。收，謂收斂積聚也。息民與蜡異，則黄衣、黄冠而祭，爲臘必矣。疏曰：「此文云『既蜡而收，民息已』，先蜡後息民，是息民爲臘，與蜡異也。月令，臘在祈天宗之下，但不知臘與蜡祭相去幾日，唯隋禮及今禮皆蜡之後日。經云『既蜡不興功』者，謂不興農功。若其土功，則左氏傳云：『龍見而畢務，戒事也。火見而致用，水昏正而栽〔一二〕，日至而畢土功。』建亥之月起，日至而畢也。」

司爟，凡祭祀，則祭爟。報其爲明之功，禮如祭爨。疏曰：「鄭云『禮如祭爨』者，祭爨，祭老婦也。則此祭爟，謂祭先出火之人。」夏官。

龜人，上春釁龜，祭祀先卜。釁者，殺牲以血之，神之也。玄謂先卜，始用卜筮者。言「祭」言「祀」，尊焉天地之也。世本作曰「巫咸作卜筮」，未聞其人也。是上春者，夏正建寅之月。月令孟冬云釁龜筴，相互矣。秦以十月建亥爲歲首，則月令秦世之書，亦或欲以歲首釁龜耳。疏曰：「天地稱祭祀，今云先卜，是人應云享，而云祭祀，與天地同稱，故云尊焉天地之也。伏羲作易時，未有揲蓍之法，至巫咸始教人爲之，故巫咸得作筮之名。」春官。

傳，孔子曰：「臧文仲安知禮？燔柴於奥。」燔音煩。奥，依注作「爨」，七亂反。文仲，魯公子彄之曾孫，臧孫辰也。莊、文之間爲大夫，於時爲賢，是以非之，不正禮也。「奥」當爲「爨」字之誤也，或作「竈」。禮，尸卒食而祭饎爨、饔爨也。時人以爲祭火神乃燔柴。彄，苦侯反〔一三〕。饎，昌志反。疏曰：「『奥當爲爨字之誤也』者，下文云『老婦之祭，盛於盆，尊於瓶』，故知非奥。奥者，夏祀竈神，其禮尊，以老婦配之耳。故中霤禮，祭竈先薦於奧，有主有尸，用特牲，迎尸以下略如祭宗廟之禮，是其事大也。爨者，宗廟祭祀，尸卒食之後，特祭老婦，盛於盆，尊於瓶，是其事小也。云『禮，尸卒食而祭饎爨、饔爨也』者，特牲記注：『舊說云宗婦祭饎爨，亨者祭饔爨，用黍、肉而已，無籩、豆、俎。』云『時人以爲祭火神乃燔柴』者，依尸卒食而祭饎爨、饔爨，當時失禮，又以此爲祭火神，遂乃燔柴，明失禮也。皇氏云：『弗綦既以逆祀爲是，又以燔柴祭爨爲是。』按疏皇氏說者，言臧文仲不能正逆祀之失，夫子譏其三不知；又不能正燔柴祭奧之失，夫子譏其安知禮也。古周禮說顓頊氏有子曰黎，爲祝融，祀以爲竈神。許君謹按同周禮。鄭駁之云：『祝融乃古火官之長，猶后稷爲堯司馬，其尊如是。王者祭之，但就竈陘，一何陋也？祝融乃是五祀之神，祀於四郊，而祭火神於竈陘，於禮乖也。』如鄭駁言，則祝融是五祀之神，祀於郊，奧者正是竈之神，常祀在夏，以老婦配之，有俎及籩、豆，設於竈陘，又延尸入奧。爨者，宗廟祭後，直祭先炊老婦之神，在於爨竈。此祝融并奧及爨三者所以爲不同者也。」夫奧者，老婦之祭也，盛於盆，尊於缾。盛音成。缾，步丁反。老婦，先炊者也。盆、缾，炊器也。明此祭先炊，非祭火神，燔柴似失之。疏曰：「『夫奧者，老婦之祭也』者〔一四〕，既譏燔柴於爨，又明祭爨不可以燔柴之義。爨者，是老婦之祭，其祭卑，唯盛食於盆，盛酒於缾。卑賤若此，何得燔柴祭之也？」禮器。家語曲禮子貢問同。

沙隨程氏曰：「八蜡之祭，爲民設教也厚矣。方里而井，八家共焉，吾食其一，仰事俯育資焉而無憾者，可不知所本乎？古有始爲稼穡，以易佃漁，俾吾卒歲無飢，不與禽獸爭一旦之命者，緊先嗇是德，故祭先嗇焉。曰司嗇者，謂修明其政，而潤色之者也。曰農者，謂傳是業以授之於我者也。曰郵表畷者，畷，井田間道也；郵表也者，謂畫疆分理，以是爲准者也。昔之人爲是而勞，今我蒙之而逸，蓋不得不報也。曰貓、虎者，謂能除鼠、豕之害吾稼者也。曰坊者，謂昔爲隄防之人，使吾禦水患者也。曰水庸者，謂昔爲畎澮溝洫，使吾爲旱備者也。曰昆蟲者，先儒謂昆蟲害稼，不當與祭，乃易以百種。是不然。所謂昆蟲者，非祭昆蟲也，祭其除昆蟲而有功於我者也。除昆蟲者不一而足，如火田之人，捕蝗之子，禽鳥或能食之，霜霰或能殺之，以其不一而足，故直曰『昆蟲』焉耳。夫以表畷、坊、庸之賤隸，貓、虎、昆蟲之細效，吾不敢忘，皆得以上配先嗇、司嗇之享，其民勸於功利，推而廣之，等而上之，視君親如天地而不敢慢也。後世農田之利，奪於兼并之家，雖天下之用，舉仰於農，而農人不蒙其利，大抵一歲之入，兼并袖手十取之五；假之牛種，則什之七；又乘其乏，舉貸以倍稱之息，雖八九可也。是故樂歲先飢、凶年多死者，莫農人若也。何以致然？由郵表畷之失職也。郵表畷之失職，則先嗇、司嗇與夫農者其德不白，雖有坊、庸，必私其私，是生民之害，不在鼠冢螟蟘也。古之一夫，施功力於田里者，生蒙其利，没享其祭。後世一切反此。古者，上農夫食九人，後世農能食九口者，不千一也；下農夫食五人，後世具父母妻子養者，不百一也。有爲浮屠氏者詭言於民曰：『汝知竭力耕耘而不自粒者乎？是前生不種福也。汝知燕居甲第坐享王侯之奉者乎？品其材智道德，非有踰乎人，是前生種福德也。故敬我者貴，施我者富，前生所作，今獲其報；今世所作，後亦如之，猶影響也。』是以設爲天宫、净土、地獄、惡趣以誘懼之，時出怪神、夢兆以證信之，而先王神道設教之意替矣。仰觀三代里田蜡祭之時，其民恬寧愉樂，和睦無怨，故鬼神享馨香之薦，交歸其德，不爲妖厲，豈不盛矣乎！」

秦惠文王十二年，初臘。注：臘，獵禽獸，以歲終祭先祖。秦是時始效中國爲之。風俗通：「夏曰嘉平，殷曰清祀，周曰蜡，漢改曰臘，索群鬼神而祭之。」

始皇三十一年，更名臘曰嘉平。

漢復曰臘。季冬之月，星迴歲終，陰陽以交，農大享臘。言祭宗廟旁祭五祀，蓋同一日。自此而始，非舊典。

魏因漢制。高堂隆議臘用日云：「王者各以其行之盛而祖，以其終而臘。水始於申，盛於子，終於辰，故水行之君以子祖，以辰臘。火始於寅，盛於午，終於戌，故火行之君以午祖，以戌臘。木始於亥，盛於卯，終於未，故木行之君以卯祖，以未臘。金始於巳，盛於酉，終於丑，故金行之君以酉祖，以丑臘。土始於未，盛於戌，終於辰，故土行之君以戌祖，以辰臘。今魏土德而王，宜以戌祖，辰臘。」博士秦静議：「古禮，歲終聚合百物，祭宗廟，謂之蜡，皆有常日，無正月祖祭之禮。漢用午祖，戌臘。午者南方之象，故以午祖。正月爲歲首，故以寅始，用午祖。戌者歲之終，萬物畢成，故以戌臘。小數之學，因就傳著五行以爲說，皆非典籍經義之文。尚書、易經説五行，水、火、木、金、土王相衍天地陰陽之義，故易曰坤爲土。土位西南，黄精之君，盛德在未，故大魏以未祖〔一五〕。戌者，歲終日窮之辰，不宜以爲歲初祖祭之行始也。易曰：『坤利西南得朋，東北喪朋。』丑者土之終，故以丑臘，終而復始，乃終有慶。宜如前以未祖丑臘。」奏可之。

東晉元帝大興二年，未臘前一日，詔：「明日當爲范氏從母舉哀，百官戒嚴。」尚書郎張亮議曰：「天子祭宗廟、社稷，鼎俎既陳，不得終事者四。若五服之喪，以當降者不以廢。從母無服之喪，不宜廢事舉哀。又禮，祭之明日，改祭於祊，以燕皇尸，殷謂之肜，周謂之繹。今雖未施肜繹之祭，先王之典，聖人重不忘，但大臘之日，休息黎衆，百日之勤，一日之澤，未可戒嚴。」

宋因之，水德王，祖以子，臘以辰。

後周以十月祭神農〔一六〕、伊耆以下至毛、介等神於五郊，五方天地、星宿、四靈、五帝、五官、嶽鎮，下至原隰，各分其方合祭之。上帝、地祇、神農、伊耆、人帝於壇上。南郊則以神農既蜡，無其祀。三辰、七宿則爲小壇於其側，自嶽鎮以下，則各爲坎，餘於平地。皇帝爲初獻上帝、地祇、神農、伊耆及五人帝，冢宰亞獻，宗伯終獻，上大夫獻三辰以下，中大夫獻七宿以下。自天帝至羽毛之牲、玉、帛皆從燎，餘從瘞。祭畢，帝如南郊便殿，明日乃蜡。訖，又如西郊蜡訖，又至北郊祭訖，還宮。

隋初，因以孟冬下亥蜡百神。開皇四年，詔曰：「前周歲首，今之仲冬建亥之月，大蜡可也。後周以夏后之時，行姬氏之蜡，考之前代，於義有違。其十月行蜡者停，可以十二月爲臘。」於是始革前制。前周姬氏，後周宇文氏。

唐太宗貞觀十一年，房玄齡等議曰：「按月令，蜡法唯祭天宗，近代蜡五天帝、五人帝、五地祇，皆非古典，今並除之。季冬寅日，蜡祭百神於南郊，大明、夜明用犢二〔一七〕，籩、豆各四，簠、簋、甄、俎各一。神農及伊耆氏各用少牢一。籩、豆等與大明同。后稷及五方、十二次、五官、五方田畯、五嶽、四鎮、四海、四瀆以下，方別各用少牢一。其日，祭井泉於川澤之下，用羊一。卯日，祭社稷於社宮。二十八宿、五方之山林、川澤、丘陵、墳衍、原隰、鱗、羽、羸、毛、介、水墉、坊、郵表畷、貓、虎及龍、麟、朱鳥、白獸、玄武，方別各用少牢一，每座籩、豆各二，簠、簋、甄、俎各一。蜡祭凡百八十七座。當方年穀不登，則闕其祀。蜡之明日，又祭社稷於社宮，如春秋二仲之禮。」

玄宗開元中制儀：季冬臘日，蜡百神於南郊之壇。若其方不登，則闕之。

唐開元禮

臘日，蜡百神於南郊，都百九十二座。大明、夜明在壇上，每座籩、豆各四〔一八〕，簠、簋、甄、俎各一。神農、伊耆、五官，每座籩、豆各四，簠、簋、俎各一〔一九〕。五星、三辰、后稷、五方田畯、嶽鎮、海瀆、二十八宿，五方山林、川澤、丘陵、墳衍、原隰、龍、麟、朱鳥、白獸、玄武、鱗、羽、毛、介、於菟、井泉等八十五座〔二〇〕。籩、豆各二，簠、簋、俎各一〔二一〕。樂舊用黄鍾之均，三成。新改用天神之樂，圜鍾之均，六成。

皇帝臘日蜡百神於南郊儀攝事附

齋戒如圜丘儀。從祀官及攝事齋戒，並如别儀。

陳設

前蜡三日，尚舍直長施大次於外壝東門之内道北，南向。尚舍奉御鋪御座。攝事，衛尉設祀官公卿已下次於東壝之外道南，北向，以西爲上。衛尉設陳饌幔於内壝東門、西門之外道北，南向；北門之外道東，西向。東方、南方之饌陳於東門外，西方之饌陳於西門外，北門之饌陳於北門外。設文武侍臣次，又設祀官及從祀群官、諸州使人、蕃客等次。攝則無文武侍臣、蕃客等次。前蜡二日，太樂令設宫懸、歌鐘、歌磬，如圜丘之儀。右校掃除壇之内外。郊社令積柴於燎壇，其壇於神壇之左、内壝之外。方八尺，高一丈，開上南出户，方三尺〔三〕。右校爲瘞埳於壇之壬地、内壝之外，方深取足容物，南出陛。前蜡一日，奉禮設御座及望燎位，祀官、從祀群官、諸州使人、蕃客等於壝門外，皆如圜丘之儀。攝事如圜丘之儀。設日、月酒罇之位：大明，太罇二、著罇二、罍一，在壇上於東南隅，北向；夜明，太罇二、著罇二、罍一，在壇上於西南隅，北向。神農氏、伊耆氏各著罇二，各於其壇上；五星、五官、后稷各象罇二，七宿、田畯、龍、麟、朱鳥、騶虞、玄武等各壺罇二，鱗、羽、羸、毛、介等散罇二，俱設於神座之左而右向；五方嶽鎮、海瀆俱山罇二，山林、川澤俱蜃罇二，丘陵、墳衍、原隰、井泉、水墉、坊、郵表畷、於菟、貓等俱散罇二，各設於神座之右而左向。伊耆氏已上之罇置於坫，星辰已下之罇藉以席，皆加勺、冪，設爵於罇之下。設御洗於壇南陛東南，亞獻之洗又於東南，北向，罍水在洗東，篚在洗西，南肆。篚實以巾、爵。設分獻罍洗各於其方陛道之左右，俱内向，執罍、洗、篚、冪者各立於罇、罍、篚、冪之後〔三〕。各設玉、幣之篚於壇之上下罇坫之所。晡後，謁者引光禄卿詣厨視濯溉，又謁者引諸祀官詣厨省饌具訖，還齋所。蜡日，未明十刻，太官令帥宰人以鸞刀割牲，祝史以豆取毛血，置於饌所，遂烹牲。日，青牲一；月，白牲一。其餘方各少牢一。未明五刻，太史令、郊社令升，設日、月神座於壇上，大明於北方少東，夜明於大明之西，俱南向，席皆以藁秸；神農、伊耆神座各於其壇上，俱内向。設后稷氏神座於壇東，西向。設五官、田畯之座各於其方。設五星、十二次、二十八宿、五方嶽鎮、海瀆、山林、川澤、丘陵、墳衍、原隰、井泉神座各於其方之壇，其五方神獸、鱗、羽、羸、毛、介、水墉、坊、郵表畷、於菟、貓等之座各於其方壇之後，俱内向，相對爲首。自神農、伊耆已下百九十座，席皆以莞。設神位各於座首。

鑾駕出宫如圜丘儀

奠玉帛

蜡日，未明三刻，諸祀官各服其服，郊社令、良醖令各帥其屬入實罇、罍、玉、幣。凡罇之次：太罇爲上，實以醴齊，著罇次之，實以盎齊。神農、伊耆氏之著罇實以盎齊，五星、三辰、五官、后稷、田畯之象罇俱實以醍齊，七宿之壺罇實以沈齊，五方嶽鎮、海瀆之山罇實以醍齊，山林、川瀆之蜃罇實以沈齊，丘陵已下之散罇實以清酒。玄酒各實於諸座之上罇。禮神之玉：大明、夜明以珪邸。大明之幣以青〔二四〕，夜明之幣以白，神農氏幣以赤，伊耆氏幣以玄，五星已下之幣各從方色。太官令帥進饌者實諸籩、豆、簠、簋，各設於内壝之外饌幔内〔二五〕。其日未明二刻，奠玉、幣、毛、血等，如圜丘儀。皇帝服玄冕出次。壇上神位，大明，夜明。鼓柷，作無射、夷則，奏永和，蕤賓、姑洗、太蔟奏順和，黄鍾奏元和，凡六均，均一成，俱以文舞。攝事如圜丘攝事之儀。

進熟

皇帝既升，奠玉、帛，其設饌、盥洗、奠爵，並如圜丘儀。攝事亦同。太祝持版進於神座之左，西向跪，讀祝文曰：「維某年歲次月朔日，子嗣天子臣某，攝則云「謹遣太尉封臣名」，已下改「皇帝」爲「太尉」，皆謁者贊引。敢昭告於大明：惟神晷耀千里，精烜萬物，覺寤黎蒸，化成品彙。今則璇璣齊運，玉燭和平，六府孔修，百禮斯洽，謹以玉帛、犧齊、粢盛、庶品，致其燔燎。尚饗。」訖，興，皇帝再拜。初讀祝文訖，樂作，太祝進，跪奠版於神座，興，還罇所，皇帝再拜訖，樂止。太常卿引皇帝詣夜明罇所，執罇者舉冪，侍中取匏爵於坫，進，皇帝受爵，侍中贊酌醴齊訖，樂作。太常卿引皇帝進夜明神座前，北向跪，奠爵，俛伏，興，太常卿引皇帝少退，北向立，樂止。太祝持版進於神座之右，東面跪，讀祝文曰：「維某年歲次月朔日，嗣天子臣某，敢昭告於夜明：惟神貞此光華，恒茲盈減，表斯寒暑，節以運行，對時育物，登成是賴。豐年之報，式備恒禮，謹以制幣、犧齊、粢盛、庶品，致其燔燎。尚饗。」訖，興，皇帝再拜。初讀祝文訖，樂作，太祝進，跪奠版於神座，興，還罇所，皇帝拜訖，樂止。太常卿引皇帝少退，當兩座間北向立，樂作。其飲福、受胙如圜丘。初，皇帝獻將畢，謁者引太尉攝則謁者引太常卿。已下放此。詣罍洗盥手、洗匏爵訖，謁者引太尉自東陛升壇，詣大明著罇所，執罇者舉冪，太尉酌盎齊，武舞作。謁者引太尉進大明神座前，北向跪，奠爵，興。謁者引太尉少退，再拜。謁者引太尉詣夜明罇所，取匏爵於坫，執罇者舉冪，太尉酌盎齊訖，謁者引太尉進夜明神座前，北面跪，奠爵，興。謁者引太尉少退，再拜。謁者引太尉少東，當兩座前北面立，太尉再拜，受爵，跪，祭酒，遂飲卒爵，太祝進受爵，復於坫，太尉興，再拜，謁者引太尉降復位。初，太尉獻將畢，謁者引光禄卿攝事同。以光禄卿爲終獻。詣罍洗盥手〔二六〕，洗爵，升，酌盎齊，終獻如亞獻。初，亞獻升壇〔二七〕，謁者二人分引獻官詣罍洗盥手，洗爵，酌酒，一獻帝伊耆氏，一獻神農氏，跪奠爵神座前，俛伏，興，向神立。太祝持版進於神座之右，跪讀祝文訖，興。獻官再拜訖，謁者引降還本位。初，伊耆氏獻官將升，謁者五人各引獻官詣分獻罍洗盥手〔二八〕，洗爵，詣酒罇所酌酒，一獻歲星，一獻熒惑，一獻鎮星，一獻太白，一獻辰星，各奠於神座，少退，向神立。於獻官奠訖，三辰七宿皆祝史助奠〔二九〕，相次俱畢，太祝各持版進於神座之右，跪讀祝文訖，興。凡讀蜡祝文，每一番獻酒，從東方祝文爲始。讀祝訖，次南方，次西方、北方。餘神亦同。獻官再拜訖，太祝各進奠版於神座前，還罇所。謁者遂引五方等獻官詣罍洗盥手，洗爵，各詣酒罇所酌酒，一獻東嶽，一獻南嶽，一獻中嶽，一獻西嶽，一獻北嶽，俱奠於神座，少退，向神立。嶽鎮、海瀆、山林、川澤、丘陵、墳衍、原隰、井泉，皆祝史助奠，相次俱畢。太祝持版進神座之右，跪，讀祝文訖，興，獻官再拜訖，太祝奠版於神座，還罇所。謁者各引獻官還本位。初酌嶽鎮酒，贊引五人各引獻官詣罍洗盥洗，詣酒罇所酌酒，一獻句芒氏、一獻祝融氏、一獻后土氏、一獻蓐收氏、一獻玄冥氏，后稷、田畯等，各祝史助奠訖，祝史持版進神座之右，跪，讀祝文訖，興，餘與東方同，唯無后稷。獻官再拜，祝史奠版於神座。贊引引五官獻官等詣罍洗盥洗，詣酒罇所酌酒〔三〇〕，分獻五靈。其鱗、羽、蠃、毛、介、貓、於菟、坊、水墉、昆蟲等，皆齋郎助奠，相次俱畢。祝史持版跪讀祝文訖，興，獻官拜訖〔三一〕，奠版，各引還本位。武舞六成，樂止。舞獻俱畢，上下諸祝各進徹豆，還罇所。徹者籩、豆各一少移故處。奉禮曰「賜胙」，贊者唱「衆官再拜」，衆官在位皆再拜。已飲福受胙者不拜〔三二〕。元和之樂作，太常卿前奏稱「請再拜」，退位，皇帝再拜。奉禮曰「衆官再拜」，在位者皆再拜，樂一成止。太常卿前奏「請就望燎位」，攝事，謁者引太尉就望燎位。太常卿引皇帝，樂作，皇帝就望燎位，南向立，樂止。於群官將拜，上下諸祝各執篚進神座前，跪，取玉帛、祝版，齋郎以俎載牲體、稷黍飯、爵酒，各由其陛降壇南行，經懸內，當柴壇南〔三三〕，東行，自南陛登柴壇〔三四〕，以玉、幣、饌物、祝版置於柴上戶內，諸祝以星辰七宿已上之禮幣皆從燎。神農、伊耆氏、嶽鎮已下諸祝俱詣瘞埳〔三五〕，以玉、幣、饌物置於埳訖，奉禮曰「可燎」，東西面各六人以炬燎。初唱「可燎」，埳東西廂各四人寘土。火半柴，太常卿前奏「禮畢」。攝事，謁者白「禮畢」。太常卿引皇帝還大次，樂作；皇帝出中壝門，殿中監前受鎮珪，以授尚衣奉御，殿中監又前受大珪，華蓋、侍衛如常儀，皇帝入次，樂止。謁者、贊引各引祀官，通事舍人分引從祀群官、諸國客使以次出。贊引引御史已下俱復執事位，立定，奉禮曰「再拜」，御史已下皆再拜，贊引引出。工人二舞以次出。其神農已下祝版，燔於齋所。

鑾駕還宮如圜丘之儀

伊耆氏祝文曰：「維某年歲次月朔日，子嗣開元神武皇帝諱，謹遣具位臣姓名〔三六〕，敢昭告於帝伊耆氏：惟帝體仁尚義，崇本念功，爰創嘉祀，息農饗物。今九土攸宜，百穀豐稔，備兹八蜡，大旅四方，謹以制幣、犧齊、粢盛、庶品，明薦於帝。尚饗。」神農氏祝文曰：「維某年歲次月朔日，子嗣開元神武皇帝諱，謹遣具位臣姓名，敢昭告於帝神農氏：惟帝肇興播植，粒此黎元。今時和歲稔，神功是賴，謹以制幣、犧齊、粢盛、庶品，明薦於帝。尚饗。」東方歲星祝文曰：「維某年歲次月朔日，子嗣天子諱，謹遣具位臣姓名，敢昭告於東方歲星七宿：惟神列位垂象，叶贊穹蒼〔三七〕，昭晰群生，蕃阜庶類。今時和歲稔，恒禮是率，謹陳嘉薦，庶神饗之。」南方、中央、西方、北方准此。東方嶽鎮、海瀆祝文曰：「維某年歲次月朔云云，惟神宣導坤儀〔三八〕，興降雲雨，亭毒庶品，實賴滋液〔三九〕。年穀順成，用通大蜡，謹薦嘉祀，溥及一方。山林、川澤、丘陵、墳衍、原隰、井泉庶神咸饗。」南方、西方、北方准此。句芒氏祝文曰：「維某年歲次月朔日，子開元神武皇帝諱，謹遣具位臣姓名，敢昭告於句芒氏：惟神贊陽出滯，發生品物，萌者畢達，仁德以宣。用陳明薦，神其臨饗。」后稷氏祝文曰：「維某年歲次月朔日，子嗣開元神武皇帝諱〔四〇〕，謹遣具位臣姓名，敢昭告於后稷氏：惟神誕降嘉種，播兹百穀，蒸庶以粒，乂此萬邦，爰及田畯，實勸農穡。謹薦明祀，庶神饗之。」祝融氏祝文曰：「維某年歲次月朔日，子嗣開元神武皇帝諱，謹遣具位臣姓名，敢昭告於祝融氏：惟神典司火正，淳曜昭明，式贊南訛，厥功以致。豐年之薦，庶神臨饗。」后土氏祝文曰：「維某年歲次月朔日，子嗣開元神武皇帝諱，謹遣具位臣姓名，敢昭告於后土氏：惟神式贊黄道，典司土正，居中執信，是興稼穡。年穀既登，庶饗嘉薦。」蓐收氏祝文曰：「維某年歲次月朔日，子嗣開元神武皇帝諱，謹遣具位臣姓名，敢昭告於蓐收氏：惟神典司金正，式贊西成，執矩懷莊，尚義趨力。豐年之報，饗兹嘉祀。」玄冥氏祝文曰：「維某年歲次月朔日，子嗣開元神武皇帝諱，謹遣具位臣姓名，敢昭告於玄冥氏：惟神典司水正，贊序幽都，厥務安寧，積藏斯在。豐年之祝，庶饗明薦。」蒼龍祝文曰：「維某年歲次月朔日，子嗣天子諱，謹遣具位臣姓名，敢昭告於蒼龍之神：惟神體備幽明，質兼小大，實爲鱗長，贊明造物，歲稔年登，寔資弭患。式陳嘉薦，百靈是屬，爰及東方鱗、羽、臝、毛、介衆族，貓、於菟、坊、水墉、昆蟲諸神咸饗。」其朱鳥、騶虞、玄武祝文，首尾並與此同。朱鳥之神：「惟神肇自火精，冠兹羽族，輔時宣化，效祥蹈禮。年和歲稔，有賴厥功。」麟之神：「惟神體信爲質，惟和是歸，作長毛宗，表靈玉牒。年穀豐稔，寔兹宣助，式陳嘉薦，庶神臨饗。」騶虞之神：「惟神性履至仁，禀靈金宿，贊育生類，實參利物。爰兹報功，用率恒祀。」玄武之神：「惟神誕禀辰精，長兹介族，先知稱貴，誠行攸底。伊此豐年，有憑宜慶。」

宋火德王，以戌日爲臘。建隆三年十二月戊戌，臘，有司畫日，以七日辛卯蜡百神。太常博士和峴奏議曰：「謹按：蜡始於伊耆，後歷三代及漢，其名雖改，而臘與蜡其實一也。漢火行，用戌臘。臘者，接也，新故相接，畋獵禽獸，以饗百神，報終歲之功也〔四一〕。王者因蜡祭上饗宗廟，旁及五祀，展其孝心，盡物示恭也。魏晉以降，悉沿其制。唐乘土德，貞觀之際，以前寅日蜡百神，卯日祭社宫，辰日饗宗廟。開元定禮，三祭皆於臘辰，以應土德。聖朝常以十二月戌日爲臘，而以七日辛卯先行蜡祭，蓋禮官之失也。」事下有司，請準唐禮，蜡百神，祀社稷，饗宗廟，皆同用臘日。從之。蜡百神壇高四尺，東西七步二尺，南北六步四尺。

仁宗天聖三年，禮官陳詁言：「蜡祭一百九十二位，而祝文所載一百八十二，無五方田畯、五方郵表畷，蓋開元以來，年祀寖遠，有司失傳。郊祀正辭録、司天監神位圖皆以虎爲於菟，乃避唐諱。」詔復爲虎，載田畯、郵表畷。慶曆用羊豕各二，大明、夜明壇增山罍爲二，籩豆十二。三獻終，禮生引司天監、分獻官逐階下罍洗，詣帝神農、伊耆、五星、三辰、七宿、嶽鎮、海瀆、祝融、后土、后稷、蒼龍、朱雀、麒麟、玄武、白虎神座前上香，奠幣、爵，並再拜。内從祀神位，不設香、幣、祝版，唯奠酒再行。復皇祐定壇高八尺，廣四丈。嘉祐加羊豕各五。

神宗元豐六年，詳定郊廟奉祀禮文所言：「記曰：『八蜡以祀四方〔四二〕，年不順成，八蜡不通。』歷代蜡祭，獨在南郊爲一壇，惟周、隋有四郊之兆。又禮記月令以蜡與息民爲二祭，故隋唐息民祭在蜡之後日〔四三〕。請蜡祭、四郊各爲一壇，以祀其方之神；有不順成之方，則不修報。其息民仍在蜡祭之後。」從之。

先是，太常寺言：「四郊蜡祭，宜依百神制度築壇，其東西有不順成之方，即祭日、月。其神農、后稷舊設位於壇下，當移於壇上。其壇下伊耆氏之位宜除之。」禮部復言：「蜡祭四壇皆設神農、后稷，同日祭享，頗爲重複。太常寺以爲蜡祭本以神農爲主，后稷從祭四郊。今設壇自當每方各祭，同日不爲重複。」從之。

曾鞏本朝正要策云：「博士和峴言，蜡始伊耆，而三代有嘉平、清祀、蜡祭之名。蜡，臘之别名也。漢乘火德，以戌日爲臘。臘，接也。言新故相接，故田獵取禽，以報百神，饗宗廟，旁及五祀，以致孝盡虔。魏晉同之。唐以土王，貞觀之際，尚用前寅蜡八神，卯日祭社，辰日爲臘。而獨以前七日辛卯蜡，不應於禮。請如開元故事，蜡百神，祀社稷，饗宗廟同用戌臘，如禮便。」制曰可。

徽宗政和三年四月，議禮局上五禮新儀：臘前一日蜡百神。四方蜡壇廣四丈，高八尺，四出陛，兩壝，每壝二十五步。東方設大明位，西方設夜明位，以神農氏、后稷氏配，位以北爲上。南北壇設神農氏位，以后稷氏配。五星、二十八宿、十二辰、五官、五嶽、五鎮、四海、四瀆及五方山林、川澤、丘陵、墳衍、原隰、井泉、田畯、蒼龍、朱鳥、麒麟、白虎、玄武、五水庸、五坊、五於菟、五鱗、五羽、五介、五毛、五郵表畷、五蠃、五貓、五昆蟲從祀，方依其分設〔四〕。若中方嶽、鎮以下設於南方蜡壇酉階之西，中方山林以下設於南方蜡壇午階之西，伊耆設於北方蜡壇卯階之南，其位次於辰星。

高宗紹興十九年，臣僚言：「月令，臘先祖五祀，勞農以休息之。釋者謂：蜡，祭也，所以報一歲之成功，求嗣歲之福也。今已行臘享，而報農之祀或闕，請並行蜡祭。」

有司檢會，以臘前一日蜡祭東、西方百神，禮料一視感生帝，内從祀視釋奠文宣王從祀。蜡祭南、北方百神，一視鎮嶽、海瀆，内從祀視釋奠武成王從祀。

孝宗乾道四年，太常少卿王瀹請於四郊各爲一壇，以祀其方之神。從之。東方以日爲主，西方以月爲主，各配以神農、后稷。南、北方皆以神農爲主，配以后稷。若五星、五帝、二十八宿、十二辰、嶽鎮、海瀆、山林、川澤、丘陵、墳衍、原隰、羽、毛、鱗、介、貓、虎、昆蟲，各隨其方，分爲從祀。

校勘記

〔一〕娀狄吞之而生契　「狄」原作「簡」，據禮記月令注改。

〔二〕舉中言也　「言」原作「云」，據禮記月令注改。

〔三〕立高禖祠於城南　「立」字原脱，據晉書卷一九禮志上補。

〔四〕文如竹葉　「文」原作「處」，據隋書卷七禮儀志二改。

〔五〕以石爲主　「以」字原脱，據宋史卷一〇三禮志六補。

〔六〕飲訖　二字原脱，據宋史卷一〇三禮志六補。

〔七〕俟俱復位　「位」字原脱，據宋史卷一〇三禮志六補。

〔八〕收徹三從祀神位前禮料　據上文「從以簡狄、姜嫄」，疑此處「三」爲「二」之誤。

〔九〕昌垂反　「昌」原作「冒」，據經典釋文卷八改。

〔一〇〕一命以上　「一」原作「二」，據慎本、馮本及周禮黨正疏改。

〔一一〕巨夷反　「巨」原作「臣」，據經典釋文卷一二改。

〔一二〕水昏正而栽　「水」字原脱，據禮記郊特牲疏補。

〔一三〕苦侯反　「苦」原作「若」，據經典釋文卷一二改。

〔一四〕老婦之祭也者　「者」原作「是」，據禮記禮器疏改。

〔一五〕故大魏以未祖　「故大魏以未」五字原脱，據通典卷四四禮典四補。

〔一六〕後周以十月祭神農　「十月」，隋書卷七禮儀志二作「十一月」。

〔一七〕夜明用犢二　「夜明」二字原脱，據下文及舊唐書卷二四禮儀志四補。

〔一八〕豆各四　「四」原作「十」，據開元禮卷一序例上改。

〔一九〕俎各一　「一」原作「二」，據開元禮卷一序例上改。

〔二〇〕井泉等八十五座　按開元禮卷一序例上，八十五座内無「井泉」，而另有「井泉五座」。

〔二一〕俎各一　「一」原作「二」，據開元禮卷一序例上改。

〔二二〕開上南出户方三尺　「上」原作「土」，「方」字原脱，據開元禮卷二三、通典卷一一〇禮典七〇改補。

〔二三〕冪之後　「冪」原作「幕」，據開元禮卷二二、通典卷一一〇禮典七〇改。

〔二四〕大明之幣以青　「青」原作「赤」，據開元禮卷二三、通典卷一一〇禮典七〇改。

〔二五〕内壝之外饌幔内　「外」字原脱，據開元禮卷二三補。

〔二六〕謁者引光禄卿詣罍洗盥手　「謁者」與「盥手」四字原脱，據開元禮卷二三補。

〔二七〕初亞獻升壇　「初亞獻」三字原脱，據開元禮卷二二補。

〔二八〕詣分獻罍洗盥手　「分」原作「方」，據通典卷一一〇禮典七〇改。

〔二九〕三辰七宿皆祝史助奠　「三辰」二字原脱，據開元禮卷二二、通典卷一一〇禮典七〇補。

〔三〇〕詣罍洗盥洗詣酒罇所酌酒　「盥洗詣」三字原脱，據開元禮卷二二補。

〔三一〕獻官拜訖　「獻官」二字原脱，據開元禮卷二二補。

〔三二〕已飲福受胙者不拜　「受」原作「又」，據開元禮卷二二、通典卷一一〇禮典七〇改。

〔三三〕當柴壇南　「南」字原脱，據開元禮卷二二補。

〔三四〕自南陛登柴壇　「陛」字原脱，據開元禮卷二二、通典卷一一〇禮典七〇補。

〔三五〕諸祝俱詣瘞埳　「諸」原作「之」，據開元禮卷二二改。

〔三六〕謹遣具位臣姓名　「臣」字原脱，據開元禮卷二二、通典卷一一〇禮典七〇補。下同。

〔三七〕叶贊穹蒼　「贊」原作「質」，據開元禮卷二二、通典卷一一〇禮典七〇改。

〔三八〕惟神宣導坤儀　「儀」原作「輿」，據開元禮卷二二、通典卷一一〇禮典七〇改。

〔三九〕實賴滋液　「液」原作「益」，據開元禮卷二二、通典卷一一〇禮典七〇改。

〔四〇〕子嗣開元神武皇帝諱　「諱」原作「某」，據開元禮卷二二、通典卷一一〇禮典七〇改。

〔四一〕報終歲之功也　「歲」，元本、慎本及宋史卷一〇三禮志六作「成」。

〔四二〕八蜡以祀四方　「祀」原作「記」，據宋史卷一〇三禮志六改。

〔四三〕在蜡之後日　「日」字原脱，據宋史卷一〇三禮志六補。

〔四四〕方依其分設　宋史卷一〇三禮志六、政和五禮新儀卷三序例神位上作「各依其方設位」。

卷八十六　郊社考十九

五祀

中央土，其祀中霤，祭先心。中霤，猶中室也。土主中央而神在室。古者複穴，是以名室爲霤云。祀之先祭心者，五藏之次，心次肺，至此心爲尊也。祀中霤之禮，設主於牖下，乃制心及肺、肝爲俎〔一〕。其祭肉，心、肺、肝各一，他皆如祀户之禮〔二〕。藏，才浪反。疏曰：「鄭意言中霤猶中室，乃是開牖，象中霤之取明，則其地不當棟，而在室之中央。故喪禮云：『浴於中霤，飯於牖下。』明中霤不關牖下也。『主中央而神在室』者，所以必在室中祭土神之義也。土，五行之主，故其神在室之中央也。是明中霤所祭則土神也〔三〕。故杜注春秋云『在家則祀中霤，在野則爲社』也。又郊特牲云『家主中霤而國主社』，社神亦中霤神故也。云『古者複穴，是以名室爲霤云』者，解所以謂室中爲中霤之由也。『古者』，謂未有宫室之時也。『複穴』者，謂窟居也。古者窟居，隨地而造，若平地則不鑿，但累土爲之，謂之爲複，言於地上重複爲之也。若高地則鑿爲坎，謂之爲穴，其形皆如陶竈，故詩云『陶復陶穴』是也。故毛云：『陶其土而復之，陶其壤而穴之。』鄭云：複者，復於土上，鑿地曰穴，皆如陶然。庾蔚云：復謂地上累土爲之，穴則穿地也。復穴皆開其上取明，故雨霤之，是以後因名室爲中霤。」　問后土氏之祭，朱子曰：「極而言之，亦似僭，然此即古人中霤之祭。而今之所謂土地者，郊特牲：『取財於地，取法於天，是以尊天而親地，教民美報焉，故家主中霤而國主社。』觀此，則天不可祭，而土地在民亦可祭。蓋自上古陶爲土室，其當中處，上爲一竅通明，名之曰中霤；及中古有宫室，亦以室之中央爲霤，存古之舊，亦不忘本。雖曰土神，而只以小者言之，非天子所謂祭皇天后土之大者也。」**春祀户，祭先脾。**春，陽氣出，祀之於户，内陽也。祀之先祭脾者，春爲陽中，於藏值脾，脾爲尊。凡祭五祀於廟，用特牲，有主有尸，皆先設席於奧。祀户之禮，南面設主於户内之西，乃制脾及腎爲俎，奠於主北；又設盛於俎西，祭黍稷，祭肉，祭醴皆三；祭肉，脾一，腎再。既祭徹之，更陳鼎俎，設饌於筵前，迎尸，略如祭宗廟之儀。值，丈吏反，又如字。後倣此。疏曰：「『春陽氣出，祀之於户』者，户在内，從外向内，户又在内，故云『内陽』也。户是人之出入，户則有神。」又曰：「『春爲陽中，於藏值脾，脾爲尊』者，以祭户之時，脾腎俱有，先用脾以祭之者，以春爲陽中，於藏值脾，脾既春時最尊，故先祭之，脾爲尊也。所以春位當脾者，牲立南首，肺最在前而當夏也，腎最在後而當冬也。從冬稍前而當春，從腎稍前而當脾，故春位當脾；從肺稍却而當心，故中央主心；從心稍却而當肝，故秋位主肝。此等直據牲之五藏所在，而當春、夏、秋、冬之位耳。若其五行所生主五藏，則不然矣。故異義云：『今文尚書歐陽説，肝，木也；心，火也；脾，土也；肺，金也；腎，水也。古尚書説，脾，木也；肺，火也；心，土也；肝，金也；腎，水也。許慎謹按：月令春祭脾，夏祭肺，季夏祭心，秋祭肝，冬祭腎，與古尚書同。』鄭駁之云：『月令祭四時之位，及其五藏之上下次之耳〔四〕。冬位在後，而腎在下；夏位在前，而肺在上。春位小前，故祭先脾；秋位小却，故祭先肝。腎也，脾也，俱在鬲下；肺也，心也，肝也，俱在鬲上。祭者必三，故有先後焉，不得同五行之氣。今醫病之法，以肝爲木，心爲火，脾爲土，肺爲金，腎爲水，則有瘳也；若反其術，不死爲劇。』如鄭此言五行所主，則從今文尚書之説，不同許慎之義。云『凡祭五祀於廟用特牲』之下，皆中霤禮文。云『祭五祀於廟』者，設祭户、祭中霤在於廟室之中，先設席於廟堂之奧；若祀竈、祀門、祀行，皆在廟門外，先設席於廟門之奧。雖廟室、廟堂、廟門有别，總而言之，皆謂之廟，故云『凡祭五祀於廟』。此謂殷禮也。若周，則七祀加司命與厲也，不審祀之處所，亦當與竈、門、行等俱在廟門之外祀也。若周總在宫内，故宫正注云『祭社稷七祀於宫中』。此特牲謂特牛，故小司徒云『小祭祀奉牛牲』，注云『小祭祀，王玄冕所祭』。若諸侯，或亦當然，其大夫所祭，或特羊也。云『有主有尸』者，謂天子、諸侯若卿，大夫廟無主，則五祀無主也。云『祀之禮，設主於户内西』者，先設席於奧，乃更設席於廟户西夾，北向置主位。設主之人南面，設主於户西位上，使主北面。云『乃制脾及腎爲俎，奠於主北』者，謂設主之後，以割制脾之與腎爲俎實，奠於主北。主既北面，奠於主前。云『又設盛於俎西』者，盛謂黍稷，俎在主前稍東，故黍稷之簋在主前稍西。云『祭黍稷、祭肉、祭醴皆三』者，當時惟始設主，未有迎尸，則是祀官祭簋中黍稷〔五〕，祭俎中脾腎之肉，祭薦之醴皆三度祭之，黍亦三祭，醴亦三祭，肉亦三祭，故云皆三祭。云『肉，脾一、腎再』者，申明祭肉三度之事。其祭肉三者，脾尊故一祭，腎卑故再祭。云『既祭徹之，更陳鼎俎，設饌於筵前』者，謂既祭黍稷、祭肉醴之後，徹去俎之與盛，更陳列鼎俎，設其饌食於初設奥之筵前。其時主已移於筵上，主人出户迎尸，尸入即筵而坐。但宗廟之祭，尸入之後，始祭籩、豆及黍、稷、醴。其祭户之時，已於西祭黍稷、祭肉、祭醴，今迎尸而入，則應坐而饌食，不更祭黍稷、祭肉、祭醴，故云『略如祭宗廟之儀』。祭户所以先設席於奥，乃設饌筵，迎尸，皆在奥者，就尊之處也。中間設主，祭黍稷、肉、祭醴户西者，就户處也。其餘五祀所祭，設主皆就其處也。」**夏祀竈，祭先肺。**夏陽氣盛，熱於外，祀之於竈，從熱類也。祀之先祭肺者，陽位在上，肺亦在上，肺爲尊也。竈在廟門外之東。祀竈之禮，先席於門之奥，東面設主於竈陘，乃制肺及心、肝爲俎，奠於主西，又設盛於俎南，亦祭黍三，祭肺、心、肝各一，祭醴三，亦既祭徹之，更陳鼎俎，設饌於筵前，迎尸，如祀户之禮。　陘音刑。　疏曰：「知竈在廟門外之東者，按少牢及特牲禮，皆竈在廟門外之東，西面北上。云『祀竈之禮』以下，皆逸中霤禮文。云『先席於門之奥』，謂廟門外西室之奥。以神位在西，故知在西室之奥；以祀户在户内，故祭在廟室之奥。祀竈在門外，故設主在門室之奥，各從其義。云『東面設主於竈陘』者，謂設主人東面也。竈陘謂竈邊承器之物，以土爲之。云『乃制肺及心、肝爲俎，奠於主西』者，制謂截割，心、肝皆高上之物，故從肺類，俱置俎上，奠此俎於主之西，此主位西向，故置俎在西而對主也。盛謂黍、稷，盛之於簋。皇氏以爲此祭老婦，盛於盆，非其義也。云『亦祭黍三，祭肺、心、肝各一，祭醴三』者，亦上祀户之禮。祭必三者，以禮成於三故也。上祀户者祭肉三，脾一，腎再，此云祭肺、心、肝各一，亦爲肉祭三也。此醴實於罇祭三者，始扱一祭，又扱再祭。云『既祭徹之，更陳鼎俎，設饌於筵前』者，筵前謂初設廟室奥之筵前，準特牲、少牢〔六〕，鼎當陳於廟門室之前稍東，西面，執俎者以俎就鼎載肉，入設於筵前，在菹醢之東。其黍、稷等設於俎南。此唯云祭黍，或無稷也。此配竈神而祭者，是先炊之人。禮器云竈者是老婦之祭。」此禮器祭爨見百神篇先火條。**秋祀門，祭先肝。**秋陰氣出，祀之於門外陰也。祀之先祭肝者，秋爲陰中，於藏值肝，肝爲尊也。祀門之禮，北面設主於門左樞，乃制肝及肺、心爲俎，奠於主南；又設盛於俎東，其他皆如祭竈之禮。　疏曰：「云『祀之先祭肝者，秋爲陰中，於藏值肝』者，以陰氣始於五月，終於十月，其七月、八月爲陰之中，故云『秋爲陰中』。其陽氣始於十一月，終於四月，正月、二月爲陽中，故正月云『春爲陽中』。然陰中之時兼有陽，陽中之時兼有陰，亦是陰陽之中也。今五藏肺最在前，心次之，肝次之，脾次之，腎爲後。肝在心肺之下，脾腎之上，故云『於藏值肝』。然脾在肺、心、肝之下，腎之上，則是上有肺、心、肝，下唯有腎，不當其中，而云『春爲陽中，於藏值脾』者，但五行相次，水則次木，故春繼於冬，腎後則次脾，其火後則次土，土後方次金，故秋不得繼夏，由隔於土，由此脾不得繼肺，隔於心也。爲此肝之上有肺，有心，脾之下唯有腎，俱得爲藏之中也。云『北面設主於門左樞』者，謂廟門外左樞，北面，以在門外，故主得南嚮，而北面設之。云『乃制肝及肺、心爲俎，奠於主南，設盛於俎東』者，皆約中霤禮文也。『其他皆如祭竈之禮』者，謂祭心、肺、肝各一，及祭醴三，并設席於奧、迎尸之屬也。」冬祀行，祭先腎。冬陰盛，寒於水，祀之於行，從辟除之類也。祀之先祭腎者，陰位在下，腎亦在下，腎爲尊也。行在廟門外之西，爲軷，壤厚二寸，廣五尺，輪四尺。祀行之禮，北面設主於軷上，乃制腎及脾爲俎，奠於主南；又設盛於俎東，祭肉，腎一，脾再。其他皆如祀門之禮。疏曰：「按鄭注聘禮云：『禮畢，乘車轢而遂行。』唯車之一輪轢耳。所以然者，以兩輪相去八尺，今軷唯廣五尺，故知不兩輪俱轢。云『北面設主軷上』者，以主須南嚮，故人北面設之。其主則鄭注大馭云，蓋以菩芻棘柏爲神主也。」月令。大雅生民詩：「取羝以軷。」朱子註曰：「羝，牡羊。軷，祭行道之神也。」曾子問：諸侯適天子，道而出。見因祭篇會同條。聘禮：賓釋幣於行，及出祖，釋軷，歸釋幣於門。見因祭條。鬯人掌共秬鬯而飾之。注見社稷篇。凡祭祀，禜門用瓢齎。禜音咏。瓢，婢遥反。齎音齊。禜謂營酇所祭。門，國門也。杜子春讀「齎」爲「粢」。瓢，謂瓠蠡也。粢，盛也。玄謂「齎」讀爲「齊」，取甘瓠割去柢，以齊爲尊。蠡，力兮反，或郎過反。柢音帝。疏曰：「鄭知禜謂營酇者，欲見祭神非一，取營酇而祭之義也。鄭知門是國門者，禮記云天子祭七祀，有國門故也。」春官。司門：凡歲時之門，受其餘。鄭司農云：「受祭門之餘。」疏曰：「歲之四時，祭門非一，故云『凡』以總之。若月令秋祭門者，是祭廟門。此門亦謂國門十二者，除四時祭外，仍有爲水祈禱，故左氏莊公二十五年秋〔七〕，大水，有用牲於門之事。」地官。孟冬，臘五祀。冬臘，謂以田獵所得禽祭也。五祀：門、户、中霤、竈、行也。疏曰：「臘五祀者，臘，獵也，謂獵取禽獸以祭五祀也。其臘五祀，謂之息民之祭。其服則黄衣黄冠。」又曰：「臘謂田獵所得禽祭者，以欲臘祭之時，暫出田獵以取禽，非仲冬大閲之獵也。左傳云『唯君用鮮』，則天子、諸侯祭用鮮獸。皇氏云：『仲秋獵得禽獸，以爲乾豆，至臘用之。』其義非也。云『五祀：門、户、中霤、竈、行』者，月令殷禮言；若周，則七祀。」詳見百神䄍條。天子、諸侯、大夫祭五祀，歲徧。曲禮下。王祭五祀則希冕。春官司服。注見祭社稷禮之內。

以血祭祭五祀。陰祀自血起，貴氣臭也。五祀五色之帝於王者宫中，曰五祀。玄謂此五祀者，五官之神在四郊，四時迎五行之氣於四郊而祭，五德之帝亦食此神焉。少皡氏之子曰重，爲句芒，食於木；該爲蓐收，食於金；修及熙爲玄冥，食於水；顓頊氏之子曰黎，爲祝融、后土，食於火、土。春官大宗伯。楊氏曰：「先鄭以五祀爲五色之帝〔八〕，後鄭以爲五官之神，以經云『血祭祭社稷、五祀、五嶽』，而五祀文在五嶽之上故也。抑不思社稷、五祀皆在内，故聯序並言之；五嶽在外，故序在社稷、五祀之後。此以内外分，不以大小分也。」

三獻文，三獻爓。爓，似廉反。注疏並見社稷禮。

夏官，小子掌祈於五祀，見因祭釁條。疾病乃行禱於五祀，見因祭疾而禱條。儀禮。

問：「祭五祀想也只是當如此致敬，未必有此神。」朱子曰：「神也者，妙萬物爲言者也。盈天地之間皆神，若説五祀無神，則是有有神處，有無神處，却是甚麽道理？」又曰：「五祀：行是道路之神，門是門神，户是户神，與中霤、竈凡五。古時，聖人爲之祭祀，亦必有其神，如孔子説『祭如在，祭神如神在』，是有這祭，便有這神，不是聖人若有若亡，見得一半，便自恁地，但不如後世門神便畫个神像如此。」又問五祀祭行之義，先生曰：「行，堂塗也。古人無廊屋，只於堂陛之下取兩條路。五祀雖分四時祭，然出則獨祭行。又出門有二祭，作兩小山於門前，烹狗置之山上，祭畢，却就山邊喫却，推車從兩山間過，蓋取跋履山川之義。」程子曰：「五祀恐非先王之典，報則遺其重者。井，人所重；行，宁廊也，其功幾何？」

白虎通曰：「五祀者，謂門、户、井、竈、中霤也。人之所處，出入所飲食，故爲神而祭之。大夫已上得祭之何？士者，位卑禄薄，但祭其先祖耳。五祀所以歲一徧何？順五行也。故春即祭户，户者人所出入，亦春萬物始觸户而出也。夏祭竈，竈者火之主，人所以自養也，夏亦火王，長養萬物。秋祭門，門以閉藏自固也，秋亦萬物成熟，内備自守。冬祭井，井者水之生，藏在地中，冬亦水王，萬物伏藏。六月祭中霤，中霤者，象土在中央也，六月亦土王也。祭五祀，天子、諸侯以牛，卿、大夫以羊。一説户以羊，竈以鷄〔九〕，中霤以牛〔一〇〕，門以犬，井以豕。或曰，中霤用牛，不得用牛者用豚〔一一〕，井以魚。」

陳氏禮書曰：「五祀見於周禮、禮記、儀禮，雜出於史傳多矣，特祭法以司命、泰厲爲七祀，而左傳昭二十五年、家語五帝篇，則以五祀爲重、該、修、熙、黎、句龍之五官；月令以五祀爲門、行、户、竈、中霤；白虎通、劉昭、范曄、高堂隆之徒，以五祀爲門、井、户、竈、中霤。鄭氏釋大宗伯之五祀，則用左傳、家語之説；釋小祝之五祀，用月令之説；釋王制之五祀，則用祭法之説。而荀卿謂五祀執薦者百人，侍西房。侍西房，則五祀固非四方之五官；侍必百人，則五祀固非門、户之類。然則所謂五祀者，其名雖同，其祭各有所主。七祀之制，不見他經。鄭氏以七祀爲周制，五祀爲商制。然周官雖天子亦止於五祀，儀禮雖士亦備五祀，則五祀無尊卑隆殺之數矣。祭法自七祀推而下之，至於適士二祀，庶人一祀，非周禮也。然禮所言五祀，蓋皆門、户之類而已。門、户，人所資以出入者也；中霤，人所資以居者也；竈、井，人所資以養者也。先王之於五者，不特所資如此，而又事有所本，制度有所興，此所以祀而報之也。中霤，土之所用事，故祀於中央；竈，火之所用事，故祀於夏；井，水之所用事，故祀於冬；户在内而奇，陽也，故祀於春；門在外而耦，陰也，故祀於秋。兩漢、魏、晉之立五祀，井皆與焉，特隋唐參用月令、祭法之説，五祀祭行。及李林甫之徒，復修月令，冬亦祀井而不祀行。然則行神亦特軷於始行而已，非先王冬日之常祀也。考之於禮，五祀之牲牛牲。小司徒，小祭祀共牛牲。凡祭五祀於廟，有主，有尸。觀月令臘先祖、五祀同時，則五祀祭於廟可知也。曾子問，既殯而祭五祀，尸及三飯，則五祀有尸可知也。既殯而祭，不酳不酢，則凡祭五祀，固有侑酳與酢矣。老婦之祭，先儒以爲竈配，則五祀固有配矣。先儒又謂卿以上宗廟有主，五祀亦有主矣。大夫以下宗廟無主，五祀亦如之，然大夫之廟未嘗無主，五祀有主與否，不可考也。」

王爲群姓立七祀：曰司命，曰中霤，曰國門，曰國行，曰泰厲，曰户，曰竈。王自爲立七祀。諸侯爲國立五祀：曰司命，曰中霤，曰國門，曰國行，曰公厲。諸侯自爲立五祀。大夫立三祀：曰族厲，曰門，曰行。適士立二祀：曰門，曰行。庶士、庶人立一祀，或立户，或立竈。司命主督察三命，中霤主堂室居處，門、户主出入，行主道路行作，厲主殺罰，竈主飲食之事。明堂月令：春曰「其祀户，祭先脾」；夏曰「其祀竈，祭先肺」；中央曰「其祀中霤，祭先心」；秋曰「其祀門，祭先肝」；冬曰「其祀行，祭先腎」。聘禮曰：「使者出，釋幣於行；歸，釋幣於門。」士喪禮曰：「疾病，禱於五祀。」司命與厲，其時不著，今時民家或春秋祀司命、行神、山神，門、户、竈在旁，是必春祠司命，秋祠厲也。或者合而祠之。山即厲也，民惡言厲，巫祝以厲山爲之，謬也。春秋傳曰：「鬼有所歸，乃不爲厲。」疏曰：「司命者，宮中小神。熊氏曰：『非天之司命，故祭於宮中。』皇氏云：『司命者，文昌宮星。』其義非也。曰中霤者，主堂室神。曰國門者，謂城門也。曰國行者，謂行神，在國門外之西。曰泰厲者，謂古帝王無後者也，此鬼無所依歸，好爲民作禍，故祀之也。王自爲立七祀者，前是爲民所立，與衆共之，四時常祀，及爲群姓禱祀；其自爲立者，王自禱祭，不知其當同是一神，爲是別更立七祀也。諸侯爲國立五祀者，減天子户、竈二祀，故爲立五祀也。曰公厲者，謂古諸侯無後者，諸侯稱公，其鬼爲厲，故曰公厲。諸侯自爲立五祀者，義與天子同。大夫立三祀者，減諸侯司命、中霤，故爲三祀也。曰族厲者，謂古大夫無後者鬼也。族，衆也。大夫衆多，其鬼無後者衆，故曰族厲。曰門、曰行者，其大夫無民國，故不言國門、國行也。云『司命主督察三命』者，按援神契云：『命有三科：有受命以保慶，有遭命以謫暴，有隨命以督行。』受命，謂年壽也；遭命，謂行善而遇凶也；隨命，謂隨其善惡而報之。云『民惡言厲，巫祝以厲山爲之』者，鄭解厲稱山之意。漢時人民嫌惡厲，漢時巫祝之人意以厲神是厲山氏之鬼爲之，故云厲山。所以謬者，鬼之無後，於是爲厲。厲山氏有子曰柱，世祀厲山之神，何得其鬼爲厲，故云謬也。」祭法。曲禮：天子、諸侯、大夫祭五祀。注曰：「五祀：户、竈、中霤、門、行也，此蓋殷時制也。祭法曰：天子立七祀，諸侯立五祀，大夫立三祀，士立二祀，謂周制也。」疏曰：「祭五祀者，春祭户，夏祭竈，季夏祭中霤，秋祭門，冬祭行也。云『此蓋殷時制也』者，以天子、諸侯、大夫同云祭五祀，既無差等，故疑殷時制也。按王制云，大夫祭五祀，文與此同，而鄭云五祀謂司命也、中霤也、門也、行也、厲也，與此不同者，王制之文，上云『天子祭天地，諸侯祭社稷，大夫祭五祀』，既有尊卑等級，疑是周禮，故引祭法五祀以解之。與此不同，是有地大夫祭五祀，無地大夫祭三祀。」又疏曰：「鄭注曲禮，大夫五祀爲夏殷法；注王制，大夫五祀是有采地者。鄭何以知然？曲禮文連於大夫五祀，故知非周，而王制王立七祀，故知周禮。大夫五祀，是有采地者，以彼推此，大夫三祀，則周諸侯之大夫無地者也。」

朱子語録：「問：『五祀皆有尸，竈則以誰爲尸？』曰：『今亦無可考者。但如墓祭，則以家人爲尸。以此推之，則祀竈之尸，必有膳夫之類，祀門之尸，必是閽人之類，又如祀山川，則是虞、衡之類。』」

黄氏曰：「祭法七祀，宗伯五祀，司命、泰厲非地類，血祭者唯五耳。月令四時祀户、竈、門、行、中霤是也。」

漢立五祀。白虎通云：「户一祀，竈二祀，門三祀，井四祀，中霤五祀，歲一徧。有司行事，禮頗輕於社稷。」祀户以羊，竈以鷄，中霤以牛，門以犬，井以豕。

岳氏曰：「古有七祀，於前代帝王、諸侯、卿、大夫之無後者，皆致祭焉，謂之泰厲、公厲、族厲。今絶無舉行者，故此等無依之厲，勢或出於依附淫祠，殆無足怪。禮記祭法鄭氏注：漢時民家皆秋祠厲。蓋此祀又達於民也，於古加嚴矣。」

按：月令五祀，祭法王爲群姓立七祀，皆典祀之正者也。至漢則其制已廢，而郊祀志所載不經淫祀甚衆。然武帝時，李少君言祠竈則可致物，物謂鬼物。致物則丹砂可化爲黄金，黄金成以爲飲食器則益壽，益壽則海中蓬萊仙可見，於是天子始親祠竈。又高帝時，南山巫祠南山秦中，秦中者，二世皇帝也。與注疏所言泰厲者，謂古帝王無後者，其鬼無所依歸，好爲民作禍，故祀之之意略同。然其所以立祠之意，則皆淫諂，非禮之正也。

武帝太初二年，令天下大酺五日，祠門、户，比臘。

後漢建武初有五祀，有司掌之。人家祀山神、門、户。山即厲也。鬼有所歸，乃不爲厲。

魏武王始定天下，興復舊祀，而造祭五祀：門、户、井、竈、中霤也。

晉武帝時，傅玄云：「帝之都城，宜祭一門，正宫亦祭一門，正室祭一户，井、竈及中霤各擇其正者祭之。」以後諸祀無聞，唯司命配享於南郊壇。

隋制：祀司命、户以春，竈以夏，門以秋，行以冬，各於享廟日；中霤則以季夏祀黄郊日，夏季土德王。各命有司祭於廟西門道南，牲以少牢。

唐初，廢七祀，唯季夏祭中霤。開元中制禮，祭七祀，各因時享祭之於廟庭。司命、户以春，竈以夏，門、厲以秋，行以冬，中霤以季夏。

通典説曰：「天子、諸侯必立五祀。五祀者，爲其有居處、出入、飲食之用，祭之所以報德也。歷代不同，或五或七。周禮天子祭七，諸侯祭五，降殺之差也。殷天子、諸侯、大夫皆五，鄭注云殷禮者，以祭法差降殊異，故言之。鄭又云，竈祀老婦人，古之始炊者也。以此推之，七祀皆應古之始造者焉。馬融以七祀中之五，門、户、竈、行、中霤，即句芒等五官之神配食者。句芒食於木，祝融食於火，該食於金，修及玄冥食於水，句龍食於土。月令五時祭祀，只是金、木、水、火、土，五時之祭也。許慎云：『月令孟夏祀竈，王者所祭古之有功德於人，非老婦也。』鄭玄云：『爲祭五祀，竈在廟門外之東。祀竈禮，設主於竈陘。』祝融乃古火官之長，猶后稷爲堯司馬上公也。今但就竈陘而祭之，屈上公之神，何其陋也！又月令云：『其帝炎帝，其神祝融。』文列在上，與祀竈絶遠，而推合之，文義不次，焉得爲義也。又左傳云：『五官之神，生爲上公，死爲貴神。』若祭之竈陘，豈得爲貴神乎？特牲饋食禮云『尸謖而祭饎爨』，以謝先炊者之功。知竈神是祭老婦，報先炊之義也。臧文仲燔柴於竈，夫子譏之云：『盛於盆，尊於瓶。』若是祝融之神，豈可以盆瓶之器置於陘而祭之乎？鄭冲云：『五祀雖出天地之間陰陽之氣，實非四時五行陰陽之正者也。月令：「春祀户，祭先脾；秋祀門，祭先肝。」此順氣所宜，藏所值耳。又司命則司命星，下食人間，司譴過小神矣。』袁準著正論〔一三〕，以爲『五行之官，祭於門、户、行、竈、中霤。中霤，土神也，火正祀竈，而水正不祀井，非其類也。且社奚爲於人家之屋棟間哉？禮記王七祀，諸侯五，大夫三，冬其祀行。是記之誤也。井或廢行而祀井。魏武興復舊祀，而祭門、户、井、竈、中霤，凡五祀焉。秦静云：『今月令謂行爲井，是以時俗不輕於竈，行不唯冬。白虎通云「月令冬祀井」是也〔一三〕』。按：漢諸儒戴聖、聞人通漢等白虎通議五祀則有井之説，蓋當時已行，中間廢闕，至魏武重修舊典而祭井焉。高堂生月令仲冬祀四海井泉。祭井自從小類，不列五祀。儒家誤以井於五祀〔一四〕，宜除井而祀行。』傅玄曰：『七祀、五祀，月令皆云祀行而無井。月令先儒有直作井者。既祭竈而不祭井，於事則有闕，於情則不類，謂之井者近是也。』又按白虎通曰：『共工之子曰修，好遠遊，舟車所至，足迹所達，靡不窮覽，故祀以爲祖神。』」祖者徂也，徂即行之義也。

唐開元禮

祭七祀儀各因時享祭之，唯中霤季夏別祭。祫禘之日，徧祭之如臘享。

祭日，未明一刻，太廟令率其屬入布神席於廟庭西門内道南，東向北上，席皆以莞；設神位各於座首，設酒罇於神座東南，設洗於酒罇東南，俱北向，罍水在洗東，篚在洗西，南肆。篚實以巾、爵。太廟令與良醞令之屬入實罇罍如常。其執罇、罍、篚者，各位於罇、罍、篚之後。初，太祝以下入，祝史與執罇、罍、篚者次入就位。於堂上設饌訖〔一五〕，太官丞引饌入，祝史迎引於座首，各設於神座前。於光禄卿將升獻，贊引引獻官詣罍洗盥洗〔一六〕，詣酒罇所，執罇者舉羃，獻官酌酒，贊引引獻官進，西面跪奠於司命神座，少退，西向立。祝史持版進神座之右，北向跪，讀祝文曰：「維某年歲次月朔日，子開元神武皇帝遣具位姓名，昭告於司命：三陽照物，四序惟始，式遵常禮，謹以犧齊、粢盛、庶品，明薦於司命。尚饗。」户云：「時惟歲首，升陽贊滯。」竈云：「時惟夏始，盛陽作統。」門云：「時惟孟秋，升陰紀物。」厲云：「時屬實沉，氣序清肅。」行云：「時惟冬首，盛陰作紀。」讀祝文訖，興，獻官再拜。祝史進奠版於神座，還罇所。其七祀祝版〔一七〕，祝史一人讀之。獻官再拜訖，贊引引獻官詣酒罇所，酌獻尸如上儀訖，贊引引還本位。於堂上徹豆，祝史進徹豆，還罇所。　臘享祭七祀祝文〔一八〕：「維某年歲次月朔日，子開元神武皇帝遣具位姓名，昭告於司命、户、竈、中霤、門、厲、行：今時和年豐，式遵常禮，謹以犧齊、粢盛、庶品，明薦於司命、户、竈、中霤、門、厲、行。尚饗。」獻官唯獻司命，餘座齋郎助奠，餘如上儀。

祭中霤儀

季夏土王日，祭中霤於太廟之庭。前祭三日，諸祭官散齋二日於正寢，致齋一日於廟所，如別儀。前一日，衞尉陳設如常。祭日，未明十刻，太官丞具特牲之饌。未明一刻，太廟令帥其屬入布神座於廟庭西門之内道南〔一九〕，東向，席以莞，設神位於座首。設酒罇於神座東南，又設洗於酒罇東南，俱北向，罍水在洗東，篚在洗西，南肆。篚實以巾、爵。奉禮設太廟令位於神座東南，執事者位於其後，俱北向西上；設門外位皆於東門之外道南，重行北向，以西爲上。質明，諸行事之官各服其服。良醞之屬入實罇、罍，太官丞監實籩、豆、簠、簋。贊引引太廟令，又贊引引執事者俱就門外位。太祝與執罇、罍、篚、冪者先入，詣神座前，西向再拜訖，各就位。立定，贊引引太廟令，又贊引引執事者入就位。贊引贊拜，太廟令以下皆再拜。太官丞出，詣饌所。贊引進太廟令之左，白：「有司謹具，請行事。」退，復位。太官丞引饌入，太祝迎引於座首，設於神座前訖，太官丞以下還本位，太祝還罇所。贊引引太廟令詣罍洗盥手、洗爵，詣酒罇所，執罇者舉冪，太廟令酌酒，贊引引太廟令進神座前，西向跪，奠爵，俛伏，興，少退，西向立。太祝持版進於神座之右，北向跪，讀祝文曰：「維某年歲次月朔日，子開元神武皇帝謹遣具位姓名，敢昭告於中霤：賴兹保養，甿庶以安，式荷神功，祇率常禮。爰以特牲、時藏、薌合、薌萁、嘉蔬、嘉薦、醴酒，明祝於神。尚饗。」訖，興，太廟令再拜。太祝進奠版於神座，俛伏，興，還罇所。太祝以爵酌福酒，進太廟令之左，北面立，太廟令再拜，受爵，跪，祭酒，遂飲卒爵。太祝進受爵，還罇所。太廟令俛伏，興，再拜，贊引引還本位。太祝進，跪徹豆，俛伏，興，還罇所。太祝與執罇、罍、篚者俱復位。立定，贊引贊拜，太廟令以下皆再拜。贊引進太廟令之左，白：「禮畢。」遂引太廟令以下出。其祝版燔於齋所。

按：古者雖有五祀、七祀，而不言其所祭之地。然以七者觀之，獨司命與厲當有祭之之所，而若中霤、若門、若户、若行、若竈，則所祭之神即其地也。祭法言王及諸侯立門、行二祀，則曰國門、國行。大夫、士則曰門、曰行而已。竊謂有國者祀此二神，則當於國門祭之，而大夫以下則當在其家之門首；至若中霤、户、竈，則凡居室皆有之，皆可祀於其地，義或然也。而隋唐乃祀之於太廟，以時享祖宗之時并祭之，蓋本鄭康成之説。然康成注禮記月令「其祀户」條下，則言凡祭五祀於廟；注周禮宫正「凡邦之事畢」條下，則言邦之祭社稷七祀於宫中。而正義則謂於廟者殷禮，於宫者周禮。蓋康成解經，於制度之不脗合處，則以爲或殷禮，或周禮。今鄭注自爲異同，而正義所以釋之者，亦復如是，皆臆説也。然二説之中，宫中之義爲優。蓋此五祀者，皆人生日用起居之所係，故當即宫居而祭之。若廟，則所以崇奉祖宗，不當雜祭他鬼神於其地。如門、中霤，廟亦有之，因時享而并祀於其地，猶云可也。至於若司命、若竈、若行，則於廟何關？又王之所祀泰厲，乃帝王之無後者，蓋非我族類也。今即太廟之中爲位而祭之，得毋有相奪予享之患乎？

宋制七祀：春祀司命及户，夏祀竈，季夏祀中霤，秋祀門及厲，冬祀行，爲小祀，用羊一、豕一，不行飲福。

神宗熙寧八年，詔置太廟司命、户、竈、中霤、門、厲、行七祀版位。

元豐三年，太常禮院請禘饗徧祭七祀，詔從之。

四年，詳定郊廟奉祀所言〔二〇〕：「按禮記祭法曰：『王自爲立七祀，曰司命，曰中霤，曰國門，曰國行，曰泰厲，曰户，曰竈。』孟春，其祀户，祭先脾；孟夏，其祀竈，祭先肺；中央土，其祀中霤，祭先心；孟秋，其祀門，祭先肝；孟冬，其祀行，祭先腎。又傳曰：『春祠司命，秋祠厲。』此所祀之位、所祀之時、所用之俎也。又周禮司服掌王之吉服，祭群小祀則服玄冕。注謂群小祀，宫中七祀之屬。又禮記曰『一獻熟』，注謂宫中群小神七祀之等。又周禮大宗伯：『若王不與祭祀則攝位。』此所祀之服、所獻之禮、所攝之官也。近世因禘祫則徧祭七祀，其四時則隨時享分祭，攝事以卿行禮而服七旒之冕〔二一〕，分太廟牲以爲俎，一獻而不薦熟：皆非禮制。請立春祭户於廟室户外之西，祭司命於廟門之西，制脾於俎；立夏祭竈於廟門之東，制肺於俎；季夏土王日，祭中霤於廟庭之中，制心於俎；立秋祭門及厲於廟門外之西，制肝於俎；立冬祭行於廟門外之西，制腎於俎。皆用特牲，更不隨時享分祭。有司攝事，以太廟令攝禮官，服必玄冕，獻必薦熟；親祠及臘享，即依舊禮徧祭。」從之。

政和時，議禮局上五禮新儀：太廟七祀，四時分祭，如元豐儀。臘享、祫享則徧祭，設位於殿下横街之北道東，西向北上。

校勘記

〔一〕乃制心及肺肝爲俎　「肺肝」二字原倒，據禮記月令注乙正。

〔二〕他皆如祀户之禮　「皆」字原脱，據禮記月令注補。

〔三〕是明中霤所祭則土神也　「明」原作「名」，據禮記月令疏改。

〔四〕及其五藏之上下次之耳　「及」原作「乃」，據禮記月令疏改。

〔五〕則是祀官祭簋中黍稷　「祀」原作「祝」，據禮記月令疏改。

〔六〕準特牲少牢　「準」原作「唯」，據禮記月令疏改。

〔七〕故左氏莊公二十五年秋　「五」字原脱，據周禮地官疏補。

〔八〕先鄭以五祀爲五色之帝　「鄭」原作「正」，據慎本、馮本改。

〔九〕竈以鷄　「鷄」原作「雉」，據盧文弨校白虎通、通典卷五一禮典一一改。

〔一〇〕中霤以牛　「牛」原作「豚」，據盧文弨校白虎通改。

〔一一〕不得用牛者用豚　「用牛者」三字原脱，「不」字上原衍「餘」字，據盧文弨校白虎通删補。

〔一二〕袁準著正論　「著」原在「論」下，據通典卷五一禮典一一乙正。

〔一三〕白虎通云月令冬祀井是也　「冬」原作「其」，據通典卷五一禮典一一改。

〔一四〕儒家誤以井於五祀　「誤」原作「設」，據通典卷五一禮典一一改。

〔一五〕於堂上設饌訖　「於」上原衍「遂」字，據開元禮卷三七、通典卷一一四禮典七四删。

〔一六〕詣罍洗盥洗　上「洗」字原脱，據開元禮卷三七補。

〔一七〕其七祀祝版　「祀」字原脱，據通典卷一一四禮典七四補。

〔一八〕臘享祭七祀祝文　「祝」字原脱，據開元禮卷三七補。

〔一九〕太廟令帥其屬入布神座於廟庭西門之内道南　上「廟」字原作「常」，據開元禮卷五一改。

〔二〇〕詳定郊廟奉祀所言　「所」字原脱，據宋史卷一〇三禮志六補。

〔二一〕攝事以卿行禮而服七旒之冕　宋史卷一〇三禮志六「卿」上有「廟」字。

卷八十七　郊社考二十

籍田祭先農

周制：天子孟春之月，乃擇元辰，親載耒耜，置之車右，帥公、卿、諸侯、大夫，躬耕籍田千畝於南郊。籍，借也。借人力以理之，勸天下使務農也，謂之帝籍。天子籍田千畝於南郊。諸侯百畝，謂籍於東郊。冕而朱紘，躬秉耒，天子三推。推，發也。諸侯、三公冕而青紘，躬秉耒，三公五推，卿、諸侯九推〔一〕。反，執爵於太寢，三公、九卿、諸侯、大夫皆御，命曰勞酒。既耕而燕飲，以勞群臣也。大寢，路寢。御，侍也。內宰上春詔王后帥六宮之人，而生穜稑之種，而獻之於王。六宮之人，夫人以下，分居后之六宮者〔二〕。古者〔三〕，使后宮藏種，以其有傳類蕃孳之祥。必生而獻之者，示能育之，使不傷敗，且以佐王耕事，供禘郊也〔四〕。先種後熟謂之穜，後種先熟謂之稑。甸師掌帥其屬而耕耨王籍，以時入之。其屬，庶人也〔五〕。耨，鋤也。王籍謂王者籍田千畝，帥公、卿以下親耕之處也。甸師帥庶人終耕之，入其收於王，以供粢盛。

宣王即位，不籍千畝。自厲王時，籍田禮廢。宣王即位，不復遵古。虢文公諫曰：虢仲之後，爲王卿士。「不可。夫民之大事在農，上帝之粢盛於是乎出，是故稷爲大官〔六〕。民之大事在農，故稷之職爲大官。古者，太史順時覛音脈，視也。土〔七〕，陽癉憤盈，土氣震發，癉，丁佐反。癉，厚也。憤，積也。盈，滿也。震，動也。發，起也。農祥晨正，農祥，房星也。晨正，謂立春之日，晨中於午也。農事之候，故曰農祥。日月底於天廟，底音旨。底，至也。天廟，營室也。孟春之月，日月皆在營室。土乃脉發，脉，理也。農書曰：「春土，長冒撅〔八〕，陳根可拔，耕者急發。」先時九日，先，去聲。先，先立春日也。太史告稷曰：『自今至於初吉，告，古毒反。初吉，二月朔日也。詩云：「二月初吉。」陽氣俱蒸，土膏其動。蒸，升也。膏，潤也〔九〕。其動，潤澤欲行。弗震弗渝，脉其滿眚，穀乃不殖。』震，動也。渝，變也。眚，災也。言陽氣俱升，土膏欲動，當即發動變瀉其氣。不然，則脉滿氣結，更爲災疫〔一〇〕，穀乃不殖。稷以告以太史之言告王。王曰：『史帥陽官以命我司事曰：距今九日，土其俱動，王其祇祓，監農不易。』王乃使司徒咸戒公卿、百吏、庶民，百吏，百官也。庶民，甸師所掌之民，蓋主耕耨王之籍田者。司空除壇於籍，司空掌地也。命農大夫咸戒農用。農大夫，田畯也。農用，農器也。先時五日，瞽告有協風至，瞽，樂太師，知風聲者。協，和也，風氣和，時候至也。立春曰融風。王即齋宮，齋，側皆反。所齋之宮。百官御事，各即其齋三日。御，治也。王乃淳濯饗醴。淳，沃也。濯，溉也。饗，飲也。謂王沐浴飲醴酒。及期，期，耕日也。鬱人薦鬯，鬱，鬱金香草，宜以和鬯酒也。周禮：「鬱人掌祼器，凡祭祀賓客，和鬱鬯以實彝而陳之。」共王之齋鬯。共音恭。犧人薦醴，犧人，司尊也，掌共酒醴者。王祼鬯，饗醴乃行，祼，灌也。灌鬯、飲醴，皆所以自香潔。百吏、庶民畢從。及籍，后稷監之，從，去聲。膳夫、農正陳籍禮，膳夫，上士也，掌王之飲食膳羞之饋食。農正，田大夫，主敷陳籍禮而祭其神，爲農祈也。太史贊王，王敬從之。王耕一墢，墢，鉢、伐二音。一墢，一耜之墢也。王無耦，以一耜耕。班三之，班，次也。三之，下各三其上也。王一墢，公三，卿九，大夫二十七。庶人終于千畝。終，盡耕也。其后稷省功，太史監之；司徒省民，太師監之；省，息井反〔一一〕。畢，宰夫陳饗，膳宰監之。宰夫，下大夫也。膳宰，膳夫也。膳夫贊王，王歆太牢，班嘗之，庶人終食。是時也，王事唯農是務，無有求利於其官，以干農功。三時務農而一時講武，三時，春、夏、秋。一時，冬也。講，習也。故征則有威，守則有財。若是，乃能媚於神而和於民。今天子欲修先王之緒而棄其大功，匱神之祀而困民之財，將何以求福用民？」王弗聽。國語周語。

漢文帝制曰：「農，天下之本。其開籍田，朕躬耕，以給宗廟粢盛。」舊儀，春始東耕於籍田，官祠先農以一太牢，百官皆從。先農，神農也。五經要義云：立壇於田所祠之，其制度如社之壇。大賜三輔二百里孝悌、力田、三老帛〔一二〕。種百穀萬斛，爲立籍田倉，置令、丞。穀皆以給天地、宗廟、群神之祀，以爲粢盛。

景帝詔曰：「朕親耕，爲天下先。」

昭帝幼即位，耕於鉤盾弄田。鉤盾，宦者近署，故往試耕爲戲弄。

後漢明帝永平中，二月東巡，耕於下邳。

章帝元和中，正月北巡，耕於懷縣。其籍田儀：正月始耕，常以乙日祠先農，及耕於乙地。晝漏上水初納，執事告祠先農，以享。耕日，以太牢祭先農於田所。耕時，有司請行事，就耕位，天子、三公、九卿、諸侯、百官以次耕，推數如周法。力田種各耰訖，有司告事畢。是月，命郡國守皆勸人始耕。

魏氏天子親耕籍田，藩鎮闕諸侯百畝之禮。

晉武帝太始四年正月丁亥，帝躬耕籍田於東郊，詔曰：「近代以來，耕籍田於數步之中，空有慕古之名，曾無供祀訓農之實，而有百官車徒之費。今循千畝之制，當與群公卿士躬稼穡之艱難〔一三〕，以帥先天下，處田地於東郊之南〔一四〕、洛水之北。」去宮八里，遠十六里，爲此千畝〔一五〕。帝御木輅以耕，太牢祀先農，自惠帝後，禮廢矣。

東晉元帝將脩耕籍，事竟不行。時朝議：「至尊應躬祠先農不？」賀循曰：「漢儀無躬祭之文，然王祭四望則毳冕，祭社稷、五祀則絺冕，以此不爲無親祭之義。」

宋文帝元嘉二十一年，將親耕。時史學生山謙之已私鳩集其儀〔一六〕，因已奏聞，詔言斟酌衆條，造定圖注。先立春九日，司空、大司農、京尹、令、尉，度宮之辰地八里之外，整制千畝，中開阡陌。立先農壇於中阡西陌南〔一七〕，御耕壇於中阡東陌北。將耕，宿設青幕於耕壇之上〔一八〕。皇后帥六宮之人出穜稑之種，付籍田令。耕日，太祝令以一太牢祠先農，如帝社儀。孟春上辛後吉亥，御乘耕根三蓋車，駕蒼駟，建青旂，著通天冠，青幘，青衮，佩蒼玉。蕃王以下至六百石皆衣青，唯三臺武衛不耕，不改章服。駕出，如郊廟儀。至籍田，侍中跪奏「至尊降車」，臨壇，大司農跪奏「先農已享，請皇帝親耕」。太史贊曰「皇帝三推三反」，於是群臣以次耕，王公及諸侯五推五反，孤卿、大夫七推七反，士九推九反。籍田令率其屬耕竟畝，灑種，即耰，禮畢。乃班下州縣，悉備其禮焉。

齊武帝永明中〔一九〕，耕籍田，用丁亥。時有司奏，正月丁亥可祀先農。比來並用立春後亥，王儉以爲亥日籍田，經記無文。助教周山文議曰：「蔡邕月令章句解『元辰』云：『日〔二〇〕，榦也；辰，支也。有事於天，用日〔二一〕；有事於地，用辰。』」何佟之云：「少牢饋食禮云：『孝孫某，來日丁亥，用薦歲事於皇祖。』鄭以不必丁亥，今但直舉一日以言之耳。禘太廟禮日用丁亥，若不得丁亥〔二二〕，則用己亥、辛亥，苟有亥焉，可也。漢文用此日耕籍祠先農，後相承用之，非有別義〔二三〕。」班固序亥位，亦云：「陰氣應無射，該藏萬物，而雜陽閡種也。」且亥既水辰，含育爲性〔二四〕，播厥取吉，其在茲乎。使御史乘馬車，載耒耜，從五輅。

梁初依宋、齊禮，以正月用事，不齋不祭。天監十二年，以啓蟄而耕，時在二月內。尚書云「以殷仲春」，籍田理在建卯，於是改用二月。與百官御事並齋三日，沐浴裸饗。侍中奉耒耜，載於象輅，以隨木輅之後。禮云：「親載耒耜，措於參保介之御間。」則置所乘輅上。普通二年，又移籍田於建康北岸，築兆域如南北郊。別有觀耕臺在壇東。帝親耕畢，登此臺以觀公卿之推反。

後魏道武帝天興三年〔二五〕，春，始躬耕籍田，祭先農，用羊一。

北齊籍於帝城東南千畝內，種赤粱、白穀、大豆、赤黍、小豆、黑穄、麻子、大麥、小麥，色別一頃。自餘一頃，地中通阡陌，作祠壇於陌南阡西，廣輪三十尺〔二六〕，四陛、三壝、四門。又爲大營於外，設御耕壇於阡東陌北。每歲正月上辛後吉亥，祠先農神農氏於壇上，無配饗。祭訖，親耕。

隋制，於國南十四里啓夏門外置地千畝，爲壇行禮。播殖九穀，納於神倉，以擬粢盛。秸稾以餉犧牲。

唐制，皇帝孟春吉亥，饗先農於東郊，親耕於籍田。

太宗貞觀三年正月，親祭先農，籍於千畝之甸。

初，議籍田方面所在，給事中孔穎達曰：「禮，天子籍田於南郊，諸侯於東郊。晉武帝猶於東南〔二七〕。今於城東，不合古禮。」帝曰：「禮緣人情，何常之有？虞書云『平秩東作』，則堯、舜敬授人時，已在東矣。又乘青輅，載黛耜者，所以順於春氣，故知合在東方。且朕見居少陽之地，田於東郊，蓋其宜也。」於是遂定。自後每歲常令有司行事。

高宗永徽三年正月，親享先農，躬御耒耜，率公卿耕於千畝之甸。

乾封二年正月，行籍田之禮，躬秉耒耜而九推。禮官奏，陛下合三推，上曰：「朕以身率下，自當過之，恨不終千畝耳。」

初，將耕籍田，閱耒耜，有雕刻文飾者。謂左右曰：「田器，農人執之，在於朴素，豈貴文飾乎？」乃命撤之。

儀鳳二年，親耕籍田於東郊。

景雲三年，親耕籍田。

武太后改籍田壇爲先農壇。神龍初，復改先農壇爲帝社壇。詳見社稷門。

玄宗開元二十三年正月，親祀先農。禮畢，降至耕位，侍中執耒，太僕執轡，上謂左右曰：「帝籍之禮，古則三推，朕今九推，庶九穀之報也。」遂進耕五十餘步，盡壠乃止。耕畢，還齋宮，大赦，侍耕、執牛官皆加級賜帛。其年十一月，親祀神農於東郊，以后稷配，親耕耒耜而九推焉。

憲宗元和五年，上將行籍田之禮，詔有司詳定儀注。太常言：「籍田禮廢，已五十餘年，有司案牘無可檢尋。今據禮經及開元、乾元故事，并徵前代沿革參詳定。」敕付所司，未及施行而罷。

皇帝孟春吉亥享先農儀〔二八〕攝事附

齋戒

前祀五日，皇帝散齋三日於別殿；致齋二日，一日於太極殿，一日於行宮。餘同上辛儀。

陳設

先農壇高五尺，方五尺，四出陛，其色青，祀前二十日修畢。前享三日，陳設如圜丘儀。前享二日，太樂令設宮懸樂如圜丘儀，唯樂懸樹路鼓，爲瘞埳於壇壬地内壝之外爲異〔二九〕。前享一日，奉禮設御位如圜丘儀，唯設望瘞位於内壝東門之内道南〔三〇〕，又設奉禮贊者位於瘞埳西南〔三一〕，東面南上爲異。攝事，右校掃除壇之内外。前享二日，衛尉設享官公卿以下次於外壝東門外道南，北向西上；設陳饌幔於内壝東門外道南，北向。太樂令設宮懸。前享一日，奉禮郎設享官公卿位於内壝東門内道北，執事位於道南，西向北上；設御史位於壇下如式；又設奉禮位於樂懸東北，贊者二人在南，差退，俱西向北上；又設奉禮贊者位於瘞埳西南〔三二〕，東面，南上；設協律郎位於壇上南陛之西，東向。太樂令於北懸間。享官門外位皆於東壝外道南如式。又設御耕籍位於外壝南門之外十步所，南向。設從耕位：三公、諸王、諸尚書、諸卿位於御座東南，重行西向，各依推數爲列；其公、王、尚書、卿等非耕者位於耕者之東，重行西向，俱北上；介公、酅公位於御位西南，東向，以北爲上。尚舍設御耒席於三公之北少西，南向。奉禮又設司農卿位於御耒席東少南，西向；廩犧令於司農卿之南，少退；諸執耒耜者位於公卿耕者之後，非耕者之前，西面。御耒耜一具〔三三〕，三公耒耜三具，諸王、尚書、卿各三人，合耒耜九具。以下耒耜，太常各令籍田農人執之。攝事無「設耕籍位」以下至此儀。設酒罇之位於壇上：神農氏犧罇二、象罇二、山罍二，在東南隅〔三四〕，北向；后稷氏犧罇二、象罇二、山罍二，在神農酒罇之東，俱北向西上。罇皆加勺、冪，有坫以置爵。設御洗於壇南陛東南，亞獻洗於東陛南，俱北向。執罇、罍、篚、冪者各位於罇、罍、篚、冪之後。設幣篚於壇上，各於罇坫之所。晡後，郊社令帥齋郎以罇、坫、罍、洗、篚、冪入設於位。升壇者自東陛。謁者引光禄卿詣厨視濯溉，凡導引者，每曲一逡巡。贊引引御史詣厨省饌具。光禄卿以下每事訖，各還罇所。享日，未明十五刻，太官令帥宰人以鸞刀割牲，祝史以豆取毛血，各置於饌所，遂烹牲。未明五刻，太史令、郊社令各服其服升，設神農氏神座於壇上北方，南向；設后稷氏神座於東方，西向，席皆以莞，設神位於座首。

鑾駕出宮

乘耕根車於太極殿前。餘同圜丘儀。

享日，未明三刻，諸享官及從享之官各服其服。郊社令、良醞令帥其屬入實罇、罍及幣。犧罇實以醴齊，象罇實以盎齊，山罍實以清酒。齊皆加明水，酒皆加玄酒，各實於上罇。幣皆以青。太官令帥進饌者實諸籩、豆、簠、簋等，入設於饌幔內。未明二刻，奉禮帥贊者先入就位。其御史及禮官等入再拜、掃除及就位，如圜丘儀。未明一刻，謁者、贊引各引享官以下就門外位。司空行掃除及從享群官、客使等次入就位，並如圜丘儀。攝事，自「未明三刻」至此與正儀同。初，未明三刻，諸衛列大駕，仗衛陳設如式〔三五〕。侍中版奏「外辦，請中嚴」。乘黃令進耕根車於行宮南門外〔三六〕，迴車南向。若行宮去壇稍遠，嚴警如式。未明一刻，侍中版奏「外辦」。質明，皇帝服衮冕，乘輿以出，繖扇、華蓋、侍衛如常儀。侍中負璽陪從如式。皇帝升車訖，乘黃令進耒，太僕受載如初。黃門侍郎奏「請鑾駕發引」，還侍位。鑾駕動，之大次，並如圜丘儀。郊社令以祝版進御署訖，近臣奉出，郊社令受，各奠於坫，如圜丘儀。初，皇帝降車訖，乘黃令受耒耜，授廩犧令而橫執之，左其耜，之耕所〔三七〕，置於席，遂守之。凡執耒耜皆橫之，授則先其耒，後其耜。皇帝停大次半刻頃，其奏辦、出次、太常卿請行事，並如圜丘儀。攝事，衆官拜訖，謁者白太尉「有司謹具，請行事」。無「初，未明三刻」下至此儀。協律郎舉麾，工鼓柷，以角音奏永和之樂，以姑洗之均，自後接神皆奏姑洗。作文舞之舞。樂舞三成，偃麾，戛敔，樂止。太常卿前奏稱「請再拜」，退復位。皇帝再拜，及奠玉幣、奏樂之節，並如圜丘儀。攝事，謁者引太尉升，奠幣。太常卿引皇帝進，北面跪，奠於神農氏神座，俛伏，興。太常卿引皇帝少退，北向再拜訖，太常卿引皇帝又立於西方，東向。又太祝以幣授侍中，侍中奉幣北向進，皇帝受幣，太常卿引皇帝進，東面跪，奠於后稷氏神座，俛伏，興，太常卿引皇帝少退，東面再拜訖，登歌止。太常卿引皇帝，樂作；皇帝降自南陛，還版位，西向立，樂止。初，群官拜訖，祝史奉毛血之豆立於門外。於登歌止，祝史奉毛血入，升自南陛，配座升自東陛，太祝迎取於壇上，進奠於神座前，太祝退立於罇所。皇帝既升奠幣，太官令出，帥進饌者奉饌陳於内壝東門之外〔三八〕。謁者引司徒出詣饌所，司徒奉神農之俎。皇帝既至版位，樂止。攝事無。太官令引饌入。俎初入門，雍和之樂作；饌至陛，樂止。祝史進徹毛血之豆，降自東陛以出。神農氏之饌升自南陛，配座之饌升自東陛，太祝迎引於壇上，各設於神座前。籩、豆蓋冪先徹乃升，簠、簋既奠，却其蓋於下。設訖，謁者引司徒以下降自東陛，復位，太祝各還罇所。太常卿引皇帝攝事，謁者引太尉。詣罍洗，樂作。其盥洗、奏樂及齋郎奉俎，並如圜丘之儀。太常卿引皇帝詣神農氏酒罇所，執罇者舉冪，侍中贊酌醴齊訖，壽和之樂作；皇帝每酌獻及飲福，皆作壽和之樂。太常卿引皇帝進神農氏神座前，北向跪，奠爵，俛伏，興。太常卿引皇帝少退，北向立，樂止。太祝持版進於神座之右，東面跪，讀祝文曰：「維某年歲次月朔日，子開元神武皇帝某，攝事云：「謹遣太尉封臣名。」敢昭告於帝神農氏：獻春伊始，東作方興，率由典則，恭事千畝。謹以制幣、犧齊、粢盛、庶品，肅備常祀，陳其明薦，以后稷氏配神作主。尚饗。」訖，興。皇帝再拜。攝事，太尉再拜。下倣此。初，讀祝文訖，樂作；太祝進，跪奠版於神座，興，還罇所，皇帝拜訖，樂止。太常卿引皇帝詣后稷氏酒罇所，酌獻，樂作，並如神農氏，唯皇帝東向立爲異。太祝持版進於神座之左〔三九〕，北向跪，讀祝文曰：「維某年歲次月朔日，子開元神武皇帝某，敢昭告於后稷氏：土膏脉起，爰修耕籍，用薦常事於帝神農氏。惟神功協稼穡，實允昭配，謹以制幣、犧齊、粢盛、庶品，式陳明薦，作主侑神。尚饗。」訖，興，皇帝再拜。初，讀祝文訖，樂作；太祝進，跪奠版於神座，俛伏，興，還罇所，皇帝拜訖，樂止。太常卿引皇帝進神農氏神座前，北向立，樂作。太祝各以爵酌上罇福酒，攝事，太祝酌罍福酒。其飲福、受胙、樂舞等，並如圜丘儀。攝事亦同圜丘攝事。初，皇帝將復位〔四〇〕，謁者引太尉詣罍洗，攝事，謁者引太常卿爲亞獻。盥手，洗爵訖，謁者引太尉自東陛升壇，詣神農氏象罇所。執罇者舉冪，太尉酌盎齊，武舞作。謁者引太尉進神農氏神座前，北向跪，奠爵，興，謁者引太尉少退，北向再拜。謁者引太尉詣后稷氏象罇所，取爵於坫，執爵者舉冪，太尉酌盎齊。謁者引太尉進后稷氏神座前，東向跪，奠爵，興，謁者引太尉少退，東向再拜。謁者引太尉進神農氏神座前，北向立，太祝各以爵酌罍福酒，合置一爵。一太祝持爵進太尉右，西向立，太尉再拜受爵，跪祭酒，遂飲卒爵。太祝進受爵，復於坫，太尉興，再拜，謁者引太尉降復位。初，太尉獻將畢，謁者引光祿卿詣罍洗，盥手，洗爵〔四一〕，升酌盎齊，終獻，如亞獻之儀。訖，謁者引光祿卿攝事同。降復位，武舞止。諸祝各進，跪徹豆，興，還罇所。徹者，籩、豆各一少移於故處。奉禮曰「賜胙」，贊者唱「衆官再拜」，在位者皆再拜。已飲福者不拜。永和之樂作，太常卿前奏稱「再拜」，退復位，皇帝再拜。奉禮曰「衆官再拜」，在位者皆再拜，樂一成止。太常卿奏「請就望瘞位」。奉禮帥贊者就瘞埳西南位，太常卿引皇帝，太和之樂作；皇帝就望瘞位，北向立，樂止。於群官將拜，太祝各執篚進神座前〔四二〕，取幣，各由其陛降壇詣埳，以幣置於埳訖，奉禮曰「可瘞」，東西各四人寘土。半埳，太常卿前奏「禮畢，請就耕籍位」。攝事，謁者進太尉之左，白「禮畢」，享官執事再拜出，如圜丘攝事。太常卿引皇帝，樂作；皇帝詣耕籍位，南向立，樂止。初，白「禮畢」，奉禮帥贊者還本位。攝事無詣耕籍位。

耕籍

皇帝將詣望瘞位，謁者引三公及應從耕、侍耕者各就耕位。司農先就位，諸執耒者皆就位。皇帝初詣耕位，廩犧令進詣御耒席南，北面跪，俛伏，搢笏，解耒韜，出耒〔四三〕，執耒起，少退，北面立。司農卿受耒，以授侍中，侍中奉耒進，皇帝受以三推。侍中前受耒耜，反於司農，司農反於廩犧令訖，還本位。廩犧令復耒於韜，執耒起，復位立。皇帝初耕，執耒者以耒耜各授侍耕者。皇帝耕訖，三公、諸王五推，尚書卿九推訖，執耒者前受耒耜，退復位。侍中前奏「禮畢」，退復位。太常卿引皇帝入自南門，還大次，樂作。皇帝出自内壝東門，殿中監前受鎮珪，以授尚衣奉御，殿中監又前受大珪，華蓋、侍衛如常儀。皇帝入次，樂止。謁者、贊引各引享官及從享群官、諸方客使以次出。贊引引御史、太祝以下俱復執事位，立定，奉禮曰「再拜」，御史以下皆再拜，贊引引出。工人二舞以次出。太常卿帥其屬以次耕於千畝。其祝版燔於齋所。

鑾駕還宮如圜丘儀

勞酒

車駕還宮之明日，設會於太極殿，如元會之儀。唯不賀、不上壽爲異。

籍田東郊儀

皇帝夾侍二人、正衣二人，右合以祀先農壇上行事夾侍、正衣充。中書門下先奏。侍中一人、奉耒耜，進耕畢，復受，奏「禮畢」。中書令一人、侍從。禮部尚書一人、侍從官已下，並合便取祀先農壇上行事官充。司農卿一人、授耒耜於侍中，侍耕。右衛將軍一人〔四四〕、已上並侍衛。太尉、司徒、司空各一人，行五推禮；舊例，宰臣攝行事。九卿九人，行九推禮；舊例，差左右僕射、六尚書、御史大夫攝行事。諸侯三人，行九推禮。差正員三品官及嗣王攝行事〔四五〕。禮儀使一人、贊導耕籍禮。太常卿一人，贊導耕籍禮。已上官合便取祀先農壇上行事官充。右禮司狀上中書門下請奏差，如本官不足，差六品已下官充，並服袴褶。御耒耜二具，併韜；並以青色，內一具副。准乾元故事，合依農人所執者制造，不合雕飾。事畢日收。藉耒耜一丈席二領。三公、九卿、諸侯耒耜一十五具。御耒耜牛四頭，內二頭副，并牛衣。每隨牛一人，並絳衣介幘，須明嫻農務者行事，禮司專差人贊導。高品中官二人。執侍耒耜，並衣袴褶〔四六〕。太常帥其屬庶人，量用二十八人以備禮。郊社令一人、檢校。太常少卿一人、帥庶人赴耕所。太常博士六人、分贊導耕禮。如本司官不足，准舊例本司具名上中書門下，請差攝行事。司農少卿一人。檢校庶人終千畝。廩犧令二人，一人奉耒耜授司農卿，一人掌耒耜〔四七〕，係差五品、六品清資官攝充。三公、九卿、諸侯耕牛四十頭；內十頭副。每頭隨牛人一人，須明嫻農耕者差。庶人耒耜二十具、畚二具、鍤二具。以木爲刃。府司差一人專知。管籍田縣令一人、具朝服，當耕籍田時，立於田畔，候耕畢去。畿甸諸縣令、准舊例集，先期到城。籍田日，服常服，赴耕所陪位而立。耆老量定二十人。並常服。籍田日，於庶人耕籍田位之南陪位。

宋太宗皇帝雍熙四年九月，詔以來年正月有事於東郊，行籍田之禮，令所司詳定儀注以聞。無致煩勞，務遵典故。

太常禮院言：「籍田舊不置五使，今請依南郊，以宰臣、親王、三品官爲五使。」仍命蘇易簡等詳定儀注。

詳定所言：「方位請依唐例，在東郊。北齊籍田千畝，各頃別種穀一色，一頃作祠壇。今聖朝郊宫制度廣大，請設於千畝之外。壇高九尺，周圍四十步，飾以青。歷代壇去京城遠近各異，今請於朝陽門七里之外，十五里之内，擇地爲壇。又通禮不載告廟祭十里内神祠、及禮畢稱賀之儀，今緣國家盛禮，望遣大臣前二日告昊天上帝、太廟，俟禮畢，文武百僚詣行宫稱賀〔四八〕。」鹵簿使言：「諸司儀仗、法物、車輅，請准南郊例排。」並從之。

詳定所言：「按通禮儀注，皇帝親載耒耜於車右。隋書禮儀志，齊代籍田令御史乘馬車，載耒耜於五輅之後，以爲禮輕，遂以侍中奉耒耜載於象輅，以隨木輅之後。又舊禮，魏晉耕籍乘木輅。今准通禮，皇帝乘耕根車，欲請以象輅載耒耜，列於仗内御前，在皮軒車後，殿中省香燈之前，所以明示重耕籍之禮。」從之。

禮儀使言：「按通典，宋、齊之制，於先農壇東別立觀耕臺，帝親耕禮畢，登此臺以觀公卿推耕。其臺不載制度。緣皇帝被衮冕，執圭，宜便陟降，請築臺高五尺，周圍四十步，四出陛，飾以青。又通禮亦不載御樓賜赦。按：唐開元二十三年，籍田禮畢，還宫大赦。今取進止。」從之，仍候禮成肆赦。

詳定所言：「按：宋文帝元嘉二十一年，親耕籍田千畝，中開阡陌，設御耕位在先農壇東北。唐禮不開阡陌，設御耕位於先農壇南十步。詳此，即當時壇前不設樂懸，則御耕位歷代不同。今既備樂懸、二舞，俱在壇前，請定御耕位在壝門東南。又先農壇設二壝，今緣儀衛廣大，所有外壝，請於大次及御耕位、觀耕臺樂懸之外。又隋書，籍田令率其屬耕千畝，以青箱奉穜稑之種〔四九〕，跪呈司農，詣耕所灑之，耰訖〔五〇〕，司農省功，奏『事畢』。唐朝不行此禮，詔備置。又隋以青箱奉穜稑之種，唐廢其禮。青箱舊無制，請用竹木爲之而無蓋，兩頭設臺襻，飾以青色；中分九隔，隔盛一種〔五一〕，覆以青帊。穜稑即早晚之種，不定穀名，今請用黍、稷、秫、稻、粱、大豆、小豆、大麥、小麥，陳於箱内。」從之。

詳定所言：「舊禮，有庶人終畝之説，即不載庶人耕位所在。今請於諸侯耕位之南，退近東十步，西向，以成終畝之禮。又按典禮，先農用犢一；近制，中祠以羊、豕代。望權用犢，以純色充，進胙如郊祀，禮料、禮器視大祠。皇帝散齋三日，致齋二日，百官不受誓戒。神農、后稷册，學士院撰文。」並從之。

又言：「准詔定乘耕根車，而車元無副，上下大小與金玉輅等。緣天子所乘皆有副，今請改乘玉輅，以耕根車改載御耒耜。玉輅駕士六十四人，耕根車止四十人，亦請添同玉輅。舊禮，勞酒在車駕還宫之日，設會於大殿，今請依郊祀擇日大宴。」從之。

學士院上東郊青城殿門名：前殿曰兩儀，後殿曰延慶，大殿門曰龍德，左掖門曰光天，右掖門曰麗天，東門曰鳳陽，西門曰安福，南門曰祈年，北門曰玄英，大殿東西廊門曰日華、月華，後園五花亭曰會芳，御幄後門曰福慶。詔付有司。

端拱元年正月十五日，帝齋於乾元殿。翼日，鑾駕出宮，備大駕鹵簿於丹鳳門外。帝服通天冠、絳紗袍，執圭，乘玉輅，赴東郊行宮齋宿。十七日，未明三刻，帝服衮冕，執鎮圭，親饗神農氏於壇上，以后稷氏配。禮畢，次詣耕籍位，行三推禮。有司版奏「禮畢」，帝顧謂侍臣曰：「朕志在勸農，恨不能終千畝，豈止於三推爲限乎？」遂耕數十步，侍臣固請，乃止。又御觀耕臺南向坐，觀公王耕。耕訖，侍中奏「禮畢，解嚴」，還行宮，百官稱賀。帝改御大輦，服通天冠、絳紗袍，鼓吹振作而還。御乾元門肆赦，改元，文武遞進官有差。

真宗景德四年，都官員外郎、同判太常禮院孫奭言：「伏睹來年春季劃日，正月一日享先農，九日上辛祈穀〔五三〕，祀昊天上帝者。按春秋傳曰：『啓蟄而郊，郊而後耕。』又禮記月令云：『天子乃以元日祈穀於上帝，乃擇元辰，親載耒耜，躬耕帝籍。』先儒皆云：元日，謂上辛郊天也；元辰，謂郊後吉亥，享先農而耕籍也。又六典及禮閣新儀亦皆先言上辛祀昊天，後言吉亥享先農。伏望改用來年正月上辛後亥日享先農，即爲著令，用符禮文。」詔太常寺、崇文院檢討官參議。判寺李宗諤等言：「唐制，正月上辛祈穀，孟春亥日享先農，不明載祈穀、享先農前後。按禮記月令，正月中氣，天子以元日祈穀於上帝，乃擇元辰，天子親載耒耜，置之車右，率公卿、諸侯、大夫躬耕籍田。注云：祈穀謂上辛祀昊天上帝，籍田謂郊後亥日享先農於東郊而耕籍田。又按宋書、後魏書所載，並上辛後亥日祀先農。伏請下有司，自今享先農並用上辛後亥日。」從之。

仁宗明道二年二月十一日，帝親耕籍田。禮儀准端拱之制，微有增損。

詔：「籍田青城及壇壝所占，或先有民家塋冢，府縣不得因茲夷剗，宜權用箔曲遮蔽，以便行禮。」

廣文館開封府貢舉人等上書，以國家躬訓農事，難逢之會，乞陪序於壇次，以觀盛典。從之，令陪位於文官九品之下。

大禮使言：「籍田禮希曠已久，比聞修舉，内外翹屬；况親屈萬乘，勸農力本。伏請下有司，令遍諭密近村聚，候御耕日，特許父老鄉民觀望盛禮，勿令呵止。」從之。

神宗元豐二年，詔於京城東南度田千畝爲籍田，置令一員，徙先農壇於其中，神倉於東南，取卒之知田事者爲籍田兵。

先是，詳定郊廟奉祀禮文所言：「國語，王耕一墢，庶人終於千畝，廩於東南，鍾而藏之。自漢迄唐，皆有帝籍神倉。今廢不設，凡祭祀之所用，皆索諸市，非所以致潔誠也。欲乞於京城東南度田千畝，置籍田令一員，仍徙先農壇於其中，立神倉於東南。」乃以郊社令辛公佑兼籍田令〔五三〕。公佑請因舊鏺麥殿規地爲田，取卒之知田事者刺爲籍田兵，給其役。五穀之外，並植果蔬，冬則藏冰，凡一歲祠祭之用取具焉。先薦獻而後進御，有餘，則貿錢以給雜費〔五四〕，輸其餘於内藏庫，用著爲令。

權管幹籍田王存等言：「請以南郊鏺麥殿前地及玉津園東南茭地八百四十餘畝，并民田共千一百畝充籍田外，以百畝建先農壇兆，開阡陌溝洫，建神倉、齋宮并耕作人牛廬舍之類。繪圖進呈。」從之。

哲宗紹聖四年，權禮部侍郎范鏜等言：「每遇臨幸籍田，常遣官祭告先農壇。其籍田刈稼，皆以爲粢盛之實，車駕臨幸，則取新薦獻，當在所先即刈麥。乞以所進麥付所司變造禮食，於臨幸次日，薦之太廟，然後進供、頒賜，並如故事。秋觀刈禾亦如之。及乞觀麥禮畢，車駕移幸稻池綵殿，以觀插稻。」詔可。

將作監言，增修鏺麥殿成。詔以思文爲名。

徽宗政和元年，臣僚言，乞講明耕籍之禮。議禮局條具八事：一、罷享先農爲中祠，命有司攝事，帝止行耕籍之禮；一、罷命五使及稱賀、肆赦之類；一、乞孟春之月親耕，下太史局擇日，不必專用吉亥；一、耕籍所乘，改用耕根車，罷乘玉輅；一、乞躬耕之服止用通天冠、絳紗袍，百官並服朝服；一、倣雍熙儀注，九卿以左右僕射、六尚書、御史大夫攝，諸侯以正員三品官及上將軍攝；一、倣雍熙儀注，設庶人耕位於諸侯耕位之南，以成終畝之禮；一、倣雍熙、明道儀，備青箱，以設九穀，如隋之制。其詳並見政和五禮新儀。

高宗紹興二年四月，上謂輔臣曰：「朕聞祖宗時，禁中有打麥殿。今朕於後圃令人引水灌畦種稻，不惟務農重穀，示王政所先，亦欲知稼穡之艱難。」

七年，太常博士黄積厚言：「孟春吉亥日享先農，望下有司條舉行之，以酒脯一獻之，禮儀視風師。」

十四年十一月，詔以嗣歲之春祇祓青壇，親載黛耜，躬三推之禮。命臨安府守臣度城南之田，得五百七十畝有奇，迺建思文殿、觀耕臺、神倉及表親耕之田。又詔毋建殿宇，設幕殿席屋如南郊，事畢撤去，庶不擾民。

太常丞王湛謂：「新儀，帝乘耕根車，左輔奉耒耜，載以象輅，列於仗內。政和八年，左輔奉耒耜于玉輅，耕籍使衛以儀仗二千人，先詣壇所。王之五輅，玉輅最貴；耕根一名芒車，所謂農輿無蓋，車之無飾者也。齊代籍田御史乘馬車，載耒耜於五輅之後，時以爲禮輕，更用侍中載於象輅。仁宗明道二年二月〔五五〕，帝乘玉輅適耕所，司農卿以耕根車載耒耜，前玉輅以行。今政和儀，帝御耕根，而耒耜乃載於玉輅，輕重失序。請乘玉輅，而以耕根載耒耜。」又謂：「端拱、明道之禮備矣，政和中徽宗正之，故新儀最爲簡要，宜遵而行。」

權工部侍郎錢時敏奏：「耕籍使所乘車，禮官謂象車，以象飾諸末，朱斑輪，八鸞在衡〔五六〕，左建旗，右載闟戟，駕馬四，飾鞶纓，輪衣、絡帶皆繡以鸞。車高丈有五尺，廣丈。請下有司製之。」甲子，禮官請：「前三日，司農以青箱奉九穀穜稑之種進內；前二日，皇太后率六宮獻之於帝；次日，授司農以待耕事。九穀種以竹木箱載之，無蓋，飾以青色，覆以青帕。三公、三少、宰臣、親王、使相五推，執政臣、二省、臺諫九推，庶人終畝。」又請：「少府製御耒耜二及韜，皆飾以青；御耕青牛四，衣以青。如無青牛，以黃牛代，以青羅夾衣蓋搭。從耕官每耒耜用牛二頭，耒耜三十，牛六十；庶人四十人，並青衣，耒耜四十，牛八十，鍤十，畚二十。各命有司具之。」時敏又謂：「象車小樣庫，請加高二尺，爲丈有七尺，茵褥用紫。」閏十一月癸酉，兵部謂：「仗士二千，以太常鼓吹、黃麾仗足之。前期閱習，前一日，宿仗於皇城南門外，質明，衛耒耜先往。禮官先用其半。」又請：耕籍使用本品鹵簿，王公六百八十有八人，請用其半。禮官請：親耕日，命有司享先農。己巳，詔討論象車合製與否，禮官乃謂：「新儀，象輅載耒耜。宣和耕籍使乘象車。參考端拱親耕，以耕根車載耒耜，而使不乘車。請用端拱禮，耕籍使朝服騎護耒耜，行於仗内。仗士千人，質明先往壇所，以候車駕。罷象輅不製，唯製耕根車。」從之。

十五年正月壬辰，上享先農，遂耕籍。三推畢，宰臣秦檜請以耒耜授有司，上不許，曰：「力本務農，出於誠心。」至九推，三請乃止。

饗先農親耕籍田儀注

前期，設御座於籍田思文殿之中，南向；東西閣於殿後之左右；御幄於觀耕壇上，南向；大次於殿上，南向；小次二，一於先農壇午階下稍東，西向，一於觀耕壇西階下稍北，南向；群臣次於門之内外。設饌幔、樂舞。前一日，設帝神農氏位於壇之北方，南向；后稷氏位於東方，西向，席皆以莞。設帝位版於壇下小次前，西向；飲福位於壇上稍西，北向；望瘞位於子階之西，北向。群臣位各以其方。罇、罍、俎、豆，皆如大祀。司農設御耒耜於南門外幕屋之内，御耕版位於耕籍所，南向；侍耕位在於東西階，北上；從耕三公位在東南，九卿、諸侯位在其南，皆西向北上；庶人位在其南，少東十步外；耆老陪耕又在其南，皆西向；御耒席於三公之北，稍西，南向。太僕設御耕牛於御耕位之西，稍北。太常設登歌於觀耕壇上，宮架於庶人耕位之南，俱北向。耕籍使位於御耕位之東，南向，侍中在其南，西向。司農卿二，一位於侍中之後，一在其南；籍田令二，在司農卿之南，少退，皆西向北上。奉青箱官位其後。司農少卿位二，於庶人位之前，太社令位於司農之西，少退，皆西北向。太僕卿位於御耕牛之東，稍前，南向。畿内邑令位於庶人位之東，西向。執耒耜者位於公卿耕者之後，執畚鍤者之前，西向。司農設從耕耒耜及牛，各於其位之前。兵部陳仗士及耕根車於皇城南門之外。遂省牲、省饌、割烹。祀之日，質明，侍中奉御耒耜載於耕根車，耕籍使騎從至籍田門外，侍中以耒耜授籍田令，横執之，置於耕所之席而守之。帝履袍輦出宫南門，至思文殿，降輦入後閣，群臣入就位。帝服衮冕至内壝門外，執大圭，入自正門，宫架隆安之樂作；至午階版位西南立，宫架作静安之樂、儲靈錫慶之舞三成，帝再拜，群臣皆再拜。凡帝拜，群臣皆拜。宫架樂作，帝搢大圭，沃盥，執圭升壇，耕籍使從；宫架樂作，升自午階，登歌嘉安之樂作。帝搢大圭，執鎮圭，進帝神農氏位前，北向立，跪奠鎮圭於繅藉，執大圭，興，搢圭，跪，奠幣，執圭，興。次進后稷氏位前亦如之。帝還版位，登歌樂作；降階，宫架樂作。至版位西南立，祝史奠毛血盤，禮部尚書執籩、豆、簠、簋，兵、工部尚書奉俎以入，宫架豐安之樂作；皆奉以升，北面跪奠之，宫架樂作。帝搢大圭，沃盥，洗爵，執圭升，宫架樂作，至壇上，登歌禧安，進帝神農氏位前，北面立，搢大圭，跪，執爵，三祭酒於地，執圭，興。祝東向跪讀祝詞，帝再拜。次進后稷氏位前酌獻亦如之。帝還版位，登歌樂作；降階，宫架樂作。至版位西向立，還小次，釋大圭，文舞退，武舞進，宫架正安之樂作。亞獻盥洗爵，升，進帝神農氏罇所，西面立，宫架作正安之樂、嚴恭將事之舞。既實爵，進神位前跪，祭酒，奠爵，再拜。次獻后稷氏亦如之。降復位。終獻亦如之。宫架樂作，帝執大圭，升，登歌禧安，至飲福位北面立，尚醖奉御酌福酒，殿中監奉爵西面立，帝再拜，殿中監跪進爵，帝搢大圭，跪受之，三祭於地，啐酒，奠爵。兵部尚書西向跪，進胙俎，帝受俎奠之；太祝東向跪，進黍豆，帝受豆奠之；殿中監跪，再進酒，帝遂飲卒爵，奠之。執大圭再拜，還版位，登歌樂作；降階，宮架樂作。徹籩豆，徹俎，登歌歆安，遂賜胙，群臣皆再拜。送神，宮架作静安之樂一成；帝至望瘞位，北面立，宮架樂作，乃瘞。帝還大次，宮架樂作；出内壝門外，釋大圭，群臣各俟於次，侍耕、從耕及執事者皆朝服以次入就位。帝服通天冠、絳紗袍，輦至思文殿，降自西階，宮架樂作。至小次降輦，至耕籍位南面立，籍田令進御耒席南，北面，解韜出耒，東向立，授司農卿，司農以授侍中進之。帝受耒耜，宮架樂作。三推禮畢，侍中受耒耜，復轉以次授之籍田令，復於韜。帝初耕，諸執耒耜者各授從耕者，帝升觀耕壇，宮架樂作；升自午階，登歌樂作。御座南向，從耕三公、三少、宰臣、親王、使相皆執耒耜，宮架樂作，行五推之禮，退復位。執政、從臣、二省、諫憲次執耒耜，宮架樂作，九推復位。司農少卿帥庶人以次耕於千畝，耕畢乃退。耕籍使升自卯階，進御幄前稍東，西面立，陪耕耆老進壇下，北面再拜。樞臣前，北面承制，退至午階之東，西面立，宣制，退。都承旨承制，西面宣勞耆老，耆老再拜，退復位。帝降座，登歌樂作；至壇下升輦，宮架樂作；至思文殿後閣，侍耕、從耕者皆退。司農卿奉穜稑種至耕所播之，少卿帥太社令視終千畝。卿省功畢，至殿下，北面奏訖，皆退，帝還宮。

二十一年八月，詔權罷籍田司，免其官吏、胥徒。太常少卿王普請以印歸禮部，存卒八人，以守壇壝及凡種植之物，農三人，以給種植供禮料。籍田司初募兵卒三十一人，存者二十三人。今量存七人。甲頭十人，以農民充，免其科役。今量存三人。典吏以寺吏兼之。

孝宗乾道四年十一月，太常少卿王瀹謂：「籍田以供粢盛蔬果，自廢此司，寺官兼掌之。舊有農十人，今僅存其三。而是時王普請益粢盛禮物，三倍於故，歲請量三人。」

光宗紹熙五年，太社令陳峴奏：「九宮、先農、高禖壇壝廢不治，而農壇爲甚。乞命臨安府守臣葺築以嚴祀。」從之。

親蠶祭先蠶

周制：仲春，天官内宰詔后帥外内命婦始蠶於北郊〔五七〕，以爲祭服。蠶於北郊，婦人以純陰爲尊也〔五八〕。天子、諸侯必有公桑蠶室，近川而爲之，築宫仞有三尺，棘墻而外閉之。后妃齋戒，享先蠶而躬桑，以勸蠶事。季春吉巳，王后享先蠶。先蠶，天駟也。享先蠶而後躬桑，示率先天下也。及大昕之朝，君皮弁素積，卜三宫之夫人、世婦之吉者，使入蠶於蠶室〔五九〕，奉種浴於川，桑於公桑，風戾以食之。是月也，令有司無伐桑柘，愛蠶食也。有司，主山林之官也。乃修蠶器。箔、槌、鈎、筐之類。禁原蠶。原，再也。天文，辰爲馬，蠶與馬同氣，物莫能兩大，禁原蠶爲傷馬。

漢皇后蠶於東郊，其儀：春桑生而皇后親桑於苑中。蠶室養蠶千箔以上。祀以中牢羊、豕。祭蠶神曰苑窳婦人、寓氏公主，凡二神。群臣妾從桑還，獻於繭館，皆賜從桑者絲。皇后自行。窳，以主反。

後漢皇后四月帥公卿列侯夫人蠶。皇后出，乘鸞輅，青羽蓋，駕四馬，龍旂九斿，大將軍妻參乘，太僕妻御。前鸞旂車，皮軒闟戟，雒陽令奉引，千乘萬騎。車府令設鹵簿駕，公、卿、五營校尉、司隸校尉、河南尹妻皆乘其官車，帶夫本官綬，從其官屬導從皇后。置虎賁〔六〇〕、羽林騎、戎頭、黄門鼓吹，五帝車，女騎夾轂，執法御史在前後，亦有金鉦黄鉞，五將導。桑於蠶宫，手三盆於繭館，畢，還宫。祠先蠶，禮以少牢。凡蠶絲絮，織室以作祭服。祭服者，冕服也。天地、宗廟、群神五時之服〔六一〕，其皇帝得以作縷縫衣，皇后得以作巾絮而已〔六二〕。置蠶宫令、丞。諸天下官下法皆詣蠶室〔六三〕，與婦人從事〔六四〕，故舊有東西織室作治〔六五〕。

魏文帝黄初七年，皇后蠶於北郊，依周典也。

晉武帝太康六年，蠶於西郊。蓋與籍田對其方也。先蠶壇高一丈，方二丈，四出陛，陛廣五尺，在皇后採桑壇東南帷宫外門之外，而東南去帷宫十丈，在蠶室西南，桑林在其東。取列侯妻六人爲蠶母。蠶將生，擇吉日，皇后著十二笄步摇，依漢魏故事，衣青衣，乘油畫雲母安車，駕六騩音貴。馬。女尚書著貂蟬佩璽陪乘，載筐鉤。公主、三夫人、九嬪、世婦、諸太妃、太夫人及縣鄉君、郡公侯特進夫人、外世婦、命婦皆步摇，衣青，各載筐鉤從蠶。先桑二日，蠶宫生蠶著簿上。躬桑日，皇后未到，太祝令質明以太牢告祠，謁者一人監祠。祠畢，徹饌，頒餘胙於從桑及奉祠者。皇后至西郊升壇，公主以下陪列壇東。皇后東面躬桑，採三條，諸妃、公主各採五條，縣鄉君以下各採九條〔六六〕，悉以桑授蠶母，還蠶室。事訖，皇后還便座，公主以下乃就位，設饗宴，賜絹各有差。

宋孝武大明四年，始於臺城西白石里爲蠶所，設兆域，置大殿，又立蠶觀。其禮皆循晉氏。

北齊爲蠶坊於京城北之西，去皇宫十八里外，有蠶宫方九十步，墻高一丈五尺。其中起蠶室二十七，別殿一區。置蠶宫令、丞，宦者爲之。路西置皇后蠶壇，高四尺，方二丈，四陛，陛各廣八尺。置先蠶壇於桑壇東南大路東，橫路南。壇高五尺，方二丈，四陛，陛各五尺。外兆方四十步，面開一門。有緑襜襦〔六七〕、褠衣、黄履，以供蠶母。每歲季春穀雨後吉日，使公卿以一太牢祠先蠶黄帝軒轅氏於壇上，無配，如祀先農〔六八〕。禮訖，皇后因親桑於桑壇〔六九〕，備法駕，服鞠衣，乘重翟，帥六宫升桑壇東陛，即御座。女尚書執筐，女主衣執鉤〔七〇〕，立壇下。皇后降自東陛，執筐者處右，執鉤者處左，蠶母在後。乃躬桑三條訖，升壇，即御座。内命婦以次就桑，服鞠衣者採五條，展衣者七條，褖衣者九條〔七一〕，以授蠶母。還蠶室，切之授世婦，灑一簿。凡應桑者並復本位。后乃降壇還便殿，設勞酒，頒賚而還。

後周制：皇后乘翠輅，率六宫三妃、三㚤、音弋，婦官名。御媛、御婉、三公夫人、三孤内子至蠶所，以一少牢親進祭奠先蠶西陵氏神。禮畢，降壇，令二嬪爲亞獻、終獻，因而躬桑。

隋制：先蠶壇於宫北三里爲壇，高四尺。季春上巳，皇后服鞠衣，以一太牢、制幣，祭先蠶於壇上，用一獻之禮。祭訖，就桑位於壇南〔七二〕，東面。尚功進金鉤，典制奉筐，皇后採三條，反鉤。命婦各依班採五條、九條。世婦以授蠶母，受切桑，灑訖，皇后降壇。自齊及周隋，其典法多依晉儀，亦時有損益。

唐先蠶壇在長安宫北苑中，高四尺，周迴三十步。

太宗貞觀元年三月〔七三〕，文德皇后率内外命婦，有事於先蠶。

高宗永徽三年三月，制以先蠶爲中祠。

有司言：「按周官宗伯：后不祭則攝而薦豆籩徹。明王后之事，而宗伯得攝行之。伏以農桑乃衣食萬人，不宜獨闕先蠶之祀。無已，則皇后遣有司享之如先農可也。」

顯慶元年三月，皇后有事於先蠶。

總章二年三月，皇后親祠先蠶。

咸亨五年三月，皇后親祠先蠶。

上元二年三月，天后親祠先蠶。

玄宗先天二年三月，皇后親祠先蠶。

自嗣聖以來，廢闕此禮，至是始重行焉。

肅宗乾元二年三月，皇后祠先蠶於苑中。

唐開元禮

皇后季春吉巳享先蠶儀攝事附

齋戒

先祀五日，散齋三日於後殿，致齋二日於正殿。前致齋一日，尚寢設御幄於正殿西序及室中，俱東向。致齋之日，晝漏上水一刻，尚儀版奏「請中嚴」。尚服帥司仗布侍衛，司賓引內命婦陪位並如式。六尚以下，各服其服，詣後殿奉迎。尚儀版奏「外辦」。上水三刻，皇后服鈿釵禮衣，結珮，乘輿出自西房，華蓋、警蹕、侍衛如常儀。皇后即御座，東向坐，六尚以下侍衛如常。一刻頃，尚儀前跪，奏稱：「尚儀妾姓言，請降就齋室。」興，退復位。皇后降座，乘輿入室。六尚以下各還寢，直衛者如常，司賓引陪位者退。散齋之日，內侍帥內命婦之吉者，使蠶於蠶室。攝事無以上儀。凡應享之官，散齋三日於其寢，致齋二日，一日於其寢，一日於享所。亞獻、終獻則致齋二日，皆於其所。六尚以下應從升者及從享內外命婦各於其寢清齋一宿。諸應享之官，致齋之日給酒食及明衣，各習禮於齋所。光禄卿監取明水火。太官令取水於陰鑑，取火於陽燧。火以供爨，水以實罇。前享一日，諸衛令其屬，未後一刻，各以其方器服守衛壝門。每門二人，每隅一人。攝事同。享日未明，給使、代執與女工人等俱清齋一宿。

陳設

前享三日，尚舍直長施大次於外壝東門之內道北，南向；尚舍奉御鋪御座；尚舍直長設內命婦及六尚以下次於大次之後，俱南向；守宮設外命婦次，大長公主、長公主、公主以下於南壝之外道西，三公夫人以下在其南，俱重行，每等異位，東向北上。設陳饌幔於內壝東門之外道南，北向。攝事，守宮設享官次於東壝外道南〔七四〕，北向西上；設陳饌幔於內壝東門外道南，北向。前享二日，太樂令設宮懸之樂於壇南內壝之內，如圜丘儀。諸女工人各爲位於懸後，東方、西方以北爲上，南方、北方以西爲上。右校掃除壇之內外。又爲瘞埳於壇之壬地內壝之外，方深取足容物，南出陛。又爲採桑壇於壇南二十步所，方三丈，高五尺，四出陛。尚舍量施帷帳於外壝之外，四面開門，其東門使容厭翟車。前享一日，內謁者設御位於壇之東南，西向；設望瘞位於壇之西南，當瘞埳，西向。設亞獻、終獻位於內壝東門之內道南，執事者位於其後，每等異位，俱重行，西向北上。設典正位於壇下，一位於東南，西向；一位於西南，東向。女史各陪於後。設司贊位於樂懸東北，掌贊二人在南，差退，俱西面。又設司贊、掌贊位於埋埳西南，東面南上。設典樂舉麾位於壇上南陛之西，東向；設司樂位於北懸之間，當壇北向。設內命婦位於終獻之南，每等異位重行，西面北上；設外命婦位於中壝南門之外，大長公主以下於道東，西向，當內命婦位，差退；太夫人以下於道西，去道遠近准公主，俱每等異位重行，相向北上。又設御採桑位於採桑壇上，東向；設內命婦採桑位於壇下，當御位東北，每等異位，南向西上；設外命婦採桑位於壇下，當御位東南，每等異位，北向西上；設執御鉤、筐者位於內命婦之西少南，西上；尚功執鉤，司製執筐〔七五〕。設內命婦執鉤、筐者位各於其採桑位之後。尚功下四典執鉤，司製下女史執筐。設門外位：享官於東壝之外道南，從享內命婦於享官之東，俱每等異位重行，北面西上；從享外命婦南壝之外道西，如設次之式。攝事，內謁者設三獻位於內壝東門之內道北，執事位於道南，每等異位重行，西面，以北爲上；又設望瘞位於壇之東北，當瘞埳西向〔七六〕；又設典正位於壇下，一位於東南，西向，一位於西南，東向，女史各陪其後，糾察違失。設掌贊位於樂懸東北，女史二人在南，差退，俱西向；又設掌贊女史位於瘞埳西南，東向南上。設典樂舉麾位於壇上南陛之西，東向；設司樂位於北懸之間，當壇北向。設三獻以下門外位於東壝之外道南，每等異位，北向西上。無「設御位」下至此儀。設酒罇之位於壇上東南隅，北向西上，犧罇二，象罇二，山罍二。罇皆加勺、冪，有坫以置爵。設御洗於壇南陛東南，攝事無御洗。亞獻之洗又於東南，俱北向；罍水在洗東，篚在洗西，南肆；篚實以巾爵。執罇、罍、篚、冪者位於罇、罍、篚、冪之後，設幣篚於壇上罇坫之所。晡後，內謁者帥其屬以罇、坫、罍、洗、篚、冪入，設於位。升壇者自東陛。享日，未明十五刻，太官令帥宰人以鸞刀割牲，祝史以豆取毛血，置於饌所，遂烹牲。其神厨及諸司供事便次，守宫與金吾相之，量於壇東張設。享日，未明五刻，司設服其服升，設先蠶氏神座於壇上北方，南向，席以莞；設神位於座首。

車駕出宫

前享一日，金吾奏請外命婦等應集壇所者並聽夜行。其應採桑者四人，各具女侍者進筐、鉤，載之而行。監門先奏請，享日未明四刻，開所由苑門，諸親及命婦以下以次入，詣壇南次所，各服其服。其應採桑者筐、鉤各具，女侍者執授内謁者監，内謁者監受之，以授執鉤、筐者。享日，未明三刻，搥一鼓爲一嚴。三嚴時節，前日内侍奏裁。未明二刻，搥二鼓爲再嚴，尚儀版奏「請中嚴」，内命婦各服其服，所司陳車駕鹵簿。未明一刻，搥三鼓爲三嚴，司賓引内命婦入，立於庭，重行西面，以北爲上。六尚以下各服其服，俱詣室奉迎。尚服負寶如式。内僕進厭翟車於閤外。尚儀版奏「外辦」，馭者執轡。皇后服鞠衣乘輿以出，華蓋、侍衛、警蹕如常。内命婦從出門。皇后升車，尚功、司製進筐〔七七〕、鉤載之，仗衛如常。内命婦及六尚等乘車陪從如式。其内命婦應採桑者四人各服其服，典製等進筐、鉤載之。諸翊駕之官皆乘馬。駕動，警蹕如常，不鳴鼓吹。諸衛前後督攝如常。内命婦、宫人以次從。

饋享

享日未明三刻〔七八〕，諸享官各服其服，尚儀及司醖各帥其屬，攝事則女史及司醖各帥其屬。入實罇、罍及幣，犧尊實以醴齊，象尊實以盎齊，山罍實以清酒。齊加明水，酒加玄酒，各實以上罇。其幣以黑。太官令實諸籩、豆、簠、簋、俎等，內謁者帥其屬詣厨奉饌，入設於饌幔內。內侍之屬與司膳等掌之。其三牲之肉不上神俎者〔七九〕，亦太官付內謁者，同時進入，以供班胙。自餘供享之物，並請祠前一日先入。駕將至，女相者引先置享官，內典引引命婦，俱就門外位。女相者以尚儀下女史充。攝事，質明，女相者引享官以下就壝外位，掌贊帥女史先入就位，女相者引典正、女祝及女史、女祝史與女執罇、罍、篚、冪者入自東門〔八〇〕，當壇南，北面西上。立定，掌贊曰「再拜」，女史承傳，典正以下皆再拜訖，典正以下各就位。司樂帥女工人入就位〔八一〕。其女祝以典贊充，女祝史以典贊下女史充之。駕至大次門外，迴車南向。尚儀進車前跪奏稱：「尚儀妾姓言，請降車。」興，還侍位。皇后降車，乘輿之大次，華蓋、繖扇、侍衛如常儀。尚儀以祝版進，御署訖，奉出奠於坫。皇后降車訖，尚功、司製進受鈎，筐以退。其內命婦鈎、筐，則內命婦降車訖，典製等進，乃受之。典贊引亞獻及從享內命婦俱就門外位。司贊帥掌贊先入就位。女相者引尚儀、典正及女史、女祝史，女祝史以尚儀下女史充。與女執罇、罍、篚、冪者入自東門〔八二〕，當壇南，北面西上。立定，司贊曰「再拜」，掌贊承傳，凡司贊有詞，掌贊皆承傳。尚儀以下皆再拜訖，尚儀以下各就位。司樂帥女工人入就位，典贊引亞獻、終獻，女相者引執事者，司賓引內命婦〔八三〕，內典引引外命婦，俱入就位。皇后停大次半刻頃，司言引尚宮立於大次門外，當門北向。尚儀版奏「外辦」，皇后出次，華蓋、侍衛如常。尚服負寶陪從如式。司言引尚宮，尚宮引皇后凡尚宮前導，皆司言先引。入自東門，華蓋、仗衛停於門外，近侍者從入如常。皇后至版位，西向立。每立定，尚宮與司言退立於左。立定，尚宮前奏稱「請再拜」，退復位，皇后再拜。司贊曰「衆官再拜」，享官及內外命婦在位者皆再拜，其先拜者不拜。尚宮前奏：「有司謹具，請行事。」退復位。攝事，女相者各引享官入就位，立定，掌贊曰「再拜」，在位者皆再拜。女相者進尚宮之左，曰

「有司謹具，請行事」。無「駕至」以下至此儀。典樂跪舉麾，凡取物者皆跪而取以興，奠物亦跪奠訖而後興。鼓柷，奏永和之樂，以姑洗之均，自後壇下接神之樂皆奏姑洗〔八四〕。三成，偃麾，戛敔，樂止。凡樂皆典樂舉麾，工鼓柷而後作；偃麾，戛敔而後止。尚宮前奏稱「請再拜」，退復位，皇后再拜。司贊曰「衆官再拜」，享官及內外命婦在位者皆再拜。壇上尚儀跪取幣於篚，興，立於罇所。攝事，掌贊曰「再拜」，在位者皆再拜。女祝史跪取幣於篚，興，立於罇所。尚宮引皇后，正和之樂作。皇后每行，皆作正和之樂。皇后詣壇，升自南陛，攝事，女相者引尚宮升壇，以下皆尚宮行事。六尚以下量人從升，以下升皆如之。皇后升壇北面立，樂止。尚儀奉幣東向進，皇后受幣，登歌，作肅和之樂，以南呂之均。尚宮引皇后進，北向，跪奠於神座，興。尚宮引皇后少退，北向再拜訖，登歌止。尚宮引皇后，樂作；降自南陛，還版位，西向立，樂止。初，內外命婦拜訖，女祝史奉毛血之豆立於內壝東門之外；於登歌止，女祝史奉毛血入，升自南陛，尚儀迎引於壇上，進，跪奠於神座前，興，女祝史退立於罇所。皇后既升奠幣，攝事，尚宮既升奠幣。下倣此。司膳出，帥女進饌者奉饌陳於內壝東門之外。皇后既降，復位，司膳引饌入。俎初入門，雍和之樂作；攝事，自後酌獻，皆奏雍和之樂。饌至陛，樂止。女祝史跪徹毛血之豆，降自東陛以出。饌升南陛，尚儀迎引於壇上，攝事，女祝史迎引於上。設於神座前。籩、豆蓋冪先徹乃升，簠、簋既奠，却其蓋於下。設訖，司膳帥女進饌者降自東陛復位，尚儀攝事，女祝。還罇所。尚宮引皇后詣罍洗，樂作；攝事，女相者引尚宮，無樂。皇后至罍洗，樂止。尚儀跪取匜，興〔八五〕，沃水，司言跪取盤，興，承水。皇后盥手。又司言跪取巾於篚，興，進，皇后帨手訖，司言受巾，跪奠於篚。司言跪取爵於篚，興，進，皇后受爵。尚儀酌罍水，司言奉盤，皇后洗爵，司言授巾〔八六〕，皆如初。皇后拭爵訖，尚儀奠匜，司言奠盤、巾皆如常。尚宮引皇后，樂作；詣壇，升自南陛，樂止。

尚宮引皇后攝事，無「皇后至罍洗」以下至此儀，但女相者引尚宮詣酒罇所。詣酒罇所，執罇者舉冪，尚儀贊酌醴齊訖，壽和之樂作；皇后每酌獻及飲福，皆作壽和之樂。攝事奏雍和。尚宮引皇后進神座前，北面跪奠爵，興〔八七〕；尚宮引皇后少退，北向立，樂止。尚儀持版進於神座之右，東向跪，讀祝文曰：「維某年歲次月朔日，子皇后某氏，敢昭告於攝事，女祝持版祝云：「皇后某氏謹遣某官妾姓，敢昭告於。」先蠶氏：惟神肇興蠶織，功濟黔黎，爰擇嘉時，式遵令典。謹以制幣、犧齊、粢盛、庶品，明薦於神。尚饗。」訖，興，皇后再拜。初讀祝文訖，樂作；尚儀進，跪奠版於神座，興，還罇所，皇后拜訖，樂止。尚儀以爵酌上罇福酒，西向進，攝事，女祝以爵酌罍福酒，進於尚宮之右，西向立。皇后再拜受爵，跪，祭酒，啐，奠，興。尚儀帥女進饌者持籩、俎進，尚儀減神前三牲胙肉，以取前脚第二骨。各置一俎上，又以籩取稷、黍飯，共置一籩。尚儀先以飯籩西向進，皇后受以授左右；尚儀又以胙俎以次進，皇后每受以授左右。皇后跪取爵，遂飲卒爵，尚儀進受復於坫，皇后興，再拜訖，樂止。尚宮引皇后，樂作；降自南陛，還版位西向立，樂止。自此以上，若攝事儀，皆尚宮行事，女相、女祝贊之。以下倣此。皇后獻將畢，典贊引貴妃詣罍洗，盥手，洗爵訖，攝事，則女相者引尚儀爲亞獻。典贊引貴妃自東陛升壇，詣象罇所，執罇者舉冪，貴妃酌盎齊，典贊引進神座前，北向跪，奠爵，興。典贊引貴妃少退，北向再拜。尚儀以爵酌罍福酒，持爵進貴妃之右，西向立，貴妃再拜受爵，跪祭酒，遂飲卒爵，尚儀受爵復於坫，貴妃興，再拜〔八八〕。典贊引貴妃降自東陛，復位。初貴妃獻將畢〔八九〕，又典贊引昭儀攝事，女相者引尚食爲終獻。詣罍洗，盥手洗爵，升，酌盎齊，終獻如亞獻之儀訖，典贊引昭儀降復位。尚儀進神座前，跪徹豆，興，還罇所。徹者籩豆各一，少移於故處。司贊曰「賜胙」，掌贊唱衆官再拜〔九〇〕，在位者皆再拜。已飲福酒者不拜。攝事，賜胙則掌贊唱「賜胙」，女史唱「再拜」也。永和之樂作，尚宮前奏稱「請再拜」，退復位，皇后再拜。司贊曰「衆官再拜」，在位者皆再拜，樂一成止。尚宮前奏請攝事，女相者白。就望瘞位，司贊帥掌贊就瘞埳西南位。尚宮引皇后，樂作；至望瘞位，西向立，樂止。於衆官將拜，尚儀執篚進神座前，取幣，自北陛降壇，西行詣瘞埳，以幣置於埳訖，司贊曰「可瘞」，埳東西各四人寘土。半埳，尚宮前贊：「禮畢，請就採桑位。」尚宮引皇后，樂作；詣採桑壇，升自西陛，東向立，樂止。初白禮畢，司贊帥掌贊還本位。

親桑

皇后將詣望瘞位，司賓引內外命婦採桑者，俱就採桑位，內外命婦一品各二人，二品、三品各一人。諸執鉤、筐者各就位。皇后既至採桑位，尚功奉金鉤自北陛升壇，進，典製奉筐從升。皇后受鉤，採桑，典製奉筐受桑。皇后採桑三條止，尚功前受鉤，典製以筐，俱退復位。皇后初採桑，典製等各以鉤授內外命婦。皇后採桑訖，內外命婦以次採桑，女史執筐者受之。內外命婦一品各採五條，二品、三品各採九條，止，典製等受鉤，與執筐者退復位。司賓各引內外命婦採桑者退復位。司賓引婕妤一人詣蠶室，尚功帥執鉤、筐者以次從至蠶室；尚功以桑授蠶母，蠶母受桑，切之以授婕妤，婕妤食蠶〔九一〕，灑一簿訖，司賓引婕妤還本位。尚儀前奏「禮畢」，退復位。尚宮引皇后還大次，樂作，入大次訖，樂止。司賓引內命婦，內典引引外命婦，各還其次。尚儀、典正以下俱復執事位，立定，司贊曰「再拜」，尚儀以下皆再拜訖，出。女工人以次出。其祝版燔於齋所。

車駕還宮

皇后既還大次，内侍版奏「請解嚴」。將士不得輒離部伍〔九二〕。皇后停大次一刻頃，搥一鼓爲一嚴，轉仗衛於還塗如來儀；三刻頃，搥二鼓爲再嚴，尚儀版奏「請中嚴」，皇后服鈿釵禮衣；五刻頃，搥三鼓爲三嚴，内典引引外命婦出次，就門外位，司賓引内命婦出次，序立於大次之前。六尚以下依式奉迎。内僕進厭翟車於大次門外，南向。尚儀版奏「外辦」，馭者執轡，皇后乘輿出次，華蓋、侍衛、警蹕如常。皇后升車，鼓吹振作而行，内命婦以下乘車陪從如來儀。車駕過，内典引引外命婦退還第。駕至正殿門外，迴車南向。尚儀進當車前跪，奏稱：「尚儀妾姓言，請降車。」興，還侍位。皇后降車乘輿入，侍衛如常。内侍版奏「請解嚴」，將士各還其所。

勞酒

車駕還宮之明日，内外命婦設會於正殿，如元會儀。唯不賀、不上壽爲異。

宋真宗景德三年，詔祀先蠶，依先農例，遣官攝事。

資政殿大學士王欽若言：「古者，王后親率嬪御，以祀先蠶，是以開寶通禮、郊祀録並有親蠶祝辭。蓋由中宮未嘗親祭，所以有司闕而不舉。又通禮義纂，后親享先蠶，貴妃爲亞獻，昭儀爲終獻。若攝事，則尚宮爲初獻，尚儀爲亞獻，尚食爲終獻。又周禮大宗伯：后不祭，則攝而薦豆籩徹。蓋薦豆籩徹，王后之事，而宗伯得攝之。唐會要云：農桑衣食萬人，不宜獨闕先蠶之祭，皇帝遣有司攝祭可也。臣以謂屬之命婦，未若歸於有司。望詔有司參定其儀。」詔太常禮院檢討攝祭故事以聞。禮院言：「按開寶通禮：『季春吉巳，饗先蠶於公桑，有司攝事。前享五日，諸預享官散齋三日，致齋二日。享日，未明五刻，設先蠶氏神座於壇上北方，南向。尚宮爲初獻，尚儀爲亞獻，尚食爲終獻。女相引三獻之禮，女祝讀文，飲福、受胙如常儀。』又按周禮大宗伯：『凡大祭祀，王后不與，則攝而薦豆籩徹。』又云：『王后不與，則贊宗伯。』注云：『后有故不與祭，宗伯攝其事。』又按唐會要云：『皇帝遣有司享先蠶如先農可也。』」乃詔自今依先農例，遣官攝事。

太常禮院言：「請築先蠶壇於東郊，從桑生之義。其壇酌中用北齊之制，設一壝〔九三〕，二十五步，如淳化四年中祠禮例。」從之。

神宗元豐四年，詳定郊廟奉祀禮文所言：「季春吉巳，享先蠶氏，唐月令注以先蠶爲天駟。謹按：先蠶之義，與先農、先牧、先炊一也，當是始蠶之人。故開元禮享先蠶，爲瘞埳於壇之壬地。禮義羅曰：『今禮，享先蠶無燔柴之儀，明不祀天駟星也。』又按王涇郊祀録載先蠶祝文曰：『維神肇興蠶織。』則是始蠶之人，明矣。今享先蠶，其壇在東郊；熙寧祀儀又有燎壇，則是沿襲唐月令，以先蠶爲天駟，誤矣。周禮后蠶於北郊，以純陰爲尊。請就北郊爲壇，以享始蠶之人，仍依開元禮，不設燎壇，但瘞埋以祭。其餘自如故事。」從之。

徽宗政和元年四月，詔就先蠶壇之側，度地築公桑蠶室，歲養蠶以供祭服，其親蠶殿，可以「無斁」

爲名。

先是，議禮局、禮部、太常寺被旨議合行制度凡七事，謂：「倣後齊之制，置公桑蠶室，度地爲宫，四面爲墻，高仞有三尺，上被棘，中起蠶室二十七，别建殿一區，爲親蠶之所。倣漢制，置繭館，立織室於蠶宫中，養蠶千箔以上。度所用之數，爲桑林。築採桑壇於先蠶壇南，相距二十步，方三丈，高五尺，四出陛。」

議禮局又言：「周官内宰：『詔后帥内外命婦蠶於北郊。』鄭氏謂：『婦人以純陰爲尊。』則蠶爲陰事可知。開元禮享先蠶，幣以黑，蓋以陰祀之禮祀之也。今享先蠶儀乃用白幣，非所謂稱。按：古者制幣，或依其方色，或推其象類。今先蠶之祭，在於北郊，則正陰之地；以類推之，蠶之始生，其色亦黑，則亦至陰之象。制幣以黑爲宜。」從之。

宣和元年三月，皇后親蠶於延福宫。

六年閏三月，皇后親蠶。

高宗紹興七年，太常博士黄積厚言：「季春吉巳享先蠶，望下有司舉行。」從之。禮料初依奏告例，後比擬舊制，一視風師。

四月，輔臣張浚奏：「雨既霑足，又即晴霽，於蠶麥不妨。」上曰：「朕宫中亦養蠶，欲知民間蠶熟與否，且可少知女工之艱難也。」

十五年，太常丞王湛言：「請按政和禮，建親蠶殿、蠶室、繭館，請皇后就禁中行親蠶之禮。」朝旨送禮部下太常寺討論，不果行。

校勘記

〔一〕卿諸侯九推　「卿」字原脱，據禮記月令補。

〔二〕分居后之六宫者　「者」字原脱，據周禮内宰注補。

〔三〕古者　「者」原作「人」，據周禮内宰注改。

〔四〕供禘郊也　「禘郊」原作「祭祀」，據周禮内宰注改。

〔五〕庶人也　「庶人」，周禮甸師作「府史胥徒」。

〔六〕是故稷爲大官　「大」，汪遠孫國語發正謂當作「天」，注同。

〔七〕太史順時覛土　「覛」原作「覞」，據國語周語上改。

〔八〕春土長冒撅　「長」字原脱，據國語周語上注補。汪遠孫國語發正謂「春」上脱「孟」字，「撅」當作「橛」。

〔九〕膏潤也　「膏」下原衍「土」字，據國语周語上注删。

〔一〇〕更爲災疫　「疫」原作「病」，據國語周語上注改。

〔一一〕息井反　「井」原作「耕」，據國語周語上注改。

〔一二〕大賜三輔二百里孝悌力田三老帛　「大」、「帛」二字原脱，據後漢書禮儀志上注引漢舊儀補。

〔一三〕當與群公卿士躬稼穡之艱難　「與」字原脱，據晉書卷一九禮志上補。

〔一四〕處田地於東郊之南　「處田地」三字原脱，據晉書卷一九禮志上補。

〔一五〕爲此千畝　「此」原作「北」，據通典卷四六禮典六改。

〔一六〕時史學生山謙之已私鳩集其儀　「已私」原作「以科」，據宋書卷一四禮志一改。

〔一七〕立先農壇於中阡西陌南　「壇」字原脱，據宋書卷一四禮志一補。

〔一八〕宿設青幕於耕壇之上　「設」字原脱，據宋書卷一四禮志一補。

〔一九〕齊武帝永明中　「明」原作「平」，據南齊書卷九禮志上改。

〔二〇〕日　「日」原作「甲」，據南齊書卷九禮志上、通典卷四六禮典六改。

〔二一〕用日　「日」原作「甲」，據南齊書卷九禮志上、通典卷四六禮典六改。

〔二二〕若不得丁亥　「亥」字原脱，據儀禮少牢饋食禮注補。

〔二三〕非有別義　據南齊書卷九禮志上，此下乃殿中郎顧暠之議而非何佟之語，本書以二者混而爲一。

〔二四〕含育爲性　「性」原作「主」，據南齊書卷九禮志上改。

〔二五〕後魏道武帝天興三年　「道」原作「太」，據魏書卷二道武帝紀改。

〔二六〕廣輪三十尺　「三十」，隋書卷七禮儀志二作「三十六」。

〔二七〕晉武帝猶於東南　「南」原作「郊」，據舊唐書卷二四禮儀志四、通典卷四六禮典六改。

〔二八〕皇帝孟春吉亥享先農儀　「孟春」二字原脱，據開元禮卷四六、通典卷一一五禮典七五補。

〔二九〕内壝之外爲異　「内」原作「外」，「外」原作「内」，據開元禮卷四六改。

〔三〇〕内壝東門之内道南　開元禮卷四六作「壇西南當瘞埳北向。」

〔三一〕又設奉禮贊者位於瘞埳西南　「贊者」二字原脫，據開元禮卷四六補。

〔三二〕又設奉禮贊者位於瘞埳西南　「西南」二字原脫，據開元禮卷四六補。

〔三三〕御耒耜二具　「二」原作「一」，據開元禮卷四六及通典卷一一五禮典七五改。

〔三四〕在東南隅　「在」字原脫，據開元禮卷四六補。

〔三五〕仗衛陳設如式　「仗」原作「伏」，據慎本、馮本及開元禮卷四六、通典卷一一五禮典七五改。

〔三六〕於行宫南門外　「行」字原脫，據開元禮卷四六補。

〔三七〕之耕所　「耕」原作「耜」，據開元禮卷四六、唐會要卷一〇下籍田改。

〔三八〕陳於内壝東門之外　「東」與「之」二字原脫，據開元禮卷四六補。

〔三九〕進於神座之左　「左」原作「右」，據開元禮卷四六改。

〔四〇〕皇帝將復位　「皇」原作「黄」，據元本、慎本、馮本及通典卷一一五禮典七五改。

〔四一〕洗爵　「洗」原作「帨」，據開元禮卷四六、通典卷一一五禮典七五改。

〔四二〕太祝各執篚進神座前　「太」字原脫，據開元禮卷四六補。

〔四三〕出耒　「耒」字原脫，據開元禮卷四六補。

〔四四〕右衛將軍一人　唐會要卷一〇下籍田東郊儀同。按新唐書卷一四禮樂志四載，憲宗元和五年修籍田儀，左右衛將軍各一人侍衛，據注文「已上並侍衛」，疑此處有脫文。

〔四五〕差正員三品官及嗣王攝行事　唐會要卷一〇下籍田東郊儀同。「三」，新唐書卷一四禮樂志四作「二」。

〔四六〕執侍耒耜並衣袴褶　唐會要卷一〇下籍田東郊儀同。新唐書卷一四禮樂志四作「執耒持耜，不褲褶」，疑是。

〔四七〕一人掌耒耜　五字原脱，據新唐書卷一四禮樂志四、唐會要卷一〇下籍田東郊儀補。
〔四八〕文武百僚詣行宮稱賀　「詣」原作「設」。按宋史卷一〇二禮志五載雍熙四年籍田儀注：「耕禮畢，百官稱賀於青城。」此處「設」顯爲「詣」之誤，據改。
〔四九〕以青箱奉穜稑之種　「奉」字原脱，據下文補。
〔五〇〕穫訖　「穫」字原脱，據隋書卷七禮儀志二補。
〔五一〕隔盛一種　「盛」原作「設」，據宋史卷一〇二禮志五改。
〔五二〕九日上辛祈穀　「祈穀」二字原脱，據宋史卷一〇二禮志五補。
〔五三〕乃以郊社令辛公佑兼籍田令　「乃」字原脱，據宋史卷一〇二禮志五補。
〔五四〕則貿錢以給雜費　「貿」原作「質」，據宋史卷一〇二禮志五改。
〔五五〕仁宗明道二年二月　「仁」原作「真」，據上文改。
〔五六〕八鸞在衡　「在」原作「左」，據宋史卷一五〇輿服志二改。
〔五七〕詔后帥外内命婦始蠶於北郊　「外内」二字原倒，據周禮内宰乙正。
〔五八〕婦人以純陰爲尊也　「爲尊」二字原脱，據周禮内宰注補。
〔五九〕使入蠶於蠶室　「入」下「蠶」字原脱，據禮記祭義補。
〔六〇〕置虎賁　「虎」原作「武」，據後漢書禮儀志上注引丁孚漢儀改。
〔六一〕群神五時之服　「神」原作「臣」，後漢書禮儀志上誤同。據盧文弨群書拾補改。
〔六二〕皇后得以作巾絮而已　「皇后」二字原脱，後漢書禮儀志上誤同，據盧文弨群書拾補補。

〔六三〕諸天下官下法皆詣蠶室　「下法」二字原脱，後漢書禮儀志上誤同，據盧文弨群書拾補補。

〔六四〕與婦人從事　「與」原作「亦」，後漢書禮儀志上誤同，據盧文弨群書拾補改。

〔六五〕故舊有東西織室作治　「治」原作「法」，後漢書禮儀志上誤同，據盧文弨群書拾補改。

〔六六〕縣鄉君以下各採九條　「縣鄉」二字原倒，「君」字原脱，據晉書卷一九禮志上乙補。

〔六七〕有緑襜襦　「緑」原作「緣」，據隋書卷七禮儀志二改。

〔六八〕如祀先農　「如祀」二字原脱，據隋書卷七禮儀志二補。

〔六九〕皇后因親桑於桑壇　「於」下「桑」字原脱，據隋書卷七禮儀志二補。

〔七〇〕女主衣執鉤　「主」原作「尚」，據元本、慎本、馮本及隋書卷七禮儀志二、通典卷四六禮典六改。

〔七一〕展衣者七條禒衣者九條　「者七條」三字原脱，「禒」原作「緑」，據隋書卷七禮儀志二補改。

〔七二〕就桑位於壇南　「就」原作「親」，「位於」二字原倒，「南」字原脱，據隋書卷七禮儀志二改補。

〔七三〕太宗貞觀元年三月　「元」原作「九」，據舊唐書卷二太宗紀、新唐書卷二太宗紀改。

〔七四〕東壝外道南　「外」原作「内」，據開元禮卷四九改。

〔七五〕司製執筐　「司」原作「典」，據開元禮卷四八及通典卷一一五禮典七五改。下同。

〔七六〕當瘞埳西向　「埳」下原衍「道」字，據開元禮卷四九删。

〔七七〕司製進筐　「司」原作「典」，據開元禮卷四八、通典卷一一五禮典七五改。下同。

〔七八〕享日未明三刻　「三」原作「二」，據開元禮卷四九、通典卷一一五禮典七五改。

〔七九〕其三牲之肉不上神俎者　「三」字原脱，據開元禮卷四八補。

〔八〇〕女祝史與女執罇罍篚羃者入自東門　「祝」上「女」字原脱，「與」原作「典」，據開元禮卷四九補改。

〔八一〕女工人入就位　「入」字原脱，據下文及開元禮卷四九補。

〔八二〕與女執罇罍篚羃者入自東門　「與」原作「典」，據開元禮卷四八、通典卷一一五禮典七五改。

〔八三〕司賓引内命婦　「賓」原作「贊」，據開元禮卷四八改。

〔八四〕自後壇下接神之樂皆奏姑洗　「接」原作「享」，據開元禮卷四八、通典卷一一五禮典七五改。

〔八五〕興　原作「盥」，據開元禮卷四八改。

〔八六〕司言授巾　「授」原作「受」，據開元禮卷四八改。

〔八七〕尚宫引皇后進神座前北面跪奠爵興　十五字原脱，據開元禮卷四八補。

〔八八〕貴妃興再拜　「興」原在「拜」下，據開元禮卷四八乙正。

〔八九〕初貴妃獻將畢　「初」上原衍「如」字，據開元禮卷四八删。

〔九〇〕掌贊唱衆官再拜　「再」字原脱，據開元禮卷四八、新唐書卷一五禮樂志五補。

〔九一〕婕妤食蠶　「婕妤」二字原脱，據開元禮卷四八、通典卷一一五禮典七五補。

〔九二〕將士不得輒離部伍　「部伍」原作「郡位」，據元本、慎本、馮本及開元禮卷四八、通典卷一一五禮典七五改。

〔九三〕設一壝　「壝」原作「壇」，據元本、慎本、馮本及宋史卷一〇二禮志五改。

卷八十八　郊社考二十一

祈禳 旅禜附　禱疾　祓除　難　禱水旱已見雩祭門

大祝掌六祝之辭，以事鬼神示，祈福祥，求永貞。一曰順祝，二曰年祝，三曰吉祝，四曰化祝，五曰瑞祝，六曰筴祝。祝，之秀反〔一〕。永，長也。貞，正也。求多福，歷年得正命也。鄭司農云：「順祝，順豐年也；年祝，求永貞也；吉祝，祈福祥也；化祝，弭災兵也；瑞祝，逆時雨、寧風旱也；筴祝，遠罪疾也。」疏曰：「此六祝皆是祈禱之事，皆有辭説以告神，故云『六祝之辭』。鄭司農云『順祝順豐年』已下，皆約小祝而説。順祝當小祝順豐年，年祝當求永貞，吉祝當祈福祥，化祝當弭災兵。云『瑞祝，逆時雨、寧風旱也』者，此二者似若天之應瑞，故總謂之瑞祝。云『筴祝遠罪疾』者，自此以上，差次與小祝不同，唯有筴祝與小祝遠罪疾相當，宜爲一也。」黄氏曰：「筴祝，命龜筮之辭也。鄭見金縢史，乃筴祝爲禱疾之事，故以爲遠罪疾。而不知金縢筴祝正爲命卜筮也。」小祝掌小祭祀，將事侯、禳、禱、祠之祝號，以祈福祥，順豐年，逆時雨，寧風旱，彌烖兵，遠罪疾。疏曰：「掌小祭祀者，即是『將事侯、禳』已下禱、祠之事是也。小祭祀與『將事侯、禳』已下作目；『將事侯、禳、禱、祠祝號』，又與『祈福祥、順豐年』已下爲目。祈福祥、順豐年、逆時雨三者，皆是侯；寧風旱、彌烖兵、遠罪疾三者，即是禳〔二〕；求福謂之禱，報賽謂之祠。皆有祝號，故總謂之禱祠之祝號。『祈福祥』已下不言『一曰、二曰』者，大祝已言訖，小祝佐大祝行事，故略而不言；亦欲見事起無常，故不言其次第。」黄氏曰：「所謂祈、順、逆、寧、彌、遠，與大祝六祝相參錯，但小祝所掌皆小祭祀，不爲辭，掌其祝號而已。」肆師：「與祝侯、禳於畺及郊。」注曰：「侯、禳，小祝職也。畺五百里，遠郊百里，近郊五十里。」疏曰：「侯者，候迎善祥；禳者，禳去殃氣。故肆師與小祝爲此侯、禳二事。」掌六祈，以同鬼神示。一曰類，二曰造，三曰禬，四曰禜，五曰攻，六曰説。造，七報反。禜音咏。　祈，謂有災變，號呼告神以求福。天神、人鬼、地祇不和，則六癘作見，故以祈禮同之。鄭司農云：「類、造、禬、禜、攻、説，皆祭名也。類祭於上帝，詩曰：『是類是禡。』爾雅曰：『是類是禡，師祭也。』司馬法曰：『將用師，乃告於皇天上帝、日、月、星、辰，以禱於后土、四海神祇、山川冢社，乃造於先王，然後冢宰徵師於諸侯，曰：某國爲不道，征之，以某年某月某日，師至某國。』禜，日、月、星、辰、山、川之祭也。春秋傳曰：『日、月、星、辰之神，則雪、霜、風、雨之不時，於是乎禜之；山、川之神，則水、旱、癘、疫之災，於是乎禜之。』玄謂：『類、造，加誠肅，求如志；禬、禜，告之以時有災變也；攻、説則以辭責之。禜，如日食以朱絲營社；攻如其鳴鼓然。』董仲舒救日食祝曰：『昭昭大明，瀸滅無光，奈何以陰侵陽，以卑侵尊！』是之謂説也。禬未聞焉。造、類、禬、禜皆有牲，攻、説用幣而已。」　疏曰：「鄭知類、造、禬、禜皆有牲者，按禮記祭法云：『埋少牢於泰昭，祭時也。』下云：『幽禜祭星，雩禜祭水旱。』鄭注云：『凡此以下，皆祭用少牢。』禜既用牲，故知類、造亦皆有牲，故云『皆有牲』也。知攻、説用幣者，是日食伐鼓之屬，天災有幣無牲，故知用幣而已。　詩云『靡愛斯牲』是也。」　舜典「肆類于上帝」，見因祭篇立君條。　王制「天子將出，類于上帝，造乎禰」，見巡守及征伐條。　大祝「大師造于祖，類上帝」，及肆師「類、造上帝」，並見征伐條。　王制「諸侯將出，造乎禰」，及大祝「造于廟」，並見會同條。　禜祭，見百神篇禜酺條。　國有大故、天烖，彌祀社稷，禱祠。　大故，兵、寇也。天烖，疫、癘、水、旱也。彌，猶徧也。徧祀社稷及諸所禱，既則祠之以報焉。　春官。　肆師：「若國有大故，則令國人祭。」注曰：「大故，謂水、旱、凶、荒。所令祭者，社及禜酺。」　禜音咏。酺音蒲。　疏見百神篇禜酺條。　都宗人：「國有大故，則令禱祠；既祭，反命于國。」注曰：「令，令都之有司也。祭，謂報賽也。反命，還白王。」　賽，西代反。　家宗人：「國有大故，則令禱祠，反命。祭亦如之。」注曰：「以王命令禱祠，歸白王；於獲福，又以王命令祭之；還，又反命。」

小宗伯：「大烖，及執事禱祠于上下神示。凡王之會同、軍旅、甸役之禱祠，肆儀爲位。國有禍烖，則亦如之。凡天地之大烖，類社稷、宗廟，則爲位。」執事，大祝及男巫、女巫也。求福曰禱，得求曰祠，誄曰：「禱爾于上下神祇。」鄭司農云：「小宗伯與執事共禱祠。」禱祈禮輕，類者，依其正禮而爲之。　疏曰：「禍烖謂國遭水、旱、凶、荒，則有禱祠之事，故云亦如之。天裁謂日月食，星辰奔殞；地裁謂震裂，則類祭社稷及宗廟，則亦小宗伯爲位祭之。」春官。

小子：「凡沉辜侯禳，飾其牲。」鄭司農云：「沉謂祭川。爾雅曰：『祭川曰浮沉。』辜謂磔牲以祭也。月令曰：『九門磔禳，以畢春氣。』侯禳者，候四時惡氣，禳去之也。」夏官。　小子祈五祀，見釁條。　羊人：「凡沈辜侯禳、釁、積，共其羊牲。」疏曰：「祭天用犢，其日、月已下有用羊者。」　雞人：「凡祭祀、面禳、釁，共其雞牲。」疏曰：「司農云『面禳，四面禳』，則侯禳。禳謂禳去惡祥也。」春官。

地官牧人：「凡外祭毁事，用尨可也。」注曰：「外祭謂表貉及王行所過山川用事者，尨謂雜色不純。毁謂疈辜侯禳毁除殃咎之屬。」疏曰：「按宗伯云『疈辜祭四方百物』，而引九門磔禳。又按小祝職云『將事侯禳』，皆是祈除殃害非常之祭，用尨之類，故引以爲證也。」尨，亡江反。　男巫：「掌望祀望衍授號，旁招以茅。」衍音延〔三〕。疏曰：「云『望祀』者，類、造、禬、禜，遥望而祀之。云『望衍』者，衍，延也，是攻、説之禮，遥望延其神，以言語責之。云『授號』者，此二者皆詛祝授以神號。云『旁招以茅』者，旁謂四方，此男巫於地官祭此神時，則以茅招之於四方也。玄謂破『衍』爲『延』者，『衍』字於六祈義無所取，故破從『延』。云『望祀謂有牲粢盛』者，注大祝已云類、造、禬、禜皆有牲，攻、説用幣而已，有牲則有黍稷，故此兼云粢盛者也。云『延，進也，謂但用幣致其神』者，此即攻、説用幣而已是也。云『二者詛祝所授類、造、攻、説、禬、禜之神號，男巫爲之招』者，以其授號文承二者之下，故知此六神皆授之號。云授號知是詛祝者，按詛祝而知也。」注及黄氏説，見地示篇四望條。　冬堂贈，無方無算。　堂贈謂逐疫也。無方，四方爲可也。無算，道里無數，遠益善也。玄謂：「冬，歲終，以禮送不祥及惡夢皆是也。其行必由堂始。巫與神通，言當東則東，當西則西，可近則近，可遠則遠，無常數。」春官。　女巫：「掌歲時祓除、釁浴。」注曰：「歲時祓除，如今三月上巳如水上之類。釁浴謂以香薰草藥沐浴。」疏曰：「一月有三巳，據上旬之巳而爲祓除之事，見今三月三日水上戒浴是也。」　占夢：「季冬，乃舍萌於四方，以贈惡夢。」注曰：「玄謂：『舍』讀爲『釋』，舍萌猶釋菜也。古書釋菜、釋奠多作『舍』字。　萌，菜始生也。贈，送也。欲以新善去故惡。」疏曰：「玄謂『舍萌猶釋菜也』者，按王制有釋菜奠幣之事，故從之。」

秋官庶氏：「掌除毒蠱，以攻説禬之，嘉草攻之。凡驅蠱，則令之比之。」注曰：「毒蠱，虫物而病害人者。賊律曰：『敢蠱人及教令者棄市。』攻、説，祈名，祈其神求去之也。嘉草，藥物，其狀未聞。攻之，謂熏之。令之比之，謂使爲之，又校次之〔四〕。」疏曰：「攻説禬之，據去其神也；嘉草攻之，據去其身也。云『驅之』，止謂用嘉草熏之時，并使人驅之。既役人衆，故須校比之。」翦氏：「掌除蠹物，以攻禜攻之，以莽草熏之，凡庶蠱之事。」注曰：「庶，除毒蠱者。」疏曰：「以攻禜攻之，據祈去其神〔五〕，故以六祈而言之。以莽草熏之，據去其身也。」

傳：「莊公二十五年六月辛未朔，日有食之。鼓，用牲于社。左氏曰：『非常也。唯正月之朔，慝未作，正月，夏之四月，周之六月，謂正陽之月。今書六月而傳云「唯」者，明此月非正陽月也。慝，陰氣。正音政。日有食之，於是乎用幣於社，伐鼓于朝。』」食於正陽之月，則諸侯用幣于社，請救於上公，伐鼓於朝，退而自責，以明陰不宜侵陽，臣不宜掩君，以示大義。公羊子曰：「日食則曷爲鼓、用牲于社？求乎陰之道也。以朱絲營社，或曰脅之，或曰爲闇，恐人犯之，故營之。」社者，土地之主也。月者，土地之精也。上繫於天而犯日，故鳴鼓而攻之，脅其本也；朱絲營之，助陽抑陰也。或曰「爲闇」者，社者，土地之主，尊也，爲日光盡，天闇冥，恐人犯歷之，故營之。然此說非也。記或傳者，示不欲絶異說耳。　疏曰：「云知其非者，正以日食陰氣侵陽，社官五土之神，理宜抑之，而反營衛，失抑陰之義故也。」穀梁子曰：「言『日』言『朔』，食正朔也。『鼓、用牲』，鼓，禮也；用牲，非禮也。天子救日，置五麾，陳五兵、五鼓；麾，旌幡也。五兵，矛、戟、鉞、楯、弓矢。諸侯置三麾，陳三鼓、三兵；大夫擊門；士擊柝；言充其陽也。」凡有聲皆陽事，以厭陰氣。柝，兩木相擊。充，實也。　疏曰：「五麾者，麋信云，各以方色之旌，置之五處也。五兵者，徐邈云，矛在東，戟在南，鉞在西，楯在北，弓矢在中央。五鼓者，麋信、徐邈並云，東方青鼓，南方赤鼓，西方白鼓，北方黑鼓，中央黄鼓。按五兵有五種，未審五鼓是一鼓有五色，爲當五種之鼓也。何者？周禮有六鼓：靁鼓、靈鼓、路鼓、鼖鼓、鼛鼓、晉鼓之等。若以爲五種之鼓，則不知六鼓之内竟去何鼓；若以爲一種之鼓，則不知六鼓之内竟取何鼓。」文公十五年六月辛丑朔，日有食之，鼓，用牲于社。左氏曰：「非禮也。日有食之，天子不舉，去盛饌。伐鼓於社，責群陰。伐猶擊也〔六〕。諸侯用幣于社，社尊於諸侯，故請救而不敢責之。伐鼓于朝，以昭事神，訓民事君。天子不舉，諸侯用幣，所以事神；尊卑異制，所以訓民。示有等威，古之道也。」等威，威儀等差。

昭公十七年六月甲戌朔，日有食之。左氏曰：「祝史請所用幣，昭子曰：『日有食之，天子不舉，伐鼓于社〔七〕；諸侯用幣于社，伐鼓于朝，禮也。』平子禦之曰：『止也！唯正月朔，慝未作，日有食之，於是乎有伐鼓用幣，禮也。其餘則否。』太史曰：『在此月也。』正音政。正月謂建巳正陽之月也。於周謂六月，於夏爲四月。慝，陰氣也。四月純陽用事。陰氣未動而侵陽，災重，故有伐鼓用幣之禮也。平子以爲六月非正月，故太史答言在此月也。夏，户雅反。平子弗從。昭子退曰：『夫子將有異志，不君君矣。』」安君之災，故曰「有異志」。疏曰：「日食，陰侵陽，臣侵君之象。救日食，所以助君抑臣也。平子不肯救日食，是不君事其君也。」

齊有彗星，出齊之分野。不書，魯不見。疏曰：「出齊之分野，於玄枵之次也。彗即孛也。文十四年，有星孛入于北斗；十七年，有星孛于大辰，皆書。此不書者，時魯不見，或陰不見。」齊侯使禳之。晏子曰：「無益也，祇取誣焉。且天之有彗也，以除穢也。君無穢德，又何禳焉？若德之穢，禳之何損？詩曰：『惟此文王，小心翼翼。昭事上帝，聿懷多福。厥德不回，以受方國。』君無違德，方國將至，何患於彗？詩曰：『我無所監，夏后及商。用亂之故，民卒流亡。』若德回亂，民將流亡，祝史之爲，無能補也。」公説，乃止。昭公二十六年，左氏傳。

哀公六年，有雲如衆赤烏，夾日以飛三日。楚子使問諸周太史，周太史曰：「其當王身乎。日爲人君，妖氣守之，故以爲當王身。雲在楚上，唯楚見之，故禍不及他國。若禜之，可移於令尹、司馬。」王曰：「除腹心之疾，而寘諸股肱，何益？不穀不有大過，天其夭諸〔八〕？有罪受罰，又焉移之？」遂弗禜。春秋左氏傳。

昭公十七年冬，有星孛于大辰。左氏曰：「有星孛于大辰，西及漢。夏之八月，辰星見在天漢西。今孛星出辰西，光芒東及天漢。鄭裨竈言於子産曰：『宋、衛、陳、鄭將同日火，若我用瓘斝玉瓚，鄭必不火。』瓘，珪也。斝，玉爵也。瓚，勺也。欲以禳火。子產弗與。十八年夏五月，火始昏見。火，心星。丙子，風。梓慎曰：『是謂融風，火之始也。東北曰融風。融風，木也。木，火母，故曰火之始。疏曰：「東北曰融風，易緯作調風，俱是東北風，一風有二名。東北，木之始，故融風爲木也。木是火之母，火得風而盛，故融爲火之始。」七日，其火作乎？』從丙子至壬午七日，壬午水火合之日，故知當火作。戊寅，風甚；壬午，大甚。宋、衛、陳、鄭皆火。梓慎登大庭氏之庫以望之，大庭氏，古國名，在魯城内。魯於其處作庫。高顯，故登以望氣，參近占以審前年之言〔九〕。曰：『宋、衛、陳、鄭也。』數日，皆來告火。裨竈曰：『不用吾言，鄭又將火。』前年，裨竈欲用瓘斝禳火，子產不聽。今復請用之。鄭人請用之，子產不可。子大叔曰：『寶，以保民也。若有火，國幾亡。可以救亡，子何愛焉？』子產曰：『天道遠，人道邇，非所及也，何以知之？竈焉知天道？是亦多言也，豈不或信？』多言者或時有中。遂不與，亦不復火。」傳言天道難明，雖裨竈猶不足以盡知之。

昭公十八年夏五月，宋、衛、陳、鄭災。左氏曰：「鄭子產使子寬、子上巡群屏攝，至於大宫；二子，鄭大夫。屏攝，祭祀之位。大宫，鄭祖廟。巡行宗廟，不得使火及之。行，去聲。疏曰：「楚語説事神之禮云：『使名姓之後，能知犧牲之物、彝器之量、屏攝之位、壇場之所而心率舊典者爲之宗。』知屏攝是祭祀之位也。鄭衆云：『攝，攝束茅以爲屏蔽。』其事或當然。」使公孫登徙大龜；登，開卜大夫。使祝史徙主祏於周廟，告於先君。祏音石。注疏見宗廟篇中主條。明日，使郊人助祝史除於國北，疏曰：「郊人，當謂郊内鄉之人也。祝史，掌祭祀之官也。使此鄉人助祝史除地，在城之北作壇場，爲祭處也。就國北者，南爲陽，北爲陰，就太陰，禳火也。」禳火於玄冥、回祿，玄冥，水神。回祿，火神。疏曰：「月令冬云：『其神玄冥。』知玄冥水神也。周語云：『夏之亡也，回祿信於黔隧。』先儒注左傳及國語者皆云『回祿，火神』，或當有所見也。祭水神，欲令水抑火；祭火神，欲令火自止。禳其餘災，慮更火也。」三日哭。七月，鄭子產爲火故，大爲社，祓禳於四方，振除火災，禮也。」

振，棄也。宋災，二師令四鄉正敬享，二師，左右師也。鄉正，鄉大夫。享，祀也。疏曰：「宋國之法，二師分掌其方，左右各掌其二鄉，并言其事，故云『二師命四鄉正』也。費誓云：『魯人三郊、三遂。』則魯立三鄉。此云『命四鄉正』，則宋立四鄉也。周禮，鄉爲一軍，大國三軍。宋是大國，不過三軍，而有四鄉者，當時所立非正法也。於是宋置六卿，況四鄉乎？『敬享』，不知所享何神。周禮大祝，國有天災，乃彌祀社稷禱祀。」祝、宗用馬於四墉，祀盤庚於西門之外。祝，大祝。宗，宗人。墉，城也。用馬祭於四城以禳火。盤庚，殷王，宋遠祖。城，積陰之氣，故祀之。凡天災有幣無牲，用馬、祀盤庚，皆非禮。疏曰：「周禮，大祝掌六祝之辭，以事鬼神示，祈福祥。小宗伯掌建國之神位。特牲、少牢，士大夫之祭祀也，皆宗人掌其事。然則諸是祭神言辭，大祝掌之；禮儀，宗人掌之。故所有祭祀，皆祝、宗同行此事。」晉侯問於士弱曰：「吾聞之，宋災於是乎知有天道，何故？」問宋何故自知天道將災？對曰：「古之火正，或食於心，或食於咮，以出內火。是故咮爲鶉火，心爲大火。謂火正之官，配食於火星也。建辰之月，鶉火星昏在南方，則令民放火；建戌之月，大火星伏在日下，夜不得見，則令民內火，禁放火。疏曰：「周禮：『司爟掌行火之政令，季春出火，民咸從之；季秋內火，民亦如之。』鄭司農云：『以三月本時昏〔一〇〕，心星見於辰上，使民出火；九月本黄昏〔一一〕，心星伏在戌上，使民內火。』建辰之月即月令季春之月，日在胃昏七星中。南方七星，有井、鬼、柳、星、張、翼、軫七者，共爲朱鳥之宿星，即七星也。咮謂柳也。春秋緯文耀鉤云：『咮謂鳥陽，七星爲頸。』宋均注云：陽猶首也。柳謂之咮。咮，鳥首也。七星爲朱鳥頸也。咮與頸共在於午者，鳥之止宿，口屈在頸，七星與咮體相接連故也。鶉火星昏而在南方，於此之時，令民放火。咮星爲火之候，故於十二次，咮爲鶉火也。建戌之月，即月令季秋之月，日在房。東方七宿，角、亢、氐、房、心、尾、箕七者，共爲蒼龍之宿。釋天云：『大辰，房、心、尾也，大火謂之大辰。』孫炎曰：『龍星明者，以爲時候。大火，心也。在中最明，故時候主焉。』以是故此傳心爲大火。九月日體在房，房、心相近，與日俱出俱沒，伏在日下，不得出見，故令民內火，禁放火也。火官合配其人，蓋多不知誰食於心，誰食於咮也。此傳鶉火、大火，其爲出內火之候。周禮之注不言咮者，以咮非內火之候，故唯指大火，以解出內之文，故其言不及咮也。」陶唐氏之火正閼伯居商丘，閼伯，高辛氏之子。傳曰：「遷閼伯於商丘，主辰。」辰，大火也。今爲宋星。然則商丘在宋地。疏曰：「爾雅以大火爲大辰，是辰爲大火也。昭公七年傳曰：『宋，大辰之虚。』是大火爲宋星也。閼伯居商丘，祀大火。今大火爲宋星，則知宋亦居商丘。以此明之，故云『然則商丘在宋地』也。釋例云：『宋、商、商丘，三名一地。』」祀大火，而火紀時焉。謂出、內火時。相土因之，故商主大火。相土，契孫，商之祖也。始代閼伯之後居商丘，祀大火。商人閱其禍敗之釁，必始於火，是以日知其有天道也。」閱，猶數也。商人數所更歷，恒多火災。宋是殷商之後，故知天道之災必火。數，所主反。襄公九年左氏傳。梁山崩，晉侯以傳召伯宗。傳，中戀反。傳，驛。伯宗辟重，曰：「辟傳！」傳乃重載之車也。重人曰：「待我，不如捷之速也。」捷，邪出〔一二〕。問其所，曰：「絳人也。」問絳事焉，曰：「梁山崩，將召伯宗謀之。」問：「將若之何？」曰：「山有朽壤而崩，可若何？國主山川，主，謂所主祭。故山崩川竭，君爲之不舉，爲，于僞反。去盛饌。降服，損盛服。乘縵，縵，武旦反，又莫半反。車無文。徹樂，息八音。出次，舍於郊。祝幣，陳玉帛。史辭，自罪責。以禮焉〔一三〕。禮山川。其如此而已，雖伯宗若之何？」伯宗請見之，見之於晉君。不可。不肯見。遂以告而從之。成公五年左氏傳。國語晉語同。莊公三十二年秋七月，有神降於莘。有神聲以接人。莘，虢地。惠王問諸內史過曰：「是何故也？」過，古禾反。內史過，周大夫。對曰：「國之將興，明神降之，監其德也；將亡，神又降之，觀其惡也。故有得神以興，亦有以亡。虞、夏、商、周皆有之。」亦有神異。王曰：「若之何？」對曰：「以其物享焉。其至之日，亦其物也。」享，祭也。若以甲、乙日至〔一四〕，祭先脾，玉用蒼，服上青。以此類祭之。王從之。內史過往，聞虢請命，聞虢請於神，求賜土田之命。反曰：「虢必亡矣。虐而聽於神。」神居莘六月，虢公使祝應、宗區、史嚚享焉。神賜之土田。祝，大祝。宗，宗人。史，大史。應、區、嚚，皆名。

史嚚曰：「虢其亡乎！吾聞之，國將興，聽於民；政順民心。將亡，聽於神。求福於神。神，聰明正直而壹者也，依人而行。唯德是與。虢多涼德，其何土之能得？」涼，薄也。爲僖二年晉滅下陽傳。楚共王無冢適，有寵子五人，無適立焉。乃大有事于群望，群望，星、辰、山、川。而祈曰：「請神擇於五人者，使主社稷。」乃偏以璧見於群望，曰：「當璧而拜者，神所立也，誰敢違之？」既，乃與巴姬密埋璧於大室之庭。大音泰〔一五〕。巴姬，共王妾。大室，祖廟。昭公十三年左氏傳。

尚書大傳曰：「維王后元祀，王謂禹也。后，君也。祀，年也。禹始居攝爲君之年也。帝令大禹步于上帝。帝，舜也。步，推也。帝令禹推演天道，謂觀得失反覆也。維時洪祀六沴，用咎于下。用此時始大祀六沴之用咎于下者。禹乃共辟厥德，受命休令，爰用五事，建立王極。一曰貌。貌之不恭，是謂不肅，肅，敬也。君貌不恭，則是不能敬其事也。厥咎狂，君臣不敬，則倨慢如狂矣。厥罰恒雨，貌曰木，木主春，春氣生。生氣失，則踰其節，故恒雨也。厥極惡；生氣失，故於人則爲惡。時則有服妖，服，貌之飾。時則有龜孽，龜，蟲之生於水而遊於春者也，屬木。時則有鷄禍，鷄，畜之有冠翼者也，屬貌。時則有下體生於上之痾，痾，病也。貌氣失之病。時則有青眚青祥，維金沴木。次二事曰言。言之不從，是謂不乂，君言不從，則是不能治其事也。厥咎僭，君臣不治，則僭差矣。厥罰恒暘，言曰金，金主秋，秋氣殺。殺氣失，故恒暘也。厥極憂；殺氣失者，於人爲憂。時則有詩妖，詩以言志。時則有介蟲之孽，蟓、蟲、蜩、蟬之類。蟲生於火而藏於秋者，屬金。時則有犬禍，犬，畜之以口吠守者也，屬言。時則有口舌之痾，言氣失病也。時則有白眚白祥，維木沴金。次三事曰視。視之不明，是謂不抵，抵爲瞭也。君視不明，是謂不能瞭其事也。厥咎荼，君視不瞭，則荼緩也。厥罰恒燠，視曰火，火主夏，夏氣長。長氣失，則恒燠也。厥極疾；長氣失，故於人爲疾。時則有草妖，物可見者，莫衆於草也。時則有倮蟲之孽，時則有羊禍，羊，畜之遠視者也，屬火。時則有目痾，時則有赤眚赤祥，維水沴火。次四事曰聽。聽之不聽，是謂不謀，君聽不聰，則是不能謀其事也。厥咎急，厥罰恒寒；聽曰水，水主冬，冬氣藏。藏氣失，故恒寒也。厥極貧；藏氣失，故於人爲貧。時則有鼓妖，鼓，聽應也。時則有豕禍，豕，畜之居閑衛而聽者也，屬水。時則有耳痾，聽氣失之病。時則有黑眚黑祥，維火沴水。次五事曰思心。思心之不容，是謂不聖，「容」當爲「睿」。睿，通也。心明曰聖。孔子説休徵曰：聖者通也。兼四而明，則所謂聖。聖者，包貌、言、視、聽而載之以思心者，通以待之。君思心不通，則是不能心明其事也。厥咎霿，霿，冒也。君臣心不明，則相象冒矣。厥罰恒風，思心曰土，土王四時，主消息，生殺、長藏之氣，風亦出内、雨暘、寒燠之徵，皆所以殖萬物之性命者也。殖氣失，故恒風。厥極凶、短、折；殖氣失，則於人爲凶、短、折。未齔曰凶，未冠曰短，未婚曰折。時則有脂夜之妖，夜讀曰液。時則有華孼，「華」當爲「夸」。夸，蚓蟲之生於土而遊於土者。時則有牛禍，牛，畜之任重者。時則有心腹之痾，思心氣失之病。時則有黄眚、黄祥，時則有金、木、水、火沴土。志論皆言君不寬容則地動，玄或疑焉。今四行來沴土，地乃動，臣下之相帥爲畔逆之象〔一六〕，君不通於事所致也。以爲不寬容，亦皆爲陰勝陽，臣强之異。王之不極，是謂不建，王，君也。言王者五事象五行，則王極象天也。人法天，元氣純，則不可以一體而言之也。厥咎眊，劉子駿傳曰：眊，亂也。君臣不立，則上下亂也。厥罰恒陰，王極象天，天養萬物。養氣失，故恒陰也。厥極弱；天爲剛德，剛氣失，故於人爲弱。時則有射妖，射人將發矢，必先於此儀之，發矢則必中於彼矣。君將出政，亦先於朝廷度之，出則歷於民心，射其象者也。時則有龍蛇之孼，龍，蟲生於淵，行於無形，過於天者也，屬天。蛇，龜之類。或曰龍無角曰蛇。時則有馬禍，天行健。馬，畜之疾行者也。時則有下人伐上之痾，時則有日月亂行、星辰逆行。亂謂薄、食、鬬並是。逆謂盈縮反明、經天守舍之類。維五位復建辟厥沴，君失五事，則五行相沴違其位。復立之者，明其變異，則改過以共禦之；又必齊肅祭祀，以撫其神，則凶咎可除矣。

曰：二月、三月，維貌是司；四月、五月，維視是司；六月、七月，維言是司；八月、九月，維聽是司；十月、十一月，維思心是司；十二月與正月，維王極是司。司，主也。凡六沴之作，歲之朝、月之朝、日之朝，則后王受之；歲之中、月之中、日之中，則正卿受之；歲之夕、月之夕、日之夕，則庶民受之。自正月盡四月，爲歲之朝；自五月盡八月，爲歲之中；自九月盡十二月，爲歲之夕。上旬爲月之朝，中旬爲月之中，下旬爲月之夕。平旦至食，爲日之朝；禺中至日昳，爲日之中；下晡至黄昏，爲日之夕。受之謂受其凶咎也。其二辰以次相將，其次受。二辰，爲日、月也。假令歲之朝也，日月中則上公受之，日月夕則下公受之，日月朝則大夫受之。歲之夕也，日月朝則上士受之，日月中則下士受之。其餘差以尊卑多少則悉矣。御貌於喬忿，以其月，從其禮，祭之叁，乃從；從，順也。叁祭之，其神乃順不怒也。御言於訖衆，以其月，從其禮，祭之叁，乃從；訖，止也。止言之失者，在於去止衆。止衆者，是不從之刑也。止衆謂若周威、厲王弭謗以障民口之類也。御視於忽似，以其月，從其禮，祭之叁，乃從；止視之失者，在於去忽似。忽似者，是不明之刑也，謂若亂於是非、象、共滔天及不辨鹿馬之類。御聽於怵攸，以其月，從其禮，祭之叁，乃從；止聽之失者，在於去怵攸。怵攸者，是不聰之刑也，若老夫灌灌、小子蹻蹻，誨爾諄諄，聽我藐藐之類。御思心於有尤，以其月，從其禮，祭之叁，乃從；尤，過也。止思心之失者，在於去欲。有所過欲者，是不睿之刑也，是若昭公不知禮而習小儀，不修政而欲誅季氏之類也。御王極於宗始，以其月，從其禮，祭之叁，乃從。宗，尊也。止王極之失者，在於尊用始祖之法度。不言惡者，人性備五德，得失在斯，王不及則五事皆失，非一惡也，大者易姓，小者滅身。其能宗始，則録延。其受命之君，承天制作，猶天之教命也。故掌祖廟之藏者，謂之天府。六沴之禮，散齊七日，致齊三日，新器潔祀，用赤黍，朝於中庭，祀四方從東方始，卒於北方。其祀禮曰格祀。」篇名也，今亡。

大宗伯：「國有大故，則旅上帝及四望。」故謂凶烖。旅，陳也；陳其祭祀以祈焉，禮不如祀之備也。上帝，五帝也。玄謂四望，五嶽、四鎮、四瀆。　春官。　典瑞：「四圭有邸以祀天，旅上帝；注疏見祀天禮。兩圭有邸以祀地，旅四望。注疏見祀地禮。大旅，共玉器而奉之。」玉器，謂四圭、裸圭之屬。　同上。　掌次：「王大旅上帝，則張氈案，設皇邸。」注疏見祭物篇筵几條。　職金：「旅于上帝，則共其金版。」鉼金謂之版〔一七〕。此版所施未聞。　秋官。　司尊彝：「大喪存奠彝，大旅亦如之。」旅者，國有大故之祭也。亦存其奠彝，則陳之不即徹。　疏曰：「云不即徹，則與上注『奠者朝夕乃徹』義異，但上經據人鬼日出、逮日，放其去來於陰陽，此天神無此義，但不即徹，不必要至夕也。」　春官上。　眡瞭：「掌凡樂事，播鼗，擊頌磬、笙磬。頌音容。　眡瞭播鼗，又擊磬。磬在東方曰笙，笙，生也；在西方曰頌，頌或作「庸」，庸，功也。大射禮曰：「樂人宿縣於阼階東，笙磬西面，其南笙鐘，其南鎛，皆南陳。」又曰：「西階之西頌磬，東面；其南鐘，其南鎛，皆南陳。」掌大師之縣。大師當縣，則爲之。　疏曰：「大師掌六律、六同、五聲、八音。以其無目，於音聲審。」凡樂事相瞽。相謂扶工。大喪廞樂器，大旅亦如之。廞，許金反。　疏曰：「大旅非常祭，亦臨時乃造，故云『亦如之』。」　同上。　笙師：「掌教歈竽、笙、塤、籥、簫、篪、篴、管，舂牘、應、雅，以教祴樂。歈，昌垂反〔一八〕。竽音于。塤，虚袁反。牘音獨，或大録反。　注疏見祭物篇樂條。　大旅則陳之。」陳於饌處而已，不涖其縣。　疏曰：「此經直言『陳之』，明陳於饌處而已，不臨其縣。其臨縣者，大司樂云：『大喪臨廞樂器。』注云：『臨笙師、鎛師之屬』是也。」　同上。　大卜：「凡旅，陳龜。」陳龜於饌處也。士喪禮曰：「卜人先奠龜于西塾上南首」是也〔一九〕。不親貞龜，亦以卜旅祭非常，輕於大遷大師。　疏曰：「饌處謂在西塾南首，故引士喪禮爲證也。」　同上。　龜人：「若有祭事，則奉龜以往，旅亦如之。」注曰：「奉猶送也，送之所當於卜〔二〇〕。」疏曰：「旅謂祈禱天地及山川之類。」

陳氏禮書曰：「旅，非常祭也。國有大故，然後旅其群神而祭之，則『荆、岐既旅』，『蔡、蒙旅平』，『九山刊旅』者，以水災耳。推此，則凡所遭之大故，皆凶災之類也。考之於禮，天子所次之位，則張氈案，設皇邸；所奠之圭，則四圭有邸；所用之版，則金版。至於司尊彝之存奠彝，笙師之陳樂器，眡瞭之廞樂器，皆如大喪之禮。言『奠』，則非純乎祭也；言『存』，則非即徹之也。陳樂而不懸，廞樂而不鼓，非以其凶災邪？周官或言『大旅』，或言『旅』，蓋故有大小，而旅亦隨異也。然大旅之禮，不若祀天之爲至也，故曰：『大旅具矣，不足以享帝。』若夫旅四望、山川，則所次不以氈案、皇邸，所用不以金版，而所用之圭則兩圭有邸而已。」

大祝：「掌六祈以同鬼神示〔二一〕，四曰禜。」禜，榮敬反〔二二〕。　禜，日、月、星、辰、山、川之祭也〔二三〕。如日食，以朱絲營社，有牲。　疏曰：「祭法：『埋少牢於泰昭，祭時也。』下云：『幽禜祭星，雩禜祭水旱。』皆用少牢。」

黨正：「及四時之孟月吉日，則屬民而讀邦法，以糾戒之。春秋祭禜亦如之。」禜謂雩禜水旱之神，蓋亦爲壇位，如祭社稷云。　疏曰：「禮記祭法云：『雩禜祭水旱。』按昭公元年左氏傳：『子産云，水旱癘疫之不時，於是乎禜之。』皆是禜祭水旱神也。大司徒及封人等皆云社稷有壇，又祭法王宫祭日及雩禜祭水旱等〔二四〕，皆是壇名。故知亦如社稷有壇位。無正文，故言『云』以疑之也。」　地官。

族師：「月吉，則屬民而讀邦法，月吉，每月朔日也。　疏曰：「云『月吉，每月朔日也』者，以其彌親民，教亦彌數，故十二月朔日皆讀之。」春秋祭酺亦如之。」酺音步，或音蒲。　酺者，爲人物烖害之神也，故書「酺」或爲「步」。杜子春云，當爲「酺」。玄謂校人職又有冬祭馬步，則未知此世所云蝝螟之酺與，人鬼之步與？蓋亦爲壇位如雩禜云。族長無飲酒之禮，因祭酺而與其民以長幼相獻酬焉。　蝝，悦全反。步與音餘。　疏曰：「鄭知酺者爲人物烖害之神者，凡國之祈祭者，皆恐與人物爲烖害。謂若州長、黨正所祭社禜，亦爲水旱與人物爲烖害，明此亦是恐與人物爲烖害之神也。但此經云酺不知何神，故舉漢法以况之，但漢時有蝝螟之酺神，又有人鬼之步神，未審此經酺定當何酺，故兩言之。以無正文，故皆云『與』以疑之也。按上州長春秋習射有飲酒禮，黨正十月農功畢亦有飲酒禮，皆得官物爲之。今此族卑，不得官物爲禮，故云族長無飲酒禮也。鄭知因祭酺有民飲酒之禮者，按禮記禮器云：『周旅酬六尸。曾子曰：「周禮其猶醵與？」』鄭注彼云『合錢飲酒爲醵』，即引王居明堂禮『乃命國醵』。鄭據禮器、明堂禮皆有醵法，醵即合錢飲酒，以不得官酒，故須合錢爾。」同上。閭胥：「各掌其閭之政令。凡春秋之祭祀，聚衆庶，既比，則讀法，書其敬敏任恤者。」注曰：「鄭司農云：『二十五家爲閭。』祭祀謂州社黨禜、族酺也。及比，皆會聚衆民，因以讀法，以敕戒之。」疏曰：「旅師以上官尊，讀法雖稀稠不同，皆有時節。但閭胥官卑，而於民爲近，讀法無有時節，但是聚衆庶比之時節讀法，故云『既比則讀法』。云『書其敬敏任恤者』，以上書其德行道藝，今此閭胥親民更近，故除任恤六行之外，兼記敬敏者也。」鄙師：「各掌其鄙之政令〔二五〕、祭祀。」注曰：「祭祀，祭禜也。」疏曰：「五百家爲鄙。」酇長：「各掌其酇之政令。」疏曰：「一鄙五酇，故云『各掌其酇之政令』。云『治其祭祀』者，謂若族祭酺之類」。酇，作管反。春官肆師：「若國有大故，則令國人祭。歲時之祭祀亦如之。」注曰：「大故謂水旱、凶荒。所令祭者，社及禜酺。」疏曰：「云『命國人祭』，按地官，州祭社，黨祭禜，族祭酺。於六遂之中，亦縣祭社，鄙祭禜，酇祭酺：皆是國人所祭之事也。凡言『歲時』者，謂歲之四時。月令唯見一時，故鄭云『此其一端』也。」春官。

傳：山川之神，則水旱癘疫之災，於是乎禜之；日月星辰之神，則雪霜風雨之不時，於是乎禜之。

注疏見久雨禱條。

右祈禳。旅禜附。

女祝：「掌王后之内祭祀。凡内禱祠之事，内祭祀，六宮之中竈、門、户。禱，疾病求瘳也。祠，報福。疏曰：「婦人無外事，無行與中霤之等。其竈與門、户，人所出入，動作所由，后亦當祀之，故言竈與門、户也。按月令：春祀户，夏祀竈，秋祀門。后祀之時，亦當依此也。后無外事，禱祠又是非常之祭，故知唯有求瘳、報福之事也。」掌以時招、梗、禬、禳之事，以除疾殃。」疏曰：「云『以時』者，謂隨其事時，不必要在四時也。云『招』者，招取善祥；『梗』者，禦捍惡之未至；『禬』者，除去見在之災；『禳』者，推郤見在之變異。此四者皆與人爲疾殃，故云『以除疾殃』也。云『四禮唯禳其遺象今存』者，此四禮至漢時，招、梗及禬不行，唯禳一禮，漢日猶存其遺象〔二六〕，故云『遺象今存』也。」天官。男巫：「春招、弭，以除疾病。」玄謂弭讀爲『敉』，字之誤也。敉，安也，安凶禍也。招、敉皆有祀、衍之禮。疏曰：「知『招敉皆有祀、衍之禮』者，此招、敉爲招福、安禍，與侯、禳意同〔二七〕，在六祝有祭之法，故知此二者亦有望祀、望衍之禮可知。」衍音延。春官。「疾病，乃行禱乎五祀。」盡孝子之情。五祀，博言之，士二祀曰門，曰行。儀禮、禮記。

傳：「武王有疾，周公作金縢。」爲請命之書，藏之於匱，緘之以金，不欲人開之。金縢：遂以所藏爲篇名。既克商二年，王有疾，弗豫。伐紂明年，武王有疾，不悦豫。二公曰：「我其爲王穆卜。」周公曰：「未可以戚我先王。」召公、太公言，王疾當敬卜吉凶。疏曰：「止二公之卜，云未可以憂怖我先王。」公乃自以爲功，周公乃自以請命爲己事。爲三壇，同墠，因太王、王季、文王請命於天，故爲三壇。壇，築土。墠，除地。大除地，於中爲三壇。爲壇于南方，北面，周公立焉。疏曰：「神位在壇，故周公立壇上，對三王也。」植璧秉珪，乃告太王、王季、文王。璧以禮神，植置於三王之坐，周公秉桓珪以爲贄。告謂祝辭。史乃册祝曰：「惟爾元孫某，遘厲虐疾。疏曰：「史乃以策，執以祝之，曰『惟爾元孫某』，某即發也，遇得危暴重疾，今恐其死。」若爾三王，是有丕子之責于天，以旦代某之身。大子之責，謂疾不可救於天，則當以旦代之。疏曰：「玄云：丕讀曰『不』。愛子孫曰子。元孫遇疾，若汝不救，是將有不愛子孫之過，爲天所責，欲使爲之請命也。與孔讀異。」予仁若考，能多材多藝，能事鬼神。我周公仁能順父，又多材多藝，能事鬼神。言可以代武王之意。乃元孫不若旦多材多藝，不能事鬼神，乃命于帝庭，敷佑四方，汝元孫受命於天庭爲天子，布其德教，以佑助四方。言不可以死。用能定爾子孫于下地，四方之民罔不祇畏。言武王用受命帝庭之故，能定先人子孫於天下，四方之民無不敬畏。

嗚呼！無墜天之降寶命，我先王亦永有依歸。今我即命于元龜，爾之許我，我其以璧與珪歸俟爾命；許謂疾瘳，待命當以事神。爾不許我，我乃屏璧與珪。」不許謂不愈也。屏，藏也。言不得事神。乃卜三龜，一習吉；習，因也。以三王之龜卜，一相因而吉。啓籥見書，乃并是吉。三兆既同吉，開籥見占兆書，乃亦并是吉。公曰：「體，王其罔害。公視兆曰，如此兆體，王其無害。言必愈。予小子新命于三王，惟永終是圖。」公歸，乃納册于金縢之匱中。王翼日乃瘳。從壇歸。翼，明。瘳，差也。朱子曰：「『若爾三王是有丕子之責于天，以旦代某之身』，此一段先儒都解錯了，惟有鼂以道説得好。他解丕子之『責』，如史傳中責其侍子之『責』，蓋云責三王之侍子。侍子，指武王也。上帝責其來服事左右，故周公乞代其死，云以旦代某之身，予仁若考，能多材多藝，能事鬼神。乃元孫不若旦多材多藝，不能事鬼神，『用能定爾子孫于下地，四方之民罔不祗畏』，言三王有侍子之責于天，則不如以我代之，我多材多藝，能事上帝，武王不若我多材多藝，不能事上帝。你不如且留他在世上，定你之子孫與四方之民。文意如此，伊川却疑周公不應自説多材多藝。不是如此，蓋他只是要代武王之死而已。」

子疾病，子路請禱。子曰：「有諸？」子路對曰：「有之。誄曰：禱爾于上下神祇。」子曰：「丘之禱久矣。」朱子曰：「禱謂禱於鬼神。『有諸』，問有此理否。誄者，哀死而述其行之詞也。『上下』謂天地。天曰神，地曰祇。禱者，悔過遷善，以祈神之佑也。無其理則不必禱。既曰『有之』，則聖人未嘗有過，無善可遷，其素行固已合於神明，故曰『丘之禱久矣』。又士喪禮，疾病行禱五祀，蓋臣子迫切之至情，有不能自已者，初不請於病者而後禱也。故孔子之於子路，不直拒之，而但告以無所事禱之意。」

鄭子産聘于晉，晉侯有疾，韓宣子逆客，私焉，私語。曰：「寡君寢疾，並走群望，晉所望祀山川，皆走往祈禱。有加而無瘳。今夢黄熊入于寢門，其何厲鬼也？」對曰：「以君之明，子爲大政，其何厲之有？昔堯殛鯀于羽山，殛，誅也。羽山在東海祝其縣西南。熊，獸名，亦作「能」，如字，一音奴來反，三足鼈也。解者云，獸非入水之物，故是鼈也。一曰，既爲神，何妨是獸。按説文及字林皆云，能，熊屬，足似鹿。然則既熊屬，又爲鼈類，今本作「能」者，勝也。東海人祭禹廟，不用熊白及鼈爲膳，斯豈鯀化爲二物乎？其神化爲黄熊，以入于羽淵，實爲夏郊，三代祀之。夏，户雅反。鯀，禹父，夏家郊祭之，歷殷、周二代，又通在群神之數，并見祀。晉爲盟主，其或者未之祀也乎？」言周衰，晉爲盟主，得佐天子祀群神。韓子祀夏郊，祀鯀。晉侯有間。間，差也。昭公七年左氏傳、國語晉語及説苑並同，惟國語云「祀夏郊，董伯爲尸」爲異。楚昭王有疾，卜曰：「河爲祟。」王弗祭。大夫請祭諸郊，王曰：「三代命祀，祭不越望。諸侯望祀境内山、川、星、辰。江、漢、睢、漳，楚之望也。睢，七餘反。四水在楚界。疏曰：「江經南郡、江夏、弋陽、安豐，漢經襄陽至江夏安陸縣入江，睢經襄陽至南郡枝江縣入江，漳經襄陽至南郡當陽入江。是四水皆在楚界也。禍福之至，不是過也。不穀雖不德，河非所獲罪也。」遂弗祭。孔子曰：「楚昭王知大道矣，其不失國也宜哉！」哀公六年左氏傳。晉侯有疾，鄭伯使公孫僑如晉聘，且問疾。叔向問焉，曰：「寡君之疾病，卜人曰『實沈、臺駘爲祟』，史莫之知。敢問此何神也？」子産曰：「昔高辛氏有二子，伯曰閼伯，季曰實沈。駘，他才反。閼，於葛反。居于曠林，不相能也，日尋干戈〔二八〕，以相征討。后帝不臧，后帝，堯也。臧，善也。遷閼伯于商丘，主辰，商丘，宋地。主祀辰星。辰，大火也。商人是因，故辰爲商星；商人，湯先相土封商丘，因閼伯故國，祀辰星。相，息亮反。遷實沈于大夏，主參，夏，户雅反。參，所林反。大夏，今晉陽縣。唐人是因，以服事夏、商〔二九〕。疏曰：「謂之唐人，當爲陶唐之後。二十九年傳云：『陶唐氏既衰，其後有劉累。』知此唐人是彼劉累之等類也。」其季世曰唐叔虞。唐人之季世，其君曰叔虞。當武王邑姜方震大叔，震本作「娠」，之慎反，又音申。邑姜，武王后，齊大公之女。懷胎爲震。大叔，成王之弟叔虞也〔三〇〕。夢帝謂己：『余命而子曰虞，將與之唐，屬諸參，而蕃育其子孫。』及生，有文在其手曰『虞』，遂以命之。

及成王滅唐，而封大叔焉，故參爲晉星。疏曰：「叔虞爲晉之祖，故言晉侯也。」由是觀之，則實沈，參神也。昔金天氏有裔子曰昧，爲玄冥師，生允格、臺駘。金天氏，帝少皞。裔，遠也。玄冥，水官。昧爲水官之長。疏曰：「昧爲玄冥師，師訓長也，故云『昧爲水官之長』。二十九年傳云：『少皞氏有四叔，修及熙爲玄冥，昧爲金天裔子，當是修、熙之後。釋例曰：『修及熙皆爲玄冥，未知昧爲誰之子或是其子孫也。』」臺駘能業其官，纂昧之業。宣汾、洮，汾，扶分反。洮，他刀反。宣，猶通也。汾、洮，二水名。障大澤，陂障之。以處太原。太原，晉陽也，臺駘之所居。帝用嘉之。封諸汾川，帝，顓頊。沈、姒、蓐、黃，實守其祀。沈音審。四國，臺駘之後。今晉主汾而滅之矣。滅四國。由是觀之，則臺駘，汾神也。抑此二者，不及君身。山川之神，則水旱癘疫之災，於是乎禜之；有水旱之災，則禜祭山川之神若臺駘者。周禮四曰禜祭，爲營攢〔三二〕，用幣，以祈福祥。疏曰：「日月山川之神，其祭非有常處，故臨時營其地，立攢表，用幣告之，以祈福祥也。攢，聚也，聚草木爲祭處耳。」攢，作管反。日月星辰之神，則雪霜風雨之不時，於是乎禜之。星辰之神，若實沈者。若君身，則亦出入、飲食、哀樂之事也。山川星辰之神，又何爲焉？」言實沈、臺駘不爲君疾。昭元年左氏傳。

宋公享晉侯於楚丘，請以桑林。疏曰：「若非天子之樂，則宋人不當請，荀罃不須辭。以宋人請而荀罃辭，明其非常樂也。宋是殷後，得用殷樂，知桑林是殷天子之樂名也。經典言殷樂爲大濩，而此復云桑林者，蓋殷家本有二樂，如周之大武、象舞也。名爲大濩，則傳記有說：湯以寬政治民，除其邪虐，言能覆濩下民，使得其所，故名其樂爲大濩。其曰桑林，先儒無說。唯書傳言湯伐桀之後，大旱七年，史卜曰：『當以人爲禱。』湯乃剪髮斷爪，自以爲牲，而禱於桑林之社，而雨大至，方數千里。或曰禱桑林以得雨，遂以桑林名其樂也。」荀罃辭。辭讓之。荀偃、士匄曰：「諸侯宋、魯於是觀禮。宋，王者後；魯以周公故，皆用天子禮樂，故可觀。魯有禘樂，賓祭用之。禘，三年大祭，則作四代之樂；別祭群公，則用諸侯樂。疏曰：「劉炫曰：禘是大禮，賓得與同者，享賓用樂，禮、傳無文，但賓禮既輕，必異於禘。魯以享賓，當時之失，用之已久，遂以爲常。荀偃、士匄引過繆之事，以謟晉侯，使聽宋耳。魯以禘樂享賓，猶以十一牢爲士鞅，吳以引徵百牢，亦非正也。」。宋以桑林享君，不亦可乎？」言俱天子之樂也。舞師題以旌夏，疏曰：「舞師，樂人之師，主陳設樂事者。謂舞初入之時，舞師建旌夏以引舞人而入，以題識其舞人之首，故晉侯卒見，懼而退入于房也。謂之旌夏，蓋形制大而別爲之名。」晉侯懼，而退入於房。旌夏非常，卒見之，人心偶有所畏。去旌，卒享而還。及著雍，疾。卜，桑林見。荀偃、士匄欲奔請禱焉，奔走還宋請禱。荀罃不可，曰：「我辭禮矣，彼則以之，猶有鬼神，於彼加之。」言自當加罪於宋。晉侯有間。間，疾差也。差，初賣反。襄公十年左氏傳。

齊侯疥，遂痁，疥音戒；梁元帝音該；又作痎，音皆。痁，失廉反。疏曰：「後魏之世，嘗使李繪聘梁，梁人袁狎與繪言及春秋，說此事云：『疥』當爲『痎』，痎是小瘧，痁是大瘧。痁患積久，以小致大，非疥也。狎之此言，梁主之說也。今人瘧有二日一發，亦有頻日發者。俗人仍呼二日一發久不差者爲痎瘧，則梁主之言信而有證也。是齊侯之瘧，初二日一發，後遂頻日熱發，故曰疥遂痁。以此久不差，故諸侯之賓問疾者多在齊也。先儒舊說皆爲『疥遂痁』，初疥後瘧耳。」期而不瘳。諸侯之賓問疾者多在。期音基。瘳，敕留反。多在齊。梁丘據與裔款言於公曰：「吾事鬼神豐，於先君有加矣。今君疾病，爲諸侯憂，是祝、史之罪也。諸侯不知，其謂我不敬，君盍誅於祝固、史嚚以辭賓？」欲殺嚚、固，以辭謝來問疾之賓。公說，告晏子。晏子曰：「日宋之盟，屈建問范會之德於趙武，趙武曰：『夫子之家事治，言於晉國，竭情無私。其祝、史祭祀，陳信不愧。其家事無猜，其祝、史不祈。』屈，居勿反。家無猜疑之事，故祝、史無求於鬼神。建以語康王，康王曰：『神人無怨，宜夫子之光輔五君以爲諸侯主也。』」語，去聲。五君：文、襄、靈、成、景。疏曰：「文公爲戎右，襄、靈爲大夫，成公爲卿，景公爲太傅。」公曰：「據與款謂寡人能事鬼神，故欲誅於祝、史。子稱是語，何故？」對曰：「若有德之君，外內不廢，上下無怨，動無違事，其祝、史薦信，無愧心矣。君有功德，祝、史陳說之，無所愧。是以鬼神用享，國受其福，祝、史與焉。其所以蕃祉老壽者，爲信君使也，祉音恥。爲，子僞反。其言忠信於鬼神。其適遇淫君，外內頗邪，上下怨疾，動作辟違，從欲厭私，辟，匹亦反。從，子用反。厭，於艷反。高臺深池，撞鐘舞女。斬刈民力，輸掠其聚，刈，魚廢反。掠音略。以成其違，不恤後人。暴虐淫從，肆行非度，無所還忌，不思謗讟，不憚鬼神。神怒民痛，無悛於心。其祝、史薦信，是言罪也；以實白神，是爲言君之罪。其蓋失數美，是矯誣也。數，所主反。疏曰：「掩蓋愆失，妄數美善，是之謂矯詐誣罔者也。」進退無辭，則虛以求媚，作虛辭以求媚於神。是以鬼神不饗其國以禍之，祝、史與焉。所以夭昏孤疾者，爲暴君使也，其言僭嫚於鬼神。」公曰：「然則若之何？」對曰：「不可爲也。徵斂無度，宮室日更，淫樂不違，內寵之妾肆奪於市，外寵之臣僭令於鄙。私欲養求，不給則應。民人苦病，夫婦皆詛。祝有益也，詛亦有損。聊、攝以東，聊、攝，齊西界也。平原聊城縣東北有攝城。姑、尤以西，姑、尤，齊東界也。姑水、尤水皆在城陽郡東南入海。其爲人也多矣，雖其善祝，豈能勝億兆人之詛？君若欲誅於祝、史，修德而後可。」公說，使有司寬政，毀關，去禁，薄斂，已責。除逋責。十二月，齊侯田于沛。沛音貝。言疾愈行獵。沛，澤名。昭公二十年左氏傳。

右禱疾。

方相氏：「掌蒙熊皮，黃金四目，玄衣朱裳，執戈揚盾，帥百隸而時難，以索室驅疫。」難，乃多反。驅，起俱反。蒙，冒也。冒熊皮者，以驚驅疫癘之鬼，如今魌頭也。時難，四時作方相氏以難却凶惡也。月令：「季冬，命國難。」索，廋也〔三一〕。魌音欺。疏曰：「云『時難四時』者，按月令唯有三時難，鄭云『四時』者，雖三時亦得云四時，總言之也。」夏官。春官占夢：「季冬，令始難驅疫。」注曰：「令，令方相氏也。難，謂執兵以有難却也。」季春，命國難，九門磔攘，以畢春氣〔三三〕。磔，竹伯反〔三四〕。此難，難陰氣也。此月之中，日行歷昴，昴有大陵積尸之氣〔三五〕，氣佚則厲鬼隨而出行。命方相氏帥百隸索室驅疫以逐之，又磔牲以攘於四方之神，所以畢止其災也。王居明堂禮曰：「季春，出疫于郊，以攘春氣。」仲秋，天子乃難，以達秋氣。此難，難陽氣也。陽暑至此不衰，害亦將及人。所以及人者，陽氣左行，此月宿直昴、畢，昴、畢亦得大陵積尸之氣，氣佚則厲鬼亦隨而出行，於是亦命方相氏帥百隸而難之。王居明堂禮曰：「仲秋，九門磔攘，以發陳氣，禦止疾疫。」季冬，命有司大難，旁磔，出土牛，以送寒氣。此難，難陰氣也。難陰始於此者，陰氣右行，此月之中，日歷虛、危，虛、危有墳墓四司之氣〔三六〕，爲厲鬼，將隨强陰出害人也。旁磔於四方之門。磔，攘也。出猶作也。作土牛者，丑爲牛，牛可牽止也。送猶畢也。疏曰：「出土牛以送寒氣者，出猶作也，此時强陰既盛，年歲已終，陰若不去，凶邪恐來歲更爲人害。其時月建丑，又土能剋水，持水之陰氣，故特作土牛，以畢送寒氣也。熊氏引石氏星經云：『司命二星在虛北，司禄二星在司命北，司危二星在司禄北，司中二星在司危北。』史遷云：『四司，鬼官之長。』又云：『墳墓四星在危東南。』是虛、危有墳墓四司之氣也。」月令。

傳：「鄉人儺，朝服而立於阼階。」朱子曰：「儺所以逐疫，周禮，方相氏掌之。阼階，東階也。儺雖古禮，而近於戲，亦必朝服而臨之者，無所不用其誠敬也。或曰：恐其驚先祖五祀之神，欲其依已而安也。此一節記夫子居鄉之事。」鄉黨。郊特牲：「鄉人禓，孔子朝服立于阼，存室神也。」疏曰：「庾云，禓是强鬼之名，謂鄉人驅逐强鬼也。」

右難。

漢制，厲殃，祀天地、日月、星辰、四時、陰陽之神，以師曠配之。其壇常祀以禳災，兼用三代葦茭、桃梗。五月五日，朱索五色印爲門户飾，以儺止惡氣。

通典：「夏后氏金行，初作葦茭，言氣所交也。風俗通曰：「傳曰：『萑葦有叢。』呂氏春秋曰：『湯始得伊尹〔三七〕，祓之於廟，薰以萑葦。』故用葦者，欲人之子孫蕃殖，不失其類，有如萑葦。茭者，交易，陰陽代興之義也。」殷人水德，以螺首，慎其閉塞，使如螺也。周人木德，以桃爲梗。」梗，更也，言氣相更也。

高帝八月〔三八〕，祓於霸上。

文帝十三年，詔曰：「祕祝之官，移過於下，朕甚弗取，其除之。」

十四年，詔曰：「朕獲執犧牲珪幣以事上帝、宗廟，十四年於今。歷日彌長，以不敏不明而久撫臨天下，朕甚自愧。其廣增諸祀壇場珪幣。昔先王遠施不求其報，望祀不祈其福，右賢左戚，先民後己，至明之極也。今吾聞祠官祝釐，釐，福也。賈誼傳「受釐坐宣室」是也。音僖。皆歸福於朕躬，不爲百姓，朕甚愧之。夫以朕之不德，而專饗獨美其福，百姓不與焉，是重吾不德也。其令祠官致敬，無有所祈。」

後漢，仲夏之月，萬物方盛。日夏至，陰氣萌作，恐物不楙。其禮：以朱索連葷菜，彌牟朴蠱鍾，以桃印長六寸，方三寸，五色書文如法，以施之門户。三月上巳，官民皆絜於東流水上，曰洗濯祓除去宿垢疢爲大絜。絜者，言陽氣布暢，萬物訖出，始絜之矣。禊者，絜也，言自絜濯也。先臘一日，大儺，譙周論語注曰：「儺，却之也。」謂之逐疫。漢舊儀曰：「顓頊氏有三子，生而亡去爲疫鬼。一居江水，是爲虎〔三九〕；一居若水，是爲魍魎蜮鬼；一居人宮室區隅漚庾〔四〇〕，善驚人小兒。」月令章句曰：「日行北方之宿，北方太陰，恐爲所抑，故命有司大儺，所以扶陽抑陰也。」盧植禮記注云：「所以逐衰而迎新。」。其儀：選中黄門子弟年十歲以上，十二以下，百二十人爲侲子，皆赤幘皂製〔四一〕，執大鼗。漢舊儀曰：「方相帥百隸及童女〔四二〕，以桃弧、棘矢、土鼓，鼓且射之，以赤丸、五穀播灑之。」譙周論語注曰：「以葦矢射之。」薛綜曰：「侲之言善，善童幼子也。」方相氏黄金四目，蒙熊皮，玄衣朱裳，執戈揚盾。十二獸有衣、毛、角。中黄門行之，冗從僕射將之，以逐惡鬼於禁中。夜漏上水，朝臣會，侍中、尚書、御史、謁者虎賁、羽林郎將執事，皆赤幘陛衛。乘輿御前殿。黄門令奏曰：「侲子備，請逐疫。」於是中黄門倡，侲子和曰：「甲作食𣧑，胇胃食虎，雄伯食魅，騰簡食不祥，攬諸食咎，伯奇食夢，强梁、祖明共食磔死寄生，委隨食觀，錯斷食巨，窮奇、騰根共食蠱。凡使十二神追惡凶，赫女軀，拉女幹，節解女肉，抽女肺腸。女不急去，後者爲糧。」東京賦曰：「捎魑魅，斮獝狂。斬委蛇，腦方良。囚耕父於清泠，溺女魃於神潢。殘夔魖與罔象，殪壄仲而殲游光。」注曰：「魑魅，山澤之神。獝狂，惡鬼。委蛇，大如車轂。方良，草澤神。耕父、女魃皆旱鬼，惡水，故囚溺於水中，使不能爲害。夔魖、罔象，木石之怪。壄仲、游光，兄弟八人，恒在人間作怪害也。」孔子曰：「木石之怪夔、罔兩，水之怪龍、罔象。」韋昭曰〔四三〕：「木石，山也〔四四〕。夔一足，越人謂山獠。罔兩，山精，好學人聲而迷惑人。龍，神物，非所常見，故曰怪。罔象，食人，一名沐腫〔四五〕。」埤蒼曰：「獝狂，無頭鬼。」因作方相與十二獸儛。嚾呼，周徧前後省三過，持炬火，送疫出端門；東京賦曰：「煌火馳而星流，逐赤疫於四裔。」注曰：「煌，火光。逐，驚走。煌然火光如星馳。赤疫，疫鬼惡者也。」侲子合三行，從東序上，西序下也。門外騶騎傳炬出宫司馬闕門，門外五營騎士傳火棄雒水中。東京賦注曰：「衛士千人在端門外，五營千騎在衛士外，爲三部，更送至雒水，凡三輩，逐鬼投雒水中。仍上天池，絶其橋梁，使不復度還。」百官官府各以木面獸能爲儺人師訖，設桃梗、鬱櫑、葦茭畢，執事陛者罷。山海經曰：「東海中有度朔山，上有大桃樹，蟠屈三千里〔四六〕，其卑枝門曰東北鬼門〔四七〕，萬鬼出入也。上有二神人，一曰神荼，一曰鬱櫑，主閲領衆鬼之惡害人者，執以葦索，而用食虎。」於是黄帝法而象之。敺除畢，因立桃梗於門户上，畫鬱櫑持葦索，以禦凶鬼，畫虎於門，當食鬼也。史記曰：「東至於蟠木。」風俗通曰：「黄帝書〔四八〕『上古之時，有神荼與鬱櫑兄弟二人，性能執鬼』。桃梗，梗者更也，歲終更始，受介祉也。蘇秦説孟嘗君曰：『土偶人語桃梗，今子東國之桃木，削子爲人。』虎者陽物，百獸之長，能擊鷙牲，食魑魅者。」葦戟、桃杖以賜公卿、將軍、特侯、諸侯。漢官名秩曰：「大將軍、三公，臘賜錢各三十萬，牛肉二百斤，粳米二百斛；特侯十五萬；卿十萬；校尉五萬；尚書丞、郎各萬五千；千石、六百石各七千；侍御史、謁者、議郎、尚書令史各五千〔四九〕；郎官、蘭臺令史三千；中黄門、羽林、虎賁士二人共三千：以爲當祠門户直，各隨多少受也。」　是月也，立土牛六頭於國都、郡縣城外丑地，以送大寒。月令章句曰：「是月之昏建丑〔五〇〕，丑爲牛。寒將極，是故出其物類形象，以示送達之，且以升陽。」

魏祀五郊、六宗及厲殃。

何晏議：「月令，季春磔攘大儺，非所以祀皇天也。夫天道不諂，不貳其命，若之何禳之？國有大故，可祈於南郊；至於祈禳，自宜止於山川、百物而已。」王肅云：「厲殃，漢之淫祀耳。日月有常位，五帝有常典，師曠自是樂祖，無事於厲殃。厲殃同人非禮器，雄黄等非禮飾，漢文除祕祝，所以稱仁明也。」陳留范宣曰：「舜有拂卵無磔鷄〔五一〕，及魏明帝大修禳祭儀，鷄特禳釁之事〔五二〕，磔鷄宜起於魏，桃印本漢制〔五三〕，所以輔卯金，又宜魏所除也。」

晉制，每歲朝設葦茭、桃梗，磔鷄於宫及百寺之門，以辟惡氣。泰始二年，有司奏春分祀厲殃及禳祠，詔曰：「不在祀典，除之。」

晉公卿以下至於庶人，皆禊洛水之側。東晉元帝詔罷三日弄具。

海西公於鍾山立流杯曲水，延百僚。

宋省磔禳之禮，而郡縣往往猶存。

齊以三月三日曲水會，古禊祭也。今相承爲百戲之具，雕弄巧飾，增損無常。

通典説曰：「按禊與曲水，其義參差。晉趙王倫篡位，三日會天泉池，誅張林。懷帝亦會天泉池，賦詩。陸機云：『天泉池南石溝引御溝水，池西積石爲禊堂，跨水流杯飲酒。』不言曲水。韓詩曰：『鄭國之俗，三月上巳之日，溱、洧水之上，招魂續魄，秉蘭草，祓除不祥。』蔡邕曰：「今三月上巳，祓於水濱，蓋由此也。」凡言祓者，祉也，以爲祈介祉也。一説，三月三日，清明之節，將修事於水側，禱祀以祈豐年也。後漢杜篤云：『郭虞三月三日上辰產二女，上巳日產一女，二日產三女，並不育。俗以爲大忌，至此月巳日諱止家，皆於東流水上爲祈禳自潔濯，謂之禊祠，引流行觴，遂成曲水。』梁劉昭曰：『郭虞之説，良爲虛誕。假有庶人，旬内夭其三女，何足警彼風俗乎？』杜篤賦乃稱：『王侯公主，暨於富商，用事伊洛，帷幔玄黃。』本傳，大將軍梁商亦歌泣於洛禊也。馬融梁冀西第賦云〔五四〕：『西北戌亥，玄石承輸。蝦蟇吐寫，庚辛之域。』即曲水之象。劉楨魯都賦曰：『素秋二七，天漢指隅。人胥祓禳，國子永嬉。』此用七月十四日也。」

魏孝文居文明太后喪，服縗服。太尉丕曰：「臣與尉元歷事五帝，魏家故事尤諱之，後三月，必迎神於西，禳惡於北，具行吉禮。自皇始以來，未之或改。」帝曰：「若能以道事神，不迎自至；苟失仁義，雖迎不來。此乃平日所不當行，況居喪乎？」

北齊，正月晦日，中書舍人奏祓除。年暮上臺，東宮奏擇吉日詣殿堂，貴臣與師行事所須〔五五〕，皆移尚書省備設。

北齊制〔五六〕，季冬晦，選樂人子弟十歲以上，十二以下爲侲子，又作方相氏與窮奇、祖明十二獸，逐惡鬼於禁中，大略如漢制。皇帝常服即御座，王公執事官一品已下，從六品以上陪列預觀。儺者鼓噪，入殿西門，徧於禁中，出殿南門，分爲六道，出於郭外。

隋制，季春晦，儺，磔牲於宫門及城四門，以禳陰氣。秋分前一日，禳陽氣。季冬旁磔、大儺亦如之。其牲，每門各用羝羊及雄鷄一。選侲子，如後齊。冬八隊，二時儺則四隊。問事十二人〔五七〕，赤幘褠衣，執皮鞭。工人二十二人，其一人方相氏，黄金四目，蒙熊皮，玄衣朱裳；其一人爲唱師，着皮衣，執捧；鼓角各十。有司預備雄鷄、羝羊及酒，於宫門爲坎〔五八〕。未明，鼓譟以入。方相氏執戈揚楯，周呼鼓譟而出，合趣顯陽門，分詣諸城門。將出，諸祝師、執事預副牲匈，磔之於門，酌酒禳祝，舉牲并酒埋之。

唐制，季冬大儺及州縣儺，並見開元禮。

大儺之禮：前一日所司奏聞，選人年十二以上，十六以下爲侲子，著假面，衣赤布袴褶。二十四人爲一隊，六人作一行。執事者十二人，著赤幘、褠衣，執鞭。工人二十二人：其一人方相氏，著假面，黄金四目，蒙熊皮，玄衣朱裳，右執戈，左執楯；其一人爲唱帥〔五九〕，著假面、皮衣，執捧；鼓角各十，合爲一隊。隊别鼓吹令一人、大卜令一人，各監所部，巫師二人，令以下皆服平巾幘、袴褶。州縣儺：方相四人，執戈、楯；唱率四人。侲子，都督及上州六十人，中下州四十人，縣皆二十人。方相、唱率，縣皆二人，皆以雜職差之。其侲子取人年十五以下，十三以上充之。又雜職八人，四人執鼓鞉，四人執鞭。戈〔六〇〕，今以小戟也。以逐惡鬼於禁中。有司先備每門雄鷄及酒，擬於宫城正門、皇城諸門磔禳〔六一〕，設祭。大祝一人，齋郎三人，右校爲瘞埳，各於皇城中門外之右〔六二〕，方深稱其事〔六三〕。先一日之夕，儺者各赴集所，具其器服，依次陳布以待事。諸州縣儺，則前一日之夕，所司帥領宿於府門外。縣門亦如之。其日，未明，諸衛依時刻勒所部，屯門列仗，近仗入陳於階下，如常儀。鼓吹令帥儺者各集於宮門外，諸州縣，未辨色，所司白刺史、縣令，請引儺者入。內侍詣皇帝所御殿前，奏：「侲子備，請逐疫。」訖，出命內寺伯六人，分引儺者於前長樂門、永安門以次入，至左右上閤，鼓噪以進。方相氏執戈揚楯，諸州縣儺：將辨色，宦者二人出門〔六四〕，各執青麾，引儺者入。無宦者，外人引導。於是儺，擊鼓鞉，俱噪呼鼓鞭、戈、楯而入。唱率、侲子和曰：「甲作食殈，胇胃食疫，雄伯食魅，騰簡食不祥，攬諸食咎，伯奇食夢，强梁、祖明共食磔死寄生，委隨食觀，錯斷食巨，窮奇、騰根共食蠱。凡使十二神追惡鬼凶，赫汝軀，拉汝幹，節解汝肌肉，抽汝肺腸。汝不急去，後者爲糧。」唱率、侲子以下諸州縣儺同。周呼訖，前後鼓噪而出。諸隊各趣順天門以出，分詣諸城門〔六五〕，出郭而止。儺者將出，祝布神席，當中門南向。出訖，宰手〔六六〕、齋郎疈牲匈，磔之神席之西，藉以席，北首。齋郎酌酒，太祝受奠之。祝史持版於座右，跪讀祝文諸州縣儺：宦者引之，遍索諸室及門巷訖，宦者引出中門所司接引，仍鼓噪而出大門外，分爲四部，各趨四城門，出郭而止。初，儺者入，祝五人各帥執事者以酒脯各詣州門及城四門，儺者出，便酌酒奠脯於門右，禳祝而止，乃舉酒脯埋於西南。酒以爵，脯以籩。曰：「維某年歲次月朔日，天子遣太祝臣姓名，昭告於太陰之神：玄冬已謝〔六七〕，青陽馭節，惟神屏除凶厲，俾無後艱。謹以清酌敬薦於太陰之神。尚饗。」訖，興，奠版於席，乃舉牲并酒瘞於埳訖，退。其內寺伯導引出順天門外，止。諸州縣儺，其祝文曰：「維某年歲次月朔日，子祝姓名，敢昭告於太陰之神：寒往暑來，陰陽之常度，惟神以屏凶厲，謹以酒脯之奠，敬祭於神。尚饗。」

宋朝之制，凡水旱災異，有祈報之禮。祈用酒、脯、醢，報如常祀。宮觀寺院，以香茶素饌。詳見雩祀門。

太祖皇帝乾德元年六月〔六八〕，澶、濮、曹、絳等州蝗，命長吏以牢禮祭之。

真宗天禧元年，以蝻蟲再生，分遣官禱京城宮觀寺廟，仍敕諸州軍於公宇設祭。

四年四月，以大風起西北，飛沙折木，晝晦數刻，上遣中使詣宫觀建道場以禳之。

仁宗嘉祐元年正月，以帝不豫，設醮於大慶殿，輔臣宿齋於殿廡。命近臣分詣寺觀宿齋一月，及遣諸州軍長吏禱嶽、瀆諸祠。

八年五月，輔臣分詣景靈宫、郊廟、社稷，爲皇帝祈福。仍遣朝臣二十一人，遍禱於五嶽、四瀆、名山勝迹。

英宗治平二年三月，詔以彗星見，開在京諸寺觀五日，放士庶燒香；於玉津園設醮，延福宫建道場半月祈禳。

哲宗元祐八年，以太皇太后不豫，遣官禱在京宫觀、寺院、祠廟、嶽瀆，所在敕長吏就祈。又遣近臣設道場於近上宫觀、寺院，凡七晝夜。仍龍散日於中太一宫〔六九〕、上清儲祥宫、醴泉觀設醮。嶽、瀆亦就道場七晝夜。

高宗紹興七年正月一日，詔：「朕惟兩宫北狩之久，痛切於中，而又道君皇帝春秋益高，念無以見勤誠之意，可令入内内侍省差官一員，前去建康府元符萬歲宫修建祈福道場三晝夜，務令嚴潔，庶稱朕心。」

三十一年，虜亮渝盟，臣僚言：「竊謂陛下飭躬修德，可勝强暴。望差撥使人降祝文、御香，告祭沿江祠廟威靈顯著、血食廟庭、載於祀典者，令州府分詣致禱；四聖、五嶽之神，於宫觀設位祈禱，冀蒙陰助，以速萬全。」從之。

三十二年閏二月，太常少卿王普言：「伏睹車駕巡幸視師，前期遣官祈告天地、宗廟、社稷、宫觀諸神，諸陵攢宫，感格響應昭彰，使逆亮誅夷，虜騎遁去，兩淮無警，舊疆復歸。兹者回鑾臨安，當行報謝之禮。」從之。

三十二年八月，時孝宗已即位。禮部、太常寺言：「看詳酺祭事，欲依紹興祀令，蟲蝗爲災則祭之。俟得旨，本寺擇日依儀祭告。其祭告之所，國城西北無壇壝，乞於餘杭門外西北精進寺設位行禮。所差祭告官并合排辦事，並依常時祭告小祀禮例。在外州縣無蟲蝗爲害處，候得旨令户部行下；有蝗蟲處，即依儀式，一面差令設位祭告施行。」從之。

按太常因革禮〔七〇〕，慶曆四年六月，臣僚言：「天下螟蝗，頗爲民物之害。乞京師内外並修祭酺。」詔送禮院詳定。禮院稱：「周禮『族師春秋祭酺』，音『步』〔七一〕。酺爲人物災害之神。鄭康成云：『校人職有冬祭馬步，則未知此酺者，蝝螟之酺歟，人鬼之步歟？蓋亦爲壇位如雩禜云。』然則校人職有冬步，是與馬爲害者，此酺蓋人物之害也。漢時有蝝螟之酺神，又有人鬼之步神，康成未審果從何酺，故兩言之。歷代書史，悉無祭酺儀式。欲准祭馬步儀施行，壇在國城西北，祭儀禮料，並屬小祠。乞差官就馬壇設祭，稱爲酺神，祝文係學士院撰定。若外州者，即略依禜禮。是歲儀注，先擇便方除地，設營攢，謂立表施繩以代壇。其致齋、行禮、器物等，並如小祠，上香幣以白祝文曰：『維某年歲次月朔日，某州縣某官姓名，敢昭告於酺神：蝗蝝洊生，害於嘉穀，惟神降祐，應時消殄。請以清酌、制幣嘉薦，昭告於神。尚饗。』」

淳熙十四年十月，以太上皇帝聖躬違和，命五嶽、四瀆、名山大川及祀典者，所在精虔祈禱。又令宰臣以下分詣祈禱天地、宗廟、社稷、宮觀等。

寧宗嘉定間，以飛蝗爲災，行下酺祭。

校勘記

〔一〕祝之秀反　「祝」上原衍「六」字，據周禮小祝注删。

〔二〕即是禳　「禳」原作「禱」，據元本、慎本、馮本改。

〔三〕衍音延　「衍」下原衍「注」字，據周禮男巫注删。

〔四〕又校次之　「次」原作「比」，據周禮庶氏注改。

〔五〕除毒蠱者疏曰以攻禜攻之據祈去其神　「除」下十五字原脱，據周禮翦氏注疏補。

〔六〕伐鼓於社責群陰伐猶擊也　正文四字及注文七字原脱，據杜預春秋經傳集解補。

〔七〕伐鼓于社　「社」原作「朝」，據左傳昭公十七年改。

〔八〕天其夭諸　「夭」原作「妖」，據左傳哀公六年改。

〔九〕參近占以審前年之言　「近」原作「所」，據馮本及左傳昭公十八年注改。「年」原作「日」，據元本、慎本、馮本及同上書改。

〔一〇〕以三月本時昏　「本時」二字原脱，據左傳襄公九年疏補。

〔一一〕九月本黄昏　「本」字原脱，據左傳襄公九年疏補。

〔一二〕捷邪出　「邪」原作「郱」，據元本、慎本、馮本及左傳成公五年注改。

〔一三〕以禮焉　「以」字原脱，據左傳成公五年補。

〔一四〕若以甲乙日至　「至」字原脱，據左傳莊公三十二年注補。

〔一五〕大音泰　「大」下原衍「室」字，據文義删。

〔一六〕臣下之相帥爲畔逆之象　「帥」原作「師」，據尚書大傳改。

〔一七〕鉼金謂之版　「鉼金」二字原倒，據周禮職金注乙正。

〔一八〕昌垂反　「垂」原作「葉」，據元本、慎本、馮本及周禮筮師注改。

〔一九〕上南首是也　「上」原作「止」，據元本、慎本、馮本及周禮大卜注改。

〔二〇〕送之所當於卜　「於」字原脱，據周禮龜人注補。

〔二一〕掌六祈以同鬼神示　「示」字原脱，據周禮大祝補。

〔二二〕禜敬反　「禜」原作「崇」，據經典釋文卷八改。

〔二三〕日月星辰山川之祭也　「山川」二字原脱，據周禮大祝注補。

〔二四〕王宫祭日及雩禜祭水旱等　「宫」原作「官」，據周禮地官疏、禮記祭法改。

〔二五〕各掌其鄙之政令　「政令」二字原脱，據周禮鄙師補。

〔二六〕漢日猶存其遺象　「日」字原脱，據周禮女祝疏補。

〔二七〕與侯禳意同　「意」字原脱，據周禮男巫補。

〔二八〕日尋干戈　「日」字原脱，據元本、慎本、馮本、局本及左傳昭公元年補。

〔二九〕以服事夏商　「事」字原脱，據左傳昭公元年補。

〔三〇〕成王之弟叔虞也　「虞」字原脱，據左傳昭公元年疏補。

〔三一〕爲營攢　「營」原作「禜」，據元本、慎本及左傳昭公元年注改。

〔三二〕廋也　「廋」原作「庾」，據元本、局本及周禮方相氏注改。

〔三三〕以畢春氣　「氣」原作「風」，據元本、慎本、馮本、局本及禮記月令改。

〔三四〕竹伯反　「竹」原作「作」，據經典釋文卷一一改。

〔三五〕昴有大陵積尸之氣　「昴」字原脱，據元本、慎本、馮本、局本及禮記月令改。

〔三六〕虚危有墳墓四司之氣　「虚危」二字原脱，據禮記月令注補。

〔三七〕湯始得伊尹　「湯」字原脱，據後漢書禮儀志中注補。

〔三八〕高帝八月　「高帝」，通典卷五五禮典一五作「高后」。

〔三九〕是爲虎　後漢書禮儀志中同原刊，盧文弨群書拾補作「是爲瘧鬼」。

〔四〇〕一居人宫室區隅漚庾　後漢書禮儀志中同原刊，盧文弨群書拾補謂「漚庾」二字衍，當删。

〔四一〕皆赤幘皂製　「製」原作「裳」，據後漢書禮儀志中、通典卷七八禮典三八改。

〔四二〕方相帥百隸及童女　後漢書禮儀志中同原刊，盧文弨群書拾補謂「女」當作「子」。

〔四三〕韋昭曰　「韋」原作「臣」，據後漢書禮儀志中注改。

〔四四〕山也　「山」下原衍「怪」字，據後漢書禮儀志中注删。

〔四五〕一名沐腫　「腫」原作「膒」，據後漢書禮儀志中、通典卷七八禮典三八改。

〔四六〕蟠屈三千里　「三」原作「二」，據元本、馮本及後漢書禮儀志中注引山海經改。

〔四七〕其卑枝門曰東北鬼門　「卑」原作「畢」，據後漢書禮儀志中注引山海經改。

〔四八〕黄帝書　「書」字原脱，據後漢書禮儀志中注引風俗通補。

〔四九〕尚書令史各五千　「史」字原脱。按後漢書百官志三，尚書丞、郎皆秩四百石，尚書令史秩二百石，上文已有尚書丞、郎，此處顯脱「史」字，據補。

〔五〇〕是月之昏建丑　「昏」原作「會」，據後漢書禮儀志中注引月令章句改。

〔五一〕舜有拂卵無磔鷄　「卵」原作「卯」，據通典卷五五禮典一五改。下同。

〔五二〕鷄特禳釁之事　「釁」原作「宜」，據晉書卷一九禮志上、通典卷五五禮典一五改。

〔五三〕桃印本漢制　「桃印」原作「卯」，據晉書卷一九禮志上改。

〔五四〕梁冀西第賦云　「賦」字原脱，據南齊書卷九禮志上補。

〔五五〕貴臣與師行事所須　「師」原作「帥」，據隋書卷七禮儀志二改。

〔五六〕北齊制　「北」字原脱，據通典卷七八禮典三八補。

〔五七〕問事十二人　「問」原作「執」，據隋書卷八禮儀志三、通典卷七八禮典三八改。

〔五八〕於宫門爲坎　「宫門」原作「門外」，據隋書卷八禮儀志三改。

〔五九〕其一人爲唱帥　「帥」原作「師」，據元本、慎本及新唐書卷一六禮樂志六、通典卷一三三禮典九三改。

〔六〇〕四人執鞭戈　「鞭戈」二字原倒，據開元禮卷九〇、通典卷一三三禮典九三乙正。

〔六一〕皇城諸門磔禳　「諸」及「磔禳」三字原脱，據新唐書卷一六禮樂志六、開元禮卷九〇補。

〔六二〕各於皇城中門外之右　「中」字原脱，據新唐書卷一六禮樂志六、開元禮卷九〇補。

〔六三〕方深稱其事　「深」字原脱，據開元禮卷九〇補。

〔六四〕宦者二人出門　「宦」原作「官」，據開元禮卷九〇改。下同。

〔六五〕分詣諸城門　「諸」字原脱，據開元禮卷九〇補。

〔六六〕宰手　「手」原作「率」，據元本、慎本、馮本及新唐書卷一六禮樂志六、通典卷一三三禮典九三改。

〔六七〕玄冬已謝　「玄」原作「立」，據開元禮卷九〇、通典卷一三三禮典九三改。

〔六八〕乾德元年六月　「乾德」原作「建隆」，「元」原作「二」，據宋史卷一太祖紀、長編卷四乾德元年六月己亥條改。

〔六九〕中太一宫　「一」原作「上」，據馮本改。

〔七〇〕太常因革禮　「革」原作「華」，據太常因革禮卷八一京師及州縣祭酺改。

〔七一〕音步　按：太常因革禮卷八一京師及州縣祭酺此二字係注文，此處誤闌入正文。

卷八十九　郊社考二十二

告祭上 立君　建都　封國　告宗廟附

堯曰：「格汝舜，詢事考言，乃言厎可績，三載。汝陟帝位！」舜讓于德弗嗣。謙遜，自謂德不足以嗣也。正月上日，受終于文祖。上日，朔日也。終者，堯終帝位之事，而舜受之也。文祖，堯始祖之廟，未詳所指爲何人也。在璿璣玉衡，以齊七政；在，察也。言初攝位，乃察璣衡，以審七政之所在，猶今渾天儀也。肆類于上帝，禋于六宗，望于山川，徧于群神。肆，遂也。類、禋、望，皆祭名。周禮肆師：「類造于上帝。」注云：「郊祀者，祭昊天之常祭。非常祀而祭告於天，其禮依郊祀爲之，故曰類。如泰誓武王伐商，王制言天子將出，皆云『類于上帝』是也。」上帝，天也。禋，精意以享之。宗（一），尊也。所尊祭者，其祀有六。祭法：「埋少牢於泰昭，祭時也；相近於坎壇，祭寒暑也；王宮，祭日也；夜明，祭月也；幽宗，祭星也；雩宗，祭水旱也。」山川，名山、大川、五嶽、四瀆之屬，望而祭之，故曰望。徧，周徧也。群神謂丘陵、墳衍、古昔聖賢之類。言受終觀象之後，即祭上下神祇，以攝位告也。

舜曰：「來，禹！予懋乃德，嘉乃丕績，天之歷數在汝躬，汝終陟元后。」朱子曰：「歷數者，帝王相繼之次第，猶歲時氣節之先後也。」禹曰：「枚卜功臣，惟吉之從。」帝曰：「禹，官占惟先蔽志，昆命于元龜，朕志先定，詢謀僉同，鬼神其依，龜筮協從，卜不習吉。」禹拜稽首固辭，帝曰：「毋！惟汝諧。」正月朔旦，受命于神宗，率百官，若帝之初。再辭曰固。毋，禁止之辭。正月，次年正月也。神宗，説者以爲舜祖顓頊而宗堯，因以神宗爲堯廟，未知是否。如帝之初，即上篇所記齊七政、修群祀、期諸侯等事也。

湯既黜夏命，告于上天神后曰：「予小子履，敢用玄牡，殷家尚白，未變夏禮，故用玄牡。敢昭告于皇皇后帝：有罪不敢赦，帝臣不蔽，簡在帝心。言桀居帝臣之位，罪過不可隱蔽，以其簡在天心之故。朕躬有罪，無以萬方；萬方有罪，罪在朕躬。」

武王克殷，厥四月，哉生明，哉，始也。始生明，月三日也。王來自商，至于豐，豐，文王舊都。乃偃武修文，歸馬于華山之陽，放牛于桃林之野，示天下弗服。服與「復」同，不復用也。既生魄，生魄，望後也。庶邦冢君暨百工受命于周。丁未，祀于周廟，邦甸侯衛駿奔走，執豆籩。越三日庚戌，柴，望，大告武成。燔柴祭天，望祀山川，告武功之成也。

成王在豐，欲宅洛邑。武王克商，遷九鼎於洛邑，欲以爲都，故成王居焉。惟二月既望，朱子曰：「林曰：『漢志曰：周公攝政，七年二月乙亥朔，庚寅望。』」越六日乙未，王朝步自周至于豐，於已望後六日，成王從鎬京至於豐，以遷都事告文王廟。惟太保先周公相宅。太保，三公官名，召公也。越若來三月，惟丙午朏，越三日戊申，太保朝至于洛，卜宅。厥既得卜，則經營。朏，明也。月三日明生之名。林曰：「漢志曰：是年三月甲辰朔，三日丙午，與卜既望同意。」劉諫議曰：「越與『粵』同，粵若，發語聲也。來三月，猶言明月也。戊申，三月五日也。」葉曰：「周官大卜：『國大遷、大師則貞龜。』注曰：『經營規度其城郭、郊廟、朝市之位處。』」王氏曰：「經其南北而四營之也。」度，待洛反。越三日庚戌，太保乃以庶殷攻位于洛汭；越五日甲寅，位成。洛汭，洛水之北。疏曰：「庚戌，三月七日；甲寅，三月十一日也。庶殷，言本是殷民也。」葉曰：「攻位者，闢荆棘，平高下，以定所經營之位也。」若翼日乙卯，周公朝至于洛，則達觀于新邑營。傳曰：「翼，明也。」疏曰：「乙卯，十二日也。」蘇氏曰：「遍觀所營也。按後篇，是日再卜。」越三日丁巳，用牲于郊，牛二。告立郊社位於天，以后稷配，故二牛。疏曰：「丁巳，十四日也。」越翼日戊午，乃社于新邑，牛一、羊一、豕一。告立社稷之位，用太牢也。社稷共牢。疏曰：「戊午，十五日也。」禮，成廟則釁之，此其釁之禮歟？廟有土木之工，故郊社先成而釁之也。此間當有告卜事。召誥。周公曰：「王肇稱殷禮，祀于新邑，咸秩無文。朱子曰：「始舉殷家之禮。」疏曰：「雖有損益，以其從殷而來，猶前篇之『庶殷』也。」王氏曰：「殷，盛也，如五年再殷祭之殷。周公既制禮作樂，而成王於新邑舉盛禮以祀，凡典籍所無而於義當祀者，咸次秩而祀之。疑即篇末十二月戊辰之祭，史述其語於前，而記其事於後也。」予齊百工，伻從王于周，予惟曰庶有事。此本其攝政時言也。齊百工，謂百官總己以聽也。周謂宗周也。言我所總百官，今使之從王於周，而我則未敢歸周，恐新邑之有事也。今王即命曰：記功，宗，以功作元祀。」今王乃命曰：我記人之功而尊之，又以此功因新邑殷祀而告之神明矣。王氏曰：「記功，蓋若紀于太常、藏在盟府之類也。」見洛誥篇。

小宗伯：「國大貞，則奉玉帛以詔號。」號，神號，幣號。鄭司農云：「大貞謂卜立君，卜大封。」疏曰：「此『國大貞』，則大卜所云『凡國大貞，卜大封之等，視高作龜』者是也。」又曰：「此言卜事，而云『神號』者，按大祝有神號、幣號。又按天府職云：『季冬，陳玉以貞來歲之媺惡。』鄭云：『問事之正曰貞，謂問於龜，大卜職大貞之屬。陳玉，陳禮神之玉。龜有天地四方，則玉有六器者與？』」此既言玉帛，明亦有六幣以禮神也。」春官。大卜：「凡國大貞，卜立君，卜大封，則眡高作龜。」

戊辰，王在新邑，洛邑也。烝祭歲，文王騂牛一，武王騂牛一。王命作册逸祝，册惟告周公其後。明月，夏之仲冬，始於新邑烝祭，故曰「烝祭歲」。古者，褒德賞功，必於祭日，示不敢專也。特加文、武各一牛，告曰：尊周公，立其後爲魯侯。王賓，殺禋，咸格，王入太室祼。王賓異周公，殺牲精意以享文武，皆至其廟親告也。太室，清廟。祼鬯告神。太室，馬氏曰「廟中之夾室」也。王命周公後，作册逸誥。王爲册書，使史逸誥伯禽封命之書，皆同在烝祭日。王命召虎，來旬來宣。文武受命，召公維翰。無曰予小子，召公是似。肇敏戎公，用錫爾祉。朱子曰：「賦也。旬，徧；宣，布也。召公，召康公奭也。肇，開；戎，女；公，功也。言王命召虎來此江漢之滸，偏治其事，以布王命。而曰昔文武受命，惟召公爲楨榦，今女無曰以予小子之故也，但自爲嗣女召公之事耳。能開敏女功，則我當錫女以祉福，如下章所云也。」釐爾圭瓚，秬鬯一卣。告于文人，錫山土田。賦也。釐，賜；卣，罇也。文人，先祖之有文德者，謂文王也。叙王賜召公策命之詞，言錫爾圭瓚、秬鬯者，使之以祀其先祖；又告於文人，而錫之山川、土田，以廣其封邑。大雅江漢詩。

平王錫晉文侯秬鬯、圭瓚。王曰：「父義和，其歸視爾師，寧爾邦，用賚爾秬鬯一卣。」當以錫命告其始祖，故賜鬯。文侯之命。

襄王使大宰文公及内史興賜晉文公命。大宰文公，卿士王子虎也。内史興，周内史叔興父。晉文公，獻公之子，惠公異母兄重耳也。命，命服也。諸侯七命，冕服七章。上卿逆于境，逆，迎也。晉侯郊勞，郊迎用辭勞也。勞音來號反。館諸宗廟，館，舍也。舍於宗廟，尊王命也。饋九牢，牛、羊、豕爲一牢。上公饔餼九牢。饔，一恭反。餼，休氣反。設庭燎。燎，力召反。設大燭於庭，謂之庭燎。及期，命于武宮，期，將事之日也。武宮，文公之祖武公之廟也。命，受王之命。設桑主，布几筵。主，獻公之主也。練主用栗，虞主用桑。禮，既葬而虞，虞而作主，天子於是爵命世子。世子即位，受命服也。獻公死已久，於此設之者，文公不欲繼於惠、懷，故立獻公之主，自以子繼父之位，行未踰年之禮。大宰涖之，晉侯端委以入。説云：「衣玄端，冠委貌，諸侯祭服也。」昭謂：「此士服也。諸侯之子未受爵命，服士服也。」衣，於既反。冠，古亂反。大宰以王命命冕服，冕，大冠也。服，鷩衣也。鷩音鱉。内史贊之，三命而後即冕服。贊，道也。三命，三以王命命文公，文公三讓後就。既畢，賓、饗、贈、餞如公命侯伯之禮，而加之以宴好。賓者，主人所以接賓，致饔飧之屬。饗，饗食之禮。贈，致贈賄之禮。餞，謂郊送飲酒之禮。如公命侯伯之禮者，如公受王命，以侯伯待之之禮，而又加之以宴好也。大宰，上卿也，而言公者，兼之。飧音孫。好，去聲。内史興歸以告王曰：「晉，不可不善也，其君必霸。逆王命敬，告，古毒反。謂上卿逆於境，晉侯郊勞。奉禮義成。謂三讓、賓饗之屬皆如禮。國語周語。

封諸侯於廟者，

示不敢專也，明法度皆祖之制也，舉事必告焉。白虎通。古者，明君爵有德而禄有功，必賜爵禄於大廟，示不敢專也。故祭之日，一獻，君降立於阼階之南，南鄉，所命北面，史由君右執策命之，再拜稽首受書以歸，而舍奠於其廟。一獻，一酳尸也。舍當爲「釋」。非時而祭曰奠。疏曰：「云一獻知非初祼及朝踐饋食之一獻，必爲一酳尸者，以一酳尸之前，皆爲祭事，承奉鬼神，未暇册命，而尸食已畢，祭事方了，始可以行其爵賞及賜勞臣下。此一獻則上尸飲五、君獻卿之時也。若天子命群臣，則不因常祭之日特假於廟，故大宗伯云『王命諸侯則儐』，注云『王將出命，假祖廟，立依前南鄉』是也。」祭統。

漢文帝即皇帝位於代，入未央宫，還坐前殿。十月辛亥，見於高廟。

按：古之受終革命者，必告於天地、祖宗。堯舜之禪讓，湯武之征伐，未之有改。漢承秦後，典禮隳廢，以古人所以郊祀天地者，施之五時之淫祠，而未嘗有事天地之禮。高皇帝平秦滅項，諸侯王推戴即皇帝位於汜水之陽，亦不聞有燔燎告天之事，於義闕矣。至文帝以後，則凡嗣君即位，必謁見高廟，亦受命祖宗之意，故載於此。後不備録。

武帝元狩六年四月乙巳，皇帝使御史大夫湯，廟立子閎爲齊王，旦爲燕王，胥爲廣陵王。

古者，封國必告於廟社而册之，示不敢專也。漢制未聞。太史公三王世家載武帝從大司馬去病之請，册立齊、燕、廣陵三王。册書有「廟立」二字，則亦必有告廟之禮云。

光武建武元年，即皇帝位於鄗，爲壇營於鄗之陽，祭告天地。用元始中郊祭故事，六宗群神俱從，未以祖配〔二〕。天地共犢，餘牲尚約。其文曰：「皇天上帝，后土神祇，睠顧降命，屬秀黎元，爲民父母，秀不敢當。群下百僚，不謀同辭，咸曰王莽篡弑竊位，秀發憤興義兵，破王邑百萬衆於昆陽，誅王郎、銅馬、赤眉、青犢賊，平定天下，海内蒙恩。上當天心，下爲元元所歸。讖記曰『劉秀發兵捕不道，卯金修德爲天子』。秀猶固辭，至於再，至於三。群下曰：『皇天大命，不可稽留。』敢不敬承。」

魏文帝黄初元年十月〔三〕，漢帝以衆望在魏，乃召群公卿士，告祠高廟，使御史大夫張音持節奉璽綬禪位。乃爲壇於繁陽，魏王登受禪，燎祭天地、五嶽、四瀆曰：「皇帝臣丕敢用玄牡昭告於皇皇后帝：漢歷世二十有四，踐年四百二十有六，四海困窮，王綱不立，五緯錯行，靈祥並見。推術數者，慮之古道，咸以爲天之歷數，運終兹世，凡諸嘉祥民神之意，比昭有漢數終之極，魏家受命之符。漢主以神器宜授於臣〔四〕，憲章有虞，致位於丕。丕震畏天命，雖休勿休。群公庶尹六事之人，外及將士，洎於蠻夷君長，僉曰：『天命不可以辭拒，神器不可以久曠，群臣不可以無主，萬機不可以無統。』丕祗承皇象，敢不欽承。卜之守龜，兆有大横；筮之三易，兆有革兆。謹擇元日，與群寮登壇受帝璽綬〔五〕，告類於爾大神。唯爾有神，尚饗永吉〔六〕，兆民之望，祚於有魏世享。」

建安二十六年，漢中王即位於成都武擔之南〔七〕，爲文曰：「惟建安二十六年四月丙午，皇帝備敢用玄牡，昭告皇天上帝、后土神祇：漢有天下，歷數無疆。曩者，王莽篡盜，光武皇帝震怒致誅，社稷復存。今曹操阻兵安忍，戮殺主后，滔天泯夏，罔顧天顯。操子丕，載其凶逆，竊居神器。群臣將士以爲社稷隳廢，備宜修之，嗣武二祖，龔行天罰。備雖否德，懼忝帝位。詢於庶民，外及蠻夷君長，僉曰：『天命不可以不答，祖業不可以久替，四海不可以無主。』率土式望，在備一人。備畏天明命，又懼漢邦將湮於地〔八〕，謹擇元日，與百寮登壇，受皇帝璽綬。脩燔瘞，告類於天神。惟神饗祚於漢家，永綏四海。」

晉武帝泰始元年冬十二月，帝受魏禪，設壇於南郊，柴燎告類於上帝。

按：自魏晉以來之君，受禪即帝位，皆有燔燎告天之事。册文大概稱述天命人心以自負，而其實則欺孤弱寡以取天下，而矯誣其詞耳。故不復録。

元帝爲琅琊王，將即極位告廟，王導書問賀循云：「或謂宜祭壇拜受天命者，或謂直當稱億兆群臣告四祖之廟而行者，若爾，當立行廟。王今固辭尊號，俯順群情，還依魏晉故事。然魏晉皆禀命而行，不知今進璽當云何？」循答曰：「愚謂告四祖之廟而行。蜀書，劉先主初封漢王時，群臣共奏上勳德，承以即位。今雖事不正同，然議可方論。」導又書曰：「得刁僕射書，曰：『如此，京兆是宣帝祖，章郡是父也。至惠帝爲七廟；至懷帝，京兆府君應落。』想足下亦是識。刁侯不欲告惠、懷二帝，不知於禮云何？」循答曰：「古禮及漢氏之初，皆帝帝異廟。即位大事，謁於太祖。故晉文朝於武宮，漢文謁於高廟也。至光武之後，唯有祖宗兩廟而已。祖宗兩廟，昭穆皆共堂別室。魏晉依之，亦唯立一廟。則一廟之中，苟在未毁，恐有事之日，不得偏有不告。然人不詳太廟定議，不敢必據欲依古禮，惟告宣帝一廟。今意以祖宗非一，且太廟合共。事與古異，不得以古禮爲斷。」

太常問：「今封建諸王，爲告廟不？若告〔九〕，廟册與告諸王同異，祝文同不？當以竹册白簡？隸書篆書也？」博士孫毓議：「按尚書洛誥：『王命作册逸祝册，惟告周公其後。』謂成王已冠，命立周公後，作爲册書逸誥，以告伯禽也。又周公請命於三王，乃内册於金縢之匱中。今封建諸王，裂土樹藩，爲册告廟，篆書竹册，執册以祝訖，藏於廟；及封王之日，又以册告所封之王。册文不同，前以言告廟，祝文當竹册篆書，以爲告廟册，册之文即祝辭也。舊告封王、告改年號故事，事訖，皆當藏於廟，以皆爲册書。四時享祀祝文，事訖，不藏，故但禮稱祝文，尺一白簡隸書而已。」又王珉議云：「中朝大事告天地，先郊後廟。」徐邈云：「天子將出，類乎上帝，造乎禰。如此次則宜先告郊也。」按元帝大興元年，詔曰：「當先告廟，出便南郊〔一〇〕，先人事而後天理，自親及尊邪？」虞先云：「武王克商，先祭後郊。」賀循議：「告謚南郊，不當用牲。然先告代祖謚於太廟，復有用牲，於禮不正，理不應有牲。告郊廟皆不用牲，牲唯施於祭及禱耳。」徐邈又議云：「按武帝永熙元年，告謚南郊，用牲。自江左以來，哀帝興寧中、簡文咸安中告謚，並蒼璧制幣，告立太子、太孫。」邈與范寧書，問：「告定用牲否？禮，郊牲在滌三月，此謂常祀耳。宗廟告牲，亦不展芻豢，日既逼，不容得備。又禮，郊特牲在滌宮，而稷牛唯具。傳曰『帝牛不吉，則卜稷牛而用之』，如無復九旬之别也。謂今牲至則用，當無疑否？」范寧答云：「禮，郊牲必在滌三月。公羊傳『養二卜』。二卜者，謂本卜養二牲也。帝牲不吉，則卜稷牲；稷牲不吉，則不郊。蓋所以敬天神而後人鬼也，無本郊不滌牲之禮。牲唯其用，非吾所聞也。凡告用制幣，先儒有明義也。」

康帝立，准禮將改元。尚書下侍御史、太常主者、殿中屬應告廟，其勒禮官并太史擇吉日撰祝文及諸應所用備辦，符到奉行。博士徐禪議曰：「按魯文公之書即位也，僖公未葬。蓋改元之道，宜其親告，不以喪闕。昔代祖受終，亦在諒闇。既正其位於天郊，必告成命於父祖。事莫大於正位，禮莫盛於改元。傳曰：『元，始也，首也，善之長也。』故君道重焉。謂應告。」尚書奏：「按惠帝起居注，改永熙二年爲永平元年，使持節太尉石鑒告於太廟。前朝明准，不應革易。如禪議〔一一〕。禪告文曰：「維建元元年正月日，子孝曾孫嗣皇帝諱，謹遣使持節兼太尉某官某甲，敢昭告於皇祖高祖宣皇帝：諱以眇身，屬膺明命，爲兆人主，惟神器之重，夙夜祇勵。夫首元正位，改物承天，先王之典刑，建國之大禮。今改咸康八年爲建元元年，享祖宗之保祐，膺乾坤之休靈。敢薦告事，一元大武，薌合薌萁，嘉薦庶羞，清滌清酌，明告於皇祖高祖宣皇帝、穆皇后張氏。尚饗。」告始祖廟等十一室同辭也。

宋武帝永初元年六月，受晉禪，即皇帝位於南郊，設壇，柴燎告天。

齊高帝建元元年四月，受宋禪，即皇帝位於南郊，設壇，柴燎告天。

梁武帝天監元年四月，受齊禪，即皇帝位於南郊，設壇，柴燎告天。禮官儀，大事徧告七廟，事見下篇。

陳武帝永定元年十月，受梁禪，即皇帝位於南郊，柴燎告天。

齊文宣帝天保元年五月，受魏禪，即皇帝位於南郊，升壇，柴燎告天。

周閔帝元年正月，受魏禪，即天王位，柴燎告天。

隋文帝開皇元年二月，受周禪，即皇帝位於臨光殿，設壇於南郊，遣太傅、上柱國、鄧公竇熾柴燎告天。是日，告廟。

唐高祖武德元年五月甲子，帝受隋禪，即皇帝位於太極殿，命刑部尚書蕭造兼太尉，告於南郊。

宋太祖皇帝建隆元年正月，即位，差官告天地、社稷、群祀。祝文曰：維大宋建隆元年，歲次庚申，正月辛丑朔某日，嗣天子臣御名。謹遣某官某，敢昭告於昊天上帝、皇地祇：天命不常，惟德是輔。神器大寶，猥集眇躬。欽眷命而不遑，勵小心而昭事，靈貺下屬，群情樂推。今月四日，已即皇帝位，改國號爲大宋，乃改元建隆元年，不敢不告。尚饗。」又遣宗正少卿郭屺以即位告周高祖、世宗廟。

嘉祐八年，時英宗已即位。翰林學士王珪論告天請謚事，言：「謹按曾子問曰：『賤不誄貴，幼不誄長，禮也。唯天子稱天以誄之〔三〕。』春秋公羊説，讀誄制於南郊，若云受之於天。然乾興元年夏，既定真宗皇帝謚，其秋始告天於圜丘。史臣以爲天子之謚當集中書門下、御史臺五品以上，尚書四品以上，諸司三品以上，於南郊告天，議定然後連奏以聞。近制唯詞臣撰議，即降詔命，庶僚不得參聞，頗違稱天之義。臣今擬上先帝之尊謚，欲望明詔有司，稽詳舊典，先之郊而後下臣之議，庶先帝之茂德休烈，有以信萬世之傳。」詔兩制詳議。翰林學士賈黯等議如珪奏，從之。

神宗元豐時，詳定禮文所言：「曾子問曰，凡告必用牲幣，無親告、祝之別。後世親告之禮不行，故學者因有『親告用牲，史告用幣』之文，又謂『吉告用牲，凶則用幣』，皆非禮經之制。請應親祠告天地、宗廟、社稷，並依令用牲。」從之。

高宗建炎元年五月一日，登極，告於昊天上帝。册文曰：「維靖康二年，歲次丁未，五月庚寅朔，嗣天子臣御名。敢昭告於昊天上帝：金戎亂華，二帝北狩，天支戚屬，混於穹居，宗社罔所憑依，夷夏罔知攸主。臣御名。以道君皇帝之子，奉宸旨以總六師，握大元帥之權，倡義旅而先諸將。冀清京邑，迎復兩宫。而百辟卿士、萬邦黎獻，謂人思宋德，天眷趙宗，宜以神器屬臣。御名。辭之再四，懼不克負荷，貽羞於來世。九州四海，萬口一辭，咸曰不可稽皇天之寶命。慄慄震惕，敢不欽承。尚祈陰相，以中興於宋祚。」

紹興三十二年六月十四日，孝宗即位，未改元。以皇帝登極，奏告天地、宗廟、社稷、景靈宫、天慶觀、報恩光孝觀、泰一宫、諸陵、紹興兩攢宫。

是日，皇帝前後殿不視事。其奏告行事官差宰執或侍從官，內太廟、別廟、諸陵差南班宗室節度使以上，兩攢宮就差紹興府南班宗室。餘官及致齋降香祝等，皆依常奏告之禮。其後應奏告並如例。

淳熙十六年二月五日，光宗即位，未改元。以皇帝登極，奏告天地、宗廟、社稷、景靈宮、諸宮觀、諸陵、攢宮。

紹熙五年七月五日，寧宗即位，未改元。以皇帝登極，奏告如孝、光兩朝禮。

按國朝會要告禮門總序稱：「祖宗以來，登位則有告祭。而所記累朝排年告祭之禮，則惟昌陵受禪創業、思陵南京中興有之。此後則惟孝宗、光宗、寧宗登極有告祭之禮，而太宗以下皆無之。豈軼其紀邪，或孝、光、寧三帝以受內禪故行之，而累朝以諒闇不克行邪？又即位之後，即親見於宗廟，行饗祀禮，亦惟孝、光二帝行之，累朝則皆以諒闇闕其禮云。」

告祭下 巡狩　征伐

歲二月，東巡狩，至于岱宗，柴，望秩於山川。協時月正日，同律度量衡，修五禮五玉，三帛二生一死贄，如五器，卒乃復。五月，南巡狩，至于南岳，如岱禮。八月，西巡狩，至于西岳，如初。十有一月朔，巡狩至于北岳，如西禮。歸，格于藝祖，用特。五載一巡狩。朱子曰：「孟子曰：『天子適諸侯曰巡狩。巡狩者，巡所守也。』歲二月，當巡守之年二月也。岱宗，泰山也。柴望，燔柴以祀天，而遂望祭東方之山川，又各以其秩次而就祭之也。秩者，其牲幣、祝號之次第，如五岳視三公，四瀆視諸侯，其餘視伯、子、男者也。東后，東方之諸侯也。時謂四時，月謂月之大小，日謂日之甲乙。諸侯之國其有不同者，則協而正之也。」舜典。　王制曰：「天子五年一巡守。」注曰：「天子以海内爲家，時一巡省之。五年者，虞、夏之制也，周則十二歲一巡守。岱宗，東岳。柴，祭天告至也〔二三〕。假，至也。特，特牛也。祖下及禰皆一牛。」疏曰：「謂從始祖下及於禰廟，别皆一牛。鄭以經云『祖禰用特』，恐同用一牛，必知每廟皆一牛者〔二四〕，以尚書堯典云『歸格于藝祖，用特』，祖既用特，明知各用特也。唐、虞及夏，五廟則用五特也；殷用六，周用七也。又尚書洛誥云：『文王騂牛一，武王騂牛一。』是各用一牛也。」郊特牲：「天子適四方，先柴。」　天子巡守，以遷廟主行，載于齊車，言必有尊也。曾子問。　遷主詳征伐條。　天子將出，類乎上帝，宜乎社，造乎禰。帝謂五德之帝，所祭於南郊者。類、宜、造皆祭名，其禮亡。　疏曰：「云『類、宜、造皆祭名』者，按小宗伯云：『凡天地之大烖，類社稷、宗廟，則爲位。』鄭注云：『禱祈禮輕，類者，依其正禮而爲之。』是類爲祭名也。按爾雅釋天云：『起大事，動大衆，必先有事乎社而後出，謂之宜。』孫炎注曰：『求便宜也。』是宜爲祭名也。但天道懸遠，以事類告之。社主殺戮，故求其便宜；廟爲親近，故以奉至言之，各隨義立名也。』」王制。　朱子曰：「郊祀者，祭昊天之常祭。非常祀，祭告於天，其禮依郊祀爲之，故曰類。」　校人：「凡將事于四海山川，則飾黄駒。」四海，猶四方也。王巡守過大山川，則有殺駒以祈沈禮與？玉人職有宗祝以黄金勺前馬之禮。　沈，直金反。　疏曰：「謂王行所過山川，設祭禮之然後去，則殺黄駒以祭之。山川，地神。土色黄，故用黄駒也。」又曰：「王巡守唯至方岳，不至四海夷狄，故以四海爲四方。爾雅云：『祭山曰庪縣，祭川曰浮沉。』今鄭云『以祈沈』者，總解過山川二事。言『與』者，爾雅據正祭，此則行過之，約與彼同，故云『與』以疑之也。引玉人職者，按彼有大璋、中璋、邊璋。過大山川用大璋，過中山川用中璋，過小山川用邊璋。下云『黄金勺，青金外，朱中』，此三璋之勺也。云『黄金勺』者，即彼三璋之勺。云『前馬之禮』者，以黄金勺酌酒，禮山川在馬牲前之禮，引之者，證過山川設禮用馬牲之事也。」夏官。　玉人：「大璋、中璋九寸，邊璋七寸，射四寸，厚寸；黄金勺，青金外，朱中；鼻寸，衡四寸，有繅。天子以巡守，宗祝以前馬。」射，食亦反。勺，上灼反。衡音横。　射，琰出者也。玄謂：鼻，勺流也，凡流皆爲龍口也。衡，古文「横」，假借字也。衡謂勺徑也。三璋之勺，形如圭瓚。天子巡守，有事山川，則用灌焉。於大山川則用大璋，加文飾也；於中山川用中璋，殺文飾也；於小山川用邊璋，半文飾也。其祈沈以馬，宗祝亦執勺以先之。禮，王過大山川，則大祝用事焉；將有事於四海山川，則校人飾黃駒。大祝音泰。校，户教反。疏曰：「玄謂『衡』古文爲『横』，謂勺徑，破先鄭爲勺柄。云『三璋之勺，形如圭瓚』者，圭瓚之形，前注已引漢禮，但彼口徑八寸，下有盤徑一尺；此徑四寸，徑既倍狹，明所容亦少，但形狀相似耳。故云『形如圭瓚』也。知『用灌』者，以其圭瓚灌宗廟，明此巡守過山川用灌可知〔一五〕。『於大山川』已下至『半文飾』皆無正文，鄭君以意解之。云『祈沈以馬』者，取校人『飾黃駒』，故知馬也。知『宗祝亦執勺以先之』者，即引大祝職云『王過大山川，則大祝用事焉』，是大祝用此經黃金勺之事也。」冬官。

時邁，巡守告祭柴望也。般，巡守而祀四岳、河、海也。詩序。

傳：隱公八年，鄭伯使宛來歸祊。庚寅，我入祊。左氏曰：「鄭伯請釋泰山之祀而祀周公，以泰山之祊易許田。三月，鄭伯使宛來歸祊，不祀泰山也。」成王營王城，有遷都之志，故賜周公許田，以爲魯國朝宿之邑，後世因而立周公別廟焉。鄭桓公，周宣王之母弟，封鄭，有助祭泰山湯沐之邑在祊。鄭以天子不能復巡守，故欲以祊易許田，各從本國所近之宜。恐魯以周公別廟爲疑，故云已廢泰山之祀，而欲爲魯祀周公，遜辭以有求也。許田，近許之田也。公羊子曰：「邴者何？鄭湯沐之邑也。天子有事於泰山，諸侯皆從泰山之下，諸侯皆有湯沐之邑焉。邴，彼命反。從，才用反。許田者何？魯朝宿之邑也。諸侯時朝乎天子，天子之郊，諸侯皆有朝宿之邑焉。」穀梁子曰：「許田者，魯朝宿之邑也。邴者，鄭伯之所受命而祭泰山之邑也。用見魯之不朝於周，而鄭之不祭泰山也。」邴、許田，互見之桓公元年。

天子將出征，類乎上帝，宜乎社，造乎禰，禡于所征之地，禡，師祭也，爲兵禱。其禮亡。受命于祖，告祖也。疏曰：「前文據告行，故曰『造乎禰』；此據以征伐之事，故云『受命於祖』，所以重起其文也。然則受命於祖，在造乎禰之先。」受成于學。疏曰：「謂在學謀論兵事好惡、可否，其謀成定。」出征執有罪，反釋奠于學，以訊馘告。訊馘，所生獲斷耳者。疏曰：「以生獲解『訊』，以斷耳解『馘』。訊，言也，執其可言問者。訊是生者，馘是死而截耳者。」

陳氏禮書曰：「詩曰：『是類是禡。』爾雅曰：『類禡，師祭也。』禮記：『禡於所征之地。』公羊曰：『甲午祠兵。』小宗伯：『凡王之會同、軍旅、甸役之禱祠，肄儀爲位。』肄師：『凡四時之大田獵，祭表貉〔一六〕。』讀爲「阡陌」之陌。於所立表之處，爲師祭造軍法者，禱氣勢之增倍也。其神蓋蚩尤，或曰黃帝。甸祝：『掌四時之田表貉之祝號。』大司馬：『中春，教振旅。有司表貉，誓民，鼓，遂圍禁。中冬，教大閱。既陳，乃設驅逆之車，有司表貉於陳前。』漢書稱：『高祖祠黃帝、蚩尤於沛庭。』先儒或以蚩尤爲天子，或以爲庶人，其詳不可以考。然管仲稱蚩尤作劍戟，史記稱黃帝與蚩尤戰於阪泉，蓋軍法之興，始於此也，故後世祭之。周官言『貉』，詩與禮記、爾雅言『禡』，其實一也。貉之祭，蓋使有司爲之，而立表於陳前，肄師爲位，甸祝掌祝號，既事，然後誓衆而師田焉，周官所謂『表貉誓民』是也。古者，將射則祭侯，將卜則祭先卜，將用火則祭爟，將用馬則祭馬祖，然則將師田而祭者，不特爲禱而已也。唐制，禡祭爲壇壝，設瘞埳，皇帝齋於行宮，從官齋於軍幕，置甲冑弓矢於神座之側，建矟於神座之後，而牲幣犧象皆有儀度。然古人祭於立表之處，則無壇壝。其置甲冑弓矢於神座之側，建矟於神座之後，理或有之。司几筵：『甸役則設熊席，右漆几。』鄭氏以爲祭貉之禮，誤也。」

大祝：「大師，宜于社，造于祖，設軍社，類上帝，國將有事于四望，及軍歸獻于社，則前祝。」疏曰：「此經六事，皆大祝所掌。言『大師』者，王出六軍，親行征伐，故云『大師』。云『宜于社』者，軍將出，宜祭於社，即將社主行；不用命，戮于社。云『造于祖』者，出必造，即七廟俱祭，取遷廟之主行，用命賞于祖，皆載于齊車。云『設軍社』者，此則據社在軍中，故云『設軍社』。云『類上帝』者，非常而祭曰『類』。軍將出，類祭上帝，告天將行。云『國將有事于四望』者，謂軍行所過山川，造祭乃過。『及軍歸獻于社』者，謂征伐有功，得囚俘而歸，獻捷於社。云『則前祝』者，此經六事，皆大祝前辭。」春官下。小宗伯：「若大師，則帥有司而立軍社，奉主車；若軍將有事，則與祭，有司將事于四望。」注曰：「有司〔一七〕，大祝也。王出軍，必有先事於社及遷廟，而以其主行。社主曰『軍社』，遷主曰『祖』。春秋傳曰：『軍行祓社釁鼓，祝奉以從。』曾子問曰：『天子巡守，以遷廟主行，載于齊車，言必有尊也。』書曰：『用命賞于祖，不用命戮于社。』社之主，蓋用石爲之。奉謂將行，『軍將有事』，將與敵合戰也。」疏曰：「鄭知有司是大祝者，按大祝職云『大師，國將有事於四望』，與此義同，故知有司大祝。軍事是司馬所掌，故知司馬實典主其事也。」社主見地祇篇社稷條。量人：「營軍之壘舍，量其市、朝、州涂、軍社之所里。」量音亮，或音良。軍壁曰壘。鄭司農云：「量其市朝州涂，環市朝而爲道也。」玄謂：「州，一州之衆二千五百人爲師，每師一處。市也，朝也，州也，皆有道以相之。軍社，社主在軍者。里，居也。」疏曰：「此爲出軍之時，所爲量度之事。軍行之所擬停之處，皆爲壘壁，恐有非常，故云『軍壁曰壘』也。先鄭意環市朝而爲道，不釋州義，故後鄭不從，以一州則一師，每一師各自一處，各立市朝。州即師也，皆有道以相湊之，若然，未必環遶爲路也。在軍不用命，戮于社，故將社之石主而行，所居皆有步數，故職在量人。」夏官上。大司馬：「若大師，則掌其戒令，涖大卜，帥執事涖釁主及軍器。」大師，王出征伐也。涖，臨也。臨大卜，卜出兵吉凶也。司馬法曰：「上卜下謀，是謂參之。」主謂遷廟之主及社主在軍者也。軍器，鼓、鐸之屬。凡師既受甲，迎主於廟，及社主祝奉以從，殺牲以血塗主及軍器，皆神之。疏曰：「按小子職云『釁邦器及軍器』，彼官釁之，而大司馬臨之。」又曰：「鄭知『臨大卜』者，按大卜云：『掌龜之八命，一曰征。』云『司馬法曰：上卜下謀，是謂參之』者，卜在廟，又龜有神，故云上卜；謀人在下，故云下謀，君居其中，故云參也。」若師有功，則左執律，右秉鉞，以先愷樂獻于社。功，勝也。律所以聽軍聲，鉞所以爲將威也。先，猶道也。兵樂曰愷。獻于社，獻功於社也。司馬法曰：「得意則愷樂愷歌，示喜也。」鄭司農云：「城濮之戰，春秋傳曰：『振旅，愷以入于晉。』」濮音卜。疏曰：「云『律所以聽軍聲』者，大師職文〔一八〕。彼初出軍時，大師執聽；至此克勝，司馬執之。」若師不功，則厭而奉主車。」厭，於涉反。　鄭司農云：「厭，謂厭冠喪服也。軍敗，則以喪禮，故秦伯之敗於殽也，春秋傳曰：『秦伯素服郊次，鄉師而哭。』」玄謂：「厭，伏冠也。奉，猶送也，送主歸於廟與社。」　殽，户交反。鄉，許亮反。　疏曰：「『玄謂厭伏冠也』者，按下曲禮云：『厭冠不入公門。』以其喪冠反吉，冠於武上〔一九〕，向内縫之；喪冠於武下，向上縫之。以伏冠在武，故得厭伏之名。」　同上。

肆師：「凡師、甸，用牲于社、宗，則爲位。　甸音田。　社，軍社也。宗，遷主也。　疏曰：「師謂出師征伐，甸謂四時田獵。二者在外，或有祈請，皆當用牲社及宗時，皆肆師爲位祭也。」又曰：「云『社軍社也』者，在軍不用命，戮于社；又君以軍行，祓社釁鼓，故名軍社也。鄭知『宗遷主』者，曾子問云：『師行必以遷廟主行，載于齊車。』故知遷主也。」　小宗伯：「凡王之會同，軍旅、甸役之禱祠，肆儀爲位。」疏曰：「數者禱祠，皆須豫習威儀乃爲之，故云『肆儀』也。當習威儀之時，則小宗伯爲位也。」類造上帝，封于大神，祭兵于山川，亦如之。　造猶即也。爲兆以類禮，即祭上帝也〔二〇〕。類禮，依郊祀而爲之者。封謂壇也。大神，社及方岳也。山川，蓋軍之所依止。　疏曰：「諸文皆云『造于禰，類于上帝』，造屬於禰，此以類、造同云『於上帝』，則造與類同屬於上帝，故鄭云『造猶即』，與造門之造同也。云『爲兆以類禮，即祭上帝』者，若依國四郊，則自有尋常兆域，今戰訖而祭，故須新爲壇兆，故云『爲兆』也。云『大神，社及方岳』者，大神文在『上帝』下，而云封祭之，明是社也。知兼有方岳者，見小宗伯云軍將有事於四望，謂將戰時；今戰訖所告，明兼祭方岳，方岳即四望也。云『山川，蓋軍所依止』者，以其山川衆多，不可並祭，軍旅思險阻，軍止則必依山川，故知祭軍所依止者也。」凡師不功，則助牽主車。」助，助大司馬也。　謂師無功，肆師助牽之，恐爲敵所得。　疏曰：「主中有二：爲社之石主，遷廟木主也。大司馬職云：『若師不功，則厭而奉主車。』故知肆師助大司馬也。」　春官上。

小祝：「大師，掌釁祈號祝。　疏曰：「祈號祝者，將出軍禱祈之禮，皆小祝號以讀祝辭。」有寇戎之事，則保郊祀于社。」故書「祀」或作「禩」。　鄭司農云，謂保守郊祭諸祀及社，無令寇侵犯之。　玄謂「保」、「祀」互文，郊社皆守而祀之，彌烖兵。　禩音祀。令，力呈反。彌依注音敉，亡爾反。　疏曰：「『玄謂保、祀互文』者，郊言保守，亦祀；社言祀，亦保守，故云『郊社皆守而祀之』。云『彌烖兵』者，經言有寇戎之事，則亦是烖兵，故引小祝彌烖兵而解之。」春官下。

傳：「是類是禡，師祭也。」「是類是禡」，詩大雅皇矣篇文也。師祭者，言用師出征之祭名也。王制云：「天子將出征，類于上帝，禡于所征之地」也。爾雅。

帥師者受命于廟，受脤于社。脤，市軫反。疏曰：「釋天云〔二〕：『起大事，動大衆，必先有事乎社而後出，謂之宜。』大宗伯：『以脤膰之禮，親兄弟之國。』今言受脤於社，明是祭社之肉，盛於脤器，賜元帥也。地官掌蜃：『祭祀共蜃器之蜃。』鄭玄云：『蜃，大蛤。脤之器，以蜃飾，因名焉。』」盛音成。閔公二年左氏傳。

君以軍行，祓社釁鼓，祝奉以從。祓音弗。釁，許靳反。從，如字。師出，先有事祓禱於社，謂之宜社。於是殺牲，以血塗鼓鼙，爲釁鼓〔三〕。奉，奉社主也。鼙，步西反。疏曰：「尚書甘誓云：『用命賞于祖，弗用命戮于社。』孔安國云：『天子親征，必載遷廟之祖主及社主行。有功則賞于祖前，示不專也；不用命奔北者，則戮之於社主前。社主陰，陰主殺，親祖、嚴社之義也。』是軍行必載社主行，故祝官奉主以從。」定公四年左氏傳。

曾子問曰：「古者師行，必以遷廟主行乎？」孔子曰：「天子巡守，以遷廟主行，載于齊車，言必有尊也。今也，取七廟之主以行，則失之矣。」齊，側皆反，注及下同。齊車，金路。疏曰：「按齊僕云：『掌馭金路。』大馭：『掌馭玉路。』凡祭祀皆乘玉路，齊車則降一等，乘金路也。遷廟主行，皇氏云：謂載新遷廟之主。」餘見宗廟篇上。

曾子問曰：「古者，師行無遷主，則何主？」孔子曰：「主命。」問曰：「何謂也？」孔子曰：「天子、諸侯將出，必以幣帛、皮圭告于祖禰，遂奉以出，載于齊車以行。每舍，奠焉而后就舍。以脯醢禮神，乃敢即安也。所告而不以出，即埋之。疏曰：「以曾子不解『主命』之意，故孔子答以『主命』之義，云天子諸侯將出，必以幣帛、皮圭告祖禰之廟，告訖，遂奉此幣帛、皮圭以出於廟，載于齊車金路以行。每至停舍之處，先以脯醢奠此幣帛、皮圭，而後始就停舍之處。行還反後，必陳此幣帛、皮圭於祖禰主前以告神，又設奠祭。既卒，斂此幣帛、皮圭，埋諸兩階之間，乃復而出。蓋貴此主命故也〔三〕。」反必告，設奠卒，斂幣玉藏諸兩階之間乃出，蓋貴命也。」禮記。

庶子之正於公族者，正者，政也。庶子，司馬之屬，掌國子之倅，爲政於公族者。其在軍，則守於公禰。謂從軍者。公禰，行主也。所以遷主〔二四〕，言禰，在外親也。疏曰：「此一節明庶子從行在軍之事。則守於公禰者，公禰謂遷主載在齊車，隨公行者也。庶子官既從在軍，故守於公齊車之行主也。行主是遷主，而呼爲禰者，既在國外，欲依親親之辭。」文王世子。「戰則守於公禰，孝愛之深也。」注曰：「行主，君父之象。」同上。敢用玄牡，敢昭告于上天神后，請罪有夏。牡，茂后反。明告天問桀，百姓有何罪而加虐乎？疏曰：「孔安國注論語云，殷家尚白，未變夏禮，故用玄牡。」湯誥。予小子夙夜祗懼，受命文考，類于上帝，宜于冢土，以爾有衆，底天之罰。疏曰：「王制云：『天子將出，類乎上帝，宜乎社，造乎禰。』此受命文考，即是造乎禰者。王制以神尊卑爲次，故先言帝、社，後言禰；此以廟是己親，若言家内私議，然後告天，故先言受命文考，而後言類于上帝。」泰誓上。底商之罪，告于皇天后土、所過名山大川，疏曰：「禮，天子出征，必類帝、宜社。此告皇天后土，即泰誓上篇『類于上帝，宜于冢土』，故云后土，社也。自周適商路過河、華，故知所過名山，華岳；大川，河也。山川大乃有名，名大互言之耳。」曰：「惟有道曾孫周王發，將有大正于商。告天地、山川之辭。大正，以兵征之也。疏曰：「自稱『有道』者，聖人至公，爲民除害，以紂無道，言己有道，所以告神求助，不得飾以謙辭也。稱『曾孫』者，曲禮説諸侯自稱之辭云：『臨祭祀，内事曰孝子某侯某，外事曰曾孫某侯某。』哀二年左傳，蒯聵禱祖，亦自稱曾孫，皆是言己承籍上祖奠享之意。」予小子既獲仁人，敢祗承上帝，以遏亂略，仁人謂太公、周、召之徒。略，路也。言誅紂敬承天意，以絶亂路。華夏蠻貊，罔不率俾恭天成命，冕服采章曰華，大國曰夏，及四夷皆相率而使奉天成命。肆予東征，綏厥士女。此謂十一年會孟津還時。惟其士女，篚厥玄黃，昭我周王，言東國士女筐篚盛其絲帛，奉迎道次，明我周王爲之除害。天休震動，用附我大邑周。天之美應，震動民心，故用依附我。惟爾有神，尚克相予，以濟兆民，無作神羞。」周書武成。惟一月壬辰，旁死魄。越翼日，癸巳，于征伐商。疏曰：「此歷敘伐紂往反祀廟、告天時日，説武功成之事也。一月壬辰旁死魄，謂伐紂之年，周正月辛卯朔，其二月是壬辰也。翼日，癸巳，王朝步自周，于征伐商，謂正月三日發鎬京〔二五〕，始東行也。其月二十八日戊午，渡河。泰誓序云『一月戊午，師渡孟津』，泰誓中篇云『惟戊午，王次于河朔』是也。二月辛酉朔，甲子，殺紂，牧誓云『時甲子昧爽，乃誓』是也。其年閏二月庚寅朔，三月庚申朔，四月己丑朔。厥四月，哉生明，王來自商，至于豐，謂四月三日，月始生明，其日當是辛卯也。丁未，祀于周廟，四月十九日也。越三日庚戌，柴望，二十二日也。正月始往伐，四月告成功。史叙其事，見其功成之次。」厥四月，哉生明，王來自商，至于豐。疏曰：「生明、死魄，俱是月初。上云死魄，此生明，魄死而明生，互言也。」丁未，祀于周廟，邦甸侯衛駿奔走，執豆籩。四月丁未，祭告后稷以下，文考文王以上七世之祖。駿，大也。邦國甸侯衛服諸侯，皆大奔走於廟執事。越三日庚戌，柴望，大告武成。燔柴郊天，望祀山川。先祖後郊，自近始。武成。牧之野，武王之大事也。既事而退，柴於上帝，祈於社，設奠於牧室。疏曰：「既事而退者，既戰罷而退也。柴於上帝者，謂燔柴以告天。祈於社者，陳祭以告社也。設奠於牧室者，設此奠祭於牧野之館室，以告行主也。」遂率天下諸侯，執豆籩，逡奔走。逡，息俊反，疾也。周頌曰：「駿奔走在廟。」追王大王亶父、王季歷、文王昌，不以卑臨尊也。追王，於况反。亶，丁但反。父音甫。不以諸侯之卑號臨天子也。禮記大傳。莊公八年春，王正月甲午，治兵。治兵於廟，習號令，將以圍郕。疏曰：「治兵於廟，欲就尊嚴之處，使之威畏用命耳。但軍旅之衆，非廟内所容，止應告於宗廟，出，在門巷習之。昭十八年，傳稱鄭人簡兵大蒐，將爲蒐除。杜云：『治兵於廟，城内地迫，故除廣之。』是告於廟，習於巷也。下有圍郕，知治兵爲圍郕也。」左氏曰：「治兵於廟，禮也。」公及諸侯從劉康公、成肅公會晉侯伐秦，成子受脤於社，不敬。脤，市軫反。脤，宜社之肉也。盛以蜃器，故曰脤。宜，出兵祭社之名。劉子曰：「吾聞之，民受天地之中以生，所謂命也。是以有動作禮義威儀之則，以定命也。能者養之以福，養威儀以致福。不能者敗以取禍，是故君子勤禮，小人盡力。勤禮莫如致敬，盡力莫如敦篤。敬在養神，篤在守業。國之大事，在祀與戎，祀有執膰，膰，祭肉。　盡，津忍反。下同。膰音燔。　戎有受脤，神之大節也。交神之大節。今成子惰，棄其命矣，其不反乎！」爲成肅公卒于瑕張本。　疏曰：「天地之中，謂中和之氣也。民者，人也。言人受天地中和之氣，以得生育，所謂命也。命者，教命之意，若有所禀受之辭，故孝經説云『命者，人所禀受』是也。」成公十三年左氏傳。

晉侯伐齊，將濟河，獻子以朱絲係玉二瑴而禱曰：「齊環怙恃其險，負其衆庶，雙玉曰瑴。環，齊靈公名。負，依也。棄好背盟，陵虐神主。神主，民也。謂數伐魯，殘民人。曾臣彪將率諸侯以討焉，彪，晉平公名。稱臣者，明上有天子，以謙告神。曾臣猶末臣。其官臣偃實先後之。守官之臣。偃，獻子名。苟捷有功，無作神羞，官臣偃無敢復濟。偃信巫言，故以死自誓。惟爾有神裁之！」沈玉而濟。襄公十八年左氏傳。

晉伐鄭，楚子救鄭，遇於鄢陵。楚子登轈車以望晉軍，轈車，車上爲櫓。　疏曰：「説文云：『轈車，高車加巢，以望敵也。櫓，澤中守草樓也。』是轈與櫓俱樓之別名。」子重使太宰伯州犁侍於王後。王曰：「騁而左右，何也？」曰：「召軍吏也。」「皆聚於中軍矣！」曰：「合謀也。」「張幕矣！」曰：「虔卜於先君也。」虔，敬也。「徹幕矣！」曰：「將發命也。」「甚囂，且塵上矣！」曰：「將塞井夷竈而爲行也。」夷，平也。「皆乘矣，左右執兵而下矣！」曰：「聽誓也。」疏曰：「兵車，唯元帥在中，御者在左也；其餘將帥，皆御者在中，將帥在左也。左右執兵而下，唯御者持車不下也。」「戰乎？」曰：「未可知也。」「乘而左右皆下矣！」曰：「戰禱也。」禱，請於鬼神。成十六年左氏傳。

楚子圍許，許男面縛銜璧，大夫衰絰，士輿櫬。縛手於後，唯見其面，以璧爲贄，手縛故銜之。櫬，棺也。將受死，故衰絰。　楚子問諸逢伯，逢伯，楚大夫。對曰：「昔武王克殷，微子啓如是。武王親釋其縛，受其璧而祓之，祓，除凶之禮。　疏曰：「周禮，女巫掌歲時祓除。謂之祓除，明是除凶之禮也。」焚其櫬，禮而命之，使復其所。」楚子從之。僖公六年左氏傳。鄭子展、子產伐陳，入之。子展命師無入公宫，與子產親御諸門。陳侯使司馬桓子賂以宗器〔二六〕。陳侯免，擁社，御，魚吕反。免音問。擁，於勇反。擁社，抱社主，示服。免，喪服。使其衆，男女别而纍，以待於朝。纍，自囚繫以待命。子展執縶而見，縶，陟立反。見，賢遍反。見陳侯。再拜稽首，承飲而進獻。承飲，奉觴，示不失臣敬。子美入，數俘而出。數，所主反。子美，子產也。但數其所獲人數，不將以歸。祝祓社，司徒致民，司馬致節，司空致地，乃還。祓，除也。節，兵符。陳亂，故正其衆官，修其所職，以安定之〔二七〕，乃還也。疏曰：「周禮有掌節之官。節爲兵符，若今之銅虎符、竹使符也。陳國既亂，致使官司廢闕，民人分散，符節失亡，故令陳之司徒招致民人，司馬集致符節，司空檢致土地，使各依其舊，師乃迴還也。劉炫云：『陳國既亂，民節與地非復陳有。子展、子產心不滅陳，各使己之官屬以安定之乃還也。』」襄公二十五年左氏傳。楚子敗晉師于邲，潘黨曰：「君盍築武軍，而收晉尸，以爲京觀？」觀，古亂反。積尸封土其上，謂之京觀。楚子曰：「古者，明王伐不敬，取其鯨鯢而封之，以爲大戮，於是乎有京觀，以懲淫慝。鯢，五兮反。鯨鯢，大魚名。以喻不義之人，吞食小國。今罪無所，而民皆盡忠以死君命，又何以爲京觀乎？」祀於河，作先君宫，告成事而還。傳言：「楚莊有禮，所以遂興。」宣公十有二年左氏傳。

孔叢子〔二八〕：問軍禮，曰：「天下有道，禮樂征伐自天子出。必以歲之孟秋，賞軍帥武人於朝，簡練傑俊，任用有功，命將選士，以誅不義。於是孟冬以級授軍，司徒搢扑，北面而誓之。誓於社，以習其事。先期五日，太史誓於祖廟，擇吉日齋戒，告於郊、社稷、宗廟。既筮，則獻兆於天子。天子使有司以特牲告社，告以所征之事而受命焉。舍奠於帝學以受成，然後乃類上帝，柴於郊以出。

以齊車載遷廟之主及社主行，大司馬職奉之；無遷廟主，則以幣帛、皮圭告於祖禰，謂之主命，亦載齊車。凡行主、皮圭、幣帛，皆每舍奠焉，而後就舍。主車止於中門之外，外門之內，廟主居於道左，社主居於道右。其所經名山大川，皆祭告焉。　天子命將出征，親絜齊盛服，設奠於祖以詔之。大將先入，軍吏畢從，皆北面再拜稽首而受，天子當階南面命，授之節鉞。大將受，天子乃東向西面而揖之，示弗御也。然後告太社，冢宰執蜃，宜於社之右，南面授大將。大將北面稽首再拜而受之，承所頒賜於軍吏。其出不類，其克不禡。戰之所在，有大山川則祈焉。禱克於上帝，捷則報之。振旅復命，簡異功勳，親告廟告社，而後適朝。　及至敵所，將戰，太史卜戰日，卜右、御。戰日，將帥陳列車甲卒伍於軍門之前，有司讀誥誓使周，定三令五申。既卒，遂禱戰，祈克於上帝，然後即敵。將士戰，全己克敵，使擇吉日，復禡於所征之地，柴於上帝，祭社奠祖，以告克者，不頓兵傷士也。戰不克，則不告也。　凡類禡皆用甲、丙、戊、庚、壬之剛日。有司簡公行賞，不稽於時。其用命者，則加爵受賜於祖奠之前；其奔北犯令者，則加刑罰，戮於社主之前。然後鳴金振旅，有司徧告捷於時所有事之山川。　既至，舍於國外三日，齊以特牛，親格於祖禰然後入，設奠以反主。若主命，則卒斂玉埋之於廟兩階間，反社主如初迎之禮。舍奠於帝學，以訊馘告。大享於群吏，用備樂，享有功於祖廟，舍爵策勳焉，謂之飲至。此天子親征之禮也。　祈勝之禮：命勇謀之將以禦敵。先使之迎於敵所從來之方，爲壇祈克乎五帝。衣服隨其方色，執事人數從其方之數，牲則用其方之牲。祝史告於社稷、宗廟、邦域之內名山大川。君親素服誓衆於太廟曰：『某人不道，侵犯大國，二三子尚皆同心比力，死而守。』將帥稽首再拜受命，既誓，將帥勒士卒，陳於廟之右。陳，去聲。君立太廟之庭，祝史立於社，百官各警其事，御於君以待命。乃大鼓於廟門，詔將帥命卒習射三發，擊刺三行，告廟用兵於敵也。五兵備效，乃鼓而出以即敵。此諸侯應敵之禮也。」

漢高祖起兵爲沛公，祠黄帝，祭蚩尤於沛庭而釁鼓。

武帝元狩四年，大將軍衛青、將軍霍去病伐匈奴，至幕北，圍單于，斬獲首虜七萬級〔二九〕，封狼居胥山乃還。師古曰：「登山祭天，築土爲封，刻石紀事，以彰漢功。」

元鼎五年，帝爲伐南越，告禱於泰一，以牡荆畫幡日月北斗登龍，以象泰一三星〔三〇〕，爲泰一鏠旗注見祭星門。命曰「靈旗」。爲兵禱，則太史奉以指所伐國。

漢祀令：天子行有所之，出河，沉用白馬、珪璧各一，衣以繒緹五尺；祠用脯二束、酒六斗、鹽一升。涉渭、灞、涇、洛，他名水如此者，沉珪璧各一，律在所給祠具及行沉祠。他川水，先驅投石，少府給珪璧。不滿百里者不沉。

漢儀：立秋之日，自郊禮畢〔三一〕，始揚威武，斬牲於郊東門〔三二〕，以薦陵廟。其儀：乘輿御戎路，白馬朱鬣，躬執弩射牲，牲以鹿麛。太宰令〔三三〕、謁者各一人，載以獲車，馳送陵廟，還宫，遣使者齎束帛以賜武官。武官肄兵，習戰陣之儀、斬牲之禮，名曰「貙（敕俱反。劉）」。兵、官皆肄孫、吴兵法六十四陳。既還，公卿以下陳雒陽前街，乘輿到，公卿以下拜，天子下車，公卿親識顔色，然後還宫。古語曰「在車下車」〔三四〕，則惟此時施行。漢世率以爲常，至獻帝建安二十一年，魏國有司奏：「古四時講武皆於農隙。

漢西京承秦制，三時不講，惟十月都講。今金革未偃，士衆素習，可無四時講武，但以立秋擇吉日大朝車騎，號曰閲兵〔三五〕。上合禮名，下承漢制。」奏可。是冬，閲兵，魏王親執金鼓，以令進退。

按：古者，天子之巡狩也，出則類祭，反則告至。其征伐也，出則類禡，入則振旅。皆有事於天地、祖宗，其禮至不輕也。自漢而後，則無聞焉，惟巡狩所至，則祠其名山大川，而請武之祭，則只於平時教閲之際行之。至於征伐，則亦無治兵、振旅之禮矣。

魏文帝黄初元年七月，將東巡。以大軍當出，使太常以特牛告南郊。

梁武帝時，禮官司馬筠議：「自今大事遍告七廟，小事止告一室。」於是議以封禪、南北郊、祀明堂、巡省四方、御臨戎出征、皇太子加元服、寇賊平蕩、築宫立闕、纂戎、戒嚴，合十一條，則遍告七廟。講武、修宗廟明堂、臨軒封拜公王、四夷款化貢方物、諸公王以愆削封及詔封王紹襲，合六條，則告一室。帝從之。

後齊，天子親征纂嚴，則服通天冠，文物充庭。有司奏更衣，乃入，冠武弁，左貂附蟬以出。誓訖，擇日備法駕，乘木輅，以造於廟。載遷廟主於齋車，以俟行。次宜於社，有司以毛血釁軍鼓，載帝社石主於車，以俟行。次擇日陳六軍，備大駕，類於上帝。次擇日祈后土、神州、嶽鎮、海瀆、源川等。乃爲坎盟，督將列牲於坎南，北首。有司坎前讀盟文，割牲耳，承血。皇帝受牲耳，偏授大將，乃寘於坎；又歃血，歃偏，又以寘坎。禮畢，埋牲及盟書。又卜日，建牙旗於墠，祭以太牢。及所過名山、大川，使有司致祭。將届戰所，卜剛日，備玄牲，列軍容，設柴於辰地，爲墠而禡祭。大司馬奠矢，有司奠毛血，樂奏大護之音。禮畢，徹牲，柴燎之。戰前一日，皇帝禱祖，司空禱社。戰勝，則各報以太牢。又以太牢賞用命戰士於祖〔三六〕，引功臣入旌門〔三七〕，即神庭而授版焉。又罰不用命於社，即神庭行戮訖，振旅而還。格廟詣社訖，擇日行飲至禮，文物充庭。有司執簡，紀年號月朔，陳六師凱入格廟之事，飲至策勳之美，因述其功，不替賞典焉。

隋制：行幸所過名山、大川，則有司致祭，嶽瀆以太牢，山川以少牢。親征及巡狩，則類上帝、宜社、造廟，還禮亦如之。將發軔，則軷祭。其禮：有司於國門外委土爲山象，設埋埳。有司刳羊，陳俎豆。駕將至，委奠幣，薦脯醢〔三八〕，加羊於軷，西首。又奠酒解羊，并饌埋於埳。駕至，太僕祭兩軹及軓前〔三九〕，乃飲，授爵，遂轢軷上而行。

開皇八年，以伐陳有事於太廟。帝親餞將士，陳師誓衆。

九年四月，帝幸驪山，親勞旋師。諸軍凱入，獻俘於太廟。

煬帝大業七年，征遼東，亦行類帝、宜社之禮。

唐高祖武德元年，秦王平薛仁杲，凱旋，獻俘於太廟。

三年〔四〇〕，秦王破宋金剛，復并州地，凱旋，獻捷於太廟。

四年，秦王平東都，被金甲，陳鐵馬一萬〔四一〕、甲士三萬，俘王世充、竇建德及隋神器、輦輅，獻捷於太廟。

太宗貞觀四年，李靖俘頡利可汗，獻捷於太廟。

高宗總章元年，以高麗平，獻俘於含光殿；大會李勣及部將以下，獻俘於昭陵，乃備軍容。奏凱歌於京城，獻於太廟。　以後征四夷，討叛臣有功，皆獻俘太廟。

儀鳳二年，太常以仲春告祥瑞於太廟。高宗令禮官徵求故實，太常博士賈大隱對曰：「古者，祭以首時，薦用仲月。近代相承，元日奏祥瑞，二月然後告於廟，蓋緣告必有薦，便於禮也。又檢貞觀以來敕令無文，禮司因循，不知所起。」上令依舊行焉。

宋太祖皇帝建隆元年四月，太常禮院言：「車駕征潞州，出宮日，請遣官告天地、太廟、社稷，城門外軷祭用羝羊一，所過州府河橋及名山大川、帝王名臣陵廟去路十里內者，各令本州以香祭告。」從之。六月，平澤潞，及車駕還宮，皆遣官奏告天地、太廟、社稷，仍祭祓廟、泰山廟、城隍廟。

其年十月征揚州，及太平興國四年征河東，並用此禮。

古者，天子巡狩出征，有親告宗廟之禮，宋朝因之。故幸西京，封泰山，祠后土，謁太清宮，皆親告太廟。三歲皇帝行郊祀，及每歲祈穀上帝，祀感生帝，雩祭，祀方丘，明堂大饗，祭神州地祇，祀圜丘，並遣官告祖宗配侑之意。他大事，自祖宗以來，登位，改名，上尊號，改元，立皇后、太子，皇子生，納降，獻俘，親征，籍田，朝陵，肆赦，河平，大喪，上謚，山陵，園陵，祔廟，皆遣官奏告天地、宗廟、諸陵，及告社稷、嶽瀆、山川、宮觀、在京十里內神祠。其儀用犧罇、豆、籩各一，實以酒、脯、醢。宮觀以素饌、時果。祝版，幣帛，行一獻禮。

乾德三年，太常禮院言：「孟昶到闕日，請差官奏告太廟、社稷。」從之。

開寶四年，平廣南，劉鋹赴闕，奏告如孟昶例。

太宗太平興國四年五月，詔遣直史館石熙古還上都，以平晉告宗廟。七月，劉繼元至，命宰臣薛居正攝太尉，行告廟禮。遣通事舍人薛文寶引繼元及僞命官以獻。

太平興國五年十一月，太常禮院言：「車駕北征，請出宫前一日，遣官祭告天地於圜丘，其禮特牲；太廟、太社、太稷壇用太牢；望祭五嶽、四瀆、名山大川於四郊，磔風於風伯壇，祀雨師於本壇，禱馬於馬祖壇，祭蚩尤及禡牙於北郊，並用少牢；祭北方天王於北郊，迎氣壇用香柳枝、燈油、乳粥、蘇蜜、餅果。」從之，仍遣内侍一人監祭。

真宗咸平六年〔四二〕，車駕北征，亦用此例。

景德元年，上封事者言：「按開元禮義鑑云〔四三〕：『車駕行幸，路次有名山大川，去三十里内則祭之；名臣，十里内則祭之。』今朝陵有期，緣州縣所記山川、祠宇，名多僞俗，望委禮官先檢詳事迹以聞。」可下太常禮院。禮院言：「同開封府、孟鄭州所供山川神祠，除京城神祠舊係祀典者，今約定祠宇，請下逐州差官依禮致祭。」從之。

哲宗元祐二年九月，熙河路經略總管司擒西蕃大酋領鬼章以獻，詔差左諫議大夫孔文仲告永裕陵。

高宗紹興六年八月，太常寺言：「車駕巡幸建康，進發前二日，遣官奏告天地、宗廟、社稷、應臨安府載在祀典神祇；出國城日軷祭，用羝羊、祝文，并致祭沿路橋梁、十里内神祠、名山大川。」從之。

三十一年，詔：「金人敗盟，朝廷興師，合奏告天地、宗廟、社稷，令太常寺條具。」

尋具到：「合奏告天地、社稷、九宮貴神、五福十神。泰一差宰執，宗廟差親王，諸陵攢宫差宗室節度使及正佐以上行奏告禮；及遣官祭告蚩尤、馬祖、北方天王、五嶽、四瀆、名山大川；并令招討使行禡祭之禮。」並從之。

寧宗開禧二年五月，以興師北伐，奏告天地、宗廟、社稷、宫觀、九宮貴神、五嶽、四瀆、風伯、雨師、北方天王、馬祖、蚩尤。

三年二月〔四〕，吴曦叛逆就誅，奏告天地、宗廟、社稷。

校勘記

〔一〕宗　「宗」上原衍「謂六」二字，據尚書舜典傳删。

〔二〕未以祖配　「未」原作「末」，據後漢書祭祀志上改。

〔三〕魏文帝黄初元年十月　「十」下原衍「一」字，據三國志卷二文帝紀删。

〔四〕漢主以神器宜授於臣　「主」原作「王」，據三國志卷二文帝紀注引獻帝傳改。

〔五〕受帝璽綬　「帝」原作「命」，據三國志卷二文帝紀注引獻帝傳改。

〔六〕尚饗永吉　「吉」原作「告」，據三國志卷二文帝紀注引獻帝傳改。

〔七〕成都武擔之南　「南」原作「内」，據三國志卷三二先主傳改。

〔八〕又懼漢邦將湮於地　「邦」，三國志卷三二先主傳作「阼」。

〔九〕若告　「若」原作「知」，據通典卷五五禮典一五改。

〔一〇〕出便南郊　「南」原作「當」，據通典卷五五禮典一五改。

〔一一〕如禪議　「議」原作「儀」，據通典卷五五禮典一五改。

〔一二〕禮也唯天子稱天以誄之　「也唯」二字原脱，據禮記曾子問補。

〔一三〕祭天告至也　原作「祭告天也至」，據禮記王制疏乙正。

〔一四〕必知每廟皆一牛者　「每廟」二字原倒，據禮記王制疏乙正。

〔一五〕明此巡守過山川用灌可知　「明」字原脱，據周禮考工記疏補。

〔一六〕祭表貉　周禮肆師於「貉」下有「則爲位」三字，下文「於所立表之處」至「或曰黄帝」爲注文而非正文。

〔一七〕有司　「有」上原衍「帥」字，據周禮小宗伯注删。

〔一八〕大師職文　「文」原作「云」，據周禮大司馬疏改。

〔一九〕冠於武上　「冠」上原衍「吉」字，據周禮大司馬疏删。

〔二〇〕即祭上帝也　「即」字原脱，據周禮肆師注補。

〔二一〕釋天云　「天」原作「文」，據左傳閔公二年疏、爾雅釋天改。

〔二二〕以血塗鼓鼙爲釁鼓　二「鼓」字原脱，據左傳定公四年注補。

〔二三〕蓋貴此主命故也　「貴」字原脱，據禮記曾子問疏補。

〔二四〕所以遷主　「所」原作「行」，據禮記文王世子注改。

〔二五〕謂正月三日發鎬京　「三」下原衍「十」字，據尚書武成疏删。

〔二六〕司馬桓子賂以宗器　「桓」原作「柏」，據元本、慎本、局本及左傳襄公二十五年改。

〔二七〕以安定之　「安」字原脱，據左傳襄公二十五年注補。

〔二八〕孔叢子　據孔叢子問軍禮，此下爲陳王問太師之語，疑此處有脱文。

〔二九〕斬獲首虜七萬級　「首虜」二字原倒，據元本、慎本、馮本及漢書卷六武帝紀乙正。

〔三〇〕以象泰一三星　「星」原作「皇」，據漢書卷二五上郊祀志上改。

〔三一〕自郊禮畢　後漢書禮儀志中同原刊，盧文弨群書拾補「自」作「白」。

〔三二〕斬牲於郊東門　「郊」字原脱，據後漢書禮儀志中補。

〔三三〕太宰令　「令」原作「命」，據後漢書禮儀志中改。

〔三四〕在車下車　後漢書禮儀志中注引獨斷作「在車爲下」。

〔三五〕號曰閲兵　「閲」，後漢書禮儀志中注引魏書作「治」。下同。

〔三六〕又以太牢賞用命戰士於祖　「又以太牢」四字原脱，據隋書卷八禮儀志三補。

〔三七〕引功臣入旌門　「旌」原作「旗」，據隋書卷八禮儀志三、通典卷七六禮典三六改。

〔三八〕薦脯醢　「薦」字原脱，據隋書卷八禮儀志三補。

〔三九〕及軓前　「軓」原作「軌」，據隋書卷八禮儀志三改。

〔四〇〕三年　「三」原作「二」，據新唐書卷二太宗紀、舊唐書卷二太宗紀改。

〔四一〕陳鐵馬一萬　「馬」，新唐書卷二太宗紀作「騎」，義勝。

〔四二〕真宗咸平六年　據宋史卷六、卷七真宗紀，咸平二年十二月，真宗曾北至大名，景德元年十一月，曾北至澶州。長編卷四五、四六及卷五八記事與宋史同。二書皆無咸平六年北征事，疑此處有誤。

〔四三〕按開元禮義鑑云　「義」原作「儀」，據本書卷一八七經籍考一四改。

〔四四〕三年二月　「二月」原作「三月」，據宋史卷三八寧宗紀二改。

卷九十　郊社考二十三

雜祠淫祠

大宗伯，以疈辜祭四方百物。疈，孚逼反。　注疏見四方禮。　春官鬯人，凡祭祀疈事用散。注疏見祭器條。　鼓人，凡祭祀百物之神，鼓兵舞、帗舞者，兵謂干戚也。帗，列五采繒爲之，有秉。皆舞者所執。　疏曰：「云『鼓兵舞帗舞』者，天地之小神，所舞不過此兵舞、帗舞二事。按下舞師，山川用兵舞，社稷用帗舞。今此小神等，若義近山川者，舞兵舞；義近社稷者，舞帗舞。故六舞之中，唯言此二舞而已。　按司兵云：『祭祀，授舞者兵。』鄭亦云：『授以朱干、玉戚。』必知兵舞是干戚者，見禮記樂記云『干戚之舞』〔一〕，祭統又云『朱干玉戚』〔二〕，並是大武之舞，是知兵舞干戚也。又知帗舞『列五采繒爲之，有秉』者，按樂師注『帗析五采繒，今靈星舞子持之』，是舉今以曉古，故知之也。」　地官。　一獻質，謂祭群小祀也。　疏曰：「祭群小祀最卑，但一獻而已，其禮質略。」一獻孰。一獻，祭群小祀也，孰而已。　並禮器。　王祭群小祀則玄冕。群小祀，林澤、墳衍、四方百物之屬。玄者，衣無文，裳刺黻而已。凡冕服皆玄衣纁裳。　疏曰：「以其祭服，衣本是玄。今玄冕一章，仍以玄爲名，明衣上無畫；一章者，刺黻於裳而已。」

周立壽星祠於下杜亳，亳，湯所都，濟陰亳縣。　師古曰：「杜即京兆杜縣〔三〕，有亳亭，非湯之都也。」時奉焉。　又立杜主祠，因宣王殺杜伯射王，故周人尊其鬼，以歲時奉祠。

惠王十五年，有神降於莘。惠王十五年，魯莊公三十二年。降，下也，言自上而下，有聲像以接人也。莘，虢地也。　王問於内史過內史，周大夫；過，名也。掌爵禄廢置及策命諸侯、孤、卿、大夫也。曰：「是何故？固有之乎？」故，事也。固猶常也。對曰：「有之。國之將興，其君齊明衷正，齊，一也。衷，中也。精潔惠和，其德足以昭其馨香，惠，愛也。馨香，芳馨之升聞也。其惠足以同其民人。同，一也。神享而民聽，民神無怨，故明神降之，觀其政德而均布福焉。國之將亡，其君貪冒辟邪，淫泆荒怠，麤穢暴虐；其政腥臊，馨香不登；腥臊，臭惡也。登，上也。若馨香不上聞於神，神不享也。傳曰：「黍稷非馨，明德唯馨。」其刑矯誣，以詐用法曰矯，加誅無罪曰誣。百姓攜貳。攜，離；貳，二心也。明神不蠲，蠲，潔也。而民有遠志，欲叛也。民神怨痛，無所依懷，懷，歸也。故神亦往焉，觀其苛慝而降之禍。苛，煩也。慝，惡也。是以或見神以興〔四〕，亦或以亡。昔夏之興也，融降於崇山；融，祝融也。崇，崇高山也。夏居陽城，崇高所近也。其亡也，回禄信於聆隧。回禄，火神。再宿爲信。聆隧，地名。商之興也，檮杌次於丕山；檮杌，鯀也。過信曰次。丕，大。邳山在河東。其亡也，夷羊在牧。夷羊，神獸。牧，商郊牧野也。周之興也，鸑鷟鳴於岐山；三君云：「鸑鷟，鳳之别名也。詩云：『鳳凰鳴矣，於彼高岡。』其在岐山之脊乎〔五〕？」其衰也，杜伯射王於鄗。鄗，鄗京。杜國，伯爵，陶唐氏之後也〔六〕。春秋傳曰：「宣王殺杜伯而不辜。後三年，宣王會諸侯田於圃，日中，杜伯起於道左，衣朱衣，冠朱冠，操朱弓朱矢射宣王，中心折脊而死也。」是皆明神之志者也。志，記也。見記録在史籍也。王曰：「今是何神也？」對曰：「昔昭王娶於房，曰房后，康王之子昭王也。房，國名。實有爽德，協於丹朱，爽，貳也〔七〕。協，合也。丹朱，堯子也。丹朱憑身以儀之，生穆王焉。憑，依也。儀，匹也。詩云：「實維我儀。」言房后之行有似丹朱，丹朱憑依其身而匹偶焉，生穆王也。是實臨照周之子孫而禍福之〔八〕。夫神壹，不遠徙遷。言神一心依憑於人，不遠遷也。若由是觀之，其丹朱之神乎？」

王曰：「其誰受之？」對曰：「在虢。」言神在虢，虢其受之。王曰：「然則何爲？」何爲在虢。對曰〔九〕：「臣聞之，道而得神，是謂逢福；逢，迎也。淫而得神，是爲貪禍。以貪取禍也。今虢少荒，其亡乎？」王曰：「吾其若之何？」對曰：「使太宰以祝、史帥狸姓，奉犧牲、粢盛、玉帛往獻焉〔一〇〕，太宰，王卿也，掌祭祀之式、玉帛之事。祝，太祝也，掌祈福祥。史，太史也，掌次王位。狸姓，丹朱之後是也。其神必歆，故帥之以往也。凡純色謂之犧也。無有祈也。」祈，求也。無有祈請，禮之而已。王曰：「虢其幾何？」對曰：「昔堯臨民以五，五，五年一巡狩也〔一一〕。今其胄見，胄，後也，謂丹朱之神。神之見也，不過其物。物，數也。若由是觀之，不過五年。」王使太宰忌父周公忌父〔一二〕。帥傅氏及祝、史傅氏，狸姓也，在周爲傅氏。奉犧牲、玉鬯往獻焉。玉鬯，鬯酒之圭，長尺二寸，有瓚，所以灌地降神之器。內史過從之虢，從，從太宰而往也。內史不掌祭祀，王以其賢，使以聽之也〔一三〕。虢公亦使祝、史請土焉。祝、史，虢之祝、史。祝應，史嚚。內史過歸，以告王曰：「虢必亡矣。不禋於神而求福焉，神必禍之；潔祀曰禋。不親於民而求用焉，人必違之。用，用其財力也。精意以享，禋也；享，獻也。慈保庶民，親也。慈，愛也。保，養也。今虢公動匱百姓以逞其違，離民怒神而求利焉，不亦難乎！」十九年，晉取虢。惠王十九年，魯僖之五年也。

秦文公東獵汧、渭之間，夢黃蛇自天而下屬地，其口止於鄜衍，乃作鄜畤。後九年，文公獲若石云，於陳倉北阪城祠之。質如石，似肝。陳倉之北阪上城中也。其神或歲不至，或歲數，來也常以夜，光輝若流星，從東方來，集於祠城，若雄雉，其聲殷殷云，野鷄夜鳴。師古曰：「殷殷，聲也。云，傳聲之亂也。言陳寶若來而有聲，則野鷄皆鳴以應之也。雉即是野鷄。」以一牢祠之，名曰陳寶，作陳寶祠。臣瓚曰：「陳倉縣有寶夫人祠，或一歲、二歲與葉君合。葉君神來時，天爲之殷殷雷鳴，雉爲之雊也。」正義曰：「晉太康地志云：『秦文公時，陳倉人獵得獸若彘，不知名，牽以獻之。逢二童子，童子曰：「此名爲媦，常在地中食人腦。」即欲殺之，拍捶其首，媦亦語曰：「二童子名陳寶，得雄者王，得雌者霸。」陳倉人乃逐二童子，化爲雌雉，上陳倉北阪爲石，秦祠之。搜神記云：『其雄者飛至南陽，其後光武起於南陽，皆如其言也。』」

始皇既併天下，東遊海上，行禮祠名山大川及八神〔一四〕，見山川門。而雍又有日、月、參、辰諸祠，見祭星門。又有四海、九臣、十四臣、諸布、諸嚴、諸逐之屬，皆淫祠也，未聞其義。百有餘廟。西亦有數十祠。於湖有周天子祠，於下邽有天神，豐、鎬有昭明、天子辟池，於杜亳有五杜主之祠〔一五〕、壽星祠，而雍管廟祠亦有杜主〔一六〕。杜主故周之右將軍，即杜伯。其在秦中最小鬼之神也。鬼雖小而有神靈。各以歲時奉祠。唯雍四時上帝爲尊，其光景動人民，唯陳寶。

漢高祖初起兵，徇沛，爲沛公，祀蚩尤，釁鼓、旗。

二年，東擊項籍，入關，立北畤。有司進祠，上不親往。悉召故秦祀官，復置太祝、太宰，如其故儀禮。因令縣爲公社。李奇曰：「猶官社。」下詔曰：「吾甚重祠而敬祭。今上帝之祭及山川諸神當祠者，各以其時禮祠之如故。」後四歲，天下已定，詔御史令豐治枌榆社，常以時，春以羊彘祠之。令祝立蚩尤之祠於長安，置祠祀官〔一七〕、女巫。其梁巫祠天、地、天社、天水、房中、堂上之屬；晉巫祠五帝、東君、雲中君、巫社、巫祠、族人炊之屬；服虔曰：「東君以下皆神名也。」師古曰：「東君，日神也。雲中君，謂雲神也。巫社，巫祠，皆古巫之神也。族人炊，古主炊母之神也。炊謂饎爨也。」秦巫祠杜主、巫保、族纍之屬；師古曰：「杜主即上所云五杜主也。巫保、族纍，二神名。纍，力追反。」荆巫祠堂下、巫先、司命、施糜之屬；師古曰：「堂下，在堂之下。巫先，巫之最先者也。司命，說者云文昌第四星也。施糜，其先常施設糜鬻者也。」九天巫祠九天：師古曰：「九天者，謂中央鈞天，東方蒼天，東北旻天，北方玄天，西北幽天，西方浩天，西南朱天，南方炎天，東南陽天也。其說見淮南子。一說云：東方旻天，東南陽天，南方赤天，西南朱天，西方成天，西北幽天，北方玄天，東北變天，中央鈞天也。」皆以歲時祠宮中。其河巫祠河於臨晉，而南山巫祠南山、秦中。秦中者，二世皇帝也。張晏曰：「以其彊死，魂魄爲厲，故祠之。」成帝時，匡衡奏罷之。各有時日。

武帝七年，上求神君，舍之上林中磃氏館。磃音斯。神君者〔一八〕，長陵女子，以乳死，見神於先後宛若。産乳而死也。兄弟妻相謂先後〔一九〕，古謂娣姒，今人俗呼之以爲妯娌。宛若，字也。宛若祠之其室，民多往祠。平原君亦往祠，其後子孫以尊顯。平原君，武帝外祖母也。及上即位，則厚禮置祠之内中。聞其言，不見其人云。

亳人謬忌奏祠泰一方，置壽宮神君。見祀星門。後人復有言：「古天子常以春解祠，祠黄帝用一梟、破鏡，見祀前代門。冥羊用羊祠，馬行用一青牡馬，泰一、皋山山君用牛〔二〇〕，武夷君用乾魚，陰陽使者以一牛。」令祠官領之如其方。明年，齊人少翁以方見上。上有所幸李夫人卒，少翁以方蓋夜致夫人及竈鬼之貌云，天子自帷中望見焉。迺拜少翁爲文成將軍，賞賜甚多，以客禮禮之。文成言：「上即欲與神通，宫室、被服非象神，神物不至。」迺作畫雲氣車，及各以勝日甲乙五行相剋之日，如火勝金，用丙、丁日，不用庚、辛日也。駕車辟惡鬼。又作甘泉宮，中爲臺室，畫天地、泰一諸鬼神，而置祭具以致天神。居歲餘，其方益衰，神不至，乃見誅。

元封二年〔二一〕，公孫卿言，見神人東萊山，若云「欲見天子」。天子於是幸緱氏城，拜卿爲中大夫。遂至東萊，宿。留之數日毋所見，見大人迹云。是歲旱，天子既出而無名，迺禱萬里沙，萬里沙，神祠也，在東萊曲城。過祠泰山，還至瓠子，自臨塞決河，湛祠而去。湛讀作「沉」，謂沉祭具於水中也。既滅兩粵，粵人勇之乃言：「粵人俗鬼〔二二〕，而其祠皆見鬼，數有效。昔東甌王敬鬼，壽百六十歲。後世怠慢，故衰耗。」乃命粵巫立粵祝祠，安臺無壇，亦祠天神帝、百鬼，天帝之神及百鬼。而以鷄卜。持鷄骨卜，如鼠卜。上信之，粵祠鷄卜自此始。

太初元年，西伐大宛，蝗大起，丁夫人、雒陽虞初等丁夫人，其先丁復，本越人，封陽都侯。夫人其後，以詛軍爲功。丁，姓；夫人，名。以方祠詛匈奴、大宛焉。

諸所興祠，如薄忌泰一及三一、冥羊、馬行、赤星、五牀〔二三〕，寬舒之祠官〔二四〕，皆祠名。以歲時致禮。凡六祠，皆太祝領之。至如八神，諸明年、凡山他名祠，行過則祠，去則已。方士所具祠，各自主，其人終則已，祠官不主。他祠皆如故。

天漢二年秋，止禁巫祠道中者。文穎曰：「始，漢家於道中祠，排禍咎移之於行人百姓。以其不經，今止之也。」師古曰：「非也。祕祝移過，文帝久已除之。今此總禁百姓巫覡於道中祠祭耳。」

宣帝時，南郡獲白虎，獻其皮牙爪〔二五〕，上爲立祠。又以方士言，爲隨侯劍、寶玉、寶璧、周康寶鼎立四祠於未央宮中。又祠太室山於即墨，三户山於下密，師古曰：「即墨、下密皆膠東之縣也。」祠天封苑火井於鴻門〔二六〕。如淳曰：「地理志，西河鴻門縣有天封苑火井祠，火從地中出〔二七〕。」又立歲星、辰星、太白星、熒惑、南斗祠於長安城旁。又祠參山八神於曲城，師古曰：「東萊之縣也。」蓬山石社石鼓於臨朐，師古曰：「臨朐，齊郡縣也。朐音劬。地理志，蓬山作逢山也。」之罘山於腄，成山於不夜，萊山於黄。應劭曰：「腄音甀。」晉灼曰：「腄、不夜、黄縣皆屬東萊。」師古曰：「腄音丈瑞反。」成山祠日，萊山祠月。又祠四時於琅琊，蚩尤於壽良。師古曰：「東郡之縣也。」京師近縣鄠，則有勞谷、五牀山、日月、五帝、仙人、玉女祠。雲陽有徑路神祠，祭休屠王也。師古曰：「休屠，匈奴王號也。徑路神，本匈奴之祠也。休音許糾反。屠音除。」又立五龍山仙人祠及黄帝、天神、帝原水凡四祠於膚施。膚施，上郡之縣也。或言，益州有金馬、碧鷄之神，金形似馬，碧形似鷄。可醮祭而致，於是遣諫大夫王褒使持節而求之。

漢舊儀：祭先隴西西縣人先山，山上皆有畦時，如種菜畦。畦中各一土封：祭西王母於石室，皆在所二千石、令長奉祠。祠已，胙皆瘞埋，餘祭具而去。

成帝時，丞相匡衡奏罷五畤及陳寶祠，復條奏：「長安廚官給祠郡國候神方士使者所祠，凡六百八十三所，其二百八所應禮，及疑無明文，可奉祠如故。其餘四百七十五所不應禮，或復重，復，扶目反。重，丈庸反〔二八〕。請皆罷。」奏可。本雍舊祠二百三所，唯山川諸星十五所爲應禮云。若諸布、諸嚴、諸逐，皆罷。社主有五祠，置其一。又罷高祖所立梁、晉、秦、荆巫、九天、南山、萊中之屬，及孝文渭陽、孝武薄忌泰一、三一、黄帝、冥羊、馬行、泰一、皋山山君、武夷、夏后啟母石、萬里沙、八神、延年之屬，及孝宣參山、蓬山、之罘、成山、萊山、四時、蚩尤、勞谷、五牀、仙人、玉女、徑路、黄帝、天神、原水之屬，皆罷。候神方士使者副佐，本草待詔七十餘人皆歸家。師古曰：「本草待詔，謂方藥本草而待詔者。」

明年，匡衡坐事免官爵。衆庶多言不當變動祭祀者。又初罷甘泉泰畤作南郊日，大風壞甘泉竹宮，折拔時中樹木十圍以上百餘。天子異之，以問劉向。對曰：「家人尚不欲絶種祠，師古曰：「家人謂庶人之家也。種祠，繼嗣所傳祠也。」況於國之神寶舊畤！且甘泉、汾陰及雍五畤始立皆有神祇感應，然後營之，非苟而已也。武、宣之世，奉此三神，禮敬敕備，敕，整也。神光尤著。祖宗所立神祇舊位，誠未易動。及陳寶祠，自秦文公至今七百餘歲矣，漢興，世世常來，光色赤黄，長四五丈，直祠而息，音聲砰隱，野鷄皆雊。直，當也。息，止也。當祠處而止也。砰，普萌反。每見雍太祝祠以太牢，遣候者乘傳馳詣行在所，報神之來也。傳，張戀反。以爲福祥。高祖時五來，文帝二十六來，武帝七十五來，宣帝二十五來，初元元年以來亦二十來，此陽氣舊祠也。及漢宗廟之禮，不得擅議，皆祖宗之君與賢臣所共定。古今異制，經無明文，至尊至重，難以疑説正也。前始納貢禹議，後人相因，多所動搖。易大傳曰：『誣神者殃及三世。』恐其咎不獨止禹等。」上意恨之。後上以無繼嗣，令皇太后下詔，復甘泉泰畤、汾陰后土及雍五畤、陳寶祠在陳倉者，又復長安、雍及郡國祠著明者且半。

成帝末年，頗好鬼神，亦以無繼嗣故，多上書言祭祀方術者，皆得待詔，祠祭上林苑中長安城旁，費用甚多，然無大貴盛者。

太中大夫谷永説上曰：「臣聞明於天地之性，不可惑以神怪；知萬物之情，不可罔以非類。諸背仁義之正道，不遵五經之法言，而盛稱奇怪鬼神，廣崇祭祀之方，求報無福之祠，及言世有仙人，服食不終之藥，遙興輕舉，遙，古「遥」字，遠也。興，舉也，起也。謂起而遠去也。登遐倒景，如淳曰：「在日月之上，反從下照，故其景倒。」遐亦遠也。覽觀縣圃，浮游蓬萊，李奇曰：「崑崙九成，上有所謂縣圃；縣圃之上，即閶闔天門。」耕耘五德，朝種暮穫，晉灼曰：「翼氏風角，五德：東方甲，南方丙，西方庚，北方壬，中央戊。種五色禾於此地而耕耘也。」與山石無極，師古曰：「言獲長壽，比於山石無窮也。」黄冶變化，晉灼曰：「黄者，鑄黄金也。道家言冶丹沙令變化，可鑄作黄金也。」堅冰淖溺，晉灼曰：「方士詐以藥石〔三九〕，若陷冰丸投之冰上，冰即消液，因假爲神仙道使然也。或曰，謂冶金令可餌也。」師古曰：「或説非也。淖，濡甚也，音女教反。化色五倉之術者，李奇曰：「思身中有五色，腹中有五倉神，五色存則不死，五倉存則不饑。」皆姦人惑衆，挾左道，懷詐僞，以欺罔世主。師古曰：「左道，邪僻之道，非正義也。」聽其言，洋洋滿耳，若將可遇；師古曰：「洋洋，美盛之貌也。」求之，盪盪如係風捕景，終不可得。是以明王距而不聽，聖人絶而不語。若周史萇弘欲以鬼神之術輔尊靈王會朝諸侯，而周室愈微，諸侯愈叛。楚懷王隆祭祀，事鬼神，欲以獲福助，却秦師，而兵挫地削，身辱國危。秦始皇初并天下，甘心於神仙之道，遣徐福、韓終之屬，多齎童男童女，入海求神采藥，因逃不還，天下怨恨。漢興，新垣平、齊人少翁、公孫卿、欒大等，皆以仙人、黄冶、祭祠、事鬼使物、入海求神采藥貴幸，賞賜累千金。大尤尊盛，至妻公主，爵位重絫，震動海内。絫，古「累」字。元鼎、元封之際，燕、齊之間，方士瞋目扼掔，言有神仙祭祀致福之術者以萬數。其後，平等皆以術窮詐得，誅夷伏辜。至初元中，有天淵玉女、鉅鹿神人、轑陽侯師張宗之姦，紛紛復起。師古曰：「轑陽侯，江仁也。元帝時，坐使家丞上印綬隨宗學仙免官。轑音遼。」夫周秦之末，三五之隆，三謂三皇，五謂五帝。已嘗專意散財，厚爵禄，竦精神，舉天下以求之矣。曠日經年，靡有毫氂之驗，足以揆今。經曰：『享多儀，儀不及物，惟曰不享。』師古曰：「周書洛誥之辭也。言祭享之道，唯以潔誠；若多其容儀，而不及禮物，則不爲神所享也。」論語説曰：『子不語怪、神。』唯陛下距絶此類，毋令姦人有以窺朝者。」上善其言。

致堂胡氏曰：「天子事七廟，郊上帝，望于山川，而徧于群神。群神謂何等也？日月、星辰、風雨之屬，則從類於上帝矣；林麓、丘陵、水澤之屬，則包舉於山川矣。帝王無妄祭，無徼福，然則凡載於秩典者，其皆有功德垂世，如祭法所謂『法施於民，以死勤事，以勞定國，能禦大菑，能捍大患，及上古君臣之賢聖者』歟？非此族也，則非所事矣。漢興禮廢之後，先王祭法既不傳，自秦以來，乃多淫祀，至武帝用方士言而尤盛焉。皆無所經見，率意建立，逮於季世，凡七百餘祀，一歲萬七千祠，其不度可知矣。貢禹、匡衡皆請罷之，是也。然稽泉臺之義，不必毁撤，姑存而勿舉可也。劉向資氣精忠，爲漢賢大夫，豈永、衡所敢望。然學少不純，頗信異端，鴻寶祕書，其所舊習，今兹種祠之論，謂皆有感應而後營之者，何考之未詳歟？是皆山呼、巨迹之類，以欺武帝者，豈當據以爲實也。善乎谷永之言曰：『明天地之性，而知萬物之情，則不可惑以神怪，罔以非類。』以永諂邪而能及此，向反不及乎？尺有所短，寸有所長，其果然矣。」

哀帝即位，寢疾，博徵方術士，京師諸縣皆有侍祠使者，盡復前世所常興諸神祠官，凡七百餘所，一歲三萬七千祠云〔三〇〕。

王莽末年，崇鬼神淫祀，自天地、六宗以下至諸小鬼神，凡千七百所，用三牲、鳥獸三千餘種。後不能備，迺以鷄當鶩鴈，犬當麋鹿。

范曄論曰：「臧文仲祀爰居，孔子以爲不知。漢書郊祀志著自秦以來訖於王莽，典祀或有未修，而爰居之類衆焉。世祖中興，蠲除非常，修復舊祀，方之前事，邈殊矣！」

章帝元和二年，詔曰：「山川百神，應祀者未盡。其議增修群祀宜享祀者。」

殤帝延平元年，詔罷祀官不在祀典者。本紀注云：「東觀記曰：『鄧太后性不好淫祠。』」

桓帝即位十八年，好神仙事。初使中常侍之陳國苦縣祠老子，又親祠老子於濯龍，文罽爲壇，飾淳金釦，設華蓋之座，用郊天樂也。

延熹八年，壞郡國諸房祀。本記表紀云：「壞諸淫祀祠。」

魏文帝黃初五年，詔曰：「先王制禮，所以昭孝事祖，大則郊社，其次宗廟。三辰、五行、名山、大川，非此族也，不在祀典。叔世衰亂，崇信巫史，至乃宮殿之内，户牖之間，無不沃酹，甚矣其惑也！自今其敢設非禮之祭、巫祝之言，皆以執左道論。著於令。」

晉武帝泰始元年，詔曰：「昔聖帝明王修五嶽、四瀆、名山、川澤，各有定制，所以報陰陽之功故也。然以道涖天下者，其鬼不神，其神不傷人，故祝史薦而無愧辭，是以其人敬慎幽冥，而淫祀不作。末世信道不篤，僭禮瀆神，縱欲祈請，曾不敬而遠之，徒偷以求幸，妖妄相煽，舍正爲邪，故魏朝疾之。其按舊禮，具爲之制，使功著於人者必有其報，而妖淫之鬼不亂其間。」二年正月，有司奏春分祠厲殃及禳祠，詔曰：「不在祀典，除之。」

穆帝升平中，何琦論修五嶽祠曰〔三一〕：「今非典之祠，可謂非一。考其正名，則淫昏之鬼；推其糜費，則百姓之蠹。而山川大神，更爲簡闕。今元憝已殲，宜修舊典。」詳見祭山川門。

宋武帝永初二年，普禁淫祀，由是蔣子文祠以下皆絶。孝建初，更修蔣侯祠，所在山川，漸皆循復。明帝立九州廟於鷄籠山〔三二〕，大聚群神〔三三〕，加蔣侯爵位至相國、大都督、中外諸軍事，加鍾山王；蘇侯驃騎大將軍。四方諸神，咸加爵秩。

後魏自入中國以來，雖頗用古禮祀天地、宗廟、百神，而猶循其舊俗，所祀胡神甚衆。太武時，崔浩請存合於祀典者五十七所，其餘重複及小神悉罷之。

孝文時，自天地、社稷以下，合千七十五所，歲用牲七萬五千五百頭。顯祖深愍生命，乃詔曰〔三四〕：「朕承天事神，以育群品，而咸秩處廣，用牲甚衆。夫神聰明正直〔三五〕，享德與信，何必在牲？其令有司非天地、宗廟、社稷之祀，皆用酒脯。」

太和十五年〔三六〕，詔：「自先朝以來，享祀凡千二百餘處，今欲減省，務從簡易。先常有水火之神四十餘名，及城北星神〔三七〕；今圜丘之下，既祭風伯、雨師、司中、司命等，明堂祭五祀，皆有此四十神，悉罷之。」初，每以正月吉日，於朝廷設幕〔三八〕，中置松柏樹，設五帝座。至孝文，詔曰：「禮云：『自外至者，無主不止。』此既無祖配，揆之古典，實無所取。又探册之祭，可悉罷之。」

北齊後主末年，祭非其鬼，至於躬自鼓儛，以事胡天。鄴中遂多淫祠，此風逮唐不絕。

後周欲招來西域，又有拜胡天制，皇帝親焉。其儀並從夷俗，淫僻不可紀。

唐武后時，江南道巡撫大使狄仁傑以吴〔三九〕、楚多淫祠，奏焚其一千七百餘所，獨留夏禹、吴太伯、季札、伍員四祠。

玄宗開元二年，詔祠龍池。右拾遺蔡孚獻龍池篇，公卿以下一百三十篇。詔太常寺考其詞合音律者，爲龍池樂章十首。又詔置壇及祠堂，每仲春將祭則奏之。

十八年，有龍見於興慶池，因祀而見也。敕太常卿韋縚草祭儀，縚奏曰：「臣謹按周禮：『以疈辜祭四方百物。』祭法曰：『能出雲爲風雨者皆曰神。』龍者，四靈之畜，亦百物能爲雲雨，亦曰神也。禮有『公食，大夫饗』之文，即生曰食，亦曰饗矣。其饗之日，合用仲春之月。易曰『震爲龍』，『震者，東方』。春用事於二月也。饗之法，請用二月，有司筮日，池旁設壇，官致齋，設籩豆，如祭雨師之儀，以龍致雨也。其牲用少牢，樂用鼓鐘，奏姑洗，歌南吕。鄭玄云風師、雨師及小祀用此樂。『凡六樂者，三變而致鱗物』。今享龍亦請三變，舞用帗舞，罇用散酒，以一獻。周禮曰凡祭群小祀用之也。」詔從之。

肅宗至德二年八月，道士李國正奏：「皇室仙系，修崇靈路。請於昭應縣南三十里山頂置天華上宫露臺，天地三婆父、皇道君、太古天皇、中古伏羲媧皇等祠堂，并置灑掃宫户一百人。又於縣之南義扶谷故湫置祠堂。」並許之。昭應縣令梁鎮上疏，其略曰：「天地婆、父，祀典無文，言甚不經，義無可取。若陛下特與天地建祖宗之廟，必上天貽向背之責。又夫湫者，龍之窟也。龍得水則神，無水則螻蟻之匹也。故知水存則龍在，水竭則龍亡。今湫竭已久，龍安所在？何必崇飾祠宇，豐潔薦奠？其三皇、五帝，則兩京及所都之處，已建宫觀祠廟，時設齋醮享祀。其湫既竭，不可更置祠堂，又不當更爲天地建立宗廟。臣並請停其三皇、道君、天皇。伏羲、女媧等既先各有廟望，並於本祠依禮齋祭。」制曰：「可。」

宋京城東舊有五龍，即唐開元中因興慶宫池設壇，常以仲春祭之。宋因唐禮，行其祀，用中祠禮。大中祥符元年，詔飾神帳。又城西南隅有九龍堂，四年賜名普濟堂，皇祐三年葺其廟。訛傳池水能愈疾，都人日赴，不可勝計，乃塞其池。

德安公廟在京城北作坊，即夷門山神也。景德中，葺其廟，加封爵，令開封府春秋設祭。

崔府君廟在京城北，相傳唐滏陽令歿爲神〔四〇〕，主幽冥事。廟在磁州。淳化初，民有於此置廟，後詔修廟宇，賜名護國廟，及送衣服供具。景德元年重修，每歲春秋，令開封府遣官致祭。後封護國顯應公。

要册湫在寧州真寧縣。按舊記，古有五池，今四竭，一在山之半，周一百六十步，漻注不益。凡歲旱，祈禱無不應，後人立祠其旁。乾符三年，封應聖侯。光化二年，進封普濟王。太宗在晉邸，嘗有神告，事具符瑞志。太平興國二年閏七月，詔曰：「要册湫神普濟王宅於水府，幽贊上玄，功烈顯著，嚴祀有常，宜加崇號，以表靈休。特改封顯聖王，增飾祠宇，春秋奉祀，仍立碑以紀其事。」雍熙二年，令有司改造禮衣、冠劍及祭器。端拱二年，冬旱祈雪，即日大雨雪，遣使送銀香爐等。天禧二年夏，乾州旱，取湫水禱雨，詔本州祭醮。

鎮戎軍有朝那湫，即秦漢湫淵祠也。是歲四月，賜廟名靈澤。

靈顯王廟在鄭州城東僕射陂側。是陂本後魏賜僕射李沖，唐末建廟，因陂爲名，俗傳李靖神也。後唐天成二年，册贈靖爲太保，晉加號靈顯王。建隆元年正月，太祖臨幸，因遣内侍葺祠宇，每歲春秋二祀。景德元年，遣使增修。二年，又修後殿。四年，車駕朝陵，命入内都知石知顒致祭。祀汾陰迴，親幸，登東北亭觀陂。

顯靈廟在安陵東北，舊有蛇王祠，景德四年賜名。大中祥符四年，朝陵，遣官以中祠例致祭。

昭聖、靈惠二廟並在河南永安縣界。先是，陵域附山而高，常苦乏水。景德中，朝陵，車駕至則泉源瀵涌，濟用無闕。詔封泉神爲昭應公，廟曰昭聖。大中祥符四年，再朝陵，遣官致祭以中祠禮。時祀汾陰，經度制置使陳堯叟議導徘徊泉，緣山麓入邑中。明年，三陵副使江守訓立廟泉側，賜名靈惠。

泰山玉女池在太平頂，池側有石像，泉源素壅而濁。東封先營頓置，泉忽湍涌，上徙升山，其流自廣，清泠可鑑，味甚甘美。經度制置使王欽若請浚治之。像頗摧折，詔皇城使劉承珪易以玉石。既成，上與近臣臨觀，遣使礱石爲龕，奉置舊所，令欽若致祭，上爲作記。

炳靈公廟在泰山下。後唐長興三年，詔以泰山三郎爲威雄將軍。大中祥符元年十月，封禪畢，親幸加封，令兗州增葺祠宇。經度制置使王欽若自言嘗夢睹神，又於廟北壖建亭，名曰靈感。

三水府神者，僞唐保大中，封馬當上水府爲廣祐寧江王，采石中水府爲濟遠定江王，金山下水府爲靈肅鎮江王。大中祥符二年八月，詔改封上水府爲福善安江王，中水府爲順聖平江王，下水府爲昭信泰江王，令九江、太平、潤州遣官祭告。

杭州吴山廟，即濤神也。大中祥符五年夏，江濤毁岸，遣内侍白崇慶致祭，濤勢驟息。五月，詔封神爲英烈王，令本州每春秋二仲，就廟建道場三晝夜，及以素饌祠神。

明應公廟在潤州焦山。大中祥符七年，上以京江多覆溺之患，是山在江中，近海門，禱祈有應，詔封山神以公爵，仍製文告之，刻石廟中。

廣惠王廟，宣州昭亭山神也。唐景福中，封昭威侯。僞唐保大中，加爲王。景德元年正月，知州裴莊表言靈應，請加朝命詔封焉。

廣濟王廟，秦蜀守李冰祠也。僞蜀封大安王，又封應聖靈感王。開寶五年，詔修廟。七年，改號廣濟王，歲一祀。

英顯王廟在劍州，即梓潼神張亞子，仕晉戰没，人爲立廟。唐玄宗西狩，追命左丞。僖宗入蜀，封濟順王。咸平中，王均爲亂，官軍進討，忽有人登梯衝指賊大呼曰：「梓潼神遣我來。九月二十日城陷，你輩悉當夷滅。」賊射之，倏不見。及期果克城。招安使雷有終以聞，詔改王號，修飾祠宇，仍令少府造衣冠、法物、祭器。

靈濟公廟在梓州射洪縣白崖山下。唐中書舍人陸弼貶涪州刺史，卒葬山側，土人立廟，水旱禱之必應。僞蜀封洪濟王。大中祥符六年，詔封公號。

邛亭廟在南康軍邛亭湖上，能使行舟分風上下。先是，江中有蛟爲害，東晉旌陽令許遜斬之，小蛟逸去，後頗爲害，行舟多覆溺者。大中祥符三年，内侍趙履信奉使過滄湖，有龍長十餘丈，自空而下，須臾暴雨，因焚香祝之。異日，龍自湖中復乘雲而上。又有木筏過湖，忽有巨蟒登筏，筏遂沉，俗言即廟神也。遂詔官吏祭蛟，又改蛇山爲吴山，立廟山側，下即其穴。六年十月，上作戒蛟文，遣中使齎往刻石，仍致祭，自是頗有靈應。

祠山廟在廣德軍。土人言其靈應，遠近多以耕牛爲獻。僞唐以來，聽鄉民租賃，每一牛歲輸絹一疋，供本廟之費。其後以絹悉入官。景德二年，知軍崔憲請量給絹完葺祠宇，上曰：「此載在祀典，當官爲崇飾。」因詔本軍葺之。

神宗元豐三年，詔加號江州廬山太平興國觀九天採訪使者爲應元保運真君，蜀州青城山丈人觀九天丈人爲儲福定命真君。

六年，太常寺言：「博士王古請：自今諸神祠加封，無爵號者賜廟額；已賜廟額者加封爵〔四一〕，初封侯，再封公，次封王。先有爵位者從其本號〔四二〕。婦人之神封夫人，再封妃。其封號者初二字，再加四字。神仙封號，初真人，次真君。如此，則錫命馭神，恩禮有序。」從之。

哲宗元祐三年，廣南經略司言：「儂寇之亂，康州趙師旦、封州曹覲、邕州蘇緘戰死，請爲立祠，載祀典。」從之。

紹聖二年，禮部侍郎黄裳請詔天下州軍，籍所祠廟，略叙本末如圖經，命曰「某州祀典」。從之。

徽宗建中靖國元年，封皮場土地廟神爲靈貺侯。其後累封明靈昭惠王。

崇寧元年，方士魏漢津請備百物之象，鑄九鼎。四年三月，九鼎成，詔於中泰一宮之南爲殿以奉安，各周以垣，上施睥睨，墁以方色之土，外築垣環之，名曰九成宮。中央曰帝鼐，其色黄，祭以土王日，爲大祠，幣用黄，樂用宮架。北方曰寶鼎，其色白〔四三〕，祭以冬至，幣用皂；東北曰牡鼎，其色白〔四四〕，祭以立春，幣用皂；東方曰蒼鼎，其色碧，祭以春分，幣用青；東南曰岡鼎，其色緑，祭以立夏，幣用緋；南方曰彤鼎，其色紫，祭以夏至，幣用緋；西南曰阜鼎，其色黑，祭以立秋，幣用白；西方曰晶鼎，其色赤，祭以秋分，幣用白；西北曰魁鼎，其色白，祭以立冬，幣用皂。八鼎皆爲中祠，樂用登歌，享用素饌。復於帝鼐之宮立大角鼎星之祠。

大觀三年，詔以鑄鼎之地作寶成宮，總屋七十區。中置殿曰神靈，以祀黄帝；東廡殿曰成功，祀夏后氏；西廡殿曰持盈，祀周成王及周公旦、召公奭；後置堂曰昭應，祀唐李良及隱士嘉成侯魏漢津。

又詔每歲八月二十五日舉祀事。祀黄帝，依感生帝、神州地祇爲大祠，幣用黄，樂用宫架，祝文依祀聖祖稱「嗣皇帝臣名」。其成功、持盈二殿，禮用中祠，幣各用白。昭應堂，禮用小祀，並以素饌。

按：三代之九鼎，未聞有神司之而列之祀典也。崇寧時，用方士之説，鑄鼎而名，以其方色祭之，則不知司鼎者何神歟？至於因采首山銅之説而祀黄帝，因貢金九牧之説而祀夏后，因定鼎郟鄏之説而祀成王、周、召，然此三數聖賢之所以當祀者，固不以鼎也。若魏漢津，則當時獻言鑄鼎之方士耳，亦尸而祝之，俾侑食於聖賢，褻慢不經甚矣！

四年，封英靈順濟龍王爲靈順昭應安濟王。

詳定九域圖志所言：「郡邑祠廟多出流俗一時建置，初非有功烈於民者。請申敕禮官，纂修祀典，頒之天下，以倣先王之命祀，與圖志實相表裏。」從之。　尋令：「禮部、太常寺修祀典，已賜爵及曾封爵者爲一等，功德顯著無封額者爲一等，若民俗所建祠無功德爲一等，各係上尚書省參詳可否。若兩處廟號不同者，取一高爵爲定。」從之。

八月，詔天下五龍神皆封王爵：青龍神封廣仁王，赤龍神封嘉澤王，黄龍神封孚應王，白龍神封義濟王，黑龍神封靈澤王。

政和元年，詔開封府，應神祠不在祀典者毁之。凡毁一千三十八區，仍禁軍民擅立神祠。

欽宗靖康元年，詔佑聖真武靈應真君加號佑聖助順真武靈應真君；三聖廟靈威公進封威成王，靈佑公追封威烈王，靈顯公追封威惠王。

高宗紹興十一年，太常卿陳桷等言：「自來神祠加賜廟額及封王、公、侯爵等，給降敕告，自有定式。昨自渡江後來，神祠加封合給告者，止命詞給敕，竊恐未稱褒崇之意。大觀三年三月二十三日詔：神祠封王、侯、真人、真君，婦人封妃、夫人者，並給告賜額降敕。欲乞自今後，每遇神祠封王、公、侯、真人、真君，婦人之神封妃、夫人者，並乞命詞給告。其道、釋封太師塔額，神祠賜廟額及封將軍，並乞依舊降敕。」從之。

二十三年七月二十一日，將作監主簿孫祖壽言：「聖王之制，祭祀非忠勞於國、功德及民者，不與祀典。間者禁止淫祠，不爲不至，而愚民無知，至於殺人以祭巫鬼，篤信不疑，湖、廣、夔、峽，自昔爲甚。近歲此風又寖行於他路，往往陰遣其徒，越境千里，營致生人，以販奴婢爲名，每至歲閏，屠害益繁，雖異姓至親，亦不遑恤。今浙東又有殺人而祭海神者，四川又有殺人而祭鹽井者，守令不嚴禁之，生人實被其害。今歲閏在季冬，良民罹其非横者必多，若不早爲之所，則弗及矣！欲望申嚴法令，戒飭監司州官之吏，治之縱之，明示賞罰，增入考課令格，加之鄉保連坐，誥誡禁止，期於革心，毁撤巫鬼淫祠。」從之。

校勘記

〔一〕見禮記樂記云干戚之舞　「樂記」二字原脱，據周禮鼓人疏補。

〔二〕祭統又云朱干玉戚　「云」原作「用」，據周禮鼓人疏改。

〔三〕杜即京兆杜縣　二「杜」字原皆作「亳」，據漢書卷二五上郊祀志上顏師古注改。

〔四〕是以或見神以興　王引之經義述聞卷二〇謂「見」當作「㝵」。「㝵」，古「得」字，形近而訛。

〔五〕其在岐山之脊乎　「乎」字原脱，據國語周語上注補。

〔六〕陶唐氏之後也　「陶」字原脱，據國語周語上注補。

〔七〕貳也　「貳」原作「二」，據國語周語上注改。

〔八〕是實臨照周之子孫而禍福之　汪遠孫國語明道本考異卷一謂：「公序本無『是』字，是也。『實』當作『寔』。『寔』，『是』也。」

〔九〕對曰　「對」字原脱，據國語周語上補。

〔一〇〕玉帛往獻焉　「玉帛」二字原脱，據國語周語上補。

〔一一〕五年一巡狩也　「一」字原脱，據國語周語上注補。

〔一二〕周公忌父　「父」原作「也」，據國語周語上注改。

〔一三〕使以聽之也　「使」字原脱，據國語周語上注補。

〔一四〕行禮祠名山大川及八神　「行」字原脱，據史記卷二八封禪書、漢書卷二五上郊祀志上改。

〔一五〕於杜亳有五杜主之祠　下「杜」字原作「社」，據元本、慎本、馮本及漢書卷二五上郊祀志上改。下同。「五」，史記卷二八封禪書作「三」。

〔一六〕而雍管廟祠亦有杜主　「管」原作「營」，據史記卷二八封禪書、漢書卷二五上郊祀志上改。

〔一七〕置祠祀官　「祀」原作「祝」，據元本、慎本、馮本及漢書卷二五上郊祀志上改。

〔一八〕神君者　「者」字原脫，據史記卷二八封禪書、漢書卷二五上郊祀志上補。

〔一九〕兄弟妻相謂先後　「相」字原脫，據漢書卷二五上郊祀志上孟康注補。

〔二〇〕皋山山君用牛　下「山」字原脫，據漢書卷二五上郊祀志上補。「皋山山君」，史記卷二八封禪書作「澤山君地長」。

〔二一〕元封二年　「二」原作「元」，據漢書卷六武帝紀、卷二五上郊祀志上改。

〔二二〕粵人俗鬼　「俗」原作「信」，據史記卷二八封禪書、漢書卷二五下郊祀志下改。

〔二三〕五牀　史記卷二八封禪書無「牀」字。漢書卷二五下郊祀志下同原刊，王先謙漢書補注謂疑後人誤加。

〔二四〕寬舒之祠官　「官」原作「宮」，據史記卷二八封禪書改。

〔二五〕獻其皮牙爪　「牙」字原脫，據漢書卷二五下郊祀志下補。

〔二六〕天封苑火井於鴻門　「苑」原作「宛」，據漢書卷二五下郊祀志下改。注文同。

〔二七〕火從地中出　「出」原作「有」，據局本及漢書卷二五下郊祀志下如諄注改。

〔二八〕丈庸反　「丈」原作「文」，據漢書卷二五下郊祀志下顏師古注改。

〔二九〕方士詐以藥石　「石」原作「王」，據漢書卷二五下郊祀志下晉灼注改。

〔三〇〕一歲三萬七千祠云　「三」原作「二」，據漢書卷二五下郊祀志下改。

〔三一〕何琦論修五嶽祠曰　「修」字原脫，據晉書卷一九禮志上補。

〔三二〕明帝立九州廟於鷄籠山　「帝」原作「年」，據宋書卷一七禮志四改。

〔三三〕大聚群神　「神」原作「臣」，據宋書卷一七禮志四改。

〔三四〕顯祖深愍生命乃詔曰　「顯祖深愍生命乃」七字原脱，據魏書卷一〇八之一禮志一補。

〔三五〕夫神聰明正直　「聰」字原脱，據魏書卷一〇八之一禮志一補。

〔三六〕太和十五年　「五」原作「四」，據魏書卷一〇八之一禮志一改。

〔三七〕及城北星神　「神」原作「辰」，據魏書卷一〇八之一禮志一改。

〔三八〕於朝廷設幕　「朝廷」原作「庭」，據魏書卷一〇八之一禮志一改。

〔三九〕江南道巡撫大使狄仁傑以吴　「江」原作「河」，據舊唐書卷八九狄仁傑傳改。

〔四〇〕殁爲神　「殁」原作「設」，據宋會要禮二一之二五改。

〔四一〕已賜廟額者加封爵　「額」字原脱，據宋會要禮二〇之六補。

〔四二〕從其本號　「號」字原脱，據宋會要禮二一之三補。

〔四三〕其色白　長編紀事本末卷一二八九鼎同。「白」，宋史卷一〇四禮志七作「黑」。

〔四四〕其色白　長編紀事本末卷一二八九鼎同。「白」，宋史卷一〇四禮志七作「青」。